O MODELO TOYOTA
MANUAL DE APLICAÇÃO

Dr. Jeffrey K. Liker é professor de Engenharia Industrial e de Produção e diretor do Japan Technology Management Program da Universidade de Michigan. É autor do *best-seller* internacional *O Modelo Toyota: 14 princípios de gestão do maior fabricante do mundo*, McGraw Hill, 2004 (ganhador do Prêmio Shingo 2004 e do Prêmio Livro do Ano 2005 do Institute of Industrial Engineering). Anteriormente, editou *Becoming Lean: Experiences of U.S. Manufacturers* (Productivity Press, 1997), vencedor do Prêmio Shingo 1998 (por excelência em pesquisa em manufatura). Também ganhou prêmios Shingo por suas pesquisas em 1995, 1996 e 1997. Outros livros de J. Liker incluem *Engineered in Japan* (Oxford University Press, 1995); *Concurrent Engineering Effectiveness: integrating product development across organizations* (Hanser-Gardner, 1997); e *Remade in America: transplanting and transforming Japanese manufacturing methods* (Oxford University Press, 1999). Seu livro mais recente, em co-autoria com James Morgan, é *High Performance Product Development: how Toyota integrates people, process and technology to create lean product development system* (Productivity Press). Liker atua como conferencista, palestrante para executivos e consultor enxuto, de forma independente ou através da empresa de que é co-fundador – a Optiprise, Inc. Entre seus clientes recentes, estão a DaimlerChrysler, Metalsa, Danfoss, Rio Tinto Mining, Caterpillar Asia Pacific, Benteler Automotive, Amcor, Federal Mogul, PPG Industries, Johnson Controls, Tenneco Automotive, Framatome Technologies, Northtrop Grumman Ship Systems, Jacksonville Naval Air Depot, Força Aérea dos Estados Unidos e Portsmouth Naval Ship Yard.

David Meier aprendeu o Sistema Toyota de Produção (STP) como um dos primeiros líderes de grupo na instalação da Toyota de Georgetown, Kentucky, no setor de moldagem de plásticos. Foi treinado e orientado no Japão e em Kentucky durante dez anos por especialistas em STP, incluindo orientação em tempo integral por vários coordenadores japoneses. Após deixar a Toyota, David fundou a Lean Associates, Inc., empresa de consultoria dedicada a auxiliar organizações que desejam implementar o Sistema Toyota de Produção.

David escreveu quatro capítulos de *Lean Manufacturing: A Plant Floor Guide* (Society of Manufacturing Engineers, 2001) e trabalha como instrutor e conferencista há mais de oito anos. Atua em seminários de treinamento sobre Trabalho Padronizado, Mapeamento de Fluxo de Valor e Introdução aos Fundamentos Enxutos para a Society of Manufacturing Engineers e para a Conferência do Prêmio Shingo. David tem auxiliado muitas empresas em diversos setores, incluindo a indústria automotiva, aeroespacial, de produtos de madeira e plástico, processamento químico, operações com maquinário, produção, soldagem e montagem em metal, em áreas de trabalho que envolvem ou não a manufatura. É especialista no desenvolvimento de conhecimentos sobre o STP em organizações para capacitá-las à transformação enxuta.

```
L727m    Liker, Jeffrey K.
            O Modelo Toyota : manual de aplicação / Jeffrey K. Liker, David
         Meier ; tradução Lene Belon Ribeiro. – Porto Alegre : Bookman, 2007.
            432p. : il. p&b; 25 cm.

            ISBN 978-85-60031-48-1

            1. Administração – Produção – Sistema Toyota. I. Meier, David. II. Título.

            CDU 658.51(035)
```

Catalogação na publicação: Júlia Angst Coelho – CRB 10/1712

JEFFREY K. LIKER E **DAVID MEIER**

O MODELO TOYOTA
MANUAL DE APLICAÇÃO

UM GUIA PRÁTICO PARA A IMPLEMENTAÇÃO DOS 4 PS DA TOYOTA

Tradução:
Lene Belon Ribeiro

Revisão técnica:
Marcelo Klippel
Mestre em Administração de Empresas pela Unisinos

Consultoria e supervisão desta edição:
José Antônio Valle Antunes Júnior
Doutor em Administração de Empresas pelo PPGA-Ufrgs
Professor do Centro de Ciências Econômicas da Unisinos

Reimpressão

2007

Obra originalmente publicada sob o título *The Toyota Way Fieldbook*

ISBN 0-07-144893-4

Original edition copyright © 2006 by The McGraw-Hill Companies, Inc.
All rights reserved.
Portuguese language translation copyright © 2007 by Bookman Companhia Editora Ltda.,
a division of Artmed Editora SA. *All rights reserved.*

Capa: *Gustavo Demarchi*, arte sobre capa original

Supervisão editorial: *Denise Weber Nowaczyk*

Editoração eletrônica: *Laser House*

Reservados todos os direitos de publicação, em língua portuguesa, à
ARTMED® EDITORA S.A.
(BOOKMAN® COMPANHIA EDITORA é uma divisão da ARTMED® EDITORA S. A.)
Av. Jerônimo de Ornelas, 670 - Santana
90040-340 Porto Alegre RS
Fone (51) 3027-7000   Fax (51) 3027-7070

É proibida a duplicação ou reprodução deste volume, no todo ou em parte,
sob quaisquer formas ou por quaisquer meios (eletrônico, mecânico, gravação,
fotocópia, distribuição na Web e outros), sem permissão expressa da Editora.

SÃO PAULO
Av. Angélica, 1.091 - Higienópolis
01227-100 São Paulo SP
Fone (11) 3665-1100   Fax (11) 3667-1333

SAC 0800 703-3444

IMPRESSO NO BRASIL
PRINTED IN BRAZIL
Impresso sob demanda na Meta Brasil a pedido de Grupo A Educação.

Agradecimentos

É sempre difícil para um autor resumir a lista de agradecimentos, imagine para co-autores. Muitas pessoas influenciaram o processo de aprendizagem e escrita. Decidimos listá-las separadamente nesta seção, o que também nos dá oportunidade de agradecer um ao outro e àqueles que ajudaram a nos unir.

De David Meier

Quando comecei a refletir sobre as diversas pessoas que me ajudaram de alguma maneira, senti-me assoberbado pelo grande número de indivíduos que me auxiliaram até o ponto em que pude contribuir com este livro. Realmente não seria possível mencionar neste espaço cada pessoa. Quero dizer que todas as conquistas realizadas por mim baseiam-se em dois grandes grupos: o dos indivíduos que me treinaram para pensar e trabalharam pacientemente comigo e o das pessoas que ensino, com quem tenho aprendido muito.

Gostaria de agradecer aos diversos professores e instrutores da Toyota que fizeram grandes sacrifícios para ajudar todos nós na Toyota Motor Manufacturing, Kentucky. O legado da compreensão e da habilidade tem sido transmitido de geração a geração como uma receita especial de família dentro da Toyota. Espero que meus esforços honrem o espírito daqueles que lutaram e perseveraram para desenvolver esse processo. Gostaria de agradecer especialmente a Takeuchi-san, Kusubaki-san, Kidokoro-san, Nakano-san, Ito-san, Honda-san, Miyagowa-san e Ohno-san. Sei que, às vezes, fui um grande desafio e aprecio sua paciência.

Após sair da Toyota, continuei em minha jornada de descoberta e crescimento e devo isso, em grande parte, aos meus alunos – e, portanto, meus professores. Vou listá-los em ordem cronológica, que é como vejo meu desenvolvimento pessoal.

Minha primeira incursão fora dos muros da Toyota como consultor enxuto foi na Cedar Works, em Peebles, Ohio. Talvez a primeira vez seja sempre a melhor, mas a experiência na Cedar Works foi boa o suficiente para me incentivar a dar um salto mais alto.

Gostaria de agradecer a John Beakes e ao Dr. Robert Deutch, da RWD Technologies, Inc., por terem acreditado em mim como consultor. Minha esposa e eu somos especialmente gratos pela ótima cobertura de seguro, que nos forneceu serviços de fertilização *in vitro*. Fomos abençoados com dois garotos maravilhosos.

Agradeço a Mike Scarpello e ao pessoal da Ford por tornarem prazerosa minha transição longe do conforto da Toyota. Agradeço também a meus colegas do Total Systems Development, em especial a John e Charlie, por me darem a oportunidade de aprender lições básicas e de desenvolver minhas habilidades como consultor.

Aos meus amigos de Hoffman – foi um grande desafio, mas todos fizeram com que valesse a pena. Um agradecimento especial a Dennis Spiess e a sua família por compartilharem seu "lar longe do lar". Obrigado a Ray, Michelle, Mark, Al e Lyle por oferecerem situações desafiadoras e oportunidades de tentar novas idéias. A Don Westman: aprecio sua confiança em mim e sua vontade de "seguir no curso". A equipe da Kentucky Management – Diane, Duane, Mark, Bill e Gene – foi uma das equipes administrativas mais unidas com que já trabalhei.

Estes agradecimentos não estariam completos sem uma menção especial ao meu bom amigo e "guru", Bill Costantino. Nossos caminhos se encontraram já no primeiro dia na Toyota, em 1987. Aprecio seu apoio constante, sua orientação e muitas das empolgantes oportunidades surgidas ao longo do caminho. Foi Bill quem me colocou em contato com Jeff Liker para a elaboração deste livro. Sempre apreciarei sua amizade e opiniões.

Sou grato a Jeff Liker por ter acreditado na recomendação de Bill e ter admitido um escritor novato nesse processo. É uma grande recompensa trabalhar com um autor de renome em um grande projeto como este.

Mais importante, devo agradecer a minha família – minha esposa, Kimberly, que me deu apoio enquanto eu trabalhava, a minha filha, Jennifer, e aos meus filhos, Matthew e Michael. Cada um deles fez sacrifícios enquanto eu estava ocupado com este projeto. Eles ouviram-me dizer, durante anos, que eu ia "escrever um livro". Agora, finalmente, consegui! Minha mãe, Patrícia Meier, passou incontáveis horas revisando e editando meu trabalho, usando sua habilidade de prestar atenção aos detalhes para encontrar meus erros de pontuação. Ela sempre esteve ao meu lado me apoiando enquanto eu ia atrás de meus grandes sonhos.

De Jeff Liker

Foi ótimo trabalhar com David e compartilhar sua perspectiva interna da Toyota com minha visão externa. Como observador de fora, dependo da gentileza de estranhos na Toyota para ter acesso ao sistema constantemente em evolução que chamamos de Modelo Toyota. De fato, desenvolvi muitos relacionamentos com o passar dos anos e aprendi com minhas visitas à empresa e suas afiliadas, bem como com as intensas discussões que tive com amigos e colegas dentro e fora da Toyota. Também aprendi com minhas experiências de consultoria a empresas do mundo inteiro que tentam aprender com o Modelo Toyota. Indiretamente, estou continuamente aprendendo com os consultores que trabalham para mim através da Optiprise, que está na linha de frente da implementação do sistema enxuto e da transformação da cultura em muitos tipos de organizações.

Desde que escrevi o livro, passei um bom tempo na planta da Toyota em Georgetown, Kentucky (TMMK), na NUMMI, na Califórinia e na Denso, em Battlecreek, Michigan. Tive uma experiência grandiosa em cada uma. Todas lutam e empenham-se para manter a cultura do Modelo Toyota e para tornarem-se auto-suficientes, independentes de seus primeiros mentores japoneses. Há estudos de caso envolvendo esses três grupos da Toyota neste livro. Muitas pessoas passaram bastante tempo pacientemente me ensinando, em especial, Gary Convis, presidente da TMMK, e Wil James, vice-presidente de manufatura, apesar das intensas exigências de seu próprio tempo. Mike Brewer, único aprendiz da NUMMI que trabalhou para a General Motors e foi trazido de volta à NUMMI como consultor do Sistema Toyota de

Produção (STP), mostrou-me o progresso que está sendo alcançado na história de sucesso contínuo do STP. Andris Staltmanis, gerente geral assistente na Denso, em Battlecreek, que está ajudando a levar aquele lugar a um novo nível de STP, compartilhou generosamente suas idéias.

Pude contar com empresas a que presto consultoria para desenvolver exemplos de caso que ilustram as lutas e vitórias de empresas americanas fora da Toyota na aprendizagem do sistema enxuto. Pasquali Digirolamo pessoalmente ajudou a conduzir a Tenneco Automotive a uma transformação global com paixão e energia infinitas. Mike Butler trabalha incansavelmente como funcionário público para tornar o Jacksonville Naval Air Depot um dos *benchmarks* do sistema enxuto, a fim de melhor servir a defesa americana com a rotatividade mais rápida de aeronaves. John Matheson tem conduzido as operações americanas da Framatone Technologies a modelos enxutos para mostrar à sede francesa o que o sistema enxuto pode fazer na indústria de combustíveis nucleares customizados. David Nelson levou seu profundo conhecimento da Honda à John Deere e, então, à Delphi Automotive Systems para tentar ensinar às companhias americanas o que são as verdadeiras parcerias de fornecedores enxutos.

Também sou grato a Bill Costantino por reunir-me a David Meier neste importante trabalho aplicado sobre o Modelo Toyota.

Por último, mas de maior importância, sou abençoado por ter uma família maravilhosa – minha esposa, Deborah, e meus filhos, Jesse e Emma. Eles me apoiaram muito e têm sido bastante flexíveis com as minhas demandas de tempo desde o sucesso de *O Modelo Toyota*.

Apresentação à Edição Brasileira

A implantação do Sistema Toyota de Produção, feita pelo princípio dedutivo da tentativa e erro, precisou de mais de 20 anos para ser completada na Toyota Motor Company. Nesse período os japoneses levaram ao mundo novos conceitos relativos às melhorias nos sistemas produtivos baseados, segundo Taiichi Ohno, em dois pilares básicos: o JIT e a Autonomação. Um amplo conjunto de novas técnicas foi desenvolvido para sustentar a implantação desses dois princípios, entre os quais: *Kanban*, Operação-Padrão (*Standard Operation*), *Takt-Time*, Troca Rápida de Ferramentas, Leiaute Celular (multifuncionalidade dos operadores/colaboradores), Nivelamento da Produção (*Heijunka*), Controle de Qualidade Zero Defeito e *Poka-Yoke*, Manutenção Produtiva Total (TPM) e 5S.

Além disso, novos princípios de gestão passaram a ser discutidos no âmbito da implantação de princípios e técnicas enxutas, como o Controle da Qualidade Total (Total Quality Control) e o Desdobramento da Função Qualidade (Quality Function Deployment – QFD). Algumas perguntas, porém, passaram a ser feitas no mundo ocidental em geral e no Brasil em particular: i) os princípios, os conceitos e as técnicas do Sistema Toyota de Produção podem ser aplicados em sua plenitude no contexto socioeconômico e cultural das empresas ocidentais?; ii) quais as adaptações, as modificações e os novos desenvolvimentos necessários para que as empresas brasileiras aproveitem ao máximo os conceitos originalmente desenvolvidos na Toyota?; iii) como implantar, e com que métodos, o Modelo Toyota nas empresas ocidentais?; iv) como traduzir os melhores conceitos e as práticas desenvolvidas no âmbito do Sistema Toyota de Produção em métodos passíveis de adoção com eficácia nas empresas ocidentais?

As proposições para responder a essas questões tendem a evidenciar diferentes linhas teóricas e práticas. Ou seja, parece haver um caminho plural para a implantação do Sistema Toyota de Produção nas empresas ocidentais. A importância deste livro é justamente permitir a reflexão ampla e aprofundada sobre um tema essencial para o desenvolvimento de competitividade sustentável nas empresas ocidentais em geral e brasileiras em particular.

O livro anterior de Jeffrey Liker (*O Modelo Toyota*), desenvolvido no bojo dos conceitos ligados ao Sistema Toyota de Produção desenvolvidos originalmente por Shigeo Shingo e Taiichi Ohno, constituiu-se em uma obra importante para a compreensão cada vez mais aprofundada e abrangente do tema. Em *O Modelo Toyota* foram apresentados em detalhes os 14 princípios de gestão oriundos de quatro princípios gerais básicos intitulados de Modelo dos 4 Ps, a saber:

1. Filosofia (**P**hilosophy): que apresenta a filosofia de longo prazo do Modelo Toyota.
2. Processo (**P**rocess): que discute a definição dos processos "certos" que permitem alcançar os resultados econômico-financeiros necessários.
3. Equipe e Parceiros (**P**eople and **P**artners): propugna a necessidade da adição contínua e sistemática de valor na organização a partir do desenvolvimento, com foco no longo prazo, tanto das pessoas envolvidas nas melhorias como o de parcerias.
4. Solução de Problemas (**P**roblem Solving): o direcionamento da organização para resolver, de forma contínua e sistemática, os problemas, e simultânea e conseqüentemente gerar uma típica organização de aprendizagem.

Desta forma, a primeira obra traduzida no Brasil de Liker auxiliou na necessidade de compreender a atualidade e a eficácia dos conceitos do Sistema Toyota de Produção.

Buscando proporcionar seqüência lógica e pragmática às idéias propostas no *O Modelo Toyota*, a Bookman traz agora uma segunda obra de Liker, escrita em conjunto com David Meier. Este texto tem por intuito apresentar formas práticas e eficazes de implantar o Modelo dos 4 Ps nas empresas industriais, baseado no desenvolvimento de uma filosofia voltada para: i) a redução contínua e sistemática dos custos; ii) o desenvolvimento de profissionais que possam se transformar em agentes/líderes da introdução da produção enxuta; iii) desenvolvimento e perpetuação de uma organização enxuta de aprendizagem que busque ações amplas no sentido da efetivação de melhoria contínua. Para tanto, os autores apresentam diversas ferramentas adaptadas dos princípios, conceitos e técnicas originalmente desenvolvidas na Toyota Motor Company, buscando oferecer aos leitores mecanismos para o desenvolvimento de diagnósticos, bem como exercícios que objetivam transmitir formas práticas de implantação do Modelo Toyota nas empresas.

Uma das principais contribuições deste livro é a compreensão, transmitida aos leitores, a respeito do pensamento subjacente às ferramentas e abordagens enxutas difundidas pelo Modelo dos 4 Ps da Toyota.

O livro está dividido em seis grandes partes. A primeira parte salienta os benefícios de aprender com a Toyota, ensinando a utilizar o manual. Também retoma de forma sucinta e pragmática o panorama geral dos princípios do Modelo Toyota. A parte II tem por objetivo debater os aspectos relacionados à filosofia corporativa da organização, despertando a necessidade de criar, vivenciar e manter os pressupostos e pilares que sustentam o Sistema Toyota de Produção/Produção Enxuta.

A terceira parte do livro apresenta uma discussão sobre a necessidade de criar processos enxutos em todas as partes da empresa. Abrange temas essenciais como: i) a redução de perdas; ii) a estabilidade, a padronização e a redução da variabilidade dos processos na organização; iii) a criação de fluxo de valor estendido; iv) o desenvolvimento da noção de nivelamento; v) a criação da cultura de "parar" para resolver os problemas; vi) a adequação contínua e sistemática da tecnologia às pessoas e aos processos enxutos.

A parte IV trata do desenvolvimento de equipes e parceiros que vivenciem a filosofia e os princípios do Modelo Toyota. Assim, tanto líderes e participantes de equipes como fornecedores e parceiros devem buscar a excepcionalidade como forma de vivenciar o Modelo Toyota de forma integral.

A solução de problemas é tratada na parte V. Mais do que solucionar o problema, os autores buscam transmitir a necessidade de encontrar suas causas-raiz como forma de aprender continuamente o Modelo Toyota. A sistemática adotada visa, inicialmente, compreender completamente a situação, estruturando de forma clara e direta os problemas que necessitam ser enfrentados. A seguir, propõe realizar uma análise detalhada da(s) causa(s)-raiz. Na seqüência, a idéia básica considera um conjunto de soluções alternativas passíveis de serem implantadas para desenvolver um consenso entre os profissionais sobre as melhores soluções e ações a serem adotadas. Nessa parte, também é ressaltada a importância de uma lógica do tipo PDCA e a necessidade da apresentação de uma história objetiva e prática do problema tratado. Finalmente, na parte VI são discutidas as formas de administração das mudanças a serem implantadas na organização.

Além de propor formas concretas de planejar e avaliar as melhores estratégias e táticas para a implementação enxuta, o texto procura apresentar as questões associadas com o tipo de liderança necessária para efetivar as mudanças necessárias em uma cultura enxuta que permita a perpetuação das melhores práticas propugnadas pelo Modelo 4 Ps.

O *Modelo Toyota: Manual de aplicação* contribui de maneira significativa para desenvolver e implementar os princípios, os métodos e as técnicas do Sistema Toyota de Produção nas organizações instaladas no Brasil.

Boa leitura e, principalmente, bom trabalho!

José Antonio Valle Antunes Júnior
Diretor da Produttare Consultores Associados
Doutor em Administração de Empresas pela Ufrgs
Professor do Mestrado e Doutorado em Administração de Empresas da Unisinos e do
Mestrado em Engenharia de Produção da Unisinos

Marcelo Klippel
Sócio-consultor da Produttare Consultores Associados
Sócio-gerente da Klippel Consultores Associados
Mestre em Administração de Empresas pela Unisinos

Apresentação

Quando Jeff Liker e David Meier pediram-me que escrevesse uma apresentação para este livro, imediatamente e com entusiasmo aceitei, mas logo tive uma incômoda sensação de preocupação. Um "manual de aplicação" do Modelo Toyota? O que vem a ser mesmo um manual de aplicação e como ele descreveria o Modelo Toyota? Como um livro de receitas? Como um mapa?

Mas o que você, leitor, encontrará nestas páginas não será um livro de receitas nem um mapa, e sim uma bússola para mostrar a direção e ajudá-lo a estabelecer sua própria rota. Seus guias, Jeff e David, são companheiros de viagem bem-equipados para auxiliá-lo, um fato que conheço bem. Coincidentemente, eu estava presente quando Jeff e David colocaram os pés pela primeira vez em Gemba, na Cidade Toyota, embora em diferentes circunstâncias para cada um deles. Conheci Jeff Liker quando eu ainda estava na Toyota e Jeff era professor na University of Michigan, dando continuidade à pesquisa sobre sistemas sociotécnicos que ele havia iniciado anos antes, quando estudava na University of Massachusetts. Conheci David Meier em Gemba quando eu estava apresentando o Sistema Toyota de Produção a vários novos funcionários americanos e ele estava lá para começar o aprendizado do Modelo Toyota do jeito que você realmente deve aprendê-lo – no chão de fábrica.

Jeff conheceu a Toyota pela educação formal e através de uma subseqüente trajetória de pesquisa que combinou igual interesse e experiência no "lado leve" da indústria e no "lado pesado". Como engenheiro industrial formado e estagiário não-remunerado na Northeastern University, Jeff trabalhou na General Foods Corporation, realizando trabalhos de Engenharia Industrial, como pesquisa em produção, leiaute de plantas, etc. No entanto, o que lhe interessou mais foi a fábrica de alimentos para cães Topeka, organizada em torno de equipes de trabalho autodirigidas usando uma abordagem de sistemas sociotécnicos (SST – Social-Technical Systems) – projeto conjunto dos sistemas sociais e técnicos. Após tornar-se Ph.D em Sociologia na University of Massachusetts, Jeff integrou-se ao corpo docente do Departamento de Engenharia Industrial e de Operações, onde permanece até hoje. Seu estudo da indústria automotiva e do Japão desenvolveu-se pelo seu envolvimento com David Cole e Robert Cole, através do famoso estudo na área automotiva Estados Unidos-Japão da University of Michigan. Isso o levou à Toyota e ao Sistema Toyota de Produção, onde ele encontrou a verdadeira aplicação da abordagem STP que havia começado a estudar muitos anos antes. Na Toyota, ele percebeu que finalmente havia encontrado uma organização em que os sistemas sociais e técnicos estavam verdadeiramente integrados.

Jeff, juntamente com John Campbell, professor de Ciência Política, e Brian Talbot, professor na Michigan Business School, criou o Japan Technology Management Program – onde também tive o privilégio de trabalhar por vários anos –, que tinha como missão estudar como organizações bem-sucedidas no Japão *administravam* a tecnologia, reconhecendo que a vantagem competitiva que muitas empresas japonesas haviam alcançado em seus respectivos setores não provinham de vantagens na tecnologia "pesada" – a Toyota adquire prensas e robôs nas mesmas fontes disponíveis à GM ou à Ford –, mas do *modo como administravam* a mesma tecnologia. O programa concentrava-se especificamente na maneira como algumas empresas, em especial a Toyota, obtinham integração holística de tecnologia com pessoas, organização, produtos e estratégia. Embora poucas empresas japonesas explicassem isso nesses termos, a diferença estava em seu sistema sociotécnico.

A aprendizagem prática de David começou no chão de fábrica, quando ele estava no primeiro grupo de supervisores de linha de frente da planta do Camry, na Toyota de Georgetown, Kentucky (TMMK), a visitar a Cidade Toyota durante o treinamento de supervisores no verão de 1987. A Toyota havia "praticado" na NUMMI, e Georgetown era a primeira operação solo integral da empresa fora do Japão. Trabalhando com a Comunidade de Kentucky, a Toyota desenvolveu uma forma de seleção abrangente que estava avaliando 100.000 candidatos para 3.000 vagas iniciais! David era um dos integrantes de um grupo altamente seleto de indivíduos escolhidos para atuarem como líderes do chão de fábrica. O processo de seleção era longo, mas era apenas um prelúdio para o processo de treinamento e desenvolvimento que David vivenciaria nos anos seguintes. A Toyota sabia desde o começo que a chave para o sucesso na TMMK seria o quanto a empresa conseguiria – em resumo – estabelecer o Modelo Toyota.

Não se usava a denominação "Modelo Toyota" na época. Era apenas "o modo como a Toyota fazia as coisas". O Sistema Toyota de Produção estava inteiramente articulado, assim como a filosofia da empresa, principalmente em áreas como qualidade e recursos humanos. Mas a filosofia não parava nessas funções-chave; ela aparecia em todas as atividades da empresa. Do mesmo modo que David passou pelo treinamento como líder de grupo da produção, todos os líderes da nova operação de Georgetown também fizeram uma visita semelhante à Cidade Toyota, passando algum tempo não só na Tsutsumi, a planta de produção do Camry, mas também no departamento correspondente na sede da empresa, em áreas como contabilidade, compras, relações comunitárias e administração de instalações. Os profissionais de relações comunitárias da TMMK aprenderam como a empresa Toyota funcionava e cooperava com a Cidade Toyota. Por quê? A Toyota pensava que seu relacionamento com a Cidade Toyota era um *benchmarking* em melhores práticas? Ou que o relacionamento que a empresa mantinha com a comunidade local fora de Nagoya, Japão, era, de algum modo, algo para imitar em Kentucky?

Não, claro que não. O que a Toyota sabia era que sua cultura – sua cultura corporativa, não a cultura japonesa – era o que a definia, o que determinava como ela operava em todos os níveis, em todas as funções. David e seus colegas não ouviram a expressão "Modelo Toyota" naquela época, mas o "modelo da Toyota" era precisamente o que estava sendo transmitido, em todos os seus aspectos, tanto técnicos quanto sociais.

É isso o que faz de Jeff e David uma grande equipe para produzir este manual. Os anos de estudo acadêmico de Jeff sobre sistemas sociotécnicos em geral, e da Toyota em especial, combinados com a experiência na linha de frente de David ao vivenciar o Modelo Toyota no chão de fábrica dão origem ao guia prático, porém conceitualmente penetrante, que você tem em mãos agora.

Entre os *sensei* experientes do Sistema Toyota de Produção, qualquer tentativa como esta, de "escrever" o Modelo Toyota, é uma tarefa controvertida. É difícil captar em palavras a essência de qualquer sistema extensivamente entremeado de conhecimento tácito como é o Modelo Toyota. Isso *não* acontece, no entanto, porque se trata de um sistema de "aprender fazendo". Como tal, mesmo se você for bem-sucedido em escrevê-lo com precisão, ainda há o perigo de direcionar mal alguns leitores. Executivos de corporações são pessoas inteligentes, quase sempre com alto nível de formação, acostumados a manter-se atualizados quanto aos últimos avanços em administração por meio de livros, seminários e cursos. O perigo nas tentativas de aprender o STP através de tais meios é que alguns leitores tendem a pensar que, se leram sobre um determinado assunto, o aprenderam.

O Modelo Toyota é enganosamente simples. Pode ser muito fácil ler um dos princípios e dizer: "Claro, eu sei disso...". Jeff e David escolheram, com este manual, uma abordagem que tentará ajudá-lo a evitar essa tendência. Em vez de largar o livro com um suspiro de alívio, pensando "Entendi", você será estimulado a incorporar na prática o que está lendo: leia, tente, reflita... e aprenda.

John Shook
Ex-gerente da Toyota

Prefácio

Um paradoxo do Modelo Toyota é que, no decorrer de sua melhoria e mudança contínuas, os principais conceitos permanecem coerentes. Estamos constantemente aprendendo novos aspectos do processo e vendo diversas aplicações em diversas situações. Contudo, à medida que nossa compreensão se aprofunda, o "básico" continuamente vem à tona, orientando decisões e métodos.

Um ponto que parece chocar muitas das pessoas que ensinamos e aconselhamos é a dificuldade que até mesmo a Toyota tem em globalizar o Modelo Toyota. Consideremos alguns dos ícones do Sistema Toyota de Produção na América do Norte: a planta da Toyota em Georgetown, Kentucky; a *joint venture* da Toyota com a General Motors, NUMMI, na Califórnia; e a maior fornecedora da Toyota, a Denso, em Battlecreek, Michigan. Todos esses locais passaram por uma queda no Modelo Toyota por volta do ano 2000, enquanto rapidamente se expandiam e lidavam com mudanças na mão-de-obra e na equipe administrativa. Todos fizeram esforços heróicos para elevar outra vez o nível do pensamento do Modelo Toyota e agora estão se direcionando para níveis ainda mais altos de auto-suficiência no Modelo.

Isso é importante porque sugere que a cultura subjacente a todos os sistemas enxutos que muitas empresas estão buscando implementar não necessariamente surge ao natural, especialmente fora do Japão, exigindo esforço constante para mantê-la. Até mesmo as empresas do grupo Toyota na América, com suas ferramentas enxutas que são objeto de inveja da maioria das outras empresas, retrocedem e têm que se empenhar para seguir em frente.

Tivemos muitas experiências de observação, de ensino e de consultoria no mundo todo. A cada passo, percebemos que os principais conceitos e filosofias são aplicáveis a todas as situações e são verdadeiramente os aspectos mais importantes a serem aprendidos. O maior desafio em confrontar uma nova e única situação consiste em compreender como aplicar com flexibilidade os métodos do Modelo Toyota e ainda assim permanecer fiel aos conceitos centrais.

Fora da Toyota, o desafio é explicar os conceitos que foram aprendidos pela repetição contínua, mas que nunca foram descritos como "absolutos". Não existe "um jeito" de realizar os processos enxutos. Finalmente chegamos à conclusão de que há certas coisas que um bom *sensei* do Sistema Toyota de Produção (STP) sabe e compreende instintivamente, mas ele "não sabe como sabe". Isso constitui-se um constante desafio para comunicar-se eficazmente com as outras pessoas e ensiná-las.

O Modelo Toyota é passado de pessoa para pessoa através de um processo de sugestões repetidas para "simplesmente fazer", diversas tentativas, reflexões e revisões, tentativas e revisões posteriores e assim por diante, continuando esse processo até que a habilidade intuitiva seja adquirida. Esse método de aprendizagem cria um desafio quando se trata de explicar "por que" algo é feito ou por que é importante. Como sabemos o que sabemos? Como sabemos o que deve ser feito depois? Como identificamos as armadilhas? A resposta é: parece intuitivo e correto.

Sempre insistimos, em qualquer empresa onde trabalhamos, que os indivíduos se tornem discípulos do Modelo Toyota em tempo integral. Eles devem ser treinados por um especialista em sistemas enxutos individualmente, com muito daquilo que qualquer pessoa entenderia como uma arte (como cozinhar, costurar, praticar esporte), passando seu conhecimento acumulado para o aluno. Esse método é lento e tedioso; no entanto, desenvolve indivíduos capazes de enfrentar qualquer situação e de compreender uma seqüência adequada de ações. Desenvolve indivíduos que acreditam em seu instinto e "sabem" a coisa certa que deve ser feita a seguir. Isso é importante, já que eles continuamente terão que convencer os que não acreditam, não sabem e querem continuar do jeito que era antes.

Este livro é uma tentativa de esclarecer o processo de pensamento usado pela Toyota e como essas idéias são aplicadas e usadas para criar o tremendo sucesso que a Toyota alcançou. Concentramo-nos em como pensar sobre o processo e sobre soluções. Isso colocará muitos desafios ao longo do percurso. Lembre-se sempre dos conselhos freqüentes e do desafio presente na Toyota: "Por favor, tente" e "Faça o melhor possível".

Sumário

Parte I Aprendendo com a Toyota 23

1. Histórico do Manual 25
  Por que Manual de Aplicação do Modelo Toyota? 25
  Como o livro está organizado 27
  Visão geral dos princípios do Modelo Toyota 29
  Como utilizar este livro 34

Parte II Por que sua Empresa Existe? 35

2. Defina sua Filosofia Corporativa e Comece a Vivenciá-la 37
  Qual é a filosofia de sua empresa? 37
  Um senso de propósito por dentro e por fora 38
  Criando sua filosofia 42
  Vivendo sua filosofia 43
  Realização de um pacto social com funcionários e parceiros 45
  Manutenção da constância de propósito 46

Parte III Criação de Processos Enxutos em Toda a Empresa ... 49

3. Início da Jornada de Redução de Perdas 51
  Enxuto significa eliminação de perdas 51
  Desenvolvimento de uma filosofia de longo prazo para a redução de perdas ... 54
  Abordagem do mapeamento do fluxo de valor 55
  Benefícios da abordagem de mapeamento do fluxo de valor 58
  Desenvolvimento de um mapa do estado atual 58
  Compreenda seus objetivos ao mapear o estado atual 59
  Limitações da abordagem de mapeamento do fluxo de valor 63
  Criação do fluxo passo a passo 63
  Melhoria contínua seqüencial e simultânea 66

4. Criação de Estabilidade Inicial no Processo 70
  Obtenção de estabilidade básica 70
  Indicadores de instabilidade 70
  Eliminação da nebulosidade 71
  Objetivos da estabilidade 72
  Estratégias para a criação de estabilidade 73

Identificação e eliminação das grandes perdas	73
Exercício do círculo	74
Trabalho padronizado como ferramenta para identificar e eliminar as perdas	74
Os 5s e a organização do local de trabalho	76
Consolidação de atividades ligadas às perdas para atrair benefícios	78
Melhoria da disponibilidade operacional	83
Redução da variabilidade pelo isolamento	85
Nivelamento da carga de trabalho para criar a base para o fluxo e a padronização	88

5. Criação de Fluxo de Processos Estendido — **91**

Fluxo unitário de peças é o ideal	91
Por que o fluxo?	92
Menos é mais: redução de perdas através do controle da superprodução	94
Estratégias para criar fluxo de processos estendidos	99
Fluxo unitário de peças	99
Critérios chave para o estabelecimento do fluxo	100
Sistema puxado	103
Situações de fluxo complexo	106
O sistema puxado em um ambiente de manufatura customizada	108
Criação de fluxo entre operações separadas	110
Fluxo, sistema puxado e eliminação de perdas	115

6. Estabelecimento de Processos e Procedimentos Padronizados — **118**

A padronização é coerciva?	118
Trabalho padronizado ou padrões de trabalho?	119
Objetivo da padronização	121
Estratégias para o estabelecimento de processos e procedimentos padronizados	123
Tipos de padronização	124
Padrões ambientais, de qualidade e de segurança	124
Especificações padrão	126
Procedimentos padrão	127
Mitos do trabalho padronizado	127
Trabalho padronizado	129
Documentos do trabalho padronizado	130
Alguns desafios do desenvolvimentodo trabalho padronizado	135
Auditoria do trabalho padronizado	137
Trabalho padronizado como base para a melhoria contínua	138
Takt-time como parâmetro de projeto	139
Importância dos controles visuais	141
A padronização é uma ferramenta de eliminação de perdas	143

7. Nivelamento: Seja mais Parecido com a Tartaruga do que com a Lebre — **146**

O paradoxo do nivelamento	146
Heijunka proporciona um centro padronizado para o planejamento de recursos	147
Por que fazer isso com você mesmo?	148
Suavização da demanda para processos à montante	149
Como estabelecer uma programação básica nivelada	151
Nivelamento incremental e *heijunka* avançado	156
Nivelamento incremental	156
Pontos de controle	157
Ponto de controle para administração de estoque	157
A programação nivelada controla o reabastecimento	158
Fatiar e cortar quando a variedade de produtos é grande	159
O nivelamento é um processo que envolve toda a empresa	164

8. Construção de uma Cultura de Parar para Resolver os Problemas — **168**

Desenvolvimento da cultura	168
O papel de *jidoka*: máquinas com automonitoramento	173

O ciclo de solução de problemas	174
Minimização do tempo de parada da linha	177
Inclusão de inspeções de qualidade em todas as funções	179
Poka Yoke	180
Criação de uma estrutura de apoio	189

9. Adequação da Tecnologia às Pessoas e aos Processos Enxutos — **191**
   De volta ao ábaco? — 191
   No que se acredita em termos de tecnologia, pessoas e processos? — 193
   Tecnologia personalizada para adequar-se aos seus funcionários e a sua filosofia de operação — 195
   Modelos contrastantes de adoção de tecnologia — 197
   Mantenha a tecnologia em perspectiva — 203

Parte IV Desenvolvimento de Equipe e Parceiros Excepcionais — 207

10. Desenvolvimento de Líderes que Vivenciam o Sistema e a Cultura de Cima para Baixo (*Top to Bottom*) — **209**
   O sucesso começa com a liderança — 209
   Importância da liderança na Toyota — 210
   A estrutura de liderança na produção da Toyota de Georgetown — 212
   Estrutura de liderança no *staff* da Toyota de Georgetown — 213
   Exigências dos líderes — 213
   Responsabilidades do líder de grupo em um típico dia de trabalho — 215
   Criação de uma estrutura de liderança de produção — 220
   Seleção de líderes — 222
   Desenvolvimento de líderes — 225
   Plano de sucessão para líderes — 226

11. Desenvolvimento de Componentes de Equipe Excepcionais — **228**
   "Nós não construímos apenas carros, nós construímos pessoas" — 228
   Começar pela seleção das pessoas certas — 229
   Assimilação dos componentes da equipe na sua cultura — 231
   Treinamento para instrução de trabalho: a chave para desenvolver níveis excepcionais de habilidade — 232
   Elaboração de um plano de treinamento e mapeamento de desempenho — 239
   Formação de componentes de equipe para longo prazo — 241
   Círculos de qualidade — 243
   Programa de sugestões da toyota — 244
   Desenvolvimento dos membros da equipe para papéis de liderança — 246
   O contato pessoal cria laços mais fortes — 247
   Investimento nas habilidades em todas as áreas da empresa — 248

12. Desenvolvimento de Fornecedores e Parceiros como Extensões da Empresa — **252**
   Parceiros fornecedores em um mundo globalmente competitivo — 252
   Economia de custos de curto prazo *versus* parcerias de longo prazo — 253
   Parceria com o fornecedor no modelo Toyota — 255
   Sete características da parceria com fornecedores — 256
   Construção de uma empresa enxuta extensiva — 269
   Modelos tradicionais *versus* modelos enxutos de gerenciamento de fornecedores — 272

Parte V Solução da Causa-Raiz do Problema para Aprendizagem Contínua — 283

13. Solução de Problemas no Modelo Toyota — **285**
   Mais do que resolver problemas — 285
   Todo problema é uma oportunidade de melhoria — 286
   Contando a história da solução de problemas — 289

14. Desenvolvimento de uma Completa Compreensão da Situação e Definição do Problema — 299
- Mirar com cuidado antes de atirar — 299
- Encontrar o verdadeiro problema para obter os resultados mais significativos — 302
- Examinando um problema ao contrário — 307
- Definição do problema — 308
- Construção de um forte argumento de apoio — 311

15. Realização de uma Completa Análise da Causa-Raiz — 315
- Princípios da análise eficaz — 315
- Busca de causas do problema que são solucionáveis — 320
- Destilação da análise de causa a termos mais simples — 321
- Uma imagem vale por mil palavras — 322
- Juntando tudo: o relatório de uma página A3 — 323
- Aprofundamento nas causas possíveis — 324

16. Consideração de Soluções Alternativas Enquanto se Constrói Consenso — 327
- Consideração abrangente de todas as possibilidades — 327
- Simplicidade, custo, área de controle e habilidade de implementar com rapidez — 328
- Desenvolvimento de consenso — 330
- Teste de idéias para verificação de sua eficácia — 330
- Seleção da melhor solução — 331
- Defina o problema correto, e a solução virá como conseqüência — 332

17. Planejar-Fazer-Verificar-Agir — 334
- Planejar: desenvolver um plano de ação — 334
- Fazer: implementar soluções — 337
- Verificar: conferir resultados — 338
- Agir: fazer os ajustes necessários nas soluções e no plano de ação — 339
- Agir: identificar passos futuros — 340
- Finalmente, alguma ação — 341

18. Contar a História em um Relatório A3 — 344
- Menos pode ser mais na redação de um relatório — 344
- Determinação do modo de uso de um A3 — 345
- O processo de construção de um relatório A3 na solução de problemas — 347
- Esboço para um A3 — 348
- Dicas de formatação — 350
- Versão final em A3 da história de solução do problema — 351
- Comentários finais sobre o A3 — 354

Parte VI Administração da Mudança — 357

19. Estratégias e Táticas da Implementação Enxuta — 359
- Onde você deve começar? — 359
- Níveis, estratégias e ferramentas da implementação enxuta — 360
- Paciência para fazer certo — 381

20. Liderando a Mudança — 390
- Podemos evitar a política na transformação enxuta? — 390
- Liderança nos níveis superior, intermediário e inferior — 392
- Pode-se mensurar o caminho para o sistema enxuto? — 408
- Mudar o comportamento para mudar a cultura — 414
- Difusão da aprendizagem aos parceiros — 417
- Agora, por favor, tente... e faça o melhor possível — 419

Índice — 425

Aprendendo com a Toyota

Parte

Capítulo 1

Histórico do Manual

Por que Manual de Aplicação do Modelo Toyota?

O sucesso da Toyota como empresa está bem documentado. Ela possui uma merecida reputação pela excelência na qualidade, pela redução de custos e por levar ao mercado veículos que vendem. O resultado é uma empresa altamente lucrativa em todos os sentidos. Ganhar bilhões de dólares por ano e reunir, a qualquer momento, de 30 a 50 bilhões de dólares em reservas financeiras seriam razões suficientes para convencer qualquer um de que essa empresa deve estar fazendo alguma coisa certa. Desde que *O Modelo Toyota* chegou às prateleiras, em janeiro de 2004, a Toyota continuou a quebrar recordes, ganhando mais de 10 trilhões de ienes (cerca de 10 bilhões de dólares) naquele ano e tornando-se a empresa mais lucrativa na história do Japão. Esse padrão manteve-se em 2005, com contínuas quebras de recordes em lucratividade, enquanto muitas de suas concorrentes perdiam mercado e lutavam para obter lucro. Em 2005, a Toyota da América do Norte também ganhou prêmios importantes no J.D. Power Initial Quality Award, conquistando o primeiro lugar em 10 das 18 categorias. A Toyota foi reconhecida pela Harbour Associates como possuidora das plantas mais produtivas da América do Norte. Tudo isso foi realizado ao mesmo tempo em que constantemente aumentava o volume de vendas na América do Norte, em uma época em que seus concorrentes domésticos estavam perdendo volume.

Mas o impacto da Toyota no mundo vai além de produzir dinheiro. Vai além até mesmo da produção de excelentes veículos que as pessoas gostam de dirigir. A Toyota tem contribuído com um novo paradigma de manufatura. A "produção enxuta", termo cunhado em *The Machine that Changed the World* (*A Máquina que Mudou o Mundo*), é amplamente considerada como o próximo grande passo na evolução da manufatura além da produção em massa da Ford. Quem haveria de pensar que Sakichi Toyoda, trabalhando na área rural do que hoje é a Cidade Toyota no Japão, viria a forjar uma indústria global que mudaria a face da manufatura? E tudo isso foi, para além da produção em massa de automóveis, até todos os tipos de manufatura: processamento químico, produtos farmacêuticos, combustível nuclear, construção de navios e aeronaves, produtos médicos, construção civil, produção de calçados, confecção, bases de defesa que consertam aviões, navios e tanques, etc. E se isso não for suficiente, há uma revolução nas indústrias de serviços trabalhando para aplicar o pensamento enxuto na eliminação de perdas, incluindo bancos, companhias de seguros, hospitais, correios e outros.

O Modelo Toyota tornou-se um *best-seller* além das expectativas. Sabíamos que aqueles que já estavam comprometidos com a adoção da manufatura enxuta e com sua difusão para além do chão de fábrica encontrariam algo de interesse no livro. Mas não havíamos percebido até onde o pensamento enxuto estava se disseminando e quantas pessoas simplesmente admiravam a Toyota e queriam ver o que poderiam aprender com esse ícone corporativo. Leitores relataram a sensação de reverência que tiveram ao ler o livro, sentindo-se inspirados a sair e melhorar suas organizações e sua própria vida pessoal. As pessoas leram o livro em pouco tempo e não queriam largá-lo. E tudo isso por causa de um livro de administração?

O relato mais comum das pessoas que leram o livro foi que ele abriu seus olhos para um panorama muito mais amplo sobre o que poderiam aprender com a Toyota. Para eles, tratava-se de algo mais do que ferramentas e metodologias de produção enxuta ou mesmo de sistemas enxutos aplicados no trabalho. Eles perceberam que a Toyota havia criado todo um sistema de organização que se concentrava em agregar valor aos clientes através das pessoas.

O todo da abordagem da Toyota cria uma cultura única com que pessoas do mundo inteiro, em muitos tipos diferentes de organização, acreditam que podem aprender. Um grande número de líderes empresariais escreveu dizendo estar adotando *O Modelo Toyota* como projeto para reprogramar suas organizações. Embora eles tenham relatado ter absorvido muitos tipos diferentes de lições, não podemos deixar de nos perguntar se o livro original é suficiente para funcionar como um projeto. Nosso propósito havia sido descrever os princípios administrativos da Toyota com exemplos de casos para dar-lhes vida. O livro não foi escrito como um guia sobre como aplicar os princípios em sua organização.

Um manual propõe-se a oferecer receitas práticas para o sucesso, certo? Deve conter ferramentas, técnicas e métodos que você deve seguir passo a passo. Bem, talvez seja assim em algumas definições. Mas isso nos colocou um dilema. Por um lado, a premissa de *O Modelo Toyota* era de que o sistema da Toyota ia além das ferramentas e técnicas. Estas – células, *kanban*, verificação de erros e troca rápida, entre outras – já foram bem documentadas, e há uma abundância de descrições técnicas detalhadas desses métodos. Por outro lado, a força do livro era que a principal contribuição da Toyota havia sido a criação de uma verdadeira organização de aprendizagem. E o modo como se transmite o DNA dessa organização de aprendizagem à medida que ela se expande globalmente é através de *sensei* dedicados que agem como instrutores pessoais junto aos novos funcionários.

O Modelo Toyota tem a ver com conhecimento tácito, não com conhecimento de procedimentos explícitos. Conhecimento "tácito" é o tipo de aprendizagem obtida a partir da experiência e da reflexão, não com a leitura de uma receita. Inclui *know-how* e uma filosofia de melhoria contínua aprendida na prática com um instrutor que já se desenvolveu através do trabalho árduo e da experiência. A implicação óbvia disso é que o livro deveria ser reduzido a uma frase: encontre um *sensei* para lhe ensinar e aproveite!

Pensamos que mesmo assim valeria a pena escrever um "manual", mas tivemos que nos empenhar para definir seu propósito. Começamos por excluir a escrita de um livro do tipo "como fazer" que apresenta listas de itens a serem checados, instrumentos de avaliação e procedimentos passo a passo. Há alguns neste livro, mas, por si só, não fariam jus às profundas percepções que alcançamos com nossas experiências na Toyota. Jeffrey Liker passou mais de 20 anos visitando e estudando a Toyota. David Meier passou quase 10 anos junto a mentores japoneses na planta da Toyota em Georgetown, Kentucky, e poderia imaginar seus resmungos e expressões de desaprovação se ele reduzisse o Modelo Toyota ao formato de um livro de receitas.

Assim, decidimos por uma abordagem diferente. *O Modelo Toyota* documentou o modelo criado pela Toyota. Decidimos que este manual deveria oferecer aconselhamento prático para aqueles que tentavam aprender com *O Modelo Toyota*. Tivemos anos de experiência no ensino dos métodos e filosofias da Toyota para milhares de empresas, por meio de cursos e consultoria. Estamos constantemente aprendendo o que funciona e o que não funciona. Estamos continuamente enfrentando mal-entendidos sobre a forma de aprender com a Toyota. Também, ocasionalmente, temos a felicidade de ver as luzes se acenderem quando as pessoas fazem coisas surpreendentemente inovadoras com base no que aprendem. Por isso, decidimos compartilhar nossas experiências no trabalho prático para ajudar as empresas a aprenderem com a Toyota.

Acreditamos que este livro está longe de ser um guia de "como fazer". Temos muitos exemplos da Toyota para dar vida aos conceitos. E podemos compartilhar muitas lições que tivemos a sorte de aprender. Mas levamos nossa compreensão da Toyota um passo adiante, oferecendo conselhos sobre como aprender com o Modelo Toyota. A jornada de aprendizagem deve ser pessoal. Trate este livro como um modo de captar as lições do Modelo Toyota e aplicá-las à forma como você pode aprender com a Toyota. Mas são apenas idéias. Você tem que aplicar as idéias a sua situação e do seu modo.

Alguns dos conceitos que apresentamos aqui poderão gerar discordância na comunidade de manufatura enxuta. Existem tantas abordagens específicas a uma determinada situação quanto "especialistas" enxutos. Você poderá ver um de nossos exemplos e pensar: "eles deveriam ter feito desse jeito" ou "existe um outro método possível". Se você fizer essas observações, ótimo! Isso significa que você compreende os conceitos o suficiente para perceber as diversas soluções possíveis para qualquer situação.

A realidade do Modelo Toyota é que há *sempre* mais de um modo de chegar ao resultado desejado. O importante é aprender, pensar sobre o que foi aprendido, aplicá-lo, refletir sobre o processo e continuamente melhorar de maneira a fortalecer sua organização a longo prazo.

Você poderá pensar que deixamos de fora ou que ignoramos alguns aspectos importantes do Modelo Toyota. Não há dúvida de que é isso mesmo. Um livro inteiro poderia facilmente ser escrito sobre qualquer tópico abordado aqui. Tentamos destilar as informações para obter o que é mais crucial e que, com mais freqüência, é deixado de lado. Estamos completamente conscientes de que podemos ter ignorado alguns itens importantes e gostaríamos muito que você os apontasse para que possam ser considerados em trabalhos futuros.

Como o livro está organizado

O ponto de partida deste livro é o modelo dos 4Ps desenvolvido em *O Modelo Toyota*. Os quatro Ps[*] são: Filosofia, Processo, Pessoas/Parceiros e Solução de Problemas (tudo bem, parece que são 5 Ps). Neste livro, também utilizamos a estrutura dos 4Ps, mas não nos fixamos exatamente nos princípios originais. Descobrimos uma lista um pouco diferente, mais simples de ensinar.

Continuamos com a organização de alto nível do modelo dos 4Ps. Segue uma breve descrição dos 4Ps e do que os torna únicos para a Toyota:

- **Filosofia.** No nível mais fundamental, os líderes da Toyota vêem a empresa como um veículo para agregar valor aos clientes, à sociedade, à comunidade e aos seus funcionários. Não se trata de um ritual político ingênuo. É real. Remonta ao fundador da empresa, Sakichi Toyoda, e a sua vontade de inventar teares movidos à

---

[*] N. de T.: Em inglês, as palavras que o autor utiliza para denominar as quatro categorias são: *Philosophy, Process, People/Partners* e *Problem Solving*.

eletricidade para facilitar a vida das mulheres na comunidade rural onde ele cresceu. Continuou quando Sakichi pediu que seu filho, Kiichiro Toyoda, desse sua contribuição ao mundo inaugurando uma empresa de automóveis. Atualmente, está impressa em todos os líderes da Toyota e serve de alicerce para os outros princípios.

- **Processo.** Os líderes da Toyota aprendem, por meio da instrução e da experiência, que, quando seguem o processo certo, obtêm os resultados certos. Enquanto alguns dos procedimentos que devem ser feitos em nome do Modelo Toyota atraem dólares imediatamente para suas bases, como redução de estoque e eliminação de movimentação humana desnecessária nas tarefas, outros são investimentos que, a longo prazo, possibilitam redução de custos e aumento da qualidade. Os investimentos de longo prazo são os mais difíceis. Alguns são claramente quantificáveis em termos de causa e efeito, ao passo que, em outros casos, é preciso acreditar que haverá alguma compensação. Por exemplo, levar peças para uma linha de montagem a cada hora pode parecer um desperdício; no entanto, isso sustenta o princípio da criação de fluxo. Despender tempo no desenvolvimento de consenso e na obtenção de informações junto aos que são afetados pode parecer desnecessário, mas, se você passar por cima desse processo algumas vezes, sempre o ignorará.
- **Pessoas e parceiros.** Agregue valor a sua organização desafiando seus funcionários e parceiros a crescer. O Sistema Toyota de Produção (STP) foi, numa época, denominado sistema de "respeito à humanidade". Quase sempre pensamos que respeitar as pessoas significa criar um ambiente sem estresse que ofereça muitas facilidades e que seja agradável aos funcionários. Mas muitas das ferramentas do STP objetivam trazer problemas à tona, criando ambientes desafiadores que estimulem as pessoas a pensar e a crescer. Pensar, aprender, crescer e ser desafiado nem sempre é divertido. Nem o ambiente da Toyota sempre o é. Mas as pessoas e os parceiros da Toyota, incluindo os fornecedores, crescem e tornam-se melhores e mais confiantes.
- **Solução de problemas.** Continuamente, deve-se resolver a raiz dos problemas para que se conduza a aprendizagem organizacional. Resolvemos problemas todos os dias, gostemos ou não. Geralmente, não gostamos, pois os problemas são verdadeiras crises – um combate. Os mesmos problemas surgem porque não vamos até sua causa e não acionamos contramedidas. Na Toyota, mesmo quando parece que o lançamento de um produto ou o projeto de uma equipe foram realizados sem erros e alcançaram todos os seus objetivos, muitos problemas tiveram que ser resolvidos. Sempre há oportunidades de aprender para que, pelo menos, haja menor probabilidade de os mesmos problemas ocorrerem novamente. Mais ainda, quando alguém na Toyota aprende uma lição importante, espera-se que a compartilhe com outras pessoas que confrontam problemas semelhantes, de forma que a empresa possa aprender.

O objetivo do modelo dos 4Ps, até certo ponto, era ser hierárquico, com os níveis superiores construídos sobre os níveis inferiores. Sem uma filosofia de longo prazo, uma empresa simplesmente não fará tudo que os outros Ps implicam. O processo técnico oferece o ambiente onde desafiar e desenvolver as pessoas, o que é necessário se você espera alcançar uma verdadeira organização de aprendizagem concentrada na melhoria contínua através da resolução de problemas.

Organizamos os capítulos dentro de cada um dos Ps em lições prescritivas. Em cada capítulo, aprofundamo-nos um pouco na lição. Enfatizaremos os pontos principais de várias formas:

Dica
Trata-se de uma dica, a partir de nossa experiência, que pode ajudá-lo a praticar o conceito de modo eficaz.

Armadilha
Armadilhas comuns que levam as pessoas e as organizações a perderem o rumo para a efetiva aprendizagem de um princípio do Modelo Toyota.

Veja com os próprios olhos
Genchi genbutsu é um princípio central do Modelo Toyota que significa o lugar verdadeiro, a parte verdadeira. O princípio dita que se vá ao verdadeiro lugar e se compreenda a situação através da observação direta. Não podíamos levar você aos casos, então trouxemos até você estudos de caso da vida real.

Reflexão
Uma chave para a aprendizagem na Toyota é a reflexão. É o que impulsiona o *kaizen*. Em todos os capítulos, fazemos uma pausa para perguntas, a fim de ajudá-lo a aplicar as lições na sua organização.

Visão Geral dos Princípios do Modelo Toyota

Embora não tenhamos organizado o livro em torno desses princípios exatamente desta forma, vale a pena revisá-los como contextualização para O *Modelo Toyota: manual de aplicação*.

I. Filosofia como base

1. Basear as decisões administrativas em uma filosofia de longo prazo, mesmo que em detrimento de metas financeiras de curto prazo.

A redução de custos tem sido uma paixão desde que Taiichi Ohno criou o famoso Sistema Toyota de Produção no chão de fábrica. Contudo, a redução de custos não é o que movimenta a Toyota. Existe um sentido filosófico de propósito que sobrepuja qualquer tomada de decisão de curto prazo. Os executivos da Toyota compreendem seu lugar na história da empresa e trabalham para levá-la ao próximo nível. O sentido de propósito é como o de um organismo que funciona para crescer e desenvolver a si e a sua prole. Nestes dias de ceticismo quanto à moral e à ética das autoridades corporativas e ao lugar das grandes corporações capitalistas na sociedade civilizada, a Toyota nos faz vislumbrar uma alternativa, oferece um exemplo do que ocorre quando dezenas de milhares de pessoas alinham-se em direção a um objetivo comum que vai além de ganhar dinheiro.

A Toyota sempre começa com a meta de gerar valor para o cliente, a sociedade e a economia. Esse princípio deve ser sempre o ponto de partida, não só para o trabalho de criação do produto/serviço, como também para todas as funções da empresa. Um importante subtexto para essa orientação da missão é que a Toyota se julga responsável. Todos os líderes devem ter responsabilidade. Isso remonta aos primórdios da indústria automotiva, quando Kiichiro Toyoda renunciou à empresa que havia fundado porque as condições econômicas forçaram-no a demitir muitos funcionários.

Essa forte orientação filosófica da missão define a Toyota desde seu início como uma empresa de manufatura, freqüentemente separando-a de suas concorrentes. É o alicerce para todos os outros princípios... e o ingrediente que falta na maioria das empresas que competem com ela.

II. O processo certo produzirá os resultados certos

2. Criar um fluxo de processo contínuo para trazer os problemas à tona.

"Fluxo" significa reduzir a zero a quantidade de tempo que qualquer projeto de trabalho estiver desperdiçando à espera de alguém para realizá-lo. O redesenho de processos de trabalho para atingir o "fluxo" resulta em produtos ou projetos finalizados em um décimo do tempo estipulado. O fluxo é mais evidente no Sistema Toyota de Produção, mas também é visível na cultura organizacional da Toyota, focada no fluxo com valor agregado como alternativa à abordagem comum de parar/começar, trabalhando nos projetos um pouco de cada vez. Mas o objetivo do fluxo não é apenas fazer com que materiais ou informações se desloquem com rapidez. É ligar processos e pessoas de modo que os problemas apareçam imediatamente. O fluxo é central para um verdadeiro processo de melhoria contínua e para o desenvolvimento das pessoas.

3. Usar sistemas "puxados" para evitar a superprodução.

Seus clientes apresentam necessidades de serviço extremamente exigentes. Querem as peças quando e na quantidade que desejam, e remessas não realizadas são inaceitáveis. O que se pode fazer quanto a isso? A resposta óbvia é alugar um depósito e manter um enorme estoque de forma a ter o máximo de qualquer coisa que os clientes possivelmente desejem. A experiência da Toyota provou que essa resposta está errada. Na verdade, o estoque com base em demanda prevista ou mesmo prometida quase sempre leva ao caos, a desavenças e ao esgotamento dos próprios produtos que o cliente deseja. A Toyota encontrou uma abordagem melhor, moldada segundo o sistema de supermercados americanos. Estocar quantidades relativamente pequenas de cada produto e reabastecer as prateleiras com freqüência, baseando-se no que o cliente de fato consome. O sistema *kanban* quase sempre é visto como a assinatura do Sistema Toyota de Produção. Mas os princípios subjacentes e os sistemas necessários para fazê-lo funcionar eficazmente muitas vezes são mal compreendidos. E o próprio sistema *kanban* é um desperdício que deve ser eliminado com o tempo.

4. Nivelar a carga de trabalho (trabalhe como a tartaruga, não como a lebre).

A única maneira de criar um fluxo contínuo é ter alguma estabilidade de carga de trabalho, ou *heijunka*. Se a demanda de uma organização eleva-se e cai drasticamente, isso forçará a organização a adotar um modo reativo. As perdas naturalmente mostrarão sua face desagradável. A padronização será impossível. Muitas empresas acreditam que o desnivelamento na carga de trabalho é simplesmente a ordem natural das coisas, criada por um ambiente instável. A Toyota empenha-se para descobrir muitas formas inteligentes de nivelar a carga para um grau possível. Altos e baixos são administrados através de mão-de-obra flexível proporcionada por empresas e fornecedores terceirizados.

5. Construir uma cultura de parar e resolver problemas para obter a qualidade desejada logo na primeira tentativa.

A Toyota ganhou o prestigiado Prêmio Deming pela qualidade no Japão e quase todos os prêmios oferecidos pela J.D. Power Associates. A qualidade para os clientes direciona a proposta de valor da Toyota. Evidentemente, a empresa utiliza todos os métodos modernos para garantia da qualidade que se tornaram padrão na indústria. Mas o que diferencia a empresa remonta ao seu fundador, Sakichi Toyoda, vendo sua avó trabalhar como "escrava" em um tear manual, machucando os dedos. Mais tarde, Sakichi inventou um tear elétrico e, em essência, resolveu um grande problema com essa criação.

O problema era que, se um único fio se partisse, todo o material tecido depois disso seria desperdiçado até que alguém percebesse o problema e reinstalasse o tear. A solução era agregar ao tear a capacidade humana de detectar o problema e parar de funcionar. Para alertar o operador de que o tear precisava de assistência, Sakichi desenvolveu o sistema *andon*, que sinalizava essa necessidade. A invenção tornou-se o alicerce para um dos pilares do Sistema Toyota de Produção – *jidoka* (máquinas com inteligência humana). É a base para a filosofia da Toyota de adicionar qualidade. Quando há um problema, não vá simplesmente adiante, com a intenção de solucioná-lo depois. Pare e resolva o problema agora. A produtividade poderá diminuir no momento, mas, a longo prazo, aumentará à medida que os problemas forem encontrados e contramedidas forem adotadas.

6. Tarefas padronizadas são a base da melhoria contínua e da capacitação dos funcionários.

Não se pode prever o tempo e a produção de processos a menos que haja processos estáveis e passíveis de serem repetidos. O fundamento para o fluxo e o sistema "puxado" está nos processos previsíveis e reproduzíveis. Mas a padronização muitas vezes é confundida com rigidez e repressão da criatividade. O que a Toyota descobriu é exatamente o contrário. Padronizando-se as melhores práticas, capta-se a aprendizagem até esse ponto. A tarefa de melhoria contínua é, então, aprimorar esse padrão, e as melhorias são incorporadas em um novo padrão. Sem esse processo de padronização, os indivíduos poderão fazer grandes melhorias em sua própria abordagem de trabalho, mas ninguém aprenderá com eles, exceto através de discussões improvisadas. Quando um indivíduo sai daquela função, toda a aprendizagem se perde. Os padrões oferecem uma base para a verdadeira e contínua inovação.

7. Usar controle visual para que nenhum problema fique oculto.

Nesse dias de informatização, o ideal é o escritório e a fábrica sem papel. Tudo *online*. Contudo, se formos a qualquer planta de manufatura da Toyota, veremos *kanban* em papel circulando pela fábrica, quadros usados para a solução de problemas, gráficos e mapas em papel sendo atualizados diariamente pelas equipes de trabalho. Até mesmo nos depósitos de peças de serviço, com centenas de milhares de peças sendo movimentadas, há uma abundância de recursos visuais. Há sinais e etiquetas por toda parte na Toyota. Por quê? Porque as pessoas são criaturas visuais. Precisam ver seu trabalho, olhar para a estante de peças e para o supermercado de peças e facilmente perceber se estão dentro de uma condição padrão ou em uma situação de desvio. Pessoas que olham para gráficos bem planejados colocados na parede podem realizar discussões bastante eficientes. Consultar a tela de um computador desloca o foco dos funcionários de seu trabalho para a tela. Robôs não se importam se a fábrica é visual, mas as pessoas, sim, e a Toyota sempre desenvolverá sistemas que sirvam de apoio para as pessoas.

8. Usar somente tecnologia confiável e plenamente testada que atenda a funcionários e processos.

A tecnologia possibilita que as pessoas façam o trabalho de acordo com um processo padrão; as pessoas não devem ser subservientes à tecnologia. O processo sempre precede a tecnologia. A Toyota teve a experiência de adotar a melhor e mais recente tecnologia e agora evita repetir esse erro. Por ser focada em estabilidade, confiabilidade e previsibilidade, a empresa demonstra muita cautela quanto à introdução de tecnologia não comprovada em processos empresariais, sistemas de manufatura e produtos. A Toyota também não está disposta a utilizar novas tecnologias antes que uma clara necessidade para tal seja articulada em detalhes e que o produto seja completamente investigado. Tecnologias que entram em conflito com as filosofias e os princípios operacionais da Toyota são rejeitadas.

Por outro lado, a Toyota está sempre interessada em manter-se atualizada em suas tecnologias e estimula seus funcionários a "pensar fora da caixa" quando consideram novas abordagens de trabalho. Uma tecnologia completamente considerada que tenha sido totalmente investigada e comprovada através de testes será implementada com rapidez e eficácia.

III. Valorização da organização através do desenvolvimento de seus funcionários e parceiros

9. Desenvolver líderes que compreendam completamente o trabalho, vivam a filosofia e a ensinem aos outros.

A Toyota desenvolve líderes; ela não os compra. Se a meta fosse conseguir um líder para administrar uma parte da empresa e os critérios para seleção fossem sua compreensão técnica da especialidade empresarial (por exemplo, logística) e habilidades administrativas gerais, muitos bons gerentes poderiam ser contratados e entrar eficazmente no trabalho. A Toyota do Japão raramente emprega administradores de fora – apenas nas operações estrangeiras, onde precisa contratar pessoas de fora à medida que se expande. Gary Convis, presidente da planta de Georgetown, Kentucky, calcula que sejam necessários 10 anos para treinar um novo gerente vindo de fora até o ponto em que possa ser confiável e autônomo. No Toyota Technical Center, em Ann Arbor, o processo de trazer administradores de fora é considerado "doloroso".

A razão para essas dificuldades é que a Toyota não vê a função de administrador simplesmente como a realização de tarefas e um conjunto de boas habilidades pessoais. Os administradores são representantes do Modelo Toyota. Mais do que qualquer outra pessoa, devem exemplificar a filosofia em tudo o que fazem: nas decisões que tomam e em como chegam a elas. Devem ser professores do Modelo Toyota. Também devem compreender o verdadeiro trabalho em um nível de detalhamento que a maioria dos administradores americanos não julga necessário para desempenhar a função.

10. Desenvolver pessoas e equipes excepcionais que sigam a filosofia da empresa.

Fica evidente quando se conversa com diversos funcionários da Toyota – ou "associados de equipe", como são chamados – que eles são mais semelhantes do que diferentes no modo como falam da Toyota, da filosofia da empresa e de seu trabalho. Quase sempre pensamos em "cultos" de forma negativa – pessoas que sofrem lavagem cerebral em um forte sistema de crenças, com freqüência, de contracultura. Mas qualquer organização forte que tenha sobrevivido ao longo dos séculos, como a Igreja Católica, possui um profundo senso de propósito e uma forte cultura compartilhada por seus membros. Uma cultura forte é aquela em que valores e crenças estão bem alinhados entre seus seguidores. A Toyota tem uma cultura interna forte, freqüentemente chamada de DNA. A empresa está bem consciente da importância de manter esse DNA em todos os seus funcionários e empenha-se para continuamente reforçar sua cultura.

A essência do Modelo Toyota constitui-se de indivíduos e equipes excepcionais que trabalham na filosofia do Sistema Toyota de Produção para obter resultados notáveis. As ferramentas podem ser obtidas por qualquer empresa. Mas o carpinteiro talentoso não precisa se preocupar com a possibilidade de ser substituído por um amador que roubou suas ferramentas. Tomar o *kanban* e o *andon* da Toyota não vai transformar sua empresa em um exemplo de organização enxuta de classe mundial. As pessoas que utilizam as ferramentas e o modo como o fazem são o que dá vida ao Sistema Toyota de Produção.

11. Respeitar sua rede de parceiros e de fornecedores, desafiando-os e ajudando-os a melhorar.

A Toyota não usa e abusa de seus parceiros, extraindo todo valor que podem oferecer pelo menor preço possível. Um parceiro torna-se uma extensão da Toyota. Parte da contribuição para a sociedade está em apoiar os parceiros de forma que eles se tornem melhores por trabalharem com a Toyota. Isso faz parte do "Respeito pela Humanidade", um conceito que tem uma implicação muito diferente de expressões como "administração de recursos humanos", que implica fazer o uso mais produtivo dos recursos, quase como se você fosse uma peça do equipamento. O desafio é um valor importante no Modelo Toyota e central para o modo como as pessoas e os parceiros empresariais se desenvolvem.

IV: A solução contínua da raiz dos problemas conduz à aprendizagem organizacional

12. Ver por si mesmo para compreender completamente a situação.

Você não pode resolver problemas e melhorar a menos que compreenda totalmente a situação real – o que significa ir até à fonte, observar e analisar em profundidade o que está acontecendo, ou seja, *genchi genbutsu*. Não resolva o problema teorizando somente com base nos dados relatados ou olhando para a tela do computador. Se você for responsável por um problema e fizer recomendações sobre possíveis soluções, poderão lhe perguntar se você foi ver a situação pessoalmente. Se a resposta for "não, mas vi os relatórios", é melhor preparar-se para a tarefa de ir ver o problema por si mesmo. Existe uma crença básica na Toyota de que as pessoas que estão resolvendo os problemas e tomando decisões precisam ter uma profunda compreensão só adquirida com a verificação pessoal das informações: vendo por si próprias. Mesmo administradores e executivos de alto nível devem ver pessoalmente o que acontece, o máximo possível. O resumo de relatórios feitos por subordinados quando você mesmo tem um entendimento superficial não é aceitável na cultura Toyota.

13. Tomar decisões lentamente por consenso, considerando completamente todas as opções; implementá-las com rapidez.

Tornou-se um truísmo na literatura que a administração japonesa movimenta-se lentamente nas tomadas de decisão para gerar consenso, o que lhe permite mover-se rápido na execução. Embora isso com certeza se aplique à Toyota, o principal não é o consenso, mas a exploração de problemas e soluções potenciais para obter a melhor resposta possível. O método de perguntar "por quê" cinco vezes é uma forma de analisar por completo a raiz do problema. O problema superficial raramente é a verdadeira causa. Quando um membro da Toyota leva uma solução ao chefe, a primeira pergunta pode ser: "como você sabe qual é o verdadeiro problema?" As próximas perguntas são: com quem você falou? Essas pessoas estão de acordo quanto à solução?" *Nemawashi* é o processo de levar os problemas e as soluções potenciais aos que são por eles afetados, reunir suas idéias e chegar a um acordo quanto à solução. Esse processo é demorado, mas ajuda a ampliar a busca de soluções, bem como a estabelecer o cenário para a rápida implementação assim que uma decisão é tomada.

14. Tornar-se uma organização de aprendizagem pela reflexão incansável e pela melhoria contínua.

A melhoria contínua segue imediatamente após os processo estáveis. Inclui a famosa "Análise dos 5 porquês" e a ferramenta "Planejar, Fazer, Verificar, Agir" da Toyota para determinar a raiz das ineficiências ou da lentidão, assim como as contramedidas eficazes. Quando há processos estáveis e as perdas e ineficiências são publicamente visíveis, tem-se a oportunidade de aprender continuamente. Mas a aprendizagem ocorre através das pessoas, portanto, também é necessário contar com estabilidade de pessoal, promoção lenta e sistemas de sucessão os cuidadosos para proteger a base de conhecimento organizacional. Aprender significa ir adiante e construir sobre o passado, em vez de recomeçar a cada novo projeto... e a cada novo administrador.

Os ocidentais parecem ver a crítica como algo negativo e a autoconstatação de nossas limitações como sinal de fraqueza. É exatamente o oposto na Toyota. O maior sinal de força aparece quando o indivíduo pode abertamente identificar o que não funcionou, juntamente com "contramedidas" para impedir que o erro aconteça de novo. *Hansei* é um conceito mais amplo no Japão, o que não é uma peculiaridade da Toyota. Os pais podem pedir que seus filhos reflitam quando fizerem algo errado. Isso implica que você se sente mal com suas dificuldades e que se compromete a não repetir o mesmo erro. Mesmo depois do lançamento bem-sucedido de um veículo, os engenheiros da Toyota reservam tempo para refletir sobre as dificuldades do programa que acabaram de finalizar e para desenvolver contramedidas de forma a não cometerem os mesmos erros novamente. *Hansei* é uma atitude e filosofia que está no centro do *kaizen*, ou melhoria contínua.

Como utilizar este livro

Escrever um manual de aplicação do Modelo Toyota é uma tarefa desafiadora. Como observamos anteriormente, em alguns aspectos, isso parece ir contra a filosofia da Toyota de aprender fazendo. E parece implicar que é possível seguir lições e receitas simples. O que estamos realmente tentando fazer é oferecer algumas das lições que aprendemos ao buscar auxiliar empresas a tornarem-se organizações de aprendizagem enxutas. Uma organização de aprendizagem enxuta procura atingir seus objetivos com o mínimo de perdas, continuamente tornando-se melhor. As melhores equipes esportivas ficam um pouco melhores todos os dias – com a prática, com os jogos e com a reflexão sobre o que vêem em videoteipes. Nenhum atleta se torna atleta aprendendo. E nenhuma organização jamais terminará de aprender e melhorar. A Toyota está sempre longe do que deseja ser.

Esperamos que este livro inspire, ofereça boas dicas e até mesmo leve à aplicação direta. Mas é apenas um livro. A verdadeira aprendizagem ocorre todos os dias. As verdadeiras lições são as da vida. Se o motivarmos a tentar fazer algumas coisas de maneira diferente, a refletir um pouco mais sobre lições da vida e a colocar em uma perspectiva mais ampla alguns conceitos que você aprendeu, nos consideraremos bem-sucedidos. Em qualquer caso, você pode ficar certo de que praticaremos *hansei* para refletir sobre os modos de corrigir quaisquer dificuldades e para melhorar nossas habilidades no futuro. Esperamos que você faça o mesmo. Desejamos a todos o melhor em sua jornada de aprendizagem enxuta.

Por que sua Empresa Existe?

Parte

Defina sua Filosofia Corporativa e Comece a Vivenciá-la

Capítulo 2

Qual é a filosofia de sua empresa?

Faça essa simples pergunta no trabalho e observe os olhares ficarem vidrados. É como perguntar por que os seres humanos existem na Terra. Isso é coisa para filósofos. Vamos fazer o trabalho que temos para hoje. As empresas regularmente têm reuniões em que planos são feitos para o ano seguinte, e algumas empresas que pensam no futuro chegam a desenvolver planos para cinco anos. Mas então ouvimos falar dos misteriosos planos de 500 anos de empresas japonesas. Não é necessário saber o que sua empresa estará fazendo dentro de 500 anos. A questão é se sua visão inclui estar em funcionamento por tanto tempo.

A visão da Toyota certamente inclui estar funcionando a longo prazo. Tendo iniciado como empresa familiar, a Toyota evoluiu para um organismo vivo que deseja primeiro e acima de tudo sobreviver a fim de continuar a contribuir. Contribuir para quem? Contribuir para a sociedade, para a comunidade e todos os seus funcionários e parceiros.

Se perguntarmos por que a maioria das empresas existe, a resposta se resumirá a uma única palavra: lucro. Qualquer economista pode lhe dizer que, em uma economia de mercado, a única coisa que uma empresa precisa é se preocupar em gerar dinheiro – tanto quanto possível, dentro de limites legais, obviamente. Essa é a meta. Na verdade, qualquer outra meta levará a uma distorção do livre mercado.

Consideremos um simples exercício de pensamento. Se uma boa análise financeira demonstrasse que sua empresa poderia ser mais valiosa financeiramente se fosse dividida e os bens fossem vendidos em vez de continuar como uma só empresa, seus líderes fariam isso? Eles estariam realizando o propósito da empresa ao dissolvê-la e vendê-la em partes?

De uma perspectiva puramente de economia de mercado, a empresa deveria ser dissolvida e vendida. Obviamente, alguém poderia argumentar que depende dos termos que estão sendo considerados. Talvez com uma mudança de estratégia a empresa pudesse ser mais lucrativa em um período de 10 anos em comparação com o que ocorreria com sua dissolução. Ou talvez devesse ser considerado um período de 15 anos. Mas essa não é a questão. A questão é: por que a empresa existe? Se for meramente um empreendimento financeiro, poderá atingir seu objetivo sendo dissolvida e vendida com lucro, com base em cálculos do tipo risco-retorno dentro de um certo limite de tempo. Se a empresa existe por outras razões, então sua venda, mesmo com bom lucro, pode significar admitir um fracasso.

Se a Toyota fosse dividida e vendida com um ótimo lucro, ela seria um completo fracasso, considerando-se seu propósito. Não poderia continuar a beneficiar a sociedade, muito menos seus funcionários ou seus parceiros externos se fosse dissolvida como empresa. Ela beneficiaria apenas alguns proprietários individuais a curto prazo. Esse fato é importante como base para a construção de uma empresa de aprendizagem enxuta, pois conduz a uma questão fundamental: em que vale a pena investir para atingir o objetivo da empresa? Em toda transação empresarial, essa pergunta aparecerá em primeiro plano. Em todo investimento na melhoria da empresa, de seu pessoal e de seus parceiros, essa questão surgirá. Se você não consegue responder essa pergunta, pode não valer a pena aprender a ser enxuto. Você poderá tirar algumas ferramentas enxutas da sua cartola de truques enxutos e mapear seu processo, eliminar algumas perdas e fazer economia de custos. Mas sua organização não se tornará uma empresa de aprendizagem enxuta ao seguir esse caminho. E a maioria dos conselhos e dicas deste livro não se aplicará a sua empresa. Seria melhor ler um livro sobre análise financeira.

Então, em um dado momento, você precisa encarar a difícil questão: por que existimos como empresa? Isso não precisa ser um debate filosófico abstrato, incontestável. Neste capítulo, discutimos um modo de pensar no propósito de sua empresa e damos algumas dicas sobre o que é necessário para desenvolver as bases de construção de uma empresa de aprendizagem enxuta.

Um senso de propósito por dentro e por fora

O que significa, para uma organização, ter um senso de propósito? Se for simplesmente ganhar dinheiro, coloque um grande cifrão em uma placa para que os funcionários e administradores possam vê-lo e esqueça a elaborada declaração de missão da empresa. Se for mais do que isso, considere então o que está tentando realizar interna e externamente. O que você está tentando construir para os interessados internos? Em que você está tentando ajudá-los a contribuir e o que eles obterão em troca? Que impacto você está tentando ter no mundo externo? Além disso, sua missão deve conter duas partes – uma referente às pessoas e a outra relativa ao negócio.

A Figura 2-1 representa o propósito da empresa como uma matriz combinando metas internas e externas em relação a pessoas e negócios. Inclui afirmações simples baseadas no objetivo da Toyota e mostra as metas de curto e de longo prazo da empresa.

As metas de curto prazo para cada célula são o que toda empresa deseja: processos internos capazes, pessoas capazes de realizar o trabalho, parceiros capazes de desempenhar suas tarefas e todos querendo ganhar dinheiro. É algo bastante direto. Mais desafiador é obter um comprometimento sincero da alta administração com o pensamento de longo prazo. Consideremos o que significa pensamento de longo prazo em cada uma das quatro células.

Sistemas enxutos

Vamos manter a simplicidade e começar com o que a maior parte do mundo mais conhece da Toyota – a parte técnica do Sistema Toyota de Produção. Ela reduz o tempo entre o pedido do cliente e a entrega eliminando a perda sem valor agregado. O resultado é um processo enxuto que proporciona alta qualidade aos clientes a um baixo custo, dentro do prazo, e

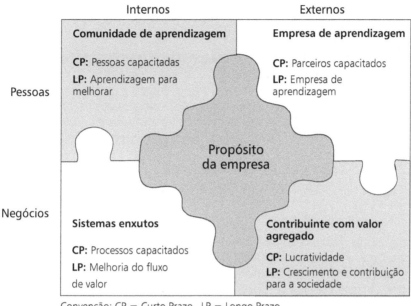

Figura 2-1 Definição do propósito da empresa.

que permite que a Toyota seja compensada sem precisar manter enormes quantidades de estoque. Processos enxutos semelhantes podem ser encontrados no desenvolvimento de produtos, em que a Toyota apresenta os menores tempos de desenvolvimento no setor, atualizando estilo e características para os clientes com maior rapidez, mais qualidade e menor custo do que suas concorrentes. E os processos enxutos internos estendem-se por todas as funções de apoio empresarial da empresa, como vendas, compras, engenharia de produção e planejamento, embora não sejam tão formalizados nessas áreas quanto no desenvolvimento de produtos e na manufatura.

O que menos se sabe é que os sistemas enxutos não têm a ver apenas com ferramentas e técnicas, mas também com filosofia. Por exemplo, é fácil entender como a eliminação de perdas com o uso de ferramentas enxutas levará a retornos financeiros imediatos. Mas e a necessidade de se criar alguma perda de curto prazo a fim de eliminar as perdas a longo prazo? Consideremos os seguintes cenários:

1. Tratar o trabalhador com valor agregado como um cirurgião e dar-lhe todas as ferramentas e peças necessárias para que realize seu trabalho sem desviar sua atenção das tarefas com valor agregado poderá exigir alguma preparação sem agregação de valor. Poderá ser necessário preparar ferramentas e peças com antecedência nos contêineres ou *kits* do tamanho certo, assim como poderá ser preciso que um encarregado de material leve essas ferramentas e peças com freqüência até o lugar onde o trabalho com valor agregado está sendo realizado.

2. A redução do tamanho dos lotes e a melhoria do fluxo de peças no sistema poderão exigir trocas mais freqüentes de ferramentas em um equipamento, incorrendo em custos adicionais na preparação das máquinas (*setup*). Procedimentos SMED (troca de ferramentas em um dígito) podem reduzir drasticamente o

tempo e custo de preparação, mas muitas empresas preferem usar esse tempo para produzir mais peças, aumentando a superprodução, em vez de reduzir o tamanho do lote.
3. A melhoria da qualidade e a redução do tempo de atravessamento (*lead time*)do processo de desenvolvimento do produto poderão demandar um investimento em engenheiros-chefe dedicados que põem os programas em andamento, mas que não administram as pessoas que trabalham nos programas. Essa é uma função adicional que vai além do papel tradicional de um gerente de programa. Os engenheiros-chefe têm muita responsabilidade e precisam ser bem remunerados.
4. O aumento da qualidade do lançamento de um produto poderá exigir o envolvimento de fornecedores no princípio do processo e parceria com aqueles altamente competentes em termos de técnica, o que significa pagar mais por peça inicialmente, em vez de procurar o produtor de custo mais baixo.

Em outras palavras, poderá ser necessário investir algum dinheiro a curto prazo para obter os processo enxutos de alta qualidade necessários para economizar a longo prazo. E, para piorar, pode não ser fácil calcular com exatidão as economias atribuíveis a uma determinada ação que demanda dinheiro. Por exemplo, qual é o benefício de ter lotes menores em comparação com o custo de fazer as trocas nas máquinas com maior freqüência? Pode-se calcular o custo da mão-de-obra, mas os benefícios de lotes menores são mais indefiníveis. Na verdade, se fosse possível calcular os benefícios de cada troca, peça por peça, não estaríamos falando de um sistema enxuto. Portanto, sistemas enxutos são uma questão de filosofia, embora, na superfície, pareça uma questão técnica direta.

ARMADILHA

Visão dos sistemas enxutos como projetos técnicos segmentados

As ferramentas do sistema enxuto podem ser muito poderosas. Por exemplo, várias empresas participam de seminários de uma semana sobre *kaizen* e descobrem que podem economizar espaço, melhorar a produtividade e obter mais qualidade, tudo de uma vez só – ótimo! Algumas empresas chegam a calcular o retorno sobre o investimento ao final de cada seminário. Infelizmente, a obtenção de um verdadeiro sistema enxuto requer fluxo de valor estendido que vai além do que tipicamente se faz em seminários individuais sobre *kaizen*. E alguns dos retornos sobre o investimento são ilusórios. Não tente desenvolver um sistema enxuto justificando cada segmento de melhoria. Você descobrirá o que está mais acessível, mas não terá um sistema sustentável que continue a eliminar as perdas e o grande investimento não será compensado.

Comunidade de aprendizagem

Em muitos setores da Toyota, o STP é chamado de "Sistema Toyota de Pensamento". Quando Taiichi Ohno começou a estender operações para eliminar as perdas entre elas, fez uma descoberta surpreendente. Quando os processos são estendidos, os problemas tornam-se imediatamente visíveis e as pessoas precisam pensar, caso contrário, os processos ficam paralisados. Assim que a descoberta foi feita, deixou de ser acidental. O verdadeiro poder dos sistemas enxutos, como Ohno descobriu, é que eles trazem os problemas à tona e forçam as pessoas a pensar.

Mas isso terá impacto limitado sobre a empresa, a menos que a experiência dos indivíduos seja compartilhada com os demais. A reinvenção é seu próprio desperdício. Por isso, os investimentos devem ser feitos em sistemas de aprendizagem a fim de captar o conhecimento obtido com as contramedidas, de maneira que tal conhecimento possa ser usado novamente. E a aprendizagem cria um novo padrão e um novo platô em que se pode construir mais aprendizagem.

Construir uma *comunidade* de aprendizagem significa ter indivíduos com capacidade de aprender. Esse é o ponto de partida básico. Além disso, comunidade sugere participação, e os indivíduos não podem participar se são mão-de-obra de curto prazo a ser demitida assim que alguma dificuldade econômica aparecer. Pertencer a uma comunidade sugere reciprocidade: um compromisso do indivíduo com a comunidade e um compromisso da comunidade com o indivíduo.

De fato, a Toyota faz grandes investimentos em seu pessoal, como discutiremos adiante, no Capítulo 11. Por exemplo, é necessário um investimento de cerca de três anos para desenvolver um engenheiro de primeira linha que possa realizar o trabalho básico que a Toyota espera. Assim, um engenheiro que sai logo após esse período é um investimento completamente perdido. A razão para o investimento de três anos é ensinar o engenheiro a pensar, resolver problemas, comunicar-se e fazer engenharia segundo o Modelo Toyota. Não é simplesmente uma questão de aprender habilidades técnicas básicas.

Percebemos que a Toyota vê seu próprio pessoal à luz da filosofia mais ampla do Modelo Toyota. Isso leva a investimentos de longo prazo que, de outro modo, não seriam feitos. A filosofia fornece a estrutura em que as ações individuais são realizadas.

Empresa enxuta

Uma vez que 70 a 80% dos veículos da Toyota são projetados e construídos por fornecedores externos, um produto Toyota só pode ser tão bom quanto a base de fornecedores permitir. A empresa compreende que os clientes não a perdoam por peças defeituosas com a justificativa de que um fornecedor externo as fabricou. A própria Toyota é responsável. E o único modo de ser responsável é garantir que os fornecedores tenham o mesmo nível de comprometimento com sistemas enxutos, com uma comunidade de aprendizagem e com a empresa enxuta, que a Toyota. Tudo isso faz parte do fluxo de valor – parte do sistema.

Portanto, a Toyota faz investimentos em seus parceiros que muitas vezes parecem desafiar o bom senso. Vamos lembrar o que foi aprendido há vários anos, quando uma planta que produzia válvulas P para a Toyota incendiou. As válvulas P são componentes importantes do sistema de freios de todos os automóveis vendidos no mundo e a Toyota cometeu o erro de ter como fonte apenas um fornecedor com uma fábrica. Com um estoque de válvulas P só para três dias na rede de fornecimento depois do incêndio, 200 fornecedores e suas afiliadas tiveram que se organizar para que a produção de válvulas P estivesse em andamento antes do estoque terminar. Sessenta e três empresas diferentes fabricaram válvulas P por conta própria, sem que a Toyota tivesse pedido. Quanto vale uma lealdade como essa? Isso permite que a Toyota conte com uma rede de fornecimento bastante enxuta confiante de que, em uma crise, esta mobilizará vastos recursos para a solução de problemas. Esse exemplo ilustra a poderosa arma estratégica que a Toyota formou ao investir em um empreendimento enxuto.

Contribuinte com valor agregado

O que faz os executivos da Toyota levantarem de manhã, se dirijirem ao trabalho e tomarem as decisões certas para longo prazo? Se sua meta fosse somente maximizar sua utilidade pessoal, como algumas das teorias econômicas presumem, eles não fariam o que fazem. Jim Press, vice-presidente executivo e CEO da Toyota Motor Sales, admitiu que sua remuneração total era bem menor do que a de seus colegas de empresas automotivas americanas. Quando lhe perguntaram como lidava com isso, disse: "Sou bem pago. Estou tendo uma oportunidade. Fico muito feliz por poder fazer isso. O objetivo [do dinheiro] é possibilitar o reinvestimento no futuro para que possamos continuar a fazer o que fazemos... e a ajudar a sociedade, ajudar a comunidade".

Vindo da maioria das pessoas, simplesmente esboçaríamos um sorriso e diríamos "que idéia adorável e completamente irrealista". Mas Jim Press estava falando sério. Ele acredita nisso. E, como um dos principais executivos da Toyota da América do Norte, pode influenciar um enorme número de pessoas com base nessa crença.

Se oferecer dividendos aos acionistas e proporcionar gratificações polpudas aos executivos mais importantes fosse o único propósito do empreendimento, não haveria motivo para tornar-se uma empresa enxuta. Não haveria razão para investir em uma comunidade de aprendizagem. Até mesmo os sistemas enxutos resultariam em redução de custos a curto prazo através de ações enxutas pontuais. Assim, a filosofia está inter-relacionada com tudo. Sem todas as peças, a pirâmide dos 4Ps desmorona.

DICA

O desenvolvimento de um sistema enxuto é semelhante à economia de dinheiro para a aposentadoria. Esforço e sacrifício devem ser feitos no presente para que os benefícios sejam colhidos no futuro. O processo de implementação exigirá sacrifício de tempo e de recursos agora para que haja ganhos *potenciais* no futuro. Como nos investimentos, a chave para o sucesso é começar cedo e fazer contribuições regularmente.

Criando sua filosofia

Infelizmente, apenas anotar a filosofia da Toyota em um papel não vai levá-lo até ela. É como tentar obter os benefícios do Sistema Toyota de Produção (STP) imitando um sistema *kanban* ou reproduzindo uma célula que você viu em um fornecedor da Toyota. A filosofia ganha vida na cultura do Modelo Toyota. Assim, o trabalho árduo continua. Você deve desenvolver sua própria filosofia.

Certamente, não é preciso começar do zero. Você pode construir a partir do que aprendeu sobre a Toyota – um modelo extraordinário. E existem muitas outras empresas e organizações com que se pode aprender. Mas do mesmo modo que assistir a um grande jogador de tênis em uma partida não o torna um grande jogador, o que conta é o que você faz e as habilidades que desenvolve. Tem a ver com seu comportamento no dia-a-dia... e com o que você aprende.

Um ponto de partida é fazer uma reunião para avaliar a situação atual. Essa é sempre a base de qualquer processo de melhoria na Toyota. O que é nossa cultura hoje? Quais são suas raízes? O princípio de *genchi genbutsu* diz que devemos ver as coisas pessoalmente para entender a verdadeira situação. Isso requer um pouco de caminhada. Você tem que ir até lá ver e falar com os funcionários e gerentes. Qual é a nossa verdadeira cultura? Como ela se ajusta com nossa filosofia? Haverá uma falha. Há uma falha na Toyota –suspeitamos que seja menor do que a da maioria.

Agora, qual é a visão do estado futuro? Como você quer que seja sua filosofia? Qual é o seu modelo? O modelo de quatro caixas na Figura 2-1 pode ajudá-lo a concentrar-se nos elementos essenciais. Como você quer ser interna e externamente em termos de pessoas e de empresa?

No que se refere à empresa, é necessário pensar no contexto de uma estratégia corporativa mais abrangente. Não é possível ser uma empresa lucrativa e financeiramente saudável sem uma estratégia bem desenvolvida. Só as citações da literatura sobre estratégia já encheriam este livro. Um dos principais gurus em estratégia é Michael Porter. Em um artigo na *Harvard Business Review* (Nov.-Dez., 1996), ele coloca a questão de forma direta: "o que é estratégia?". Ele observa:

> Sob pressão para melhorar a produtividade, a qualidade e a velocidade, os administradores têm adotado ferramentas como TQM, *benchmarking* e reengenharia. O resultado tem sido melhorias operacionais extraordinárias, mas raramente essas conquistas têm se traduzido em lucratividade sustentável. E, gradualmente, as ferramentas tomam o lugar da estratégia. A eficácia operacional, embora necessária para um desempenho superior, não é suficiente, pois suas técnicas são fáceis de imitar. Por outro lado, a essência da estratégia é escolher uma única e valiosa posição em sistemas de atividades, muito mais difíceis de reproduzir.

Porter faz muitas observações interessantes nesse artigo. Por exemplo, ele aponta que você não possui realmente uma estratégia a menos que ela afirme o que você *não* fará. Que empreendimentos lucrativos você descartaria porque não se enquadram em sua estratégia? Se a resposta for nenhum, você não tem uma estratégia, de acordo com Porter. Ele também fala sobre sistemas de atividades que traduzem a estratégia em ação e de um alinhamento dos sistemas de atividade com a estratégia – algo que é muito visível no sistema da Toyota.

Se você tem uma ótima estratégia que define como você será um contribuinte único em termos de valor agregado, você ainda precisa preencher outros quesitos. Estes têm a ver com os "sistemas de atividade" de Porter. Para levar essa visão estratégica para a empresa, como está a excelência operacional? Ou seja, que sistemas enxutos são necessários para satisfazer o propósito externo do negócio? Que tipos de pessoas são necessárias para sustentar essa visão dentro da empresa e junto a seus parceiros? A totalidade das respostas a essas perguntas definirá a filosofia de sua empresa.

Ir à luta e fazer com que a alta liderança concorde com seu modo de atuar é um ótimo começo e certamente vale a pena. É preciso realizar algum trabalho de base para considerar seu estado presente. Deve-se olhar para trás, para a história da herança de sua empresa e o que moldou sua cultura. Mas sair desse encontro com a sensação de renovação e comprometimento com uma visão grandiosa é apenas o ponto de partida.

Vivendo sua filosofia

O prefácio de *O Modelo Toyota* cita o Sr. Cho, que foi presidente da Toyota e discípulo de Ohno:

> O importante é ter todos os elementos juntos como um sistema. Deve-se praticar todos os dias e de um modo sistemático – não aos ímpetos.

Como ele pôde ser tão cruel, colocando um nível tão alto? Transformar uma filosofia em prática aos ímpetos já é algo muito difícil, mas torná-la tão natural a ponto de ser praticada sistematicamente todos os dias parece realmente impossível.

Para piorar, a responsabilidade de vivenciar a filosofia recai diretamente sobre os ombros de um grupo específico, facilmente identificável: a liderança. Todos os executivos, administradores, diretores, supervisores, líderes de grupos ou seja lá a denominação que tiverem devem viver a filosofia "todos os dias e de um modo sistemático". Os líderes têm que liderar pelo exemplo... sistematicamente.

Isso exige um grande comprometimento, começando no topo da organização. Não se trata apenas de um comprometimento filosófico abstrato para apoiar o sistema enxuto. Trata-se de um compromisso como um "modo" – um modo de olhar o propósito da empresa, de olhar os processos, de olhar as pessoas, um modo de aprendizagem para aprender como organização.

Os diversos compromissos que os líderes devem estar preparados para assumir aparecem sintetizados no modelo dos 4Ps na Figura 2-2. Mostramos os princípios administrativos do Modelo Toyota como um conjunto de compromissos de liderança essenciais para o avanço na aprendizagem do Modelo Toyota. Cada princípio administrativo está associado a uma filosofia – um modo de pensar sobre objetivos, processos, pessoas e solução de problemas. Quando o presidente Cho assinou o "Modelo Toyota 2001" como documento interno, ele estava reforçando o comprometimento necessário de todos os líderes. A Toyota, então, foi em frente, desenvolvendo um programa de treinamento abrangente para auxiliar os líderes a pensar de acordo com o Modelo Toyota. O treinamento inclui estudos de casos detalhados em que os administradores analisam a abordagem de lançamento escolhida por um administrador de uma planta, com base em todos os princípios do Modelo Toyota. Inclui os administradores que estão na liderança de projetos para melhorar processos utilizando métodos apropriados do Modelo Toyota. Nenhum administrador é dispensado. O treinamento leva cerca de seis meses e é uma pequena parte do reforço ao comprometimento com o Modelo Toyota.

Figura 2-2   Comprometimento exigido da alta liderança.

Realização de um pacto social com funcionários e parceiros

No que diz respeito às pessoas, se é para ter uma comunidade de aprendizagem conjunta de longo prazo, então alguns acordos, também de longo prazo, precisam ser feitos. No Japão, há muito menos dependência de documentos formais e litígios do que nos Estados Unidos. No Japão, as reuniões cara a cara, o boca a boca e acordos básicos entre as pessoas têm um papel mais importante nos negócios. A Toyota jamais colocou por escrito uma garantia de emprego ou a garantia de que um fornecedor continuará a negociar com a empresa se tiver um bom desempenho. Mas, com certeza, existe um pacto social forte e bem compreendido.

O pacto social ficou claro em 1948, quando o presidente e fundador da Toyota Motor Company, Kiichiro Toyoda, se demitiu. A economia japonesa estava em péssimas condições e a dívida da Toyota era oito vezes o valor de seu capital. Kiichiro tentou resolver o problema com concessões de salário voluntárias, mas concluiu que precisava demitir 1.600 trabalhadores para manter a empresa em operação. Fez isso de uma maneira incomum. Ele pessoalmente assumiu a responsabilidade e demitiu-se primeiro. Assim, conseguiu que 1.600 trabalhadores voluntariamente "se aposentassem". Isso foi muito doloroso para a empresa, mas a liderança da Toyota jurou nunca mais chegar àquela terrível situação. Esse é um dos motivos por que a Toyota é uma empresa tão conservadora em termos fiscais, com dezenas de bilhões de dólares em reservas em dinheiro.

Em *O Modelo Toyota*, você encontrará o exemplo da TABC, em Long Beach, Califórnia, estabelecida para a construção de bases para caminhões em 1972. Em 2002, a Toyota decidiu mudar a produção de bases para caminhões para uma nova planta no México. Mão-de-obra mais barata, você supõe? Vá à página da TABC na Web e você descobrirá que, "em 2004, quando a produção de bases para caminhões passar para a TMMBC, a TABC montará caminhões comerciais para a Hino Motors, a serem vendidos na América do Norte, e, a partir de 2005, a TABC montará motores de quatro cilindros". Uma vez que isso foi escrito, foi o que de fato aconteceu. A TABC está viva, não houve demissões. Havia uma série de razões para passar a produção de bases de caminhões para o México, mas a Toyota não fecharia a TABC e não demitiria seus funcionários, que haviam prestado bons serviços para a empresa.

O comprometimento é claro: a Toyota não demitirá funcionários que trabalham bem, exceto como último recurso para salvar a empresa. Os funcionários que não apresentam bom desempenho são alertados e devem demonstrar que estão seriamente tentando melhorar.

Como todas as empresas, a Toyota lida com altos e baixos no mercado. Ela utiliza equipes flexíveis como amortecedores. Primeiro, a empresa possui quantidades consideráveis de "trabalhadores temporários" de empresas terceirizadas. Isso pode significar 20% da mão-de-obra. O compromisso da empresa com os trabalhadores temporários não é o mesmo que com os permanentes. Mas a Toyota tem relações duradouras com as empresas terceirizadas que compreendem suas exigências e trabalha constantemente com elas. Também conta com empresas afiliadas no grupo Toyota como um todo e pode acrescentar e subtrair mão-de-obra através de transferências de pessoal.

A questão para sua empresa é muito simples: que tipo de pacto social você fará com seus funcionários? Novamente, comece com uma compreensão histórica, que pode ser muito boa. Mas se a realidade mostrar funcionários admitidos e demitidos à vontade, com base nas condições do mercado e em simples cálculos de retorno sobre o investimento com o fechamento de fábricas, algo terá que ceder. Ou mude o pacto, ou desista de ser uma empresa de aprendizagem enxuta no verdadeiro sentido do termo.

Manutenção da constância de propósito

Uma série de importantes corporações tem alcançado progresso significativo na jornada enxuta. Geralmente, a jornada começa quando alguém com responsabilidade operacional – um vice-presidente ou mesmo um administrador de nível intermediário – decide investigar com seriedade o que o sistema enxuto pode fazer pelas operações da empresa. Com freqüência, o processo é impulsionado por uma real preocupação com a empresa, como margens reduzidas que obrigam a drásticas reduções de custos, ou por oportunidades de expandir os negócios e um desejo de minimizar maiores investimentos de capital. Consultores são contratados, alguém é encarregado de liderar a iniciativa enxuta e, vejam só, funciona! Funciona no sentido de que os processos são aprimorados, o material flui melhor e o ponteiro dos indicadores de desempenho se move – ao menos nas áreas onde o sistema enxuto é aplicado.

O sucesso é motivador e não há nada melhor do que atingir os objetivos do negócio. Isso pode levar a diversos caminhos. Um deles é o da disseminação do sistema enxuto e a luta para alcançar resultados ainda melhores. Ensine mais funcionários a empregar as ferramentas enxutas e você verá surgir mais projetos. As empresas que fazem isso descobrem que continuam a detectar melhorias aqui e ali, mas, em certo ponto, percebem que as coisas não estão funcionando juntas como um sistema. Também percebem que os ganhos não são sustentados e que as mudanças técnicas começam a voltar a ser como antigamente. Fazer com que as coisas funcionem como um sistema exige mais um grande salto à frente. A alta administração deve compreender que o sistema enxuto é mais do que um conjunto de ferramentas e técnicas. É um modo de pensar sobre o próprio processo de administrar.

As empresas que deram esse grande salto à frente – das ferramentas e técnicas para uma filosofia e um sistema administrativos – começam a dirigir sua atenção para a mudança de cultura. O que queremos dizer com cultura? É um conjunto *compartilhado* de valores, crenças e suposições. A chave é que ela é compartilhada. E culturas fortes duram para além de determinados líderes. A constância de propósito provém da presença de uma forte cultura corporativa, a começar pela alta liderança, e da adesão a essa cultura ao longo de gerações de líderes. A cultura administrativa básica da Toyota teve início quando Sakichi Toyoda inaugurou a Toyota Automatic Loom Works em 1926. Desde então, os princípios administrativos do Modelo Toyota evoluíram, mas fundamentalmente não se desviaram do que Sakichi acreditava. Estamos falando de quase 80 anos de cultura em evolução – de constância de propósito. Em termos históricos, isso ainda é um curto período de tempo. Mas vence a maioria das empresas que trocam de liderança anualmente ou a cada três anos e que, com cada novo líder, adquirem uma nova filosofia.

Então, como você pode chegar ao que Edward Deming chamou de "constância de propósito"? A resposta é simples: ela tem que vir através da continuidade dos líderes. É preciso ter um conjunto de líderes que verdadeiramente acreditem em uma visão comum para toda a empresa. É preciso agir de forma coerente ao longo do tempo. Se você fizer isso, formará a sua cultura. Para mantê-la, os líderes que a vivenciam devem ser desenvolvidos internamente. Isso requer um sistema de sucessão. Qualquer líder que venha de fora deve começar em algum ponto abaixo do topo da empresa e ser cuidadosamente desenvolvido e nutrido com o passar dos anos, de acordo com o modelo de sua empresa.

E se você não tiver líderes comprometidos? Você precisa começar por algum lugar. E o melhor lugar para começar é através de ações que melhorem os processos e proporcionem resultados básicos. Use isso para atrair a atenção da administração e comece a construir apoio desde a base até os níveis mais altos. Se não conseguir mudar o pensamento da alta liderança, pelo menos você obterá processos melhores e terá aprendido bastante.

ARMADILHA

Falsificação de um propósito valioso

Muitas empresas têm reuniões em que proclamam declarações de missão generosas – satisfação dos clientes, capacitação dos funcionários, melhoria contínua, etc. Embora seja um bom passo inicial, o segundo passo é levar isso a sério. Comportamento contrário à declaração de missão sinaliza para o funcionário cansado que o comprometimento não é verdadeiro. A credibilidade se perde, e a declaração da missão fica sem valor... fazendo mais mal do que bem para a moral.

Questões para reflexão

1. Reúna afirmações sobre os valores de sua empresa (Dica: a declaração da missão é uma fonte).
2. Avalie a relação entre os valores afirmados, as crenças, a missão e o que a empresa verdadeiramente defende. Considere o modelo da Figura 2-1. Avalie os valores e a missão de sua empresa à luz desse modelo.
   a. O propósito de sua empresa está estritamente afirmado em uma das quatro caixas ou em todas elas – internos, externos, pessoas e negócios?
   b. Você tem um pacto social claro e coerente com os componentes da equipe?
   c. Os componentes da equipe são parceiros ou custos variáveis?
   d. A filosofia da empresa muda com cada CEO ou há continuidade de propósito?
3. Aproveite uma reunião ou organize uma para discutir e redigir o modelo de sua empresa. Ele deve estar fundamentado nos pontos fortes e na história única de sua empresa.
4. Inicie o processo de educação de todos os líderes de acordo com o modelo de sua empresa.

Criação de Processos Enxutos em Toda a Empresa

Parte **III**

Início da Jornada de Redução de Perdas

Capítulo 3

Enxuto significa eliminação de perdas

Ser "enxuto" virou um jargão empresarial. Um executivo de uma corporação, ao ouvir falar do sucesso de seus concorrentes com um programa enxuto, poderia dizer para um subordinado: "temos que ser enxutos para sobreviver neste mercado competitivo. Faça um curso, consiga um certificado nesse tal de negócio enxuto e volte para pôr em prática". Se fosse tão fácil assim... O subordinado, quase sempre um administrador de nível médio ou engenheiro, faz o curso, começa a usar uma série de termos intrigantes, como *kanban*, *andon*, *jidoka*, *heijunka*, *takt-time*, etc. e volta saturado e sobrecarregado. "Por onde começo?", ele pergunta. "Nossos processos não se parecem com os exemplos dados em aula."

Infelizmente, os processos são diferentes, e a simples aprendizagem de um modelo para estabelecer um sistema *kanban* ou a construção de uma célula podem não se aplicar diretamente na sua operação. Provavelmente, uma ferramenta usada pela Toyota da forma que ela a utiliza pode nem mesmo fazer sentido em seu ambiente. Isso leva muitas pessoas a concluírem que "o sistema enxuto não funciona aqui".

Quando ouvimos isso, pedimos que nossos alunos ou clientes recuem um pouco. Poderíamos concordar que a construção de um supermercado e o uso de *kanban* não é a solução. Mas não desista ainda. Voltemos aos primeiros princípios. O ponto de partida na criação de um fluxo enxuto, para nós, é a descrição feita por Taiichi Ohno, em 1988, do que ele estava tentando realizar:

> Tudo o que estamos fazendo é olhar para a linha de tempo desde o momento em que o cliente nos faz um pedido até o ponto quando coletamos o pagamento. E estamos reduzindo essa linha de tempo, removendo as perdas sem valor agregado.

Então, perguntamos: "você está interessado em reduzir seu *lead time*? Você tem perdas sem valor agregado que podem começar a ser eliminadas?" Obviamente, a resposta é sim, todo processo tem perda, ou *muda* em japonês.

Os fundamentos do Modelo Toyota baseiam-se nessa meta simples, embora ilusória, de identificar e eliminar as perdas em todas as atividades de trabalho. Na verdade, quando observamos um processo como uma linha de tempo de atividades, material e fluxos de informação e o mapeamos do início ao fim, encontramos uma quantidade de perdas desanimadora – geralmente muito mais perdas do que atividades com valor agregado. Mas ver as perdas não é a mesma coisa que eliminá-las. A remoção esporádica produzirá áreas de melhoria, mas os benefícios por todo o sistema que a Toyota usufrui são alcançados seguindo-se um método cíclico de melhoria contínua.

A chave para retirar as perdas da organização reside neste paradoxo: a fim de melhorar, a situação deve ficar pior. Não há maneira de se tornar realmente enxuto sem uma certa porção de desconforto. Infelizmente, não existe "pílula mágica" que produza o resultado desejado sem sacrifício. Como veremos posteriormente, quando unimos operações, como na criação de uma célula, quando um processo paralisa, o próximo fica paralisado também. A dor em qualquer parte imediatamente causa dor no restante do processo.

Você poderia perguntar: "o que Ohno-san poderia ter pensado?" Algum grau de melhoria pode ser atingido sem desconforto. Sempre há "grandes perdas" que podem ser removidas, pois não existe nenhuma razão racional para a sua existência. Por exemplo, recentemente ouvimos falar de uma empresa de manufatura que queria "ser enxuta" devido às enormes quantidades de estoque após cada etapa de seu processo. A empresa contratou um consultor que lhe vendeu um *software* de programação que calculava quanto de estoque era necessário para sustentar o fluxo em seu processo a cada etapa. A empresa, então, transformou em política a limitação do estoque de acordo com o modelo computacional. O estoque diminuiu, e o consultor virou um herói. Nada mais foi modificado no processo, e não houve nenhum desconforto. Quem pode competir com isso?

Infelizmente, nada mais melhorou. A empresa conseguiu economizar um pouco com a redução de estoque, mas problemas de paralização de equipamentos, longos períodos para a preparação de máquinas, o que limitava a flexibilidade, atrasos devido à falta de peças que o cliente precisava e toneladas de situações do tipo "apagar incêndios" continuaram a ser a ordem do dia. Assim, as perdas foram reduzidas, mas a raiz dos problemas responsáveis por elas não foi. E, a propósito, com o tempo, os níveis de estoque começaram a aumentar de novo.

O verdadeiro sucesso vem de um *processo* de melhoria para identificação das perdas – compreender a raiz do problema e colocar em prática verdadeiras contramedidas para essa causa. Infelizmente, isso é muito mais difícil do que instalar um *software*. O sucesso absoluto depende de três coisas:

1. Foco na compreensão dos conceitos que sustentam as filosofias do sistema enxuto, estratégias para implementação e uso eficaz de metodologias enxutas, em vez de foco na aplicação descuidada de ferramentas enxutas [*kanban*, 5S, etc.].
2. Firme aceitação de todos os aspectos do processo enxuto, inclusive daqueles que produzem efeitos indesejáveis de curto prazo. Isso impede a "retirada" apenas dos elementos que não ultrapassam a zona do conforto.
3. Planos de implementação cuidadosamente concebidos que contenham a erradicação sistemática, cíclica e contínua das perdas.

ARMADILHA

Com freqüência, visitamos plantas que estabeleceram células muito bem organizadas, sem um entendimento profundo de propósito. Em uma planta de sistemas de exaustão, uma célula montava um silenciador completo a partir de um conjunto de peças. Era um "fluxo unitário de peças". Infelizmente, quando visitamos a planta, certas operações estavam adiantadas em relação a outras, e não havia espaço para as submontagens que estavam sendo produzidas. Então, os funcionários começaram a empilhá-las no chão. Em vez de parar de produzir, continuaram a superproduzir e a empilhar as peças. O gerente da planta sorriu, nervoso, e disse: "tentamos treiná-los, mas eles não entendem o conceito de fluxo unitário de peças". Foi até um funcionário e gritou com ele, e continuamos caminhando. Isso indicou a falta de procedimentos claramente definidos (padrões), falta de vontade de lidar com situações desconfortáveis e falta da mentalidade de "parar para resolver os problemas imediatamente". O administrador da planta não entendia nem adotava realmente as filosofias do Modelo Toyota. Ele tinha a forma, mas não a substância do sistema de fluxo.

A Toyota identificou os sete tipos principais de atividades sem valor agregado em processos empresariais ou de manufatura, os quais descrevemos abaixo. Você pode aplicá-los ao desenvolvimento de produtos, à tomada de pedidos e ao escritório, e não só à linha de produção. Há, ainda, um oitavo tipo de perda que incluímos na nossa lista.

1. **Superprodução.** Produzir itens mais cedo ou em maiores quantidades do que o cliente necessita. Produzir antes ou mais do que é necessário gera outras perdas, tais como custos com excesso de pessoal, armazenagem e transporte devido ao estoque excessivo. O estoque pode ser físico ou um conjunto de informações.
2. **Espera (tempo à disposição).** Trabalhadores meramente servindo como vigias de uma máquina automatizada ou tendo que ficar esperando pela próxima etapa do processamento ou próxima ferramenta, suprimento, peça, etc. ou, ainda, simplesmente não tendo trabalho por falta de estoque, atrasos de processamento, paralisação do equipamento e gargalos de capacidade.
3. **Transporte ou transferência.** Movimentação de trabalho em processo de um local para outro, mesmo se for em uma curta distância. Movimentação de materiais, peças ou produtos acabados para estocá-los ou retirá-los do estoque ou entre processos.
4. **Superprocessamento ou processamento incorreto.** Realização de atividades/tarefas desnecessárias para processar as peças. Processamento ineficiente devido à má qualidade das ferramentas e do projeto do produto, causando deslocamentos desnecessários ou produzindo defeitos. A perda é gerada quando são oferecidos produtos de maior qualidade do que o necessário. Às vezes, "trabalho" extra é realizado para preencher o excesso de tempo em vez de esperá-lo passar.
5. **Excesso de estoque.** Excesso de matéria-prima, estoque em processo ou produtos acabados, causando *lead times* mais longos, obsolescência, produtos danificados, custos com transporte e armazenagem e atrasos. Além disso, o estoque extra oculta problemas, tais como desequilíbrios na produção, entregas com atraso por parte dos fornecedores, defeitos, paralisação de equipamentos e longos períodos de preparação de equipamento (*setup*).

6. **Deslocamentos desnecessários.** Qualquer movimento que os funcionários têm que fazer durante seu período de trabalho que não seja para agregar valor à peça, tais como localizar, procurar ou empilhar peças, ferramentas, etc. Além disso, caminhar também é perda.
7. **Defeitos.** Produção ou correção de peças defeituosas. Conserto ou retrabalho, descarte, produção para substituição e inspeção significam desperdício de tempo, de manuseio e de esforço.
8. **Não-utilização da criatividade dos funcionários.** Perda de tempo, idéias, habilidades, melhorias e oportunidades de aprendizagem por não envolver ou não escutar seus funcionários.

Ohno considerava que a perda mais importante era a da superprodução, já que causa a maioria dos outros tipos de perda. Produzir mais cedo ou em quantidade maior do que o desejado pelo cliente em qualquer operação no processo de fabricação leva necessariamente à formação de estoque em algum ponto posterior no processo. O material simplesmente fica esperando para ser processado na operação seguinte. Devemos observar que a principal razão por que os sete primeiros tipos de perda são tão críticos, de acordo com Ohno, é seu impacto no que estamos chamando de oitava perda. A superprodução, o estoque, etc. ocultam problemas, e assim, os funcionários da equipe não são obrigados a pensar. A redução de perdas expõe os problemas e força a equipe a usar sua criatividade para resolvê-los.

O restante deste capítulo apresenta um amplo quadro da redução de perdas. Discutimos esse tópico em relação à filosofia mais abrangente do Modelo Toyota. Também discutimos o mapeamento do fluxo de valor como metodologia para a construção de um panorama da redução de perdas. Do Capítulo 4 até o Capítulo 9, trataremos com maior detalhamento algumas ferramentas e metodologias para redução de perdas no fluxo de valor.

Desenvolvimento de uma filosofia de longo prazo para a redução de perdas

Nos últimos anos, parece haver uma corrida quase frenética para "tornar-se enxuto", como se houvesse um fim para esse processo. Resultados rápidos e grandes ganhos são, evidentemente, parte do fascínio do Modelo Toyota, e não há nada de mal em esperar grandes benefícios. O problema ocorre quando o impulso de curto prazo para a obtenção de resultados cruza o caminho de alguns elementos filosóficos que exigem uma visão de longo prazo.

Por exemplo, temos conduzido muitas atividades com foco em melhorias, às vezes chamadas de "*blitz kaizen*", ou eventos para melhoria rápida. É empolgante identificar as perdas, ter idéias inovadoras para reduzi-las e ver as mudanças ocorrendo na prática. Os resultados são quase sempre surpreendentes para os participantes. O novo processo ocupa uma fração do espaço ocupado antes, há uma compreensão mais clara do fluxo, freqüentemente há necessidade de menos pessoas, e o equipamento que estava superproduzindo muitas vezes torna-se supérfluo. A equipe dispersa-se após uma grande comemoração. Mas, duas semanas mais tarde, o processo continua a ser interrompido, algumas operações estão superproduzindo, o quadro de controle visual não é atualizado e, como sempre, a administração tem que apagar um incêndio após o outro.

O problema típico é que nenhum dos sistemas de apoio foi colocado em funcionamento para sustentar o que foi realizado no evento de uma semana. Não há liderança capacitada, por exemplo. Faltam planos padronizados para reagir às paralisações. Não existe um bom processo de manutenção diária do equipamento. O trabalho padronizado pode ser apresentado, mas não é compreendido nem seguido. O gerente inexperiente, sem compreensão, começa a reverter a situação para o processo antigo, permitindo que o estoque se acumule e tentando dirigir a produção através de métodos de força bruta para acompanhar o cronograma.

O Modelo Toyota trata da construção de uma organização de aprendizagem duradoura em que os problemas são trazidos à tona e os funcionários são equipados com as ferramentas para eliminar perdas. Quando isso ocorre, estamos desenvolvendo uma capacidade de longo prazo para a melhoria e a adaptação ao ambiente. Um seminário de *kaizen* bem executado pode ser um passo para ensinar às pessoas o que é possível. Mas deve ser parte de uma estratégia de longo prazo para o desenvolvimento de fluxos de valor enxutos e, em essência, uma empresa enxuta. Uma ferramenta útil para orientar melhorias com base em um plano cuidadosamente arquitetado é o mapeamento do fluxo de valor.

Abordagem do mapeamento do fluxo de valor

A melhoria de processos isolados parece surgir mais naturalmente do que a melhoria entre fluxos de valor. Pode-se ver isso no modo como a maioria das visitas a plantas é conduzida. A visita geralmente inicia no local de recebimento de matéria-prima, onde podemos ver caminhões sendo descarregados. Então, caminhamos até o primeiro processo com valor agregado. O guia dá uma explicação detalhada do processo de fabricação, maravilhando-nos com alguma tecnologia nova, como inspeção visual da máquina ou solda a laser. Passamos por pilhas de estoque, que mal notamos, e então nos detemos na observação do próximo processo com valor agregado.

Com freqüência, um especialista enxuto pedirá para conduzir a visita ao contrário, começando com o local de embarque. Não se trata de um macete ou de um truque esperto. Começar pelo final do fluxo permite ao especialista enxuto compreender o fluxo de material a partir da perspectiva dos clientes. Eles não querem saber para onde vai o material, eles querem saber é de onde ele vem. Ele está sendo puxado deste processo ou é um processo anterior que o empurra, seja ele necessário ou não? Essa será a base para o desenvolvimento do "estado futuro".

Os especialistas enxutos perguntarão qual é a taxa de demanda do cliente [*takt* no Sistema Toyota de Produção (STP)] e quantos dias de estoque de mercadorias acabadas estão sendo mantidos. Se dirigem até a operação final com valor agregado, muitas vezes uma operação de montagem, e perguntam como o operador sabe o que fazer, em que quantidade e quando. Rapidamente, perdem o interesse na detalhada discussão propiciada pelo guia sobre o excelente processo automatizado que é continuamente monitorado por computador.

Os especialistas enxutos estão olhando para a operação sob uma perspectiva de fluxo de valor. Processos individuais precisam ser estabilizados, mas a razão para isso é sustentar o fluxo necessário para dar aos clientes o que eles querem, na quantidade que desejam e quando querem. A Operation Management Consulting Division (OMCD) da Toyota foi criada por Taiichi Ohno para conduzir os principais projetos do STP e ensiná-lo na prática. Ele queria uma ferramenta que representasse visualmente o fluxo de material e de informação e que retirasse as pessoas da visão de processos individuais. Basicamente, isso levou ao que agora chamamos de "mapeamento do fluxo de valor" e ao que a Toyota chama de "Diagrama de Fluxo de Material e Informação".

Originalmente, essa metodologia foi transmitida na Toyota através do processo de aprender fazendo – mentores treinavam seus alunos fazendo-os trabalhar em projetos. Não havia nenhuma documentação sobre como desenvolver o Diagrama de Fluxo de Material e Informação, e, na verdade, o nome surgiu muito depois de o método já estar sendo usado. Mike Rother e John Shook mudaram a situação ao redigirem *Learning to See* (Lean Enterprise Institute, versão 1.3, 2004)*, em que ensinam a metodologia conduzindo o leitor através de um estudo de caso sobre a Acme Stamping. Aprende-se como desenvolver um mapa do estado atual em uma folha de papel que mostra o fluxo do material e o fluxo de informação que aciona o primeiro; também é possível visualizar as perdas no fluxo de valor. Calcula-se a razão de valor agregado – a razão do tempo com valor agregado e o *lead time* total – e aprende-se a desenvolver um mapa de estado futuro: fluxo de material e de informação com base no fluxo e no puxar e fabricar de acordo com a taxa de demanda do cliente, ou *takt-time*. A partir daí, desenvolve-se um plano de ação detalhado.

Há uma série de livros derivados de *Learning to See*. Kevin Duggan, em *Mixed Model Value Streams* (Productivity Press, 2002), apresenta, em um formato semelhante, o modo de mapear um processo em que há grande variedade de produtos com diferentes tempos de ciclo – por exemplo, variação na quantidade de tempo necessário para fabricar peças para diferentes produtos. Para melhorar processos burocráticos repetitivos, Beau Keyte e Drew Locher, em *The Complete Lean Enterprise* (Productivity Press, 2004), trabalham em um caso de maneira semelhante ao *Learning to See*, com a diferença de que o caso se refere a um processo administrativo, e não a um processo de fabricação.

> **DICA**
>
>
>
> **A administração deve liderar a melhoria do fluxo de valor**
>
> Use equipes lideradas por administradores de alto nível para fazer o mapeamento. O mapeamento do fluxo de valor pode ser estritamente visto como uma ferramenta técnica para criar seu sistema enxuto. Mas seu verdadeiro poder é como uma intervenção organizacional para fazer com que as pessoas fiquem insatisfeitas com a perda no sistema, desenvolvam uma visão realista e compartilhada para o futuro e desenvolvam um plano de ação pelo qual se sintam entusiasmadas. Um seminário de dois ou quatro dias bem orientado pode ter resultados surpreendentes. O seminário deve contar com todos os principais especialistas funcionais que são afetados pelo processo. O seminário pode ser conduzido por um especialista enxuto, mas, em termos de conteúdo, deve ser dirigido por um alto administrador. O administrador deve ser alguém com responsabilidade e autoridade sobre todos os principais processos no fluxo de valor que estão sendo trabalhados. Em muitos casos, essa pessoa é o gerente da planta. Algumas empresas organizam-se de acordo com famílias de produtos, com "administradores de fluxo de valor", sendo estes os candidatos óbvios para a posição de líderes de conteúdo no seminário.

Não tentaremos ensinar o mapeamento do fluxo de valor neste livro. Entretanto, gostaríamos de compartilhar uma série de dicas que aprendemos no ensino e na prática do mapeamento do fluxo de valor:

1. **Usar o mapa do estado atual somente como base para o mapa do estado futuro.** Ficamos tão entusiasmados com o conserto de processos individuais quando olhamos o mapa do estado atual, revelando todas as perdas, que queremos sair imediatamente para eliminá-las. A resolução de problemas no fluxo de valor atual simplesmente nos traz de volta ao *kaizen* (ver "Armadilha: Solução de problemas no fluxo de valor atual"). Não se chega ao verdadeiro fluxo. O poder do sistema enxuto está no *sistema do estado futuro*.

---

* N. de R: O livro foi traduzido para o português sob o título Aprendendo a Enxergar. (Lean Institute Brasil, baseado na versão 1.3.)

2. **O mapa do estado futuro representa o *conceito* do que você está tentando realizar.** O mapa não mostra os detalhes específicos de como será construído. Por exemplo, o símbolo de um supermercado *representa* o cliente e a armazenagem de materiais para satisfazer as necessidades do cliente. A verdadeira instalação do supermercado pode variar, dependendo das necessidades específicas do cliente. Explicaremos a seguir os conceitos enxutos primários que são retratados nos mapas de estado futuro.
3. **O mapeamento do estado futuro precisa ser facilitado por alguém com profundo conhecimento do sistema enxuto.** Infelizmente, a simplicidade do método de mapeamento pode nos levar a acreditar que qualquer um que consegue desenhar um caminhão ou um boneco representando uma pessoa pode desenvolver uma boa visão do estado futuro. Isso não é mais verdadeiro do que supor que qualquer um que consegue usar um *software* de arquitetura pode projetar uma ótima casa ou prédio. Um grupo deve desenvolver o mapa de estado futuro, mas alguém do grupo precisa ter real experiência com o sistema enxuto e entender profundamente o que está sendo traçado no mapa.
4. **O propósito do mapeamento é a ação.** Freqüentemente, quando as empresas fazem o mapeamento, aquela pequena seção no final de *Learning to See*, que fala do desenvolvimento de um plano de ação, é ignorada. Com freqüência demasiada, vemos mapas muito bonitos em uma sala de reuniões, mas, quando vamos até a fábrica, há pouca evidência do que foi visto no mapa. Na visita à planta, o coordenador enxuto explica que a empresa passou os últimos seis meses na fase de mapeamento e que estamos agora na fase de implementação. A isso damos o nome de "criação de papel de parede em forma de mapa de fluxo de valor".
5. **Não desenvolva o mapa antes da hora.** O momento é quando você planeja usá-lo para agir. É melhor desenvolver um mapa para uma família de produtos e implementá-lo para aquela família do que ter uma fase de mapeamento para a toda a planta, seguida de uma implementação inconsistente e irregular. Comece com um mapa, implemente-o e então trabalhe no próximo e em sua implementação. Em um certo ponto, terá atingido todos os fluxos de valor muito mais profundamente do que se apenas tivesse coberto sua organização com mapas e atividades dispersas.
6. **Alguém com poder administrativo deve liderar.** A razão para o mapeamento do fluxo de valor é evitar o *kaizen* pontual, ou melhoria somente de processos individuais. Mas quem tem responsabilidade pelo fluxo de valor como um todo que se sobrepõe aos processos individuais? Geralmente, é um administrador de nível superior; talvez um gerente de planta ou de divisão. Essa pessoa deve se dedicar completamente à liderança da transformação e envolver-se pessoalmente em todo o processo de mapeamento.
7. **Não planeje e faça apenas, confira e aja também.** É tentador, depois de trabalhar tanto no mapa e na sua implementação, descansar e achar que esse negócio de sistema enxuto já está pronto. Infelizmente, recém começou. Seja lá o que for que foi implementado voltará a um estado não-enxuto, a menos que estejamos vigilantes, fazendo auditoria, indo ver como as coisas estão e melhorando ainda mais. Assim que atingirmos grande parte do nosso mapa do estado futuro, será hora de desenvolver um outro mapa do estado atual, ou seja, do ponto onde nos encontrarmos, e então desenvolver ainda outro mapa do estado futuro. Deve-se escolher períodos para o horizonte do mapeamento que estimulem ações concretas, por exemplo, visualizar um período de seis meses a um ano no futuro é mais realista do que considerar cinco anos.

> **ARMADILHA**
>
>
>
> **Solução de problemas no fluxo de valor atual**
>
> O verdadeiro benefício do mapeamento do fluxo de valor é que ele evita o *kaizen* isolado e pontual e nos possibilita construir um *sistema* real com base no fluxo de materiais e de informações ao longo de todo o fluxo de valor. Ensinamos muito essa metodologia e podemos relembrar inúmeros casos em que acompanhamos um aluno e ouvimos o seguinte:
>
> > O mapeamento do fluxo de valor é ótimo. Desenvolvi o mapa de um dos processos que queríamos melhorar, e ele revelou todos os tipos de perda. Fizemos alguns seminários sobre *kaizen*, e as melhorias foram notáveis – removemos três pessoas, reduzimos o estoque em 80% e liberamos metade do espaço.
> > Perguntamos: "O que você quer dizer com desenvolver o mapa de um processo? Você desenvolveu um mapa do estado atual e do estado futuro de todo o fluxo de valor?"
> > Resposta: "Não nos aprofundamos tanto assim. Havia tanta perda no departamento de prensas que começamos por lá, desenvolvemos um mapa do estado atual para mostrar as perdas e já fomos trabalhar. Em algum momento, chegaremos ao estado futuro."
>
> Em outras palavras, o mapeamento do fluxo de valor está sendo subvertido como ferramenta para o *kaizen* pontual. Você terá apenas uma fração do benefício ao melhorar processos isolados.

Benefícios da abordagem de mapeamento do fluxo de valor

O mapeamento do fluxo de valor é mais do que uma boa ferramenta para produzir quadros que destacam as perdas, embora isso com certeza seja proveitoso. Ele ajuda a visualizar redes de processos e a prever futuros fluxos de valor enxutos. Subjacente ao mapeamento do fluxo de valor está uma filosofia de como abordar as melhorias. A filosofia é a de que precisamos acertar o fluxo de valor como um todo antes de nos aprofundarmos no reparo de processos individuais. O objetivo da melhoria de processos individuais é dar sustentação ao fluxo.

Os mapas também oferecem uma "linguagem comum" e possibilitam a compreensão de modo que todos tenham a mesma visão. Como um mapa de ruas, a ferramenta do mapeamento do fluxo de valor mostra o percurso, mas é somente um guia. Ele não detalha o que você encontrará ao longo do caminho. Deve-se ter um completo entendimento dos conceitos básicos e de como criar processos que unam-se a eles. É nesse momento que se torna muito útil ter alguém que já tenha realizado o trajeto. Essa pessoa não só já sabe para onde está indo, como também pode poupar várias horas que seriam desperdiçadas tomando-se o caminho errado!

Desenvolvimento de um mapa do estado atual

O desenvolvimento de um mapa do estado atual parece uma tarefa simples. É só sair e documentar o que se vê. Mostrar os processos e o fluxo de material de um processo a outro. Isso parece muito fácil! O que vemos na realidade são pessoas "atoladas" num lamaçal. Muitas tentam fazer o mapa "certo" quando, na verdade, o propósito do mapeamento é ver as coisas que estão erradas. Como veremos no Capítulo 6, a falta de padronização na área de trabalho às vezes torna muito difícil o processo de captação da realidade. Não se desespere! O objetivo do mapa do estado atual é compreender a natureza dos processos de forma que um mapa do estado futuro possa ser criado.

> **DICA**
>
> **Faça com que o nível de detalhamento se enquadre no estado do processo**
>
> Durante o ciclo inicial na espiral da melhoria contínua, os dados coletados do processo podem não estar completamente "limpos". Esse muitas vezes é o caso antes de se chegar a uma linha básica de padronização (no primeiro passo). Muitas horas podem ser despendidas em tentativas fúteis de reunir dados em um nível detalhado.
>
> Para a atividade inicial de mapeamento do estado atual, mantenha os dados em um nível alto ou "global" para o processo. Utilize estimativas aproximadas dos principais parâmetros. Dados detalhados específicos do processo podem ser coletados mais tarde, quando a atividade tiver sido iniciada em uma determinada área.
>
> O principal objetivo do primeiro mapeamento do estado atual consiste em entender a condição do fluxo de material no fluxo de valor e identificar os inibidores do fluxo, bem como compreender o processo do fluxo de informações e o nível de atividade necessário para sustentá-lo. O estado futuro proporciona, então, um quadro de alto nível do fluxo de material e de informações, o que pode ser posteriormente refinado quando o processo estiver estabilizado.

Compreenda seus objetivos ao mapear o estado atual

Enquanto se faz o mapeamento do estado atual, é importante avaliar os processos tendo em mente a criação de um estado futuro. É necessário compreender o que você deseja alcançar quando tornar-se "enxuto", a fim de saber quais são os atuais obstáculos (esse é o método de solução de problemas delineado na Parte IV – definir a situação atual, identificar a meta e reconhecer a falha entre o ponto onde você está e o ponto onde deseja estar). Pode haver diversas metas que você gostaria de atingir com seu empenho enxuto. Aqui estão alguns objetivos de nível superior que são característicos de um fluxo de valor enxuto. Para seu trabalho inicial de criação de um fluxo de valor estendido, estes devem ser seus objetivos primários. Atividades subseqüentes poderão concentrar-se em melhorias mais específicas de *kaizen* pontual e na eliminação contínua das perdas.

1. Processos flexíveis para responder rapidamente a mudanças de exigências do cliente, especialmente no aumento da variedade de produtos. O processo é capaz de produzir qualquer peça a qualquer momento?
2. *Lead time* curto entre o pedido do cliente e a finalização e entrega do produto.
3. Processos estendidos (ver Capítulo 5), com fluxo contínuo e puxados materiais.
4. Cada fluxo de valor pode ter "*loops* de fluxo" separados dentro do fluxo de valor que são identificados por pontos quando o fluxo não é possível. São ditados pelas limitações atuais do processo.
5. Fluxo de informações simplificadas dentro do fluxo de valor que provêm de clientes internos (o processo seguinte).

6. Clara consciência da exigência do cliente (a "voz do cliente"). Em um ambiente puxado, o cliente (próxima operação) dita o que é feito e quando. A voz do cliente deve oferecer:
   a. Taxa necessária (*takt-time*)
   b. Volume necessário (quantidade)
   c. Modo de *mix* necessário
   d. Seqüência de produção necessária
7. Todo fluxo de valor e *loop* de fluxo dentro do fluxo de valor terá um processo de "estabelecimento de ritmo" que estabelecerá a velocidade (por *takt-time*) para todas as outras operações.

Com esses itens em mente enquanto faz o mapeamento do estado atual, você estará procurando os indicadores opostos dessas condições, ou seja, locais onde você pode criar a condição desejada. Por exemplo, enquanto verifica cada processo, pergunte: "este processo é flexível – capaz de mudar de um produto para outro rapidamente (dentro de poucos minutos)"? Os indicadores de inflexibilidade incluem longos tempos de preparação de máquinas e altos volumes de produção. Também é importante avaliar se o processo anterior é capaz de entregar os produtos segundo a variedade desejada. Enquanto observa as operações, identifique o método atualmente utilizado para compensar a incapacidade do processo.

O estoque é comumente usado para compensar a inflexibilidade. A Toyota considera o estoque como um indicador de "fraqueza" no processo e que ele é um lembrete constante da necessidade de fortalecer o mesmo. Muitas pessoas interpretam mal esse conceito, entendendo que não deve haver estoque nenhum no processo. De modo ideal, seria esse o caso, mas, na realidade, alguns processos não são capazes de operar sem algum estoque. A Toyota está sempre lutando pelo ideal *"just-in-time"*; entretanto, enquanto isso, a filosofia é utilizar estoque estrategicamente para os melhores resultados em termos de desempenho. Esse uso estratégico do estoque inclui regras e controles específicos, bem como localização dentro do fluxo.

> **DICA**
>
> **O paradoxo do estoque**
>
> Uma idéia difícil de entender é a de que, nos sistemas enxutos, o estoque *pode* ser útil (pelo menos a curto prazo). Todos sabemos que o estoque é uma das oito formas de perda e que, portanto, a meta deve ser eliminá-lo. De fato, até que os processos se tornem capazes, o uso cuidadoso do estoque pode ser vantajoso. Um paradoxo das oito perdas é que pode ser preferível *substituir* uma forma de perda por outra (como troca de cartas).
>
> A chave está em pensar sobre *onde* está a perda e *em que estado*. Em outras palavras, ela está nos produtos acabados? Está no estoque em processo? O estoque serve ao processo para atingir um dos objetivos mais amplos? As perdas estão sendo minimizadas o máximo possível? É preferível empurrar o estoque de volta ao começo do fluxo de valor e utilizá-lo naquelas situações em que o fluxo não é possível. Exemplos incluem processos que têm múltiplos produtos e clientes e processos que são inflexíveis.

Enquanto estuda e mapeia sua operação, identifique as localizações do estoque e sua categoria (estoque em processo, produtos acabados, componentes adquiridos e matéria-prima). Cada categoria de estoque é geralmente utilizada para compensar uma fraqueza específica.

Identifique onde, no fluxo de valor, entra o pedido do cliente (onde está programado?). Quanto tempo leva para o produto chegar ao fim do fluxo a partir daquele ponto? Se você estiver "programando" em diversos pontos, observe isso também. Diversos pontos de programação são um indicador de fabricação "empurrada". Provavelmente, você observará indicadores de processos desconectados também. Procure por acúmulo de estoque antes e depois dos processos. O estoque é passado para a frente (empurrado) sem levar em conta se o próximo processo precisa dele?

Observe os processos dentro do fluxo de valor que são programados por alguém fora do processo (normalmente, alguém do controle de produção). Também avalie se há métodos de programação "informal" sendo utilizados. Os supervisores freqüentemente carregam um bloco de anotações com o "verdadeiro" programa, baseado nas solicitações de outros supervisores.

ARMADILHA

PERIGO!

Quando começamos a enxergar os "problemas" nos fluxos de valor, há uma tendência de querer "resolvê-los". Se você sair correndo e começar a resolver essas questões, estará se afastando da meta primária – criar um sistema de valor enxuto. Só porque finalmente dedicou tempo para observar os processos e identificar suas falhas, isso não quer dizer que você pode esperar que, de uma hora para outra, todos corrijam os problemas. O ponto aqui é ver o processo como ele é hoje para entender o que será necessário para melhorá-lo futuramente.

Se você observar pessoas trabalhando fora do que foi definido para o processo (como acontece com os supervisores na programação informal), é importante reconhecer os verdadeiros problemas. As pessoas trabalham em torno de sistemas por duas razões: (1) porque conseguem e (2) porque precisam fazer o trabalho e o método atual não funciona (pelo menos é o que pensam).

Observação: As exceções são as questões em termos de segurança ou problemas de qualidade imediatos que não podem ser adiados.

Enquanto faz o mapeamento, você também está desenvolvendo uma compreensão das atuais capacitações do processo. Um dos objetivos para o futuro é criar fluxo estendido no fluxo de valor. Observe cada processo e determine se ele é um processo "através de fluxo": um processo capaz de produzir qualquer produto a qualquer momento sem consideração ou limitação. Esses processos não são restringidos por longos tempos de preparação de equipamentos nem por condições específicas que dificultam a habilidade de processar vários modelos, tamanhos ou pedidos. Indicadores de processos "através de fluxo" são a habilidade de "aceitar o que vier", e o trabalho não é tipicamente reunido em lotes semelhantes para processamento. Um bom exemplo de processo "através de fluxo" é a operação de lavagem de peças, uma vez que todas as peças podem ser processadas de modo semelhante com apenas pequenas modificações de acordo com os parâmetros de operação.

Identifique no fluxo de valor a operação onde uma determinada peça adquire identidade. No início do fluxo de valor, uma peça pode ser um "modelo básico" para muitas peças de produtos acabados. Por exemplo, a carroceria de um automóvel no setor de soldagem torna-se um veículo de qualquer cor com cores internas para combinar. Quando a carroceria é pintada de uma cor específica, adquire uma identidade em termos de cor. Na montagem, cada operação subseqüente pode mudar a identidade para características específicas, tais como material de revestimento e pacotes de opções. As operações que criam a identidade da peça normalmente recebem informações quanto ao que deverá ser produzido. Dependendo da situação, essa operação pode ter uma programação externa (do Controle de Produção) ou um sinal interno, tais como um *kanban* proveniente da operação seguinte. A compreensão dessas condições será importante para o desenvolvimento de um fluxo de valor estendido de estado futuro.

O mapa do estado futuro na Figura 3-1 apresenta os sete aspectos fundamentais mencionados anteriormente. Se considerarmos o fluxo básico, o controle de produção toma os dados do cliente e a quantidade do estoque de produtos acabados mantida como supermercado e cria um programa nivelado para os processos finais através de fluxo. Esse é o ponto no fluxo de valor que é programado. O processo então puxa material de um supermercado, que puxa a produção duas etapas para trás para um processo na lógica primeiro que entra, primeiro que sai (FIFO-*first in, first out*), até o próximo processo. Esse processo puxa do fornecedor. Isso tem as propriedades desejáveis de um programa nivelado enviado a um ponto e flui conectado, puxado do fornecedor até o cliente.

Seu mapa futuro não será exatamente como esse. Não compare esse exemplo com sua situação e suponha que é incapaz de implementar certos aspectos do processo. Você deve empenhar-se para alcançar os melhores resultados possíveis para seu fluxo de valor e criar um processo que se adapte às suas necessidades individuais. Fique certo, porém, que todos os sete elementos são, até certo ponto, possíveis em seu fluxo de valor.

1. **Flexibilidade.** Nesse fluxo de valor, o supermercado dos produtos acabados no final do processo é aplicado para melhorar a flexibilidade. Também é usado estrategicamente para encurtar o tempo desde o pedido até a entrega (embarcando-se itens de alto volume do estoque). Se você é um fabricante de alto volume, o uso de supermercados é possível em algumas situações (por exemplo, para os produtos de maior volume). Observe, nesse caso, que o Controle de Produção considera tanto o que está no estoque de produtos acabados quanto a real demanda do cliente ao desenvolver um programa nivelado (Capítulo 7).
2. ***Lead-time* curto.** Uma característica chave do fluxo de valor enxuto é o *lead-time* muito curto. Observe que, na Figura 3-2, o *lead-time* é reduzido estrategicamente localizando-se um supermercado de componentes após o primeiro *loop* de fluxo. Embora o estoque seja considerado como perda, sua utilização dessa maneira melhora a flexibilidade do fluxo de valor e diminui o *lead-time*. O nível de estoque no supermercado é mantido o mais baixo possível e somente permanece baixo até que as operações do fluxo de valor estejam capacitadas para um verdadeiro fluxo.
3. **Processos estendidos.** Observe que o supermercado ilustra a conexão de dois processos através de uma lógica puxada. A via com triângulo, círculo e quadrado também mostra uma conexão. Isso indica um "fluxo em seqüência" – o fluxo de material de operação para operação na mesma seqüência. Isso às vezes é chamado de FIFO. Essas conexões serão especificamente definidas no Capítulo 5.
4. ***Loops* de fluxo.** Os supermercados delinearão o início e o fim de um *loops* de fluxo. Eles também tornam-se o "cliente" para cada *loop* de fluxo. O objetivo é sempre satisfazer o cliente. Embora o "verdadeiro" cliente seja a operação que está retirando do supermercado, o consumo representa a demanda. No caso de produtos personalizados ou de alta variedade, pode não haver um supermercado. O fluxo de valor, no caso, poderá ser um *loop* de fluxo do começo ao fim.

5. **Fluxo de informações simplificado.** Um aspecto importante do fluxo de valor enxuto é a simplificação do fluxo de informações. As informações são internas ou externas. As informações externas do cliente entram no fluxo de valor em apenas um ponto. Todas as outras informações sobre o que é necessário para completar o trabalho geralmente são internas. Se os supermercados são utilizados, eles é que são fontes de informação. Se o fluxo em seqüência é usado, as informações fluem com o produto. Os "programas" são ditados por um desses processos. Vemos na Figura 3-2 que alguns mecanismos atuam como a "voz do cliente". Essas informações fluem para que o processo informe o que deve ser feito e quando.
6. **Consciência da exigência do cliente.** Isso significa ter verdadeira consciência física na área de trabalho. Não se trata de um programa em uma folha de papel. Isso será explicado melhor no Capítulo 5, mas, dito brevemente, inclui o uso de sinais (*kanban*) e conexões fisicamente definidas entre operações.
7. **Marcador de ritmo.** Todo fluxo de valor deve ter um marcador de ritmo (chamado de "*pacemaker*" em *Learning to See*), e, dentro do fluxo de valor, cada *loop* de fluxo deve ter um marcador de ritmo. O marcador de ritmo do fluxo de valor essencialmente estabelece o ritmo de todas as operações, mas os supermercados agem como um divisor de *loops* de fluxo e, por isso, requerem um marcador de ritmo separado.

Limitações da abordagem de mapeamento do fluxo de valor

Quando Mike Rother e John Shook escreveram *Learning to See*, perceberam que havia um perigo em levar o livro para o público. Temiam que parecesse um livro de receitas, tornando o sistema enxuto tão fácil de aprender quanto seguir os passos 1, 2, 3. Infelizmente, a realidade é muito mais complexa. Existe um motivo para que, na Toyota, se passem anos na planta trabalhando em projetos de melhoria antes de se atingir o *status* de novato no Sistema Toyota de Produção. Há muito que aprender, e só se pode aprender fazendo. O mapeamento faz com que as pessoas sintam que estão fazendo algo enxuto, mas é simplesmente um desenho. Levando uma analogia anterior ainda mais longe, se eu lhe der uma planta, isso não significa que você possa construir a casa. Há muitas habilidades em jogo.

Criação do fluxo passo a passo

O mapeamento do fluxo de valor nos dá um panorama de como colocar as peças do quebra-cabeça no lugar para obter um fluxo de valor estendido. Quando fazemos *kaizen* pontual específico, podemos reduzir o tempo de troca de ferramentas aqui, formar uma célula ali, estabelecer dispositivos à prova de erros por toda a planta e terminar com pequenas áreas de melhoria. Mas o *big bang* surge com o estabelecimento de um sistema em que o material flui suavemente entre processos com base no *takt-time* – a taxa da demanda do cliente. As operações devem ser sincronizadas como uma orquestra sinfônica. Mas como chegamos a esse ponto? Uma vez elaborado o mapa, como devemos proceder para implementá-lo?

A criação de processos enxutos exige uma abordagem metodológica passo a passo. O primeiro passo, anterior ao estabelecimento de fluxo unitário de peça, é a criação de um processo estável capaz de atender às necessidades do cliente. A criação de fluxo e a subseqüente conexão de operações forçam os problemas a virem à tona, e qualquer anormalidade paralisará a produção. É imperativo que todas as operações atinjam um nível básico de

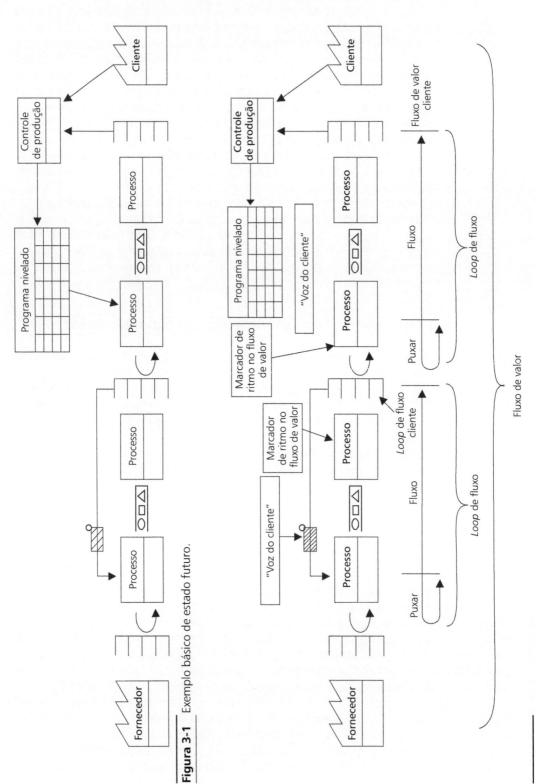

Figura 3-1 Exemplo básico de estado futuro.

Figura 3-2 Fluxo de valor de estado futuro com elementos definidos.

capacidade sistemática antes do estabelecimento do fluxo. Se o fluxo é tentado antes dessa estruturação básica, o resultado pode ser catastrófico. Não tenha a perfeição como alvo, já que a melhoria deve continuar depois do estabelecimento de um bom fluxo. Depois que uma operação tiver atingido esse nível, um segundo processo é estabilizado, e, então, os dois processos são "estendidos" ou "ligados", tornando-se dependentes um do outro. Isso continua até que todas as operações no fluxo de valor estejam estendidas e que o fluxo com mínimas interrupções seja contínuo da primeira à última operação. O ciclo de melhoria contínua é mostrado na Figura 3-3.

Esse processo normalmente é introduzido em uma implementação "por fases" ou "por estágios". Inicialmente, cada operação no fluxo de valor progride ao longo de fases de maneira independente. Depois de se conectar a outras operações com sucesso, toda a rede progride simultaneamente. Com uma compressão passo a passo do tempo que representa a exigência do cliente – programações semanais tornam-se diárias, por hora, etc. –, o processo com os maiores pontos fracos (maior perda) aparecerá.

ARMADILHA

Vá além do foco imediato

É importante manter essas melhorias drásticas em contexto. A Toyota tem grande experiência. É capaz de focar e reunir recursos para criar grandes melhorias em pouco tempo. Se você tentar reproduzir as realizações da Toyota, poderá descobrir que deve ir além do foco imediato. É crucial ter em foco a profundidade das habilidades em sua organização, em vez de resultados drásticos de curto prazo. A pressa em obter ganhos imediatos certamente será desastrosa.

Esse *loop* repetido pode ser considerado como uma espiral de aprofundamento do fluxo, conforme é ilustrado na Figura 3-4. Cada *loops* através das fases resulta em quantidades cada vez menores de perda e em trabalho "mais ajustado" e mais eficiente. Em algum ponto, a melhoria contínua torna-se uma série de pequenas melhorias. No entanto, grandes mudanças periódicas no ambiente ou no produto criarão instabilidade, e então

Figura 3-3 Ciclo de melhoria contínua.

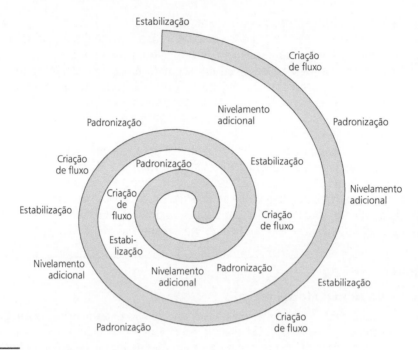

Figura 3-4 Espiral de melhoria contínua.

grandes melhorias serão necessárias, começando de novo na espiral. Por exemplo, mudanças de modelo do produto, introdução de novos produtos ou processos e mudanças nas instalações da planta naturalmente criarão mais variação e, desse modo, mais instabilidade no processo.

Os altos executivos da Toyota, no período 2002-2004, intencionalmente criaram instabilidade porque acreditavam que a competição intensificada de países com mão-de-obra barata, como a China e a Coréia, poderia ameaçar a liderança global da Toyota. Eles solicitaram grandes reduções de custos, de 30 a 40%, ao longo de três ou quatro anos em suas próprias plantas e nas plantas dos fornecedores. Pequenas mudanças não poderiam atingir essas metas. Os administradores que tinham se desenvolvidos acostumados com operações estáveis bem sintonizadas tiveram que lançar um novo olhar a todos os processos e fazer grandes mudanças, que criaram instabilidade ao se movimentarem pela espiral. Observamos isso enquanto visitávamos a primeira planta americana da Toyota em Georgetown, Kentucky, em 2004. Eles haviam estado tão concentrados no crescimento nos anos 90 que parte da disciplina do STP foi afetada. Em 2002, receberam severas ordens do Japão para melhorar. A planta de motores foi solicitada a reduzir os custos totais em 40% – um número surpreendente. Mas, em 2004, já estavam a caminho para atingir essas metas agressivas. E, no processo, o STP estava se ajustando às operações, levando a grandes melhorias em termos de produtividade, qualidade e segurança.

Melhoria contínua seqüencial e simultânea

A implementação começa atingindo-se um nível básico de estabilidade dentro de uma célula ou linha – o que é conhecido como "estabilidade desconectada" (ver Figura 3-5) –, que não

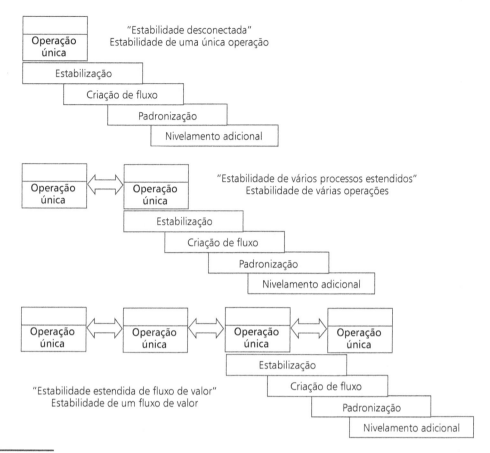

Figura 3-5 Da estabilidade desconectada à estabilidade estendida do fluxo de valor.

está conectada com seu processo de cliente nem de fornecedor. Se o processo é uma célula ou linha (diversas operações em uma área), a fase de fluxo pode ser iniciada no processo. Se a operação é independente de outras, a fase de fluxo não é iniciada antes que haja "conexão" com operações adicionais. Essa é a "estabilidade conectada de vários processos". A conexão de duas ou mais operações, células ou linhas individuais pode criar novos desafios de estabilidade que precisam ser corrigidos antes de prosseguir.

Finalmente, quando todos os processos tiverem passado pela primeira fase de estabilidade e chegado a um nível de capacidade para manter a conexão, eles estarão conectados em todo o fluxo de valor. Isso é chamado de "Estabilidade Estendida de Fluxo de Valor". O processo inicial de movimento ao longo do Ciclo de Melhoria Contínua para alcançar a estabilidade e o fluxo em todo o sistema pode consumir anos de trabalho.

Geralmente recomendamos a criação de um fluxo de valor totalmente estendido dentro de sua própria planta ou operação antes de partir para os clientes e fornecedores. Assim que você tiver a casa em ordem, pode começar a trabalhar com fornecedores para ajudá-los a se estenderem com seus processos enxutos. Aplica-se a mesma abordagem. Eles precisam de algum grau de estabilidade interna antes que valha a pena estender as operações com as suas através de sistemas puxados. E você ainda enfrenta um problema se seu cliente não é enxuto e não compreende a filosofia do Modelo Toyota. Educar seus clientes é certamente um desafio, já que eles é que lhe pagam. Mas isso pode ser feito em pequenos passos, e, quando eles notarem os benefícios, desejarão aprender mais, e você se tornará ainda mais valioso para eles. A meta absoluta é uma empresa enxuta estendida.

Resumindo, a redução de perdas parece fácil, mas, na verdade, muita coisa tem que ser feita. O propósito não é simplesmente passar por sua operação para procurar e destruir as perdas. O propósito é criar um fluxo de valor estendido em que todos os funcionários sejam forçados a pensar, resolver problemas e eliminar perdas. Nos capítulos seguintes, apresentaremos mais detalhes sobre o processo de criação de fluxos de valor estendidos.

DICA

Várias tarefas para resultados mais rápidos

O tempo para criação de um fluxo de valor estendido pode ser acelerado trabalhando-se em várias áreas de processo simultaneamente. Pense nisso como a construção de uma corrente, elo por elo. Depois que cada elo estiver estável, as conexões entre eles poderão ser feitas. Depois que um fluxo de valor estiver estendido, uma redução adicional no *pitch time** (pequeno nivelamento) dentro de todo o fluxo de valor fará com que o elo mais frágil "se quebre" e se torne instável novamente. Esse é o elo que exigirá atenção concentrada e retorno através do ciclo de melhoria contínua.

Reflexão e aprendizagem com o processo

1. Antes de começar sua jornada de redução de perdas, reserve um tempo para avaliar os desafios potenciais que enfrentará em comparação com os benefícios potenciais do sucesso. Não cometa o erro de contar apenas com os benefícios. A estrada para o sucesso está cheia de obstáculos.
    a. Considere cuidadosamente os ganhos financeiros (ver Pensamento Enxuto na Tabela 5-1, Tabela 6-1, Tabela 7-1 e Tabela 8-1 para estimativas de ganhos potenciais). Desenvolva uma declaração financeira de cinco anos que reflita os benefícios financeiros potenciais e as oportunidades de crescimento.
    b. Em toda empresa, há um elo entre funcionários, clientes e a própria empresa. Os funcionários que percebem um senso de propósito e participação são mais realizados, e isso afetará o atendimento ao cliente e, essencialmente, o desempenho da empresa. É difícil mensurar esses itens (os assim chamados benefícios do tipo *soft*) de um ponto de vista financeiro direto.
        i. Identifique pelo menos dois outros benefícios potenciais da implementação do Modelo Toyota que não sejam de natureza financeira.
        ii. Quais são os prováveis benefícios financeiros de mais longo prazo que advirão desses benefícios não-financeiros?
        iii. Quais são os desafios específicos da conquista desses benefícios?
    c. Reflita sobre o maior desafio pessoal que você enfrentará nessa jornada. Que mudanças pessoais você terá que fazer?

---

* N. de R. T.: Quantidade de tempo necessária em uma área de produção para preencher um contêiner de produtos.

    d. Reflita sobre a sua organização em termos de filosofia. O pensamento de longo prazo existe ou você precisará fazer mudanças?
        i. Identifique mudanças específicas que precisarão ser realizadas. Incorpore itens de ação em seu plano de jornada enxuta (de, no mínimo, cinco anos).
        ii. Como você evitará a síndrome do "final do mês"?
2. A cultura de sua empresa apóia o trabalho de redução de perdas?
    a. Identifique os três aspectos mais marcantes de sua cultura em termos de cooperação, criatividade, perseverança, comunicação, energia, comprometimento, visão, espírito de equipe, etc.
    b. Como você pode incrementar cada um desses pontos fortes?
    c. Identifique os três pontos mais fracos de sua cultura (a falta dos itens listados acima) que podem dificultar sua jornada de redução de perdas.
    d. Desenvolva um plano específico para superar esses pontos fracos e incorpore-os ao seu plano de jornada enxuta. Delegue aos membros da equipe administrativa a específica responsabilidade pela melhoria.

Capítulo 4

Criação de Estabilidade Inicial no Processo

Obtenção de estabilidade básica

Se você ainda não está utilizando métodos enxutos e melhorando os processos, provavelmente seus processos individuais são instáveis. A estabilidade é definida como a capacidade de produzir resultados coerentes ao longo do tempo. A instabilidade resulta da variabilidade nos processos. Pode ser que não haja boa manutenção do equipamento e que ele regularmente pare de funcionar. Pode ser que não haja trabalho padronizado e que o tempo necessário para realizar um dado processo varie muito de pessoa para pessoa, entre turnos ou com o decorrer do tempo.

    O primeiro passo na criação de processos enxutos consiste em atingir um nível básico de estabilidade de processo. O objetivo primordial no desenvolvimento de processos estáveis é chegar a um nível sistemático de capacidade. Com base no modelo de espiral de melhoria contínua apresentado no capítulo anterior, constata-se que existem graus crescentes de estabilidade. O nível inicial de estabilidade geralmente é definido como a capacidade de produzir resultados sistemáticos em alguma porcentagem mínima de tempo. Isso é mensurado com base na produção e relaciona-se com a produção de uma mesma quantidade de produtos, com a mesma quantidade de tempo de recursos (pessoas e equipamentos), com um alto nível de confiabilidade (o nível exato pode variar de acordo com os processos e condições, mas uma regra razoável é 80% ou mais). Um indicador mais simples seria a habilidade de atingir as exigências do cliente com produtos de qualidade já na primeira vez e no prazo estipulado (novamente, 80% ou mais). Em muitos casos, a "exigência do cliente" não está claramente definida e torna-se uma das primeiras tarefas da fase de estabilidade.

Indicadores de instabilidade

Existe uma crença disseminada de que a estabilidade é indicada principalmente pelo desempenho do equipamento. Conseqüentemente, a busca de certas ferramentas enxutas – como "troca rápida de máquinas" – e o ataque às falhas de equipamento através da manutenção preventiva tornam-se as principais atividades. O desenvolvimento da estabilidade nos processos não é um fim por si só. Na verdade, tem mais a ver com a criação de um alicerce para outros aspectos de um processo enxuto. Através da observação direta, um processo instável é identificado pelas seguintes condições:

- Um alto grau de variação nas medidas de desempenho – seja em peças produzidas, seja em peças por hora de mão-de-obra.
- Mudança freqüente de "plano" quando ocorre um problema. Isso inclui o reposicionamento da mão-de-obra ou a abertura de uma vaga quando ocorre ausência, movimentação de produtos para outra máquina quando há paralisação (e, com isso, a não-produção de um produto planejado) e interrupção do trabalho no meio da execução de um pedido para passar para outro.
- Não é possível observar um padrão ou método coerente no trabalho.
- Lotes ou pilhas de estoque em processo que são aleatórios – às vezes mais, outras vezes menos.
- Operações seqüenciais que operam independentemente (processos ilhados).
- Fluxo inconsistente ou inexistente (também indicado por pilhas de estoque em processo).
- Uso freqüente das palavras *geralmente*, *basicamente*, *normalmente*, *tipicamente*, *em geral*, *na maioria das vezes*, quando se descreve a operação, seguidas por *exceto quando*, como: "Normalmente, fazemos isso... exceto quando.... acontece, então, fazemos isso". (Por sua própria natureza, uma operação instável não passa muitas vezes pela experiência "normal" em termos de método coerente. Na verdade, o anormal torna-se o normal.)
- Afirmações do tipo "confiamos nos operadores para tomarem decisões sobre o modo de fazer o trabalho" (parte de uma aplicação mal orientada da capacitação dos funcionários).

É importante perceber que nenhuma operação jamais chegará a um nível perfeito de estabilidade e que, por isso, algum grau dessas condições sempre existirá. De fato, a estabilidade não é somente uma exigência para o fluxo; o desenvolvimento do fluxo ajuda a motivar abordagens disciplinadas da estabilidade – eles seguem de mãos dadas. A principal consideração é qual o grau de instabilidade que há no processo e o quanto de estabilidade precisa para passar para a próxima fase, com um certo nível de fluxo. Com base no modelo em espiral da melhoria contínua, durante a fase de nivelamento adicional, a operação será "espremida", e um nível mais alto de estabilidade será necessário para que se atinjam exigências mais estritas. Isso, por sua vez, forçará um refinamento nos métodos, começando uma nova volta na espiral em ciclos sempre mais exigentes.

Eliminação da nebulosidade

Os japoneses tendem a utilizar metáforas para descrever situações. Os mestres do Sistema Toyota de Produção (STP) com freqüência referem-se a "nuvens" quando discutem a criação inicial de um processo enxuto. Isso muitas vezes é comparado a uma fotografia que ficou enevoada ou pouco nítida. Muitas questões obscurecem processos que não atingiram o nível básico de estabilidade. Elas podem ou não estar relacionadas com o processo; no entanto, a *nebulosidade* torna difícil determinar isso. O mais importante é que essas "nuvens" obscurecem nossa visão e nossa capacidade de ver e entender a verdadeira imagem subjacente. Em mais de uma ocasião, algum instrutor de STP foi visto movendo a mão com a palma para baixo em torno da cabeça e murmurando "muito confuso", referindo-se ao efeito de muitas questões obscuras.

Ao observar-se inicialmente uma operação, é fácil confundir a atividade com trabalho benéfico ou necessário (com valor agregado). As pessoas estão ocupadas, movimentando-se rapidamente, "fazendo" coisas, e pode ser um desafio determinar como a verdadeira imagem subjacente deveria ser.

Os processos muito aleatórios e caóticos tendem a nos levar a conclusões incorretas sobre o que é real, o que é possível e o que não é. A habilidade de adaptar-se às condições ambientais é uma característica humana necessária para a sobrevivência, o que é ótimo, mas, ainda assim, faz com que a criação de processos enxutos seja especialmente difícil.

Por natureza, adaptamo-nos às condições ambientais e, em pouco tempo, passamos a aceitá-las como "normais" e não lhes damos mais importância. Em muitos casos, chegamos até a considerar essas condições como parte do que "temos que fazer". Felizmente, podemos ser removidos desse paradigma, e, quando a situação é considerada de um ângulo diferente, desenvolve-se a compreensão. A utilização das filosofias e ferramentas enxutas nos forçará a lançar um novo olhar de uma diferente perspectiva, e, se permitirmos que nossas mentes aceitem a nova informação, a verdadeira transformação pode ocorrer. E então – a natureza humana novamente –, uma vez que a transformação aconteça e fiquemos acostumados com a nova condição, pode jamais nos ocorrer uma reavaliação e a procura por um outro nível. Esse é o desafio da melhoria contínua. A aplicação diligente do modelo da espiral da transformação enxuta forçará uma avaliação contínua e a remoção de outra camada de nebulosidade na busca da imagem clara subjacente.

Objetivos da estabilidade

O objetivo primário da fase de estabilidade é criar uma base para a coerência de modo que a "realidade" possa ser vista e as atividades aleatórias possam ser eliminadas, assim estabelecendo-se os fundamentos para a verdadeira melhoria. Isso inclui a redução da variabilidade da taxa de demanda (anterior ao estabelecimento do *takt-time*, taxa de demanda do cliente) e a criação de nivelamento básico de volume diário. Adicionalmente, cada fase na espiral de melhoria contínua propicia a preparação necessária para o desenvolvimento de fases sucessivas. Assim, a fase de estabilidade é crucial para a preparação da fase de fluxo. Grandes obstáculos do fluxo devem ser localizados e removidos. Se o fluxo estendido for tentado antes de a estabilidade ser atingida, os obstáculos poderão ser muito grandes e a criação de um fluxo suave e coerente será impossível. Um processo estável também terá um maior grau de flexibilidade e capacidade de atender a diversas exigências dos clientes.

ARMADILHA

A falácia da estabilidade perfeita

Participamos, como consultores, dos primeiros tempos da implementação do Sistema Ford de Produção. Havia um consenso geral sobre a importância da estabilidade do processo antes de se passar para níveis mais elevados do sistema enxuto. Também havia uma forte crença de que todas as plantas do mundo (mais de 130) tinham que avançar aproximadamente ao mesmo tempo. Assim, o primeiro ano foi dedicado a questões de estabilidade do processo em uma área modelo selecionada por cada planta, incluindo os 5S, manutenção preventiva e trabalho padronizado. O primeiro ano virou dois. Ficou claro que essas ferramentas aparentemente simples exigiam muita disciplina e compreensão e que as plantas tinham pouco incentivo além de "a corporação quer que façamos isso e vai conferir o que for feito". Nos anos posteriores, isso levou a Ford a uma abordagem mais integrada em que fluxo, sistema puxado e estabilidade foram integrados melhor em áreas modelo. A estabilidade de processo deveria ter uma razão – apoiar o fluxo com valor agregado. A redução de perdas e a criação de fluxo tornarão a estabilidade uma necessidade em vez de um mal necessário para agradar ao grupo corporativo enxuto.

Por outro lado, é possível passar anos tentando atingir a estabilidade perfeita sem avançar para níveis mais altos de fluxo e de sistema puxado. A experiência sugere que isso levará a ciclos de estabilidade: voltando para a instabilidade, readquirindo estabilidade e assim por diante. A razão para isso é que não há motivação para sustentar níveis mais elevados de capacitação porque o sistema não está ajustado para exigir o melhor nível. Em uma operação de grandes lotes sem fluxo, um alto nível de estabilidade, na verdade, não é necessário; desse modo, a única motivação para continuar a empregar o processo disciplinado é manter os "gerentes enxutos" à distância.

Estratégias para a criação de estabilidade

A Tabela 4.1 mostra as estratégias utilizadas durante a fase de estabilidade, bem como as ferramentas enxutas primárias e secundárias utilizadas. Qualquer ferramenta específica pode ou não ser empregada, dependendo das circunstâncias da operação. Os objetivos e estratégias, porém, *sempre* se aplicam.

Conforme observado anteriormente, não é nossa intenção que esse livro seja do tipo "como implementar ferramentas enxutas". Já existem inúmeros livros com excelentes descrições de cada uma dessas ferramentas. Nosso objetivo é focar a filosofia e o entendimento do processo.

Identificação e eliminação das grandes perdas

Como foi mencionado anteriormente, a identificação e a eliminação de perdas constituem uma filosofia primária do sistema enxuto. Se o local ainda não foi explorado com o sistema enxuto, há muita coisa à mão para ser feita. Por exemplo, a simples utilização dos 5S para classificar onde o estoque deve ser mantido e o estabelecimento de níveis máximos e mínimos visíveis podem ter um grande impacto. O trabalho padronizado e os 5S podem melhorar significativamente as operações manuais. Melhorias nos tempos disponíveis dos equipamentos e reduções das perdas de tempo com preparação de máquinas acrescentarão capacidade e melhorarão os processos diretamente.

TABELA 4.1   Estratégias e ferramentas utilizadas na fase de estabilidade

Estratégias	Ferramentas enxutas primárias	Ferramentas enxutas secundárias
• Eliminar a "grande" perda • Consolidar diversas atividades de perda para torná-las visíveis e proporcionar foco • Melhorar a disponibilidade operacional (DO) • Eliminar ou reduzir a variabilidade	• Exercício do círculo • Trabalho padronizado (como ferramenta de análise) • 5S • Organização do local de trabalho • Troca rápida de ferramentas • Manutenção preventiva • Solução de problemas • *Heijunka* básico (nivelamento com as exigências diárias dos clientes)	• Coleta e mensuração de dados • Roteiros (painel, etc.)

A remoção da primeira e grande camada de perdas geralmente produz melhorias significativas no desempenho global. Nesse ponto, a maior parte das melhorias está no nível de processos individuais, não no nível de processos de conexão de fluxo. Ciclos subseqüentes ao longo da espiral de melhoria contínua conectarão os processos e podem ter impactos ainda maiores e reforçar a motivação para manter a estabilidade de processos individuais.

Exercício do círculo

A aprendizagem de como identificar os sete tipos de perda começa imediatamente durante a fase de estabilidade e é reforçada pelo "exercício do círculo", usado por Taiichi Ohno para treinar novos participantes. Isso é parte da filosofia de *genchi genbutsu*, que enfatiza a ida ao local real para observar e compreender. Nesse exercício, o participante é orientado a parar e observar cuidadosamente uma operação e a identificar as perdas e as condições que as ocasionam. Os participantes muitas vezes ficam oito horas ou mais nessa atividade até que o *sensei* esteja convencido de que observaram seriamente as perdas. Ironicamente, isso é ainda mais difícil de fazer quando não se está familiarizado com a operação. Como você compreende a "razão" por que a perda existe, você ficará inclinado a racionalizar sua existência (por que é daquele jeito) e a concluir que não se pode fazer nada para melhorar. Durante o exercício do círculo, simplesmente é melhor reconhecer que existe perda, sem a necessidade de explicá-la ou de tentar imaginar como "consertá-la".

Se o exercício for levado a sério, a quantidade de perdas observada poderá ser assustadora. Uma reação comum é imediatamente buscar soluções para remediar a situação. Na Parte IV, que trata da solução de problemas, explicaremos que o primeiro passo consiste em desenvolver uma completa compreensão da situação antes de começar a ação corretiva. A permanência no círculo por várias horas possibilitará essa compreensão, que é necessária antes que as verdadeiras contramedidas possam ser identificadas.

O exercício do círculo pode ser comparado a uma corrida de distância, tal como uma maratona. (Mesmo que jamais tenhamos participado de algo parecido, todos nós conhecemos pessoas que já participaram.) Em cerca de 20 milhas de uma corrida de 26,2 milhas, os corredores descrevem uma sensação conhecida como "batida na parede". Alguns descrevem o aspecto físico como uma espécie de "transcendência" do corpo. O exercício do círculo é de natureza semelhante. Durante os primeiros minutos até uma hora, a mente está observando as questões mais amplas e captando o "quadro geral", podendo chegar à conclusão de que já viu tudo e de que não precisa continuar. Fique um pouco mais! A verdadeira aprendizagem recém está começando. Dependendo do indivíduo, podem se passar de quatro a oito horas até o estado de "batida na parede" e de transcendência para um nível mais elevado de consciência. Esse exercício é extremamente poderoso. Não o veja apenas como uma "paradinha". Ao contrário, use-o como método para "sintonizar" sua habilidade de consciência. Assim que essa habilidade estiver dominada, uma observação mais curta proporcionará um claro entendimento dos detalhes de uma operação. Felizmente, nem sempre vamos precisar de oito horas para isso!

Trabalho padronizado como ferramenta para identificar e eliminar as perdas

Após dominar a habilidade de observar e identificar as perdas, é possível documentar a situação utilizando-se as ferramentas do trabalho padronizado. Com freqüência, o trabalho padronizado é considerado, principalmente, como um conjunto de instruções para o operador. Na realidade, um dos usos mais comuns do trabalho padronizado é para análise e compreensão das perdas na operação. O procedimento de trabalho documentado será uma representação visual da perda (oportunidade para melhoria) existente. É parte da análise que auxilia a remover as "nuvens" e a ver a imagem subjacente. Também oferecerá informações benéficas para o estabelecimento de um fluxo de trabalho equilibrado durante a criação do fluxo contínuo.

No Capítulo 6, daremos mais detalhes sobre o trabalho padronizado e sobre o modo como é utilizado para estabelecer e documentar o método padrão. Nesta fase, é suficiente dizer que as ferramentas simplesmente são usadas para ajudar a identificar as perdas. Há três elementos críticos na análise do trabalho e na identificação de perdas durantes a fase de estabilidade:

1. Identificação das etapas básicas do trabalho.
2. Registro do tempo de cada etapa.
3. Desenho da área de trabalho e do fluxo do operador dentro da área.

Tenha em mente que a intenção é identificar as perdas, e é importante começar com as "grandes" perdas. Como ferramenta de análise, o trabalho padronizado primeiramente auxiliará na identificação de movimentos (caminhar, chegar) e de espera (quando o ciclo de trabalho está abaixo do *takt-time*). É melhor analisar primeiro a partir de um nível superior e depois trabalhar em um nível mais detalhado. Se o trabalho exige que o operador saia da área de trabalho, começamos identificando esse componente importante. Se o operador caminha dentro da área de trabalho, iniciamos com o padrão desse movimento. Se o operador fica parado (sentado ou sem necessidade de caminhar), começamos observando os movimentos de suas mãos.

Não existem regras rígidas quanto ao modo de documentar o trabalho nesse estágio. O objetivo é registrar o que está acontecendo de tal modo que as grandes perdas possam ser visualizadas e compreendidas por todos. O nível de detalhamento para descrever as etapas do trabalho é relativamente básico. Não se pretende descrever *como* o trabalho deve ser realizado; em vez disso, trata-se de uma descrição do *que* está acontecendo.

Como estamos procurando grandes perdas, a regra geral é registrar cada vez que o operador dá um passo de um lugar para outro, em atividades que exigem caminhadas, ou todos os movimentos de suas mãos, no caso de trabalho sem deslocamento. Estamos procurando as perdas, e não necessariamente os detalhes do que está sendo feito em cada etapa.

Após as etapas terem sido identificadas, o tempo para cada uma delas é observado e registrado. Separe o tempo em duas categorias básicas: tempo de trabalho e tempo de caminhada (ou de alcance). Finalmente, um desenho detalhado da área de trabalho é traçado, a localização das etapas do trabalho é acrescentada, e as etapas são conectadas com uma linha. Esse desenho é muito importante e visualmente poderoso. Faça-o do tamanho necessário para que se tenha uma clara visualização. Não se preocupe se o desenho parecer "bagunçado", com muitas linhas e círculos. É justamente isso! Quando o desenho estiver completo, olhe para ele e pergunte: "com que se parece?" Talvez as respostas sejam: "uma bagunça, muita movimentação, muitos cruzamentos, voltas, etc." Visualmente, as pessoas perceberão que o fluxo de trabalho não é bom. Se você tiver a sorte de contar com um bom fluxo de trabalho nesse estágio e não encontrar um quadro de desorganização, estará pronto para ir a um nível mais profundo e analisar movimentos menores das mãos.

A Figura 4-1 mostra uma análise de perdas completa, incluindo as etapas do trabalho, o tempo de trabalho e de caminhada (em segundos) e a visão do fluxo de trabalho do operador. Como você pode ver, o tempo de caminhada é dois terços mais longo do que o tempo de trabalho, e o quadro mostra um padrão de trabalho não-linear com distâncias significativas, retornos e caminhos cruzados.

Lembre-se, o primeiro passo é compreender completamente a situação presente. Somente então você deve começar a identificar uma condição ótima (tempo de caminhada reduzido) e trabalhar para criá-la. Existem muitas opções e técnicas, mas a idéia básica é

Elementos do trabalho	Tempo do trabalho	Tempo de caminhada
1. Apanhar suporte A	1	2
2. Colocar acessório (caminhar até o acessório)	6	2
3. Apanhar suporte B	1	3
4. Colocar acessório	5	3
5. Apanhar suporte lateral	1	1
6. Colocar acessório	3	1
7. Apanhar fixador	1	2
8. Colocar acessório	8	2
9. Apanhar grampo	1	3
10. Colocar acessório (começar de novo)	5	3
Total de segundos	32	22

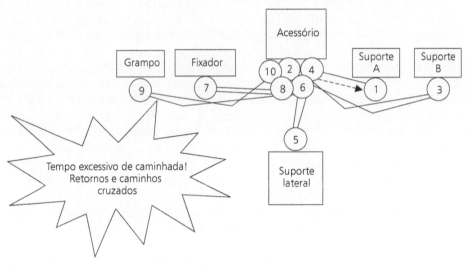

Figura 4-1 Análise completa de perdas.

ter o "fluxo" de trabalho de forma contínua, sem movimentos de retorno por caminhos já percorridos. (Ver Capítulo 6 para mais informações sobre o uso de trabalho padronizado, incluindo exemplo de documentos.) Durante a fase de estabilidade, o processo é utilizado basicamente para identificar as perdas, e não para estabelecer o "trabalho padronizado", o que não é possível antes que um certo grau de estabilidade seja alcançado.

Os 5s e a organização do local de trabalho

Agrupamos os 5S* (Figura 4-2) e organização do local de trabalho; alguns argumentariam que eles são, na verdade, uma coisa só, sendo métodos primários para a remoção da primeira camada de "nuvens", eliminando fiscamente a desordem na área de trabalho. Muitas pessoas, de modo equivocado, acreditam que os 5S são meramente uma iniciativa de limpeza,

---

* N. de T.: Em japonês, *seiri*, *seiton*, *seiso*, *seiketsu* e *shitsuke*.

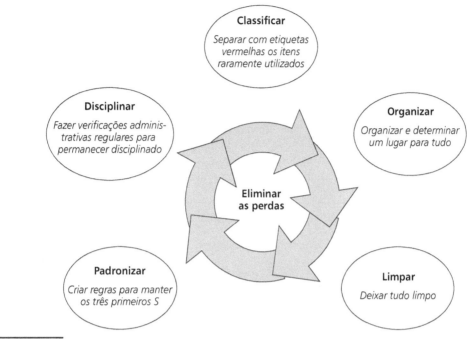

Figura 4-2 O processo 5S.

talvez porque uma área de trabalho limpa seja um dos resultados. O propósito principal do primeiro dos 5S é eliminar a nebulosidade, o que envolve remover as perdas de movimento nos deslocamentos e as perdas com a procura de ferramentas e materiais. No entanto, outros componentes do processo 5S – Organizar ou Pôr em Ordem e Padronizar – desenvolvem hábitos de trabalho padronizado que são cruciais em fases posteriores da implementação enxuta.

> **ARMADILHA**
>
>
>
> ### Transformar os 5S em um programa isolado
>
> Realizar os 5S é divertido. Realizar os 5S é algo libertador. Qualquer pessoa que já experimentou a alegria de limpar o porão ou a garagem na primavera, depois de um ano de acúmulo de lixo, conhece essa sensação. Mas os 5S é apenas uma ferramenta que possibilita a estabilidade que, por sua vez, conduz ao fluxo. Já vimos muitas empresas transformarem os 5S em um programa isolado com celebrações, recompensas e cartazes por toda parte. Fique bastante tempo em um lugar e conseguirá desenhar um círculo à sua volta. Não há nada de mal em ser diligente com os 5S. Mas perda bem organizada e reluzente de tão limpa continua a ser perda. Você precisa descer na espiral e chegar ao verdadeiro fluxo nivelado. Atolar-se nos 5S pode ser um padrão de escape – escapar do trabalho árduo de pensar sobre um modo de criar o fluxo e resolver as reais causas dos problemas que inibem o fluxo.

Consolidação de atividades ligadas às perdas para atrair benefícios

Essa estratégia, com freqüência, é ignorada devido a crenças equivocadas. Uma dessas crenças é que eficiências individuais podem ser maximizadas se cada pessoa trabalhar independentemente. Desse modo, os problemas encontrados por uma operação não influenciam as outras negativamente. Como veremos no próximo capítulo, essa filosofia permitirá que os problemas sejam minimizados, o que também torna mínima a urgência de corrigi-los. Além disso, esse pensamento propicia atividades de perdas isoladas que são absorvidas por cada pessoa. Cada operação leva, então, uma grande carga de perdas, e, em muitos casos, as perdas são idênticas às de procedimentos inúteis exigidos em outras operações.

Exemplo de caso: consolidar e conquistar as perdas

Neste exemplo, diversas operações estavam trabalhando independentemente para montar vários modelos de um produto. Cada operador tinha atividades sem valor agregado em comum com todas as outras operações, tais como recuperação de material da área de estoque, preparação de material para montagem, preenchimento de documentos de embarque e transporte de pedidos finalizados para a área de embarque. Os operadores faziam isso sozinhos. O exercício do círculo, com a cuidadosa observação de todas as operações, revelou que cerca de 20% do tempo total de cada operador era consumido por essas atividades (ver Figura 4-3). Multiplique isso por todos os operadores e notará que a perda era imensa. Isso não incluía outras atividades sem valor agregado dentro do processo de trabalho.

Utilizando-se gráficos de trabalho padronizado para analisar o trabalho, descobriu-se que essas atividades de perda poderiam ser consolidadas em um operador de "apoio de linha", que poderia minimizar a perda realizando aquelas atividades coletivamente, assim reduzindo as perdas de transporte. Isso significava que um operador era removido da linha para realizar essa "perda consolidada", o que enfrentou resistência inicial da administração (ver

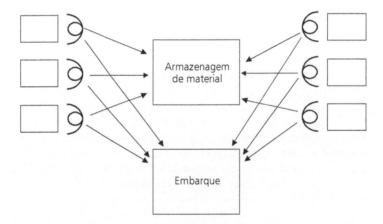

Figura 4-3 Cada operador desperdiça esforços para obter os materiais.

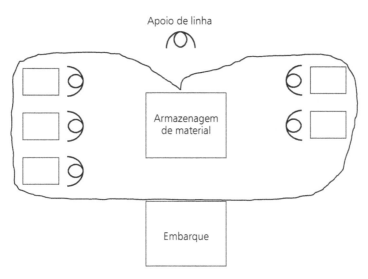

Figura 4-4 Atividades consolidadas sem valor agregado.

Figura 4-4). Direcionando-se essas atividades consolidadas, o tempo exigido para essas tarefas foi reduzido. A função de apoio de linha então tinha tempo livre à disposição para realizar outros trabalhos, tais como coleta e relato de dados e solução de problemas.

Além de estabelecer um recurso disponível, a consolidação de tarefas sem valor agregado cria um processo cíclico e repetido para a coleta e entrega de material. Essa atividade deve ser desempenhada em um ciclo de tempo. Esse tempo é definido com base nas necessidades das operações e outros fatores e é o fundamento para a padronização da movimentação de material.

A padronização dessa atividade inclui o que será feito, quem o fará e quando será feito. É importante que essas tarefas sejam cíclicas e repetíveis de modo que seja estabelecida uma base para a padronização. Uma vez estabelecida essa base, melhorias adicionais podem ser feitas, tais como recipientes específicos, carros de entrega, suportes para apresentação do material ao operador. Muitas empresas põem a carroça na frente dos bois e tentam criar os dispositivos (carrinhos, estantes e recipientes) antes de estabelecerem o processo – um método padronizado reproduzível. Assim que o processo é padronizado, podemos procurar oportunidades para reduzir a mão-de-obra necessária redistribuindo o trabalho entre outros operadores. Em geral, encontramos economia de mão-de-obra no trabalho direto e no manejo de material.

Outra crença errônea é a de que é preferível desempenhar certas atividades com menos freqüência de modo a minimizar as perdas. Isso não é normalmente aplicado à movimentação e à entrega de materiais em uma instalação. Há fatores adicionais que contribuem para essa crença, como a distinção entre mão-de-obra "direta" e "indireta". Na Toyota, todos os funcionários da fabricação têm a mesma classificação. São chamados de "membros da equipe de produção", e não há distinção quanto ao tipo de trabalho realizado. Todos os funcionários são vistos como ativos, e os custos de ativos são os mesmos, não importa o tipo de trabalho que é feito. Perda é perda, e o efeito no custo é o mesmo, seja qual for a função.

Por outro lado, os administradores de outras empresas são, com mais freqüência, avaliados com base em sua habilidade de controlar custos de mão-de-obra indireta, o que significa menos pessoas para manusear os materiais. Se há menos encarregados do manejo de materiais, a solução óbvia é realizar entregas de maiores quantidades para a linha e com menor freqüência. De muitas maneiras, esse método aumenta a perda total, e o resultado líquido é um "custo total" mais alto. (A maioria dos sistemas de contabilidade de custos concentra-se no custo individual da mão-de-obra ou em custos de produção de peças, e não no custo total para todo o sistema.)

O caso abaixo compara os dois tipos de raciocínio. O Modelo Toyota sempre se concentra na otimização da atividade de agregação de valor, e qualquer sistema estabelecido começa considerando o operador e minimizando as perdas. Usamos a expressão "tratar o operador com valor agregado como um cirurgião". Um cirurgião precisa concentrar-se exclusivamente no paciente, e, quando solicita um escalpelo, um assistente coloca o instrumento diretamente nas suas mãos. Essa filosofia leva ao aumento da qualidade e, geralmente, a perdas totais menores.

Exemplo de caso: consolidação de perdas comuns em uma planta de montagem

Em uma planta de montagem de um grande fabricante de veículos, o administrador orientou uma equipe de melhoria contínua para concentrar-se na redução de custos de mão-de-obra indireta minimizando o número de vezes que as peças eram deslocadas de uma área de armazenagem até a linha de montagem. O administrador da planta tencionava trazer o material do caminhão diretamente para a linha, com um número mínimo de viagens. Era difícil entender por que ele estava concentrado nisso. Provavelmente, isso era devido a vários anos de pressão da alta administração para a redução de custos com mão-de-obra como uma diretiva prioritária. Esse objetivo restrito pode, muitas vezes, levar à eliminação de perdas, mas cria outras perdas mais sérias. Nesse caso, o administrador da planta estava convencido de que a produção em lotes maiores e a colocação do produto em grandes contêineres reduziriam custos com o manejo de materiais. Mas quais são as outras conseqüências dessa mentalidade de "caixa grande"?

Examinando a Figura 4-5 e começando com o operador com valor agregado, observamos que a extensão total dessa zona de trabalho na linha de montagem é de nove metros. A razão para essa extensão é uma combinação da variedade de peças que o operador está encarregado de instalar e o tamanho de cada contêiner. Os contêineres têm aproximadamente 1,20m de largura, 1,20m de profundidade e 1,20m de altura. Devido a essas dimensões, somente uma caixa de cada peça pode ser colocada na esteira rolante de cargas pesadas. A presença de uma caixa para cada tipo de peça cria uma enorme quantidade de estoque ao longo da linha.

Devido ao grande espaço de trabalho (três vezes o comprimento do veículo), o operador tem que caminhar demais. Quando há cerca de 20 peças restantes na caixa, o operador entra em contato com o supridor de materiais, que fica indo e voltando em busca de contêineres vazios. O supridor de materiais leva um novo contêiner para a linha, posiciona-o e remove o contêiner vazio.

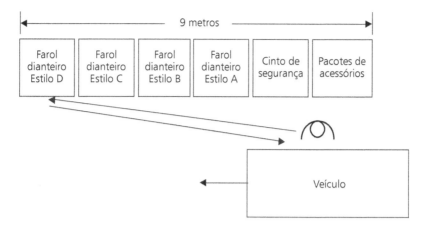

Figura 4-5 Extensa área de trabalho orientada por grandes contêineres.

Como o momento para isso não é exato, o operador deve retirar todas as peças restantes no contêiner e colocá-las em cima de um dos contêineres próximos. (Fora o fato de que essa é uma atividade inútil, ainda há uma grande possibilidade de danificar o produto, bem como de misturar produtos semelhantes, levando à instalação de itens incorretos.) O contêiner vazio é então retirado, o novo contêiner é apanhado e posicionado na linha, e o operador coloca nele as peças que haviam sobrado do outro contêiner (novamente há desperdício e potencial de dano).

Uma análise mais de perto revela um outro problema. A mão-de-obra indireta, que é o foco de atenção, na verdade, não é eficaz. Nesse caso, o supridor de materiais só consegue atender um "cliente" de cada vez (o operador) e repor somente um item (peça), pois o material é entregue em contêineres grandes e pesados, precisando de um guindaste para transporte. Há uma perda substancial no trabalho do supridor de materiais, que fica se deslocando de um lado para outro durante todo o dia.

Além disso, o método de trabalho, nessa situação, é impossível de padronizar. Como a linha comporta apenas uma caixa de cada tipo de peça, o momento para troca é determinado pelo consumo de cada peça (o que ocorre de acordo com o *mix* do modelo) e esse momento, portanto, nunca será sistemático. É impossível estabelecer um momento específico para a entrega de uma determinada peça para a linha.

Toda vez que for impossível padronizar uma atividade de trabalho, o resultado será uma operação menos eficiente. Não é possível definir trabalho cíclico e garantir que os métodos sejam refinados. A consolidação dessa perda permite a criação de um processo padronizado para manejo de material que também possibilita a entrega de uma grande variedade de peças para vários operadores.

O Modelo Toyota começa com o foco na operação com agregação de valor. Essa visão concluiria que, para o operador ser mais eficaz, deveria haver um mínimo de deslocamento e ele deveria conseguir instalar uma maior variedade de peças. Isso leva ao entendimento de que uma maior variedade de

Figura 4-6 Visão frontal da estante de fluxo.

peças precisa ser entregue na área de trabalho, em um espaço menor, e que o reabastecimento de peças não deve exigir que o operador remova peças de contêineres antes que sejam necessárias no veículo.

Uma *"estante de fluxo"* pode ser construída para acomodar uma ampla variedade de peças em um espaço muito menor. Como os contêineres são menores em termos de altura, a estante é projetada em vários níveis, como mostra a visão frontal na Figura 4-6, e possibilita a visualização de recipientes vazios, que são coletados pelo supridor de materiais. A estante também tem profundidade suficiente para acomodar diversos recipientes de cada tipo de peça, e a troca e o reabastecimento de material são realizados sem interromper o trabalho do operador.

Como não é preciso que os operadores se desloquem por longas distâncias, eles podem instalar mais peças. Essa consolidação reduzirá o número de operadores na linha em cerca de 20%.

Se essas atividades sem valor agregado de muitos operadores são consolidadas e "empurradas" para fora da área de trabalho, a perda resultante converte-se em carga para o supridor de materiais, que agora tem que atender muitos clientes simultaneamente e deve criar um padrão de trabalho eficiente que atenda às necessidades dos operadores. O supridor de materiais pode dirigir um pequeno carro elétrico que puxa uma série de reboques, carregando uma grande variedade de contêineres do "tamanho certo" para um grande número de operadores. Como esse método exige recipientes menores com menores quantidades em cada um, a freqüência de reabastecimento será maior, o que aumentará a rotatividade do estoque, que é uma característica desejável; no entanto, não aumentará a mão-de-obra necessária. Na verdade, é provável que a mão-de-obra total no manejo de materiais seja reduzida.

Melhoria da disponibilidade operacional

Freqüentemente, encontramos processos com dificuldade para atender às exigências dos clientes. As causas disso geralmente são atribuíveis à perda de oportunidades de produção devido à indisponibilidade de equipamento. As causas do tempo perdido são inúmeras, mas recaem em duas categorias principais:

1. **Perdas no ciclo.** São perdas que ocorrem durante o ciclo de trabalho (enquanto o equipamento está operando). Podem incluir a movimentação excessiva e a distância de deslocamento de equipamentos. Um desses casos seria o de um soldador de pontos que tinha um movimento de seis polegadas quando somente três polegadas eram necessárias para liberar a peça de trabalho. Essa distância extra percorrida exigia dois segundos em *todos* os ciclos. As perdas de ciclo geralmente são consideradas primeiro porque podem ser facilmente sanadas, a melhoria é imediata e são corrigidas em todos os ciclos. Multiplicando-se o pequeno período de tempo pela freqüência de ocorrência (todos os ciclos), essas pequenas mudanças podem somar ganhos significativos na disponibilidade operacional.

2. **Perdas fora do ciclo.** Estas geralmente ocorrem quando o equipamento não é operacional. As perdas por ocorrência tendem a ser significativas, mas a freqüência de ocorrência é menor. Uma das perdas significativas é a preparação de equipamento ou troca de ferramentas. Os princípios preconizados por Shigeo Shingo, conhecidos como SMED, ou Single Minute Exchange of Dies (Troca de Ferramentas em Único Dígito), podem ser usados para reduzir drasticamente esse tempo. Também conhecido como "troca rápida de ferramentas", o método pode ser aplicado toda vez que algum equipamento é "trocado" de um estado para outro. Isso pode incluir mudanças de ferramentas, trocas de materiais ou modificações de produto ou configuração. Causas adicionais para perdas fora do ciclo são facilmente identificadas utilizando-se uma simples comparação de atividades com e sem valor agregado, como demonstra o exemplo de caso a seguir.

Exemplo de caso: melhoria da disponibilidade operacional na Cedar Works

A Cedar Works produz gaiolas de madeira para pássaros. O primeiro passo da operação envolve o corte de madeira crua em varas finas utilizando uma serra fita. Com o grande aumento da demanda, a operação estava funcionando sete dias por semana, 24 horas por dia, na tentativa de manter os níveis de produção. Depois de quatro horas no exercício do círculo, estimou-se, no entanto, que somente cerca de 30% da capacidade da serra estava sendo utilizada. O gerente do setor não acreditou. "Isso é loucura!", disse ele. "Estamos trabalhando 24 horas todos os dias! Como podemos produzir mais com essa operação?" Como não teve a oportunidade de fazer o exercício do círculo, ele havia caído na armadilha de confundir "trabalho" e "atividade" com tempo com valor agregado, misturando as atividades das pessoas com as das máquinas.

Para melhorar seu entendimento, primeiro revisamos o conceito das sete formas de perda (sem valor agregado) e de atividades com valor agregado. Começando com a parte mais fácil da comparação, identificamos a atividade com valor agregado e concordamos que a serra agregava valor quando a lâmina estava cortando a madeira. Também concordamos que havia outras atividades "necessárias", embora elas não ajudassem a atingir a meta final de cortar mais madeira. Então, concordamos ainda que somente quando a lâmina estava cortando madeira é que a serra estava realmente agregando valor. Agora, a comparação era simples: do lado do valor agregado, tínhamos: "a lâmina corta madeira"; do lado sem valor agregado, tínhamos: "todo o resto".

Permanecendo no círculo e observando, vimos muitas situações em que a serra não estava cortando madeira. A lista dessas situações foi compartilhada com os operadores, que foram solicitados a acrescentar qualquer item adicional que não tivesse sido observado. Sugerimos a permanência no círculo em diversos momentos do dia e em dias diferentes para se chegar a uma completa compreensão da situação.

A Figura 4-7 mostra uma comparação lado a lado das atividades com e sem valor agregado. A figura representa uma situação comum em qualquer operação. Geralmente, haverá poucos itens do lado do valor agregado e muitos itens do lado sem valor agregado. Isso oferece uma ampla seleção para cap-

Figura 4-7 Comparação de atividades com e sem valor agregado.

tar a oportunidade de tempo perdida, passando-se do lado sem valor agregado para o lado com valor agregado.

Na lista de atividades sem valor agregado, primeiramente concentramo-nos nas perdas no ciclo – as que ocorrem durante a operação da serra. Os operadores perceberam que simplesmente mudar o método de manejo da madeira aumentaria o tempo com valor agregado em aproximadamente 25%. Além disso, a mudança de atividades que eram então realizadas "internamente" (enquanto a serra estava parada) para atividades "externas" (realizadas enquanto a serra continua a agregar valor) foi emprestada da técnica de troca rápida de ferramentas. Essas mudanças foram fáceis de implementar, e o custo foi mínimo.

As perdas fora do ciclo foram o foco secundário: basicamente, foram focadas as reduções de tempo para troca de lâmina (troca rápida) e de tempo de limpeza. O tempo para troca de lâmina foi reduzido de 10 para 2 minutos (com média de duas vezes por turno), e o tempo de limpeza passou de 30 para 15 minutos por turno.

Redução da variabilidade pelo isolamento

A redução da variabilidade é a chave para se chegar à estabilidade. A variabilidade existe em duas formas:

1. Variabilidade auto-infligida – que se pode controlar.
2. Variabilidade externa, que está essencialmente relacionada com os clientes, mas também com fornecedores e com a variação inerente ao próprio produto (diferentes tamanhos, formatos e complexidades). A variabilidade externa pode estar além de sua capacidade de *mudar*. No entanto, você pode construir sistemas para compensar os efeitos da variabilidade, atenuando seu impacto.

Um exemplo comum de variabilidade auto-infligida é o modo como muitas empresas aplicam recursos – pessoas e equipamentos. Diversas empresas que operam com o método de "ilha" – com cada operação funcionando independentemente das outras – não têm como preencher uma vaga se um funcionário se ausenta. Isso inclui as *férias*, que são uma ocorrência *planejada*. Na maioria das empresas, ausências planejadas e não-planejadas somam entre 10 e 20% dos dias de trabalho. Durantes essas ocorrências, o trabalho planejado não é finalizado, os trabalhadores são deslocados para as tarefas "importantes" e outros trabalhos – muitos dos quais ainda em processo, o que desperdiça o tempo e o esforço já despendidos – ficam esperando. Quando a primeira peça do dominó cai, começa uma reação em cadeia para a busca das tarefas mais importantes e a mudança de recursos (agora de pessoas *e* de máquinas), o que aumenta a variação.

O problema com a variação é que, uma vez iniciada e um "ajuste" é realizado, ela aciona outras ondas de variação, ficando difícil retornar ao "normal". Devemos observar aqui que muitas pessoas erroneamente acreditam que um processo enxuto é rígido e inflexível porque a habilidade de fazer "ajustes" aleatoriamente é eliminada. Exploraremos isso no Capítulo 6; por enquanto, podemos dizer que a idéia é que uma condição padrão administrará ocorrências planejadas, tais como ausências, e que planos de reação darão conta de eventos não-planejados, como falhas de equipamento – sem conseqüência negativa para o cliente e com um rápido retorno ao método padrão.

Um exemplo comum de variabilidade externa é a demanda do produto, ou *mix* de modelo. A realidade no atual ambiente de fabricação é a mudança do grande volume e pequena variedade (HVLV – High Volume - Low Variety) para o pequeno volume com grande variedade (LVHV – Low Volume - High Variety). Isso dá origem a muitos desafios, pois os diferentes produtos requerem quantidades variáveis de tempo e/ou etapas de processamento para serem fabricados. Equilibrar os recursos (pessoas, máquinas e material) com essa variação de produto inerente é virtualmente impossível sem que se utilize o conceito de *isolamento de variabilidade*. Se você não consegue controlar a variabilidade, a melhor opção é isolá-la, o que reduz o impacto no todo. No capítulo anterior, onde discutimos o mapeamento do fluxo de valor, trouxemos o conceito de família de produto. Na verdade, a separação dos produtos em "famílias semelhantes" que pertencem a um fluxo de valor comum é um exemplo de isolamento da variação.

Ao considerarem-se métodos para isolar a variação, é importante pensar sobre os passos futuros. Estes incluirão a criação de fluxo e sistema puxado, bem como a padronização. O processo de mapeamento do fluxo de valor é uma ferramenta útil para desenvolver o entendimento da relação de diferentes etapas e tempos de processamento e o efeito na criação de fluxo equilibrado mais tarde.

A regra 80/20

A regra 80/20 é útil quando se consideram divisões de produtos que isolarão a variação. O *tempo* exigido para finalizar o produto em cada operação é o elemento crítico para a criação do fluxo futuro; por isso, considere os produtos para determinar onde a variação ocorre em relação ao tempo. Para reduzir a variabilidade no tempo de processamento, consolidamos produtos semelhantes com base no tempo de processamento exigido. O tempo também é um fator importante para se estabelecer o alinhamento de recursos.

Na realidade, algumas operações não são afetadas pela variabilidade de produtos. (Chamamos essas operações de processos "aravés de fluxo", pois todos os produtos fluem sem mudança no tempo exigido.) Por exemplo, uma operação de lavagem ou de limpeza não é afetada pela variação de complexidade da peça ou do modelo, exigindo o mesmo período de tempo para qualquer produto. Estamos procurando as operações que são mais afetadas pela variação do produto, especialmente se elas criam gargalos.

O aspecto capcioso da variação é que 20% (a menor parte) do produto freqüentemente originam 80% da variação total. Isso pode ser difícil de notar, pois as ondulações de uma variação anterior criam novas ondulações. Grande parte da variação pode aparentemente ser "removida" dos resultados gerais de uma operação simplesmente isolando essa minoria – "aparentemente" porque a variação, na verdade, não é eliminada, mas os grandes efeitos são reduzidos, proporcionando mais coerência.

Exemplo de caso: isolamento da variabilidade em um fornecedor aeroespacial de baixo volume

Essa empresa produzia seções de tubos soldados para a indústria aeroespacial, uma operação com espectro próximo do máximo em termos de baixo volume (pedido médio em torno de cinco peças) e de alta variedade (milhares). Longos *lead times* são a norma nessa indústria, e o resultado esperado era a redução do tempo de produção na seção de encurvamento e soldagem da operação. A Figura 4-8 apresenta o tempo de produção médio mensal. Indica um processo instável, e a variação de tempo fica entre 14,5 e 21 dias, com a média próxima dos 17,5 dias.

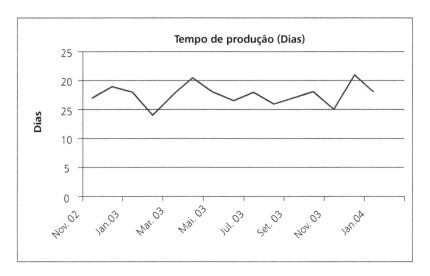

Figura 4-8 Tempo de produção antes do isolamento da variação do tempo de soldagem.

Utilizando um mapa de fluxo de valor, identificou-se a área de soldagem como ponto de controle do fluxo. As observações e discussões revelaram que a complexidade dos tubos causava variação significativa no tempo de soldagem de cada um. Isso contribuía para o fato de que a produção diária em peças também variasse muito. Além disso, revisando-se todo o fluxo de valor, determinou-se que a operação de soldagem era o processo mais crítico, mais demorado e mais difícil, bem como o mais afetado pela variação na complexidade do produto. Essas características tornavam a área de soldagem uma boa opção como área de trabalho inicial para estruturação da estabilidade, uma vez que os desempenhos nos outros processos do fluxo de valor eram mais capazes e estáveis.

A avaliação dos produtos mostrou que, embora cada tubo fosse único (alta variedade), todos eles recaíam em algum grupo comum quanto ao *tempo* necessário para soldagem. Na extremidade mais baixa, os tubos exigiam menos de 10 minutos por peça; o tempo intermediário ficava entre 10 e 30 minutos; e, na extremidade mais alta, os tubos exigiam de 30 minutos a várias horas para serem finalizados (alguns necessitavam de *dias*). Dessa perspectiva, os tubos da extremidade mais baixa tinham uma gama restrita de variação; já os da extremidade mais alta tinham uma gama ampla. Em termos de volume, 80% de todos os tubos estavam entre as faixas baixa e intermediária, permitindo que a variação no tempo, relativa à gama total, fosse isolada dentro de uma faixa restrita.

Essa faixa restrita ofereceu a oportunidade de efetivamente alinhar recursos para a carga de trabalho. A gama restrita nos tubos de tempo baixo e médio permitiu-nos estabelecer um *takt-time* e determinar o número de soldadores necessários para atingir essa razão.

Como o *mix* de produtos variava de acordo com as exigências dos clientes, era necessário determinar o alinhamento de recursos com a carga de trabalho de forma constante. O "padrão" foi determinado com base na história de volume médio, que é um bom indicador, mas a realidade raramente combina com a média. Nesse caso, os indicadores de "tempo real" eram necessários para que todos pudessem ter acesso ao verdadeiro *mix* de produtos a qualquer momento e fazer os ajustes cabíveis a fim de manter o fluxo.

Durante a criação de processos enxutos, muitas vezes é necessário trazer conceitos de fases subseqüentes e introduzi-los "mais cedo". Utilizando conceitos básicos de fluxo estendido e de sistema puxado (que serão descritos no próximo capítulo), a equipe criou a consciência visual da demanda real, estabelecendo locais definidos e quantidades de estoque em processo para cada categoria (baixa, intermediária e alta). Quantidades mínimas e máximas foram definidas para cada localização, oferecendo um indicador padronizado – trazido da fase de padronização – para a equipe, de modo que fosse possível a tomada de decisões quanto à alocação de recursos. Esses indicadores visuais foram adicionados ao longo do fluxo de valor para que cada operador trabalhasse para manter um fluxo sistemático.

A definição e o controle de estoque em processo em cada operação reduziram a gama de tempo de produção, e uma futura redução das quantidades diminuirá o tempo total. A Figura 4-9 apresenta os resultados. Claramente, o processo está atingindo mais sistematicamente um tempo de produção de 15 dias, e o gráfico indica que o processo é "estável" em termos de desempenho. Tendo atingido um nível básico de estabilidade, esse fluxo de valor está pronto para avançar no ciclo de melhoria contínua.

Nivelamento da carga de trabalho para criar a base para o fluxo e a padronização

Como observamos no exemplo de caso anterior, o estabelecimento de grupos de produtos a fim de isolar a variação é um passo crucial no desenvolvimento da estabilidade e uma base para a criação do fluxo e da padronização. Em essência, o isolamento da variação é uma aplicação básica de *heijunka*, ou nivelamento. Agrupando-se produtos semelhantes, conse-

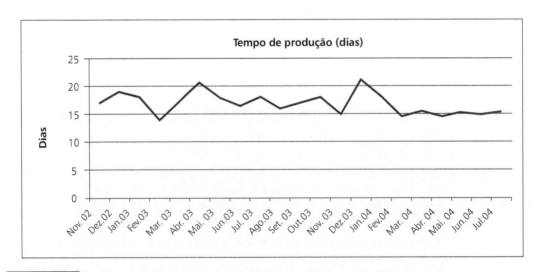

Figura 4-9 Estabilidade do processo após isolamento da variação do tempo de soldagem.

guimos nivelar a carga de trabalho para a maior parte do processo. O trabalho altamente variável ainda é difícil de padronizar, mas, nesse caso, uma meta de 80% do total é possível. Esse é um aspecto importante da criação de estabilidade. Algumas aplicações básicas do nivelamento podem ser feitas na fase de estabilidade, e também existem aplicações avançadas de *heijunka* que reduzirão mais o tempo e a pressão no sistema em fases posteriores. (Discutiremos isso em detalhes no Capítulo 7.)

Um erro comum ocorre ao tentar estabelecer o fluxo ou a padronização muito cedo. Como veremos no próximo capítulo, a criação de fluxo entre operações é planejada para trazer rapidamente os problemas à tona e considerá-los críticos por natureza (ignorá-los seria desastroso). Se esse passo é dado antes da eliminação dos principais obstáculos, o resultado será muitos problemas e o conseqüente retrocesso ao "modo antigo". Da mesma forma, a tentativa de padronizar um processo caótico com um alto nível de variabilidade, com certeza, causará frustração, já que não é possível padronizar a variação.

Se compararmos a criação de processos enxutos com a construção de uma casa, compreenderemos que, para sustentar o telhado, precisaremos de paredes e vigas. Os alicerces e os pisos, por sua vez, sustentam as paredes. Isso é fácil de notar e entender porque uma casa é um objeto real, visível e tangível com elementos comuns (todas têm algum tipo de telhado). Um sistema enxuto, por outro lado, não é tão claro. Se você concentrar seus esforços na compreensão da *intenção* de cada fase, e não na aplicação das ferramentas enxutas, o processo terá mais sucesso. Compreenda *o que* antes de tentar aplicar o *como*. As ferramentas enxutas são aplicadas para abordar necessidades específicas e não devem ser utilizadas simplesmente porque estão na caixa de ferramentas.

Reflexão e aprendizagem com o processo

1. Desenvolva um mapa do estado atual de sua operação. O propósito principal não é completar um mapa, mas *ver* o que realmente está acontecendo em sua organização.
   a. Liste pelo menos 50 exemplos de perda que você observou enquanto desenvolvia o mapa. Nesse momento, não se preocupe em "consertar" os problemas. Simplesmente olhe e observe as oportunidades.
   b. Se não conseguir identificar pelo menos 50 exemplos, percorra o processo novamente, dedicando mais tempo para parar e observar (repita se necessário).
2. Identifique uma operação específica de seu mapa de estado atual onde você acredita que exista a maior necessidade de melhoria.
   a. Complete a atividade de "ficar no círculo" nessa operação por pelo menos duas horas (quanto mais tempo, melhor).
   b. Liste no mínimo 50 exemplos de perda nessa única operação. Essa tarefa deve ser simples. Se tiver dificuldade para identificar 50 itens, você estará ignorando muitos exemplos de perda. Afaste-se do processo por algum tempo; volte com um novo olhar. Comece com os exemplos mais óbvios (grandes perdas) e depois concentre-se em exemplos de perda cada vez menores. Se for simples identificar 50 exemplos, continue a acrescentar itens à lista até que se sinta desafiado a encontrar exemplos adicionais. É aí que você terá desenvolvido seu poder de observação.

3. Identifique indicadores de instabilidade nessa única operação (caos, variação, problemas imprevistos, desempenho não-sistemático). Não pense em por que essas condições existem ou em como corrigi-las. O objetivo é meramente observar a condição presente.
   a. Faça uma lista dos indicadores de instabilidade que você observou.
   b. Separe a lista em duas categorias – se a instabilidade é causada por questões externas (demanda dos clientes e variação do produto) ou internas (mudanças que estão sob seu controle).
   c. Revise as sugestões deste capítulo e determine as estratégias e as ferramentas enxutas necessárias para abordar os problemas.

Capítulo 5

Criação de Fluxo de Processos Estendido

Fluxo unitário de peças é o ideal

Taiichi Ohno nos ensinou que o fluxo unitário de peças é o ideal. Na escola, quando você sabe as respostas certas nos testes, recebe um A. A resposta certa é o fluxo unitário de peças. Então, é só implementar o fluxo unitário, e sua empresa será enxuta. O que poderia ser mais fácil? Na verdade, Ohno também ensinou que chegar ao fluxo unitário de peças é extremamente difícil e nem sempre é muito prático; ele disse:

> Em 1947, colocamos as máquinas em linhas paralelas ou em formato de L e tentamos fazer com que um funcionário operasse três ou quatro máquinas ao longo do processamento. Encontramos uma forte resistência por parte dos trabalhadores da produção, além do que, não tivemos aumento nas horas ou no trabalho. Nossos funcionários não gostaram da nova disposição das máquinas, que fazia com que eles trabalhassem como operadores de múltiplas habilidades... Além disso, nossos esforços revelaram vários problemas. À medida que esses problemas foram ficando mais claros, fui enxergando a direção para prosseguir. Apesar de jovem e ansioso para avançar, decidi não me apressar em busca de mudanças rápidas e drásticas e ser paciente.

Ohno aprendeu a ser paciente e a deliberar sobre a redução de perdas enquanto avançava na direção do fluxo unitário de peças, também chamado de "fluxo contínuo". Os produtos que se movem continuamente no decorrer do processamento com um tempo mínimo de espera entre as etapas e a menor distância de deslocamento serão produzidos com a maior eficiência. O fluxo reduz o tempo de produção, que diminui o custo do ciclo e pode levar a melhorias de qualidade. Mas Ohno aprendeu que o fluxo unitário de peças é frágil.

A manutenção do fluxo contínuo também serve para trazer à tona qualquer problema que possa inibi-lo. Em essência, a criação de fluxo força a correção de problemas, resultando em redução de perdas. Freqüentemente, usamos a analogia de um navio no mar, em uma região cheia de pedras perigosas. Desde que as pedras, assim como os problemas, fiquem cobertas pela água, como o estoque, é fácil navegar. Mas se o nível da água baixar, o navio poderá ser rapidamente destruído ao chocar-se com as pedras. Na maioria dos sistemas produtivos, existem pedras enormes logo abaixo da superfície, por isso, naturalmente, mantemos um estoque suficiente para ocultar os problemas.

Ohno descobriu que, se reduzisse o estoque, os problemas apareceriam e as pessoas se veriam obrigadas a resolvê-los, ou o sistema seria forçado a parar de produzir. Isso seria bom, desde que os problemas não fossem muito graves e as pessoas tivessem capacidade de melhorar o processo de modo que eles não voltassem a ocorrer. Ohno também aprendeu que o sistema precisava de um nível mínimo de estabilidade, ou a redução do estoque só resultaria em perda de produção, como observamos no Capítulo 4.

A conexão de dois ou mais processos em um fluxo contínuo aumentará a gravidade de qualquer problema, que necessitará ser eliminado. O fluxo estendido em toda a empresa significa que a produção em toda a instalação – e talvez também em várias instalações – será paralisada se os problemas não forem corrigidos de forma eficaz. Imagine a importância da adequação do equipamento, da disponibilidade de mão-de-obra e do fornecimento de materiais quando milhares de pessoas param de trabalhar porque houve uma falha! Na Toyota, isso acontece de tempos em tempos. Toda a operação está conectada, e, por isso, dentro de poucas horas, um problema com um componente importante faz com que toda a instalação pare de funcionar.

Muitas organizações acreditam que esse tipo de parada na produção é inaceitável. Parar a produção é uma passagem certa para o desemprego. Mas a Toyota vê essa questão como uma oportunidade de identificar um ponto fraco no sistema, atacá-lo e fortalecer o sistema como um todo. É esse modo de pensar contra-intuitivo que deixa perplexos os que não pensam com profundidade. O Modelo Toyota sugere que "falhar" e corrigir o erro é um modo de melhorar os resultados a longo prazo. O pensamento tradicional, por sua vez, é o de que o sucesso é conquistado quando nunca se permite que o "fracasso" afete o resultado de curto prazo.

Dito isso, o objetivo não é ameaçar inteiramente o desempenho. É sábio preparar-se para o fluxo, eliminando os problemas maiores, e avançar com propósitos cuidadosos e compreensão, começando com o planejamento e desenvolvendo a disciplina para a solução de problemas. À medida que o processo melhora e desenvolve capacidade, os parâmetros de controle vão sendo comprimidos durante a fase de nivelamento para trazer à tona a próxima camada de problemas em um ciclo constante de melhoria contínua.

Por que o fluxo?

Na maioria das vezes, a falha na implementação origina-se de uma crença equivocada de que o sucesso tem raízes na aplicação de ferramentas enxutas (tais como o estabelecimento de células). Com freqüência, guiamos clientes em visitas a plantas enxutas, em alguns casos, plantas da Toyota, e é interessante ouvir o que eles observam na visita. Nossos clientes ficam com uma impressão geral de limpeza, organização, precisão e pessoas engajadas em seu trabalho. Mas seus olhos se acendem quando vêem algo que podem aplicar diretamente em suas plantas.

Uma vez, alguém observou como uma planta enxuta mantinha pequenos armários com materiais descartáveis para cada célula de trabalho e que o líder da célula indicava quando havia necessidade de repô-los. Um sistema *kanban* era usado para recolocação de itens, como, por exemplo, luvas de plástico. O "turista industrial" ficou ansioso para voltar e instalar um sistema semelhante para materiais descartáveis em sua planta. Infelizmente, ele observou apenas uma ferramenta específica e não reparou na interconexão e interdependência dos vários elementos. A criação bem-sucedida de processos enxutos deriva de uma profunda compreensão de como cada ferramenta é utilizada para se atingir um objetivo. Um mecânico experiente não leva uma chave de fenda para o carro e depois acha um parafuso para apertar. Ele primeiro determina a natureza do problema, o que precisa ser feito para corrigi-lo e então seleciona as ferramentas apropriadas para fazer o trabalho.

Ainda assim, vemos organizações colocarem as ferramentas antes da compreensão. "Vamos implementar o controle visual", dizem os administradores, como se isso fosse uma peça individual a ser adicionada em um quebra-cabeça. A chave para o sucesso de longo prazo é um esforço combinado que inclui o entendimento da filosofia ou conceito básico, uma estratégia eficaz que necessita do conceito (deve ser um imperativo), uma metodologia para aplicação do conceito, ferramentas enxutas que dêem respaldo ao método e uma maneira eficaz de avaliar o resultado geral.

Acreditamos ser vantajoso pensar na relação entre o fluxo unitário de peças e a redução de perdas no contexto de um modelo mais amplo, conforme mostra a Figura 5-1. Em vez de saltar para a implementação de ferramentas para o fluxo e o sistema puxado, dê um passo atrás e entenda o propósito. Esse modelo enfatiza a relação entre o princípio primordial do sistema enxuto – identificação e eliminação de perdas – e o método para se chegar a esse objetivo – redução dos lotes para avançar no fluxo contínuo. A criação do fluxo contínuo é muitas vezes vista como um objetivo básico quando se cria um processo enxuto, mas, na realidade, a criação de fluxo contínuo destina-se a eliminar as perdas de uma operação: a eliminação das perdas é o objetivo primordial.

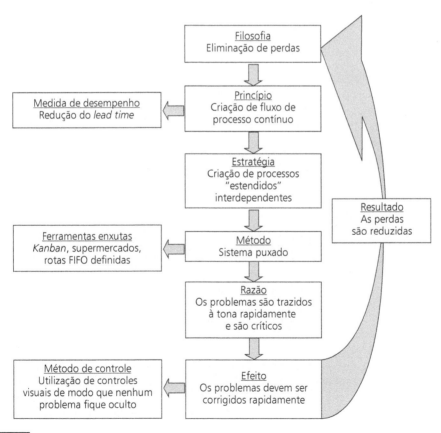

Figura 5-1 Modelo de redução de perdas.

Quando os materiais e as informações fluem continuamente, há menos perdas na produção. Isso é verdadeiro por definição. Se houvesse muita perda, os materiais e as informações não fluiriam. Contudo, existe algo mais profundo neste caso. A manutenção do fluxo contínuo entre processos criará uma ligação, tornando os processos dependentes uns dos outros. Essa interdependência e a quantidade relativamente pequena de pulmão no processo torna mais crítica qualquer condição que interrompa o fluxo.

Qualquer pessoa que tenha tentado implementar o fluxo unitário de peças (uma tarefa realmente difícil!) compreende que o aumento do nível de problemas pode ser muito benéfico... ou muito desastroso. Se sistemas eficazes não estiverem organizados para sustentar a produção, a gravidade dos problemas certamente levará a um desastre. É nessa hora que as ferramentas enxutas devem ser aplicadas para fornecer a estrutura necessária para garantir o sucesso e não o fracasso. As ferramentas enxutas podem auxiliar proporcionando sistemas de apoio e métodos de controle para reagir adequadamente aos problemas que vêm à tona.

Menos é mais: redução de perdas através do controle da superprodução

Em um verdadeiro fluxo unitário de peças, cada operação somente produz o que a próxima operação precisa. Se a operação seguinte se atrasa por algum motivo, então, as operações precedentes param de fato. Parece que nada pode ser mais desconfortável em uma operação de fabricação tradicional do que parar. No entanto, a alternativa à paralisação é a superprodução – produzir mais, mais cedo ou em maior quantidade do que a operação seguinte exige. A Toyota considera a superprodução como o pior dos sete tipos de perda, pois este leva aos outros seis tipos (estoque, movimentação, manejo, defeitos ocultos, etc.). Essa é a chave para entender como menos pode ser mais (menos significa menos partes produzidas em algumas etapas individuais no processo, mais significa obter mais atividade com valor agregado realizada em todo o processo). O exemplo de caso abaixo explica uma típica situação de superprodução que reduziu a habilidade em atender às exigências do cliente.

Exemplo de caso: controle da superprodução para melhorar a disponibilidade operacional

Enquanto permanecemos no círculo, observando uma linha de fabricação, ficou claro que a superprodução era imensa. A linha estava cheia de produtos, muitos dos quais em pilhas de duas ou três camadas. Os funcionários estavam todos ocupados, mas conseguimos notar que os operadores que superproduziam estavam envolvidos em "grande atividade", tais como empilhar e posicioná-los produtos em excesso. Os operadores normalmente chegavam a um ponto em que a linha não comportava nenhum trabalho adicional e, então, dedicavam muito tempo cuidando da superprodução (estoque). Comparações do tempo de ciclo com o *takt-time* revelaram – o que não foi nenhuma surpresa – que essas operações estavam abaixo do *takt-time* e tinham tempo extra disponível. Como não recebiam tarefas adicionais com valor agregado, os operadores preenchiam seu tempo extra superproduzindo e "organizando" a superprodução.

As observações também evidenciaram que o processo à jusante da superprodução (o cliente) tinha que passar algum tempo adicional movimentando e desempilhando o produto que estava mal apresentado em grandes lotes. O tempo de ciclo dessa operação estava conforme o *takt-time*, mas, com o trabalho adicional necessário para deslocar e desempilhar o produto, o tempo total na verdade excedia o *takt-time*. Não era possível atingir a demanda do cliente durante as horas de trabalho programadas. Nesses caso, o processo do fornecedor criava a perda excessiva, mas o efeito negativo era percebido no processo do cliente.

Pedimos aos funcionários das operações iniciais que parassem e não fizessem nada, em vez de continuarem a produzir quando o processo seguinte tinha material mais do que suficiente para trabalhar. Evidentemente, não fazer nada é algo muito desconfortável para os operadores, pois eles foram condicionados pela administração a se "manterem ocupados". A Toyota enfatiza a importância desse conceito porque ele permite que todos vejam e compreendam a quantidade de oportunidades à disposição. Todos podem constatar o tempo ocioso porque ele não está enevoado pelas atividades (superprodução).

Fazendo com que os operadores fizessem menos (fabricando menos peças), as operações do cliente também perderam menos tempo e conseguiram converter esse tempo em mais produção. O resultado total de toda a produção aumentou de forma significativa simplesmente controlando-se a superprodução.

Obviamente, não ficamos satisfeitos tendo os operadores parados, com tempo ocioso – perda com espera. O próximo passo foi determinar como eliminar a perda adicional dessas operações e combiná-las para chegar ao "trabalho pleno". Para essa tarefa, uma análise de trabalho padronizado semelhante à do exemplo descrito no Capítulo 4 foi utilizada.

Exemplo de caso: fazendo fluir o conserto de aeronaves no Jacksonville Naval Air Depot

Operações de conserto têm ainda mais variabilidade do que a fabricação. Antes de ver o equipamento, não se tem como saber exatamente qual é o problema e quanto tempo levará para corrigi-lo. Assim, o conserto freqüentemente é tratado como um processo de habilidade: coloca-se uma equipe de pessoas especializadas para trabalhar em cada equipamento. É o retorno aos velhos tempos do Modelo T, quando uma equipe de trabalhadores especializados ficava ao redor de uma plataforma e construía todo o carro.

O Departamento de Defesa dos Estados Unidos faz uma imensa quantidade de consertos e revisões em navios, submarinos, tanques, sistemas de armamentos e aviões. Trata-se de equipamentos muito grandes. Quase sempre há urgência no conserto de aviões. Um avião de caça parado em um hangar para conserto é um avião a menos disponível para combate.

O maior empregador em Jacksonville, Flórida, é o Naval Air Depot, onde são consertados aviões para a Marinha. As aeronaves precisam ser completamente revisadas em intervalos periódicos, sendo que algumas têm sérios pontos fracos que exigem consertos específicos. Devido à urgência em revisar, consertar e enviar os aviões de volta para o serviço, quando uma aeronave chega, é levada a um hangar, e o pessoal qualificado a desmonta. Cada avião permanece posicionado e é desmontado; as peças são consertadas ou substituídas. Tudo é testado, peça por peça e, finalmente, remontado e levado de volta ao serviço. Uma outra razão para começar a trabalhar imediatamente nos aviões é o recebimento do pagamento. A base é paga de acordo com as horas de trabalho nos aviões.

Embora a base tenha décadas de experiência no conserto de aviões, a pressão para reduzir o tempo da aeronave em terra é intensa. Em alguns casos, a aeronave é descontinuada, e, então, há um número limitado disponível para serviço. Se os aviões passarem muito tempo em conserto no hangar, não haverá o suficiente para voar nas missões programadas. Um programa chamado "Air Speed" foi iniciado nas bases para acelerar o processo de conserto de aeronaves em instalações da NAVAIR.

Dois modelos de aeronaves consertadas em Jacksonville eram os caças F18 e P3, em hangares diferentes. Especialistas de fabricação enxuta foram contratados como consultores para conduzir equipes enxutas internas e desenvolver conhecimento internamente. De modo independente, analisaram a situação presente para o F18 e o P3. Suas conclusões foram as mesmas:

- Cada avião era tratado como um projeto único, com funcionários especializados trabalhando no local, sem nenhum processo padronizado específico.
- A área de trabalho ao redor do avião era desorganizada, com ferramentas e peças por toda parte.
- A equipe de conserto passava um tempo excessivo caminhando para apanhar ferramentas, peças e materiais indiretos.
- Quando o avião era desmontado, as peças eram lançadas em caixas e enviadas para armazenagem (por exemplo, sistema de armazenagem e recuperação automatizado). Quando as peças eram trazidas de volta para remontagem, despendia-se muito tempo procurando por elas nas caixas. Com freqüência, faltavam peças, que haviam sido "roubadas" para uso em outro avião.
- Muitos aviões eram consertados ao mesmo tempo, e, quando era necessário parar de trabalhar em um deles por algum motivo (por exemplo, falta de peças importantes), passava-se a trabalhar em outro.
- Havia uma crença de que a vinda dos aviões para conserto era imprevisível e de que era impossível planejar uma quantidade de trabalho estável e nivelada.

O mapeamento do fluxo de valor demonstrou uma grande quantidade de perdas nos processos atuais. Os mapas de estado futuro foram desenvolvidos, e soluções semelhantes foram apresentadas para todas as aeronaves:

- O processo de desmontagem, inspeção, conserto e remontagem precisava ser separado em fases distintas.
- Uma linha de fluxo precisava ser estabelecida com os aviões em diferentes estações e trabalho específico sendo realizado em cada uma delas.
- A linha tinha que ser, então, equilibrada para um *takt-time*. Análise dos dados mostrou que a chegada de aviões era bem mais estável do que se acreditava anteriormente.

- Era necessário desenvolver trabalho padronizado em cada estação.
- Precisava-se dos 5S para estabilizar o processo e reduzir muito da caminhada sem valor agregado para apanhar objetos.
- Uma posição de "hospital" era necessária, de modo que, se os funcionários ficassem paralisados em um avião (por exemplo, esperando por uma peça com *lead time* longo), este seria deslocado para o hospital para que o fluxo não fosse interrompido.
- A administração tinha que ser educada no processo e parar com a prática de trazer as aeronaves logo que chegavam. Era necessário controlar o estoque em processo, limitando a quantidade de aeronaves ao número de estações nas linhas de fluxo (o que discutiremos posteriormente).

As áreas de trabalho foram organizadas em estações de trabalho. Havia um desafio técnico na movimentação do avião de uma estação a outra. Em algum ponto, o avião era desmontado e a parte central e as asas eram removidas, juntamente com as rodas. O F18 era uma aeronave nova na base; foi adquirido um sistema que mantinha o avião em uma grande plataforma sobre rodas de modo que pudesse ser movimentado de uma posição para outra. Com o P3, era diferente. Neste caso, decidiu-se utilizar uma "linha de fluxo virtual". Ou seja, as equipes de técnicos iriam até cada avião em intervalos fixos para realizar uma parte do trabalho. Isso significava que eles teriam que levar as ferramentas e materiais necessários para cada fase do processo.

Seminários de *kaizen* foram realizados para estruturar cada parte do sistema total. Foram feitos seminários de 5S para organizar a área, encontrar lugar para tudo e *design*ar posições padrão. Fizeram-se seminários de fluxo de material para retirada das peças dos aviões e colocação em "caixas de proteção" ou *kits*; assim, quando as peças eram levadas de volta para remontagem, já estavam organizadas. Materiais perigosos eram despachados em *kits* colocados em carros. Todos os *kits*, peças e materiais eram colocados em sistemas puxados para serem reabastecidos quando utilizados. O lento e complexo processo de análise detalhada de cada procedimento para desenvolver o trabalho padronizado foi iniciado, de forma que cada estação pudesse ficar em sintonia com o *takt-time*.

O P3 é um avião mais antigo que logo será aposentado. A Marinha decidiu reduzir a frota de aviões disponíveis de 200 para 150, mas desejava manter um número constante em campo (cerca de 120). Isso exigia menos tempo dedicado à manutenção para continuar com os aviões necessários à disposição na frota. Devido a alguns problemas de integridade estrutural e no tanque de combustível, associados com o processo de envelhecimento, foram acrescentados testes adicionais de estresse e exigências de conserto, aumentando a pressão – fazer mais em menos tempo. Resumindo, da perspectiva da Marinha, isso representava uma crise; de uma perspectiva enxuta, era uma oportunidade ideal para mostrar o valor da eliminação de perdas.

O conserto dessas aeronaves, antes dos testes e exigências de conserto adicionais, levava 247 dias de trabalho ininterrupto (24 horas). Para poder ter os 120 aviões necessários em campo o tempo todo, era preciso que se reduzisse a rotatividade para 173 dias, uma melhoria de 30%.

Em abril de 2004, as atividades enxutas foram formalmente iniciadas sob a direção de um consultor enxuto experiente.[1] Após o mapeamento do fluxo de valor e inúmeros eventos de *kaizen*, resultados significativos já eram aparentes em fevereiro de 2005, menos de um ano depois, como podemos ver na tabela a seguir.

	Pré-enxuto (abril/04)	Pós-enxuto (fevereiro/05)
Aviões no hangar (estoque em processo)	10 aviões	8 aviões
Takt-time	Inexistente	15 dias
Lead time quando o *takt-time* era atingido	-	120 dias
Lead time real (trabalho ininterrupto)	247 dias	200 dias (a caminho da meta de 173 dias)
Resultados adicionais		Custo e mão-de-obra reduzidos

Estabelecer o processo era uma coisa. Administrá-lo era outra. Exigia uma abordagem diferente da administração com que os líderes estavam acostumados. Enquanto havia muitas coisas diferentes a serem gerenciadas – 5S, trabalho padronizado, processos de solução de problemas, etc. –, um dos desafios mais difíceis era enfrentar a necessidade de admitir mais aeronaves. O conceito de fluxo baseava-se em uma quantidade fixa de estoque em processo. Isto é, havia um certo número de posições e um hospital, e não deveria haver nenhuma outra aeronave no hangar. Quando o trabalho em um avião era terminado e este saía do hangar, outro podia ser trazido.

Isso ia contra um outro instinto dos líderes e contra o sistema de mensuração. Primeiro, eles acreditavam que, se deixassem um avião do lado de fora, levaria mais tempo para que fosse consertado. O projeto enxuto, na verdade, havia demonstrado o oposto – o *lead time* poderia ser reduzido bastante trabalhando-se em um número específico de aeronaves e deixando outras fora do hangar até que houvesse lugar no início da linha. Segundo, às vezes acontecia de as pessoas não estarem muito ocupadas com o trabalho nos aviões, já que todo o trabalho que precisava ser feito era realizado na aeronave em processo. Essa situação era temida, pois os líderes eram avaliados com base na cobrança de horas da mão-de-obra direta, o que também justificava a presença de mão-de-obra indireta no hangar. Em várias ocasiões, quando um novo avião chegava, algum líder de nível mais alto pedia que a aeronave fosse levada para a oficina. Os consultores enxutos tiveram que usar sua influência para fazer com que os aviões fossem retirados. Claramente, tratava-se de um confronto cultural.

Os resultados foram muito surpreendentes para a Marinha. A base de Jacksonville rapidamente tornou-se o local preferido para visitas do pessoal da Marinha, do Naval Air Depots, da Força Aérea e outros para se ver o verda-

---

[1] O consultor era Ed Kemmerling, que mais tarde se juntou com Sam Talerico, ambos com muitos anos de experiência na aplicação de métodos enxutos na Ford Motor Company.

deiro sistema enxuto em ação. Jacksonville estava se tornando um *benchmarking*. Talvez o mais espantoso era ver os aviões sendo consertados à maneira de linha de montagem. O estabelecimento de uma linha de fluxo com um *takt-time* impulsionou uma grande melhoria contínua para eliminar as perdas e equilibrar a linha. A estabilidade e o controle imediatamente começaram a substituir o caos e a desorganização.

Estratégias para criar fluxo de processos estendido

A Tabela 5-1 a seguir mostra as estratégias que guiam a criação de fluxo de processos estendido, bem como as ferramentas enxutas primárias e secundárias freqüentemente utilizadas. As mesmas ferramentas que foram empregadas durante a fase de estabilidade podem ser usadas (continuamente refinando o resultado), assim como ferramentas adicionais, dependendo das circunstâncias da operação. Os objetivos e as estratégias, porém, sempre se aplicam.

Fluxo unitário de peças

Esta é a síntese do fluxo, e, na verdade, o movimento em direção ao fluxo unitário de peças alcançou o status de moda, com muitas empresas fracassando em suas tentativas de atingir esse nível. Chegar ao fluxo unitário de peças é extremamente difícil e exige um processo altamente elaborado e condições muito específicas. Nem sempre será possível em muitas situações, e, em muitas outras, diversas iterações ao longo da espiral de melhoria contínua seriam necessárias antes de se atingir esse nível de capacitação.

Como analogia, imaginemos uma série de pessoas alinhadas, passando um balde d'água de mão em mão para apagar um incêndio. O fluxo unitário de peças permitiria a passagem de uma única peça de uma pessoa diretamente àquela que a segue. Isso exigiria perfeita sincronia entre todos os integrantes do grupo. Depois de passar um balde para o integrante seguinte, a pessoa volta-se para quem a precede na linha para pegar outro balde. A menos que o tempo entre dois integrantes seja absolutamente o mesmo, um deles terá que esperar pelo outro, o que é uma forma de perda. Esse nível de precisão seria excepcionalmente difícil e somente possível em casos em que o equilíbrio do

TABELA 5-1   Estratégias e ferramentas usadas na criação de fluxo de processo estendido

Estratégias	Ferramentas enxutas primárias	Ferramentas enxutas secundárias
• Eliminação contínua das perdas • Forçar os problemas a virem à tona • Tornar os problemas desconfortáveis • Estabelecer processos estendidos para criar interdependência • Identificar os elos fracos no fluxo e fortalecê-los	• Projeto do local de trabalho / célula • Técnicas de sistema puxado • Relações cliente/fornecedor claramente definidas • Controles visuais	• *Kanban* • Quadros de *kanban* • Supermercados • Rotas FIFO • Solução de problemas

tempo do ciclo fosse perfeito. Qualquer hesitação ou passo em falso de uma pessoa na linha atrapalharia todas as outras e a casa poderia ser consumida pelo fogo.

Na maioria das operações de fabricação que utilizam o fluxo unitário de peças, uma única peça é colocada entre as estações de trabalho, permitindo uma pequena variação no tempo de ciclo de cada funcionário sem causar tempo de espera. Mesmo nesse nível o equilíbrio do tempo de ciclo entre operações precisa ser excepcionalmente alto. Peças adicionais entre cada operação propiciam maior variação nos tempos de ciclo de operação para operação; no entanto, isso também aumenta a perda de superprodução. Esse é o enigma. Diminui-se o pulmão entre operações para reduzir a superprodução, e aumentam-se as perdas devido a tempos de trabalho desequilibrados.

Existe um ponto intermediário satisfatório durante a criação dos processos enxutos. Esse ponto dará um certo grau de urgência para os problemas, de modo que estes não sejam ignorados, e também um grau de amenização até que a capacidade da operação seja melhorada e um nível mais estrito possa ser sustentado. O modelo de espiral de melhoria contínua delineado nesta seção faz com que o ciclo avance. A fase de maior nivelamento exigirá uma redução nas quantidades no pulmão ao longo do fluxo, assim trazendo à tona problemas cada vez menores que demandam atenção. Isso criará uma nova instabilidade, e o ciclo se deslocará na espiral em direção a um nível mais estrito de desempenho.

DICA

Quando um problema não é um problema?

Na Toyota, os líderes são condicionados a não somente parar e resolver os problemas, como também a estar continuamente alertas aos problemas antes que eles ocorram. Uma produção enxuta bem estabelecida, com fluxo contínuo e estendido, dá sinais que fornecem a todos um "indicador de alerta inicial" antes de ocorrer uma falha completa no sistema. A habilidade de detectar os problemas antes que eles ocorram possibilita que os líderes tomem medidas corretivas preventivas, impedindo, com isso, as falhas.

Observação: na Toyota, uma "falha" não é considerada como algo "ruim". Na verdade, a ausência de falhas é vista como uma indicação de que o sistema tem muitas perdas. Sem saber quando e onde a falha ocorrerá é sinal de um sistema mal planejado.

Critérios chave para o estabelecimento do fluxo

Como discutimos no último capítulo, elementos básicos são necessários para que se tenha um fluxo uniforme. Esses critérios chave são geralmente atingidos durante a fase de estabilidade e merecem ser repetidos aqui.

- Deve-se garantir uma capacidade sistemática, que é a primeira meta da fase de estabilidade. No mínimo, o nível de capacidade deve ser de base diária. Durante cada dia, a operação deve ser capaz de atender às exigências do cliente.
- A capacidade sistemática requer aplicação e disponibilidade também sistemáticas dos recursos – pessoas, materiais e equipamento. A disponibilidade não-sistemática desses recursos é a principal razão para fracasso do fluxo. Devem-se estabelecer métodos para garantir a disponibilidade de recursos (não simplesmente pelo acréscimo de recursos, que significa aumento de custos).

ARMADILHA

O risco do fluxo unitário de peças antes da hora

Temos observado empresas retornando de treinamentos excitadas com o fluxo unitário de peças criando imediatamente uma célula, descobrindo que a célula é interrompida na maior parte do tempo e concluindo que a produção enxuta não funciona no mundo real. Elas estão sofrendo de um problema conhecido como *"rolled throughput yield"*. Tome o caso em que cinco máquinas são unidas através de um fluxo unitário de peças e cada máquina interdependente quebra durante 10% do tempo – ou seja, 90% do tempo elas estão operando. Nesse caso, o tempo de operação da célula será:

$$0,9^5 = 0,9 \times 0,9 \times 0,9 \times 0,9 \times 0,9 = 59\% \text{ de operação na célula!}$$

A solução: manter algumas poucas peças de estoque em processo entre operações em localizações selecionadas cuidadosamente pode aumentar para 90%.

- A confiabilidade dos processos e do equipamento é imperativa. Inicialmente, isso abrangeria questões mais amplas, como paralização, ou tempo de troca de equipamento, mas, à medida que o processo vai se sofisticando, incluiria questões menores, tais como facilidade e simplicidade de uso.
- Os tempos de ciclo de operação devem ser equilibrados, ou seja, igualados ao *takt-time*. Tempos de trabalho irregulares darão origem a tempo de espera e superprodução.

Estudo de caso: o perigo do fluxo unitário de peças para operações com tempo de ciclo curto

O impulso para passar o material dos métodos tradicionais de "lotes e filas" (*batch-and-queue*) para o fluxo tornou-se uma espécie de modismo. Como ocorre com a maioria dos modismos, pode ser levado a extremos, com conseqüências negativas. O "modismo" do fluxo unitário de peças, em muitos casos, tem levado a resultados de menor desempenho. O fluxo unitário de peças pode não ser o método mais eficiente para operações de tempo de ciclo curto (30 segundos ou menos).

Um seminário de *kaizen* foi realizado com o objetivo de estabelecer a capacidade do fluxo unitário de peças na operação de montagem. O produto era um acessório de montagem que exigia 13 segundos para ficar pronto. O *takt-time* foi determinado como 5 segundos, com base na demanda do cliente. O trabalho era dividido entre três operadores, e uma célula de trabalho (outro modismo) foi criada para facilitar a passagem do produto entre operadores, o que era necessário para o fluxo.

Vários meses mais tarde, essa área de trabalho estava tendo dificuldades para atender à demanda do cliente, e os operadores tinham retornado ao método de lotes de produtos entre operações. A observação revelou dois problemas principais. Primeiro, como o gráfico de equilíbrio de ciclo mostra na Figura 5-2, os tempos de ciclo para os operadores não estavam bem equilibrados.

Esse desequilíbrio nos tempos de ciclo de trabalho é uma razão importante para que os operadores começassem a se afastar do princípio "sem lotes". Quando os operadores desviam-se do plano original, isso é uma forte indicação de que há uma falha no plano. Geralmente origina-se um confronto quando a administração tenta fazer valer as regras do fluxo em vez de parar e avaliar onde o processo está apresentando falhas. Aprenda a ver o desvio dos operadores como algo positivo! Pare e observe e você encontrará a verdadeira causa, que, se for corrigida, dará origem a um processo mais consistente.

Se os tempos de ciclo fossem prontamente equilibrados e o fluxo homogêneo fosse atingido, haveria um outro problema menos visível. Tentar o fluxo unitário de peças quando o tempo de ciclo é muito curto cria uma alta proporção de perda de valor agregado. Eis por que: durante qualquer processo de trabalho, há, inerentemente, alguma porção de perda necessária, tais como apanhar a peça e retirá-la para a próxima operação. Essa perda pode ser minimizada, mas, na melhor das hipóteses, ainda precisará de 0,5 a 1 segundo para cada movimento (apanhar e retirar). Supondo-se essa condição, isso exigiria o total de um segundo por ciclo de trabalho – meio segundo para apanhar a peça e meio segundo para retirá-la – de perda de movimento. Se o tempo de ciclo de trabalho for 5 segundos no total, um segundo para o manuseio de peças perfaz 20% do tempo total! Isso chega a mais de 30% em uma operação de três segundos. Trata-se de uma enorme quantidade de perda inevitável. Contudo, essa perda é freqüentemente desconsiderada devido à suposição de que, se o material está fluindo e os operadores estão se movimentando continuamente, o sistema é "enxuto". Como observamos aqui, simplesmente não é esse o caso.

Essa operação seria melhorada fazendo-se com que dois operadores apanhassem uma peça e a finalizassem completamente, em vez de dividir a operação em diversas atividades na tentativa de criar "fluxo". O tempo seria reduzido em dois segundos, e o resultado seria de 11 segundos para a finalização (Figura 5-3). O tempo líquido por peça é 5,5 segundos (duas pessoas trabalhando simultaneamente produzem duas peças a cada 11 segundos, e 11 segundos divididos por duas peças = 5,5 segundos por peça), o que significa 0,5 segundos além do *takt-time*. O próximo passo seria reduzir outras

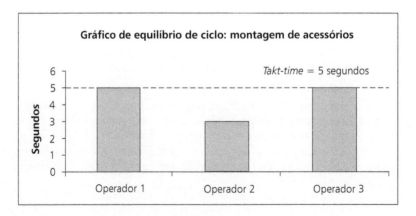

Figura 5-2 Gráfico de equilíbrio de ciclo original para montagem de acessórios.

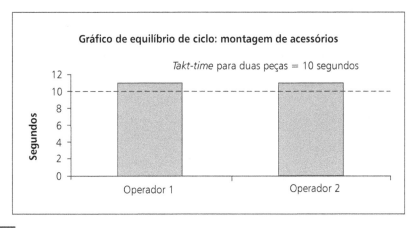

Figura 5-3 Gráfico de equilíbrio de ciclo para montagem de acessórios melhorada.

perdas e simplificar a operação de modo que pudesse ser finalizada em 10 segundos ou menos, resultando em um tempo líquido por peça abaixo do *takt-time* (5 segundos).

Nesse exemplo, a criação de fluxo na verdade reduziu o desempenho em 33% (três operações, em vez de duas). Além disso, no escopo do fluxo de valor como um todo, a operação era uma porção muito pequena do fluxo total de material. Havia oportunidades bem maiores de criar fluxo e reduzir o tempo de produção em outras áreas conectando-se as operações que utilizam os métodos puxados descritos a seguir.

Sistema puxado

O termo "sistema puxado" com freqüência é utilizado de forma intercambiável com "fluxo". Deve-se compreender que, como o fluxo, o sistema puxado é um conceito e os dois estão conectados, mas não são a mesma coisa. O fluxo define o estado do material à medida que ele passa de um processo a outro. O sistema puxado indica quando o material é movimentado e quem (o cliente) determina esse movimento.

Muitas pessoas ficam confusas quanto à diferença entre o método "puxado" e o método "empurrado". Algumas erroneamente pensam que estão "puxando" porque o material continua a se movimentar ou fluir. É possível fluir sem ter sistema puxado. Há três elementos básicos do sistema puxado que o distinguem do sistema empurrado:

1. **Definido**. Um acordo definido com limites especificados quanto ao volume de produto, *mix* de modelos e seqüência do *mix* entre as duas partes (fornecedor e cliente).
2. **Dedicado**. Itens que são compartilhados entre as duas partes devem ser dedicados a elas. Isso inclui recursos, locais, armazenagem, recipientes, etc., bem como um tempo de referência comum (*takt-time*).
3. **Controlado**. Métodos simples de controle que são visualmente aparentes e fisicamente restritivos mantêm o acordo definido.

Em um sistema empurrado, não há nenhum acordo definido entre o fornecedor e o cliente em relação à quantidade de trabalho a ser fornecida e quando. O fornecedor trabalha em seu próprio ritmo e finaliza o trabalho de acordo com sua própria programação. Esse material é então entregue ao cliente, tenha este requisitado ou não. As localizações não são definidas e exclusivas, e o material é colocado onde há espaço. Como não há nenhuma definição ou exclusividade, também não há uma maneira clara de compreender o que controlar e como controlá-lo.

Evidentemente, existe algum controle através de expedição, mudança de programação e deslocamento de pessoas, mas isso somente leva a perda e variação adicionais. Poderia ser argumentado que o consenso é definido com base na programação. Todos os processos estão funcionando conforme a "mesma" programação. De fato, eles podem estar na mesma programação, mas não estão concatenados.

Um "sistema puxado" é uma agregação de diversos elementos que sustentam o processo de puxar. O "quadro" *kanban* é uma das ferramentas utilizadas como parte de um sistema puxado. O *kanban* é simplesmente o método de comunicação e pode ser um cartão, um espaço vazio, um carro ou qualquer outro método de sinalização para o cliente dizer "estou pronto para mais". Há, ainda, muitos outros elementos, incluindo o controle visual e o trabalho padronizado. Se os três elementos do sistema puxado são adequadamente instalados, forma-se uma "conexão" entre o os processos do fornecedor e do cliente. Os três elementos ditam os parâmetros da conexão e sua força e "firmeza" relativas.

O exemplo de caso abaixo ilustra as três exigências distintas para o sistema puxado. O fluxo unitário de peças é o mais fácil de explicar e entender, mas os mesmos princípios se aplicam para qualquer variação, seja qual for a situação. Por exemplo, os mesmos princípios se aplicam a operações de alto *mix* e baixo volume e a operações por lotes, em que as quantidades entre processos podem ser muito maiores. O exemplo seguinte é o mais fácil de compreender, mas os princípios podem ser aplicados a qualquer situação.

 Exemplo de caso: criação de fluxo unitário de peças

A Operação A fornece peças para a Operação B, que fornece peças para a Operação. C.

O acordo está definido e especificado?

Sim. Dissemos que era fluxo unitário de peças, então, nesse caso, a quantidade definida está implícita no nome. (Como veremos, a definição implícita não é suficiente.)

Qual é o acordo especificado?

Fornecer uma peça por vez.

Quando a peça é fornecida?

Quando a próxima operação toma a peça anterior (lembre-se da fila de pessoas passando o balde).

Pela observação, podemos determinar se o acordo está sendo seguido. Nesse caso, observamos na Figura 5-4 que a Operação B não está seguindo o acordo, excedendo o limite definido de uma peça.

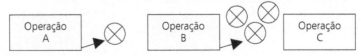

Figura 5-4 Fluxo não-definido.

Figura 5-5 Fluxo unitário de peças com acordo visualmente definido.

Como sabemos que isso é uma violação do acordo?

Está implícito no termo "fluxo unitário de peças" que somente uma peça estará entre as operações. ISSO NÃO É SUFICIENTE! O acordo precisa ser distinto e visível a todos.

Se ele não for distinto e visível, o que acontecerá?

O acordo não será seguido, o que é um desvio (cria variação) do padrão acordado (vemos que, ao estabelecer o sistema puxado, começamos a criar uma estrutura que sustenta a fase seguinte – a padronização).

Como fazemos a visualização de modo que seja facilmente controlado?

Pela definição e dedicação de um espaço para uma peça. O espaço é marcado com fita ou tinta para mostrar que somente uma peça é permitida; uma placa ou cartaz é adicionado para deixar isso mais claro (um quadrado marcado na mesa não é completamente claro; uma placa é acrescentada para esclarecer o significado do quadrado), como mostra a Figura 5-5.

Além das marcas visuais, o espaço pode ser fisicamente limitado (controlado) permitindo-se espaço suficiente apenas para uma peça. Essa técnica é especialmente eficaz quando as peças são orientadas verticalmente e podem ser colocadas em um compartimento, controlando-se, assim, a quantidade.

Um dos benefícios primários da criação de fluxo e do estabelecimento de acordos definidos é o fato de o efeito dos problemas poder ser visto facilmente. No exemplo acima, se ocorrer um desvio sistemático do acordo e os controles visuais estiverem funcionando, há um outro problema.

Quando o desvio está ocorrendo, isso é uma mensagem clara de problema subjacente que precisa ser abordado. Nessa situação, os administradores muitas vezes dizem: "eles sabem o que têm que fazer, não podemos fazer com que eles o façam". Muitos administradores cometem o erro de culpar o operador por não seguir as regras, mas, na verdade, o operador está compensando um problema que precisa ser corrigido. Pare e "fique no círculo" para identificar o que o operador está compensando.

Geralmente, há duas razões para essa condição. A primeira coisa a ser avaliada é se o acordo é visual e fácil de ser entendido por todos; a segunda é procurar problemas adicionais que os operadores se acham compelidos a "consertar".

As causas primárias de desvio por parte dos operadores são:

1. Tempos de ciclo de trabalho desbalanceados que podem ser devidos a uma variação normal no conteúdo do trabalho, na habilidade do operador ou nos tempos de ciclo do equipamento. Geralmente, a pessoa com tempo extra provoca desvio.

2. Paradas de trabalho intermitentes devido à falta de peças ou (o temor dos) operadores que saem da área de trabalho para realizar tarefas adicionais – tais como recuperar peças ou fazer verificações de qualidade –, falhas nas máquinas ou correção de defeitos.
3. Atrasos de trabalho intermitentes devido a problemas com as máquinas ou acessórios ou tarefas excessivamente difíceis ou complexas.
4. Questões diversas, como trabalhar antecipadamente para ganhar tempo na troca de equipamentos, saída do operador da linha por algum motivo, para intervalos, almoço ou coisas assim.

Em algumas situações, o curso de ação correto seria ajustar a quantidade definida de estoque em processo entre operações. O fluxo unitário de peças exige um perfeito equilíbrio do tempo de operação, o que é extremamente difícil de atingir. Consideremos uma operação que incorrerá em variações naturais no tempo de ciclo de trabalho, como uma operação de componentes injetados.

O tempo de ciclo varia ligeiramente a cada vez porque essa tarefa é, em grande parte, manual e ninguém consegue completar os ciclos de trabalho com absoluta precisão (afinal, atletas olímpicos não correm exatamente no mesmo tempo em todas as competições). Essas pequenas variações podem causar interrupção intermitente no fluxo. Os operadores não gostam de esperar sem fazer nada, então, naturalmente, eles acrescentam pulmão para compensar. A adição do pulmão é a alternativa lógica para compensar pequenas variações de tempo; no entanto, a quantidade a adicionar precisa ser definida como o padrão. Talvez o pulmão definido para permitir as pequenas variações de tempo deva ser de duas ou, no máximo, três peças.

DICA

O valor da visão de quem está de fora

O problema com a comunicação é que é difícil compreender por que os outros entendem mal o que compreendemos claramente. A finalidade de um acordo quanto ao padrão é fazer com que todos tenham a mesma compreensão. Um modo simples de testar isso é encontrar alguém que não esteja familiarizado com a área de trabalho, mostrar o padrão a essa pessoa e pedir que ela explique o acordo. Você poderá se surpreender ao descobrir como é desafiador comunicar acordos visualmente com clareza!

Situações de fluxo complexos

Se considerarmos um exemplo diferente com um grau maior de complexidade, poderemos ver que é uma questão de derivação dos mesmos conceitos. Neste exemplo, há três modelos diferentes de itens a produzir – Modelos 1, 2 e 3 – e precisamos de flexibilidade para produzir qualquer um dos modelos a qualquer momento, um por vez. O leiaute é apresentado na Figura 5-6.

Suponhamos que a Operação C precise produzir o Modelo 2. Eles removeriam a única peça da localização definida entre a Operação B e a Operação C. Isso serve de sinal para a Operação B, conforme o acordo – um espaço vazio funciona como sinal, e o acordo exige que, quando o cliente puxa uma peça, ela seja substituída – para produzir uma peça de Modelo 2. O leiaute ficaria como mostra a Figura 5-7.

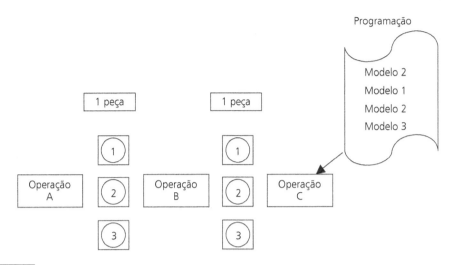

Figura 5-6 Leiaute para fluxo unitário de peças com três modelos diferentes.

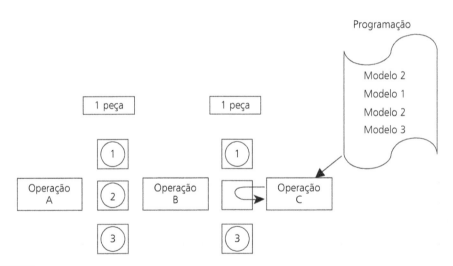

Figura 5-7 Leiaute mostrando o sistema puxado pela Operação C e o sinal para produzir o Modelo 2.

A Operação B remove a peça 2 entre ela e a Operação A, fazendo com que a Operação A responda começando uma peça de Modelo 2. Quando termina, a Operação B reabastece a localização definida entre ela e a Operação C. O leiaute seria como aparece na Figura 5-8.

Novamente, esse é um modelo simplista; no entanto, as três condições exigidas existem e são sustentadas por métodos visuais. Esse modelo básico funciona bem para produção de altos volumes, pequena variedade ou de itens de estoque. A principal vantagem é a flexibilidade para produzir qualquer modelo a qualquer momento e mudar de modelos rapidamente.

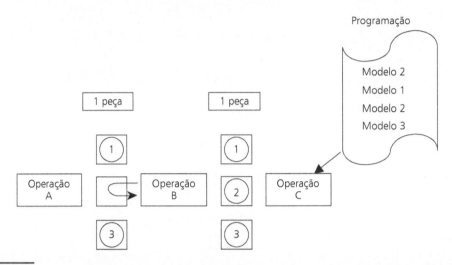

Figura 5-8 Leiaute mostrando o reabastecimento de peças e o sistema puxado pelo cliente.

O sistema puxado em um ambiente de manufatura customizada

Por causa do modelo simples (ver Figura 5-8), baseado na produção dos mesmos três modelos de peças repetidamente, muitas pessoas acreditam que o sistema puxado em ambiente de alta variedade ou de produção customizada não é possível. Tal crença baseia-se na suposição incorreta de que, quando a Operação C produz um modelo específico, ela envia um "sinal de puxar" para a operação precedente (B) para substituir por aquele mesmo modelo. A Operação C utiliza um "1", e a Operação B faz uma versão de substituição de "1".

E se houver milhares de itens possíveis, sendo que alguns só podem ser usados uma vez por mês? Em uma situação de produção de alta variedade, amplo *mix* ou customizada, a instrução sobre o que produzir a seguir (o pedido do cliente) seria dada à Operação A, e não à C. Depois da finalização, a Operação A passa a peça para a Operação B. Então, a Operação B trabalharia nessa peça, finalizando-a e passando-a para a Operação C. Dessa maneira, o trabalho "flui" pelas operações subseqüentes. Lembremo-nos de que o fluxo e o sistema puxado não são a mesma coisa. A suposição comum de que o trabalho deve ser empurrado para a Operação B e para a Operação C se a instrução é produzir é dada no início da linha (Operação A).

Voltemos às distinções entre sistema empurrado e sistema puxado. O primeiro elemento é um acordo definido entre as duas partes. Existe um acordo definido entre a Operação A e a Operação B em uma situação de produção customizada? Sim, ainda se trata de uma peça de estoque em processo. O segundo elemento requer que a localização seja definida conforme o acordo e que, então, seja exclusiva. O espaço é exclusivo como no exemplo anterior. O terceiro elemento exige um método para controlar a produção para satisfazer o acordo (o padrão). Como a produção é controlada? É controlada do mesmo modo – visualmente.

Qual é a diferença? A única diferença está no acordo do "que o cliente quer". Nesse caso, a quantidade é a mesma, mas e o modelo? Os processos dos clientes (B e C) não ditam o modelo específico produzido pelo seu fornecedor. O acordo é de que cada operação produza o item seguinte na mesma seqüência apresentada pela operação precedente. Isso é chamado de "sistema puxado seqüencial" ou de "fluxo seqüencial".

A Figura 5-9 mostra a produção em fluxo seqüencial para uma situação de alta variedade de produto. A Operação A recebe a programação e previamente havia produzido um Modelo 2, um Modelo 1 e outro Modelo 2; o próximo item na programação é o Modelo 3. Como há um espaço vazio entre a Operação A e a Operação B, a primeira tem permissão para produzir o item seguinte na programação. As regras do sistema puxado são ainda seguidas, pois a Operação A não produziria se o espaço estivesse ocupado. A regra estabelece que uma operação pode finalizar a peça em processo se o espaço do cliente estiver preenchido, mas não poderá passar a peça para aquele espaço. A peça permanecerá na estação de trabalho. Com efeito, a Operação B ainda dita o que fazer (construir o item seguinte da programação) e quando fazê-lo (quando o espaço estiver vazio). Se a Operação B finaliza a peça antes de o espaço estar vazio para a Operação C, o operador a manterá na estação de trabalho e esperará por um sinal da Operação C para preencher o espaço.

Em um ambiente com alto *mix* de modelos, o nível de flexibilidade é limitado pelo *lead time* desde a introdução na programação até a finalização do produto. Isso é orientado pelo número de operações que devem "passar pelo fluxo". Mudanças repentinas na programação não acarretarão mudanças repentinas na produção devido ao tempo para passar pelo fluxo.

Para esse tipo de fluxo funcionar bem, cada operador deve ter a capacidade de produzir qualquer modelo requisitado a qualquer momento. Com freqüência, o maior desafio para estabelecer o fluxo seqüencial em um ambiente customizado é atingir um equilíbrio de tempos de operação. Volte ao estudo de caso do capítulo anterior para ver um exemplo de redução de alto grau de variação freqüentemente encontrado em uma instalação de produção customizada e de como um equilíbrio melhor é alcançado definindo-se as exigências de tempo de maneira mais restrita.

E se não houver um perfeito equilíbrio de tempos de ciclo entre as Operações A, B e C? Primeiro, pergunte: "cada operação pode desempenhar sistematicamente a tarefa em menos tempo do que aquele exigido pelo cliente – o *takt*?" Segundo, se, na média, a resposta for sim, mas por causa da variabilidade, o *takt-time* com freqüência não for atingido, precisaremos colocar um pulmão. O pulmão não precisa ser um sistema empurrado não-administrado. Ele pode ser definido com uma organização visual específica mostrando o número de peças permitidas, por exemplo, três entre as estações. E o princípio de primeiro que entra, primeiro que sai (FIFO) deve ser usado para impedir que uma determinada peça "ultrapasse a fila".

Assim, vemos que o fluxo e o sistema puxado funcionam lado a lado. O estabelecimento dos três elementos necessários para o sistema puxado cria as conexões definidas entre

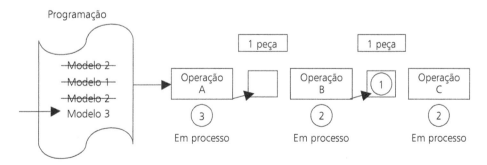

Figura 5-9 Fluxo seqüencial para produção com alta variedade de produtos.

operações. Tais conexões são importantes para trazer à tona e destacar os problemas. Elas criam um processo singular em que todas as operações são interdependentes. Esse passo aumentará significativamente o nível de urgência para resolver quaisquer interrupções no fluxo. Se ocorrer um problema em uma operação, ele rapidamente afetará outras operações. Consertar o problema mudando a mão-de-obra ou os equipamentos ou modificando a programação causará problemas adicionais em todo o sistema, pois todas as operações estão interligadas.

Criação de fluxo entre operações separadas

A partir dessa compreensão básica do sistema puxado, é possível criar um sistema que será eficaz em qualquer situação. O modelo de fluxo unitário de peças visto anteriormente é específico para operações de linha ou de célula em que os trabalhadores passam o produto pela linha.

Como essas bases são aplicadas em operações fisicamente separadas ou em operações que produzem lotes de peças? Antes de tudo, é importante entender a natureza inerente de uma operação. Alguém bem treinado em STP compreenderá que atualmente algumas operações não se prestam ao fluxo unitário de peças por alguma razão. Pode ser o tamanho da peça (muito grande ou muito pequena), um recurso que é compartilhado (tem muitos fornecedores e/ou clientes) ou apresenta limitação no processo, como tempos de troca de ferramentas.

Por exemplo, as operações de prensa na Toyota atualmente não são capazes de produzir um pára-lama, depois um capô e novamente um pára-lama, uma peça por vez. A operação de prensa tem diversas restrições que impedem o fluxo unitário de peças, e as peças são produzidas em "lotes". Primeiro, o tamanho do equipamento não permite a colocação junto à operação do cliente (o setor de solda de carrocerias). Segundo, a máquina ("recurso compartilhado") produz diversos modelos de peças que são exigidas por diferentes clientes (o pára-lama e o capô são instalados em locais diferentes); assim, não é possível colocar o equipamento próximo de todos os clientes. Além disso, o tempo de preparação de máquinas, embora seja muito bom, ainda limita a habilidade de produzir uma peça, mudar de equipamento, produzir outra peça e mudar o equipamento outra vez.

Como os conceitos básicos de definição, exclusividade e controle se aplicam nessa situação? Comecemos entendendo o acordo entre o fornecedor e os clientes. Deve-se fornecer o material correto quando requerido. Todas as operações devem aderir à regra básica: "sempre satisfazer o cliente" ou, dito de outra forma: "nunca deixar o cliente esperando". Essa é a Regra 1. Siga sempre a Regra 1! (Observe o paradoxo dessa afirmação. Embora a meta seja satisfazer sempre o cliente, anteriormente afirmamos que um processo que nunca interrompe uma operação-cliente provavelmente tem excesso de perda.)

O acordo está definido? O primeiro passo é estabelecer a quantidade correta de estoque em processo entre fornecedor e cliente para amortizar a exigência de tempo do fornecedor para a preparação de equipamento e também para fornecer o segundo cliente. Muitas operações atualmente têm acordos vagamente definidos (não são visuais e controlados) que são um bom ponto de partida para a quantidade necessária.

Os locais para o armazenamento de estoque em processo estão definidos? Eles são exclusivos e estão claramente marcados? Isso deve incluir as informações para definição de quantidade máxima e mínima permitida. A máxima serve como indicação visual de que ocorreu superprodução, e a mínima funciona como um "indicador inicial de alerta" de que poderá ocorrer um problema de fornecimento, o que deverá ser investigado (descubra o problema potencial no início, antes que ele se torne um problema). Os contêineres usados para transportar o material são exclusivos? No exemplo de prensas, os contêineres são especificamente projetados para conter uma determinada peça. Um pára-lamas não caberá em um contêiner de capô.

O último ponto é a consciência visual das necessidades do cliente. Se o processo do cliente não está dentro de uma distância visual, deve-se utilizar um mecanismo que proporcione consciência visual das necessidades e *status* do cliente. O mecanismo visual utilizado para dar o sinal do cliente ao fornecedor é o *kanban*. Tradicionalmente, quando se trata de fornecedores que estão fisicamente separados, mas próximos o suficiente para enviar cargas no decorrer do dia, a Toyota usa um cartão como *kanban*. Um *kanban* que retorna do cliente representa o consumo de material; como os *kanban*s são acumulados no fornecedor, eles são uma representação visual do acordo de estoque em processo. Os *kanban*s representam o inverso da quantidade em processo. Mais *kanban*s no fornecedor equivale a menos estoque em processo no cliente.

Não pretendemos explicar aqui completamente o funcionamento do *kanban*, mas os princípios são facilmente compreendidos. O *kanban* é um mecanismo de controle. Pode ser um espaço no chão se duas operações estiverem perto uma da outra. Se o cliente e o fornecedor estiverem visualmente separados, pode ser um cartão, o retorno de um carro vazio ou um sinal eletrônico. O *kanban* deve conter informações relevantes para o acordo, tais como as localizações do fornecedor e do cliente, o maquinário utilizado, material e, naturalmente, quantidade e modelo.

Voltemos ao exemplo de fluxo unitário de peças visto anteriormente. Como a Operação B sabia que a Operação C precisava de outro Modelo 1? A Operação C removeu a peça, e o espaço vazio indicou à Operação B que havia necessidade de preenchê-lo. O espaço serve como *kanban*, com as informações pertinentes em relação à quantidade e ao modelo especificados por indicadores visuais. Qualquer sistema de *kanban* é simplesmente uma derivação desse conceito básico.

Exemplo de caso: conexão de operações para trazer à tona as perdas na engenharia

Um fornecedor de assentos automotivos tinha um processo *phase-gate* bastante elaborado para o desenvolvimento de novos produtos. Cada fase no processo de desenvolvimento de um veículo havia sido definida em detalhes. Os critérios para as fases predefinidos para o projeto do produto eram claros e, se com a revisão o projeto não atingisse todos os critérios, ele não iria para a próxima etapa no processo. Esse processo era ensinado a todos, de modo que sabiam o que fazer no processo e quando.

Um de nossos associados trabalhava com essa empresa como consultor para desenvolver um mapa de fluxo de valor do processo atual e descobriu que não havia total correspondência no processo *phase-gate* no papel (uma descoberta comum). Havia atrasos constantes que causavam problemas no sistema e prejudicavam o fluxo. Foi desenvolvida uma perspectiva do estado futuro, trabalhando-se na estabilização dos subprocessos e, após, ainda de forma pouco elaborada, fazendo a conexão entre eles.

Um dos gargalos no estado atual era o processo de produzir e testar protótipos. Os assentos eram projetados, as peças eram encomendadas, e centenas de protótipos eram construídos e testados.

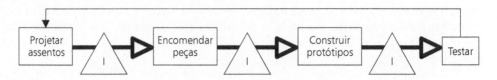

Figura 5-10 Mapa de estado atual de processo de produção de protótipos.

Quando esse processo foi mapeado, ficou claro que se tratava de um caso clássico de sistema empurrado e programado em lotes (ver a Figura 5-10). Todos os assentos eram projetados completamente. Com base nos projetos, encomendavam-se as peças. As peças vinham dos fornecedores em várias dimensões O grupo de protótipos esperava todo o tempo possível por todas as peças de que precisava e então começava a construir todos os assentos que podia com as peças de que dispunha. Depois, liberava lotes de assentos para os testes. Os assentos que não passavam nos testes tinham que ser projetados novamente para correção dos problemas.

Desenvolveu-se um mapa de estado futuro. Ficou claro que o problema fundamental era o sistema de lotes. Cada etapa no processo desenvolvia grandes lotes e empurrava para o processo seguinte. Os triângulos de estoque no diagrama de estado atual mostram o resultado – estoque. No caso de projetos de assentos, havia um estoque de informações se acumulando antes da encomenda das peças. A solução: criar um sistema puxado seqüencial. Mas como fazer isso com um processo de informações em engenharia, em que cada projeto é único?

A resposta era programar as liberações em cada etapa com base em uma liberação escalonada. Não espere para projetar todas as diferentes variedades de assentos. Projete um assento e libere-o, de modo que se possa começar a fazer os pedidos de peças. Obtenha todas as peças para esse assento para construir protótipos e produza os protótipos desse assento para o setor de testes a fim de que este possa dar algum retorno para os engenheiros o mais breve possível.

Uma ferramenta importante para isso era algo que eles chamaram de "quadro puxado". Tratava-se de uma simples ferramenta administrativa visual: um quadro branco com informações importantes sobre cada um dos assentos em processo. Cada setor tinha um. Assim, o setor de encomenda de peças podia ver quando fazia os pedidos, quando as peças deveriam chegar, se chegavam no prazo e para quando se poderia esperar o próximo projeto de assento. Se começassem a acumular projetos de assentos antes de obter as peças, poderiam comunicar o fato à engenharia. Se estivessem prontos para receber mais, também poderiam comunicar isso à engenharia.

O resultado inclui reduções de tempo significativas para esse processo. Não havia mais um gargalo, e o retorno era mais rápido e melhorou a qualidade dos projetos. Repentinamente, o processo adquiriu algum controle.

Exemplo de caso: criação de fluxo no processamento de pedidos

A criação de fluxo é um método eficaz que traz benefícios a uma operação que produz um "produto". (Com freqüência, pensamos em termos de um produto manufaturado, mas esses conceitos aplicam-se a qualquer coisa que se desloca de uma pessoa para outra enquanto está sendo processada. Pode ser uma ordem de compra, uma apólice de seguro ou um sanduíche sendo preparado na Subway.) Neste caso, o "produto" era um pedido de cliente que requeria entrada de dados no sistema de computador, modificações no pedido para personalização, pedido de materiais para trabalho personalizado, trabalho de desenho CAD para projeto de elementos customizados e um processo de revisão.

De forma semelhante a operações comuns de fabricação, cada uma dessas funções era separada em diferentes setores, cada qual com uma tarefa específica. O pedido passava de um departamento a outro, cada vez sendo colocado em uma pilha. Sistemas elaborados haviam sido desenvolvidos para rastrear os dados e garantir que os pedidos fossem processados FIFO, mas, na realidade, não era esse o caso. Alguns pedidos eram mais complexos, exigindo mais tempo; outros eram tarefas mais simples e trabalhos de "acabamento" que precisavam se deslocar com maior rapidez porque estavam relacionados com a finalização de trabalhos que já haviam sido embarcados para os clientes. O resultado era longos *lead time*s para processamento de pedidos, o que deixava pouco tempo para a fabricação e também causava estresse ao ter que lidar com a complexidade.

Como em qualquer situação em que se tenta estabelecer o fluxo, o equilíbrio de tempo de trabalho e conteúdo era um grande desafio. Qualquer tarefa poderia levar mais tempo para ser finalizada na entrada do pedido do que no CAD ou vice-versa. Os gargalos mudavam de lugar continuamente; como resultado, o *lead time* variava consideravelmente ao longo do processo. Esse problema aumentava quando os funcionários faltavam ao trabalho (especialmente se o *mix* do pedido necessitava de mais tempo no setor em que o funcionário não havia comparecido).

O processo foi primeiramente mapeado, e os produtos foram avaliados e separados em famílias (fluxos de valor). A decisão de dividir a produção em famílias devia-se à necessidade de isolar a variação, conforme descrito no Capítulo 4. O produto foi dividido em três fluxos de valor, com base na complexidade e no tempo exigidos para processar cada pedido. Os pedidos mais complexos e com maior grau de variação tornaram-se um fluxo de valor, e as tarefas mais simples de acabamento, com menor variação, tornaram-se outro. O fluxo de valor final (a maioria dos pedidos) incluía os pedidos que eram mais "padronizados" em termos de complexidade e de tempo.

O grupo percebeu que os funcionários poderiam ser alinhados em "equipes" para criar células de trabalho dedicadas a um determinado fluxo de valor de um produto. O escritório foi reorganizado de modo que os componentes das equipes ficassem próximos uns dos outros. Isso facilitou o fluxo de pedidos. A separação dos pedidos de acordo com a complexidade e o tempo necessários também permitiu que houvesse um número padrão definido de funcionários para cada fluxo de valor. Quando isso é definido, muitas vezes se descobre que há pessoas "extras" no processo. Na verdade, elas não são "extras" por si sós, já que o tempo é utilizado para "cobrir" qualquer variação, incluindo as faltas. É preferível definir o número correto de funcionários necessários (com base no *takt-time* e no conteúdo do trabalho) para trabalho padronizado e o fluxo desejado. Se cada posição for padronizada, será essencial que seja preenchida continuamente! Neste caso, os funcionários "extras" tornam-se líderes de equipe e dão conta de funções importantes que serão descritas no Capítulo 10, incluindo a execução das tarefas que estariam a cargo de funcionários que não compareceram ao trabalho.

Conforme foi explicado anteriormente neste capítulo, era necessário definir o acordo entre as operações para haver fluxo, definir exclusividade de recursos, espaço e métodos e desenvolver um mecanismo de controle de modo que cada fluxo de valor pudesse atingir o fluxo estendido. Um aspecto importante desses elementos é a consciência visual do *status* em cada célula. Após a recepção, cada pedido era identificado, colocado em uma pasta colorida de acordo com o fluxo de valor atribuído e posicionado em uma estante seguindo uma ordem. O líder podia ver a carga de trabalho e fazer ajustes quando necessário para passar os trabalhos para outros fluxos de valor se a fila excedesse o limite combinado (o padrão). Os acordos eram estabelecidos (padrões) considerando-se a possibilidade de mudança das tarefas (por exemplo, as tarefas simples poderiam passar para o fluxo de valor intermediário, mas as tarefas complexas não poderiam ser transferidas para o fluxo mais simples). Além disso, estabeleceram-se regras claras quanto a quem tinha permissão para fazer as transferências. Se todas as equipes se atrasassem em relação aos limites definidos, horas extras eram utilizadas para dar conta da carga de trabalho.

Em cada equipe, os elementos de fluxo foram estabelecidos entre cada operação. Devido à variação inerente no tempo requerido para os pedidos, era necessário que houvesse um mecanismo de controle para atenuar a variação nos tempos de trabalho, mas também para dar sustentação ao fluxo e trazer os problemas à tona. O fluxo unitário de peças não era possível. Nesse caso, uma fila seqüencial (às vezes chamada de rotas FIFO), foi utilizada. A estante onde eram colocadas as pastas com os pedidos tinha um número definido de espaços para indicar o *status* do fluxo e o equilíbrio entre as operações. O líder da equipe monitorava os níveis das pastas e fazia pequenos ajustes na célula (por exemplo, completando um pedido "fora da seqüência" e reinserindo-o) para manter o equilíbrio. Como sempre, esses ajustes só eram feitos quando a condição excedia o acordo definido e depois de cuidadosa avaliação da situação.

Por exemplo, se o acordo definido fosse um máximo de cinco pedidos entre os membros da equipe e o nível máximo fosse alcançado, o líder da equipe seria avisado pelo membro da equipe para então avaliar a situação. Se o líder determinasse que os pedidos subseqüentes eram mais simples para o operador precedente (aquele que está "atrás"), poderia decidir não fazer nada. O desequilíbrio poderia ser temporário e corrigir-se nos pedidos seguintes. Se o *mix* de produto tivesse pedidos complexos em operações anteriores ao gargalo, uma correção automática não era provável, e o líder de equipe faria ajustes.

Além de melhorar o fluxo, as equipes perceberam que a separação dos pedidos de acordo com a complexidade e a dificuldade proporcionava uma oportunidade de treinar novos funcionários em tarefas mais simples antes de passarem a executar trabalhos mais complexos. Funcionários de diferentes setores foram incorporados a uma equipe, e foi feito um treinamento para facilitar a flexibilidade nas equipes. A proximidade na localização das operações facilitou o retorno mais rápido sobre os problemas, e o "retrabalho" foi reduzido significativamente.

Esse grupo conseguiu produzir uma drástica redução no *lead time* para pedidos, especialmente nas tarefas cruciais de "acabamento". À medida que os negócios cresciam, o grupo de processamento de pedidos foi processando sistematicamente um número muito maior de pedidos sem a adição de funcionários e sem necessidade de fazer horas extras.

Fluxo, sistema puxado e eliminação de perdas

A percepção mais comum de sistema enxuto é a de que tem a ver com *just-in-time* – a peça certa, a quantidade certa, o momento certo, o lugar certo. Como vemos, há muito mais coisas envolvidas. A chave para eliminação de perdas é a criação de fluxo, e os princípios do sistema puxado exigem uma produção *just-in-time*.

É melhor pensar no fluxo como um *continuum*, conforme vemos na Figura 5-11. Até mesmo as programações criam algum grau de fluxo. No outro extremo, está um processo com fluxo unitário de peças, sem estoque entre operações. Na parte intermediária, pode-se ter um supermercado que está sendo reabastecido, podem-se puxar peças em seqüência de um processo ao processo seguinte, pode-se fazer fluir através de uma via com uma quantidade definida de estoque sem interromper a ordem FIFO. Observe que o famoso sistema *kanban* em que um supermercado é reabastecido não é a alternativa preferida, mas a segunda pior opção além da programação. O *kanban* admite que o estoque é necessário e deve ser administrado. A perda está projetada no sistema. Tanto o sistema puxado seqüencial

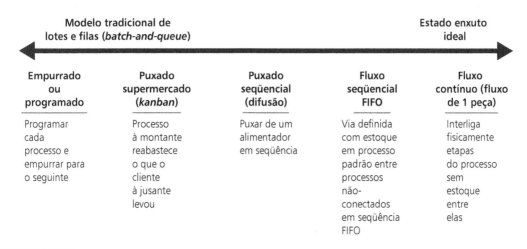

Figura 5-11 *Continuum* de fluxo.

quanto o FIFO geralmente exigem menos estoque do que os sistemas de supermercado e têm melhor fluxo.

O principal não é que você utilize o fluxo unitário de peças ou que você não seja enxuto. A questão é que o foco deve estar na eliminação de perdas. Se você tem um processo de reabastecimento de supermercado, acione o *kanban* e dê destaque ao sistema. Se você tem uma rota FIFO, reduza a rota a uma peça e isso forçará a melhoria contínua.

Reflexão e aprendizagem com o processo

1. Usando o mapa do estado atual como guia, percorra o caminho do fluxo de material mais uma vez. Durante a caminhada, identifique processos que são inerentemente inflexíveis, onde o fluxo contínuo atualmente não é possível. Não tente esse exercício no escritório. Você deve ver cada um dos processos para compreender as relações de causa e efeito que impedem o fluxo.
    a. Identifique os processos inflexíveis no mapa.
    b. Verifique a causa da inflexibilidade desses processos, tais como longos períodos de preparação de máquinas ou recursos compartilhados que fornecem diversas peças ou processos.
2. Avalie cada relação cliente-fornecedor no fluxo de valor.
    a. Determine se cada conexão utilizará uma conexão estilo FIFO (se o fluxo for possível) ou uma conexão estilo supermercado.
    b. Desenvolva um plano para definir cada conexão em termos do que será incluído, quantidade (defina a unidade de medida) e onde o material ficará.
    c. Determine se o espaço precisa ser exclusivo, se os contêineres ou carros são exclusivos e se os recursos são exclusivos dessa conexão.
    d. Identifique o mecanismo de controle para cada conexão e como você planeja fazer com que seja visual e fácil de verificar a aderência.
3. O bom fluxo depende de um bom equilíbrio dos tempos de ciclo ao longo do fluxo de valor.
    a. Meça os tempos de ciclo de cada operação em seu fluxo de valor e crie um gráfico de equilíbrio de ciclo para determinar o atual equilíbrio de operação.
    b. Enquanto percorre o fluxo de valor, identifique os sinais físicos de desequilíbrio de trabalho (tais como espera ou acúmulo de estoque) e saliente-os no mapa do estado atual.
4. As seguintes questões aplicam-se a qualquer operação produtora de pequeno volume e alta variedade (customizada, semicustomizada ou feita sob encomenda). Seu objetivo é o mesmo de qualquer outra empresa – criar o melhor fluxo possível. Em termos relativos, seu fluxo pode nunca estar perfeitamente equilibrado ou uniforme, mas pode ser melhorado.
    a. Avalie o agrupamento de seu produto em "famílias", com base no tempo de conteúdo de trabalho exigido em cada operação (tempo curto, tempo médio, tempo longo).

b. É possível chegar a um fluxo de trabalho melhor controlando o *mix* de produtos introduzido no fluxo de valor (para uniformizar o tempo de conteúdo de trabalho)?
 c. Faça um gráfico dos números de peças por quantidade pedida em um ano, do volume mais alto ao mais baixo (gráfico P-Q) e identifique famílias de produtos com base no volume e na freqüência de pedidos. Peças de volumes alto e médio são candidatas às células. Você também pode utilizar esses dados para nivelar a programação (ver Capítulo 7).
 d. Em um ambiente de produção customizada, o acordo definido baseia-se em uma "unidade" definida. Qual será sua unidade definida? (Pode ser peça por peça, pedido por pedido, um aumento de tempo ou outro elemento comum.)
5. As seguintes questões dizem respeito a processos que não envolvem fabricação. O resultado de seu trabalho pode ser menos tangível do que um produto manufaturado, mas o trabalho está sendo feito, e há um resultado final. O resultado final é o seu "produto".
 a. Defina o produto. Identifique e mapeie o fluxo do produto ao longo dos diferentes processos.
 b. Em processos sem fabricação, não é fácil ver o produto à medida que ele passa pelas operações. Pode ser trabalho burocrático ou informações em um computador. Isso cria desafios peculiares na tentativa de tornar o processo visual.
  i. Você tem consciência visual do fluxo do produto (o produto que está "no sistema" ou numa pilha não é visual)?
  ii. Se o próprio produto não é visual, como você poderá criar consciência visual de seu progresso?

Capítulo 6

Estabelecimento de Processos e Procedimentos Padronizados

A padronização é coerciva?

O trabalho padronizado evoca imagens de engenheiros industriais com cronômetros aterrorizando a mão-de-obra ao espremer cada segundo de produtividade. Traz à mente uma existência altamente regulada em que o "big brother" está vigiando para garantir que cada regra seja seguida. É a burocracia correndo solta onde a vontade e a criatividade humanas são eliminadas e as pessoas se tornam autômatos.

Mas há outras visões da padronização. Masaki Imai, em seu proveitoso trabalho, diz ter aprendido que não pode haver *kaizen* sem padronização.[1] A padronização, na verdade, é o ponto de partida para a melhoria contínua. Conforme discutimos em O Modelo Toyota, Paul Adler tomou uma perspectiva de teoria organizacional e examinou em profundidade o Sistema Toyota de Produção (STP).[2] Ele descobriu que grande parte do que havia sido escrito sobre as conseqüências negativas não-intencionais da burocracia era evitada pela Toyota, que utilizava a padronização da burocracia juntamente com a capacitação dos funcionários para criar uma burocracia "habilitadora". Pensamos em burocracia como algo "coercivo" – que limita a habilidade de as pessoas serem flexíveis e melhorarem. Contudo, a burocracia habilitadora da Toyota tem o efeito contrário – permite a flexibilidade e a verdadeira inovação que produz um impacto duradouro.

O estabelecimento de processos e procedimentos padronizados é a maior chave para a criação de desempenho consistente. É somente quando o processo é estável que se pode iniciar a progressão criativa da melhoria contínua. Como mostramos nos capítulos precedentes, o trabalho de desenvolvimento de padrões começa cedo na implementação enxuta e é um fio condutor comum ao longo do desenvolvimento de operações enxutas. A criação de processos padronizados baseia-se na definição, clareza (visualização) e utilização sistemática dos métodos que garantirão os melhores resultados possíveis. Como tal, a padronização não é aplicada como um elemento isolado a intervalos específicos. Ao contrário, é parte da atividade contínua de identificação de problemas, do estabelecimento de métodos eficazes e da definição do modo como esses métodos devem ser conduzidos. É orientada por pessoas,

---

[1] Masaki Imai, Kaizen: *The Key to Japan's Competitive Success*. New York: McGraw-Hill / Irwin, 1986.
[2] Paul S. Adler, "Building Better Bureaucracies", *Academy of Management Executive*, 13:4, November 1999, 36-47.

não feita por pessoas. As pessoas que fazem o trabalho o entendem em detalhe de maneira suficiente para fazer as maiores contribuições à padronização.

Temos afirmado que nosso objetivo é ensinar as filosofias e conceitos centrais do Modelo Toyota. Novamente, lembramos que este livro não pretende ser outro manual de "como" aplicar ferramentas enxutas. O processo que a Toyota chama de "trabalho padronizado" é tão importante para o sistema de produção como um todo que um terço do Manual do STP é dedicado a ele.[3] Muito simplesmente, o trabalho padronizado e outros padrões de trabalho são a base para a melhoria contínua.

Este é outro ponto mal compreendido do STP. Enquanto os padrões não forem definidos em uma operação, não é possível verdadeiramente fazer melhorias. Pense desta forma: se um processo não estiver padronizado (é aleatório e caótico) e forem realizadas melhorias, o que foi aperfeiçoado? Melhorou-se a aleatoriedade? Ou apenas foi adicionada mais uma versão do trabalho que pode ser feito para aumentar ainda mais o caos? Se uma pessoa criativamente melhora o trabalho, mas ele não se torna padrão, então o trabalho só melhora enquanto aquela pessoa específica o estiver realizando. E ninguém mais acrescentará mais nada àquela melhoria. Se a melhoria criasse padronização, então ter-se-ia construído uma plataforma a partir da qual as equipes poderiam continuamente melhorar o processo. Haveria uma base para uma organização de aprendizagem.

Infelizmente, não é incomum em nosso trabalho com empresas que estão implementando processos enxutos nos pedirem que "façamos trabalho padronizado" como se ele fosse uma ferramenta isolada a ser aplicada de acordo com um cronograma de implementação ("nosso mapa diz que precisamos de trabalho padronizado agora"). Um desses pedidos soou mais ou menos assim: "precisamos do trabalho padronizado para outubro". Ao que respondemos: "certamente, podemos fazer isso, mas o trabalho padronizado é uma ferramenta e, como qualquer ferramenta, tem usos específicos e é utilizada para atingir objetivos específicos".

Em uma empresa, o trabalho padronizado estava atrasado de acordo com o plano de implementação enxuta. A solução: contratar um professor durante o verão para redigir o trabalho padronizado para todas as funções. Resultado: trabalho padronizado muito bonito e bem apresentado que ninguém seguia. Se você quiser apenas preencher folhas de papel, plastificá-las, pendurá-las na área de trabalho e não criar nenhum valor real, você pode fazê-lo. Se você estiver interessado em usar o trabalho padronizado para reduzir as perdas, definir um processo de trabalho melhor e continuamente melhorar o processo, também pode fazer isso. O que você prefere?

Estamos apresentando a padronização como uma das "fases", mas, na verdade, esse conceito é aplicado em toda a jornada e deve ser considerado durante o desenvolvimento de todos os métodos de trabalho. Como com a maioria dos elementos do STP, o conceito é chave, e compreendê-lo melhorará sua capacidade de aplicá-lo. A padronização não é um conjunto de documentos que são preparados e cuidadosamente controlados. É um meio de criar o desempenho mais consistente possível. Sem ela, ferramentas como Seis Sigma e outros métodos avançados de redução de variação são inúteis.

Trabalho padronizado ou padrões de trabalho?

A padronização pode ser o mais mal entendido e mais freqüentemente mal aplicado de todos os conceitos enxutos. A raiz desse problema pode remontar aos primeiros estudos de Frederic Taylor e ao desejo de maximizar os lucros cuidadosamente definindo os elementos de trabalho e responsabilizando os funcionários por sua concretização. Os padrões de traba-

---

[3] *TPS Handbook*, 1989 by Toyota Motor Corporation.

lho têm uma longa história formada em alguns setores (principalmente o automotivo), e o objetivo têm sido culpar os funcionários por não-desempenho.

Isso criou certos "jogos" e maneiras reconhecíveis de burlar o sistema. Sobretudo, criou uma relação antagônica entre funcionários e administração, e, em vez do objetivo mútuo de criar o melhor produto possível para o cliente, encontramos um ambiente onde a prática é tentar parecer melhor do que os outros. É um jogo em que a administração define com mais cuidado o método de trabalho para determinar padrões de custos e garantir que cada funcionário está dedicando o esforço exigido. Os funcionários conhecem esse jogo e intencionalmente mudam os métodos de trabalho quando observados, a fim de criar artificialmente baixas exigências que são fáceis de atingir. A administração, então, utiliza os "padrões" para tomar decisões sobre a fabricação, com base nas "horas ganhas", "absorção" ou uma medida semelhante baseada nos padrões de trabalho, com a meta de assegurar que os funcionários da manufatura "ganhem" a quantidade correta de horas pela quantidade de produto produzida. Se isso ocorre, o custo geral indireto com funcionários é "absorvido", o custo padrão correto é alcançado (ou superado) e o lucro desejado é teoricamente gerado.

Os funcionários vêem os padrões de trabalho como uma medida do "quanto" eles têm que trabalhar ou a quantidade e esforço que será exercido. Além disso, eles inerentemente compreendem que todos têm diferentes capacitações e que o sistema está baseado na menor capacitação. Dessa maneira, aqueles com baixo desempenho podem ser bem-sucedidos e os que têm alto desempenho podem superar o padrão ou, se quiserem, poderão trabalhar mais rápido para criar "tempo livre".

Nesse modelo, um padrão de trabalho é estabelecido com base no objetivo errado. Baseia-se na criação de um padrão de custo, e não na criação do melhor método possível de trabalho, com a mínima quantidade de perda, produzindo o produto de melhor qualidade com o menor custo. Esse padrão de trabalho é, então, utilizado como um "taco para bater" nos funcionários pelo não-desempenho ou como uma "isca" para fazê-los exceder o padrão (como nos derivativos do método, com pagamento segundo o desempenho). Como essas idéias estão tão enraizadas nas mentes da administração e dos funcionários, o estabelecimento de trabalho padronizado conforme definido pela Toyota pode ser um dos maiores desafios durante a implementação do sistema enxuto. É extremamente difícil para todas as partes largar o atual processo porque todos aprenderam a sobreviver ou progredir nesse sistema. Os administradores temem que o Modelo Toyota possa permitir que os funcionários se rebelem e decidam quais serão seus métodos de trabalho e, portanto, não trabalhem o suficiente. Também temem a perda de um sistema de mensuração que aprenderam a manipular e controlar para obter sucesso. Todos estão familiarizados com essa conversa:

Gerente de produção (para o supervisor): "As horas ganhas estão em baixa no nosso setor. O que você fará para recuperá-las?"

Supervisor: "Tivemos alguns trabalhos difíceis na fábrica, e isso prejudicou nosso programa. Viremos no sábado para dar conta das tarefas fáceis. Isso vai ajudar."

Gerente de produção: "OK. Tenho que falar sobre isso com o gerente da planta, vou dizer a ele que o *mix* de produto não está bom que devemos melhorar depois desta semana."

Claramente, vemos que esse foco está mal orientado para a mensuração; o foco não está voltado para a criação de um processo verdadeiramente eficiente que produzira sistematicamente bons resultados. Observe que o supervisor trabalhará nas "tarefas fáceis" para equilibrar os números. Uma peça é uma peça de acordo com os números. Mas as tarefas fáceis são as peças que o cliente deseja? Isso parece secundário. É uma pena o quanto se desperdiça de esforço e tempo tentando "atingir os números" em vez de buscar criar o melhor processo possível. A administração fica presa em um círculo vicioso e não consegue se libertar porque seu próprio desempenho é medido em relação a sua habilidade de produzir os números desejados.

Objetivo da padronização

O modelo de manufatura tradicional tem um foco inicial em alcançar o menor custo unitário possível e então criar padrões de método de trabalho para atingir o objetivo de custo (Figura 6-1). Esse modelo considera os esforços individuais e o "custo por peça", enquanto que o Modelo Toyota procura maximizar todo o sistema e considera o "custo total" via redução de perdas como primeiro indicador de sucesso. O método tradicional utiliza estudos de tempo e movimento para determinar o procedimento de trabalho mais "eficiente", e um tempo "padrão" é atribuído a uma determinada tarefa. Esse não é necessariamente o melhor método; é apenas o método que o operador está usando quando observado. Esse processo cria um "falso padrão" que é então utilizado para determinar a "eficiência".

O Modelo Toyota tem o mesmo objetivo em termos de baixo custo; no entanto, o foco principal está na redução de perdas no sistema (Figura 6-2). Como tal, a Toyota considera o

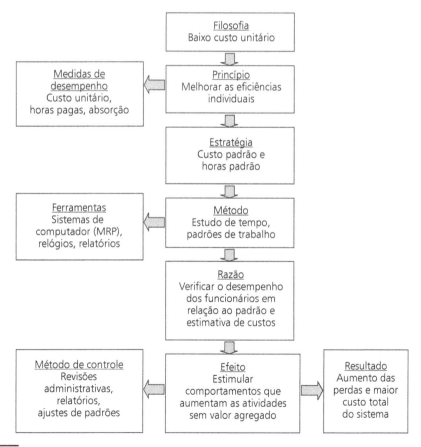

Figura 6-1 Manufatura tradicional concentrada no custo por unidade.

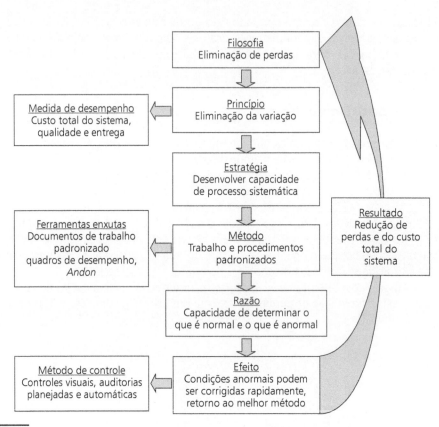

Figura 6-2 Redução enxuta de perdas resulta em menor custo total, melhor prazo e qualidade.

desenvolvimento de padronização como uma base para a melhoria contínua, o que significa que se espera que os resultados futuros superem o padrão. O método tradicional considera os padrões como o objetivo a ser alcançado, como se o padrão fosse o último nível de desempenho, o que impede a possibilidade de melhoria. Essa diferença fundamental de raciocínio é a base para muitos dos elementos paradoxais de um sistema enxuto. Os objetivos são os mesmos, a saber: oferecer o produto de mais alta qualidade ao menor custo possível dentro do menor período de tempo; entretanto, o raciocínio para se chegar a esses resultados é oposto àquele usado pelos fabricantes da produção em massa nos últimos 100 anos. E a abordagem de produção em massa limita a habilidade de atingir esses objetivos.

O modelo enxuto de redução de perdas começa com uma filosofia concentrada na redução de perdas. Na maioria das organizações, há uma quantidade substancial de perdas causada por atividades aleatórias e métodos incoerentes. Para eliminar as perdas, devemos reduzir ou eliminar a variação entre processos. A variação é a antítese da padronização. Por definição, a variação implica incapacidade de padronizar. Conforme discutimos nos Capítulos 4 e 5, o isolamento da variação é uma chave para o estabelecimento de métodos e procedimentos de trabalho padronizados. Isso também estabelecerá uma base e a habilidade de distinguir o método padrão (normal) dos métodos não-padronizados (anormais). Métodos de controle visual e outras ferramentas enxutas são utilizados para proporcionar o reconhecimento imediato do desempenho, e os ajustes podem ser feitos em tempo real, de modo que os objetivos sejam atingidos de forma sistemática.

Estratégias para o estabelecimento de processos e procedimentos padronizados

As principais ferramentas no estabelecimento de processos e procedimentos padronizados são os documentos de trabalho padronizado, e muitas das ferramentas enxutas que são usadas durante as fases anteriores também são empregadas no desenvolvimento de padrões para o local de trabalho (Tabela 6-1).

As políticas e procedimentos tradicionais geralmente trabalham contra a padronização. Consideremos as políticas de freqüência. Com processos de trabalho padronizado, é imperativo que todas as posições de trabalho estejam preenchidas o tempo todo. Isso significa que, quando uma pessoa não está presente, ela deve ser substituída para que o processo funcione corretamente. O processo não pode funcionar corretamente quando não há contingências quanto ao modo como a posição será preenchida no caso de falta. Porém, nos sistemas tradicionais, o absenteísmo raramente é foco da alta administração, e todos os dias os supervisores dão um jeito de preencher as posições devido a faltas, sem ter uma abordagem padronizada.

DICA

Criar uma estrutura para apoio do trabalho padronizado

A Toyota tem um sistema de líderes de grupo e de líderes de equipe. Os líderes de equipe são horistas e são responsáveis pelo suporte de cinco a sete funcionários. Eles verificam os procedimentos de trabalho dos funcionários para detectar desvios do trabalho padrão (ver Capítulo 11 deste livro e a página 193 de O Modelo Toyota) e proporcionar a estrutura necessária para compensar as ausências. Com freqüência, envolvem-se no desenvolvimento de trabalho padronizado para os novos modelos. Eles são importantes para transformar o trabalho padronizado que aparece nos belos cartazes nas paredes em verdadeiras ferramentas para a melhoria contínua. É interessante que a função de líder de equipe seja exatamente aquela que falta na maioria das empresas.

TABELA 6-1 Estratégias e ferramentas para processos e procedimentos padronizados

Estratégias	Ferramentas enxutas primárias	Ferramentas enxutas secundárias

• Criar um método de trabalho repetido que se torne base para o *kaizen*
• Estabelecer expectativas claramente definidas
• Desenvolver processos para garantir coerência para todos os elementos do trabalho
  • Necessidades da mão-de-obra
  • Métodos de trabalho
  • Materiais
  • Maquinário
	• Documentos do trabalho padronizado
	  • Gráfico de trabalho padronizado
	  • Planilha de capacidade de produção
	  • Tabela de combinação do trabalho
		• Controles visuais
		• Políticas e procedimentos
		• Modelos de amostra
		• Tabela de Combinação de Trabalho
		• Planilhas de verificação de processo
		• Treinamento e instrução de trabalho

Tipos de padronização

Muitas vezes, ocorre confusão quanto ao estabelecimento do processo ao qual a Toyota se refere amplamente como "trabalho padronizado". Esse método aparentemente simples é enganosamente difícil para as outras empresas reproduzirem. Como a intenção do trabalho padronizado é diferente daquela do processo tradicional de criar padrões de trabalho, não é possível fazer uma correlação direta. As empresas têm métodos que chamam de "padrões", mas não é o que a Toyota quer dizer ao utilizar o termo "trabalho padronizado" para definir o método usado para desempenhar tarefas com um mínimo de perdas. Na verdade, há muitos outros tipos de padrões que estão consolidados em um método abrangente usado para ditar o melhor procedimento de trabalho. Na Toyota, a primeira ferramenta que dita o método de trabalho é o trabalho padronizado, que define quem, o que, quando e onde o trabalho deve ser realizado.

A Figura 6-3 utiliza o modelo de uma casa para mostrar a relação dos diferentes tipos de padrões e como sustentam os principais objetivos de oferecer um método definido para realizar o trabalho com o mínimo de perdas, bem como de fornecer informações detalhadas aos funcionários sobre o desenvolvimento do máximo de conhecimento e o mais alto nível de habilidade possível.

Observe que cada padrão serve a uma função separada, mas todos devem ser incorporados em um método de trabalho padronizado. Isso não quer dizer que o documento de trabalho padronizado inclui todos os padrões. Ele simplesmente inclui as etapas de trabalho que produzirão o resultado desejado (alcance de outros padrões). Os detalhes de outros padrões são incluídos na instrução e treinamento do operador, como pode ser visto na Figura 6-4.

Padrões ambientais, de qualidade e de segurança

Os padrões de qualidade baseiam-se nas expectativas do cliente que têm a ver com itens como adequação e acabamento e que estabelecem as exigências estéticas de um produto. Exemplos incluem:

- Aparência geral
- Combinação de cores
- Deformidades, anomalias (extremidades arredondadas, depressões, etc.)
- Falhas ou tolerâncias
- Qualidade da superfície
- Limitações de tamanho e quantidade de defeitos

DICA

Guarde seus bens para protegê-los

Modelos de amostra são itens muito importantes e devem ser tratados com muito cuidado. Devem ser armazenados em lugar seguro, possivelmente chaveado, com acesso limitado a um supervisor. Não são usados com freqüência depois que os operadores desenvolvem a habilidade de discernimento. Modelos de amostras devem ser assinados e datados pelo representante da qualidade autorizado, e é responsabilidade da produção requisitá-los e guardá-los. Trate-os como um investimento!

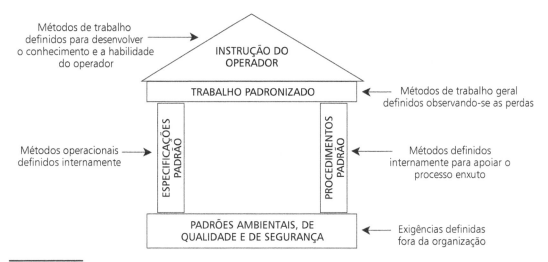

Figura 6-3 Relação e propósito dos padrões.

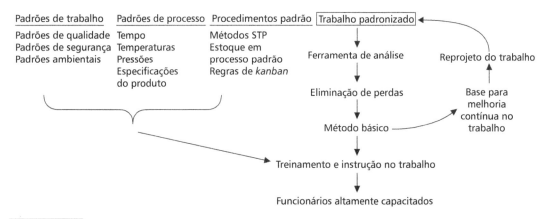

Figura 6-4 Relação entre trabalho padronizado e outros padrões.

Os padrões de qualidade geralmente são incorporados nas folhas de instruções dos operadores para descrição detalhada da condição desejada, do lugar onde analisar especificamente e do modo de determinar se o produto é bom ou ruim. O pessoal da operação usa informações das auditorias de qualidade para determinar as condições primárias a serem procuradas, bem como as áreas mais comuns de ocorrência. Isso promove a habilidade de criar um método de inspeção específico que pode ser incorporado ao trabalho para garantir que as áreas principais foram verificadas em busca dos problemas mais comuns. Também favorece um nível mais alto de qualidade na fonte. A fase de inspeção não é descrita em detalhes no documento de trabalho padronizado, mas apresentada como elemento único (inspeção de peça).

Padrões de qualidade por escrito que exigem a disposição visual de um produto estão sujeitos à interpretação e são um pouco subjetivos. Por exemplo, a interpretação de "aparência da superfície aceitável" depende da opinião subjetiva de "aceitável". Nessas situações, é essencial que o setor de qualidade forneça exemplos tangíveis dos níveis de qualidade desejados. Estes são chamados de modelos de amostra e representam o limite de aceitabilidade para um determinado aspecto.

A empresa geralmente estabelece padrões ambientais e de segurança para obedecer às leis estaduais e federais. Esses padrões geralmente são criados por departamentos de engenharia específicos e não podem ser modificados por outros funcionários ou pela administração sem aprovação do departamento de engenharia. No entanto, essas exigências são disponibilizadas aos funcionários, que desenvolverão métodos de trabalho padronizado para chegar à necessária segurança do operador e do ambiente. A equipe de trabalho ou o setor administrativo dessa área pode desenvolver regras de segurança específicas de uma determinada tarefa. Exemplos incluem o risco específico de lesão, como lacerações, ou pontos de pressão dos equipamentos. Essas questões potenciais de segurança são observadas na seção de segurança do documento de trabalho padronizado.

Especificações padrão

Essas especificações fornecem as informações técnicas sobre a operação correta de equipamentos e certas especificações de processos exigidas para a produção de um produto. Exemplos seriam:

- Dimensões e tolerâncias
- Método de processamento (método de solda, método de acabamento, etc.)
- Parâmetros de operação do equipamento (tempo, temperatura, pressão, etc.)
- Seqüência de operação do equipamento
- Informações sobre ações corretivas

As especificações padrão não são detalhadas nos documentos de trabalho padronizado. Elas são incluídas nos documentos de instrução dos operadores somente se não previamente especificadas em outros documentos, tais como projetos (não há necessidade de documentar padrões anteriormente especificados).

Os parâmetros de operações de equipamento são empregados para desenvolver processos de verificação do equipamento que se tornam uma tarefa atribuída a um indivíduo específico e um processo padronizado de rotina. No caso da Toyota, o líder de equipe é quem mais freqüentemente faz isso. O processo de verificação do equipamento é realizado em diversos intervalos no decorrer do dia para assegurar as condições corretas de operação. Em muitos casos, a verificação é feita antes do início de turno e novamente durante o turno, dependendo da natureza crítica do equipamento. A intenção da verificação "pré-turno" é garantir que todos os parâmetros do processo estejam na faixa correta de operação e que o equipamento seja operacional e esteja pronto para a produção.

As informações sobre ações corretivas são tratadas de modo semelhante ao das especificações para verificação do equipamento. Proporcionam detalhes sobre ações passo a passo a serem realizadas no caso de falha de equipamento ou problemas no processo e inclui planos de contingência, como equipamento alternativo que pode ser usado ou operação manual.

As especificações de padrão geralmente são oferecidas pela engenharia industrial ou de produção. A produção utiliza as informações para desenvolver procedimentos padrão e folhas de instruções para operadores, se necessário. Algumas empresas confundem essas especificações com trabalho padrão para o operador, mas as especificações padrão não informam o operador sobre as etapas do trabalho, o tempo ou o modo de realizar a tarefa de forma ótima.

Procedimentos padrão

Estes são desenvolvidos pelo grupo de produção e são utilizados para definir as regras de operação. Os procedimentos podem ser necessários para outras fontes de padrões ou podem ser de única responsabilidade da produção. Exemplos incluiriam:

- Estoque em processo padrão
- Regras e parâmetros de *kanban* (níveis de estoque, número de cartões, etc.)
- Rotas de fluxo de material na instalação
- Exigência de 5S definidas
- Quadros de resultado da produção
- Codificação por cores

Esses procedimentos padrão devem estar visualmente definidos na área de trabalho e, assim, serem auto-explicativos, não necessitando de documentação no trabalho padrão. Por exemplo, um cartão de *kanban* inclui todas as informações relativas ao seu uso, e os padrões são definidos no conteúdo do cartão. Do mesmo modo, os acordos definidos entre operações serão visualmente aparentes na área de trabalho. Observe que os itens mencionados aqui provavelmente mudarão com freqüência à medida que o processo é aperfeiçoado. Seria um pesadelo burocrático tentar documentar esses padrões e constantemente atualizá-los à medida que as condições na área de trabalho fossem se modificando. Desenvolva um sistema visual para expor os padrões e mantenha a consciência visual.

Mitos do trabalho padronizado

Há muitos mitos em relação ao trabalho padronizado no mundo fora da Toyota. É frustrante ver a quantidade de tempo e esforço desperdiçados pelas empresas que caem em uma ou mais armadilhas desses mitos e tentam criar um sistema baseado neles. Tentaremos desfazer o máximo possível de mitos na esperança de que seu empenho possa ser dirigido de forma eficaz à meta de melhoria de processos.

Mito 1: Se tivermos trabalho padronizado, qualquer um poderá aprender tudo sobre o trabalho olhando os documentos.

Não sabemos ao certo como esse mito foi criado, mas provavelmente se deve à descrição da Toyota do trabalho padronizado. Durante as visitas às plantas da Toyota, o trabalho padronizado é visto como o processo utilizado pelos operadores para definir seu método de trabalho e, é claro, é documentado e disponibilizado. Talvez isso seja mal interpretado como uma descrição completa do trabalho e seus padrões relacionados. Qualquer pessoa que tivesse lido os documentos teria visto que a descrição do trabalho explica os elementos do trabalho em termos básicos – não há informações suficientes para ler e entender o trabalho.

Na Toyota, o método de instrução de trabalho (explicado no Capítulo 11) é usado para transferir completo conhecimento de uma tarefa a um líder de equipe. Esse é um longo processo, já que há muito que aprender para tornar-se excepcionalmente qualificado. Qualquer um que acredita que um trabalho é simples o suficiente para ser explicado em algumas folhas de papel está subestimando o nível necessário de competência de seus funcionários. Nunca estivemos em um ambiente onde o trabalho era tão simples que "tudo o que você precisa saber" estava em algumas folhas de papel.

Mito 2: Se tivermos trabalho padronizado, poderemos trazer qualquer pessoa que estiver passando e treiná-la para fazer o trabalho em alguns minutos.

Volte ao Mito 1. Isso pode ocorrer para uma pequena parte do trabalho ou para uma tarefa específica, mas tornar-se um funcionário "completo" com total compreensão do trabalho exige um esforço considerável. Muitas vezes ouvimos esse mito, fazendo-se referência a "macacos" que poderiam ser trazidos da rua e ser treinados rapidamente. Essa referência não só demonstra uma total falta de respeito pelos funcionários e suas habilidade, como também erroneamente supõe simplicidade no trabalho realizado por eles. Essa mentalidade precisa ser ajustada a fim de criar a cultura certa para o desenvolvimento de uma produção enxuta.

Mito 3: Podemos incorporar todos os detalhes do trabalho e os padrões à folha de trabalho padronizado.

Essa é uma compreensão totalmente equivocada do propósito de um padrão visual. Nesse caso, depois de o operador ser treinado – um processo cuidadosamente controlado que assegura a capacidade do funcionário antes que ele seja completamente liberado para o desempenho da função – e após a primeira centena de repetições, um lembrete do método adequado não é necessário. A referência visual é utilizada pela administração para adesão ao padrão, o que discutiremos posteriormente quando descrevermos a "auditoria do trabalho padronizado".

Mito 5: Os funcionários desenvolvem seu próprio trabalho padronizado.

Esse mito é parcialmente verdadeiro. A Toyota não quer que funcionários individuais "possuam" seu trabalho padronizado e faz uso da rotação de funções para que nenhum funcionário "possua" uma tarefa. O trabalho padrão inicial é desenvolvido por engenheiros, que trabalham juntamente com representantes dos operadores que fazem parte de uma "equipe piloto"; essa equipe auxilia no lançamento do novo modelo seguinte. Os líderes de grupo e de equipe então ficam responsáveis pelo treinamento de funcionários no trabalho padrão e pela solicitação de suas contribuições. Logo que o processo está funcionando com algum grau de estabilidade, os funcionários são desafiados a desenvolver métodos melhores, mas os métodos são sempre revisados por outros, incluindo a administração. Assim, é a equipe de trabalho, com seu líder e com o líder de grupo, que coletivamente "possuem" as tarefas a serem realizadas.

Tal mito com freqüência é combinado com uma tentativa equivocada de instituir a "capacitação dos funcionários", em que os funcionários ficam livres para desenvolver seus próprios métodos de trabalho. É essa noção que cria temor entre os administradores, que imaginam os funcionários criando trabalho ineficiente e que pensam que os funcionários tirarão proveito da situação.

Nada poderia estar mais longe da verdade. Se todos estão de acordo que o objetivo é criar um método de trabalho que atinja as necessidades do cliente a menor perda possível, isso não quer dizer que os funcionários estejam livres para criar o trabalho do modo que lhes aprouver. Eles ainda devem seguir regras e orientações específicas. Isso é análogo a uma equipe esportiva. Os jogadores em posições específicas conhecem suas funções em detalhe, mas o treinador não lhes diz simplesmente: "façam o que têm que fazer – vocês estão habilitados". O treinador tem idéias específicas sobre a estratégia da equipe e sobre o modo como os indivíduos precisam desempenhar suas funções. Por outro lado, um treinador que simplesmente dita como cada jogador deve jogar geralmente se vê confrontado pela revolta do jogador e deixa de capitalizar com os talentos únicos e o conhecimento de cada componente do time. De maneira semelhante, na Toyota, os métodos de trabalho não são criados no vácuo. Todos vêem o trabalho com o mesmo objetivo. Existem muitas alternativas possíveis. A idéia é encontrar um método que seja melhor do que o que está sendo utilizado no momento. (Observe que "melhor" não é subjetivo. Deve ser passível de quantificação e mensuração.) A administração tem a responsabilidade de estabelecer os objetivos para os funcionários e de oferecer as ferramentas e os recursos necessários para atingi-los. Esses objetivos são mais realistas se a administração compreende profundamente o processo e a filosofia enxuta e se age como um treinador eficiente.

Mito 6: Se tivermos trabalho padronizado, os operadores farão o trabalho de forma adequada e não se desviarão do padrão.

Pode ser que esse seja o mito mais despropositado. A definição e a documentação do trabalho no papel ainda estão bem longe do bom desempenho. Não há nada no trabalho padronizado que impeça o desvio por parte do operador, exceto a consciência visual dos outros. Para garantir a adesão ao padrão, é necessário retirar as opções da área de trabalho e remover as "nuvens". Se qualquer desvio do padrão for imediatamente reconhecível e houver uma conseqüência negativa, o padrão será seguido.

Na Toyota, o trabalho é definido com tanto cuidado e as exigências de desempenho são tão estritas que um desvio do padrão geralmente produz reconhecimento imediato. Suponhamos que um operador resolva realizar uma tarefa fora de seqüência e, com isso, o tempo exigido aumente. Esse operador provavelmente excederia o *takt-time* e precisaria "parar a linha" usando o sistema *andon*. Se isso acontecesse diversas vezes, atrairia atenção imediata e, quando se investigasse a situação, o líder de equipe ou o supervisor verificariam a adesão ao padrão.

Trabalho padronizado

A Toyota diz que o propósito do trabalho padronizado é ser uma "base para o *kaizen*". Se o trabalho não for padronizado, sendo diferente a cada vez que é realizado, não haverá "base para avaliação", ou seja, não haverá um ponto de referência com que se comparar. Muitas empresas ficam desanimadas ao descobrir que, algum tempo depois das "melhorias", o trabalho retornou á "maneira antiga" e que nenhuma melhoria foi mantida. Fazer o *kaizen* antes da padronização seria análogo a construir uma casa em areia movediça. Pode-se até construí-la, mas ela logo afundará!

Você poderá perguntar: "se o trabalho padronizado é a base para a melhoria contínua, por que não é feito em primeiro lugar?" É uma boa pergunta. A Toyota diz que há alguns pré-requisitos para o desenvolvimento do trabalho padronizado. Normalmente, são abordados durante a fase de estabilidade, e vale a pena repeti-los aqui, caso você se sinta tentado a ignorar os aperitivos e ir direto ao prato principal. A colocação do trabalho padronizado antes da estabilidade certamente criará uma condição semelhante à de um cão tentando pegar sua cauda – você ficará dando voltas e nunca chegará ao resultado desejado.

Pré-requisitos do trabalho padronizado

É necessário que haja um certo grau de estabilidade em cada uma das três áreas descritas abaixo antes que se passe para o trabalho padronizado. Infelizmente, não há medida definitiva que diga: "agora você está pronto para o trabalho padronizado". O melhor conselho que podemos dar é que, se você se sentir como o cão que persegue sua própria cauda, o processo não estará estabilizado o suficiente para o trabalho padronizado.

1. A tarefa deve ser passível de repetição. Se o trabalho estiver descrito em termos de "se... então", não será possível padronizar. Por exemplo, se a tarefa é descrita: "se A acontecer, então, faça B, mas se C ocorrer, então, faça D" e assim por diante, a padronização não é possível, a menos que essas sejam apenas algumas regras muito simples.
2. A linha e o equipamento devem ser confiáveis, e o tempo de paralização deve ser mínimo. Não é possível padronizar se o trabalho é constantemente interrompido e o funcionário é afastado.
3. Os problemas de qualidade devem ser mínimos. O produto deve ter o mínimo de defeitos e ser coerente com os principais parâmetros. Se o funcionário estiver constantemente corrigindo defeitos ou lutando com os efeitos da baixa uniformidade do produto – tais como variação de tamanho que afeta o encaixe da peça e, assim, o tempo –, não será possível ver o verdadeiro panorama do trabalho.

ARMADILHA

Um erro freqüente quando se implementa uma melhoria no trabalho é deixar um operador com um novo processo e retirar o apoio muito cedo ou, pior ainda, não estar presente quando o novo processo é realizado pela primeira vez! O operador sente-se diminuído, não se sente confiante com o novo procedimento e verá as melhorias do processo como eventos negativos e estressantes.

Documentos do trabalho padronizado

Há três documentos principais usados para o desenvolvimento de trabalho padronizado e muitos outros documentos relacionados ou de apoio. Não é propósito deste livro entrar em detalhes sobre como usar cada uma dessas ferramentas, mas vale falar um pouco sobre cada um dos que seguem:

1. Gráfico de Trabalho Padronizado
2. Tabela de Combinação de Trabalho Padronizado
3. Planilha de Capacidade de Produção

Gráfico de trabalho padronizado

Originalmente, o documento que a Toyota utilizou para o Gráfico de Trabalho Padronizado foi um diagrama da área de trabalho e do fluxo dos funcionários. Não havia nenhuma descrição verbal do método de trabalho e nenhum elemento de tempo associado com cada etapa. Os elementos de tempo detalhados constituíam um documento separado, como a Tabela de Combinação de Trabalho Padronizado. Em algum ponto da linha em muitas operações, o Gráfico de Trabalho Padronizado e a Tabela de Combinação de Trabalho Padronizado foram mesclados em um único documento simplificado que freqüentemente é chamado (ao menos fora da Toyota) de "Planilha de Trabalho Padronizado" ou de "Gráfico de Trabalho Padronizado".

A Planilha de Trabalho Padronizado é utilizada inicialmente como uma ferramenta para identificar e eliminar as perdas. Depois que as melhorias são realizadas, o novo método torna-se a base para a melhoria. Então, é afixado na área de trabalho como um método de controle visual para a administração verificar a adesão ao padrão.

Como com qualquer ferramenta, seu uso depende das circunstâncias. Qual é a habilidade do usuário? Que condição está sendo corrigida? Não se preocupe em tentar atingir um resultado perfeito ou usar a planilha "corretamente". Durante a aplicação inicial do trabalho padronizado em um processo, o primeiro passo é criar uma base para a melhoria. Os passos do processo são:

1. Registrar a seqüência do trabalho (as etapas)
2. Fazer um diagrama com os deslocamentos do trabalho
3. Identificar perdas
4. Determinar as melhorias necessárias para atingir os resultados desejados (atingir o *takt-time* é um objetivo que será explicado abaixo)
5. Incorporar a utilização e o fluxo de material (estoque em processo padrão)
6. Documentar o método aperfeiçoado

A Figura 6-5 fornece um exemplo de Planilha de Trabalho Padronizado. Os principais elementos são a seqüência de trabalho e o diagrama dos deslocamentos do trabalho. Quando os passos e o digrama do trabalho estão completos, perguntamos: "O que você vê?" Olhe o diagrama e descreva sua impressão inicial. Sua impressão inicial é de perda! Se fizermos a pergunta com relação ao trabalho retratado na figura, poderemos ver as respostas: "é uma

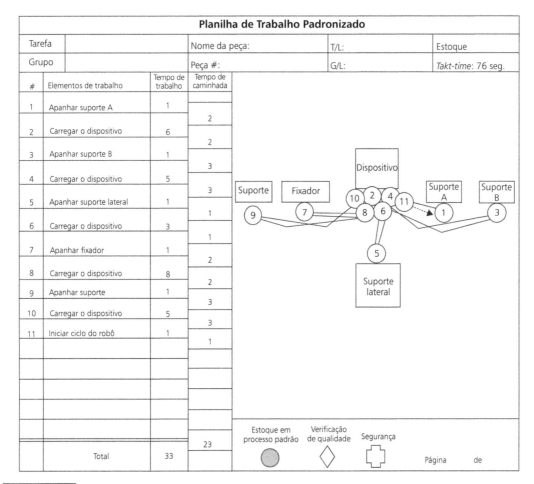

Figura 6-5 Planilha de Trabalho Padronizado.

bagunça" e "veja as longas distâncias entre as operações" ou "o operador tem que passar por cima de seu padrão de trabalho". Essas são observações de perda. Assim que a perda for compreendida, poderemos perguntar: "existe um método melhor?"

À medida que você for progredindo no ciclo de melhorias, seu uso do Gráfico de Trabalho Padronizado irá mudando. O esforço inicial para atingir a padronização e eliminar as perdas em uma única operação passa para a criação de operações que estejam alinhadas e equilibradas com outras operações no fluxo. Esse alinhamento é alcançado planejando-se funções que estejam alinhadas segundo um ritmo comum conhecido como *takt-time* (explicado a seguir).

DICA

Concentre-se no trabalho, não no operador

Uma vantagem de documentar o fluxo de trabalho e mostrá-lo aos operadores é que isso remove a "culpa" por um mau método utilizado pelo operador. Se você encontra perda e a mostra aos operadores, provavelmente eles explicarão por que ela é necessária (defendendo o método, que eles conhecem). Se você colocar o trabalho no papel e mostrar o diagrama aos operadores, é provável que respondam: "veja como é falho o padrão de trabalho. Deveríamos mudar isso!"

Tabela de combinação de trabalho padronizado

Como o nome implica, essa tabela (também chamada de Planilha de Combinação de Trabalho Padronizado) é usada para analisar tarefas que têm trabalho combinado. A intenção é mostrar o relacionamento em termos de tempo de duas ou mais atividades que apresentam uma combinação de operações manuais e equipamento automático, mas a tabela também pode ser usada para operações em que dois ou mais operadores trabalham juntos no mesmo produto ao mesmo tempo. Por exemplo, uma boa aplicação para essa ferramenta seria se um operador tivesse que carregar uma estação de solda robótica e apertar o botão de início e o robô solda enquanto o operador descarrega e carrega outra estação. Temos visto muitas pessoas tentarem utilizar a Tabela de Combinação de Trabalho Padronizado para todas as funções, mas utilizá-la para analisar um único operador que não utiliza equipamento automático é uma perda de tempo e de esforço. Você não aprenderá nada com essa análise, exceto como preencher a planilha.

DICA

O operador é o recurso mais importante

A filosofia do Modelo Toyota afirma que o operador, e não a máquina, é o ativo mais importante. A máquina serve a pessoa e não o contrário. A Toyota acredita que é desrespeitoso para um indivíduo perder seu valor por causa da espera para que uma máquina complete seu ciclo. A tabela de Combinação de Trabalho Padronizado é utilizada para obter um entendimento da relação homem/máquina e para utilizar eficazmente o ativo humano.

A Figura 6-5 ilustra uma operação com um robô de ciclo automático. A dificuldade de utilizar uma simples análise de Planilha de combinação de Trabalho Automático nesse caso é que ela não mostra o que acontece depois que o ciclo do robô tem início. Provavelmente haverá a perda de espera do operador. O operador pode realizar diferentes tarefas para "manter-se ocupado", tais como deixar as próximas peças prontas para uso ou "organizar" a área de trabalho (observamos um operador empilhando de forma organizada todas as peças em um recipiente, o que conferia um bom aspecto ao trabalho, mas não tinha nenhum valor). Não é claro qual é o tempo de ciclo do robô. A Tabela de Combinação de Trabalho Padronizado (Figura 6-6) é útil nessa situação.

A Figura 6-6 mostra o mesmo trabalho apresentado na Tabela de Combinação de Trabalho Padronizado. Leia-a acompanhando os elementos de trabalho um a um da esquerda para a direita e você verá onde o operador caminha para realizar o próximo elemento de trabalho no ciclo. Nesse exemplo o operador apanha o suporte A em um segundo, caminha até a máquina em dois segundos, carrega o suporte A em seis segundos, caminha para apanhar a próxima peça em dois segundos e assim por diante. No Passo 11, todas as peças são carregadas no soldador robótico, e podemos ver, pela linha pontilhada, que o ciclo da máquina é de 23 segundos.

Nome do processo		Data		Tabela de Combinação de Trabalho Padronizado	*Takt-time*	manual / automático / caminhada
Peça#		Grupo				

#	Elementos de trabalho	Elementos de tempo: Manual	Auto	Caminhada
1	Apanhar suporte A	1		2
2	Carregar o dispositivo	6		2
3	Apanhar suporte B	1		3
4	Carregar o dispositivo	5		3
5	Apanhar suporte lateral	1		1
6	Carregar o dispositivo	3		1
7	Apanhar fixador	1		2
8	Carregar o dispositivo	8		2
9	Apanhar suporte	1		3
10	Carregar o dispositivo	5		3
11	Iniciar ciclo do robô	1	23	1
12				
13				
14				
15				
	Totais	33	21	23

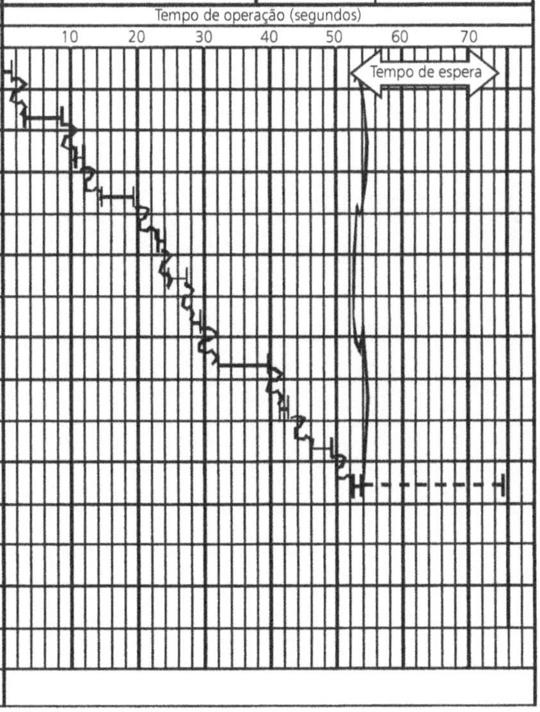

Figura 6-6 Tabela de Combinação de Trabalho Padronizado com um robô.

Essa é uma tarefa muito simples em termos de interface operador-máquina. Tarefas mais complexas podem exigir que o operador se desloque na célula e opere três ou quatro máquinas. Como o Gráfico de Trabalho Padronizado, a Tabela de Combinação de Trabalho Padronizado converte o trabalho em um formato visual, de modo que as relações trabalho / caminhada / espera / tempo podem ser claramente vistas (o tempo de espera nessa tarefa deve ser o primeiro alvo de melhoria!). O tempo de espera ocorre depois que o operador começa o ciclo do robô. Esse tempo deve ser utilizado para atividade com valor agregado.

A Figura 6-7 apresenta a mesma tarefa com a adição de uma tarefa secundária acrescentando-se a carga e descarga de uma segunda operação automática. Observe que o tempo de operação "se enrola", o que quer dizer que a máquina opera além do *takt-time* relativo ao tempo de início da operação. O importante a ser observado é que o segundo robô finaliza seu ciclo antes que o operador esteja pronto para retornar e recarregá-lo (os robôs têm um dispositivo de descarga automática, o que é comum na Toyota). Na perspectiva da Toyota, é aceitável permitir que uma máquina espere pelo operador, mas não que o operador espere pela máquina. Lembre-se, o operador em primeiro lugar.

Nome do processo		Data		**Tabela de Combinação de Trabalho Padronizado**	*Takt-time*	Manual / Automático / Caminhada
Peça#		Grupo				

#	Elementos de trabalho	Elementos de tempo: Manual	Auto	Caminhada
1	Apanhar suporte A	1		2
2	Carregar o dispositivo	6		2
3	Apanhar suporte B	1		3
4	Carregar o dispositivo	5		3
5	Apanhar suporte lateral	1		1
6	Carregar o dispositivo	3		1
7	Apanhar fixador	1		2
8	Carregar o dispositivo	8		2
9	Apanhar suporte	1		3
10	Carregar o dispositivo	5		3
11	Iniciar ciclo do robô	1	23	1
12	Apanhar bandeja de bateria e suporte	2		2
13	Carregar o dispositivo	10		2
14	Iniciar ciclo do robô	1	45	2
15				
	Totais	46	68	29

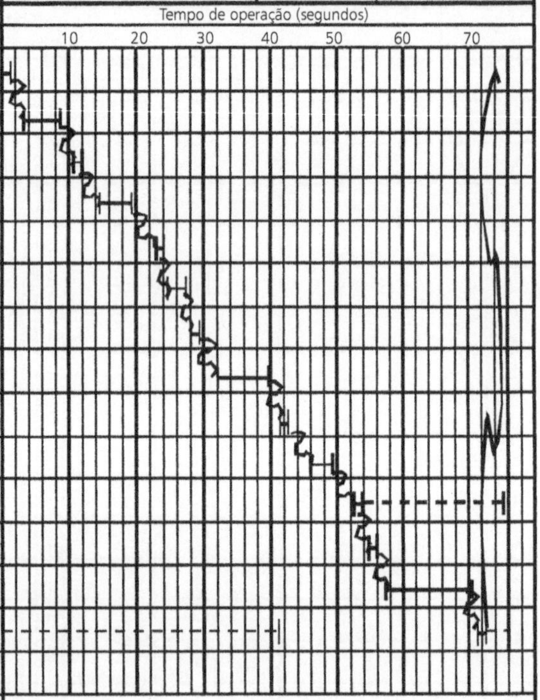

Figura 6-7 Tabela de Combinação de Trabalho Padronizado com dois robôs.

Planilha de capacidade de produção

A Planilha de Capacidade de Produção (não mostrada aqui) indica a capacidade do maquinário no processo. Deve-se considerar o tempo de ciclo do equipamento, isto é, quanto tempo leva para processar cada peça, mas também o fator na paralização planejada durante as mudanças de ferramentas e os tempos de preparação das máquinas. É mais aplicável a operações com máquinas que envolvem desgaste e mudanças de ferramentas, mas aplica-se a operações como injeção e prensas, em que os tempos de preparação de máquinas devem ser considerados. É uma ferramenta útil para a identificação de operações que causam gargalos.

O documento utilizado é muito semelhante aos processos de planejamento de capacidade empregados pela maioria dos engenheiros de produção para especificar equipamentos para compra. O principal propósito é determinar se o maquinário tem capacidade para as necessidades de produção. Os cálculos baseiam-se no tempo de funcionamento disponível, tempo de ciclo por peça e tempo perdido devido a mudanças de ferramentas ou outras exigências de preparação das máquinas.

Alguns desafios do desenvolvimento do trabalho padronizado

Tirando-se a tentativa de desenvolver trabalho padronizado com base nos mitos mencionados anteriormente, outros desafios incluem as tentativas de padronizar todo o "trabalho", versus elementos de tarefa do trabalho, e de padronizar uma tarefa que tem variação inerente. Grande parte do trabalho que vemos em empresas hoje em dia inclui uma variedade de tarefas que são realizadas por um único indivíduo.

Por exemplo, um funcionário pode ter a tarefa de fabricar um determinado produto. Além disso, também terá que apanhar os materiais necessários e entregar as mercadorias acabadas para a próxima operação. A tarefa de fabricar o produto é muito sistemática e fácil de documentar, mas e as outras tarefas? Elas ocorrem aleatoriamente ou uma vez em vários ciclos. Como você uniria essas duas tarefas distintas em uma Planilha de Trabalho Padronizado? A resposta é que, geralmente, não se faz isso. Os elementos de trabalho necessários para fabricar o produto constituem a tarefa primária (e a operação com valor agregado) e devem ser padronizados criando-se o método mais eficiente e reproduzível. Na Toyota, os operadores normalmente não apanham seus próprios materiais nem transportam produtos acabados porque essas atividades desviam-se das que têm valor agregado. O transporte de materiais seria padronizado para a pessoa responsável por ele, como o fornecedor de material.

Nos Capítulos 4 e 5, discutimos a necessidade de isolar a variação de forma que a padronização possa ser alcançada. O seguinte exemplo de caso ilustra o desafio de padronizar uma tarefa com variação inerente. Nesses casos, antes de a tarefa poder ser padronizada, a variação deve ser separada ou isolada da porção restante, que poderá então ser padronizada.

Exemplo de caso: um trabalho, três tarefas diferentes

O "trabalho", neste exemplo de caso, é operar duas máquinas automáticas que cortam e processam longas barras de aço em diferentes peças de metal. O trabalho do operador inclui três tarefas diferentes. A variação inerente nas três tarefas torna o trabalho claramente impossível de padronizar.

A primeira tarefa é realizar a conferência de qualidade na estação e preparar a máquina (remoção de pontas de metal e deslocamento do produto acabado). O operador deve realizar um número específico de inspeção de peças a cada hora. As inspeções são de natureza repetitiva, e a tarefa é repetida em uma hora (tempo de ciclo padrão).

A segunda tarefa envolve a carga de matéria-prima quando necessário. Essa tarefa também é de natureza repetitiva, mas o tempo de ciclo varia com base na peça que está sendo produzida e no tempo de ciclo de cada peça. A variação de tempo fica entre uma e duas horas.

A terceira tarefa é preparar e trocar as ferramentas quando estiverem gastas e entre mudanças de produtos. Essa porção do trabalho não é repetida em um intervalo de várias horas, e a freqüência desse evento é altamente variável.

As tarefas variam de muito repetitivas e sistemáticas até muito variáveis e imprevisíveis. Quando combinadas em um só trabalho, não é possível determinar um padrão de repetição que possa ser padronizado. Para complicar as coisas, cada operador é responsável por duas máquinas. Se uma máquina está em fase de preparação e a outra precisa de material, a primeira fica em espera. Se ambas estão na fase de preparação simultaneamente, uma delas terá que ficar em espera. Em muitos casos, esse tempo perdido excedia vários dias. Se ambas as máquinas estivessem operando normalmente, a primeira tarefa não era suficiente para ocupar completamente o tempo dos operadores, e eles tinham um tempo de espera considerável. Esse cenário criava tempo de espera tanto para o operador quanto para a máquina.

Para isolar a variação, as tarefas foram redistribuídas. A primeira tarefa foi dada a uma pessoa que então ficou responsável pelo atendimento de 10 máquinas e pela verificação de qualidade. A carga de material foi destinada a um operador que ficou responsável por 10 máquinas; a responsabilidade pela preparação ficou com duas pessoas, que cuidariam de todas as 10 máquinas. Essa redistribuição "liberou" um operador, e foi criada a função de líder de equipe para oferecer apoio adicional para a linha.

A redistribuição também proporcionou vantagens adicionais, como duas pessoas trabalhando simultaneamente em atividades de preparação das máquinas, assim reduzindo os tempos totais de preparação. Essa redução facilitou a redução dos tamanhos dos lotes, aumentou a freqüência de funcionamento e reduziu o estoque total. A posição de líder de equipe garantiu que cada posição estivesse preenchida todos os dias e que a produção fosse sistemática. Sinais *andon* foram acrescentados às máquinas para avisar o fornecedor de material antes que a máquina ficasse sem matéria-prima. O *andon* também incluía a notificação de iminente preparação e troca de ferramentas. Esses sinais permitiam que os operadores se preparassem para as tarefas seguintes, verificando a adequação das ferramentas e do material antes da real necessidade. Essas mudanças aumentaram a produção total da operação em 30%.

ARMADILHA

O trabalho padronizado é uma instrução para operador controlada pelo ISO?

Muitas empresas atualmente buscam o certificado ISO. Enquanto as organizações lutam com a definição das exigências ISO, essa questão sem dúvida será levantada quando começarmos a utilizar o trabalho padronizado: "o trabalho padronizado é um documento controlado pelas exigências ISO? Embora não sejamos especialistas em ISO, temos visto o resultado quando as companhias lutam com o pesadelo da burocracia quase sempre associada com a ISO. Muitas empresas optam por não apresentar documentos com receio de serem advertidos em uma auditoria ISO ou porque todas as mudanças no processo exigirão um esforço laborioso para atualizar a papelada. Uma empresa que observamos remove todos os documentos de trabalho padronizado antes de uma auditoria ISO e os substitui posteriormente (para contentar os auditores enxutos). Se o trabalho padronizado é de fato um documento controlado por exigências ISO depende da interpretação.

Lembre-se de que o trabalho padronizado é usado como uma ferramenta de análise e estabelece uma base para a melhoria contínua. Não é uma instrução para os operadores e não lhes é fornecido como uma ferramenta de treinamento (ver mitos referidos anteriormente). A administração o emprega para fazer auditoria e verificar as etapas gerais do trabalho; como tal, deve estar atualizado. Se você converter o trabalho padronizado em um documento controlado, crie um sistema simples que permita que ele seja um "documento vivo" e fácil de mudar (por exemplo, processo de aprovação de um nível).

Auditoria do trabalho padronizado

Como mencionamos, é um mito comum pensar que o trabalho padronizado fica exposto de modo que o operador possa recorrer a ele enquanto está fazendo o trabalho. Nas operações da Toyota, o trabalho padronizado fica exposto para o corredor, onde o operador não consegue vê-lo. Ele serve para o líder de equipe e para o líder de grupo, que são responsáveis pela auditoria do trabalho padronizado.

A auditoria não é um tipo coercivo de prática administrativa que reforça a visão do trabalho padronizado como a estrutura de uma burocracia rígida? Em um ambiente adverso, fazer auditoria de qualquer coisa que seja é ponto de partida para conflito e tensão. Mas em um ambiente onde o foco está na eliminação de perdas para melhor servir o cliente, a auditoria do trabalho padronizado é um modo de manter a estabilidade do processo. É um empreendimento cooperativo entre a administração e os funcionários. Os operadores muitas vezes desviam-se do trabalho padronizado devido a um problema. As auditorias da administração revelam a raiz dos problemas e garantem que eles sejam corrigidos rapidamente e que o trabalho padronizado seja restabelecido.

Duas coisas acionam uma auditoria na Toyota. Primeiro, um problema: o que causou um defeito? O que está fazendo com que o operador se atrase repetidamente? Com freqüência, a observação do operador em diversos ciclos em comparação com o trabalho padronizado revelará a fonte do problema. Segundo, pode simplesmente ser hora de uma auditoria. A Toyota tem um cronograma de auditoria do trabalho padronizado, do mesmo modo com tem um cronograma para a manutenção preventiva. Na Toyota, não se espera que a máquina estrague para fazer a manutenção. De maneira semelhante, não é preciso esperar pelo erro de um operador para fazer auditoria do trabalho padronizado.

> **DICA**
>
>
>
> **Dê tempo para a adaptação ao novo método**
>
> Uma mudança no método de trabalho (trabalho padronizado) exigirá um período de adaptação. O corpo torna-se "habituado" e tenderá a retornar ao padrão conhecido. Por exemplo, se você trocar seu carro com sistema convencional de mudanças por um carro de mudança automática, você inconscientemente procurará pela alavanca de marchas (e ela não estará lá!). É necessário dar apoio contínuo enquanto os operadores se adaptam ao novo método.

A auditoria possibilita a descoberta de desvio do método padrão. Com freqüência, concluímos erroneamente que o operador está errado quando ocorre um desvio. Com a investigação, podemos descobrir que o desvio se deve ao mau funcionamento de uma máquina ou a um problema no produto. A razão para a auditoria é encontrar a causa do problema e corrigi-lo.

Em muitas operações da Toyota, existe um sistema visual para auditoria do trabalho padronizado. Cada grupo de trabalho pode ter um quadro visual com cartões, chamado de quadro *kamishibai* (livro de histórias). Na NUMMI, os líderes de grupo verificam um processo por dia para conferir o trabalho padronizado, considerando os ciclos de trabalho. Isso leva-os a cada função pelo menos uma vez por mês. Os cartões contêm perguntas que eles respondem sobre o desempenho do trabalho padronizado e a precisão do documento do trabalho padronizado. As discrepâncias são observadas, e as contramedidas são descritas no cartão. Há um compartimento para o cartão referente a cada processo em uma equipe. Os cartões são deslocados para um compartimento vago adjacente assim que a verificação é realizada. Quando um problema é observado, o cartão é virado com o lado escuro para fora, indicando que algo precisa ser corrigido. Os administradores assistentes verificam o quadro todos os dias para verificar se as conferências estão sendo feitas adequadamente. Eles selecionam um cartão aleatoriamente do quadro, obtêm o trabalho padronizado e conduzem a verificação de um processo com o líder de grupo. Existem aproximadamente 90 quadros em toda a fábrica.

Agora, comparemos isso com muitas empresas que "têm" trabalho padronizado. Uma planilha de trabalho padronizado é preenchida e exposta, talvez por um engenheiro industrial. Se a empresa é realmente cuidadosa, pode haver fotos das etapas do trabalho. Isso fica exposto de modo que o operador possa ver. Ninguém faz nada com aquilo, mas parece bonito para os visitantes, que podem dizer: "eles parecem enxutos".

Trabalho padronizado como base para a melhoria contínua

Depois da padronização inicial de tarefas é que começa a verdadeira diversão. Agora devemos perguntar: "onde está o próximo nível de oportunidade?" É aí que a resposta se torna mais complexa. Devemos reconsiderar nosso objetivo primário – obter mais atividade com valor agregado com menor custo ou, em outras palavras, produzir mais peças com menos recursos. Antes de sair correndo e fazer melhorias, porém, devemos compreender o que será feito com os ganhos. É importante sempre fazer melhorias com base na necessidade, e não porque a melhoria é possível. A melhoria sempre será possível!

Se, por exemplo, você continuar a reduzir o tempo de preparação de máquinas, o que você fará com o tempo adicional? É importante diminuir o tamanho dos lotes e aumentar a flexibilidade ou você precisa de volume? Com muita freqüência, vemos empresas "fazer a redução da preparação" e diminuir o tempo significativamente, mas não existe um plano para usar o tempo liberado, e lentamente os tempos de preparação voltam aos níveis originais. Esse mesmo fenômeno aplica-se a outras melhorias. Quando as melhorias são feitas, deve-se mudar o processo de forma que a sustentação das melhorias seja necessária para o sucesso contínuo. O nível melhorado deve tornar-se o novo padrão, e o excesso deve ser removido. Se não houver necessidade de sustentação, os ganhos não serão mantidos.

> **DICA**
>
>
> **Um novo padrão exige um período de aprendizagem**
> Não é raro vermos uma pequena queda no desempenho enquanto as pessoas se adaptam ao novo método. Não se apresse para "voltar ao modo antigo". Continue observando para garantir que o método seja seguido conforme planejado e que quaisquer ajustes sejam feitos imediatamente.

Takt-time como parâmetro de projeto

Muitas pessoas ficam confusas com a diferença entre *takt-time* e tempo de ciclo. O *takt-time* não é uma ferramenta. É um conceito usado para projetar o trabalho e mede o ritmo da demanda do cliente. Em termos de cálculo, é o tempo disponível para produzir peças em um intervalo específico de tempo dividido pelo número de peças demandadas naquele intervalo. O número obtido diz, por exemplo, que uma peça precisa ser produzida a cada três minutos para satisfazer a demanda do cliente. Parece direto? Contudo, o *takt-time* muitas vezes é mal compreendido. E determiná-lo para linhas que produzem uma variedade de produtos com demandas variáveis é uma questão complicada.

Eis aqui um exemplo: se o tempo disponível de operação para um turno for de 400 minutos e a demanda do produto é de 400 por turno, o tempo dedicado por peça (*takt-time*) é um minuto. O tempo de ciclo de cada operação precisa ser um minuto ou menos em média para atender à demanda. Se o tempo de ciclo (tempo real para completar as tarefas em um único trabalho) for maior do que o *takt*, a operação será um gargalo e será necessário um tempo adicional para acompanhar a programação da produção.

O primeiro fato a ser reconhecido é que os tempos de ciclo – o tempo necessário para completar a tarefa – não variam significativamente se estes são padronizados. Utilizando nosso exemplo acima, o tempo de ciclo da máquina é 23 segundos, e o tempo de caminhada e de trabalho do operador é 56 segundos. O tempo de ciclo combinado é 75 segundos e varia somente até o ponto que o operador puder carregar o robô mais rapidamente de vez em quando. Isso significa que o resultado desse processo será bastante sistemático, desde que não haja perdas devido à paralização de equipamentos. Se a demanda vaira significativamente, que efeito isso tem sobre a operação? Nenhum. O tempo de ciclo da operação não variar mais do que alguns segundos. Se a demanda aumentar, como as necessidades serão atingidas? O tempo de operação pode ser aumentado (por exemplo, utilizando-se tempo extra se a demanda não aumentar muito). A utilização do *takt-time* não mudará essa realidade.

Então, como determinamos a demanda e o *takt-time*? Seleciona-se um número de demanda que seja suficientemente alto para atender à necessidade a maior parte do tempo. Por exemplo, suponhamos que a demanda varie de 10.000 a 20.000 por mês, mas média seja 16.000 por mês. Que número deveríamos escolher? Depende da situação, mas geralmente aconselhamos um número mais alto. Eis a razão. Suponhamos que utilizamos o número máximo: 20.000. Se calcularmos o *takt-time*, teremos um número mais baixo (menos tempo por peça). Comparamos o *takt-time* com o tempo de ciclo para determinar a discrepância. A relevância da discrepância está somente relacionada com a quantidade de melhoria necessária para atingir a taxa *takt*, e o potencial de melhoria baseia-se na perda que existe na operação.

Quando confrontado com esse dilema, um *sensei* da Toyota respondia: "não tem problema", querendo dizer que o conjunto de perdas é grande e que a melhoria necessária certamente poderia ser feita. O único risco de estabelecer um nível de demanda muito grande é que a quantidade de esforço necessário para atingir o *takt-time* será maior. Não se quer desperdiçar esforço falsamente inflando o número de demanda (diminuindo o *takt*), mas não é um problema importante. Se um processo é aperfeiçoado além da necessidade real, os recursos podem ser reduzidos ou vendas adicionais podem ser buscadas.

O *takt-time* serve como uma "batida" comum para todas as operações no fluxo de valor. Um gráfico de equilíbrio de operação é uma ferramenta visual poderosa para mostrar como os tempos de ciclo se comparam com o *takt*. Em alguns casos, pode ser usado para responder as perguntas do tipo "o que aconteceria se?" quanto à capacidade do processo. A Figura 6-8 mostra um gráfico de equilíbrio de operação que foi utilizado para comparar tempos de ciclo em um fluxo de valor com o *takt-time*. Nesse caso, a empresa queria aumentar a produção a fim de atender a um possível aumento da demanda, que era apenas aproximadamente estimada. Eles queriam saber quanta mudança seria necessária para atingir um *takt* hipotético de 90 segundos por peça. Observamos que duas operações estão atualmente acima do *takt-time* estimado.

Se essas duas operações fossem aperfeiçoadas, quanto de melhoria seria necessário antes de se alcançar o "platô" de equilíbrio seguinte? A Figura 6-9 mostra o platô seguinte. Vários outros trabalhos têm um tempo de ciclo de aproximadamente 60 segundos. A redução dos dois trabalhos para 60 segundos permitiria que todo o fluxo de valor fluísse na proporção de uma peça a cada 60 segundos. Isso significa que devemos imediatamente perseguir essa meta? Na verdade, se fizermos isso e o *takt-time* com base na verdadeira demanda for maior do que 60 segundos, estaremos superproduzindo – a perda fundamental.

Após reduzir o tempo das duas operações, determinou-se que o verdadeiro *takt-time* necessário para atender à demanda era de 80 segundos. Isso permitiu um reequilíbrio das operações e a redução de seu número total. Nesse caso, depois de reduzir o tempo de

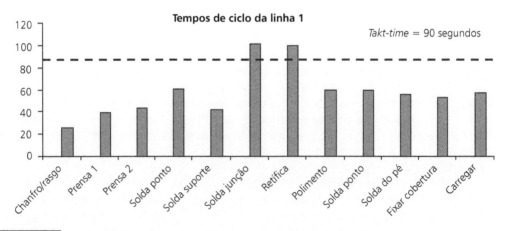

Figura 6-8 Gráfico de equilíbrio de operação para comparar tempos de ciclo.

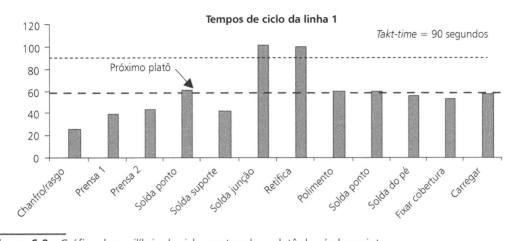

Figura 6-9 Gráfico de equilíbrio de ciclo mostrando o platô do nível seguinte.

retífica e polimento, a quantidade total de trabalho em todas as operações somava 645 segundos. Se dividirmos 645 segundos de trabalho pelo *takt* de 80 segundos, obteremos um total de oito operações no *takt-time*, comparado com o total original de 12. Assim, poderíamos reduzir um terço das operações reequilibrando para o *takt* de 80 segundos. Se esses processos fossem manuais, seriam menos quatro operadores (observe: esses operadores "extras" poderiam ser usados para desenvolver uma estrutura de líderes de equipe, conforme delineado no Capítulo 10). É interessante observar que, se equilibrássemos para o *takt* mais rápido de 60 segundos, 11 operadores seriam necessários (645 / 60 = 10,75). Desse modo, ser mais rápido pode custar mais (desde que não seja necessário ser mais rápido).

Use o *takt-time* para tomar decisões quanto ao trabalho que será planejado e às melhorias que precisam ser feitas para atender às necessidades. Se você selecionar um *takt-time* muito alto, não atenderá à necessidade de produção, o que é pior do que escolher um número muito baixo e exceder a necessidade (desde que não se acrescentem recursos para atender à falsa necessidade). É sempre mais fácil interromper a produção quando o resultado é muito alto do que obter mais quando ele é muito baixo. Na dúvida, escolha uma demanda mais alta e um *takt-time* mais baixo.

Importância dos controles visuais

O uso de controles visuais é o passo mais importante no processo de desenvolvimento da padronização. Infelizmente, também é o aspecto de um processo enxuto que é mais freqüentemente menosprezado. Quase sempre ouvimos: "eles só estão fazendo os 5S". Talvez isso se deva aos exemplos de controle visual citados com mais freqüência, como marcas no piso para indicar a localização de contêineres para lixo e outros itens na área de trabalho que são vistos como desnecessários, talvez como insulto à inteligência dos funcionários. Um outro exemplo é o das placas utilizadas para identificar a localização adequada de itens ou o tipo de material armazenado no local. Os administradores e os funcionários muitas vezes dizem: "todo mundo sabe o que tem ali". No entanto, quando solicitados a identificar condições específicas, tais como a quantidade padrão, o mínimo ou o máximo ou a operação de fornecimento, a resposta geralmente é mais duvidosa.

Figura 6-10 Falta de consciência visual leva a métodos incorretos.

A Figura 6-10 demonstra que a razão primária para o controle visual é a definição do estado "normal" desejado (padrão) e, a seguir, o reconhecimento rápido de qualquer desvio do padrão. Como observamos, há muitas especificações, procedimentos e exigências diferentes em todas as áreas de trabalho. É virtualmente impossível que os funcionários se lembrem de tudo, e uma descrição por escrito de cada item em um livro não seria prática para fins de reconhecimento imediato.

É comum as pessoas acreditarem que "conhecem" os padrões e que qualquer representação visual é redundante e desnecessária. Com uma avaliação mais detalhada, é simples determinar o verdadeiro conhecimento dos padrões. Peça que diferentes funcionários expliquem o método específico que deve ser seguido. É possível que você determine se o método está seguido como deveria ser? O exemplo de caso abaixo, sobre carga na linha de pintura, ilustra que, sem a habilidade de rápida e facilmente verificar a adesão aos padrões, a anomalia não será detectada e continuará a existir.

Este exemplo de caso mostra o que acontece quando os padrões são "conhecidos", mas não estão visualmente acessíveis.

 Exemplo de caso: criação de padrões visuais com um padrão de carga da linha de pintura

Este exemplo de caso refere-se a uma linha de pintura que tem três cabines para pintura em três cores diferentes. A linha principal ramifica-se em três linhas para abastecer as três cabines. Tal ramificação é crítica para o fluxo do produto no que diz respeito ao *mix* correto de cor e modelo a ser trabalhado na linha a fim de impedir sobrecarga nas cabines e congestionamento na linha. A observação da linha de pintura (exercício do círculo) revelou que o fluxo do produto para uma ou duas cabines muitas vezes era bloqueado por sobrecarga em outra. Isso fazia com que todo o processo de carga fosse interrompido, sendo que o tempo total de paralisação da linha era evidenciado pelos dados do sistema. Essa questão era especialmente crítica, já que o sistema de pintura era a restrição para toda a instalação (a única operação na planta através da qual todos os produtos passavam) e o sistema estava acima da capacidade máxima.

O gerente do setor de pintura e os funcionários de carga concordaram que o produto tinha que ser combinado de forma adequada na linha e até chegaram a um consenso sobre como o *mix* deveria ser. Cada pessoa observou, no entanto, que "eles" nem sem sempre seguiam as regras. (O misterioso "eles". Quem são "eles"?) Uma visão mais de perto do *mix* revelou que o método desejado (ainda não um padrão definido) era vago e geral. Incluía descrições do tipo: "não mais de dois deste tipo por hora", "este produto deve seguir um destes três modelos" e "não mais de seis desta cor por hora". Estava claro que tentar memorizar a seqüência proposta seria quase impossível (havia muitas variáveis). Se fosse possível memorizá-las, provavelmente as únicas pessoas que o conseguiriam seriam as que lidavam com aquilo todos os dias. Isso torna-se um problema no caso de um funcionário assíduo faltar, e é impossível que alguém fora do grupo consiga compreender a tarefa facilmente.

Uma equipe de três pessoas que conheciam o processo foi formada para desenvolver um padrão de carga que atendesse a todas as restrições colocadas quanto ao *mix* de cor e modelo. A equipe levou quase três dias para finalmente determinar um padrão que atendesse a todos os parâmetros e condições. Com esse nível de complexidade, imagine a dificuldade de memorizar tal padrão! Causa alguma surpresa o fato de os operadores não "seguirem as regras" quando as tais regras eram tão difíceis de definir?

A equipe desenvolveu um engenhoso quadro visual de carga que mostrava o padrão, exigindo que os operadores movimentassem imãs que, de acordo com um código de cor, indicavam a finalização da tarefa. Os operadores reagiram de modo favorável, pois a exigência era definida e clara e ninguém gritava com eles por não "seguirem as regras". A paralisação da linha foi reduzida consideravelmente, e o número de unidades finalizadas (cada unidade incluía vários subcomponentes) e pintadas por dia passou de 80 para 110. À medida que os operadores alcançavam um maior entendimento dos padrões visuais, foram fazendo diversas melhorias no quadro, tornando as exigências ainda mais claras e aumentando o nivelamento do *mix* (detalhado no próximo capítulo).

A padronização é uma ferramenta de eliminação de perdas

Desenvolver o trabalho padronizado é a primeira etapa. Isso não só oferece um modo padrão de realizar a tarefa, como também faz com que o processo de análise revele a perda que deve ser eliminada como parte do desenvolvimento do trabalho padronizado. Quando o trabalho padronizado é desenvolvido e os operadores são adequadamente treinados, auditorias regulares são necessárias para verificar se os padrões estão sendo seguidos; se não estiverem, deve-se verificar o por quê. Os operadores devem ser estimulados a sugerir mudanças que aperfeiçoem o processo e que possam ser refletidas nas revisões do trabalho padronizado.

Uma vez desenvolvidos os padrões, a condição padrão deve ser disponibilizada visualmente de modo que os desvios do padrão sejam óbvios. O exemplo das cabines de pintura ilustra o poder de um padrão visual que seja acessível e compreensível para todos. Os indicadores visuais por si sós tornam-se ferramentas poderosas somente quando utilizados para controle visual, mostrando o contraste entre o padrão e a situação real (Figura 6-11). Seguir o padrão conforme está definido "elimina as nuvens" e melhora o fluxo e o desempenho global. A Toyota dá muita importância ao uso de controles visuais para respaldar a adesão aos padrões. Nada é suficiente na hora de enfatizar a necessidade de "tornar visível".

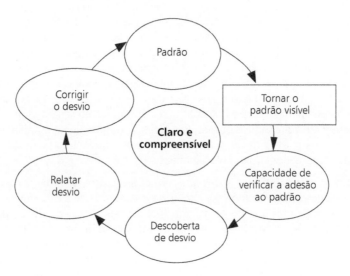

Figura 6-11   Padrões visuais auxiliam na adesão aos métodos corretos.

Reflexão e aprendizagem com o processo

Como sempre, comece estes exercícios "caminhando ao longo do fluxo" com seu mapa de estado presente nas mãos. Se você começou a implementar melhorias e estabeleceu algumas conexões definidas, criou também padrões. Comece a visualizar o estado futuro e desenhe as conexões definidas em um mapa de estado futuro.

1. A demanda do cliente foi determinada e o *takt-time* foi calculado?
    a. Identifique o método atualmente utilizado para monitorar a alcance do *takt-time* em cada operação.
    b. É possível ver e compreender esse padrão? Se não for possível, identifique uma ação corretiva necessária para criar um padrão visual de *takt-time* e acrescente esses itens ao seu plano de ação.
    c. O desempenho do padrão de *takt-time* está sendo mensurado e registrado? Se não estiver, acrescente esse item ao seu plano de ação.
    d. A incapacidade de atingir sistematicamente o *takt-time* é um indicador de instabilidade. Identifique as causas e as correções necessárias para reduzir a instabilidade e alcançar ao padrão (*takt-time*) em pelo menos 85% do tempo.

2. Conexões definidas, exclusivas e controladas entre os processos servem como expectativas de desempenho (padrões) acordadas entre um processo fornecedor e um processo cliente. Revise suas conexões e responda estas perguntas.
   a. Existe consciência visual dos padrões?
      i. Qual é a expectativa?
      ii. Quando deve ser feito?
      iii. Quem deve fazê-lo?
      iv. Como você sabe se foi feito com sucesso?
   b. Qual é a atual capacidade de atingir o padrão (satisfazer o cliente)? Se o desempenho estiver abaixo de 85%, identifique os passos necessários para melhorar o desempenho e faça um plano para implementá-los.
3. Identifique uma operação que não atinge o padrão sistematicamente. Fique no círculo e observe as seguintes condições.
   a. O método de trabalho é repetitivo? (Se é difícil documentar as etapas do trabalho devido a interrupções constantes, ele não é repetitivo.) Se não for, enumere as causas de variação e as ações corretivas necessárias para estabilizar o processo.
   b. O processo de trabalho é interrompido mais de 10% do tempo devido a problemas no equipamento ou questões relativas à qualidade? (Não passe por cima de pequenos problemas, tais como dificuldade de carregar ou descarregar um dispositivo.) Faça planos para corrigir os problemas que interrompem o processo.
4. Depois que os problemas maiores forem resolvidos e o processo estiver estável e confiável, fique no círculo para avaliar o trabalho e identificar perdas.
   a. Utilize uma Planilha de Trabalho Padronizado para documentar os passos do trabalho.
   b. Faça um esquema da área de trabalho e localize onde cada passo é realizado.
   c. Observe as perdas e desenvolva planos para melhorar o processo de trabalho a fim de reduzir as perdas.
   d. Use a Planilha de Trabalho Padronizado para esquematizar as mudanças propostas e mostrar a eliminação de perdas como redução do tempo de ciclo total.
   e. Que efeito a redução de perdas (e a redução do tempo de ciclo) teve no equilíbrio e fluxo do trabalho como um todo?
5. Nas questões de reflexão no Capítulo 5, você mensurou os tempos de ciclo para cada operação. Identifique os processos no fluxo de valor que inibem o fluxo (tempos de ciclo maiores do que o *takt* ou maiores do que os outros) e focalize-os para redução de perdas utilizando o trabalho padronizado como ferramenta de análise.

Capítulo 7

Nivelamento: Seja mais Parecido com a Tartaruga do que com a Lebre

O paradoxo do nivelamento

O Modelo Toyota é cheio de paradoxos, e um dos mais contraintuitivos é o do nivelamento: a lentidão e a constância podem vencer a rapidez e a pressa, como na parábola da tartaruga e da lebre [que os mestres mais velhos do Sistema Toyota de Produção citam com freqüência]. A tartaruga se arrasta, lenta e determinada, enquanto a lebre corre a toda velocidade, perde o fôlego e tira uma soneca. Observamos uma tendência semelhante o tempo todo no modo como as pessoas trabalham. Trabalhar, trabalhar, trabalhar para cumprir um prazo e então descansar um pouco. A Toyota sempre preferiu um ritmo de trabalho lento e sistemático.

O outro lado do nivelamento, além da quantidade constante de trabalho, é o *mix* também constante. Em alguns aspectos, isso é ainda mais difícil de racionalizar. Na fabricação, se você estiver produzindo mais de um tipo de peça, digamos uma produção 50-50 entre a Peça A e a Peça B, é natural tentar obter a maior produção possível fabricando-se grandes lotes de A, seguidos de grandes lotes de B. Isso é especialmente tentador se levar tempo para iniciar o processo de mudança entre A e B. No entanto, a Toyota prefere produzir A, B, A, B... Esse *mix* nivelado fica mais próximo de um verdadeiro fluxo unitário de peças.

Atualmente, a mania é "produção-contra-pedido". Empresas como a Dell Computer foram pioneiras ao fabricar apenas o que os clientes encomendam pela Internet, virtualmente eliminando o estoque de produtos acabados. Infelizmente, o que é bom para o montador nem sempre é bom para o fornecedor. A Dell espera que os fornecedores mantenham, em depósitos próximos à planta de montagem da Dell, uma quantidade considerável de estoque pela qual eles pagam. Do ponto de vista da Toyota, a Dell não corrigiu a raiz do problema, meramente empurrando-o de volta para outras empresas. Isso aparecerá em um fluxo de valor não-enxuto e, essencialmente, em custos mais altos e lucros menores para alguém – nesse caso, os fornecedores.

Alguém poderia perguntar: "Se a Toyota é de fato enxuta, não fabricaria exatamente o que os clientes encomendam na seqüência em que eles fazem os pedidos, como faz a Dell?" A resposta, decididamente, é não! Os clientes não fazem pedidos de maneira estável e previsível. No entanto, o STP fundamenta-se em uma programação estável e nivelada. Um outro paradoxo da Toyota é que, a fim de ter um fluxo de valor enxuto, às vezes deseja-se manter o estoque mais caro – o estoque de produtos acabados. Isso permite que se façam os embarques de acordo com os pedidos, mas fabricando segundo uma programação nivelada. Neste capítulo, discutiremos os porquês e as formas de nivelamento de programação.

Heijunka proporciona um centro padronizado para o planejamento de recursos

O termo "*heijunka*", como observamos anteriormente, significa nivelar ou tornar uniforme. Como ocorre com muitas palavras traduzidas, um pouco do significado conceitual se perde na tradução. Na maioria das referências a sistemas enxutos, o significado é nivelar o *mix* de produtos durante um período específico de tempo com o objetivo de produzir todas as peças todos os dias (ou mesmo dentro de algumas horas). Os clientes normalmente não encomendam produtos em lotes de tamanhos específicos, mas os produtos quase sempre são produzidos em lotes. O conceito defende a produção em quantidades menores, mais alinhadas com o verdadeiro consumo do cliente.

Mas isso é apenas uma parte do conceito. Conduzir um processo em direção à uniformidade ideal na produção também conduz o processo ao mais alto nível de flexibilidade e capacidade de resposta às mudanças na demanda do cliente.

Nunca vimos uma situação em que os clientes convenientemente pedem o mesmo *mix* e quantidade de peças todos os dias. Se a vida fosse tão simples assim! A demanda constantemente em mutação cria muitos problemas no fluxo de valor, ou seja, no alinhamento de recursos com a necessidade sempre mutável. Se as variações da demanda são grandes, são necessários níveis mais altos de estoque para o ajuste com as oscilações. A capacidade de equipamento é limitada quando a demanda oscila para o lado mais alto e é excessiva quando a demanda está em declínio. A quantidade de recursos necessários será mais alta no geral – normalmente, estabelecida em níveis necessários para atender à maior demanda e em excesso quando a demanda diminui.

As oscilações na demanda do cliente criam um efeito "chicote". Um leve movimento da mão de alguém hábil no manejo de um chicote produz uma tremenda força destrutiva na outra extremidade. De forma semelhante, mesmo pequenas variações na demanda no processo final refletem-se por todo o fluxo de valor, crescendo em amplitude com cada operação sucessiva. Esse efeito é especialmente intenso para os fornecedores ou subprocessos na extremidade do chicote. Esse efeito de aumento cria a necessidade de maiores níveis de recursos (e custos) para que se possam acomodar as grandes oscilações.

Isso produz uma situação que torna difícil de implementar o trabalho padronizado, se não impossível. Lembre-se, no trabalho padronizado, tentamos criar um equilíbrio preciso do trabalho entre operações, com base no *takt-time*, que é baseado na taxa de demanda do cliente. Se o *takt* sobe e desce com o chicote, o equilíbrio do trabalho e o trabalho padronizado oscilam fortemente todos os dias. Como é possível padronizar quando o *takt* está continuamente mudando? Essa é a base para a segunda forma de *heijunka*: um nivelamento auto-imposto para benefício do fluxo de valor (e refletindo-se em cascata também nos fornecedores). Esse nivelamento cria um centro padrão ao qual todos os recursos precisam estar ligados e alinhados, conforme apresentado na Figura 7-1.

Figura 7-1 O nivelamento básico é o centro para todo o planejamento de recursos.

Por que fazer isso com você mesmo?

O nivelamento da produção é uma escolha auto-infligida. Dizemos que é auto-infligida porque é uma escolha consciente e tem uma conseqüência. Essa escolha implica alguns efeitos negativos. O nivelamento significa ter um tempo preciso e ser muito flexível para ter ciclos de produtos em pequenos lotes. Tal flexibilidade sobrecarrega o processo. Qualquer problema que cause atrasos será revelado imediatamente, causando problemas na programação.

Por exemplo, nivelar por tipo de produto quer dizer produzir pequenas quantidades de cada item no decorrer do dia, o que significa mudar de um produto para outro. Quase sempre isso requer algum tempo para mudança de material, troca de dispositivos, etc. A troca do equipamento é tempo de produção perdido. Se o processo de troca não for padronizado e preciso, o grande número de mudanças levará a uma perda de produção e a programação será afetada. Da perspectiva da produção em massa tradicional, qualquer tempo de produção perdido é péssimo. Da perspectiva de um sistema enxuto global, produzir lotes menores é algo bom. A opção pelo nivelamento não deixará outra alternativa a não ser reduzir o tempo necessário para troca de equipamento, o que significa ter um processo de troca controlado e padronizado.

Algumas pessoas não gostam do fato de que, quando se coloca esse nível de exigência no processo, surge pressão sobre o desempenho. E há ainda o risco de não poder alcançar os números da produção. Nossas mentes funcionam de modo a naturalmente nos proteger de riscos, e a criação proposital de riscos não é um ato natural. Essa é a dificuldade do Modelo Toyota. Devemos nos colocar em uma posição arriscada, mas não a esmo. É necessário um sistema cuidadosamente elaborado, empenho diligente e gerenciamento do processo para minimizar os riscos. Devemos perceber que, quando se resolve criar um processo enxuto, isso vale para a vida. Se quisermos que funcione, temos que assumir esse compromisso permanente.

Então, por que você faria isso consigo mesmo? Se observarmos qualquer operação comum, ouviremos termos como "bolha", e "onda", relativos à mudança na demanda e à quantidade de trabalho que flui ao longo do fluxo de valor. Muitos administradores despendem tempo gerenciando as ondas – tentando ajustar o equilíbrio de recursos e constantemente apagando os incêndios que surgem em conseqüência do quebrar das ondas. Esses administradores estão sempre à procura do dia em que pegam a onda e fazem as coisas voltarem ao "normal". Infelizmente, como no oceano, a próxima onda não está muito distante. Essa contínua abordagem das ondas desvia os esforços do processo de melhoria. A administração dedica muito mais tempo aos esforços de contenção do que ao fortalecimento da atividade.

Suavização da demanda para processos à montante

E se a demanda fosse constante? Como isso afetaria seu processo? A introdução em um fluxo de valor com sinais de demanda constante do "cliente" (as aspas significam que o *heijunka* não é a "verdadeira" demanda do cliente) propiciará um efeito de suavização para todos os processos. Tal suavização possibilita a padronização de recursos, o que simplifica muito o planejamento e o controle.

Vamos voltar ao modelo de fluxo de valor, apresentado no Capítulo 3 e ilustrado na Figura 7-2. Observamos que o fluxo de valor do estado futuro tem um "quadro" ou "caixa" *heijunka*. Essa é uma abordagem comum para apresentar visualmente a programação nivelada. Cada fenda na caixa representa um período específico de tempo (como da 8h às 8h:15m) em que o responsável pelo material pode apanhar um *kanban* de produção, entregá-lo ao marcador de ritmo como sendo o próximo pedido e apanhar o que foi produzido com base no pedido anterior. Na realidade, há muitas maneiras de fazer isso; por exemplo, às vezes os pedidos são colocados em um quadro branco de hora em hora. Há diversas variações sobre o tema, mas todas servem ao mesmo propósito – mostrar a melhora no tempo pitch entre o momento em que os pedidos são feitos e apanhados e a quantidade a ser produzida durante o o pitch (consultar *Learning to See* para uma descrição de tempo o pitch. Trata-se de um mecanismo que dá apoio ao processo de nivelamento. O marcador de ritmo entende claramente se está adiantado ou atrasado no decorrer do dia.

Se o marcador de ritmo do fluxo de valor segue a programação, o que acontece? O marcador de ritmo consumirá os componentes necessários para completar a tarefa e "retirá-los" do supermercado à montante. Como o marcador de ritmo está nivelado, essa retirada também será nivelada. Por exemplo, digamos que haja três componentes diferentes usados para montagem no marcador de ritmo – vamos chamá-los de A, B e C -, e cada um é utilizado para um produto diferente. Se a montagem de produtos acabados estiver nivelada, o consumo de A, B e C será nivelado. Isto é, haverá uma rotação uniforme entre o consumo de A, B e C. Isso permite que se mantenha a quantidade mínima de estoque de A, B e C no supermercado. Por outro lado, se os montadores, de uma hora para outra, passassem o dia todo usando apenas a peça A e o fornecedor abastecesse o supermercado com a peça A durante uma parte do dia, a montagem não teria quantidade suficiente de peça A e paralisaria. Desse modo, quando o sistema é preparado para ser nivelado, é fundamental que o processo de nivelamento seja realmente seguido ou ocorrerá falta de peças. Quando a produção é iniciada para reabastecer o supermercado de componentes, o processo retira matérias-primas do supermercado, o que indica ao fornecedor a necessidade de reabastecimento. Novamente, se o marcador de ritmo estiver nivelado, então os sinais para o fornecedor também estarão nivelados, atenuando o detestável efeito chicote em que o a planta cliente faz alterações na programação para sua própria conveniência, "sacudindo" os fornecedores em ondas violentas. Com o nivelamento, os fornecedores terão uma boa noção do que se espera deles e conseguirão planejar com confiança. Eles podem equilibrar recursos de acordo com um *takt* conhecido e ficar enxutos, melhorando a qualidade e operando a um custo menor.

Muitas vezes, ouvimos as empresas dizerem que não podem ser niveladas porque seus clientes não o são. A programação "nivelada" para o primeiro *loop* de fluxo é criada pelo controle de produção mesmo quando o cliente não é nivelado. Observe que o controle de produção tem duas fontes de informações para criar a programação nivelada. Existe uma seta que parte direto do cliente – o sinal produção contra pedido – e uma segunda seta, proveniente do supermercado de produtos acabados – o sinal produção contra estoque. Em sistemas enxutos, esse é uma maneira comum de lidar com *mix* de produtos com alta varie-

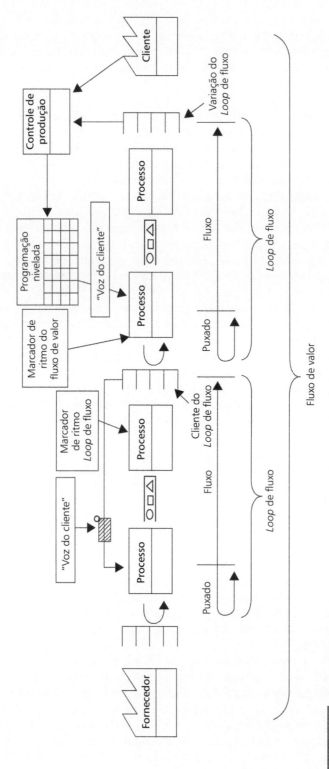

Figura 7-2 Mapa de fluxo de valor de estado futuro com elementos identificados.

dade. Os produtos de volume relativamente alto que você sabe que serão comprados pelos clientes são produção conta estoque – mantidos no supermercado e reabastecidos à medida que são embarcados para o cliente, usando-se um sistema *kanban*. Os produtos menos previsíveis e de menor variedade são fabricados de acordo com os pedidos dos clientes. O controle de produção vê o fluxo dos pedidos reais dos clientes e os pedidos *kanban* que partem do supermercado. Normalmente, há um terceiro fluxo de estoque de segurança que poderá ser reabastecido se não houver pedidos reais ou de *kanban* suficientes para atender em um dia. Através dessa combinação de pedidos, o controle de produção tem as ferramentas para criar uma programação nivelada.

Não há necessidade de programação ou planejamento externos adicionais, além desse ponto de programação. Para itens produção contra estoque, as necessidades do cliente (representado pelo supermercado) são visíveis a todos. O *kanban* é usado para representar a posição de estoque e é empregado de forma eficaz para controlar as quantidades corretas. O *kanban* pode ser colocado em um quadro, representando visualmente uma relação inversa do estoque – cada *kanban* representa um nível reduzido de estoque. Os itens produção contra pedido também podem ser posicionados no quadro de forma que fique claro o que está sendo fabricado, segundo um pedido real do cliente, para reabastecer o supermercado e o estoque de segurança. O estabelecimento de prioridades torna-se visual e direto. Quando a Toyota afirma que "os operadores podem programar seu próprio trabalho", é isso o que quer dizer. Os operadores não estão realizando o planejamento e a programação tradicionais – prevendo o que deve ser produzido e quando –, estão simplesmente utilizando as informações que fluem até eles a partir do sistema visual, tendo um processo definido para regular as tomadas de decisão.

Como estabelecer uma programação básica nivelada

Chegar a uma verdadeira programação *heijunka* com tempos constantes de vários *pitches* durante o dia é o que nós consideraríamos uma prática enxuta avançada. Uma quantidade mínima de nivelamento é necessária na fase de estabilidade (ver Capítulo 4) para estabelecer uma base para o cálculo de um *takt-time* e dar início ao fluxo básico. Durante os estágios iniciais, o tempo *pitch* geralmente é maior, freqüentemente em uma janela de tempo diária, o que cria uma base para a estabilidade, mas não é um desafio impossível. Tentar um *pitch* menor prematuramente pode trazer muitos problemas à tona e produzir um sistema difícil de manter.

Além da melhora no tempo *pitch*, os três aspectos a serem nivelados são:

1. Volume do produto, o que é simplesmente a quantidade de um dado produto que deve ser produzida em um período específico de tempo (o *pitch*).
2. *Mix* de produtos, que é a proporção dos vários modelos que são produzidos durante o incremento do *pitch*, a quantidade de A, B, C, etc.
3. Seqüência do produto, que é a ordem em que o volume e o *mix* de produtos são produzidos. Pode ser modelo por modelo, tais como A, A, A, B, B, B, C, C,C, ou peça por peça, como A, C, A, B, A, C.

Esses três aspectos estão listados em ordem de dificuldade. Dependendo do ponto de partida, pode ser necessário iniciar com o estabelecimento de um nivelamento simples de volume e de *mix* em um tempo *pitch* maior, como um turno ou um dia. Sabemos que todos vêem o fluxo unitário de peças e o *heijunka* seqüencial como o máximo do sistema enxuto, mas esse objetivo pode estar distante, dependendo da situação presente da instalação. Afinal, a Toyota levou 50 anos para atingir seu atual sucesso e, em muitos casos, ainda está lutando para chegar ao máximo. O principal é esforçar-se o suficiente para fazer uma grande melhoria e desafiar suas capacitações, mas não ao ponto de isso resultar em fracasso.

> **DICA**
>
>
>
> **Identifique os itens mais importantes para um maior benefício**
>
> Pode não ser prático nivelar todos os produtos, devido à demanda extremamente baixa ou esporádica de alguns itens. Antes de começar a análise para identificar produtos específicos a serem nivelados, pode ser necessário isolar a variação (ver Capítulo 5) ou utilizar uma técnica de isolamento que chamamos de "fatiar e picar (slice and dice), que será discutida adiante neste capítulo. Identifique os produtos chave nas principais áreas e comece com aqueles que oferecerão os maiores benefícios.

Comece revisando a verdadeira produção ou as vendas reais de cada produto específico ao longo dos últimos 12 meses. Isso revelará a demanda alta, baixa e média de volume. Os números reais podem ser distribuídos em um gráfico para que se tenha uma representação visual, o que é melhor do que os números simplesmente, pois é possível ver a "média ponderada". As altas e baixas simples representam picos, sendo que alguns picos podem distorcer a média. A distribuição dos números reais em um gráfico nos possibilita ver o ponto de nivelamento mais apropriado.

> **ARMADILHA**
>
>
>
> **Evite a paralisia da análise**
>
> É fácil deslizar para a "paralisia da análise" neste ponto se você tenta determinar o ponto de nivelamento perfeito. Há alguns fatores em funcionamento que tornam a escolha perfeita virtualmente impossível. Primeiro, como se diz sobre os fundos mútuos, "o desempenho passado não é garantia para o desempenho futuro". Estamos baseando os planos futuros nos resultados passados, mas eles não serão os mesmos. Segundo, a lei dos grandes números significa que quanto mais pontos de dados são observados, menor a influência que um ponto terá no total geral. Considerando-se totais anuais para volumes de produção, um pico aleatório aqui e ali terá menos efeito na média geral. Em termos leigos, isso simplesmente significa olhar para uma amostra grande o suficiente, de modo que o "ruído" nos dados seja filtrado. Terceiro, as informações que você está analisando podem ser falhas. Elas podem não mostrar a demanda real, mas, ao contrário, os pedidos que são gerados internamente por um sistema MRP para atender à "demanda". Essas quantidades de pedidos são influenciadas por muitos fatores, e as quantidades não necessariamente refletem a verdadeira demanda. Finalmente, como veremos abaixo, quando se tenta nivelar todo o *mix* de produtos, tem que haver alguns pequenos ajustes para que se chegue a um equilíbrio efetivo. Nossa dica é selecionar um volume nivelado para cada item que pareça ser correto e dar início ao processo de nivelamento. Garantimos que você vai ter que fazer ajustes, não importa o quanto sua análise for cuidadosa!

A decisão final do volume nivelado é um pouco subjetiva. Em geral, a Toyota seleciona um número que seja aproximadamente 80% da demanda de pico (a menos que o pico seja um evento isolado), pois a lacuna entre 90 e 100% pode ser preenchida utilizando-se as horas extras (oito horas por semana). A determinação da demanda nivelada será usada para calcular o *takt-time*. No capítulo anterior, discutimos o uso do *takt-time* como parâmetro de projeto. Ao determinar a quantidade de demanda nivelada, é melhor errar para o lado de uma demanda ligeiramente mais alta se você não tiver certeza ou se você se sentir desconfortável com o nível de 80%. Na realidade, quando se determina uma quantidade para servir como suposta demanda nivelada diária, ela será muito alta, muito baixa ou exata (pouco provável). O problema é que ela é difícil de determinar inicialmente, devido à variação que ocorre na produção (uma nuvem). Assim que o processo se estabiliza, as nuvens rareiam um pouco, o nível correto torna-se mais evidente e os ajustes são feitos facilmente.

DICA

Identifique o múltiplo para o padrão de nível

O melhor padrão baseia-se em um múltiplo de dois. Isso proporciona um padrão sistemático diário, de dois em dois dias, a cada quatro dias e, no máximo, a cada seis dias. Se o volume de um item é tal que a demanda diária vezes seis ainda é muito baixa para ser prática, ou você precisa reduzir os tempos de preparação, ou mudar o item para a "outra" categoria até que os tempos de preparação sejam reduzidos. Em nosso exemplo, o padrão de dois dias foi estabelecido para os itens que tinham aproximadamente metade da demanda dos itens de todos os dias, e os itens de cada quatro dias tinham cerca de um quarto da demanda dos itens diários.

O primeiro passo do nivelamento removerá uma camada de perdas associadas com a tentativa de acompanhar as ondas (oscilações). Isso propiciará uma capacidade adicional que não estava disponível antes. Muitas empresas descobrem que o esforço inicial para nivelamento lhes permite "ficar em dia" com os pedidos e que estão superproduzindo com base nas suposições iniciais. É possível reduzir os recursos ou aumentar as vendas, se isso for viável.

Vejamos um exemplo específico. Os dados na Tabela 7-1 representam uma versão simplificada de uma situação real, mas os conceitos podem ser aplicados a situações mais complexas também. Em nosso exemplo, nivelaremos 10 peças, nomeadas de A a J, cada uma com demandas distintas. Os "Outros" itens que são produzidos no processo tinham exigências de baixo volume, uma média de 125, e não serão nivelados por peças individuais. O volume diário total para todos os produtos, incluindo os "Outros" itens, está nivelado. Na verdade, os "Outros" itens e as quantidades variarão, e é possível fazer ajustes aumentando ou diminuindo o tempo total de funcionamento se a exigência real for mais ou menos planejada. O ajuste não altera o efeito do nivelamento para os itens de A a J.

Com base nas exigências de volume para os itens nivelados, um padrão de produção é desenvolvido para minimizar os efeitos negativos das trocas de equipamento (o processo melhorou, mas o tempo ainda é maior do que o desejado – por enquanto). Os itens A a C são produzidos todos os dias (TD), e os itens D a F são produzidos a cada dois dias (2D). Os itens G a J são produzidos a cada quatro dias (4D) – sim, sim, nós sabemos que a meta deveria ser produzir todas as peças todos os dias, mas ainda não chegamos lá!).

Um padrão potencial é apresentado na Tabela 7-2. a exigência diária de 1.318 foi ajustada ligeiramente para 1.325 só para arredondar os números. Como dissemos, isso é irrelevante, pois há variação na quantidade dos "Outros" itens. Esse padrão é mais uniformemente difundido e permite a produção de alguns "Outros" itens diariamente, mas, em

TABELA 7-1 Exigências de volume por peça

Peça	Demanda média diária
A	250
B	220
C	210
D	128
E	125
F	75
G	60
H	45
I	45
J	35
Outras	125
Total	1.318

TABELA 7-2 Possível padrão de produção nivelada

	Dia 1	Dia 2	Dia 3	Dia 4	Dia 5	Dia 6	Dia 7	Dia 8
A (TD)	250	250	250	250	250	250	250	250
B (TD)	220	220	220	220	220	220	220	220
C (TD)	210	210	210	210	210	210	210	210
D (2D)	256	0	256	0	256	0	256	0
E (2D)	0	250	0	250	0	250	0	250
F (2D)	150	0	150	0	150	0	150	0
G (4D)	0	240	0	0	0	240	0	0
H (4D)	0	0	0	180	0	0	0	180
I (4D)	180	0	0	0	180	0	0	0
J (4D)	0	0	140	0	0	0	140	0
Outros	59	155	99	215	59	155	99	215
Total	1.325	1.325	1.325	1.325	1.325	1.325	1.325	1.325
Meta	1.325	1.325	1.325	1.325	1.325	1.325	1.325	1.325

TD = todos os dias; 2D = a cada dois dias; 4D = a cada quatro dias.

alguns dias, a quantidade desses "Outros" itens é baixa. Se o tamanho médio dos pedidos de "Outros" itens for tipicamente maior do que essas quantidades, um outro padrão poderá ser considerado.

A Tabela 7-3 mostra um padrão alternativo que agrupa mais itens TD e 2d no mesmo dia. Os itens TD tidos como certos – são produzidos todos os dias. Os itens 2D e 4D podem ser mudados para se enquadrarem nas necessidade do processo. Por exemplo, os itens 2D poderiam ser todos produzidos nos mesmos dias alternados, como neste exemplo, existem outros padrões potenciais também. O objetivo é atingir o melhor volume nivelado no padrão por linha – nivelado por item individual em um intervalo de tempo e ao longo do padrão por coluna –, volume total e *mix* por incremento de tempo (*pitch*). A seqüência de produção é definida seguindo-se os padrões (de A a J) na ordem especificada. O nível durante o período de tempo está dentro de um incremento repetitivo definido. Em nosso caso, o padrão tem uma seqüência repetitiva de quatro dias e cada item é nivelado (os totais são iguais) a cada quatro dias. A Toyota normalmente usa um período mensal para o nivelamento, mas ele é baseado em um múltiplo repetitivo de um dia. Observe: a linha principal de montagem de veículos tem um padrão repetitivo em uma curta freqüência de *pitch*, dependendo do *mix* específico de veículos produzidos, mas as operações de apoio que estão produzindo para um supermercado ou "banco de seletividade" estão produzindo segundo um padrão diferente que deriva do padrão primário.

Observe que, no padrão alternativo, o total nos dias 1, 3, 5 e 7 excede a meta diária. Isso não é um grande problema, já que a quantidade está dentro de limites razoáveis (normalmente, um máximo de 10%). Na maioria dos casos, ao se trabalhar com demandas reais, os números não funcionam tão uniformemente como nesse exemplo. Para a primeira

TABELA 7-3 Padrão alternativo de programação nivelada

	Dia 1	Dia 2	Dia 3	Dia 4	Dia 5	Dia 6	Dia 7	Dia 8
A (TD)	250	250	250	250	250	250	250	250
B (TD)	220	220	220	220	220	220	220	220
C (TD)	210	210	210	210	210	210	210	210
D (2D)	256	256	256	256	256	256	256	256
E (2D)	250		250		250		250	
F (2D)	150	0	150	0	150	0	150	0
G (4D)	240	0	0	0	240	0	0	
H (4D)	0	0	0	180	0	0	0	180
I (4D)		180	0	0	0	180	0	0
J (4D)	0	0	0	140	0	0	0	140
Outros	0	225	0	325	0	225	0	325
Total	1.336	1.325	1.336	1.325	1.336	1.325	1.336	1.325
Meta	1.325	1.325	1.325	1.325	1.325	1.325	1.325	1.325

TD = todos os dias; 2D = a cada dois dias; 4D = a cada quatro dias.

tentativa, obtenha os números mais próximos possíveis. Depois de ter a oportunidade de produzir com base em uma programação nivelada, você chegará a uma compreensão mais clara da verdadeira necessidade e ajustará o padrão de acordo.

É muito mais fácil calcular uma programação nivelada do que realmente produzir conforme o plano! Primeiro, é provável que você descubra muitos obstáculos que impedem a adesão à programação. Tais obstáculos precisam ser sistematicamente identificados e corrigidos de forma que a estabilidade possa ser alcançada (mapeie as causas de falha no uso de *heijunka* e use o método de solução de problemas para eliminá-las). A programação nivelada agora deve ser considerada como a "voz do cliente". Não se trata do verdadeiro cliente, mas de um acordo definido que representa as necessidades do cliente que foram uniformizadas para benefício dos processos.

Como esse é o "cliente", deve-se mensurar e mapear a habilidade de satisfazê-lo. Se, em algum momento, não for possível chegar ao volume, *mix* ou seqüência definidos, isso equivale a um "pedido não-atendido" (e representa um cliente insatisfeito, mesmo que um verdadeiro pedido não tenha deixado de ser atendido). Devem-se treinar as pessoas para que considerem o *heijunka* como a voz do cliente e como objetivo primário do fluxo de valor.

Nivelamento incremental e *heijunka* avançado

Parabéns! Tendo chegado a este estágio em sua jornada enxuta, você está pronto para começar a aproveitar de verdade. Agora que os processos estão estabilizados e conectados, existe fluxo de valor e as melhorias estão padronizadas, tem início o ciclo de melhoria contínua. Isso mesmo, deve-se passar por ele outra vez, outra vez e para sempre. A boa notícia é que cada volta sucessiva na espiral de melhoria contínua será um pouco mais fácil, já que grande parte da aprendizagem básica foi realizada e a resistência à mudança foi superada. Quaisquer mudanças feitas de agora em diante produzirão benefícios diretos para todo o processo. Em outras palavras, em vez de melhorias "pontuais" que não afetam o resultado global, as melhorias agora influenciam o resultado de todo o fluxo de valor.

Agora, as más notícias. Daqui para frente, o processo de melhoria é um ciclo contínuo de "aperto" e refinamento das operações para atingir *lead times* mais curtos e graus mais altos de flexibilidade e capacitação, baixando os níveis de estoque e fortalecendo a posição do negócio a longo prazo. Agora, os resultados serão de natureza incremental; ou seja, terão uma quantidade predeterminada, pois a mudança para processos padronizados pode ocorrer dentro de uma porção definida. Devido ao sistema criado, o objetivo é identificado e o resultado será garantido.

O método enfatizará o fluxo de valor e o elo mais fraco se romperá, criando instabilidade. Quando o elo fraco é detectado, são reunidos recursos para atacar os problemas. Esse ciclo se repete constantemente, como mostra o modelo da espiral de melhoria contínua no Capítulo 3 (Figura 3-4). Cada ciclo sucessivo revela problemas cada vez maiores. Assim, temos um cenário de boas e más notícias. A má notícia é que os problemas se tornam mais difíceis de resolver. A boa notícia é que as melhorias no processo serão significativos e o nível de habilidade crescerá à medida que aumentar a dificuldade dos problemas.

Nivelamento incremental

Depois que o fluxo de valor está estendido, o processo restritivo incremental é aplicado em pontos específicos. Você lembra o que acontece no fluxo de valor se a taxa de produção do marcador de ritmo é alterada? Uma nova taxa é estabelecida para todos os outros processos no fluxo de valor. Agora, se o *mix* de produtos da programação nivelada fosse ajustado, todos os processos precisariam ajustar-se para dar sustentação ao novo *mix*.

Esse tipo de nivelamento incremental ou pressão do fluxo de valor força o processo de melhoria. É um processo planejado e controlado que incrementalmente estimulará a melhoria contínua de uma maneira específica. Se o estoque no supermercado está reduzido, por exemplo, o efeito sobre os processos de fornecimento deve ser previsível Isso pode forçar a troca mais freqüente de máquinas, o que acarreta a necessidade de menores tempos de troca. Cada mudança em um elemento padrão do fluxo de valor forçará a necessidade de melhoria e criará um resultado específico e predeterminado.

Pontos de controle

Em um fluxo de valor estendido, há "pontos de controle" específicos que influenciarão outros processos no fluxo de valor. Devido à natureza conectada do fluxo de valor, um ajuste no ponto de controle exigirá um ajuste em todos os processos que abastecem o ponto de controle. E, como o ponto de controle é a operação primária no fluxo de valor que deve ser estritamente administrada para criar resultado sistemático do fluxo, administrá-lo possibilita compreender efetivamente como maximizar todo o fluxo de valor.

Um ponto de controle chave é a programação nivelada. Ela oferece um centro padronizado que é utilizado para estabelecer o *takt-time*. O processo marcador de ritmo usa esse *takt-time* para estabelecer um ritmo que será seguido por todas as outras operações. O entendimento do ponto de controle permite que os administradores abordem os problemas das operações de modo eficaz e impulsionem a melhoria contínua.

Se o marcador de ritmo sistematicamente produz o volume desejado de produto e é capaz de produzir o *mix* e a seqüência corretos do produto, de acordo com a programação nivelada, o fluxo de valor está sistematicamente atendendo às exigências do cliente (o próximo passo seria a redução de custos). Se, porém, o marcador de ritmo é incapaz de satisfazer as exigências da programação nivelada, o primeiro lugar onde fazer o exercício do círculo é o marcador de ritmo. Desse ponto de vantagem, é possível avaliar se o marcador de ritmo está sendo abastecido adequadamente. Se não estiver, devem-se analisar as operações anteriores para encontrar o elo frágil. Se estiver, observa-se o marcador de ritmo para determinar se ele está sendo bloqueado por uma operação posterior. (As regras proíbem a superprodução; assim, se um processo posterior estiver bloqueando o marcador de ritmo, isso se tornará evidente.) A criação de conexões visíveis permite que se identifiquem rapidamente paralisações no fluxo, simplificando a administração do fluxo de valor.

Ponto de controle para administração de estoque

O ponto de controle para administração do estoque é o *kanban*. A redução do número de *kanban*s no sistema reduzirá a quantidade de estoque total. Essas reduções devem ser feitas sistematicamente, seja quando as melhorias são feitas no processo, seja para forçar a necessidade de melhorias. A quantidade de estoque necessário para apoio de um processo pode ser usada como uma medida para os esforços de melhoria. Reduções sustentáveis do estoque são sinal de um processo capaz.

ARMADILHA

Utilize a redução de estoque como um padrão de medida para o sucesso, não como uma meta

Muitas pessoas perseguem a redução de estoques como a principal meta das atividades *lean*. Existem diversas maneiras de alcançar essa meta, incluindo manipulação do estoque. É melhor estabelecer uma meta de criar um fluxo estendido e utilizar o estoque como uma medida de sucesso. O *kanban* é utilizado para controlar o estoque, e é simples medir a eficácia do processo regulando o *kanban*. O controle de estoque através do *kanban* é padronizado, e a possibilidade de manipulação falsa é reduzida.

Os giros de estoque também podem ser influenciados pelo *kanban*. Se a quantidade de peças por *kanban* (também a quantidade do contêiner) for reduzida, o *kanban* terá "ciclos" com mais freqüência, deslocando o estoque através do processo com maior rapidez. A redução da quantidade por *kanban* também proporciona um maior grau de flexibilidade no processo de reabastecimento e reduz o tamanho da área de trabalho e as perdas. Embora pareça estranho, ter mais *kanbans* "no sistema" é uma vantagem. Por exemplo, se o nível de estoque total de um item é de 2.000 peças, é melhor ter 20 *kanbans* de 100 peças cada do que dois *kanbans* de 1.000 peças. É difícil ver a demanda com somente dois *kanbans* no sistema, e cada vez que um *kanban* retorna, deve ser preenchido imediatamente.

A programação nivelada controla o reabastecimento

Além do efeito de suavização para todos os processos, o *heijunka* estabelece um tempo *pitch*. Como os materiais estão sendo consumidos em uma taxa padrão durante um tempo *pitch* estabelecido, é possível estabelecer um processo definido para reabastecimento de material. O reabastecimento de material está subordinado à operação primária com agregação de valor; portanto, o estabelecimento de "rotas" ou métodos de reabastecimento de material não deve ser tentando antes de se criar um "centro" padronizado no processo primário.

DICA

Fixe o seu *pitch* conforme as condições atuais

A menos que você esteja bem na sua jornada enxuta, não seria provável que você fixasse inicialmente um *pitch* de uma hora. Nós recomendamos que o progresso seja em períodos. Se você atualmente movimenta material com um *pitch* diário (ou não definido), inicie com um PITCH por turno. Então, reduza de maneira incremental o *pitch* pela metade à medida que o processo torna-se mais capaz e redefinido.

O seguinte exemplo ilustra como uma programação nivelada orienta as necessidades de reabastecimento de material e estabelece uma exigência sistemática. Isso possibilita a padronização do trabalho para os responsáveis pelo manejo de material, incluindo rotas que são completadas durante o tempo *pitch* ou em um múltiplo dele. As quantidades de material são padronizadas, e as quantidades por contêiner podem ser ajustadas para corresponderem à exigência por *pitch*. Para fins ilustrativos, suponhamos que esse processo é capaz de *heijunka* avançado e produz cada item na seqüência exata e que o tempo de trabalho disponível total é de oito horas. A demanda total é de 400 peças, e as razões são mostradas na Tabela 7-4.

TABELA 7-4 Quantidade de peças como razão relativa

Nome da peça	Quantidade por 8 horas	Razão
A	200	4
B	100	2
C	50	1
D	50	1
Total	400	

Com base na quantidade exigida e nas razões, o padrão *heijunka* de repetição (que minimiza a formação de lotes) seria: ABACABAD – ABACABAD – ABACABAD.

O tempo *pitch* para repetir o padrão é determinado dividindo-se oito horas pela demanda de 400 peças e multiplicando-se pelo número de peças em um padrão *pitch*:

28.000 segundos (oito horas) por dia / 400 peças = 72 segundos por peça

E:

72 segundos por peça X 8 peças por *pitch* =
576 segundos por PITCH (9 minutos, 36 segundos) ou 6,25 ciclos-*pitch* por hora.

Vamos supor também que queremos que o encarregado desloque material a cada hora (o *pitch* para reabastecimento de material). A Tabela 7-5 exibe o cálculo do número de contêineres que serão deslocados durante cada ciclo de uma hora para reabastecimento de material.

Com base na exigência de deslocamento de material durante um tempo de ciclo de uma hora, é possível definir o trabalho padronizado, incluindo a rota específica de viagem e outros processos que serão atendidos durante o percurso.

TABELA 7-5 Cálculo de contêineres movimentados por *pitch*

Nome da peça	Razão	Padrões por hora	Exigência por hora	Quantidade por contêiner	Contêineres por *pitch*
A	4	6,25	4 × 6,25 = 25	10	2,5
B	2	6,25	2 × 6,25 = 12.5	5	2,5
C	1	6,25	1 × 6,25 = 6.25	5	1,25
D	1	6,25	1 × 6,25 = 6.25	5	1,25

Fatiar e cortar quando a variedade de produtos é grande

O *heijunka* parece direto o suficiente quando se está lidando com cinco a dez produtos. Mas o que acontece quando há diversos produtos acabados diferentes? Uma empresa afirmava ter 25.000 códigos individuais para bens acabados e insistia na idéia de que o *heijunka* era impossível. Como seria possível nivelar com toda essa variedade? Temos que passar por um processo que chamamos de "fatiar e picar", que é um método de dividir o todo em grupos de produtos com características semelhantes (também pode ser pensado como "dividir para conquistar").

O primeiro "corte" separa os produtos em fluxos de valor que têm produtos e passos de processamento em comum. Esse agrupamento reúne itens semelhantes e também reduz o número total de itens dentro da fatia – os 25.000 podem tornar-se 5.000. Pense na sua operação com a variedade de produtos e processos em sua totalidade como sendo um retângulo. A separação em "famílias" de fluxo de valor com características e passos de processamento comuns dividiria o retângulo horizontalmente em fatias (Figura 7-3). Se o fluxo de valor global mais importante for abordado primeiro, um maior benefício advirá desse esforço.

Se a fatia é "cortada" (Figura 7-4), os itens mais significativos do conjunto de 5.000 são isolados e o foco inicial é reduzido ainda mais. O "pedaço" do fluxo de valor também inclui a seleção de uma porção do fluxo (processos) para onde será dirigido o foco durante

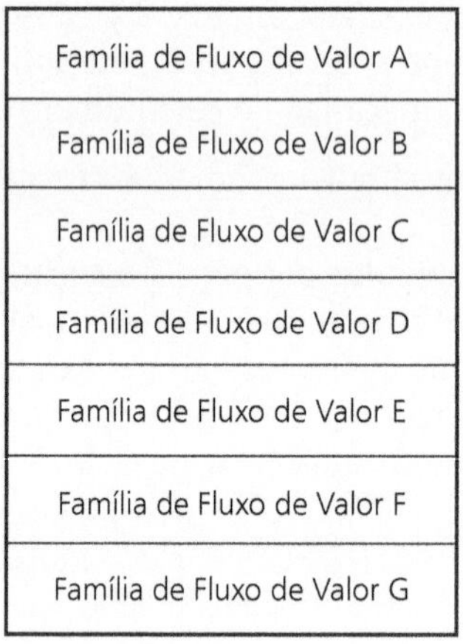

Família de Fluxo de Valor A
Família de Fluxo de Valor B
Família de Fluxo de Valor C
Família de Fluxo de Valor D
Família de Fluxo de Valor E
Família de Fluxo de Valor F
Família de Fluxo de Valor G

Figura 7-3 A operação fatiada em fluxos de valor.

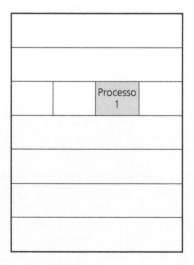

Figura 7-4 Fatia de fluxo de valor com seção dividida.

os esforços enxutos iniciais. Geralmente, consideramos os volumes de produção de todos os produtos para determinar onde os pedaços devem estar. Quando o *mix* de produtos é dividido dessa maneira, invariavelmente descobrimos que os volumes recaem em três grupos: um grupo principal, com a demanda mais significativa; um segundo grupo, com aproximadamente metade do volume do primeiro grupo; e um terceiro grupo, novamente metade menor do que o segundo grupo (os volumes no exemplo de nivelamento mostrado representam um exemplo típico). Em geral, o primeiro grupo é relativamente pequeno em termos da quantidade de números de peças, mas tão grande quanto a porcentagem do volume total. (Se você está pensando que isso é o princípio de Pareto em ação, está absolutamente certo. Esse método permite que se isolem os "poucos significativos" dos "muitos triviais".)

Começamos com 25.000 códigos de peças. As 100 principais em termos de volume respondiam por 35% do volume total de vendas da empresa! Essa redução é significativa. Uma fatia adicional revelou que o volume para o item número 1 era 10 vezes maior do que o quinto item. Decidiu-se focalizar a produção nivelada para os 50 produtos principais (dos 25.000). Enquanto circulamos pela espiral de melhoria contínua, trabalhamos em segmentos ou camadas específicas (fatias), e cada passagem sucessiva pelo ciclo adiciona camadas subseqüentes. Depois que as primeiras 50 peças são niveladas com sucesso e o fluxo de valor atinge um desempenho consistente, as 50 peças seguintes (ou mais) serão abordadas.

À medida que as operações desenvolvem capacitações maiores, torna-se possível considerar o nivelamento de quantidades cada vez menores. Pode jamais fazer sentido nivelar todos os itens. Consideremos o método de fatiar e picar: se 75% de todos os itens são nivelados – e, portanto, 75% das necessidades totais de recursos estão nivelados – os 25% restantes do tempo de recursos (pessoas e equipamentos) podem ser dedicados aos itens "que tiverem necessidade". As matérias-primas podem ser compartilhadas entre os itens nivelados e os itens não-nivelados, e a necessidade adicional pode facilmente ser decomposta nos cálculos de reabastecimento de material.

Exemplo de caso: nivelamento de carga de trabalho em uma fábrica de armários sob medida

A carga de trabalho exigida em várias operações nesta empresa flutuava bastante, dependendo do produto, o que causava muitos problemas, incluindo baixa qualidade (os funcionários quase sempre estavam com pressa), paralisação de linha e cronogramas de produção imprevisíveis. Devido à natureza personalizada do produto, supunha-se que o trabalho padronizado para os processos não fosse possível.

Ao lidarmos com uma situação desse tipo, a aparente complexidade pode ser desanimadora. Havia muitos problemas interconectados e inter-relacionados que resultavam do efeito de ondulação da carga de trabalho (imagine a cobra que devora o rato; o volume do corpo do rato prossegue ao longo do corpo da cobra). Como acontece com freqüência, a empresa tinha tentado abordar os problemas externos (onde o "problema" era percebido), criando esquemas elaborados para escalar mão-de-obra para o volume concentrado, mas o problema era interno. Intuitivamente, a empresa compreendia isso, mas acreditava ser impossível mudar porque cada item produzido era diferente e a quantidade de cada pedido variava significativamente, assim como o *mix* de componentes (armários, portas, gavetas). Eles supunham que os clientes é que ditavam a programação e que não havia nada que eles pudessem fazer para nivelar a carga de trabalho.

O primeiro passo foi parar de ver o produto como "peça específica" ou "trabalho específico" e considerá-lo com base no conteúdo do trabalho e no efeito que esse conteúdo tinha sobre os processos no fluxo de valor. Se nos afastarmos um pouco, poderemos observar pontos em comum no próprio produto e no processamento. Nesse caso, primeiro identificamos que a maioria dos "trabalhos" ou pedidos tinham alguns elementos em comum que afetavam a carga de trabalho. Os principais componentes eram: armários, gavetas, prateleiras, portas, peças diversas e bordas. Também determinamos que havia algumas características comuns a todos os produtos que tinham um efeito na carga de trabalho, principalmente o tipo de acabamento. Os acabamentos estavam em duas categorias: tingimento e pintura. Uma outra discussão revelou que, nas duas categorias de acabamento, havia duas outras separações. O tingimento podia ser brilhante ou fosco, e a pintura podia ser em cores claras ou escuras.

A revisão do fluxo de valor mostrou que a linha de acabamentos em que o produto era tingido ou pintado era o "marcador de ritmo". Todos os produtos convergiam para a área de acabamento e dali saíam como pedidos finalizados. O nivelamento da carga de trabalho no marcador de ritmo serviria para criar uma carga de trabalho uniforme para as operações subseqüentes (incluindo a operação de acabamento) e daria sinais nivelados para todas as operações de alimentação anteriores.

Novamente surgiu a questão: como nivelamos a carga de trabalho quando o produto é sempre diferente? Fazendo-se o exercício do círculo, a resposta fica clara. O tipo de acabamento e a área da superfície a ser finalizada afetavam a carga de trabalho. Os funcionários confirmaram que as tarefas de tingimento com brilho exigiam muito mais esforço do que as sem brilho e que os trabalhos que envolviam pintura com cores escuras eram bem mais difíceis do que os de cores claras, isso porque essas tintas tinham um acabamento "polido". Também observamos que as peças com maior superfície necessitavam de mais tempo, assim como muitas peças pequenas com superfície menor. Estava ficando claro que a criação de um padrão seqüencial com *mix* nivelado seria a resposta. Mas, novamente a pergunta: como se faz quando cada trabalho é diferente do outro?

O grupo, e especialmente o supervisor, que tinha lutado com o problema durante anos, não se convencia facilmente. O que precisávamos era de um padrão variável; ou seja, desenvolveríamos um padrão com possibilidade de variação. O método de variação seria definido de modo que fosse coerente (variação padronizada).

A análise dos dados de produção revelou que a razão de acabamentos era de 75% de produtos tingidos para 25% de produtos pintados. Os trabalhos com acabamento brilhante (os mais difíceis) respondiam por aproximadamente 25% do total dos tingimentos. Na pintura, a divisão era quase meio a meio, com um pouco mais trabalhos (fáceis) em cores claras. Isso permitiu que criássemos um fator primário de nivelamento para estabelecer o *mix* com base nas razões de tipos e cores de acabamento. Como o verdadeiro *mix* diário não necessariamente correspondia às médias, havia condições secundárias que foram acrescentadas ao padrão. Por exemplo, o padrão regular era:

TSB, TSB, PCC, TSB, TSB, TCB, TSB, PCE, TSB, TSB

TSB = tingido sem brilho

TCB = tingido com brilho

PCC = pintado de cor clara

PCE = pintado de cor escura

Mas, como a carga de trabalho para pintura em cor clara e tingimento fosco era semelhante, estas poderiam ser substituídas no padrão. A meta era criar uma carga de trabalho a mais sistemática possível, processando-se a razão correta de cada tipo de trabalho.

A segunda camada do padrão era a de componentes individuais. A equipe identificou que a tarefa de colocação de guarnição sempre deveria ser o primeiro item de qualquer trabalho devido ao processamento especial necessário. As peças pequenas ficariam no final, pois tendiam a constituir uma baixa carga de trabalho e ofereciam um "intervalo" entre tarefas para permitir mudanças de cor, etc. Além disso, dois suportes vazios foram colocados entre as tarefas para proporcionar uma zona desocupada que impedisse contaminação de um trabalho para outro. Desenvolveu-se um padrão que adequadamente fazia combinações de dimensão e superfície de cada trabalho. Como a aplicação de cor, algumas das categorias eram semelhantes e poderiam ser substituídas conforme fosse definido (variação padronizada).

O padrão para componentes era: guarnição – gabinete – portas – gabinete – gavetas – prateleiras – portas – gabinetes – gavetas/portas – repetição conforme a necessidade – peças diversas – espaço – espaço (próxima tarefa) guarnição...

As regras secundárias foram estabelecidas com base no tipo de acabamento (devido à carga de trabalho). Por exemplo, os gabinetes eram colocados em par na estante se fossem pequenos ou individualmente se fossem grandes (ou apenas um de qualquer tamanho para acabamentos com brilho ou em cor escura). As portas eram colocadas em grupos de seis quando foscas ou em cores claras; quatro, se fossem brilhantes e em cores escuras. A mesma lógica era aplicada no caso das gavetas e prateleiras.

Nesse exemplo de caso, o volume de produção era difícil de ser definido. O número de peças, de suportes e de trabalhos variava. A empresa tinha uma meta de 25 trabalhos por dia, então, estabelecemos esse número como volume alvo, apesar de haver variação na quantidade total. Essa variação, no entanto, foi abordada por meio de pequenos ajustes no tempo total de trabalho por dia e não afetou o equilíbrio da carga de trabalho ao longo do dia. O *mix* incluía duas categorias – o primeiro *mix* baseava-se no acabamento, e o segundo, nos componentes. A determinação primária, com base no acabamento, proporcionava o *mix* correto para atender aos pedidos dos clientes e à carga de trabalho, e a secundária oferecia o *mix* correto para a carga de trabalho. A seqüência dos pedidos por acabamento auxiliou a equilibrar a carga de trabalho, assim como a seqüência de componentes.

Essas mudanças foram o alicerce para o estabelecimento do trabalho padronizado e do fluxo. O equilíbrio da carga de trabalho reduziu o número de paralisações na linha e uniformizou o fluxo no restante das operações. Atividades futuras que conectaram as operações reduziram os "empilhamentos" que ocorriam com freqüência.

Em um ambiente customizado, é difícil encontrar uma medida exata para o desempenho. Há sempre um elemento de variação que desvia qualquer me-

> dida. Neste caso, uma visão mais abrangente teve que ser desenvolvida, com a idéia de que, ao longo de um intervalo de tempo (um mês), a variação seria nivelada. Em outras palavras, mês a mês, poderíamos ver melhoria no desempenho, medido pelo total de horas exigidas *versus* total de vendas em dólares. Quando o desempenho era considerado em um período de seis meses, a variação era ainda mais nivelada, e havia uma notável mudança média.

O nivelamento é um processo que envolve toda a empresa

A reação mais comum que encontramos ao tentar ensinar o nivelamento nas empresas é: "as vendas têm seus próprios incentivos e sempre vêm em primeiro lugar aqui na empresa. Eles vendem tudo o que podem, e nós, da produção, temos que produzir. As vendas podem mudar em 100% ou mais de uma semana para outra". Quando examinamos os dados com mais atenção, normalmente descobrimos que a verdadeira demanda é muito mais uniforme do que a produção acha que é.

Em uma empresa de fabricação de móveis para escritório que produzia uma grande variedade de diferentes armários para arquivos, os pedidos de clientes eram instáveis. Contudo, a política corporativa era 100% de produção sob encomenda, e a produção com freqüência tinha que correr para atender a todos os pedidos que chegavam. Isso levava a enormes quantidades de estoque em todos os estágios de produção, e não havia *takt-time* em lugar nenhum no processo. Quando interrogados sobre os *lead times* que ofereciam aos clientes que encomendavam os armários, a resposta era de seis a oito semanas. Desse modo, a fábrica estava trabalhando como louca para atender aos pedidos, que estavam por toda parte, mas havia de seis a oito semanas de atividades sem valor agregado na linha. Por que esse pulmão não poderia ser usado para nivelar a programação? Se não havia estoque de armários acabados, pelo menos de armários de alto volume, aquele *lead time* de seis a oito semanas poderia ser reduzido e nivelar a programação, criando um processo mais eficiente. De fato, a fábrica reorganizou-se em torno de três fluxos de valor de famílias de produtos, usou algum estoque de produtos acabados para nivelar a programação, liberou um quarto da fábrica para novos trabalhos e reduziu drasticamente o estoque total, o *lead time* e o custo total.

Realizar o que parece ser um plano lógico não é tão simples assim. O fabricante de móveis teve que mudar o modo como o pessoal de vendas colocava os pedidos. A empresa teve que modificar o processo de distribuição e a forma como o controle de produção programava as atividades da fábrica. Tudo isso é regulado por diferentes grupos funcionais que haviam feito as coisas de uma certa maneira durante décadas. Ninguém acreditava que o novo sistema tivesse possibilidade de funcionar, e todos previam um desastre. A superação de tal resistência exigia uma forte visão de estado futuro e muito apoio da alta administração.

Freqüentemente, os grupos de vendas trabalham de acordo com incentivos com base em metas de vendas mensais ou trimestrais. Esses sistemas de incentivos levam a padrões de vendas irregulares, com grandes descontos para movimentar o produto no final do período de bônus. Na Toyota, o setor de vendas está ciente da importância de uma programação nivelada na produção. Mesmo na Toyota, apesar de a produção muitas vezes queixar-se do que o setor de vendas lhe impõe, existe muito mais cooperação do que normalmente se vê em outras empresas. Tal cooperação é encorajada pela alta administração, que compreende as implicações dos padrões de vendas na programação nivelada, que é a base do STP.

Pensar em termos de sistemas e de empresa é muito difícil. E aprender a pensar em termos de fluxo de valor é o que há de mais crítico no nivelamento da programação – o fundamento dos sistemas enxutos.

Estudo de caso: nivelamento da programação em uma organização de engenharia

A maior parte do trabalho que envolve conhecimento é inerentemente irregular. E não se pode dividir um cronograma em unidades do modo como se faz em um processo de fabricação. No entanto, a Toyota descobriu uma forma de nivelar a carga de trabalho na engenharia de novos produtos em um nível bem maior do que o de suas concorrentes.

Primeiro, precisa-se alcançar uma estabilidade básica no processo. A Toyota desenvolveu um processo de desenvolvimento estável em que há estágios claros e cada um leva um período de tempo e horas de engenharia padronizados.

Segundo, isso permite que a Toyota estabeleça uma programação planejada no início do programa e a mantenha. De modo aproximado, pode-se dizer que a Toyota renova os automóveis a cada dois anos e apresenta uma nova versão mais modificada a cada quatro anos. Sabendo-se disso, nem todos os carros são completamente revisados da mesma maneira. Isso é distribuído de modo que cerca de um quarto dos lançamentos sejam revisados em um ano.

Terceiro, a Toyota tem um perfil claro da mão-de-obra ao longo da programação dos veículos. A fase de definição do programa começa com um pequeno número de engenheiros, o programa eleva-se até um pico e então volta para um número relativamente pequeno de engenheiros no lançamento. Novamente, isso está baseado na estabilidade que a Toyota tem no processo. Muitas de suas concorrentes enviam um exército de pessoas para a planta quando estão para fazer um lançamento. A Toyota possui um processo tão bem planejado e faz uma engenharia de qualidade tão boa no estágio do conceito que seus lançamentos são tranqüilos e, quando estes ocorrem, a maioria dos engenheiros já se encontra em um outro programa.

Quarto, a Toyota fica atenta ao ponto máximo do programa, confiando em seus afiliados. Isso inclui empresas terceirizadas intimamente relacionadas que fornecem técnicos e especialistas em projeto por computador nos períodos de pico. Também inclui empresas afiliadas como fornecedoras e a Toyota Auto Body, que envia engenheiros nesses períodos. Isso possibilita que a Toyota mantenha os principais engenheiros na equipe e adicione os outros de forma flexível. Por meio de projetos e processos padronizados, os engenheiros da Toyota e afiliados podem entrar e sair dos programas, trazendo sua contribuição sem percalços.

Quinto, a Toyota escalona a liberação de grande parte das informações de engenharia. Por exemplo, suas concorrentes freqüentemente fornecem um lote com todos os dados sobre a carroceria; esses dados são imediatamente passados para os engenheiros de ferramentaria, que então os processam no projeto para fabricação das ferramentas para as prensas. A Toyota libera os dados da carroceria à medida que as peças são desenvolvidas e liberadas diretamente para o projeto de ferramentas, o qual libera os dados à medida que vão para a fabricação de ferramentas. Existe uma clara compreensão de quais partes da carroceria podem ser liberadas no início, antes que o restante esteja finalizado. Isso cria algo semelhante ao fluxo unitário de peças e é muito mais nivelado do que a liberação de grandes lotes de projetos de peças.

Reflexão e aprendizagem com o processo

O nivelamento básico do volume de produção e do *mix* de modelos é necessário para estabelecer estabilidade no processo e fluxo contínuo. Usando seu mapa de fluxo de valor do estado atual como guia, identifique as operações que continuam com dificuldades para atender às expectativas.

1. Essas operações estão sendo afetadas por variação de clientes externos?
   a. A exigência diária muda?
   b. Determine a extensão da flutuação (mostre a demanda diária em um gráfico de linhas). A variação maior do que 10% deve ser reduzida.
   c. Identifique métodos atuais para alinhar recursos (pessoas, material, máquinas) para essas flutuações e sua eficácia no atendimento das exigências (medidas de eficiência e entrega ao cliente).
2. O estabelecimento de uma "programação nivelada" exige esforço inicial e diligência para sustentá-la.
   a. Avalie o efeito da variação e decida se o nivelamento do fluxo de produto será benéfico.
   b. Você está disposto a fazer esforço para eliminar problemas que atualmente o impedem de produzir quantidades menores com mais freqüência e de modo sistemático?
3. Se você está produzindo um produto para estoque, estabeleça um supermercado de produtos acabados para absorver a verdadeira variação do cliente.
   a. Determine a demanda média de volume diário para seus produtos.
   b. Determine um tempo *pitch* para cada produto. Valores maiores de 10 a 20% de produtos por volume (talvez mais) devem ser estabelecidos para produção diária.
   c. Determine o tempo *pitch* de repetição para os outros produtos e crie um "padrão" no qual produzir o produto. Considere o *mix* de produtos exigido e a seqüência para produzi-los para o fluxo equilibrado.
4. Sua programação nivelada torna-se um padrão para operação. Meça sua eficácia para atingir o padrão e corrija obstáculos que entravam a habilidade sistemática de seguir a programação. Observação: não mude o plano porque o processo não é capaz. Corrija o pronto fraco.
5. À medida que um processo continua atingir níveis mais altos de capacitação, é necessário elevá-los ainda mais. Avalie seu fluxo de valor e reflita sobre as seguintes questões:
   a. Você sabe onde está o "ponto de controle" no seu fluxo de valor?
   b. Você está medindo e gerenciando o ponto de controle?
   c. Que mudanças no ponto de controle terão impacto sobre todo o fluxo de valor?
   d. Como essas mudanças afetarão o fluxo de valor (onde a corrente se partirá)?
   e. Você pode implementar uma ação corretiva para o ponto fraco no fluxo de valor antes de forçar a mudança?
6. O nivelamento é necessário para oferecer um "centro padrão" com o qual todos os recursos são alinhados. Construa estes elementos adicionais com base em seu processo de programação nivelada:

a. Reabastecimento de material: todo suprimento de material na instalação baseia-se na exigência sistemática de cada processo. Isso orienta o *pitch* de reabastecimento de material e serve de base para uma estratégia de reabastecimento, incluindo o reabastecimento sistemático dos fornecedores.
b. Pessoas: a programação nivelada torna-se a base para a determinação do *takt-time*, que é necessário para o trabalho padronizado. Estabeleça o trabalho padronizado para todos os processos e determine o número necessário de pessoas.
c. Equipamento: o trabalho padronizado também é a base para as exigências de equipamento. Alinhe o equipamento necessário com as pessoas e o trabalho com base na programação nivelada.

Capítulo 8

Construção de uma Cultura de Parar a Fim de Resolver os Problemas

Freqüentemente, nos perguntam: "o que tem no modo da Toyota fazer as coisas que torna sua qualidade sistematicamente melhor do que a de outras indústrias automotivas"? Embora não haja uma resposta simples para essa questão, pode-se dizer que grande parte se deve ao princípio de agregar qualidade e à decisão de parar para resolver os problemas quando eles ocorrem, em vez de empurrá-los pela linha para serem resolvidos mais tarde. Na superfície, essa idéia parece lógica. Se você tem um problema, é melhor parar e resolvê-lo – corrigi-lo, impedir sua recorrência e fazer as coisas de uma maneira melhor em longo prazo. Na realidade, quando as pessoas se vêem confrontadas com a exigência de "fazer números", o primeiro foco são os resultados de curto prazo – atingir a meta de produção todos os dias a qualquer custo. O foco na produção em massa está em obter a massa. No sistema enxuto, o foco está na eliminação de perda.

Não que a Toyota *queira* a paralisação da linha. O excesso de paralisações na linha reduziria seriamente a produção e a lucratividade, por isso, se a linha parar com freqüência, os resultados serão terríveis. Se nos comprometemos com o conceito de paralisação da linha, continuaremos a ter péssimos resultados ou trabalharemos diligentemente para eliminar os problemas. Tal compromisso abrange a verdadeira coragem e compreensão do objetivo de longo prazo. Ao longo dos anos, a Toyota construiu um sistema que oferece benefícios em longo prazo com a paralisação da linha e minimiza o efeito negativo de construir uma estrutura de apoio para rapidamente identificar, reagir e corrigir problemas.

Desenvolvimento da cultura

A exigência de melhor qualidade tem aumentado nas duas últimas décadas. Todos compreendem que a sobrevivência no mercado depende da habilidade de oferecer alta qualidade de modo sistemático. O interesse em Seis Sigma – e o fascínio de um nível de qualidade de somente três defeitos em um milhão de produtos – pelo menos auxiliaram a criar a consciência de que a oferta de um produto de qualidade é uma obrigação no mundo de hoje. A questão agora não é se a capacidade de oferecer qualidade excepcional é necessária, mas sim: "o que precisamos fazer para chegar lá?" O melhor lugar para começar é consigo mesmo. Se você quiser aprender algumas lições com a Toyota, primeiro deve desenvolver uma clara compreensão de como e por que a Toyota consegue fazer o que faz.

O esquema na Figura 8-1 é semelhante aos modelos que utilizamos em capítulos anteriores, mas aplica-se às interrupções na linha. O método tradicional de reduzir o custo unitário cria a mentalidade de nunca parar a linha porque maiores números de produção teoricamente significam menor custo por unidade. Quaisquer problemas que surgirem podem ser corrigidos mais tarde, de acordo com essa abordagem, e a qualidade é controlada pela inspeção adicional e retenção. Esse pensamento errôneo origina, entre a mão-de-obra, a mentalidade de que a identificação de problemas e de possíveis soluções não é importante. As pessoas podem ter boas idéias para resolver os problemas, mas elas "não se dão o trabalho" porque lhes disseram: "não se preocupe, alguém da linha vai cuidar disso. Preocupe-se apenas com o seu trabalho". Nesse ambiente, o controle de qualidade deve aceitar a responsabilidade pela identificação de problemas (e pela identificação da pessoa que errou), o que muitas vezes cria ressentimento, já que os inspetores são vistos como "polícia" ou "informantes" quando relatam um problema. Afinal de contas, esse sistema não convida à cooperação e ao respeito mútuo – dois elementos importantes no Modelo Toyota.

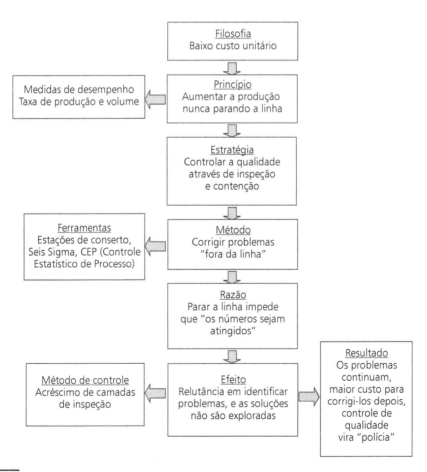

Figura 8-1   Método tradicional de correção de problemas.

A Figura 8-2 retrata a filosofia central da Toyota de eliminar as perdas. Repare que todos os exemplos começam com a mesma filosofia principal. Se o pensamento começa com o foco na eliminação de perdas (nesse caso, perda por correção), a extensão natural dessa filosofia é desenvolver um sistema que enfatize a obtenção de qualidade na primeira vez. A Toyota desenvolveu um extenso sistema de apoio para oferecer às pessoas as ferramentas e recursos para identificar problemas e resolvê-los. Evidentemente, a pressão de paralisar toda a linha cria um senso de urgência, e todos devem fazer um esforço conjunto para resolver os problemas permanentemente, ou a paralisação será excessiva. As pessoas sabem que terão apoio quando ocorrer algum problema e, com a eliminação do medo de represálias, elas podem desenvolver uma atitude cooperativa para a melhoria do desempenho.

Com base no fenomenal desempenho financeiro da Toyota e nos lendários níveis de qualidade que ela atingiu, não há dúvida de que o processo de "parar e consertar" funciona.

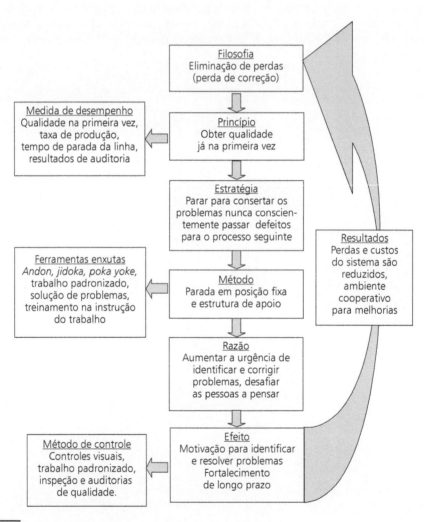

Figura 8-2 Método Toyota de parar para consertar os problemas.

Por alguma razão, a idéia de que é melhor manter a linha funcionando a qualquer custo permeia muitas organizações hoje em dia. Com freqüência, a "cultura" parece ser o bode expiatório. Como se muda a cultura? Como se mudam os hábitos desenvolvidos desde a concepção da empresa?

A mudança da cultura é um desafio. Antes que você se apresse e comece a criar uma cultura, compreenda que as culturas simplesmente não acontecem. As culturas são criadas com o tempo. Elas surgem da necessidade, em resposta ao sistema que existe para apoiá-las; ou, se não uma estrutura de apoio, a cultura que se desenvolve é auto-suficiente: "cada um por si".

Exemplo de caso: parar a linha é mais do que puxar uma corda com luzes e sinos

Por David Meier

A seguinte situação ocorreu em uma planta de montagem de automóveis que treinei em métodos enxutos, administrada por uma das fabricantes automotivas dos Estados Unidos. A situação era extremamente difícil para alguém condicionado no Modelo Toyota, e eu me senti muito ansioso. O condicionamento no Modelo Toyota é semelhante àquele dos famosos cães de Pavlov. Fui condicionado a procurar problemas potenciais e a reagir a eles quando necessário. Embora eu não estivesse em uma instalação com o Modelo Toyota e não fosse responsável por aquela situação, reagi conforme o Modelo Toyota.

Percebi que tinha esse condicionamento algum tempo depois de sair da Toyota. Enquanto passo por outras áreas, estou constantemente consciente de problemas potenciais e da necessidade de tomar medidas corretivas mesmo antes de "problema" vir à tona. Também observo, com pesar, que a liderança nessas instalações parece estar "alegremente desatenta" às condições a sua volta. Passamos pelos problemas atuais e por problemas potenciais como se eles não estivessem ali. Minha mente fica gritando: "espere, tem um problema ali. Deve ser resolvido ou haverá sérias conseqüências". Então, percebo que o problema está "coberto" e perdido nas "nuvens". Não existe nenhuma urgência imediata de corrigi-lo. Também percebo que há tantos problemas que eu ficaria sobrecarregado. Aí reconheço que a liderança é que está, de fato, sobrecarregada e que não existe estrutura de apoio. Os problemas acontecem por toda parte, e as pessoas fazem o melhor que podem durante o dia. É aí que eu verdadeiramente compreendo o valor do sistema Toyota.

No decorrer de minha consultoria e enquanto observava a linha de montagem final de veículos (às vezes chamada de "linha do dinheiro") em uma fábrica de uma das Três Grandes, notei o que parecia ser um rasgão no tapete do lado do motorista. Casualmente, eu estava com o supervisor naquele momento. Minha primeira reação foi procurar um jeito de paralisar a linha. Obviamente, não havia uma "corda", como há na Toyota, então mostrei o rasgão para o supervisor e esperei por uma resposta. Ele olhou e confirmou que, realmente, o tapete estava rasgado e *não fez nada!* Fiquei em pânico e confuso. Perguntei ao supervisor o que deveríamos fazer, ele disse que o problema seria resolvido na seção de consertos. Perguntei se não deveríamos procurar a fonte do problema no caso de ser repetitivo, e ele sacudiu os ombros, dizendo: "eles provavelmente já sabem".

Essa foi minha primeira experiência com esse tipo de situação, e eu não soube como reagir externamente, mas *internamente* me senti muito ansioso. Aquilo era um problema potencialmente sério. No mínimo, a linha deveria ter parado e o veículo não deveria ter sido finalizado, já que todo o trabalho realizado no seu interior precisaria ser "desfeito" na seção de consertos. Isso incluiria a remoção dos assentos e de grande parte do trabalho de acabamento interno. Sei que esse tipo de grande conserto, além de ser dispendioso, com quase toda a certeza resulta em um produto inferior ao do trabalho original. O novo trabalho e a recolocação de acabamentos e assentos são causas importantes de "barulhos e rangidos" com o passar do tempo, coisas que são muito irritantes para os clientes.

No fim, nos afastamos completamente do problema. Não fomos até o final da linha para confirmar se o defeito foi mesmo identificado e se o conserto foi realizado (impedindo que viesse a ser passado para o cliente), nem fomos até a fonte para prevenir uma outra ocorrência. Simplesmente deixamos de lado!

Mais tarde, vim a entender muitas outras questões subjacentes. Por exemplo, se um supervisor (ou outra pessoa) encontra um problema e o mostra ao funcionário, este pode registrar uma queixa no sindicato por estar sendo "perturbado". Embora a queixa possa não ser substanciada, a controvérsia de ter que lidar com ela é maior do que a de consertar o problema mais tarde. O ambiente antagônico entre a administração e a mão-de-obra que tem se intensificado durante décadas impede a cooperação (apesar de eu ter encontrado pessoas que realmente queriam tornar as coisas melhores). Essa é uma parte da cultura que precisaria ser modificada se fosse para fazer funcionar a estratégia de "parar a linha".

Não se chega para as pessoas e simplesmente se anuncia: "a partir de hoje, as coisas vão ser diferentes!", e, de uma hora para outra, a cultura é modificada. Como mudar um supervisor que nos últimos 30 anos aprendeu a sobreviver com o antigo sistema? Como mudar a mentalidade sobre o modo como o desempenho das pessoas é avaliado? Se as pessoas são avaliadas pela produção, como elas reagem? Há mais coisas envolvidas nisso do que simplesmente decidir que, daqui por diante, pararemos para consertar os problemas.

A lista a seguir inclui muitas coisas que você precisará fazer a fim de conseguir efetivamente criar uma cultura e um sistema de "parar a linha". Observe que, quando nos referimos a "parar a linha", também estamos nos referindo a parar uma máquina ou o processo de trabalho. Significa que o trabalho é interrompido quando se descobre um problema.

1. Entenda sua cultura atual e por que ela se desenvolveu.
2. Crie uma visão clara para a mudança.
3. Esteja atento ao respeito e à dignidade das pessoas.
4. Estabeleça um grau razoável de estabilidade nos processos.
5. Tenha um método para parar a linha.
6. O processo deve oferecer uma indicação auditiva e visual do ponto exato do problema (esqueça os sistemas de *pagers*!).

7. Tenha pessoas encarregadas de reagir às paralisações da linha.
8. Defina as funções e procedimentos para reação aos problemas.
9. Mude o processo de avaliação, passando da quantidade para a qualidade inerente.
10. Ensine as pessoas a resolverem problemas.
11. Aumente a urgência e torne necessária solução dos problemas.

O papel de *jidoka*: máquinas com automonitoramento

Jidoka é uma palavra que, traduzida de forma aproximada, significa "máquinas inteligentes", referindo-se especificamente à capacidade de uma máquina detectar um problema e parar de funcionar. É um esforço para fazer com que a máquina funcione sem o monitoramento humano direto e contínuo; um alerta soará quando houver algum problema. Felizmente, muitos fabricantes de maquinário hoje agregam capacidades de autoverificação nas máquinas. Como muitos dos conceitos da Toyota, o conceito de *jidoka* vai além da capacidade das máquinas de se autodesligarem.

No centro da filosofia da Toyota, está o respeito pelas pessoas e pelo valor que elas proporcionam. Somente as pessoas podem pensar e resolver os problemas. O maquinário é utilizado para aliviar a carga humana, mas não é um mestre para as pessoas. Máquinas que param automaticamente aliviam as pessoas da carga de estar constantemente supervisionando-as, permitindo que utilizem seus talentos para coisas mais proveitosas (como a agregação de valor).

Uma história lendária na planta de Georgetown fala de um repórter que estava escrevendo uma matéria sobre a Toyota e a planta. Quando o repórter observou a linha de montagem e fixação de portas, comentou sobre a ausência de robôs, algo que ele havia visto nas plantas de concorrentes. Isso não diminuía a eficiência da planta, perguntou. O presidente da TMMK pacientemente explicou que os robôs tinham limitações. Eles não podiam pensar e não podiam sentir. Era importante, no processo de instalação das portas, que um funcionário sentisse o que o cliente queria e realizasse a tarefa tendo em mente o desejo do cliente. Como o cliente se sentiria ao fechar a porta? Como deveria soar esse fechamento? Um robô não poderia ser treinado para fazer essas coisas. Embora o custo pudesse ser maior com a mão-de-obra, o benefício total obtido com a capacidade de sentir de um ser humano era maior.

O emprego do *jidoka* é uma questão de entender onde está a perda em qualquer processo. Você tem máquinas que requerem de atenção constante? Isso cria tempo de espera para o operador? Pode ser que você tenha que observar detidamente para compreender a verdadeira situação. Há muito tempo, as pessoas perceberam que ter um operador esperando por uma máquina não era uma condição desejável, então, em muitos casos, o operador preenchia o tempo com "ocupações". Pode ser que você não veja nenhuma espera real, por isso precisa olhar para a atividade que está sendo realizada enquanto máquina está funcionando. Essa atividade agrega valor?

Observe se você possui máquinas ociosas porque precisam de manutenção, sem que ninguém se dê conta disso. Muitas vezes, vemos máquinas que automaticamente carregam o material e a carga fica congestionada ou equipamentos que ficam sem material, causando espera. Isso também é perda. As máquinas devem ser equipadas com sensores e *andons* que façam soar um alarme e transmitam um sinal visual para avisar os operadores quando precisam de manutenção (de preferência, *antes* de ficarem sem material).

ARMADILHA

As seqüências de luzes podem não ser *andons* eficazes

Quando os conceitos de *andon* e *jidoka* foram introduzidos ao público em geral, começamos a observar "seqüências de luzes" nas máquinas. Geralmente, trata-se de um pequeno conjunto de luzes, com três ou quatro cores diferentes, dispostas em seqüência em uma unidade. Isso deveria servir como um *andon*. Há alguns problemas. Primeiro, constatamos que existe uma desatenção geral em relação às luzes. Podemos olhar toda a área de trabalho e ver muitas luzes acesas com cores diferentes. O que não vemos é uma reação específica às luzes. A proliferação de luzes dessensibilizou as pessoas. Além disso, as luzes geralmente não apresentam indicações do que significam. Quando pedimos às pessoas que expliquem o que as luzes significam, obtemos respostas diferentes. Finalmente, as luzes não são audíveis. É relativamente fácil ignorar uma luz, mas é mais difícil ignorar uma campainha. (A propósito, os *andons* da Toyota têm um som diferente para as diferentes situações indicadas. O chamado do supervisor, ou paralisação de linha, é a clássica melodia de Beethoven, "Für Elis"[1], por exemplo.)

Infelizmente, esse é um caso típico de aplicação de uma ferramenta enxuta sem uma profunda compreensão de seu propósito e sem *hansei* para refletir sobre as dificuldades. As pessoas falsamente acreditam que, como têm as luzes, têm *andon* ou *jidoka*. Deve-se fazer uma avaliação para determinar se as ferramentas implementadas estão servindo à função para a qual foram destinadas.

O ciclo de solução de problemas

Antes que você tente construir um sistema, é importante entender o ciclo completo do problema, desde o reconhecimento até sua resolução e prevenção. A Figura 8-3 ilustra o ciclo de solução de problemas visualmente. Esse ciclo é típico na Toyota.

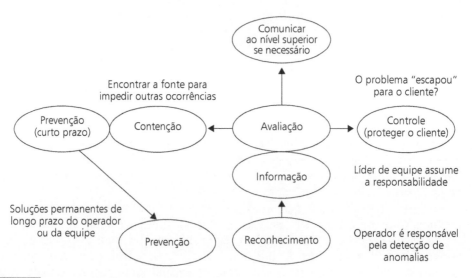

Figura 8-3 Ciclo de solução de problemas da Toyota.

---

[1] Esta peça é chamada WO o 59, ou Without Opus number 59.

Todo esse ciclo é repetido muitas vezes durante o dia. Os problemas estão constantemente vindo à tona e sendo corrigidos, com mínima interrupção do fluxo de produção (a "parada de posição fixa" é discutida na seção "Minimização do tempo de paralisação da linha", e a Figura 8-4 mostra o sistema de parada em posição fixa). Pensemos nesses passos como uma "cadeia de eventos", com cada evento acionando o evento sucessivo quando necessário. Esse processo é coordenado e orquestrado como uma equipe de basquete que executa uma determinada jogada.

1. **Reconhecimento.** O primeiro passo do processo é o reconhecimento de que um existe uma situação anormal. O reconhecimento é possível porque há padrões visíveis estabelecidos (ver Capítulo 6) que são facilmente distinguíveis por todos. Digamos, por exemplo, que um operador esteja realizando uma tarefa e percebe que não poderá finalizá-la no período de tempo prescrito (*takt-time*). Isso ficará claro para o operador, pois o trabalho padronizado é sincronizado com o movimento da linha e as demarcações no piso indicam o passo do trabalho. Se o operador prossegue na linha antes de o passo estar completo, ele se atrasa e tem que pedir assistência.

   Vejamos um outro exemplo, neste caso, em termos de qualidade. Antes de mais nada, se um funcionário deve reconhecer que houve um erro, precisamos de um ponto de comparação. Sim, você adivinhou: um padrão. Volte ao Capítulo 6, na discussão sobre a importância de modelos de amostra para a qualidade. Além disso, operador pode ter alguma autonomia para corrigir pequenos problemas por sua conta, desde que não ultrapasse o *takt-time*. Essas "regras" também fazem parte do padrão. As regras são um elemento importante do passo seguinte, que envolve a decisão sobre quando o operador deve pedir assistência. Isso deve ser definido!

2. **Informação.** Se a situação excede a gama de controle definida do funcionário, ele deve informar o problema e requisitar auxílio. Isso é feito "puxando-se a corda" ou outro meio para sinalizar a necessidade de assistência. O dispositivo *andon* é usado pela Toyota para rapidamente indicar às pessoas encarregadas do apoio (líderes de equipe e de grupo) exatamente onde está o problema (por estação de trabalho). Normalmente inclui um alarme sonoro para sinalizar e uma luz para mostrar a localização.

   Em muitas empresas que tentam implementar um sistema *andon*, os funcionários passam por dificuldades para admitir que precisam de ajuda. Preocupam-se com a possibilidade de serem responsabilizados. Os líderes desenvolvem percepções sobre os funcionários e suas habilidade com base na freqüência com que solicitam auxílio (os "bons" não fazem a linha parar tão seguido). Essa é uma junção crítica no desenvolvimento da cultura. A liderança deve desenvolver a atitude de que seu papel é de apoio e, essencialmente, encontrar melhores métodos para que todos possam realizar o trabalho de forma eficiente. Se começa a haver ressentimento entre os funcionários ou líderes, o *andon* será ineficaz.

   Quando o líder responde à solicitação de assistência, deve assumir a responsabilidade pelo problema. O operador explica a situação e, depois que o líder compreende o que está acontecendo, o operador volta às suas atividades regulares. Dali para frente, a contenção do problema fica a cargo do líder (a correção definitiva da causa do problema pode ser uma atividade conjunta com a equipe).

3. **Avaliação.** Ao assumir a responsabilidade, a primeira coisa que o líder deve fazer é avaliar a situação. Trata-se de um problema isolado ou de um problema de maiores proporções? Se o problema é contido ou facilmente controlado (como quando um operador se atrasa) e o líder assume a responsabilidade, a primeira consideração a fazer é reiniciar a linha ou talvez intervir antes que a linha realmente pare. Se o problema parece grande ou a fonte é desconhecida (como um

problema de qualidade, com origem em algum outro lugar), a linha provavelmente paralisará e ficará parada até que o problema seja eliminado.

Se o líder responsável não conseguir reiniciar a linha imediatamente, a situação deverá ser levada para outros superiores. Obviamente, você pode ver agora que esse ciclo repetido de informação sobre os problemas baseia-se em padrões predefinidos. Por exemplo, o líder de equipe terá tantos minutos para tentar identificar e corrigir o problema antes de levá-lo ao líder de grupo. Quando o líder de grupo responde, há um limite de tempo após o qual ele deverá informar ao gerente se o problema não for corrigido. À medida que aumenta a magnitude do problema, também aumenta o nível das pessoas que são informadas sobre ele. Isso garante que os problemas maiores recebam a devida atenção e também que a alta administração não seja chamada para lidar de questões menores que podem ser tratadas pelo líder apropriado. O papel da administração é assegurar que os recursos estejam disponíveis para corrigir problemas com rapidez e que a medida corretiva impeça sua recorrrência.

4. **Controle.** A primeira consideração é manter o problema na estação e garantir que o problema não chegue ao cliente. O líder geralmente caminha ao longo da linha para verificar se o problema não escapou para o cliente. A paralisação da linha efetivamente controla a disseminação do problema. Este é o ponto chave do sistema – parar a linha até que o problema seja efetivamente controlado ou corrigido. Parar a linha é uma decisão importante, e fazê-lo atrairá atenção imediata para o problema. Este é exatamente o ponto. Em ambientes tradicionais, parar a linha causa atenção negativa e é algo evitado ou, se possível, feito sem chamar a atenção para a situação. O Modelo Toyota, em certo sentido, "celebra" o fato de que o problema é forçado a vir à tona, e todos se sentem estimulados, pois agora ele pode ser corrigido. Isso não quer dizer que a Toyota fica feliz quando as pessoas cometem erros, mas que, quando a causa do erro é encontrada e eliminada, todos compreendem que, em longo prazo, o processo ficará mais fortalecido.

5. **Contenção.** O líder deve identificar a fonte do problema de modo que possa ser contido. No caso de problemas de qualidade, o líder começaria a sistematicamente caminhar pela linha para tentar identificar a fonte do problema. A familiaridade com o processo ajuda nesse procedimento. Por exemplo, se uma determinada peça é instalada de forma inadequada, o líder pode ir diretamente ao operador que instala a peça para encontrar a origem. Se o problema é aleatório ou esporádico, o líder deve percorrer cada operação anterior até que a fonte seja localizada. Se um defeito ocorre aleatoriamente, deve-se tomar uma decisão para reiniciar a linha enquanto a busca pela fonte continua. Tal decisão geralmente é tomada pelo líder do grupo ou um superior e tem por base a gravidade do problema.

Um outro propósito do esforço de contenção é identificar os parâmetros do problema. Quando e/ou onde começou e onde é o final? Isso é importante para descobrir a fonte, mas também para assegurar que todas as peças defeituosas sejam corrigidas. Quando um problema mais sério é identificado, vários líderes respondem e cada um assume responsabilidade por uma parcela do esforço de contenção.

6. **Prevenção.** Depois de o problema ter sido controlado e contido e de a produção ter sido retomada, o foco dirige-se para a prevenção. Em alguns casos, as medidas preventivas são de curto prazo, ou seja, são medidas temporárias adotadas até que medidas permanentes mais eficazes (de longo prazo) possam ser implementadas. O líder de equipe implementa essas contramedidas de curto prazo ime-

diatamente para impedir outras ocorrências do problema. Se uma medida mais permanente de longo prazo for necessária, a responsabilidade pela solução pode retornar para toda a equipe. Todos os membros são responsáveis pelo desenvolvimento de contramedidas eficazes. O processo de solução de problemas é usado para encontrar as causas e determinar soluções eficazes e permanentes.

DICA

Desenvolva a estabilidade e o apoio antes de tentar implementar a parada de linha

Como veremos, as linhas da Toyota não param imediatamente quando a corda de *andon* é acionada. Há um pequeno intervalo de tempo (talvez entre 5 e 30 segundos) depois que a corda é puxada e antes que a linha pare, de forma que o líder de equipe possa reagir e superar a parada de linha. Esse sistema é muito sensível e exige uma estrutura de apoio e de resposta com alta capacidade. Claramente, a Toyota não chegou a esse nível de capacitação do dia para a noite. Primeiro, um alto nível de estabilidade foi alcançado, de maneira que a linha não parasse continuamente e que fossem feitos investimentos no desenvolvimento de uma estrutura de líderes de equipe para quase instantaneamente reagir aos chamados de *andon*. Prossiga com sua implementação de *andon* de forma a equilibrar a urgência de reagir com o nível de problemas em seus processos. Se os seus processos não forem razoavelmente estáveis, você sobrecarregará seu sistema de apoio e as coisas rapidamente se complicarão.

Minimização do tempo de parada da linha

A Toyota desenvolveu um sistema que permite que os problemas sejam identificados e informados aos superiores sem necessariamente parar a linha. Quando um problema é identificado e a corda é acionada, os alarmes sonoros e uma luz amarela são ligados. A linha continua a funcionar até o fim da zona de trabalho – o ponto de "parada em posição fixa" (Figura 8-4). A parada em posição fixa é especialmente útil para reduzir as verdadeiras paradas da linha no caso de um funcionário estar atrasado na seqüência de trabalho. Marcações são feitas no piso em toda a zona de trabalho indicando o passo correspondente do trabalho

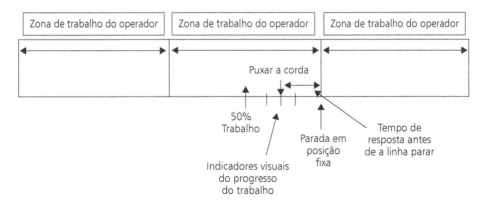

Figura 8-4   Sistema de parada em posição fixa.

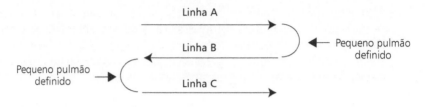

Figura 8-5 Parada em posição fixa e pequeno pulmão.

padronizado. Se o líder responder rapidamente e puder reiniciar a linha puxando a corda novamente antes de se fazer a parada em posição fixa, a linha continuará sem interrupção. No caso de ser impossível atingir a linha a tempo ou de o líder determinar que o problema justifica a paralisação, a linha parará quando a posição fixa for alcançada e o sinal *andon* ficará vermelho.

Muitos problemas menores podem ser corrigidos dessa forma, sem o incômodo de repetidos inícios e paradas de linha. Além disso, observe que, em qualquer momento que a linha for interrompida, o problema aumenta, pois todos têm que ficar novamente sincronizados com a linha quando ela recomeçar. A Toyota também usa um alarme sonoro para informar a todos os operadores que a linha está reiniciando.

As linhas de montagem da Toyota geralmente são muito longas e fazem curvas nos cantos. Isso pode ser visto como uma série de segmentos de linhas retas conectados por extremidades em forma de U. Uma parada de linha é, na verdade, uma parada de segmento de linha. Cada segmento da linha pode parar brevemente sem interromper os outros (Figura 8-5). Como observamos, pequenas paradas de linha intermitentes interrompem o fluxo. Imagine o tráfego parado no sinal vermelho. Quando a luz fica verde, o que acontece? Todos os carros se movimentam simultaneamente? Não, eles começam a deslocar-se um por um até que finalmente todos estejam em movimento. O mesmo fenômeno ocorre quando se tenta iniciar o fluxo. Pequenos pulmões definidos nas extremidades são utilizados para absorver pequenas interrupções – não mais do que 10 minutos de pulmão total. Se um operador ativa o *andon* e o líder reage antes que o automóvel seja deslocado para a próxima zona de trabalho, a linha, na realidade, nunca é interrompida. Se o problema é mais significativo e não pode ser corrigido antes do final da zona de trabalho, um segmento é interrompido (por exemplo, Linha A), mas as outras linhas (B e C) continuam, desde que haja produto no pulmão. Se o tempo de parada exceder a capacidade do pulmão, a linha seguinte parará devido à falta de produtos no pulmão. Obviamente, esses pulmões são muito pequenos, isso para que os problemas maiores não sejam escondidos pelo estoque.

 Exemplo de caso: tornando a parada de linha uma recompensa pela maturidade enxuta

A General Motors talvez tenha tido a maior oportunidade, fora do grupo Toyota, de aprender o Sistema Toyota de Produção (STP). A General Motors é co-proprietária da NUMMI, uma *joint venture* e primeira aplicação do STP da Toyota em uma planta fora do Japão. A General Motors tem livre acesso à NUMMI, incluindo o envio de muitos funcionários para trabalhar lá por um ano ou mais. Quando começou a aprender sobre o STP, meramente copiava o que via na NUMMI. Rapidamente a empresa descobriu que isso não funcionava. O sistema *andon*, por exemplo, não funcionava como na Toyota. A General Motors em vão tinha investido em algumas das mais sofisticadas tecnologias de posição fixa e em sistemas de parada de linha. Os funcionários não os utilizavam para interromper a linha e trazer os problemas à tona e resolvê-los.

Na Hamtramack, Michigan, planta que construía Cadillacs, a GM foi mais esperta. Possuía um sistema *andon* estabelecido com um sistema de parada em posição fixa. Mas não acionou a capacidade de parada de linha automática. Em vez disso, trabalhou na estabilidade do processo e no ensino de vários métodos enxutos na planta, como trabalho padronizado e uso disciplinado do sistema *kanban*. Equipes de trabalho foram organizadas. Utilizou-se um processo de avaliação para avaliar cada equipe individualmente na planta. Tratava-se de uma ampla avaliação da disciplina das equipes no uso de *kanban*, trabalho padronizado e resposta a problemas na linha. Somente quando a equipe atingia uma boa pontuação na avaliação é que podia acionar a parada de linha automática. Isso era então mostrado e celebrado por cada equipe que alcançava esse marco. As equipes trabalhavam com muito empenho para obter essa honra. E o processo de parada de linha começou a funcionar conforme se esperava.

Inclusão de inspeções de qualidade em todas as funções

Este é um paradoxo interessante. A inspeção não é uma atividade com valor agregado, mas a Toyota enfatiza a inclusão de auto-inspeção em todo o trabalho padronizado. Na superfície, isso parece contraditório. Um olhar mais aprofundado revelará que isso é uma espécie de compensação. A inspeção não agrega valor, mas impede a ocorrência de perdas maiores. É importante perceber que a Toyota não considera a adição de uma perda levianamente. Há sempre um esforço para minimizar as atividades de perda. Existem diversos meios de incorporar a inspeção ao trabalho de modo a minimizar as perdas e maximizar o valor.

Cada operador tem três responsabilidades em relação à qualidade:

1. Verificar a entrada do trabalho para se assegurar de que não haja defeitos.
2. Verificar se seu trabalho está com defeitos.
3. Nunca conscientemente passar um produto defeituoso para a operação seguinte.

O primeiro item, relativo à verificação do trabalho que está entrando, pode ser abordado quando a peça ou o operador estiver em movimento. Por exemplo, quando o operador está completando o ciclo de trabalho e retornando para o veículo seguinte, ele pode visualmente verificar itens específicos enquanto caminha. Quando uma peça é apanhada, isso não é feito de maneira distraída. A peça é apanhada com uma intenção – a intenção de verificar se é a peça correta e se não tem defeito. A inspeção é uma expectativa de correto desempenho da função. As inspeções não são tipicamente completas; são rápidas e específicas. Inspeções 100% completas são realizadas no final de uma submontagem ou processo mais importante, como soldagem da carroceria, pintura ou produção de chassis.

O foco em áreas específicas com histórico de problemas aumentará a eficácia desse processo de verificação (uso dos dados!). Outras inspeções podem ser realizadas quando uma peça está sendo instalada ou removida. Insista em treinar as pessoas a olharem para locais específicos quando realizam o trabalho. O Capítulo 11 apresenta mais detalhes sobre o treinamento em instrução de tarefas que a Toyota utiliza para treinar seus funcionários. De maneira semelhante, cada pessoa pode conferir seu próprio trabalho. O trabalho é verificado ao ser removido da máquina ou ao passar para a próxima operação. "Pontos chave" específicos da qualidade são identificados, e os operadores os verificam. Para operações críticas ou tarefas com histórico de falhas, um *yoshi* é utilizado. (Pronuncia-se "iochi" e é semelhante a um piloto falando "OK" ao verificar os itens de sua *check-list* antes de iniciar o vôo.) O trabalho padronizado dita que, na finalização da tarefa, o operador deve apontar (sim, literalmente!) a peça e dizer *"yoshi"*, o que quer dizer "verifiquei este item". O ato de apontar dá aos líderes uma pista visual de que cada passo da verificação está sendo de fato realizado (auxiliando na auditoria do trabalho padronizado). Se a inspeção fosse apenas visual, não seria possível ver se a pessoa realmente fez a verificação conforme as instruções. Além disso, o ato físico de apontar implica intenção, e o ato intencional faz com que o cérebro se envolva. É menos provável que um passo seja omitido se for utilizado um *yoshi*. Um processo semelhante em peças onde as marcações coloridas não importam é o do uso de marcadores coloridos, em que cada lugar verificado é marcado fisicamente. O ato de fazer a marca física ajuda a evitar falhas nas verificações.

Evidentemente, um dos principais propósitos de parar a linha é impedir que os defeitos passem para as operações seguintes. Mesmo com esse extenso sistema e com o apoio disponível, essa é uma das idéias mais difíceis de instilar. As pessoas parecem ter aversão a admitir falha ou incapacidade. Um dos grandes benefícios da produção em pequenos lotes é que, se um defeito passa despercebido em uma estação e os operadores subseqüentes estão verificando a entrada do trabalho, haverá um ciclo de retorno muito curto entre o momento em que o problema aparece e o instante em que é descoberto em uma operação posterior. Pode haver um intervalo de uma hora ou menos, por exemplo, entre a operação de soldagem em uma carroceria de automóvel na Toyota e o momento em que alguém que tenta instalar as peças constata uma posição com defeito. Em uma operação tradicional de grandes lotes, o tempo de ciclo de retorno poderia chegar a uma semana ou mais.

> **DICA**
>
> **Não dê às pessoas regras que não podem seguir**
>
> Esta dica aplica-se de muitas situações, mas neste caso refere-se à regra de nunca passar defeitos para outros processos conscientemente. Isso envolve mais do que apenas dizer para as pessoas não o fazerem. O que elas fazem se encontram um defeito? Quem elas chamam? Onde colocam a peça? Se essas questões não estiverem definidas, as pessoas ficarão confusas e em conflito. Elas querem fazer o que é certo e seguir as instruções, mas, se não for possível seguir a regra e fazer o trabalho de modo eficaz, elas escolherão realizar o trabalho e violar a regra. Observe para ver o que acontece. Tente fazer isso você mesmo para obter experiência em primeira mão. Não suponha que as pessoas rompem com as regras porque não se importam. Talvez não haja um bom sistema para ajudá-las a seguirem essas regras.

Poka yoke

Os funcionários são auxiliados com a prevenção de erros utilizando-se os métodos ou dispositivos *poka yoke*. Este termo geralmente é traduzido como "detecção de faltas" ou "detecção de erros". A detecção de erros não é tanto uma "ferramenta" enxuta quanto um modo de pensar e avaliar problemas. Baseia-se na filosofia de que as pessoas não cometem erros ou fazem o trabalho de modo incorreto intencionalmente, mas, por diversas razões, os erros podem ocorrer e realmente ocorrem.

Há uma diferença significativa entre o Modelo Toyota de pensar sobre as causas de erros e o processo de raciocínio usado em outras empresas. Em nosso trabalho com outras organizações, todos são unânimes em concordar que "as pessoas cometem erros". Também unanimemente se concorda que, "se as pessoas *prestassem atenção*, não cometeriam tantos erros". O pensamento convencional tende a identificar a causa de erros como "erro humano", enquanto o Modelo Toyota sempre parte da suposição de que um erro é uma falha do *sistema* e dos *métodos* usados para desempenhar a tarefa. Muito simplesmente, os erros ocorrem porque o método utilizado permite!

A diferença de pensamento transfere a responsabilidade pelos erros das pessoas para o método, o que também transfere a culpa pelos erros das pessoas para os sistemas. Quando as pessoas estão liberadas da culpa, ficam livres para concentrar-se na criação de sistemas mais criativos e realmente resolver os problemas, em vez de ficar se defendendo. É comum na Toyota que um gerente peça desculpa a um funcionário quando este comete um erro, pois a administração detém a responsabilidade pela criação de sistemas eficazes para prevenção de erros. Quando foi a última vez que alguém na sua empresa pediu desculpas a um funcionário quando este cometeu um erro?

O seguinte exemplo de caso caracteriza o raciocínio em muitas organizações.

Exemplo de caso: erros no envio de fax de pedidos

Durante uma atividade para melhorar o tempo do processamento de pedidos em um ambiente de escritório, descobriu-se que a aprovação dos pedidos freqüentemente era atrasada por vários dias devido a erros cometidos durante o envio de fax aos distribuidores. Os pedidos deviam retornar aos distribuidores para revisão e aprovação antes de serem submetidos à produção. O procedimento normal era retornar a proposta pré-aprovação via fax para o distribuidor dar a aprovação final. O tempo de resposta exigido dos distribuidores era de dois dias úteis. Se a proposta inadvertidamente fosse enviada para o distribuidor errado, passariam dois ou três dias até que se iniciasse uma busca para ver se o distribuidor havia aprovado a proposta. Durante esse acompanhamento, descobria-se que o fax jamais havia sido recebido. Investigação dos registros de envio de fax mostrou que os fax estavam, na verdade, sendo enviados para os distribuidores errados.

Investigações posteriores também revelaram que certos funcionários cometiam um número maior de erros, e a conclusão foi de que eles eram "mais descuidados". Como possível "solução", foram colocadas instruções junto às máquinas de fax dizendo para "prestar atenção", "ser cuidadoso" e "verificar se o fax foi enviado corretamente". Obviamente, isso não resolveu o problema, e chegou-se à conclusão de que certos funcionários sempre "seriam problemas" e que era preciso ter mais controle.

Quando foi sugerido o modo de pensar do Modelo Toyota, a resposta foi: "o erro humano é uma realidade. Você nunca eliminará o erro humano". Eis aqui o problema. Uma pessoa que desenvolve um sistema geralmente o entende bem e supõe que os outros também deveriam entendê-lo. O criador (ou mesmo uma pessoa que o utiliza há anos) acredita que o sistema é simples e compreensível. Ele tem dificuldade de reconhecer que os outros podem ter uma experiência diferente com o sistema e que as pessoas têm diferentes capacitações. Qualquer um que não tenha um desempenho muito bom é considerado incapaz. Raramente alguém considera o sistema. Vejamos o método neste exemplo para encontrar as causas de erros no sistema.

Devido ao grande número de entrada e saída de fax, quatro máquinas estavam em uso. Cada máquina podia armazenar 100 números de fax e usar um código de "atalho" para automaticamente discar o número de telefone. Uma lista de todos os distribuidores ficava afixada atrás das máquinas para que os funcionários pudessem localizar o negociante e o código correto (Figura 8-6). A lista estava separada em três folhas bem grandes (50cm por 50cm cada uma). As folhas ficavam na parede atrás das máquinas a alguma distância do funcionário.

Quando avaliamos o método para a realização do trabalho e tentamos compreender por que os erros podiam ocorrer, vimos que, embora todas as informações necessárias para realizar a tarefa estivessem à disposição, elas não eram estruturadas de uma maneira que conduzisse à tarefa específica. Vamos avaliar os passos da tarefa.

1. Olhar o pedido e identificar o distribuidor
2. Localizar o distribuidor na lista
3. Olhar a página para identificar a máquina de fax e o código (lembrar-se desta informação)
4. Encontrar a máquina de fax
5. Dar entrada no código correto e enviar o fax

Avaliando o método, descobrimos que os erros poderiam ocorrer durante cada passo. É possível identificar o distribuidor no pedido e depois identificar incorretamente o distribuidor na lista. Quando se passam os olhos da seção de distribuidores para a de códigos de fax, é possível cruzar a linha e identificar o distribuidor errado (lembre-se de que a folhas estava atrás das máquinas de fax, onde não era possível percorrer as linhas com o dedo). A passar da folha para a máquina de fax, o funcionário tinha que lembrar o número da máquina correta e o código na máquina. Era possível achar a máquina certa e o código errado ou o código certo e a máquina errada ou esquecer as informações que haviam sido procuradas.

A administração concluiu que os funcionários deviam ser cuidadosos quando estivessem usando a lista e que lembrar dos números das máquinas e dos códigos deveria ser fácil. Quando verificaram o sistema, concluíram que era "fácil" em grande parte porque eles, os administradores, só tiveram que realizar a tarefa uma vez sem errar para provar que o sistema era bom. Se tivessem que repetir o processo centenas ou milhares de vezes, e às vezes com pressa,

Folha com 50 cm de largura!

Nome do Distribuidor	Região	Endereço	Representante	Telefone	Fax	Código Pré-Programado
A Plus Cabinets	South West	111 Short Street Anytown, AK	John Smith	888-555-1212	888-555-1213	Máquina 3- #49
Astoundingn Cabinets	East	555 Wst main, Yourtown, MS	George Jones	877-222-2222	877-222-1234	Máquina 2- #32

Figura 8-6 Amostra de lista de distribuidores.

descobririam que eles também cometeriam vários erros. Essa é uma falha comum de raciocínio da administração. Pode ser fácil executar a tarefa uma vez sem erros. Realizá-la centenas de vezes sem errar é uma coisa bem diferente.

Para simplificar a tarefa a fim de minimizar os erros, vejamos as causas potenciais de erro.

Erro: combinação incorreta de distribuidor com máquina de fax e código.

Por que ocorre esse erro?

1. As duas informações usadas estão em extremos opostos da longa folha de papel (quase 50 cm).
2. Não há delineamento visual entre as linhas na folha, o que facilita o cruzamento com a linha seguinte.
3. As folhas ficam atrás das máquinas, onde o funcionário não pode acompanhar a linha com o dedo.

Solução: reformatar a folha para que o nome do distribuidor e o código fiquem lado a lado. Isso minimiza a possibilidade de cruzamento das linhas. Além disso, pode-se escurecer os campos de linhas alternadas, facilitando a permanência na linha correta, como mostra a Figura 8-7.

Nome do Distribuidor	Código Pré-Programado	Região	Endereço	Representante	Telefone	Fax
A Plus Cabinets	Máquina 2- #49	South West	111 Short Street Anytown, AK	John Smith	888-555-1212	888-555-1213
Astounding Cabinets	Máquina 2- #32	East	555 West main Yourtown, MS	George Jones	877-222-2222	877-222-1234

Figura 8-7 Lista de distribuidores reformatada.

Erro: o funcionário não usa a máquina correta identificada.

Por que ocorre esse erro?

As folhas estão dispostas atrás das máquinas de fax, e o funcionário tem que lembrar a máquina correta identificada e localizá-la. A Figura 8-8 ilustra essa situação.

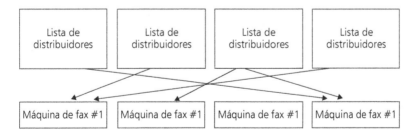

Figura 8-8 Organização das listas de distribuidores por máquina de fax.

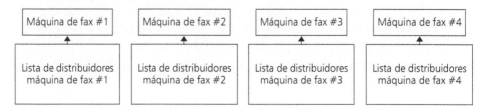

Figura 8-9 Disposição revisada das listas de distribuidores por máquina de fax.

> Solução: separar as folhas dos distribuidores de acordo com a máquina correspondente e colocar as folhas na frente das máquinas para que os funcionários possam acompanhar a linha com o dedo. A nova disposição é mostrada na Figura 8-9.
>
> A implementação dessas mudanças reduziu os erros significativamente. Também descobriu-se que haviam sido cometidos erros na programação inicial dos códigos. Mesmo se o funcionário identificasse corretamente o código, o fax seria enviado para o lugar errado.
>
> Você também pode perguntar: "você chegou a considerar um processo de verificação para conferir se o fax foi recebido pelo distribuidor?" Isso foi, de fato, iniciado, mas tenha em mente que essa "solução" é semelhante à inspeção de produto *depois* que ele foi produzido. Esse passo extra não aborda as causas do erro e adiciona custo. Só deveria ser utilizado para processos críticos e somente depois de as causas terem sido corrigidas.

A chave para o desenvolvimento de uma eficaz detecção de erros está em compreender como ou por que o erro ocorreu. Você entende as circunstâncias que levaram ao erro? Foi um erro aleatório ou repetitivo? O erro ocorre com todos ou há uma pessoa que tem dificuldade? Se for um indivíduo, a resposta pode ser avaliar o trabalho padronizado e garantir que nenhum passo seja omitido. Se todos têm o mesmo problema, pode haver uma causa singular, como ausência de informações ou um passo que não está claro. Não cometa o erro de acreditar que todos os erros exigem um "dispositivo" para impedir sua recorrência.

O seguinte exemplo de caso demonstra que há sempre diversos modos de resolver qualquer problema. Estimule seus funcionários a serem criativos e a buscarem soluções que sejam altamente eficazes e de baixo custo. Há um enorme poder na simplicidade. Olhe a sua volta para aplicar no seu problema soluções existentes de outros problemas. A idéia do Velcro foi desenvolvida após a observação de "adesivos", e o "problema" foi convertido em uma solução para outras situações.

 Exemplo de caso: sempre há mais de uma maneira de impedir erros

> Na planta da Toyota em Georgetown, as peças eram pintadas em uma seqüência e *mix* de cores nivelados, o que quer dizer que uma peça seria pintada de branco, a próxima poderia ser azul, depois uma preta e novamente uma branca. Era possível ter a mesma cor seguida, mas o *mix* variava de acordo com várias condições. O sistema de pintura exigia a circulação contínua de tintas, e somente uma pistola de pintura era usada por pintor. Cada vez que

a cor mudava, o pintor desconectava a tinta da DR (desconexão rápida) e a conectava na pistola. O pintor fazia fluir a linha por alguns instantes e então pintava a peça seguinte. Como a cor mudava de uma peça para outra, o pintor tinha que desconectar e reconectar a tinta para cada peça. Um elemento chave da detecção de erro está em compreender que as pessoas geralmente se comportam como a eletricidade – elas procuram o caminho com a menor resistência. Nesse caso, os pintores queriam evitar a troca contínua de tintas.

Cada cabine de pintura tinha três pintores. Depois de o primeiro pintor aplicar a cor à peça, os outros pintores podiam visualmente identificar as cores das peças (e o *mix* de cores) que eram encaminhadas para eles. Ocasionalmente, o padrão era tal que uma peça branca era seguida de uma peça vermelha e depois por outra peça branca, por exemplo. Quando o pintor podia ver que a cor branca seria novamente utilizada, segurava a cor branca e a religava depois da peça vermelha (nunca religando a branca na parede). Às vezes, o pintor desviava-se da regra e ficava com várias cores desconectadas ao mesmo tempo, o que fazia com que o operador erroneamente religasse uma cor de tinta a uma DR de outra cor. Assim, ambas as cores eram misturadas por todo o sistema – um grande problema! Isso acontecia muitas vezes por ano, e as perdas totais com mão-de-obra, materiais e descarte de resíduos chegava a mais de 80.000 dólares anuais, o que não incluía o custo para o cliente (a linha de montagem).

A linha de pintura ficava parada enquanto os líderes de equipe preparavam tinta manualmente em "potes de tinta" para cada pintor de forma que a linha pudesse recomeçar. A paralisação da linha freqüentemente originava escassez de peças na linha de montagem – agora, um problema muito sério. Esforços anteriores para detecção de erros resultaram nas seguintes "soluções":

1. Notificar os pintores de que o trabalho padronizado especificava que somente uma mangueira de tinta fosse removida por vez e que o trabalho padronizado deveria ser seguido. Como se poderia esperar, esse nível de detecção de erros – dizer aos funcionários qual é o método correto – raramente é eficaz.

2. Afixar uma placa que dizia "somente uma mangueira de tinta pode ser removida por vez" em cada estação de trabalho. Essa tentativa comumente aplicada na detecção de erros – afixar uma notificação da regra ou método – também raramente é eficaz. A maioria das pessoas supõe que uma placa, claramente à vista, impedirá os erros. Isso parece lógico. As pessoas não rompem as regras maliciosamente (na maioria das vezes), mas com freqüência racionalizam: "acho que não vou me enganar, então não tem problema se eu burlar a regra".

3. Rotular as linhas de tinta. A tinta proveniente do *spray* em seguida cobria os rótulos, tornando impossível a leitura.

4. Um "*flap*" de cobertura foi instalado sobre a DR para a tinta branca, o que exigia que o pintor levantasse a tampa para religar a mangueira. Essa contramedida baseava-se no fato de que a maioria de ocorrências passadas envolvia a mistura de tinta branca com uma outra cor. Como 40% de todos os veículos eram brancos, a probabilidade de ter diversos pára-choques brancos na seqüência simultaneamente era maior. A tampa sobre a DR branca tinha o objetivo de fazer o operador "pensar" antes de substituir a tinta branca (de modo semelhante

a um *yoshi*). Essa "solução" também não teve efeito, pois não impedia a conexão de tintas erradas. Somente tornava o trabalho mais difícil (levantar a tampa em 40% das tarefas).

Essas quatro tentativas de prevenção representam a hierarquia de detecção de erros passando da comunicação ou compartilhamento de informações para a colocação de avisos e tentativas de prevenção por autoverificação. Os esforços podem ter impedido algumas ocorrências, mas não impediram todas.

Depois que essas tentativas para eliminar o erro falharam, uma solução proposta foi a utilização de um mecanismo conhecido como "amendoim". Isso permitia que a tinta voltasse a circular na pistola e eliminava a necessidade de desconectar a tinta. Era um dispositivo preventivo eficaz, mas os pontos negativos eram o peso adicional na pistola (quase meio quilo), o que era uma preocupação ergonômica, e o alto custo dos dispositivos. A instalação em toda a linha de pintura custaria mais de 10.000 dólares – não era uma solução de baixo custo.

Ficou claro, a partir da observação, que a inclinação dos operadores de desviar-se do método descrito não era por má vontade. Eles desviavam-se pelo desejo natural de reduzir sua própria carga, supondo que jamais cometeriam aquele erro. Nesse caso, um método para detecção de erro era necessário para remover qualquer necessidade de um ato consciente (seguir as regras). Era necessário eliminar as opções.

Observando-se os pintores desconectando e reconectando a tinta, via-se que isso era como colocar uma chave na fechadura e abrir a porta. Essa foi a semente de uma idéia. E se cada tinta de algum modo pudesse ser feita para encaixar em apenas uma DR? E se cada DR e cada combinação de tinta pudessem ser como uma fechadura e uma chave? As DRs precisariam ser como fechaduras, e as linhas de pintura seriam as chaves. Um ferramenteiro conseguiu fazer uma amostra para simulação utilizando uma placa de aço de um quarto de polegada na frente das DRs que tinha fendas únicas fresadas para cada cor individual (Figura 8-10). Ele fez uma capa que era conectada a cada tinta com uma configuração de pino adequada à fenda. Bem como uma fechadura e uma chave! O protótipo foi instalado em uma estação para teste e verificação da facilidade de uso. Após modificações, conjuntos de combinações foram feitos para cada estação de pintura (todos eram configurações idênticas de fechadura e chave).

Naturalmente, esse método não é completamente à prova de erros. Na verdade, é possível malograr o método para qualquer sistema que for desenvolvido

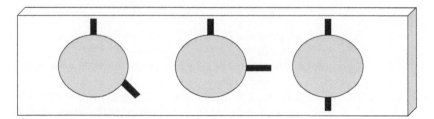

Figura 8-10 Dispositivo de detecção de erros "fechadura e chave".

(como os *hackers* de computadores que invadem sistemas "seguros"). Nesse caso, se os pinos fossem quebrados ou removidos, o dispositivo seria ineficaz. Para contrapor essa possibilidade, o líder de equipe acrescentou a conferência dos pinos à inspeção diária no início do turno para verificar se tudo estava na ordem correta de trabalho.

O custo dessa solução simples foi cerca de 200 dólares para material e mão-de-obra, e as capas adicionaram poucos gramas de peso ao operador – um impacto ergonômico não-significativo. O dispositivo preveniu eficazmente o problema com nível zero de recorrência.

Existem alguns pontos chave que sustentam o esforço de detecção de erros. O determinante chave do sucesso é a mentalidade. As técnicas e ferramentas de detecção de erros são simples e fáceis de aplicar. O maior desafio está em descobrir a causa e utilizar a imaginação para eficazmente eliminá-la.

Há uma hierarquia quando se trata de esforço para detecção de erros. A ordem mais alta é impedir completamente a ocorrência de erro. Mas a completa eliminação nem sempre é viável ou prática. Qualquer sistema ou dispositivo instalado pode ser burlado se assim se desejar. Se um dispositivo de prevenção instalado for problemático ou lerdo, as pessoas tenderão a "contorná-lo". Se você criar uma cura pior do que a doença, as pessoas evitarão a cura.

ARMADILHA

Não se exceda com *poka yoke*

Infelizmente, o excesso de uma coisa boa pode ser prejudicial. Temos assistido a uma tendência a níveis cada vez mais altos de detecção de erros. Em muitos casos, os dispositivos são desenvolvidos por engenheiros, e os verdadeiros trabalhadores não têm nenhuma participação no processo. Os dispositivos tornam-se extremamente sofisticados e adicionam camadas de complexidade. Temos visto operações que levam 15 segundos para realizar o trabalho, mas que precisam de 25 segundos ou mais para o funcionamento do dispositivo de detecção de erros! Em um exemplo, uma peça moldada que tem alguns grampos e trilhos adicionados, é colocada em um dispositivo de detecção de erros. A peça é fixada no suporte e então a aplicação de peças corretas é testada. Depois de o ciclo ser finalizado, a peça é solta e removida do suporte. A verificação leva quase duas vezes o tempo do trabalho real! A parte triste é que, depois desse elaborado processo de teste, é possível que as peças caiam, fazendo com que uma peça defeituosa chegue ao cliente de qualquer maneira! Além disso, a sofisticação dos dispositivos cria problemas na compreensão de seu modo de operação, reinício depois dos erros, etc. Tente encontrar métodos de detecção de erros que sejam simples e eficazes.

Se não for possível impedir completamente o erro (a maior parte das vezes), então tente detectar o erro quando ele ocorre. Dispositivos ou métodos de detecção são mais comuns (os dispositivos *jidoka* enquadram-se nessa categoria). O dispositivo pode detectar uma ferramenta avariada ou indicar ao operador a falta de um componente. A ferramenta já está avariada e algumas peças podem estar danificadas, mas o problema é detectado e corrigido rapidamente.

Em qualquer caso, é importante impedir que itens defeituosos (ou erros) afetem o cliente. Isso será verdade mesmo se um dispositivo para detecção de erros for utilizado.

Sempre deve haver "portões" de proteção para garantir que o cliente nunca seja comprometido. Como mencionamos anteriormente, cada funcionário age como um "portão" na autoinspeção e na inspeção de áreas importantes do trabalho dos outros. Mais pontos de inspeção (portões) reduzem a possibilidade de escape.

Esta lista de possíveis causas de erros ou omissões pode não incluir tudo, mas abrange as causas principais:

1. Desvio de método de trabalho definido (o trabalho deve ser padronizado antes de se tentar o *poka yoke*).
   a. Omissão de passos
   b. Passos fora de seqüência
2. Falta de peças (ou componentes do trabalho)
3. Peça inadequada (cuidado com peças intercambiáveis)
4. Preparação incorreta (ferramentas ou montagens incorretas)
5. Erros de informação ou de documentação
6. Transposição de erros de impressão (cuidado com longas fileiras de números)
7. Má interpretação de erros de impressão (atenção às semelhanças de descrições, números e aparência)
8. Reconhecimento do erro, mas falha em isolá-lo ou corrigi-lo

Observe que a detecção de erros vai bem além da prevenção de defeitos. Aplica-se a qualquer atividade de trabalho e a qualquer erro que crie um desvio do padrão definido. Talvez o encarregado do material se esqueça de apanhar um item ou um projetista não se lembre de colocar uma informação importante nos projetos. Consideremos este exemplo com que estamos familiarizados:

Você entra no *drive-thru* de seu restaurante de *fast food* preferido para pedir o almoço e observa que uma tela mostra seu pedido à medida que você o faz e o caixa o registra. Há uma afirmação na tela, dizendo: "esta tela é para garantir a exatidão do seu pedido". Assim, um ponto possível para a ocorrência de erro é a entrada do pedido. Como poderia ocorrer um erro? Talvez o caixa não consiga ouvir com clareza. Talvez o cliente peça o lanche errado ou na quantidade errada (não que isso fosse acontecer na sua empresa!). O caixa pode pressionar a tecla errada (observe que os registros do caixa têm botões pré-programados para todos os itens – um exemplo de detecção de erro e de economia de tempo) ou dar entrada na quantidade incorreta.

Bem, há várias possibilidades de ocorrência de erros, e ainda estamos no primeiro passo! Você se lembra dos "velhos tempos", quando o pedido era feito junto à área de preparação dos pratos? Essa é uma outra oportunidade para erros. Novamente, e se o pedido fosse feito de forma incorreta, ou ouvido incorretamente ou, ainda, se ambas as partes esquecessem partes do pedido? Muitos restaurantes instalaram monitores que mostram os pedidos para o pessoal da cozinha à medida que vão sendo feitos. Não há chance de entender mal ou esquecer. Então, vem a verdadeira preparação dos pratos. Essa pode ser a área de maior oportunidade para ocorrência de erros. A taxa de erro tem maior probabilidade nos pedidos que se "desviam" do padrão (embora eles prometam que "pode ser do seu jeito"). Você pediu sem maionese ou mais picles? Erros podem ocorrer na real preparação do item fora do padrão ou o pedido pode ser preparado corretamente e um outro item ser colocado na embalagem. Os "especiais" estão separados dos pratos padronizados? Como os especiais são indicados visualmente para impedir erros? Com todas as oportunidades possíveis de erros, é de surpreender que os pedidos sejam corretos na maior parte das vezes.

Criação de uma estrutura de apoio

Nas operações mais tradicionais uma variedade de problemas ocorre ao longo do dia, e os líderes raramente são informados (com base na preferência individual do funcionário). Observamos máquinas que não estavam operando, defeitos que se acumulavam e até mesmo operadores que haviam deixado a área de trabalho por algum motivo e não havia nenhuma reação. O número de problemas freqüentemente sobrecarrega os líderes porque estes são poucos.

Uma das principais diferenças entre a Toyota e as outras empresas é a estrutura de apoio e como é utilizada para controlar eficazmente os problemas e manter o sistema em operação. As funções e as responsabilidades dos líderes de equipe e de grupo e as sugestões para a seleção das pessoas certas serão explicadas no Capítulo 10. Por ora, basta dizer que um aspecto crítico para as funções de apoio é a "amplitude de controle". Não é possível que um líder responda às necessidades de várias dúzias de pessoas se a linha ou operação parar toda vez que acontece um problema. Novamente, é uma questão de comprometimento – acrescentar a perda de trabalhadores extras indiretos que não agregam valor diretamente a fim de eliminar ou evitar perdas muito maiores. O Modelo Toyota está repleto de investimentos de curto prazo que resultam em compensações de longo prazo ainda muitas vezes.

Reflexão e aprendizagem com o processo

1. Reflita com calma sobre a cultura de sua organização quanto a agregar qualidade e realizar o trabalho de forma correta já na primeira vez.
   a. Qual é a visão cultural das pessoas e dos erros? É de que as pessoas cometem erros intencionalmente, que são descuidados ou que há "maus" funcionários? Ouça as conversas e anote mentalmente os comentários.
   b. Você acredita que alguns problemas se devem a descuidos?
   c. Como seu pensamento e suas ações precisam mudar a fim de influenciar a organização?
   d. Espera-se que as pessoas da empresa participem na identificação e eliminação de problemas que elas detectam?
2. Durante suas "caminhadas à procura de perdas", preste bastante atenção ao que acontece quando ocorre um problema.
   a. Como você soube que havia um problema? Você podia (visualmente) notar um desvio do padrão?
   b. Como a pessoa que detectou o problema sabia que se tratava de um problema? A pessoa tem um padrão para comparação ou "simplesmente sabe" a partir de sua "experiência"?
   c. Como o problema foi tratado? A pessoa conseguiu comunicar o problema aos superiores a partir do local de trabalho ou teve que encontrar ajuda?
   d. Havia uma resposta definida para a comunicação do problema aos níveis mais altos?
   e. A resposta incluiu verificar se o problema afetaria o cliente e, se afetava, o problema foi contido para impedir que atingisse o cliente?

      f. A resposta incluiu verificar a causa do problema e a medida corretiva para impedir outras ocorrências?
      g. Qual é o tempo de resposta total para o ciclo de solução de problemas? Quais são aos prejuízos totais de ter um sistema ineficaz?
      h. Que ações precisam ser acrescentadas ao plano de implementação para aperfeiçoar seu sistema?
3. A fundamentação para a agregação de qualidade na fonte é o trabalho padronizado. Avalie seu processo de trabalho padronizado para responder as seguintes perguntas:
      a. O trabalho padronizado é claro e compreensível?
      b. A verificação da qualidade na entrada está incluída em todos os trabalhos? As áreas específicas foram identificadas para as verificações com base nos dados históricos (verificação de áreas problemáticas conhecidas)?
      c. Os principais pontos de qualidade foram identificados para cada trabalho e são verificados antes da finalização da tarefa?
      d. Seu sistema permite que as pessoas interrompam o processo se detectarem um problema?
      e. O sistema automaticamente comunica o problema aos superiores para garantir que a medida correta seja tomada?
4. Na próxima vez que um problema ocorrer causado por alguém que cometeu um "engano", avalie a resposta de ação corretiva.
      a. A contramedida vai além de lembretes aos funcionários, indicações e novo treinamento? Se não vai além, isso indica incapacidade de encontrar as verdadeiras causas e de identificar soluções eficazes.
      b. As sugestões para soluções são solicitadas aos funcionários?
      c. Avalie o erro para ver sua verdadeira causa (ver a seção de solução de problemas). O que pode ser feito para *impedir* que alguém cometa o mesmo erro ou um erro semelhante?
      d. Qual é o nível de suas tentativas na detecção de problemas? Você está colocando avisos, detectando problemas que já ocorreram ou prevenindo a ocorrência de problemas antes de mais nada?
      e. Acrescente ao seu plano de implementação detalhes para instruir sua liderança sobre como realizar a análise da causa e a detecção de erros.

Adequação da Tecnologia às Pessoas e aos Processos Enxutos

Capítulo 9

De volta ao ábaco?

"O sistema enxuto é antitecnologia". "Aqueles fanáticos estão sempre falando mal da tecnologia de informação (TI)". "Se fosse pelos sonhadores enxutos, teríamos que pôr os computadores no lixo e até as canetas seriam muito avançadas – eles querem lápis e papel". Esses são exemplos de afirmações que ouvimos com freqüência, especialmente de profissionais de TI frustrados que estão sendo impedidos, pelos seguidores do sistema enxuto, de implementar as tecnologias que planejaram. A impressão é de que a Toyota não acredita em tecnologia avançada de nenhum tipo. Imagina-se que a Toyota seja uma empresa onde todos carregam um ábaco no cinto.

Vamos descartar esse mito imediatamente. A realidade é que a Toyota é uma empresa fundamentada em tecnologia. Na verdade, está entre os usuários mais sofisticados e tecnologia avançada no mundo. Não mensuramos o uso de tecnologia na Toyota em relação às suas concorrentes, mas podemos dizer que a Toyota a utiliza e muito – robôs, supercomputadores, computadores de mesa, tecnologia de *scanning* por rádio-freqüência, SAP, alarmes luminosos na fábrica, etc. Consideremos a tecnologia nos produtos da Toyota – a primeira empresa a produzir em massa um veículo híbrido repleto de *chips* de computador – e lembremos que os Toyotas no Japão estão equipados com sistemas GPS para navegação.

O ponto que causa confusão é simples. Não é que a Toyota evite tecnologia avançada, mas que a Toyota vê a tecnologia de forma diferente. Quando especialistas enxutos aconselham uma empresa a parar de usar o sistema MRP (Material Requirements Planning) como está sendo usado, a interromper o sistema automatizado de armazenagem e recuperação ou a parar de investir em uma cabine de pintura de alta tecnologia, eles não estão dizendo para parar de usar tecnologia, mas sim para parar de usar a tecnologia de um modo que produz perdas. Significa parar de usar a tecnologia como substituto para o raciocínio.

Voltemos à história da Toyota e de Sakichi Toyoda, o "Rei dos Inventores" no Japão. A empresa começou como produtora de automação. Toyoda queria automatizar a tecelagem por meio de teares elétricos. Mas ele não saiu para montar um laboratório de P&D para fabricar o tear elétrico mais caro, mais exótico e da mais alta tecnologia possível. Ele queria um tear simples e barato que pudesse servir ao propósito de aliviar um pouco da carga sobre as mulheres da comunidade. Ele construiu os primeiros teares de madeira Toyoda feitos à mão. Ele sujou as mãos para aprender a tecnologia do motor a vapor.

Quando a Toyota Motor Company ingressou na área de tecnologia híbrida, não era com a missão de se tornar a líder mundial em tecnologia híbrida avançada. Ela começou com uma equipe técnica poderosa, chamada de G21, encarregada de pensar de modo inovador sobre as novas formas de construir automóveis e novas maneiras de projetar carros para o século 21. No início da década de 1990, o sucesso financeiro e a penetração de mercado da Toyota estavam no auge, mas o presidente Eiji Toyoda aproveitava toda oportunidade que pudesse para falar de crise. Em uma reunião da diretoria da Toyota, ele perguntou: "devemos continuar a fabricar carros como temos feito? Podemos sobreviver no século XXI com o tipo de P&D que estamos fazendo?" Isso levou a equipe G21 a desenvolver um conceito para o carro do século XXI. Designou-se um engenheiro-chefe, e, após pesquisa exaustiva, com estímulo do novo presidente, Hiroshi Okuda, concluiu-se que o motor híbrido era uma boa solução intermediária entre os motores convencionais e o verdadeiro futuro, com células de combustível ou algum outro recurso renovável. O motor híbrido era uma solução prática para um problema real – não uma solução em busca de um problema.

A história da Toyota não é sobre evitar a nova tecnologia. É sobre colocar a tecnologia em uma perspectiva adequada, orientada por um propósito prático. E a Toyota sempre leva em conta o processo de agregação de valor para realizar esse propósito. Somente então é que a empresa considera onde a nova tecnologia se enquadra para a realização daquele propósito. Essa é a lição do pensamento enxuto em relação à tecnologia.

Como a maioria dos outros temas que estamos abrangendo neste livro, não existe um manual sobre como avaliar a tecnologia ou como implementá-la de um "modo enxuto". Também não existe "tecnologia enxuta". O que existe são sistemas enxutos com a tecnologia desempenhando um papel adequado para apoiá-los. Neste capítulo, discutiremos maneiras de pensar sobre a nova tecnologia e modos de adotá-la.

 Estudo de caso: a tecnologia da Toyota está atrasada?

A Toyota tem a prática interessante de permitir que as concorrentes visitem suas fábricas. A planta de Georgetown com freqüência promove visitas de "*benchmarking* automotivo" e, mensalmente, "visitas/seminários de informação públicos". Os visitantes podem falar com funcionários da Toyota e fazer perguntas específicas relativas ao modo como a Toyota faz as coisas. Em visitas de *benchmarking* especiais, os visitantes podem visitar o chão de fábrica e "ver tudo o que quiserem".

Em uma determinada visita com alguns administradores de plantas das Três Grandes, um dos visitantes comentou com seus colegas: "vejam, só. Não usamos essa tecnologia, no mínimo, há 15 anos!" A tecnologia desatualizada parecia ser o centro de sua atenção. Eles ignoraram completamente outros elementos do sistema de produção com que tinham se confrontado em suas plantas. Um dos visitantes inadvertidamente passou pela célula de um robô e o fez parar. Ele nem se deu conta que isso tinha acontecido, e um líder de equipe foi até lá e reiniciou o robô em menos de um minuto, antes que ocorresse alguma perda de produção. O guia comentou o incidente com o administrador e perguntou-lhe quanto tempo levaria para reiniciar um robô ou linha em sua planta se eles tivessem parado. Sua resposta foi: "talvez 10 ou 15 minutos", e ele continuou reclamando da tecnologia desatualizada,

> sem compreender que não é a tecnologia que é crítica, mas, ao contrário, as pessoas que utilizam a tecnologia e o sistema total.
>
> Os robôs da Toyota têm confiabilidade e tempo de operação consideravelmente mais altos do que os das Três Grandes. Sua linha global e flexível de carrocerias que consegue flexivelmente fazer carrocerias de caminhões, minivans carros em qualquer ordem sem perder o ritmo é a inveja do setor. E a linha está cheia de robôs, todos operando em harmonia. Qualquer robô pode parar, e a linha de carrocerias também pode parar. Mas eles raramente param. A maioria dos fabricantes de automóveis ficaria preocupada com a tecnologia antiga. A Toyota acredita que o pior estado da tecnologia deve ser quando sai da caixa, melhorando a partir daí através da manutenção regular e da melhoria contínua.

No que se acredita em termos de tecnologia, pessoas e processos?

O ponto de partida do pensamento é o que você acredita. É também o que você valoriza. Se você acredita que a tecnologia é a solução para seus problemas ou se valoriza ser o garoto com os melhores brinquedos tecnológicos, você não será enxuto.

O Modelo Toyota sempre parte do cliente. O que o cliente deseja? Depois, pergunta que processo agregará valor ao cliente com o mínimo de perdas. A seguir, reconhece que qualquer processo que se possa arquitetar ainda estará cheio de perdas. Livrar-se das perdas leva tempo e requer experiência com o processo: é um processo de aprendizagem de melhoria contínua, e somente aqueles que trabalham no processo e o gerenciam é que podem aperfeiçoá-lo no dia-a-dia.

Pensar dessa forma é um sistema de crença. Os princípios do Modelo Toyota são um conjunto de crenças no que funciona. Fazem parte da cultura da Toyota. Assim, qualquer tecnologia nova deve encaixar-se nesse sistema e filosofia mais amplos:

- Como a tecnologia contribuirá com o processo de agregação de valor?
- Como a tecnologia ajudará a eliminar as perdas?
- A tecnologia contribuirá para um sistema flexível que pode economicamente se ajustar aos altos e baixos da demanda?
- A tecnologia apoiará as pessoas que fazem o trabalho na melhoria contínua do processo?
- As pessoas no sistema desafiam-se a atingir a meta com a tecnologia mais flexível e menos complexa?
- As pessoas estão usando a tecnologia como uma bengala para evitar ter que pensar profundamente sobre a melhoria do processo?

O estudo de caso de *cross-dock* abaixo ilustra dois sistemas de crenças contrastantes com dois resultados também contrastantes. A Toyota assumiu uma visão orientada para o processo ao desenvolver um sistema de *cross-dock* padronizado, seguindo os princípios do Sistema Toyota de Produção (STP), que uniformemente integraram seus fornecedores e sua planta de montagem. A tecnologia claramente ficou no banco de trás no caso da Toyota. Uma grande fabricante de automóveis dos Estados Unidos seguiu uma visão orientada para a tecnologia, colocando sistemas de TI no centro e esperando que eles, de algum modo, integrassem uma diversa gama de provedores de logística selecionados com base no menor custo. O resultado, previsivelmente, foi o desempenho superior do sistema de logística da Toyota.

Estudo de caso: crenças na tecnologia e *cross-dock*

A Toyota fez um grande investimento, em termos de tempo e dinheiro, para desenvolver um sistema enxuto de *cross-dock* (docas para transbordo) na América do Norte, estabelecendo uma *joint venture*: a Transfreight. A Toyota não tinha nenhum interesse direto de propriedade, mas envolveu sua empresa parceira comercial, a Mitsui, em uma *joint venture* com a TNT Logistics (mais tarde, a Mitsui comprou a TNT). Um *cross-dock* é simplesmente como uma doca de junção. Nesse caso, caminhões de carga chegam, no mínimo, uma vez por dia de diversos fornecedores diferentes de todo o país. Os *pallets* de peças chegam nas docas e são recarregados com cargas diversas no número suficiente de peças para uma ou duas horas de uso na planta de montagem. Os embarques para a planta de montagem são feitos 12 vezes por dia. Seria um desperdício de muito espaço nos caminhões se estes tivessem que apanhar peças de todo o país 12 vezes por dia e ir diretamente para a planta de montagem – os caminhões ficariam praticamente vazios a maior parte do tempo.

A crença da Toyota era de que o *cross-dock* era uma extensão da planta de montagem – uma cadeia de valor enxuto do fornecedor diretamente para a pessoa que monta as peças no veículo. Era um processo complexo com muitas oportunidades para erro, com milhares de peças deslocando-se todos os dias. E cada passo no processo baseava-se em intervalos restritos de tempo, sendo que qualquer atraso se refletiria em cascata por todo o sistema. Para fazer isso funcionar direito, era necessário que se fizesse uma aplicação criativa do STP. Precisava ser um processo de fluxo com o mínimo de perdas. Tinha que ser um processo visual para que as pessoas tomassem as decisões certas na hora certa. O trabalho padronizado também era necessário, a fim de obter coerência em termos de tempo. Os motoristas dos caminhões eram inspetores que verificavam se todas as peças certas estavam sendo coletadas dos fornecedores.

Equipes de trabalhadores precisavam ser altamente treinadas, com os líderes de equipe cuidadosamente conferindo o trabalho em cada ponto para garantir que nenhum erro passasse despercebido. E todos refletiam para continuamente melhorar o processo.

O resultado foi uma solução de tecnologia relativamente pouco sofisticada. Por exemplo, um sistema de etiquetas foi desenvolvido. *Pallets* de peças dos fornecedores eram retirados do caminhão e imediatamente recebiam uma etiqueta específica com informações importantes, como número da peça, quantidade e rota principal para a planta de montagem. As etiquetas seguiam um código de cores, de acordo com o lugar onde a peça ficaria no *cross-dock*. Vias específicas foram estabelecidas para diferentes rotas principais rumo às plantas de montagem. Outras áreas físicas foram reservadas para peças que precisavam ser reembaladas ou que deviam "ficar de molho", esperando mais de um dia para serem entregues. Os cartões eram colocados em um grande quadro visual com compartimentos, segundo a sub-rota do fornecedor e a rota principal da planta de montagem. Como afirmou um executivo da Transfreight:

> Nosso processo para gerenciar *cross-docks* é todo manual. Usamos Access e Excel [Microsoft], mas é, em grande parte, manual. Não há *software* de otimização, nenhuma tecnologia por rádiofreqüência para escaneamento

do frete. Quer dizer, temos um sistema para calcular cubo, milha, etc., mas nossos processos são quase todos manuais.

Agora, consideremos uma concorrente americana da Toyota que estabeleceu um sistema de *cross-dock*, em parte para imitar o sistema *just-in-time* da Toyota. Essa indústria automotiva também estabeleceu uma *joint venture*, do qual possuía 60% de controle. Falando com um dos executivos da *joint venture*, o propósito da *joint venture* foi descrito da seguinte forma:

> Nossa visão é [centrada em] nossa TI. É um sistema global e integrado que oferece visibilidade do que entra e do que sai; assim, temos visibilidade de todo o material e do produto. Teremos gerenciamento de base de dados e de dados de armazenagem globalmente. Seremos a central distribuidora para todos os dados. Teremos capacidade de conexão e de funcionamento com qualquer sistema de qualquer empresa, seja SAP, i2, CAPS ou Manugistics. A última peça é o fornecedor, a logística ou concordância da parceria. Assim, é a mensuração, o esforço para o Seis Sigma, o que importa. Estamos oferecendo todo o gerenciamento do processo nas empresas e parceiros. Esse é nosso escopo; é isso.

É interessante que, enquanto a Toyota investiu intensamente na aplicação do STP em cada *cross-dock* na Transfreight, a *joint venture* americana abriu concorrência para cada novo contrato para diferentes conjuntos de peças entre empresas de logística rivais que operavam *cross-docks*. A Transfreight possuía os *cross-docks* e operava cada um deles utilizando um conjunto uniforme de princípios administrativos.

Diferentes empresas de logística obtiveram diferentes partes do trabalho para a *joint venture* americana e usaram suas próprias abordagens de gerenciamento de *cross-docks*. Por isso que era tão importante ter capacidade de "conectar e fazer funcionar" – cada empresa de logística empregava um *software* diferente. O *software* era a conexão entre a fabricante de automóveis americana e o fornecedor de logística. Para a Toyota, havia um cordão umbilical conectando os processos dos fornecedores, os *cross-docks* e a planta de montagem. Com processos e TI em comum, não era necessário ter capacidade de conexão e de funcionamento.

Foi realizada uma comparação de oito *cross-docks* da fabricante americana com cinco *cross-docks* da Transfreight, considerando-se os principais indicadores de desempenho e utilizando-se medidas como produtividade da mão-de-obra, utilização de guindastes, proporção de reboques/tratores e número de intervalos de tempo alcançados com sucesso. Os resultados mostraram que os *cross-docks* da Transfreight tiveram desempenho geral superior ao dos *cross-docks* da fabricante americana. Aparentemente, não foi a tecnologia a causa desse resultado.

Tecnologia personalizada para adequar-se aos seus funcionários e a sua filosofia de operação

No exemplo de caso de *cross-dock* visto acima, a Transfreight certamente não está usando *software* para "solução de cadeia de suprimentos" muito sofisticado. Isso significa que esse *software* não é enxuto? Ao contrário, com o tempo, a Toyota tem avaliado cuidadosamente diversas soluções de *software* e gradualmente está incorporando-as ao processo. Mas isso deve passar por uma cuidadosa triagem. A inserção de um novo *software* no sistema é parecida com o transplante de um órgão no corpo. Se não houver compatibilidade, o corpo poderá rejeitar o órgão e parar de funcionar.

Glenn Uminger é responsável por grande parte do sistema de logística para a Toyota da América do Norte. Ele acreditava que havia um papel para a tecnologia de informação mais avançada na otimização das rotas de busca e entrega dos caminhões. Boa parte desse sistema envolve a Transfreight, que utiliza os tradicionais sistemas manuais que têm servido a Toyota durante décadas. As rotas dos caminhões basicamente são desenvolvidas manualmente com dados de sistemas simples de TI internos que visualmente apresentam os dados e as rotas. É comparativamente fácil desenvolver rotas de caminhões devido à paixão da Toyota pelo *heijunka*. Se a planta de montagem tem produção estável e nivelada, ela apresenta uma demanda estável e nivelada de todos os seus sistemas de fornecimento. Se soubermos a quantidade que será embarcada todos os dias para a planta de montagem e a freqüência de entrega, será relativamente simples organizar as rotas que serão as mesmas todos os dias. Contudo, ainda há flutuações inesperadas na produção da planta de montagem, e o fornecimento suficiente indica que Glenn acreditava que o planejamento com *software* pudesse ser mais rápido e talvez fazer um trabalho melhor do que o processo manual. Ele explicou:

> Eu, pessoalmente, primeiro escolhi um programa comercial de *software* de logística de entrada e o trouxe para o mundo da Toyota para testes práticos com dados reais, a fim de avaliar seu benefício, há três anos atrás. Quando fizemos isso, encontrei muita resistência da TMC (sede do Japão), pois eles não gostavam de *software* para planejamento, temiam que os americanos viessem a depender dele e a esquecer a lógica e os princípios que ficavam por trás. Eles também pensavam que o ser humano poderia criar o melhor plano e depois flexivelmente ajustá-lo com o passar do tempo. Eu sabia que estávamos operando uma rede muito complexa e que nenhum ser humano poderia considerar todas as possibilidades matemáticas, todas girando em torno dos princípios do STP. Os fatos usando dados reais provaram que eu estava certo, e a TMC rapidamente lançou um projeto de desenvolvimento de sistema interno para criar *software* com alto poder de otimização, ao mesmo tempo respeitando os princípios do STP. Durante essa fase, estabeleceu-se um relacionamento entre os criadores da TMC e o Dr. Sean Kim, da Agillence. Com o tempo, a TMC não pôde exceder o desempenho do *software* Agillence, então, a TMC está adotando o instrumento de otimização Agillence, incluindo-o em nosso novo sistema de planejamento de rotas (SMAP), que está para ser iniciado daqui a dois meses. Nós e a Europa estamos utilizando esse sistema em ambiente de teste este ano.

Na superfície, isso parece como a história de uma burocracia rígida que é controlada por líderes resistentes a mudanças: "fazíamos isso a mão nos velhos tempos, então, por que vocês não podem fazer também?". Na realidade, os seguidores da linha antiga na TMC estão protegendo o Modelo Toyota – a própria essência da vantagem competitiva da Toyota. Se eles aprovassem todos os pedidos para adotar um novo *software* com base em um simples caso empresarial, não demoraria muito para que a Toyota ficasse cheia de *softwares* enredados e o que ela mais teme se tornaria realidade: os associados da equipe Toyota "ficariam dependentes dos *softwares* e esqueceriam a lógica e os princípios que estão por trás deles". Nesse momento, a Toyota seria exatamente como suas concorrentes.

Em vez disso, a Toyota forçou Glenn Uminger a defender sua posição, pensar bastante sobre a questões e apresentar uma solução que se enquadrasse nos princípios do STP. Depois trabalhar nisso por três anos, Glenn diz:

> Sempre procuraremos a solução de menor custo ao mesmo tempo em que realizamos a aplicação apropriada de nossos princípios. Não estamos realmente sacrificando nenhum nível de atendimento da freqüência de entrega na planta, *lead time*, *heijunka*, de um ponto de vista prático, mas estamos sempre evoluindo no modo como atingimos todos os objetivos da maneira mais eficaz. Sim, sempre trabalhamos nas formas de reduzir custos, mas, enquanto fazemos isso,

nos asseguramos de permanecer nos limites de nossos princípios. Nosso sistema SMAP [inclui o instrumento de otimização Agillence] oferece uma nova ferramenta para planejar as rotas de um modo mais dinâmico e usar cenários do tipo "o que aconteceria se", dando mais tempo para estudo para garantir a aplicação das melhores rotas, considerando todos os objetivos, atendimento e custo. Mudamos as rotas cerca de oito vezes por ano. Temos alguns modos diferentes de fazer as rotas; às vezes, rotas curtas são satisfatórias com baixa eficiência se isso liberar a rotas mais longas, de forma que não sejam prejudicadas pela necessidade de incluir um fornecedor de curta distância e baixo volume que fica fora do caminho da rota longa.

Assim, nosso sistema total é mais forte, e também estamos baixando os custos quando consideramos o sistema total, nenhum manuseio extra de caixas, rotas mais eficazes... Nosso grupo trabalhou incansavelmente para especificar, testar funcionalmente e desenvolver essa ferramenta. Com essa ferramenta, teremos a compensação por todo o nosso esforço em questão de meses.

Essa é uma história de adoção de tecnologia diferente do que observamos na maioria das empresas. É a história de um grupo que trabalha incansavelmente para desenvolver uma solução que se enquadre no seu processo e em seus princípios. Trata-se de um grupo de logística da Toyota, não de um grupo de TI. Eles não colocaram toda a sua confiança numa empresa terceirizada. Eles usaram o algoritmo da empresa terceirizada e trabalharam com ela por vários anos para adequá-lo ao STP antes de finalmente colocá-lo em prática, incluindo uma apresentação que atende aos rígidos padrões de administração visual da Toyota. Embora o horizonte de planejamento esteja distante, pode-se prever com segurança que a implementação será uniforme e, se bem-sucedida, migrará como um novo padrão Toyota global – a ser continuamente melhorado.

Modelos contrastantes de adoção de tecnologia

Ao refletirmos sobre a forma como a Toyota aborda a tecnologia, identificamos modelos contrastantes de empresas tradicionais *versus* a abordagem enxuta da Toyota. Falando de modo amplo, existem dois "animais" diferentes aqui – o caso da automação pesada e o caso dos sistemas de TI para planejamento, programação e tomada de decisão. Consideraremos cada um deles.

A automação existe há séculos. Não é algo novo. Qualquer engenheiro que defende a automação sabe a história. Faça uma análise de custo e benefício onde o custo é o custo de capital amortizado e o benefício é, tipicamente, a economia de mão-de-obra. Se a economia de mão-de-obra excede o custo de capital amortizado, a automação vence. Na realidade, quase sempre há uma tendência oculta a favor da tecnologia, já que a automação não revida como as pessoas, nem ameaça se sindicalizar. Dê uma ordem a um robô, programando-o, e ele a executará sem maiores explicações. Muitos engenheiros vivem de ir às zonas industriais defendendo o uso da automação. A automação é normalmente adquirida de fora, e o engenheiro age como uma ligação técnica para a empresa de fora.

Observe o esquema do processo tradicional de automação na Figura 9-1. Claramente, a filosofia subjacente é baixar o custo da mão-de-obra utilizando a automação para retirar as pessoas do processo. A estratégia é considerar a análise custo/benefício tarefa por tarefa e automatizar naqueles casos em que o custo se justifica. Dessa forma, custos variáveis com mão-de-obra são substituídos pelos custos de capital fixos. Alguns efeitos negativos do foco na retirada de mão-de-obra por meio da automação são insegurança no emprego, conflito entre administração e mão-de-obra e a grande quantidade de equipamento fixo para manutenção. Os custos com mão-de-obra especializada quase sempre aumentam, e o tempo de paralização do equipamento torna-se um problema. Além disso, se as vendas diminuem, a administração continua presa aos custos fixos da tecnologia.

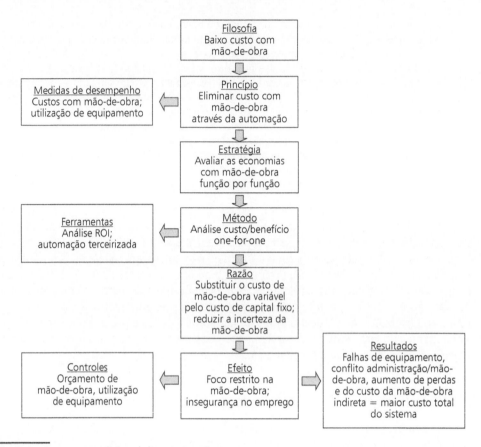

Figura 9-1 Processo tradicional de automação.

De um ponto de vista enxuto, a tecnologia freqüentemente não é confiável, é inflexível e produz demais. Ela superproduz porque não é completamente confiável e a empresa precisa justificar o custo da tecnologia mantendo-a em operação. Em um ambiente onde grandes reservas de estoque são a norma, essa perda geralmente é ignorada, desde que o equipamento esteja constantemente produzindo peças.

Comparemos isso com o processo de automação enxuta mostrado na Figura 9-2. Aqui, novamente a filosofia é que a redução total de perdas deve ser o foco. A visão para qualquer tecnologia é sempre baseada no STP e vista como um sistema humano/máquina. O equipamento deve auxiliar as pessoas a realizarem o *kaizen* e um processo enxuto. Toda tecnologia deve atender a uma necessidade específica e adequar-se ao sistema total do STP. Muitas vezes, isso significa começar trabalhando para melhorar e refinar o sistema mais simples e mais manual. Veja o que pode obter com esse sistema antes de pular para um grande investimento em tecnologia. Automatizar um sistema não-enxuto pode parecer produzir economias de custo locais, mas quase sempre acrescenta perdas e reduz a motivação para criar um sistema mais enxuto, produzindo mais perdas em longo prazo. Quando você tiver retirado tudo o que for possível do sistema manual, então pergunte-se como o sistema pode ainda ser melhorado com alguma capacitação específica. A tecnologia oferece uma solução para ajudar a "chegar ao *takt-time* por meio de sistemas humano/máquina flexíveis e de baixo custo".

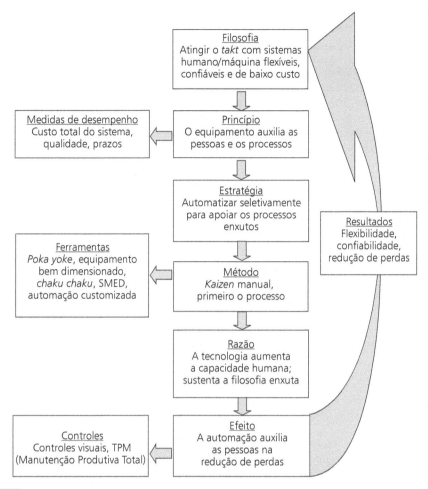

Figura 9-2 Processo de automação enxuto.

Na Toyota, a responsabilidade pela entrada de qualquer equipamento novo de produção na planta é da engenharia de produção. A aprendizagem do STP é parte da iniciação de todos os engenheiros de produção, e o equipamento é projetado e selecionado para apoiar o STP. Por exemplo, todos os equipamentos são extensivamente testados para detecção de erros (*poka yoke*), com sensores projetados para acionar um chamado *andon* quando há alguma anomalia no processo. O nível de automação é quase sempre planejado para apoiar o trabalhador. *Chaku chaku* refere-se ao equipamento que automaticamente ejeta a peça finalizada para o operador, de modo que este simplesmente pode ir de uma máquina para outra na célula, carregando e retirando a peça ejetada. O equipamento é do tamanho adequado para um processo de fluxo unitário de peças. O equipamento também é projetado para possibilitar uma troca rápida de ferramentas. Tudo isso leva à necessidade de equipamento altamente customizado que, em geral, não pode ser comprado no mercado aberto. Na verdade, a engenharia de produção desenvolve boa parte da nova tecnologia usada nas fábricas da Toyota. Eles trabalham lado a lado com um grupo seleto de empresas externas que são intimamente afiliadas à Toyota e compreendem o Modelo Toyota.

Estudo de caso: use a tecnologia do tamanho certo, não a tecnologia superdimensionada

Economias de escala levaram-nos a acreditar que uma grande máquina de alta tecnologia seria mais eficiente do que várias máquinas menores e mais simples. Uma empresa que produz pistão de combustível nuclear fabricou grades de metal para prender os pistões no lugar. Após cada estágio do processamento, as grades tinham que ser limpas. Uma grande máquina para lavagem, com calibrador de pressão e calor, tornava-se um gargalo à medida que as peças de metal de diferentes processos competiam pela lavagem.

Como parte de uma transformação enxuta, a operação das grades foi estabelecida como célula, e a lavadora era o principal impedimento para o fluxo, exigindo grandes lotes. Perguntou-se à engenharia de processos se seria possível usar lavadoras menores e mais simples. Primeiro, disseram: "de jeito nenhum!" Mas a equipe enxuta insistiu em desafiá-los. Mais tarde, concluiu-se que uma lavadora de capacidade industrial daria conta do trabalho. Várias lavadoras poderiam ser colocadas no fluxo, reduzindo bastante o tamanho dos lotes e eliminando o gargalo.

Uma história parecida pode ser contada quando se observam outros tipos de sistemas de TI. O projeto tradicional de TI, conforme mostra a Figura 9-3, é um sistema empurrado. A suposição filosófica é que mais informação e análise sofisticada são sempre melhores do que o simples discernimento humano. Os sistemas de TI são quase sempre baseados em uma filosofia administrativa de controle *top-down* do processo. Com a informação certa e o método certo de análise, o sistema pode racionalmente planejar e controlar o processo.

A tecnologia genérica de informação é desenvolvida com algum propósito abstrato em mente e então empurrada para os "usuários", de quem se espera que conformem seus processos de trabalho aos processos empresariais implicados pela TI. Os supostos "processos empresariais" melhorados pela TI, em grande parte, objetivam inserir os dados certos no sistema de TI (por exemplo, escaneamento de estoque toda vez que há deslocamento).

O resultado, com freqüência, é um foco restrito na melhoria dos processos empresariais de TI sem que se examine detidamente o verdadeiro processo de trabalho. As pessoas ficam dependentes do sistema, que é vulnerável a falhas. As pessoas param de pensar e começam a seguir as orientações do sistema. Isso resulta em menos *kaizen* e mais perdas.

O Modelo Toyota relatou a história de um *software* para dar visibilidade à cadeia de suprimentos. O *software* fora criado para tornar visível o estoque. Quando o grupo da cadeia de suprimentos realizou um piloto do *software*, descobriu que os processos empresariais nas plantas eram primitivos e indisciplinados. Não havia bons processos para coleta de dados sobre o estoque em tempo real. Como resultado, o sistema de computador não apresentava um quadro do estoque em tempo real. O sistema de computador deveria mostrar quanto havia de estoque nas plantas e permitir que os vendedores vissem quando o nível do estoque alcançava um ponto mínimo para que pudessem embarcar para levar a quantidade de peças ao máximo. Esse era um tipo de sistema puxado em estado bruto. Para incentivar os fornecedores a seguirem o sistema, uma medida de desempenho era automaticamente calculada, mensurando a porcentagem do tempo em que o estoque era mantido nos níveis mínimo e máximo.

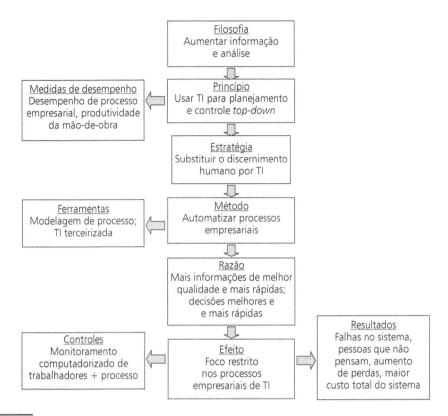

Figura 9-3 Projeto tradicional de sistema de TI.

ARMADILHA

Confiança restrita nos sistemas de TI acrescenta perdas

Um exemplo típico de TI em empresas é o desejo de "mapear" e "compreender" os verdadeiros níveis de estoque em "tempo real". Toda transação de material é "escaneada" no sistema (o que freqüentemente é feito por um operador com valor agregado – somando-se à perda), a fim de ter-se um estoque "preciso". Na verdade, isso não funciona, por uma série de razões – a saber, erros e omissões; portanto, é necessário ter "contadores de ciclo" em tempo integral que percorrem o estoque e fazem auditoria dos níveis para verificar a precisão geral e fazer ajustes no estoque. Além dessa atividade onerosa, um inventário físico é considerado uma ou duas vezes por ano para todos os itens. Essa é uma experiência demorada que pode levar vários dias (às vezes, nos fins de semana).

Já na Toyota, o *kanban* controla o estoque, e o *kanban* é monitorado. O inventário físico é realizado duas vezes por ano, e a operação de fabricação é interrompida durante algumas horas, no máximo, para realização do inventário (a sala de estoque levaria o dia todo, já que há inúmeros itens). No geral, o sistema de estoque que utiliza cartões "antiquados" era menos dispendioso e mais eficaz. Recentemente, na Toyota, sistemas de *kanban* eletrônico foram adotados para enviar sinais puxados para os fornecedores e até mesmo para reabastecimento de estoque de linha nas plantas de montagem. Mas há também um sistema manual redundante nas plantas de montagem para oferecer indicadores visuais do uso de peças.

Por sua vez, a Toyota, durante décadas, concentrou-se no estabelecimento de verdadeiros sistemas puxados. Ela trabalhou para criar contêineres do tamanho exato e os suportes para colocação dos contêineres. Limites estritos foram estabelecidos para a quantidade exata de peças a serem colocadas em cada caixa e o número de caixas que podem ser mantidas no estoque. Cartões de *kanban* foram impressos de acordo com o número de caixas que podem ser produzidas. Nenhum cartão – nenhuma produção – nada mais de estoque. A Toyota trabalhou na confiabilidade do equipamento, na qualidade agregada e no treinamento dos operadores. Através da melhoria contínua, a Toyota tinha tão pouco estoque que não valia a pena coletar dados de estoque em tempo real em cada estágio do processo – isso é apenas perda. Em outras palavras, a Toyota trabalhou no desenvolvimento do verdadeiro processo de produção e na conexão dos processos de produção por meio de veículos de comunicação e processos padronizados simples. A empresa estava menos interessada em "processos empresariais" sem valor agregado que têm por objetivo dar entrada de dados em computadores. É interessante que, tendo trabalhado com sistemas manuais, a Toyota evoluiu para o *kanban* eletrônico. Mas este funciona em paralelo com um sistema de *kanban* manual que proporciona controle visual, mas com os benefícios da moderna tecnologia de computação.

O *software* tradicional da cadeia de suprimentos que prometia visibilidade, na verdade, é baseado em uma filosofia de controle *top-down*. A crença é de que, se a alta administração tem todas as informações que precisa nas pontas dos dedos, ela pode controlar o sistema. O sistema *kanban* baseia-se na filosofia do controle local. O local de trabalho é visto como uma série de relacionamentos cliente/fornecedor, com os clientes especificando exatamente o que precisam e quando precisam através do *kanban*. Espera-se que a alta administração faça auditoria do sistema, percorrendo o chão de fábrica e vendo com seus próprios olhos. (Figura 9-4).

> **DICA**
>
> **Sempre verifique você mesmo a situação real**
>
> Estávamos trabalhando em um determinado processo para atingir estabilidade e abordar questões de disponibilidade operacional, e o planejador de produção da equipe freqüentemente comentava que o processo estava "para trás". Observações no chão de fábrica revelaram que não havia trabalho esperando para ser processado. De um ponto de vista tradicional da Toyota, uma operação não pode ser considerada atrasada se um processo anterior está aguardando ou se o processo cliente está cheio. Tudo isso é visual e fácil de determinar olhando-se a área de trabalho e observando-se as conexões entre operações. Confusos, pedimos ao planejador de produção que explicasse como a máquina poderia estar atrasada. A resposta foi: "é o que diz o sistema!", ou seja, o sistema de planejamento MRP estava mostrando que o trabalho que havia sido programado para ser finalizado naquela operação não estava pronto. Simplesmente utilizar informações do sistema sem fazer a correspondência com as informações do processo pode levar a falsas suposições e a esforços mal orientados para corrigir o "problema".

Conforme descrito no caso do *software* Agillence, visto anteriormente neste capítulo, a nova TI enfrenta uma grande barreira na Toyota. O processo usado para adoção do *software* Agillence é típico da Toyota e segue o fluxo lógico mostrado na Figura 9-4 para um processo de TI enxuto. Não basta mostrar de forma abstrata que a TI pode automatizar um processo ou oferecer mais e melhores informações. Deve ficar claro como ela agregará valor e apoiará um processo bem arquitetado e testado em termos de tempo. Normalmente, o processo é bem realizado manualmente antes de ser automatizado. A tecnologia auxilia a tomada de

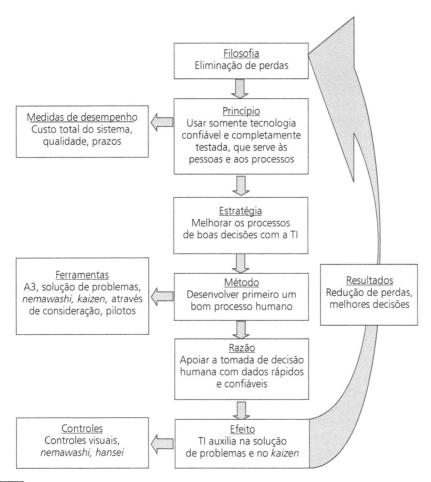

Figura 9-4 Processo de TI enxuto.

decisões humana – ela não a substitui. E a tecnologia não deve ser usada como pretexto para parar de pensar e tirar o foco do *kaizen*. Ao contrário, a tecnologia deve auxiliar as pessoas na redução de perdas.

Mantenha a tecnologia em perspectiva

A Toyota é uma empresa orientada pela engenharia e, bem no fundo, é uma empresa baseada em tecnologia. Produtos inovadores e tecnologia de processos estão no centro do sucesso da Toyota. Mas as pessoas estão no centro da criação e da implementação bem-sucedida dos produtos inovadores e da tecnologia de processos.

O caso abaixo ilustra como "o processo e as pessoas é que tornam a tecnologia valiosa". Nesse caso, uma concorrente, que chamaremos de AmCar, estava consideravelmente à frente da Toyota em tecnologia para automação de produtos e projeto de processos. Apresentações mostrando coisas que a Toyota não podia fazer deixaram até a própria Toyota um pouco preocupada. Mas a realidade era bem diferente. A AmCar não estava utilizando a tecnologia de forma eficaz e estava ficando bem atrás da Toyota no *lead time* de desenvolvimento, com problemas no lançamento de um novo veículo e na qualidade. Foi só depois de empregar ex-funcionários da Toyota, que ensinaram o Modelo Toyota para utilização dessa tecnologia, que a AmCar começou a dar alguns passos positivos.

Assim, outra vez, apesar de a tecnologia representar um papel importante na Toyota, ela deve sempre ser considerada em um contexto. A tecnologia é uma peça chave do sistema, mas o sistema não se resume à maneira como as peças da tecnologia se encaixam. O sistema inclui o processo de realizar o trabalho e as pessoas que trabalham no processo. Não é só a questão de qual tecnologia é selecionada, mas de como o sistema geral é criado e implementado. E é bastante importante planejar e considerar cuidadosamente no contexto de sua filosofia mais ampla de gerir a empresa.

Estudo de caso: o processo e as pessoas é que tornam a tecnologia valiosa

No início da década de 1990, a fabricante americana de automóveis que chamaremos de AmCar começou a corrida em direção ao uso de simulações de fabricação no estágio de desenvolvimento do produto. A meta era utilizar tecnologia de computação para auxiliar no projeto de produtos, otimizando o sistema de produção. Vários pacotes de *software* estavam disponíveis na época. Delmia começou a aparecer como o líder na corrida de *software* para projeto com o pacote CATIA, e a AmCar comprometeu-se com essa tecnologia. Havia muitos módulos disponíveis no conjunto de *softwares* da Delmia, mas a AmCar tomou uma abordagem centrada no desenvolvimento de produtos, concentrando-se em projetar o acondicionamento, ou seja, como as peças se encaixam sem interferências no espaço disponível. Para a fabricação, a ênfase estava no leiaute da fábrica. Projetos específicos para equipamento de processos eram terceirizados para fornecedores que assumiam a maior responsabilidade pelo equipamento criado e não tinham uma interação próxima com os projetistas do produto.

A promessa inicial de projeto e sistema de produção verdadeiramente integrados não se concretizou. E havia pouca integração entre os principais grupos funcionais (incluindo Compras e Suprimentos – a grande maioria dos fornecedores de componentes também herdou a responsabilidade do projeto principal de componentes/sistemas). As equipes revisavam problemas de acondicionamento, muitas vezes somente nas áreas funcionais (por exemplo, Engenharia de Carrocerias), e começavam o processo muito tarde (bem depois do congelamento do projeto). O resultado era uma quantidade desordenada de descobertas tardias e mudanças tanto no processo quanto nos componentes, atrasando o lançamento dos produtos e levando a um longo tempo de lançamento. Além disso, dava-se pouca ênfase ao desenvolvimento de um processo de revisão de projeto interfuncional (engenharia simultânea). A prioridade estava no desenvolvimento da tecnologia, e o progresso ficou empacado, apesar dos avanços no *software*.

Em 2000, uma equipe de novos funcionários foi recrutada nas operações norte-americanas da Toyota para auxiliar nas melhorias de qualidade como parte de um esforço para reabilitar a AmCar, que na época estava perdendo dinheiro e enfrentando sérios problemas de qualidade e custos com garantias. Um dos funcionários da Toyota, que tinha experiência em gerenciamento de lançamento de produtos, imediatamente reparou que havia pouca atividade no uso de simulações por computador para prever problemas de fabricação no estágio de desenvolvimento do produto. A Toyota chamava essas simulações de "construção digital". O carro era, de certo modo, construído virtualmente no computador, e as equipes interfuncionais cuidadosamente avaliavam problemas na fabricação e montagem do veículo, usando a rigorosa metodologia de solução de problemas da Toyota.

No final de 2001, o Toyota TTC (Toyota Technical Center, Ann Arbor) participou de uma sessão de compartilhamento de tecnologia com a AmCar. Os representantes da Toyota ficaram surpresos com a falta de avanço no projeto digital – uma sessão de *benchmarking* realizada no final dos anos 90 levou a Toyota a acreditar que essa atividade era um elemento importante na redução de seu *lead time* total de desenvolvimento.

No início de 2002, uma outra análise de falhas mais detalhada resultou na recomendação, por parte da alta administração da AmCar, de buscar a engenharia simultânea (ES) e o processo de montagem digital (MD). Como medida de apoio, em 2002, um processo administrativo de questões mais estritas foi implementado, juntamente com intensa pressão para completar os congelamentos projeto/processo, atividades de validação e mudanças gerais produto/processo bem mais cedo (usando processos da Toyota para cada item). O princípio fundamental estava sendo desenvolvido para aumentar o nível de disciplina exigido para apoiar a ES e MD.

No final de 2002, o processo de esboço de ES e MD foram finalizados, e, no início de 2004, um piloto foi selecionado e implementado. O processo inicial concentrou-se no processo empresarial e nos aspectos comportamentais – não na tecnologia. Fotos digitais das peças foram inseridas no CATIA, e modelos digitais de cada estação foram criados. Os participantes incluíam todas as áreas de Engenharia/Projetos, Manufatura Avançada, grupos de Compras e Materiais, representantes das plantas de fabricação, Grupos da Qualidade (Atendimento, Garantia, Detecção de Erros), Ergonomia e Segurança e Engenharia Industrial. As atividades começaram vários meses antes do congelamento do projeto e continuaram até a construção do protótipo inicial (três fases). Os eventos foram muito intensos, e mais 2.000 questões foram geradas no piloto. Um processo de gerenciamento de problemas foi iniciado imediatamente no mesmo nível de intensidade para registrar quaisquer questões observadas e atribuir responsabilidade restrita por sua resolução em datas específicas.

As avaliações iniciais pareciam promissoras. As construções de protótipo para o piloto foram mais uniformes do que o usual – várias questões significativas foram descobertas e abordadas com contramedidas antes do início do protótipo. A curva de problemas para o piloto foi iniciada quase nove meses antes do que em programas anteriores. No momento da escrita deste livro, era ainda muito cedo para ter dados sobre *lead time* e outras mensurações de desempenho, mas todos concordavam que muitos problemas foram resolvidos muito cedo e que o lançamento seria muito mais tranqüilo.

O que é interessante neste caso é que a AmCar era uma líder no uso de tecnologia CATIA, e, como observamos anteriormente, até mesmo a Toyota estava ficando preocupada. Contudo, a AmCar ficou significativamente atrás da Toyota no uso real da tecnologia. Algumas das lições que a AmCar aprendeu com a ajuda de seus recrutas da Toyota foram:

1. Um processo eficaz deve ser apoiado pela tecnologia, em vez de se tentar substituir o processo pela tecnologia.

2. Construir disciplina através de outras atividades padronizadas, então aplicar a disciplina ao processo.
3. O envolvimento interfuncional e a participação no nível mais baixo de tomada de decisão levarão a um melhor uso das informações disponibilizadas pela tecnologia.
4. Criar uma linha piloto/aprendizagem para simular resultados: testar, testar, testar e, só então, passar adiante.
5. Criar um sistema puxado da alta administração através de resultados e dados de apoio.
6. Continuar o processo para *kaizen*.

Reflexão e aprendizagem com o processo

1. Sua empresa está envolvida na corrida da tecnologia?
2. Você acredita que ter a tecnologia mais recente, mais rápida e mais sofisticada é necessário para manter a vantagem competitiva?
3. Você perdeu de vista o fato de que o objetivo da tecnologia é servir às pessoas e aos processos?
4. Você considera a tecnologia para solucionar problemas ou identifica soluções eficazes e então aplica a tecnologia para auxiliar as pessoas (reduzir a carga)?
5. Você fez grandes investimentos em tecnologia só para descobrir que o desempenho total não melhorou e agora fica difícil abandonar o sistema por causa dos gastos (ou porque tem que admitir o fracasso)?
6. Se você tem qualquer proposta de tecnologia sobre a mesa neste momento, reavalie a situação e peça que o proponente verifique como o sistema auxiliará as pessoas:
   a. Como os usuários foram envolvidos no projeto da tecnologia?
   b. Os proponentes praticaram "*genchi genbutsu*" (ir ao local e ver o processo real) e estudaram o modo como o processo atual está sendo conduzido no momento?
   c. Foram feitas todas as tentativas para eliminara as perdas do processo atual antes de propor a nova tecnologia?
   d. Foi desenvolvimento um relacionamento próximo com o provedor de TI a fim de trabalhar para customizar a tecnologia de acordo com as pessoas e o processo?
   e. Foi planejado um piloto para testar a tecnologia antes da implementação em grande escala?

Desenvolvimento de Equipe e Parceiros Excepcionais

Parte IV

Desenvolvimento de Líderes que Vivenciam o Sistema e a Cultura de Cima para Baixo (*Top to Bottom*)

Capítulo

10

O sucesso começa com a liderança

Quando começamos a trabalhar com as empresas, elas querem que visitemos suas plantas e vejamos o que já construíram do sistema enxuto. A história normalmente é esta: "começamos nossa jornada enxuta há sete anos atrás. Tínhamos um consultor para nos auxiliar a organizar alguns materiais de treinamento e fizemos um projeto para cada planta. O projeto concentrava-se em alguns eventos *kaizen* liderados pelo consultor externo. Solicitou-se que cada planta indicasse um facilitador interno para aprender e manter o processo funcionando. Temos uma planta que se saiu bem, tornando-se um modelo na nossa empresa. Temos outras que não realizaram nada mais do que os eventos iniciais liderados pelo consultor".

Quando investigamos as diferenças que causaram essa enorme variação no sucesso dos programas enxutos nas plantas, a resposta é quase sempre a mesma: "A gerente da planta modelo era muito dedicada e tinha ótimas habilidades pessoais. Ela e sua equipe estavam absolutamente comprometidas". Infelizmente, a outra parte da história muitas vezes é: "ela saiu porque surgiu uma outra oportunidade, e a planta voltou ao que era antes".

Fica claro que a diferença entre o sucesso e o fracasso começa com a liderança. Isso inicia no topo, mas basicamente o processo é realizado no nível intermediário que dá apoio aos funcionários que agregam valor. Em muitas organizações, esses "gerentes de nível médio" são vistos apenas como uma necessidade para manter as coisas em ordem. As pessoas que assumem esse posicionamento quase sempre os vêem como "um passo acima na escada", uma necessidade temporária ou rito de passagem no caminho para oportunidades mais importantes e lucrativas. Certamente, parece que as pessoas mais talentosas ou ambiciosas não têm vontade de ficar "nas trincheiras". Dado o período inerentemente longo dos líderes profundamente qualificados no STP, isso cria desafios na Toyota e em outras empresas.

Infelizmente, em muitas empresas, atualmente, o líder da linha de frente (gerente ou supervisor intermediário) freqüentemente é visto como "policial de trânsito" ou, pior, como "babá". A verdadeira liderança, acredita-se, deve provir de níveis superiores, onde decisões inteligentes podem ser tomadas e passadas para níveis inferiores. O supervisor só precisa voltar-se para problemas menores e manter tudo sob controle. Essa visão limitada cria uma crença de que os líderes de linha de frente são um custo indireto – e, desse modo, devem ser mantidos em níveis mínimos. Os supervisores são difusamente distribuídos, e a responsabilidade é de longo alcance (observamos supervisores que eram responsáveis por mais de 60 pessoas em diversos turnos).

A Toyota tem uma visão totalmente diferente dos líderes de linha de frente e lhes dá uma importância muito maior. Eles são vistos como elementos cruciais do Modelo Toyota e devem corresponder a expectativas muito mais altas do que na maioria das empresas. Como se espera que o líder de grupo (supervisor) desenvolva e treine pessoalmente cada membro da equipe no grupo, a proporção de líderes de grupo para membros de equipe quase sempre é de um para 20 ou possivelmente, no máximo, de um para 30.

Neste capítulo, revisaremos algumas habilidades essenciais que os líderes devem ter ou aprender e verificaremos a estrutura da liderança na Toyota. No Capítulo 20, focalizaremos a alta liderança, mas neste o foco estará sobre o negligenciado nível intermediário, às vezes pejorativamente chamado de "intermediário congelado". A investida pára nesse nível, onde a liderança do nível superior é traduzida em ação. Os gerentes intermediários ficam congelados porque com freqüência se vêem presos entre a postura e as visões da alta administração e a realidade da produção na linha de frente da zona de batalha.

Importância da liderança na Toyota

A Toyota tem uma estrutura organizacional relativamente plana, sem muitas camadas administrativas. Os líderes realmente representam um papel chave no sucesso da empresa, mas o excesso de camadas de liderança não é necessário porque os líderes desenvolvem e treinam outros para desempenharem muitas das tarefas realizadas por líderes em outras empresas. Apesar de a Toyota ter poucas camadas administrativas, a gama de controle dos líderes no nível básico da organização é muito pequena, levando a um maior número de líderes de grupo do que nas concorrentes. A filosofia da Toyota é dispersar o máximo possível a responsabilidade nos níveis mais básicos. Há uma alta expectativa quanto aos funcionários da produção; os líderes de equipe têm um amplo escopo de responsabilidade, e os líderes de grupo dirigem uma "microempresa". Como se espera que todos os líderes tenham um alto nível de responsabilidade, a seleção e subseqüente desenvolvimento dos líderes em sua organização deve ser uma das considerações mais importantes.

Com freqüência, as empresas concentram-se no desenvolvimento de "deveres" ou "responsabilidades" da liderança, e não nas expectativas. Isso é parecido com as tentativas de implementar ferramentas enxutas, em vez de filosofias enxutas. As pessoas querem saber "o que faz um líder de equipe e um líder de grupo?", e não "quais são os objetivos ou expectativas da liderança?". Como resultado, as tarefas são designadas aos líderes, tais como: "responder ao *andon* quando ele for acionado" ou "organizar os dados e colocá-los no quadro". Essas atividades são necessárias para apoiar o sistema, mas são periféricas, não são a essência da liderança.

Na Toyota, a liderança de produção da linha de frente é primordialmente composta de líderes de equipe – funcionários de produção (pagos por hora) com importante responsabilidade pelo apoio direto às funções de todo o grupo. Os líderes de equipe e os líderes de grupo têm três responsabilidades básicas.

1. Apoio das operações
2. Promoção do sistema
3. Liderança de mudanças

O líder de grupo possui um papel crucial na implementação e no desenvolvimento contínuo do Sistema Toyota de Produção. Um grande número de pessoas dirige-se aos líderes de grupo, e, desse modo, eles têm influência sobre o resultado do trabalho e do progresso de muitas pessoas. O líder de grupo deve assumir um papel ativo nesse processo para que este seja bem-sucedido.

O papel do líder de grupo é muito mais do que o de um "supervisor". A expectativa é de que o líder de grupo saia na frente, abrindo o caminho. Naturalmente, os detalhes específicos do papel do líder de grupo podem variar de uma área para outra, dependendo das necessidades do processo. Mas todos os líderes precisam ser flexíveis e estar dispostos a fazer o que for necessário para alcançar os resultados desejados. A posição de líder de grupo exige habilidade de interpretar as necessidades em um alto nível (as responsabilidades do trabalho e os objetivos da empresa) e de transmitir isso para a equipe de forma que esta realize os objetivos diários (habilidade de liderança, capacidade de ensinar e conhecimento do trabalho).

A expectativa da liderança na Toyota é de desenvolver efetivamente as pessoas de modo que os resultados do desempenho melhorem constantemente. Isso é conseguido instilando-se a cultura da Toyota em todos os funcionários, continuamente desenvolvendo e promovendo pessoas capazes e concentrando esforços no Sistema Toyota de Produção. A eficiência de um líder baseia-se em quatro resultados de desempenho principais:

1. **Segurança,** incluindo ergonomia, redução de acidentes e melhora do projeto do local de trabalho
2. **Qualidade,** incluindo treinamento, melhoria de processos e solução de problemas
3. **Produtividade,** que abrange satisfazer sistematicamente a demanda do cliente e a administração de recursos
4. **Custo,** que significa satisfazer os outros três critérios ao mesmo tempo controlando e reduzindo o custo total

O pressuposto é que a melhoria no desempenho global nessas áreas significa que as capacitações e habilidades das pessoas estão melhorando; no entanto, existem indicadores secundários também, tais como o plano de treinamento de um grupo (o que indica a importância da liderança no desenvolvimento de habilidades), a verificação dos funcionários (moral), o nível de participação no sistema de sugestões em um grupo (apoio da liderança às atividades dos funcionários) e o registro de freqüência (moral).

DICA

Concentre-se no resultado desejado, não nas tarefas diárias dos líderes

Os sinais de uma liderança eficaz incluem o moral elevado e a realização sistemática dos objetivos no grupo. O foco da liderança deve estar no crescimento das pessoas. O líder deve realizar suas tarefas diárias, mas o verdadeiro trabalho é desenvolver pessoas capazes de atingir melhores resultados. Efetivamente, cada componente do grupo deve ser capaz para o papel de líder, mesmo se for para liderar apenas suas atividades diárias. O líder auxilia a desenvolver a estrutura correta para isso e também oferece instruções e atividades que darão oportunidades de crescimento.

A estrutura de liderança na produção da Toyota de Georgetown

A Toyota coloca muita importância na liderança relacionada com a produção. Esses líderes apóiam diretamente as atividades com valor agregado, o que constitui o eixo central da organização. A Toyota usa um modelo de "pirâmide invertida" para a liderança, onde os líderes da organização (normalmente no topo da pirâmide, onde são respaldados pelos funcionários) são retratados na base para dar sustentação à maior parte da organização. Mostramos a estrutura da organização na Figura 10-1 quanto às responsabilidades em termos de hierarquia, mas, em termos de apoio, a organização é invertida.

Os funcionários de produção são distribuídos em grupos de 20 a 30 pessoas, de acordo com as necessidades da área de trabalho. Um líder de grupo é responsável pelo grupo e geralmente tem o maior número de subordinados diretos de qualquer nível da administração (embora os líderes de equipe componham a maior parte da estrutura de apoio do grupo). O líder de equipe é o primeiro nível de "administração" e é um cargo assalariado (nos Estados Unidos). No grupo, há equipes menores, geralmente de cinco a sete pessoas. O número exato varia de acordo com a área. Cada equipe tem um líder em tempo integral, que é um cargo (pago por hora) com remuneração um pouco mais alta do que a dos membros da equipe. Esses dois cargos – líder de grupo e líder de equipe – têm responsabilidade direta por todas as atividades relativas à produção na planta.

Acima dos líderes de grupo estão os gerentes assistentes, que geralmente são responsáveis por quatro a seis líderes de grupo e distribuídos igualmente em ambos os turnos. Todos os gerentes assistentes são subordinados a um gerente de departamento. O gerente assistente tem responsabilidade diária direta pelas atividades de produção e passa grande parte de seu tempo no chão de fábrica. O gerente é o responsável direto pelas atividades de produção, mas não cuida das questões do dia-a-dia. O gerente envolve-se quando as ques-

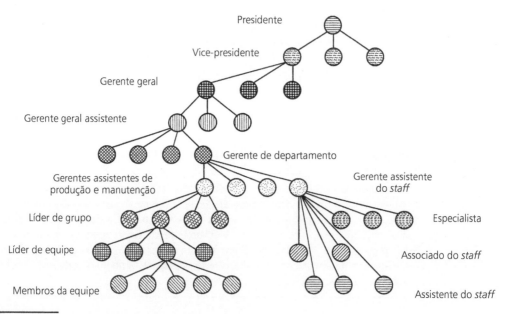

Figura 10-1 Estrutura organizacional da Toyota de Georgetown.

tões se avolumam e deve ser chamado no caso de uma grande falha na produção, especialmente se for falta potencial no atendimento do cliente.

Com base no número de funcionários destinados a um departamento (por exemplo, há mais pessoas na montagem), um gerente geral assistente tem um número diferente de gerentes subordinados a ele. Esse número geralmente fica entre dois e quatro, dependendo do tamanho de cada departamento. Um gerente geral quase sempre é responsável por uma "área funcional", que pode ser toda a produção de veículos, a planta de motores ou funções de *staff*. Em geral, os gerentes não se envolvem nas atividades diárias da produção. Mas devem percorrer regularmente o chão de fábrica à procura de oportunidades de ensinar e treinar.

Finalmente, existem os vice-presidentes e um presidente.

Isso pode parecer pouca administração, mas, na verdade, as quantidades de líderes em níveis mais altos diminuem rapidamente (cerca de um líder superior para três a cinco líderes de grau mais baixo). Essa estrutura de liderança sustenta vários milhares de funcionários.

A instalação de Georgetown tinha em torno de 7.000 funcionários em uma época, a maior instalação na América do Norte. Essa estrutura organizacional não foi assim desde o começo. Quando a planta foi inaugurada, havia menos camadas. Não havia gerentes assistentes e nenhuma camada entre o gerente e o presidente. O mais provável é que isso fosse feito para permitir o desenvolvimento de líderes de alto nível dentro da organização e para somar responsabilidades à medida que a planta crescia. Durante o período inicial da planta, cada membro da equipe de liderança tinha um treinador japonês para apoiá-los e ensinar-lhes o Modelo Toyota. Cada gerente de nível superior tinha um parceiro japonês com quem compartilhar a responsabilidade pelas decisões. À medida que os níveis de habilidade aumentavam, a necessidade de apoio japonês constante diminuía e, após vários anos, o número de gerentes japoneses permanentes havia caído para menos de 2%.

Estrutura de liderança no *staff* da Toyota de Georgetown

A estrutura de cargos de *staff* (pessoal de apoio) de escritório ou da engenharia é semelhante à estrutura da produção, exceto por geralmente não haver líderes de equipe ou de grupo. Essa estrutura é também parecida com a utilizada por muitas empresas, embora haja poucos títulos de cargos. O *staff* de escritório inclui "*staff* assistente" e "*staff* de associados", que têm responsabilidade pelos trabalhos não-técnicos, e "especialistas", que possuem habilidades técnicas específicas e são responsáveis pela engenharia de produção, manutenção das instalações, segurança e adequação ambiental, contabilidade, recursos humanos e outras atividades que exijam grau técnico.

Pequenas equipes de *staff* assistente e de especialistas subordinam-se a um gerente assistente, e vários gerentes assistentes são subordinados a um gerente de departamento. No caso de um departamento de produção, o gerente pode ser responsável por funcionários da produção e do *staff*. Alguns departamentos com grande parte de apoio técnico podem ter um gerente individual para os funcionários do *staff*.

Exigências dos líderes

A Toyota tomou algumas de suas filosofias de liderança a partir de material originalmente desenvolvido nos Estados Unidos pela War Manpower Commission[1]. Muitas das habilidades que são ensinadas pela Toyota foram especificamente mencionadas no material Training

---

[1] Training Within Industry Service; Bureau of Training, War Manpower Commission, Washington, D.C., 1944.

Within Industry (TWI) sobre Relações de Trabalho, Métodos de Trabalho e Instrução de Trabalho (ver Capítulo 11). O TWI identificou cinco características necessárias para os líderes, e nós adicionamos uma sexta, que pode ser a mais importante – disposição e desejo de liderar. Mesmo podendo parecer estranho, vemos pessoas em funções de liderança que não têm desejo de liderar e estão somente preenchendo a vaga como caminho para um outro trabalho. Sem desejo de liderança, qualquer outras das cinco habilidades quase não se aplica.

1. Disposição e desejo de liderar

Essa primeira característica pode parecer óbvia, no entanto, existe uma diferença entre o desejo de ter um emprego ou cargo e o desejo de verdadeiramente liderar. As características restantes são necessárias para um grande líder, mas uma pessoa não precisa possuir todas essas características quando obtém o emprego. As pessoas só precisam ter o desejo e a disposição de aprender e desenvolver as outras habilidades. O papel do líder hoje é muito diferente do papel do "supervisor" do passado. O líder deve motivar e inspirar as pessoas a alcançarem grandes objetivos.

2. Conhecimento do trabalho

Refere-se ao tipo especializado de informações e habilidades necessárias para realizar o trabalho na área. Os líderes devem conhecer os materiais, as máquinas, as ferramentas e as etapas da produção. Também devem possuir o conhecimento técnico de cada operação na sua área e saber a forma correta de realizar cada operação. Sem essa habilidade, o líder não pode garantir que o trabalho está sendo realizado corretamente em relação aos padrões. Essa exigência muitas vezes falta nos líderes fora da Toyota, com a suposição implícita de que habilidades administrativas gerais podem superar a falta de conhecimento aprofundado do trabalho.

3. Responsabilidades pelo trabalho

Um líder deve conhecer seu papel. Ou seja, deve manter-se a par das políticas da empresa, seus procedimentos, regulamentações de saúde e segurança, planos e relações interdepartamentais. Os líderes devem compreender as políticas e procedimentos, transmiti-los aos membros da equipe e garantir que sejam seguidos.

4. Habilidade para a melhoria contínua

Um líder deve constantemente analisar o trabalho da área, procurando maneiras de combinar, reorganizar e simplificar tarefas para um melhor uso do material, das máquinas e da mão-de-obra. A parte principal da função de um líder é encorajar seu pessoal a desenvolver a melhoria contínua no pensamento e na ação. A maioria das pessoas na organização está subordinada ao líder de grupo; portanto, a maior parte das melhorias e dos benefícios provém da atividade promovida na equipe pelo líder de grupo. É mais importante ter muitas melhorias pequenas diariamente do que poucas melhorias de grande porte.

5. Habilidade de liderança

Um líder deve ser capaz de trabalhar com os membros da equipe de modo que eles atinjam as metas da empresa. O líder deve ser capaz de "traduzir" os objetivos gerais da empresa em atividades específicas que sua equipe possa realizar a fim de ser bem-sucedida. Como um treinador, ele desenvolve o "plano de jogo" e auxilia o time a pô-lo em prática. Ele deve oferecer apoio e treinamento aos membros da equipe. O líder deve ter a habilidade de planejar e programar as necessidades de treinamento, bem como de oferecer acompanhamento e garantir que o treinamento seja realizado com sucesso.

6. Habilidade de ensinar

Um dos principais deveres do líder é ensinar os demais. Não importa quanta habilidade ou conhecimento uma pessoa possua, sem a habilidade de ensinar, o líder é incapaz de transmiti-los aos outros. Se a habilidade e o conhecimento não forem transmitidos, a organização não crescerá e não prosperará.

DICA

Alguns nascem líderes, outros podem aprender as habilidades

É verdade que as pessoas possuem diferentes habilidades, e parece que algumas nascem para a liderança. Na realidade, com vontade, treinamento e prática, as habilidades de liderança podem ser aprendidas. Michael Jordan não formou seu time de basquete no Ensino Médio, mas, com a motivação interna e a prática contínua, tornou-se um dos melhores jogadores de todos os tempos. Isso aplica-se às habilidades de liderança. Pode não ser possível mudar a natureza básica de uma pessoa (ser introvertido ou extrovertido, por exemplo), mas é possível aprender habilidades e maximizar as características desejadas enquanto se minimizam as menos desejadas (isso é específico de tarefa). Há muitos "estilos" de liderança que podem ser eficazes, e cada líder pode aprender a utilizar seu próprio conjunto de habilidades para seu máximo proveito. O único elemento que não pode ser ensinado é a vontade.

Responsabilidades do líder de grupo em um típico dia de trabalho

Para o líder de grupo da produção, o dia de trabalho é dividido em três fases distintas, cada uma com um foco específico. Para os líderes, o dia começa antes do turno e do início da linha de produção. Eles devem garantir a preparação de todos os recursos – pessoas, máquinas e material. A segunda fase do dia consiste de atividades e responsabilidades a serem desempenhadas durante a produção, e a terceira fase abrange o final da produção e os momentos após o término do turno. Não descreveremos o dia todo; você pode vê-lo resumido na Tabela 10-1. Consideraremos a primeira fase do dia de trabalho dos líderes de equipe e de grupo, antes do início do turno.

O líder de grupo (LG) deve chegar no trabalho pelo menos 30 minutos antes do início da produção. O líder deve dar o exemplo em todas as áreas, mas especialmente na prontidão, assiduidade e comprometimento com o sucesso da equipe. Revisando o grande calendário de freqüência, que está exposto e mostra todas as ausências programadas, visíveis para todo o grupo, o LG fica sabendo dessas ausências e estabelece um plano para elas no dia anterior. Os membros da equipe devem avisar qualquer falta não-programada 30 minutos antes do turno. O LG então avalia o pessoal e determina os ajustes a serem feitos. A freqüência é comunicada ao gerente assistente, que possui um quadro de freqüência para todo o departamento.

TABELA 10-1   Atividades diárias de um grupo de trabalho da Toyota

Tempo	Membros de equipe (ME)	Líderes de equipe (LE)	Líderes de grupo (LG)
15-30 min. antes do início do turno	Membros de equipe designados e líderes de equipe responsáveis pela preparação do equipamento		Devem chegar 30 minutos antes do início do turno
	• Realizar procedimento de preparação do equipamento • Realizar verificações das condições do equipamento • Verificar a prontidão das ferramentas manuais e da área de trabalho • Ligar as máquinas para início de produção • Realizar a primeira inspeção de artigo • Verificar os níveis de suprimento de material (matérias-primas) • Relatar problemas ou condições anormais • Garantir a prontidão para produção antes do início do turno	• Verificar a chegada de membros da equipe de preparação • Revisar o livro de registro de mudança de turno do LE • Acompanhar problemas do turno anterior • Conferir o desempenho do processo de preparação • Responder a problemas ocorridos na preparação • Verificar as condições da linha desde o turno anterior • Coletar *kanban* de instrução da produção • Verificar as exigências de produção do dia • Determinar necessidades de troca de máquinas a partir do *kanban* • Garantir a prontidão para produção antes do início do turno	• Revisar o calendário de freqüência diária • Receber as chamadas de ausências • Fazer ajustes no pessoal • Informar a freqüência ao gerente assistente • Revisar o livro de registro de mudança de turno do LG • Acompanhar problemas do turno anterior • Contatar a manutenção se necessário • Responder a problemas ocorridos na preparação • Relatar paradas potenciais de produção ao gerente assistente • Implementar plano de contingência na produção se necessário • Conferir o desempenho do processo de preparação • Verificar as condições da linha desde o turno anterior • Estar na área de trabalho cinco minutos antes do início do turno • Verificar preparação, freqüência, sem problemas
Início do turno	• Verificar a organização do trabalho para o primeiro período • Dirigir-se ao local de trabalho designado • Estar pronto para trabalhar quando o turno começa	• Compensar a ausência de MEs (LE *online*) • (Deveres de LEs *offline*) • Garantir o início tranqüilo da produção • Verificar a pontualidade de todos os MEs e ver se estão em seus lugares • Verificar se os MEs estão seguindo as normas de segurança • Verificar se os MEs estão seguindo o trabalho padronizado	• Verificar se há cobertura suficiente de LEs para a produção • Redistribuir LEs *offline* se necessário • Assumir tarefas de LE se necessário • Verificar se todos os MEs estão posicionados com pontualidade • Registrar ausências ou atrasos não-programados

(continua)

TABELA 10-1   Continuação

Tempo	Membros de equipe (ME)	Líderes de equipe (LE)	Líderes de grupo (LG)

Início de turno até intervalo	• Realizar as atividades regulares do trabalho
	• Acompanhar o trabalho padronizado
	• Coletar dados de produção quando solicitados
	• Realizar trocas de ferramentas conforme instruções
	• Ativar *andon* quando ocorrem problemas
		• Responder aos chamados de *andon* dos MEs
		• Reagir a qualquer parada de equipamento
		• Relatar problemas para o LG
		• Revisar resultados de produção de hora em hora
		• Registrar resultados no quadro de mapeamento
		• Realizar vistorias de qualidade de hora em hora
		• Revisar refugos/sucata e área de contenção de retrabalho
		• Revisar o *status* de *kanban* de material e de produção
		• Programar mudanças de equipamento
		• Reagir a problemas relatados pelo processo cliente
		• Registrar questões no livro de registro de mudança de turno do LE
			• Responder aos chamados de *andon* dos MEs
			• Reagir a paradas de equipamento
			• Relatar problemas maiores ao gerente assistente
			• Revisar resultados de produção de hora em hora
			• Revisar refugos/sucata e a área de contenção de retrabalho
			• Reagir a problemas relatados pelo processo cliente
			• Percorrer a área de trabalho para revisar o *status* de:
			  • Adequação dos MEs às normas de segurança e condições inseguras
			  • Qualidade do produto
			  • Fluxo material / processo – verificar se o trabalho padronizado está sendo seguido. Prestar atenção especial na escassez ou excesso de produção (isso indica problemas).
			  • Níveis de estoque de material
			  • Condições dos 5S
			  • Armazenamento e descarte de resíduos perigosos

(continua)

Muitas áreas de produção têm equipamentos que precisam ser preparados ou ligados antes da produção para assegurar sua operação. O LG é responsável por indicar as pessoas que devem começar mais cedo para fazer a verificação dos equipamentos. Qualquer problema é relatado aos LGs de forma que possam ser corrigidos antes do início do turno (a preparação é muito importante devido ao fluxo estendido). Além disso, os materiais são conferidos, e as faltas e problemas são também corrigidos. Esse processo normalmente leva 30 minutos. (Observação: em Georgetown, depois de paradas longas para férias, várias pessoas vão ao trabalho no fim de semana anterior para testar o equipamento. É imperativo que o equipamento sempre esteja pronto quando necessário.)

TABELA 10-1 Continuação

Tempo	Membros de equipe (ME)	Líderes de equipe (LE)	Líderes de grupo (LG)
Produção normal (sem problemas)	• Treinamento para a função de LE (estabelecido pelo LG)	• Permanecer próximo da área de trabalho • Atualizar gráficos de mapeamento da produção • Dar apoio a atividades de melhoria contínua • Preparar para Círculos de Qualidade • Verificar estoque de suprimentos descartáveis (luvas, material de segurança, etc.) • Fazer pedido de suprimentos • Treinar MEs • Treinamento para a função de LG	• Avisar LE se for necessário sair da área de trabalho • Comparecer à reunião diária de Qualidade e Produção • Dar apoio a atividades de melhoria contínua • Processar as sugestões de melhoria dos MEs • Preencher papéis e documentos • Preparar informações a serem comunicadas na reunião • Registrar problemas no livro de registro de mudança de turno do LG • Trabalhar em atividades de melhoria contínua • Dar início a plano de contingência no caso de grandes problemas de produção
Intervalo	• Os intervalos podem ser afetados no caso de haver problema de produção • ME deve finalizar o ciclo atual antes do intervalo • Intervalo de 10 minutos • Algumas pessoas jogam cartas, pingue-pongue ou fazem outra atividade • Pode acompanhar a sugestão de melhorias • Pode visitar amigos de outras áreas • Deve retornar para a área de intervalo para a reunião de comunicação.	• Os intervalos podem ser afetados no caso de haver problema de produção • LE deve verificar problemas na linha • Intervalo de 10 minutos • As mesmas atividades dos MEs	• Reagir a problemas de produção • Intervalo de 10 minutos • Acompanhar MEs em suas solicitações

(continua)

Os líderes de equipe (LE) integram as preparações antes do turno, e geralmente um LE do grupo é escalado para chegar cedo todos os dias. Áreas com maiores quantidades de equipamento podem exigir apoio adicional durante esse período. Os líderes de equipe cuidam para que todas as planilhas para reunião de dados da produção sejam substituídas na área de trabalho e que todas as ferramentas e suprimentos estejam disponíveis para os operadores.

TABELA 10-1 Continuação

Tempo	Membros de equipe (ME)	Líderes de equipe (LE)	Líderes de grupo (LG)
Reunião de comunicação (5 minutos no final do intervalo)	• Deve estar na área de intervalo para a reunião – horário pago • MEs podem dar anúncios ou fazer solicitações	• LE conduz a reunião em caso de ausência do LG • LE transmite informações para as equipes	LG comunica informações pertinentes relacionadas com: • Notícias ou mudanças da empresa • Questões de produção, segurança e qualidade • Informações relevantes para o grupo • Revisão e mudanças de melhoria contínua • Entrega de prêmios a MEs e LEs por suas sugestões • Outras notícias ou informações
Reinício de produção	• Verificar a posição para rotação de atividades (*job rotation*) • Comparecer ao local de trabalho designado • Estar pronto para trabalhar quando a linha começa	• Garantir o início tranqüilo da produção • Verificar se todos os MEs estão posicionados pontualmente • Verificar se os MEs estão seguindo as normas de segurança • Verificar se os MEs estão seguindo o trabalho padronizado	• Garantir o início tranqüilo da produção • Verificar se todos os MEs estão posicionados pontualmente
Hora do almoço	• O mesmo que o intervalo da manhã • MEs podem ter a reunião do Círculo de Qualidade • Pode ser realizada atividade de CP (contato pessoal) em grupo • Retomar a produção como no intervalo	• O mesmo que o intervalo da manhã • LEs podem liderar a reunião do Círculo de Qualidade • Retomar a produção como no intervalo	• O mesmo que o intervalo da manhã • LG pode comparecer à reunião do Círculo de Qualidade • Outras reuniões de almoço quando exigido • Retomar a produção como no intervalo

(continua)

Além disso, o LG e o LE têm livros de registro de turno a turno. Devido ao intervalo de tempo entre turnos – duas horas entre o primeiro e o segundo turnos e seis horas entre o segundo e o primeiro turnos – a comunicação direta nem sempre é possível. Assim, mensagens escritas a respeito de questões de segurança, qualidade e equipamento, problemas do cliente e outras informações são compartilhadas nestes documentos. (Observação: se você utiliza livros de registro, assegure-se de não colocar informações pessoais ou confidenciais dos funcionários ou queixas sobre o trabalho de indivíduos ou turnos em um lugar que é aberto a todos.) Qualquer problema relativo ao processo relatado pelo turno precedente é investigado e corrigido imediatamente. O livro de registro é um instrumento de comunicação muito importante entre os turnos.

Tabela 10-1 Continuação

Tempo	Membros de equipe (ME)	Líderes de equipe (LE)	Líderes de grupo (LG)
Reunião de comunicação da tarde	• O mesmo que a reunião de comunicação da manhã • Retomar a produção como no intervalo	• O mesmo que a reunião de comunicação da manhã • Retomar a produção como no intervalo	• O mesmo que a reunião de comunicação da manhã • Anunciar a necessidade de hora extra do dia (pode variar por área) • Tarefas de hora extra
Fim do turno	• Completar a exigência de produção • Preparar a área de trabalho para o turno seguinte • Completar os documentos de produção se necessário • Completar a exigência diária dos 5S • Verificar a finalização do trabalho com o LE	• Garantir que a produção seja finalizada • Verificar os níveis de produção do final do dia • Coletar os documentos de produção dos MEs • Preparar relatórios de produção de fim de turno • Preencher o livro de registro de mudança de turno do LE	• Garantir que a produção seja finalizada • Preencher os gráficos de mapeamento de desempenho do final do turno • Preencher o livro de registro de mudança de turno do LG • Coordenar consertos com a manutenção • Comparecer à reunião mensal de turnos • Completar 5S da área de trabalho do LG • Caminhada final na área de trabalho
Hora extra se necessário	• Hora extra obrigatória na produção • MEs podem fazer hora extra para trabalhar no Círculo de Qualidade ou em atividades de melhoria contínua com a permissão do LG	• Hora extra obrigatória na produção • Apoio aos MEs se necessário	• Hora extra obrigatória na produção • Apoio aos MEs se necessário • Freqüentar reuniões departamentais de segurança e qualidade

Durante os 30 minutos que antecedem o turno, o LG cumprimenta outros membros da equipe enquanto estes chegam ao trabalho e observa problemas potenciais. Os líderes de grupo devem perguntar a cada membro da equipe como está fazendo para detectar problemas, sejam físicos ou emocionais. Se alguns membros não tiverem chegado cinco minutos antes de o turno iniciar, o LG pode avisar o LE da necessidade de fazer alguns ajustes na alocação de pessoal.

Criação de uma estrutura de liderança de produção

Muitas pessoas cometem o erro de comparar a estrutura de liderança da Toyota com a sua própria ou à de uma organização industrial tradicional e equivocadamente supõem que o líder de equipe é "como um volante", um "comandante" ou "utilitário". Também supõem que os deveres dos atuais supervisores são semelhantes aos dos líderes de grupo. Apesar de esses cargos realmente terem alguma semelhança, as diferenças são bem mais significativas. O líder de equipe realmente "se movimenta" e preenche as vagas deixadas por membros da equipe quando necessário, mas somente para apoiar o trabalho padronizado, já que este não é possível se as posições não estiverem sempre ocupadas. Um líder de equipe pode realizar todas as tarefas na equipe e, nesse ponto, é um "utilitário". Na verdade, os líderes de equipe podem realizar uma tarefa devido a um caso de doença ou algum tipo de ausência, mas a essência de seu trabalho é apoiar e desenvolver a equipe ou grupo. Se o líder de equipe estiver trabalhando em tempo integral ou mesmo em meio turno em uma função de produção, ele não poderá apoiar a equipe nem responder aos chamados do *andon*.

Dada a centralidade dessa estrutura de equipe para o STP, como as organizações que buscam o sistema enxuto podem reproduzir as funções dessa estrutura de liderança em um ambiente muito diferente? A primeira questão é "de onde vêm as pessoas". Não é desejável acrescentar custos com a adição de pessoal. Para construir a estrutura de liderança, recomendamos começar com a situação atual e encontrar os recursos dentro do pessoal existente.

Essencialmente, os níveis de pessoal são estabelecidos para atender às necessidades de produção. Dentro desse plano, há um "excesso" para cobrir faltas programadas e não-programadas e muitas outras questões que criam os sete tipos de perda. Sabemos, por exemplo, que a taxa média de faltas de funcionários em férias é de 10 a 15%.

Quando uma pessoa está de férias, há uma redução do tempo de mão-de-obra disponível, e a produção geralmente é afetada. Quando a operação está totalmente preenchida (todos estão no trabalho), a mão-de-obra disponível excede a necessidade real, e a operação consegue "compensar" a escassez anterior. Como as operações não são padronizadas, geralmente é possível deslocar as pessoas e passar sem determinadas operações quando ocorre uma falta. Em ambientes onde isso não é possível, as empresas normalmente empregam "volantes" para preencher as posições. O volante deve ter deveres adicionais, mas sua principal responsabilidade é preencher as posições vagas. Quando não há nenhuma falta, essa pessoa geralmente não é utilizada e, em alguns casos que já vimos, pode passar o dia lendo o jornal! Em qualquer situação, essa estrutura tem um excesso inerente, com a expectativa de que as pessoas faltarão e de que os níveis do pessoal de algum modo ficarão na média.

Indicadores adicionais, tais como trabalho em hora extra, são usados para determinar se é necessário acrescentar pessoas. Essa é uma falsa suposição, pois em uma operação não-padronizada nenhuma pessoa é completamente utilizada. Na verdade, é provável que cada pessoa tenha entre 10 e 25% (ou mesmo mais) de seu tempo disponível. A falta de padronização e de isolamento de processos torna impossível captar esse tempo e criar uma nova estrutura.

Não recomendamos adotar uma estrutura de liderança no estilo da Toyota, mas começar trabalhando na operação – estabilizando, criando fluxo, etc. Normalmente, sugerimos o estabelecimento da estrutura de liderança após a implementação do trabalho padronizado, pois somente então é que podemos compreender a exigência de recursos e consolidar a porção de tempo disponível de cada pessoa até que uma pessoa seja liberada da operação. Por exemplo, se cada pessoa tiver 10% de excesso de tempo disponível e a perda adicional for removida da operação, para cada quatro ou cinco pessoas haverá uma "extra". Quando as melhorias são feitas, o excesso de tempo é capturado e as pessoas podem ser removidas da operação. Você poderia perguntar: "se estou trabalhando tanto em tempo extra agora, como você pode dizer que existem pessoas "extras" na minha operação?". O fato é que há uma quantidade considerável de perda em *todas* as operações (incluindo a Toyota), e os esforços para reduzir as perdas resultarão em uma redução dos recursos necessários. Nesse caso, o primeiro objetivo é construir um processo capaz de atender às necessidades do cliente sem hora extra. Melhorias sucessivas poderão ser necessárias para originar o excesso de pessoas de modo que a estrutura de liderança possa ser criada.

Depois do estabelecimento inicial do trabalho padronizado, é possível obter um claro panorama da próxima melhoria possível. Pergunte-se: "se eu pudesse manter o mesmo número de pessoas que tenho atualmente, mas, mudando a estrutura e a forma de utilizá-las, pudesse obter 25% de melhoria na produtividade, isso seria desejável?". Essa seria a meta do estabelecimento da estrutura de liderança, não só para ter líderes de equipe como a Toyota, mas para criar uma estrutura que permitisse alcançar melhores resultados na segurança, na qualidade, na produtividade, nos custos, etc.

Nunca vimos uma operação que não tivesse pessoas suficientes para criar uma estrutura de lideranças (e já vimos muitas operações). Esse é o poder da eliminação de perdas e do trabalho padronizado. Deve-se continuar a fazer melhorias até que se possa consolidar as perdas e criar a oportunidade. Quando confrontados com esse desafio, os *sensei* japoneses quase sempre diziam: "não tem problema". Isso não queria dizer que não precisaria de um esforço considerável para realizar; simplesmente significava que a quantidade de perda em qualquer sistema é tão grande que sempre é possível vencer o desafio.

Seleção de líderes

No Japão, os funcionários da Toyota que ingressam na empresa no nível de membro de equipe (pagos por hora) na produção permanecerão nesse cargo, no mínimo, de 10 a 15 anos. Então, se forem qualificados e interessados, serão promovidos à categoria de líderes de equipe. Outros 10 a 15 anos como líder de equipe proporcionam as habilidades necessárias para ser um líder de grupo. Esse é o cargo final para muitos, embora alguns ascendam à posição de chefe geral (aproximadamente equivalente ao gerente assistente). O chefe geral é responsável pela supervisão e coordenação de atividades dos líderes de grupo. É raro (embora aconteça) que alguém do setor de fabricação passe para a engenharia ou alta administração.

Esse sistema funciona em uma empresa madura no Modelo Toyota, mas a maioria das empresas que começam a jornada enxuta não tem o luxo de todo esse tempo. E mesmo a Toyota, fora do Japão, muitas vezes não consegue manter os funcionários o tempo suficiente para esse longo período de gestação. Durante o estabelecimento da planta de Georgetown e de outras plantas da Toyota fora do Japão, não foi possível dispor de tanto tempo para desenvolver líderes antes do início da operação. Os novos líderes precisaram de treinamento direto até que desenvolvessem capacitação própria.

O que normalmente vemos nos Estados Unidos é a investida de jovens universitários recém formados em cargos de liderança de linha, com pouco treinamento e quase nada de instrução ou orientação. Somam-se a esse problema a rotatividade um tanto rápida – dois anos parecem ser uma longa permanência – e o fato de que não há um sistema organizado onde ingressar. Todo novo líder deve "aprender o básico" e desenvolver métodos para lidar com as questões do dia-a-dia. Temos visto o transtorno criado quando um novo líder assume o cargo e imprime sua visão sobre as coisas, estabelecendo novas expectativas e procedimentos.

A alternativa é promover a liderança na própria empresa, mas, francamente, é difícil encontrar candidatos dispostos a tal, devido aos desafios do cargo. As pessoas que trabalham na empresa podem ver que os supervisores não recebem as ferramentas ou recursos necessários, e os incômodos do trabalho não valem o diferencial na remuneração (em alguns casos, a "promoção" leva a uma remuneração total menor, já que se perde o pagamento de horas extras).

Então, o que você pode fazer? O primeiro passo é perceber a importância dos líderes de grupo e de equipe. Esses cargos devem ser vistos como algo mais do que degraus de uma escada ou posições que ninguém quer. Para melhor compreender as habilidades que a Toyota acredita serem importantes para a liderança, o seguinte exemplo de caso descreve a triagem inicial e o processo de contratação utilizado no estabelecimento da planta de Georgetown, Kentucky.

Exemplo de caso: processo de triagem para líderes de grupo e de equipe em Georgetown

Há algumas vantagens em estabelecer uma nova planta. Você começa com tudo novo. Você seleciona as pessoas mais capazes possíveis para as funções. Você não tem nenhuma história para apagar ou modificar. Há desvantagens também. A base de experiência é limitada. As necessidades de treinamento são imensas, e você pode acabar não tendo as pessoas certas para as funções. Assim, todos começam com tudo novo, mas sem as habilidades necessárias.

A seleção dos líderes de equipe e de grupo era tão crítica para o estabelecimento da planta que um extenso e específico processo de seleção foi desenvolvido. A Toyota havia se comprometido a empregar funcionários de fabricação do estado de Kentucky. As inscrições rapidamente surgiram de todo o estado, totalizando mais de 100.000 (esse número continuou a aumentar, mas a quantidade inicial estava em torno de 100.000). Para reduzir esse grande número de candidatos aos que tinham o conjunto básico de habilidades, uma série de processos de filtragem foi utilizada.

Os candidatos participaram de um teste geral de aptidão, com duração de cerca de duas horas, que foi usado como primeira ferramenta de triagem. Um grupo selecionado (não estamos informados sobre os números reais) passou para o nível seguinte. A Toyota estava procurando pessoal qualificado para fabricação e manutenção, de modo que aqueles com experiência em manutenção foram escalados para o teste do NOCTI (National Occupational Competency Testing Institute), um teste escrito de habilidades técnicas com duração de seis horas, com um roteiro paralelo para os candidatos à fabricação.

O segundo processo de triagem foi chamado de "dia de trabalho" – um processo de avaliação de oito horas facilitado e monitorado por avaliadores treinados. O foco para os candidatos originais era identificar líderes potenciais, e a ênfase estava nas habilidades básicas de liderança. (Mais tarde, quando o foco da contratação passou para os membros da equipe (trabalhadores da linha), grande parte do "dia de trabalho" contou com a simulação de um local de trabalho, com quatro horas de "trabalho" – trabalho físico real.) O "dia de trabalho" incluiu atividades individuais, bem como atividades em equipe, com o propósito de avaliar cada candidato em um conjunto específico de habilidades. Estas incluíam:

- Conhecimento técnico (práticas básicas de fabricação)
- Habilidades técnicas e aptidão (uso de ferramentas básicas)
- Solução de problemas (incluindo identificação e solução de problemas individualmente e em equipe)
- Participação em equipe (habilidade de trabalhar em equipe)
- Liderança de equipe (habilidade de liderar uma equipe)

- Pensamento crítico
- Habilidades de comunicação (verbal e escrita)

A camada superior de candidatos foi peneirada para passar ao passo seguinte do processo, uma outra avaliação de liderança. Essa avaliação durou oito horas (talvez parte do teste tenha sido determinar o quanto a pessoa desejava a função e se estava disposta a conceder todo esse tempo ao processo). As atividades eram semelhantes àquelas do primeiro dia, mas concentradas especificamente na liderança. Os que não se habilitaram nessa categoria, foram considerados posteriormente para a função de membros de equipe ou mesmo para líderes de equipe. O grupo selecionado estava na "via rápida" devido à necessidade de preencher as vagas de líder de grupo e de equipe primeiro. As habilidades verificadas durante o teste foram:

- Solução de problemas avançados (exemplo de caso real com teste escrito)
- Habilidade de treinamento (treinamento real de um avaliador)
- Habilidades de treinamento e de gerenciamento de tempo (habilidade de planejar, priorizar e delegar)
- Habilidades de facilitação (liderança de uma atividade de equipe)
- Participação em equipe (isso foi sempre observado no decorrer do processo)
- Liderança individual (exercício com um exemplo de caso)
- Liderança de equipe (habilidade de liderar uma equipe)
- Pensamento crítico
- Habilidades de comunicação (verbal e escrita)

Finalmente, os que passaram foram escalados para uma entrevista. Não se tratava de uma entrevista individual comum, mas de uma entrevista em grupo. Representantes de cada setor de fabricação revisaram a pontuação dos candidatos e as inscrições; aqueles que estavam interessados em um candidato participaram da entrevista.

As questões eram de natureza específica, solicitando exemplos reais da experiência passada. Esse processo foi chamado de "seleção direcionada", pois o objetivo era identificar e focalizar habilidades e comportamentos específicos de experiências anteriores (ver Capítulo 11 para exemplos adicionais desse processo). A idéia é que exemplos específicos do comportamento e das habilidades passadas seriam um bom indicador de desempenho e habilidades futuras. Não eram perguntas simples como "como você acha que se saiu naquele projeto". Eram orientadas para a *ação* passada. Eram questões como: "relate uma situação em que você reconheceu um problema no seu trabalho"; "qual era o problema?"; "como você reconheceu o problema?"; "o que você fez?" (especificamente como "para quem você falou?" e "você ofereceu uma solução?"). Essas perguntas destinavam-se a determinar a propensão da pessoa a identificar problemas e a ser pró-ativa e orientada para as soluções. As questões também abrangiam o "protocolo". Por exemplo: "você informou as pessoas certas ou agiu sem orientação?", "você trabalhava com outras pessoas ou sozinho?" (nenhuma dessas respostas era necessariamente a melhor, mas, em geral, tinha-se preferência pelas pessoas que trabalhavam bem com as outras).

Os candidatos qualificados que passaram no exame do NOCTI (para testar conhecimento técnico) também participaram das avaliações do dia de trabalho e foram chamados para outros testes práticos específicos, tais como habilidades em soldagem, eletrônica, sistemas elétricos, hidráulicos e pneumáticos. Estes eram testes realmente práticos para verificar as habilidades técnicas.

O tempo total desse processo (sem incluir o tempo de transporte) foi de aproximadamente 40 horas. Então, se a Toyota estivesse interessada em fazer uma oferta de emprego, um completo exame físico e de uso de drogas era realizado (mais quatro horas) antes da verdadeira contratação.

Desenvolvimento de líderes

Pode ser que você não consiga dedicar todo o tempo que a Toyota destinou ao processo de seleção de liderança (a Toyota recebeu ajuda do State Employment Service como parte do pacote de incentivos), mas deve ser capaz de aproveitar as idéias. O papel do líder é mais do que alguém que conhece o "trabalho" e pode realizar as tarefas. O líder deve possuir habilidades adicionais. Se você pode melhorar o processo de seleção para identificar as pessoas com a melhor base de habilidades, pode também estabelecer um processo de instrução para continuamente aperfeiçoar seus líderes.

O desenvolvimento de líderes não é muito diferente do treinamento de operadores. O primeiro passo é definir o cargo e as habilidades necessárias. O trabalho padronizado para líderes pode ser desenvolvido com base nas "competências centrais" da função. Por exemplo, um líder deve ser capaz para a melhoria contínua. É possível ensinar um método utilizando a solução de problemas como base ou facilitando atividades de círculo de qualidade. Um líder deve compreender as responsabilidades de seu trabalho. As tarefas específicas que devem ser realizadas podem ser delineadas. Os líderes potenciais podem receber responsabilidades que testarão e desenvolverão suas habilidades em qualquer área.

As habilidades e capacidades de liderança necessárias foram identificadas nas páginas anteriores. Cada habilidade, atividade ou tarefa individual deve ser identificada e posicionada em uma matriz, como uma tabela multifunção de treinamento de funcionários (ver Capítulo 11). Depois, as capacidades individuais da pessoa em cada área são avaliadas, e as lacunas são identificadas.

Um plano de treinamento específico deve ser desenvolvido com base nas necessidades da pessoa. Por exemplo, para uma pessoa que tem dificuldade de facilitar atividades de equipe, deve-se colocar mais ênfase no desenvolvimento dessa habilidade. Pode-se pedir que a pessoa comece liderando atividades de pequenas equipes e depois passe para atividades mais importantes à medida que desenvolve capacidade e confiança.

Em alguns casos, o treinamento externo pode ser exigido ou necessário. A Toyota tem exigências de treinamento centrais para cada posição de liderança (ver Capítulo 11), e esse treinamento pode ser feito pela empresa ou pode incluir oficinas ou seminários. O desenvolvimento interno é de responsabilidade do líder existente. É realizado por meio de instrução diária, permitindo-se que o "aluno" assuma algumas responsabilidades sob orientação do líder (não apenas sob delegação). A avaliação honesta do desempenho e o parecer contínuo do líder são necessários.

A metodologia Treinamento em Instrução do Trabalho (ver Capítulo 11) pode ser usada como modelo também para treinamento em liderança. Primeiro, o treinador (o líder) fala, mostra e demonstra a habilidade ou comportamento desejado diversas vezes. Então, o aluno tem oportunidade de tentar, com orientação do treinador. O treinador avalia o desempenho e, quando o aluno está pronto, pode desempenhar algumas tarefas sozinho. O treinador continuará a monitorar o progresso e gradualmente reduzirá a orientação.

Esse processo é longo. Não se trata de dar um curso de treinamento de duas semanas e passar o trabalho. Se o líder trabalha continuamente para desenvolver seu pessoal, deve sempre estar preparado para a eventual necessidade de líderes adicionais. Se esperar até que surja a necessidade, não haverá tempo suficiente. Esse processo deve estar continuamente em andamento.

DICA

Se você falha em planejar, planeja falhar

O desenvolvimento de liderança baseia-se em um plano. Usando as características chave do processo de triagem da Toyota como exigência para a função e as habilidades de líderes definidas pelo TWI, desenvolva uma avaliação de necessidades de líderes potenciais. Defina atividades específicas e treinamento para cada uma das habilidades e estabeleça um cronograma para a realização do treinamento. Se você não conseguir fazer um plano e não ensinar aos outros as habilidades necessárias para fazer seu trabalho, não terá sucesso em uma das responsabilidades primárias que tem como líder.

Plano de sucessão para líderes

O processo de desenvolvimento de liderança deve basear-se em um plano de sucessão. Cada líder deve desenvolver subordinados de modo que haja sempre uma transição tranqüila quando são feitas mudanças na liderança. A primeira razão para desenvolver subordinados, no entanto, é fortalecer o sistema e fazer com que todas as pessoas sejam capazes de efetivar seu mais alto potencial. Essa é uma grande vantagem para você também, já que, quanto mais pessoas forem capazes de assumir tarefas de liderança, menos você terá que se preocupar com as habilidades necessárias para ingresso nos cargos de liderança. Recomendamos que pelo menos duas pessoas em cada nível estejam preparadas e prontas para a promoção a qualquer momento. Mais do que isso seria o ideal, mas duas funcionariam como o mínimo.

Considere seu pessoal e pergunte quem gostaria de se desenvolver para cargos de liderança. Certifique-se de que todos os que demonstrarem interesse sejam considerados. Sente-se e discuta o plano com cada pessoa, explique os sacrifícios pessoais que serão exigidos durante o processo de treinamento. Descubra seus interesses e o que cada um considera como seus pontos fortes e fracos. Jamais suponha que seus níveis de habilidades são aceitáveis, a menos que você tenha tido experiência direta com as pessoas em uma situação específica.

Pode ser sábio, primeiramente, trabalhar com as pessoas que apresentam menos lacunas em termos de habilidades, de forma que, no mínimo, haja alguém preparado. Mas sempre dê a todos os indivíduos oportunidades iguais para desenvolvimento de longo prazo. Isso assemelha-se ao plano para Treinamento em Instrução de Trabalho – sempre considerar a necessidade imediata e determinar a quantidade mínima de esforço para atender a essa necessidade. Assim que a necessidade imediata for atendida, continue a trabalhar com as outras pessoas para desenvolver maior abrangência de capacidade.

DICA

Às vezes ajuda ver a situação de outro lugar

Uma vantagem do desenvolvimento de pessoas para cargos de liderança é que elas têm a oportunidade de ver como é ser o líder. É provável que descubram que se trata de algo muito mais desafiador do que haviam imaginado, podendo vir a apreciar mais o que fazem. Além disso, você pode ganhar aliados que auxiliam os outros a compreender seus desafios; assim, quando alguém reclama que "eles [a administração] nunca me ouvem", eles saberão que as coisas não são só o que aparentam. As pessoas que entendem os desafios também são mais condescendentes quando se cometem erros. Não tema desenvolver alguns dos seus "criadores de problemas". Você pode acabar ganhando um forte aliado no processo.

Reflexão e aprendizagem com o processo

A habilidade de promover e desenvolver líderes na sua organização é crítica para o desenvolvimento de uma cultura enxuta. A Toyota investe uma enorme quantidade de tempo e esforço no desenvolvimento de líderes porque eles sustentam o sistema. As seguintes questões ajudarão a avaliar seu comprometimento com o desenvolvimento do talento de seus líderes.

1. Reflita sobre a capacitação de liderança na sua empresa. Avalie os métodos usados para promover e desenvolver líderes. Identifique e liste três coisas que você precisará fazer no ano seguinte para melhorar seu processo de desenvolvimento de liderança.
2. Desenvolva uma expectativa de desempenho mensurável para seus líderes com base em:
    a. Eficácia no desenvolvimento de pessoas (quantas pessoas, quais habilidades, quando)
    b. Habilidade de resolver problemas e fazer melhorias no processo (resultados com base nas medidas do processo)
    c. Habilidade para liderar mudanças
    d. Liderança e promoção da cultura da empresa
    e. Habilidade para desenvolver outros líderes
3. Avalie a profundidade de sua reserva de liderança. Quantas pessoas estão prontas para assumir *cada* função de liderança em sua organização?
    a. Estabeleça um plano para desenvolver pelo menos duas pessoas para preencher cada posição de liderança no ano seguinte.
    b. Inclua uma estratégia para sustentar a profundidade de sua reserva de liderança (plano de longo prazo).
4. Avalie seu atual processo de seleção de liderança.
    a. Identifique uma melhoria que você fará no processo antes de selecionar seu próximo líder.
    b. Identifique as habilidades e características de liderança desejadas e como planeja integrá-las aos seus critérios de seleção.

Desenvolvimento de Componentes de Equipe Excepcionais

Capítulo 11

"Nós não construímos apenas carros, nós construímos pessoas"

Em quase todos os setores da vida, você obtém das coisas aquilo que coloca nelas. Isso é especialmente verdadeiro quando se trata de seus funcionários. Se você investir pouco nesse recurso, ele lhe dará pouco retorno. O Modelo Toyota está centrado na filosofia de que as pessoas são verdadeiramente o maior bem. Os líderes da Toyota adoram dizer que "constroem pessoas, não apenas carros". Com isso, estão dizendo que, no processo de construção de automóveis e em sua melhoria, as pessoas aprendem e se desenvolvem. A Toyota utiliza a analogia de um jardim para descrever sua crença nas pessoas. O solo preparado e cultivado, as sementes são regadas, e quando elas crescem, o solo é mantido, capinado e regado sempre até que os frutos estejam maduros. Essa imagem é de dedicação, paciência e cuidado. Você deve dedicar-se às sementes o tempo todo, ser paciente na espera pela compensação, cuidar e nutrir as plantas.

Também é verdade que os funcionários corresponderão às expectativas que você tem em relação a eles. Quando trabalhamos com empresas, geralmente podemos dizer imediatamente qual a qualidade das pessoas simplesmente perguntando ao gerente. Podemos ouvir comentários como: "temos problemas para conseguir bons funcionários aqui" ou "não pagamos o suficiente, por isso a qualidade do pessoal é baixa". Com freqüência, ouvimos termos como "cuidar de crianças" quando se faz referência aos funcionários. Certamente, esses são sinais de que há "más" pessoas trabalhando lá. O caso é que o gerente é que é mau! Se o gerente acredita que as pessoas não são boas, elas corresponderão a essa expectativa.

Felizmente, também visitamos empresas onde o gerente afirma: "temos algumas pessoas muito boas aqui. Estamos muito satisfeitos". Quando andamos pela empresa com esse gerente, podemos perceber o orgulho pelas pessoas e pelo que elas realizam. Evidentemente, esse gerente não vive em uma torre de mármore, nem uma terra de fantasia. É apenas uma percepção diferente da situação. O trabalho não é mais atraente, o salário não é significativamente mais alto (se for), nem os benefícios, mas as pessoas são "boas".

Quando começamos a trabalhar com pessoas, descobrimos que são semelhantes e têm necessidades básicas (ver *O Modelo Toyota*, páginas 195-98, para uma discussão sobre a teoria da motivação). O desenvolvimento de funcionários excepcionais vai além de apenas oferecer os melhores salários e benefícios. Podemos dar todos os tipos de incentivos para as pessoas e, ainda assim, não criar o ambiente adequado para que elas floresçam. Se você é gerente, a chave é o que você *verdadeiramente* acredita sobre a natureza das pessoas e o que elas significam para *você*. O solo deve ser cultivado e as sementes devem ser nutridas para que dêem frutos que oferecerão sustentação e sobrevivência para você! Como com todos os demais aspectos da criação do Modelo Toyota, tudo começa com *seu* pensamento.

> **ARMADILHA**
>
>
>
> **Como você se refere às pessoas?**
>
> Um sinal certo de que você e a equipe de liderança têm a visão errada das pessoas está no modo como você se refere aos indivíduos durante reuniões e sessões de planejamento. Freqüentemente ouvimos referências às pessoas como "cabeças" (como número de funcionários) e "corpos" ou, pior, "corpos quentes" (o que implica que, se estão vivos e respirando, é só o que interessa). Essas referências são inócuas, e pode ser que você nem se dê conta delas, mas falam de suas crenças mais profundas sobre o valor das pessoas. Elas são somente "corpos" com o único propósito de preencher um cargo? Você espera que as pessoas verifiquem seus cérebros na porta quando elas vêm trabalhar? Você trabalha mais para tentar reduzir seu maior bem ou para promovê-lo e desenvolvê-lo?

Começar pela seleção das pessoas certas

Um bom processo de seleção ajuda a "peneirar" e identificar as pessoas que mais se adaptam a sua cultura e às suas necessidades. Você pode olhar esta seção e pensar: "já temos as pessoas, estamos encalhados com algumas ruins, e não há nada que se possa fazer". Anime-se. Mesmo o melhor processo de seleção do mundo permitirá que algumas sementes más passem. No fim, você tem que trabalhar com o que tem e fazer o melhor que puder. As habilidades e traços almejados durante o processo de seleção são habilidades que podem ser desenvolvidas. Mas toda empresa tem pessoas que partem e devem ser substituídas. Dedicar tempo com antecedência ao processo de seleção pode ajudar a reduzir o tempo necessário para desenvolver essas habilidades mais tarde.

O processo de seleção usado na planta da Toyota em Georgetown baseia-se na idéia de que o comportamento passado de uma pessoa é um bom indicador de seu comportamento futuro. O processo de seleção é longo e oferece muitas oportunidades para ver os candidatos potenciais em diversas situações, de forma que seu comportamento possa ser avaliado. Essas situações incluem atividades de trabalho simuladas (ver Capítulo 10) e uma entrevista concentrada na experiência real. Conforme discutido em *O Modelo Toyota*, é um processo de vários passos, começando com eliminação de centenas ou milhares de inscrições e, então, prosseguindo com um teste de aptidão. Focalizaremos aqui os últimos estágios das entrevistas, quando um subconjunto menor já foi identificado.

O processo de seleção objetiva as seguintes habilidades nos componentes das equipes:

- **Motivação adequada ao trabalho.** A motivação pessoal do indivíduo enquadra-se bem na empresa? O trabalho e o ambiente lhe oferecerão satisfação pessoal? Você poderá descobrir que essa pessoa seria mais adequada para outras funções ou tarefas.

- **Participação em reuniões.** A pessoa tem habilidade de trabalhar com outras, de participar sem dominar e de obter a cooperação e o apoio das demais?
- **Liderança de reuniões.** Essa característica pode não ser tão importante para os membros da equipe, mas inclui a habilidade de transmitir idéias aos outros e de obter apoio quando necessário. A Toyota realmente aprecia desenvolver líderes (Capítulo 10), por isso são procurados os líderes potenciais.
- **Iniciativa.** A pessoa é alguém que dará início à ação e fará mais do que o mínimo necessário para atingir as metas ou esperará que lhe digam o que precisa ser feito? Ela dá início à ação além de seus limites sem aprovação (não desejável)?
- **Habilidade para o trabalho.** A pessoa já realizou esse tipo de trabalho? Se não, ela possui experiência semelhante, como em reformas de residências, publicação de boletins de uma igreja ou grupo cívico?
- **Adaptabilidade.** O Modelo Toyota fundamenta-se na melhoria contínua, que significa mudança contínua. As pessoas precisam ser capazes de lidar com várias situações, tarefas e pessoas.
- **Identificação de problemas e habilidade de solucionar problemas.** Muitas pessoas podem identificar problemas. Elas são capazes de oferecer soluções? Esperam que outras pessoas resolvam o problema para elas?
- **Ritmo de trabalho.** A Toyota avalia o ritmo de trabalho usando uma experiência de trabalho simulada. Isso possibilita ao candidato compreender a futura exigência de trabalho e garante que ele saiba o que se espera dele, de modo que a Toyota possa avaliar se ele demonstra aptidão para o trabalho.
- **Habilidades de comunicação.** A pessoa fala com clareza? Comunica as idéias de maneira eficaz? Consegue compreender perguntas e responder de acordo?

Cada uma dessas características foi avaliada durante os exercícios de trabalho simulados, conforme descrevemos no Capítulo 10, e durante uma entrevista no caso de o candidato ter passado no processo de triagem. A atividade do dia de trabalho simulado pode ir além do que sua empresa consegue realizar em termos de processo de seleção, e a entrevista será, então, a ferramenta primária para a seleção. A entrevista utilizada pela Toyota é um processo mais extenuante do que a maioria. Os candidatos muitas vezes não estão preparados para a especificidade das perguntas e a profundidade das informações solicitadas. Normalmente, mais de uma pessoa conduzia a entrevista, e a equipe incluía o departamento interessado na contratação do indivíduo e um membro dos recursos humanos.

Após as apresentações e uma breve revisão da experiência profissional e da escolaridade do candidato, começavam as perguntas. O propósito era fazer perguntas específicas com o intuito de produzir respostas honestas. Todos nós sabemos como dizer a coisa certa em uma entrevista! Por exemplo: pergunta do entrevistador, "por que você quer largar seu emprego atual?", resposta do candidato, "bem, não me sinto desafiado o suficiente e quero ter um emprego onde possa usar minhas habilidades e ajudar a empresa". Para saber mais sobre as relações e condições de trabalho da pessoa no momento, a entrevista aborda situações reais. A seguir, vêem-se exemplos de questões típicas. Observe que se pede que as pessoas descrevam eventos reais e todo o processo que os envolve. Não são perguntas subjetivas de "percepção"; são perguntas objetivas de "ação".

"Conte uma situação no seu atual (ou último) emprego em que você reconheceu um problema. Qual era o problema?" (Espera da reposta) "O que você fez? Para quem falou do problema? Você precisou de ajuda para solucioná-lo ou conseguiu resolvê-lo sozinho? Você conseguiu resolver o problema? Qual foi sua solução?".

Essa linha de questionamento destina-se a verificar a habilidade de uma pessoa identificar e resolver problemas. Se olharmos mais de perto, veremos perguntas relativas à iniciativa (a pessoa partiu para a ação e a ação era adequada?), liderança e participação. Observe que não há necessariamente uma resposta "correta". Por exemplo, se uma pessoa dissesse que não havia resolvido o problema, as habilidades de solução de problemas seriam sondadas com outras perguntas. Se a pessoa dissesse ter precisado de ajuda para encontrar a solução, tudo bem, pois isso mostrava sua disposição para trabalhar com outras pessoas. Se dissesse que não havia precisado de ajuda, também estaria bom. As pessoas que tentavam encontrar a resposta "certa" quase sempre se atrapalhavam.

Por exemplo, quando se perguntava aos candidatos sobre sua habilidade de se relacionar com os outros (participação em reuniões), eles poderiam responder: "me dou bem com todo mundo. Nunca tive nenhum problema". Mas sabemos que é virtualmente impossível nunca ter tido um desentendimento com *alguém*. O importante é *como* as pessoas lidaram com a situação. Se uma pessoa teve desentendimentos e lidou bem com eles, essa era uma boa indicação.

Se o candidato simplesmente não "lembrar nada", perguntas semelhantes seriam feitas, como: "cite alguns modos de você demonstrar consideração pelos outros no trabalho". Novamente, não se procuram opiniões ou sentimentos, e sim situações reais.

Esse método era uma maneira surpreendentemente boa de determinar o caráter e a habilidade de uma pessoa. Naturalmente, mesmo com todas as verificações e ponderações nesse sistema, de vez em quando passava alguém que não se adequava à cultura.

Assimilação dos componentes da equipe na sua cultura

Quando as pessoas chegam em um novo emprego no primeiro dia, geralmente estão cheias de esperança e têm "boas atitudes". Você precisa se esforçar para transformar essas esperanças e boas atitudes em arrependimento e negatividade. Felizmente, com algum empenho, podemos sustentar a atitude positiva e até mesmo desenvolvê-la ainda mais. Como se pode ver, a Toyota faz um esforço tremendo para identificar e selecionar as melhores pessoas (escolher as melhores sementes). Ela faz o mesmo esforço para levá-las para sua cultura (preparar o solo e regar as sementes). A Toyota refere-se a esse processo como "assimilação", que é conduzida em dois estágios.

No primeiro dia de trabalho, o novo funcionário se dirige a uma sala de treinamento onde o departamento de recursos humanos e treinamento começará o processo de introdução da pessoa no Modelo Toyota. O estágio inicial dura duas semanas, e, durante esse período, o novo funcionário jamais visita seu verdadeiro local de trabalho! A pessoa é iniciada na cultura da Toyota, no Sistema Toyota de Produção (STP) e nas políticas e procedimentos, incluindo segurança geral e ergonomia. Também participam de uma atividade de trabalho simulado para "fortalecer-se no trabalho" ou condicionar-se fisicamente para o trabalho verdadeiro. O fortalecimento poderá começar com uma hora de trabalho e duas horas em sala de aula. Esse período aumenta gradualmente ao longo das duas semanas até que a pessoa seja capaz de um dia inteiro de trabalho (no estágio dois, no local de trabalho, a pessoa começa a trabalhar verdadeiramente em período reduzido).

Tem havido ocasiões em que novos funcionários decidem que talvez a cultura da Toyota não é para eles e resolvem sair naquela fase. Durante o estágio de assimilação inicial, as regras e políticas são cuidadosamente explicadas, e as pessoas entendem a seriedade das expectativas.

Após completar o estágio inicial, o novo funcionário é encaminhado para a área de trabalho real. Inicia-se agora o segundo estágio de assimilação no grupo de trabalho. Não há tempo preestabelecido para esse estágio; no entanto, há expectativas quanto ao número de tarefas que serão aprendidas e qual será a participação de cada pessoa no grupo. Os itens seguintes são abrangidos durante o processo de assimilação. Os líderes de grupo têm uma planilha de verificação que engloba esses itens, e esta deve ser assinada pelo membro da equipe e pelo líder e devolvida para os recursos humanos.

- Boas-vindas e apresentação feita pelo líder.
- Revisão das políticas e procedimentos do grupo e do setor.
- Apresentação aos outros membros do grupo (pode haver uma atividade "CT" – contato pessoal –, promovida pela empresa como atividade "de conhecimento").
- Revisão da segurança, incluindo procedimentos de evacuação e de emergência.
- Desenvolvimento de um plano de treinamento.
  - As tarefas iniciais são de "calouros" (tarefas mais fáceis)
  - Começar com uma ou duas horas de trabalho, seguidas por uma ou duas horas de trabalho fora da linha
  - Determinar uma meta para o treinamento – três tarefas em três meses
- Assimilação de longo prazo na equipe e nas atividades do grupo
  - Círculos de Qualidade
  - 5S
  - Tarefas pré e pós-turno
  - Sistema de sugestões e melhorias contínuas
- Orientação e desenvolvimento.

Cada grupo apresenta uma ligeira variação, dependendo das necessidades do grupo, mas segue o mesmo formato geral. A completa assimilação na cultura Toyota pode levar um ano ou mais, mas há marcos ao longo do caminho, assinalados com revisões do progresso e aumentos de salário se o progresso mostra-se satisfatório. Um período "de experiência" de seis meses é aplicado a todos os novos funcionários. Durante esse tempo, o progresso no trabalho e o registro de assiduidade são avaliados (baixa assiduidade é uma maneira certa de ser afastado da equipe).

A responsabilidade pelo ensino, orientação e treinamento recai sobre o líder de grupo, que estabelece as expectativas para o treinamento, mas o líder de equipe normalmente conduz o verdadeiro treinamento (embora o líder de grupo também seja um treinador habilitado e possa realizar parte do treinamento real). A Toyota usa um método bastante específico chamado Treinamento de Instrução de Trabalho para todos os treinamentos.

Treinamento para instrução de trabalho: a chave para desenvolver níveis excepcionais de habilidade

Uma das queixas mais comuns que ouvimos quando conversamos com os funcionários em todas as empresas é que há uma falta de treinamento efetivo. Descobrimos que uma coisa tão importante como a aprendizagem da maneira correta de realizar o trabalho muitas vezes é deixada ao acaso. Nenhum método sistemático é utilizado, os treinadores não são identificados – e, se são, não receberam treinamento formal – e as exigências específicas para realização do trabalho não são claramente identificadas. O treinamento de funcionários tem baixa prioridade na lista de deveres dos líderes (líderes que quase sempre são muito poucos e não têm tempo para as necessidades individuais de cada funcionário). Provavelmente poderíamos escrever um livro inteiro de histórias relacionadas ao mau treinamento, mas a que segue sintetiza o problema.

Numa tarde, durante a visita a uma planta, estávamos observando uma operação e tentando entender o fluxo e o equilíbrio das operações. Não estava muito claro o que estava acontecendo, de forma que decidimos perguntar a uma operadora (vamos chamá-la de Mary) sobre sua tarefa. Quando abordamos Mary, ela arregalou os olhos, com uma expressão de susto. Pedimos que Mary descrevesse alguns dos pontos importantes do trabalho. Com expressão de choque, Mary disse: "comecei hoje e realmente não sei". Não havia problema, pois uma outra funcionária estava trabalhando ao lado de Mary, e supomos que fosse a pessoa responsável pelo treinamento. Perguntamos a Mary: "sua colega sabe?", ao que ela respondeu: "ela começou ontem!". De fato, com freqüência encontramos uma pessoa com pouca experiência (nível de habilidade, conhecimento do produto e expectativas de qualidade, aspectos de segurança) "ensinando" uma outra. Não é de surpreender, então, quando os funcionários nos dizem que "cada um tem seu próprio jeito" de realizar o trabalho.

Perguntamo-nos como algo tão crucial para o sucesso de uma organização como a transferência de conhecimento e habilidades pode ser tratado tão levianamente. Por que se desenvolveu uma atitude de que é aceitável que as pessoas adquiram as habilidades necessárias "com o tempo"? Quando questionamos os líderes sobre os problemas na área de trabalho, muitas vezes nos dizem que "leva tempo para aprender, e normalmente as pessoas aprendem dentro de alguns meses". Enquanto isso, os problemas continuam todos os dias, e elas esperam pacientemente pelo dia em que a pessoa finalmente compreende. Obviamente, se o indivíduo nunca vier a "compreender", será rotulado de mau funcionário ou de criador de problemas, e o líder ficará com um problema que não desaparecerá. O líder dirá: "tentei dizer para ele, mas ele não me ouve. Ele tem seu próprio jeito de fazer as coisas". Claro que tem! Sem treinamento e instrução eficazes, as pessoas desenvolvem seu próprio método, que muito provavelmente não será o método "preferido" (como do "meu jeito").

Alguns métodos comuns usados para treinamento incluem:

- O método de "afundar ou nadar". Esse é um clássico antigo que, na verdade, é usado em alguns casos para "ensinar" a nadar. O aprendiz é atirado na água e, se sair vivo, aprendeu a "nadar". Infelizmente, é comumente utilizado também no trabalho. Realmente, alguns funcionários nos dizem: "eu aprendi do jeito difícil, eles também têm que aprender assim!".
- O método "dê um tempo, e eles aprenderão". Este baseia-se em dar ao novo funcionário tempo para compreender como fazer o trabalho e melhorar. Tem relação com o método de "afundar ou nadar", pois a pessoa ainda não se afogou completamente, e, se sua cabeça se mantiver acima da água, ela conseguirá. Infelizmente, você continuará a pagar o preço do baixo desempenho enquanto a pessoa "aprende".
- O método "microondas". Trinta segundos, e pronto! O treinamento geralmente acontece assim: "primeiro, faça isso; depois, isso; e, então, faça aquilo. Alguma pergunta?" (com freqüência, observamos o método "microondas" entre coordenadores enxutos internos. É só oferecer-lhes um curso de uma ou duas semanas, e eles estarão "completamente preparados" como especialistas enxutos).
- O método "encontre o melhor funcionário e siga-o". Infelizmente, o "melhor funcionário" pode não ser um bom treinador. Ele pode não querer ter essa responsabilidade. O outro problema com esse método é que não há uma estrutura delineada. Como você pode saber se o "treinador" está fazendo o trabalho corretamente? Como você pode saber se ele vai explicá-lo de forma clara? Ele realmente conhece todos os aspectos de qualidade e segurança do trabalho?

> **DICA**
>
> **Assuma pessoalmente a responsabilidade pelo treinamento e desenvolvimento**
>
> Com toda essa conversa atualmente sobre "as pessoas serem o bem mais importante", parecia que o treinamento estaria assumindo maior importância para gerentes e líderes. Muitos gerentes passam a responsabilidade para outra pessoa e esperam pelo melhor. É importante assumir pessoalmente a responsabilidade pelo estabelecimento de um método de treinamento e pela garantia de sucesso dos resultados. Faça um plano, treine os treinadores (incluindo você), acompanhe pessoalmente o processo para certificar-se se o processo é correto e verifique os resultados. Sua atenção pessoal a esse processo mostrará às pessoas que o sucesso delas é importante para você.

O método da Toyota para treinamento é testado e autêntico, tendo sido utilizado por mais de 50 anos. Serve bem para a empresa, e seu conceito básico é tão relevante hoje quanto na época em que foi usado pela primeira vez nos Estados Unidos durante a Segunda Guerra Mundial. Depois da Segunda Guerra, a Toyota, juntamente com outras empresas japonesas, receberam assistência dos Estados Unidos. O Training Within Industry Service (TWI), uma divisão da War Manpower Commission, forneceu parte do material. Originalmente, foi utilizado para apoiar a produção de munição e outros produtos durante a guerra. Na época, muitos dos trabalhadores qualificados estavam nas Forças Armadas, e era necessário desenvolver um procedimento eficaz de treinamento para rápida e eficientemente treinar pessoas não-qualificadas para realizar o trabalho. O material do TWI incluía seções de Relações no Trabalho, Método de Trabalho (que pode ter sido a base para o trabalho padronizado e a eliminação de perdas) e Treinamento de Instrução de Trabalho, que a Toyota adotou como seu principal protocolo de treinamento.

O método de treinamento usado pela Toyota hoje é, essencialmente, uma réplica do material desenvolvido nos Estados Unidos na década de 1940. a Toyota fez apenas alguns pequenos acréscimos e hoje utiliza o material para treinar eficazmente milhares de trabalhadores que produzem os veículos de mais alta qualidade do mundo. Esse método simples é muito poderoso; no entanto, por alguma razão, depois da guerra, muitas empresas dos Estados Unidos preferiram abandonar esse método, talvez porque o material havia sido desenvolvido para treinar os trabalhadores "não-qualificados" que estavam tomando os empregos dos homens que haviam partido para a guerra. Depois que os trabalhadores "qualificados" retornaram da guerra, não era necessário possuir um método básico como aquele. A Toyota nunca viu o método dessa forma, considerando-o como uma ferramenta essencial no desenvolvimento de funcionários excepcionais.

Todos os líderes na Toyota devem aprender o método de Treinamento de Instrução de Trabalho. O formato e a estrutura do curso também são usados para muitos outros cursos de treinamento na Toyota e baseiam-se em cinco sessões de duas horas, num total de 10 horas. O curso é liderado por um treinador que recebeu certificado de um dos "treinadores mestres" da Toyota, alguém com habilidades excepcionais e muitas horas de experiência. O curso é estruturado para acompanhar o formato básico de treinamento. Primeiro, o treinador explica e apresenta o método, o aluno tenta, e o instrutor oferece orientação. Em outras palavras, os alunos devem identificar um trabalho prático para demonstrar em sala de aula sob orientação do instrutor e dos outros alunos. Sempre que possível, as demonstrações de treinamento podem ser realizadas na área de trabalho. A seguir, temos o esquema básico do método de Treinamento de Instrução do Trabalho. O material original pode ser encontrado em qualquer grande biblioteca, e há várias organizações que oferecem treinamento específico do TWI. Sugerimos que você use as informações seguintes somente para obter uma compreensão do método, mas você deverá aprender o método completamente antes de tentar utilizá-lo.

Você verá que esse método exige bastante tempo e esforço, tanto do treinador quanto do aluno. Talvez por isso o método foi abandonado. Sempre ouvimos que as pessoas estão "muito ocupadas" para passar todo esse tempo fazendo o treinamento. Talvez haja um círculo sem fim. Os trabalhadores mal treinados apresentam mais problemas de qualidade e de segurança e desempenho geral menos sistemático. Esses problemas consomem muito tempo do líder, e o líder não dispõe de muito tempo para treinar os funcionários. Isso nos lembra do velho comercial de um serviço de conserto de transmissão em que o técnico diz: "você pode me pagar agora ou pode me pagar mais tarde". Nesse caso, o investimento inicial pagará ótimos dividendos no final. Se você optar pegar um atalho na educação e treinamento dos funcionários, ficará pagando eternamente.

1. Faça a divisão do trabalho

O primeiro passo do processo de treinamento é analisar o trabalho e desenvolver um auxílio para treinamento chamado "Planilha de Divisão de Trabalho" (Figura 11-1). Essa planilha

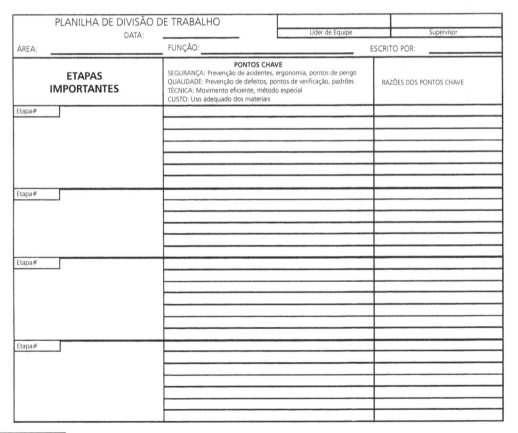

Figura 11-1 Planilha de Divisão de Trabalho.

baseia-se no trabalho padronizado, mas, como a meta é treinar eficazmente, a divisão do trabalho é feita tendo-se em mente o treinamento. As etapas do trabalho de nível mais alto na Planilha de Divisão de Trabalho, por exemplo, podem ser divididas em duas ou mais "etapas de treinamento". Essas etapas "menores" podem ser ensinadas sem sobrecarregar o aluno. Dividir o trabalho em segmentos de treinamento é uma habilidade que é aperfeiçoada com a experiência. Durante esse treinamento, o trabalhador é observado para determinar o quanto aprendeu. Se o treinador observar que o aprendiz está tendo que se esforçar, o método de treinamento será ajustado.

Depois de os métodos de treinamento terem sido determinados (TWI refere-se a eles como "etapas importantes, e a Toyota denomina-os de "etapas principais"), cada etapa é analisada para determinar os "pontos chave". Esses pontos são o cerne do método de instrução de trabalho e são desenvolvidos para explicar os seguintes aspectos críticos do trabalho:

- Segurança
- Qualidade
- Custo
- Destreza ou técnica

Os pontos chave são essenciais para a finalização bem-sucedida do trabalho e devem ser considerados com cuidado. Na maioria dos casos, são desenvolvidos com base na experiência passada de áreas de problemas e no método correto para realizar o trabalho a fim de impedir o problema. Ao desenvolverem-se os pontos chave para novos trabalhos ou processos, é importante avaliar o trabalho e tentar verificar áreas potenciais de problemas. À medida que o novo trabalho ou processo vai sendo realmente executado, outros pontos chave podem ser desenvolvidos com base nos resultados.

> **DICA**
>
> **Use os pontos chave para afirmar positivamente o modo correto de realizar uma tarefa**
>
> Os pontos chave devem ser "como fazer", em vez de "não se deve fazer". Eles são mais eficazes quando positivos. Por exemplo, se existe risco de lesão em uma tarefa que envolve uma extremidade cortante, em vez de dizer "evite a extremidade cortante", diga "suas mãos devem ser posicionadas aqui e ali durante a tarefa". Na próxima etapa do treinamento, quando as razões por trás do ponto chave são explicadas, pode ser dito que seu propósito é "evitar a extremidade cortante".

2. Apresente a operação

O verdadeiro treinamento começa com a preparação da área de trabalho e com a garantia de que há tempo suficiente para a atividade de treinamento. Em muitas empresas, o treinamento é feito "às pressas", deixando nos funcionários a sensação de que seu treinamento foi feito de última hora. É importante que tudo, inclusive as ferramentas e o equipamento de segurança, esteja preparado de antemão e que a área de trabalho esteja organizada da forma como se espera que seja mantida. Você estará colocando expectativas, assim, se a primeira experiência dos alunos na área de trabalho é de confusão e desorganização, você está estabelecendo uma expectativa de que é aceitável mantê-la desse jeito. A mensagem que se quer transmitir para o aluno em relação a você e à área de trabalho é de que você é competente, preparado e espera somente trabalho de alta qualidade – e é o que você deve demonstrar.

Existem pelo menos três fases distintas no treinamento do indivíduo para a execução do trabalho: primeiro, ensinar as etapas importantes que explicam *o que* é feito; depois, repetir as etapas enquanto se explica cada ponto chave, o que mostra *como* a etapa é executada; e, então, realizar as etapas e pontos chave ainda mais uma vez enquanto se explica as *razões* dos pontos chave. Apresentar as razões pelas quais algo é feito confere validade aos pontos chave e ajuda os aprendizes a compreender a importância de seu trabalho.

O método TWI diz "Fale, Mostre e Ilustre" cada etapa importante. Isso significa dizer aos alunos qual é a etapa, mostrando-lhes como é realizada e apresentando-a de forma a tornar claras as verdadeiras ações. Exagerar a ação, fazer uma pausa para permitir que o aluno veja mais de perto ou repetir o passo proporciona uma compreensão mais clara. Durante esse primeiro ciclo, o treinador somente falará da etapa que está sendo executada, sem nenhuma informação adicional. Por exemplo: "a primeira etapa importante é...", sem explicação dos pontos chaves, nem das razões. Estes são acrescentados nos ciclos subsequentes, isso pode ser estranho para os alunos que temem ver a execução da tarefa somente uma vez (o método "microondas") e ficam preocupados por não aprenderem os detalhes. Como treinador, você deve assegurar-lhes que vai transmitir todas as informações importantes em partes e que usará todo o tempo necessário para garantir seu sucesso. Durante o segundo ciclo, o trabalho é repetido com as etapas importantes e os pontos chave para cada passo. Novamente, os pontos chave descrevem informações críticas relativas ao modo *como* a etapa é realizada. Se a divisão do trabalho foi feita de maneira eficaz, os pontos chave foram cuidadosamente identificados. Os pontos chave são essenciais para a realização bem-sucedida da tarefa com mínimos problemas de qualidade, segurança e produtividade. Não são uma questão de preferência ou estilo pessoal, mas necessidades factuais baseadas na experiência. Se você fizer um bom trabalho de identificação e transmissão dos pontos chave para os aprendizes, seus resultados serão significativamente melhores. Não passe por cima desse passo!

O trabalho é repetido, e as etapas importantes e os pontos chave são repetidos dessa vez com a adição de razões para os pontos chave. Essas razões devem incluir a prevenção de acidentes, as exigências de qualidade e também o efeito do trabalho incorreto para o cliente ou para o processo seguinte. Ajude os alunos a verem como seu trabalho se encaixa no "grande quadro". Quando você enfatiza a importância do trabalho, está enfatizando a importância do indivíduo. Todos gostam de saber que o que fazem é importante e é levado em conta.

Dependendo da complexidade ou extensão do trabalho, pode ser necessário dividir o treinamento em diversas sessões. O método de instrução de trabalho destaca a importância de dar ao aluno "não mais do que ele consegue dominar" em uma sessão. A quantidade real baseia-se em muitos fatores, mas uma regra básica é que uma sessão de treinamento dura de 30 minutos a uma hora. Um número maior de informações tende a sobrecarregar o aluno.

3. Teste o desempenho

Depois que o trabalho (ou parte dele) tiver sido apresentado completamente, solicita-se que os alunos tentem realizá-lo sozinhos, sem que se explique o que estão fazendo. Esse é um momento crucial para o treinador. É fundamental observar cuidadosamente, fazer correções ou oferecer assistência. Um aluno pode desenvolver métodos ou hábitos incorretos na primeira tentativa, e, se as correções não forem feitas logo, serão mais difíceis de fazer mais tarde. O treinador deve oferecer orientação, mas também cuidar para não ser dominador. Esse pode ser um limite tênue, e o aluno quase sempre o define. Essa fase pode ser completada ao longo de vários ciclos de trabalho.

Depois que o aluno demonstra uma habilidade básica na realização do trabalho, deve-se solicitar que faça o trabalho e, dessa vez, explicar cada etapa. O treinador já deve ter verificado que o aluno pode *realizar* as etapas, mas agora que confirmar sua *compreensão*. (O treinador também verificou que o aluno realiza corretamente cada ponto chave, mas também confirmará a compreensão.)

Na terceira vez, o treinador continua a oferecer assistência e a corrigir quaisquer erros à medida que o aluno repete o trabalho, explica cada etapa e agora explica também o ponto chave. Durante essa fase, o treinador deve determinar se o aprendiz será capaz de desempenhar o trabalho por si só e de quanto auxílio precisará. Nunca deixe uma avaliação de capacitação para o aluno. Ninguém que dar a impressão de que não "compreendeu", e, sem dúvida, todos dirão que entendem o trabalho. Cada aluno terá diferentes capacidades e aprenderá em velocidade diferente. O treinador deve avaliar cada situação individualmente.

Como dissemos, os pontos chave são a parte crucial do trabalho e devem ser seguidos *exatamente*. Eles não são apenas dicas úteis ou algo do tipo "talvez você possa fazer isso ou aquilo". O ponto chave é necessário para a realização bem-sucedida do trabalho. Dar as razões para os pontos chave ajuda as pessoas a compreenderem a importância do *porquê* de fazer as coisas. Acreditamos que, com falta de informação, as pessoas desenvolverão seus próprios métodos. Os pontos chave proporcionam uma compreensão válida para as pessoas. Com essa compreensão, é muito menos provável que se desviem do método correto.

4. Coloque-os no trabalho e ofereça auxílio

> **ARMADILHA**
>
>
>
> **Nunca permita que os alunos determinem sua própria capacitação para uma tarefa**
>
> Muitos treinadores cometem o erro de perguntar ao aprendiz: "você acha que está pronto para o trabalho agora?". O treinador deve tomar essa importante decisão somente depois de cuidadosa observação do aprendiz. Quase todos os aprendizes (especialmente os novos funcionários) dirão que estão prontos, pois temem ser percebidos como incapazes se disserem que não estão prontos para fazer o trabalho. Perguntar ao aprendiz também coloca sobre ele a responsabilidade pela compreensão. O treinador deve assumir a responsabilidade pelo resultado do treinamento.

Quando o aluno demonstra proficiência suficiente, pede-se que realize o trabalho. Não se trata de dizer "certo, agora é por sua conta". Geralmente, o treinador permanecerá e continuará a oferecer alguma assistência. Em muitos casos, na Toyota (e em outras empresas), o aluno só é capaz de realizar uma parte do trabalho total. Ele pode ser capaz e conhecer o trabalho, mas não consegue de executá-lo na velocidade necessária (velocidade de linha). Nesse caso, o aluno fará uma parte do trabalho, e o treinador fará o restante. Isso possibilita que o treinador fique por perto para oferecer ajuda adicional, se necessário, e para verificar o desempenho em termos de segurança e qualidade. À medida que o nível de habilidade do aluno melhora, este recebe porções maiores do trabalho até que possa realizá-lo sozinho.

A curva de aprendizagem continua, e o treinador gradualmente reduz a assistência e acompanha cada vez menos. Se o treinador precisa deixar o aluno, providencia-se alguém que possa ajudar o aluno durante sua ausência. Os alunos nunca devem ter a impressão de que estão "por conta própria". Inicialmente, quando se coloca o aluno no trabalho, é importante enfatizar a expectativa de que deve se concentrar em completar com sucesso a tarefa, atingindo as metas de segurança e de qualidade. À medida que aumenta a velocidade do aluno, o foco passa para os objetivos de produção (mantendo a segurança e a qualidade). Tenha em mente que você está estabelecendo a base para a expectativa futura com essas sessões de treinamento. Se você tiver baixas expectativas ou não comunicar claramente suas expectativas, obterá menos do que os resultados desejados.

Elaboração de um plano de treinamento e mapeamento de desempenho

A compreensão das necessidades da sua área, a avaliação dos recursos e do nível de habilidades disponíveis e o planejamento para mudanças futuras são passos críticos. Não podem ser deixados ao acaso ou ser executados na base de "quando der, deu". Essa é uma área em que a Toyota empreendeu mudanças significativas no material do TWI. O material original apresentava o plano de treinamento simplesmente como "sim ou não" para as habilidades de trabalho e determinava prazos para a realização do treinamento.

A Figura 11-2 mostra o que a Toyota chama de Cronograma de Treinamento de Funcionários de Múltiplas Funções (o TWI chamava de Cronograma de Treinamento). Como se espera que todos os funcionários da Toyota conheçam e realizam diversos trabalhos, o foco do plano dirige-se para a criação de trabalhadores com múltiplas funções.

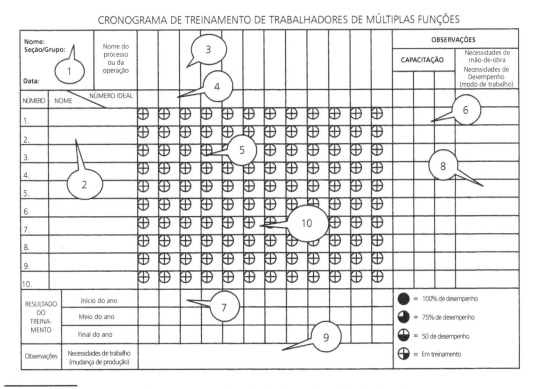

Figura 11-2 Cronograma de Treinamento de Trabalhadores de Múltiplas Funções.

O Cronograma de Treinamento de Funcionários de Múltiplas Funções é preenchido da seguinte forma:

1. O supervisor completa essa seção com seu nome, o grupo ou área e a data. O planejamento geralmente é feito durante o início do ano, mas, se você estiver começando, use a data atual.
2. Faça a lista dos nomes de todos os funcionários. Se houver mais de 10, use mais folhas. Em geral, uma folha é usada para cada equipe, que tem de quatro a sete pessoas.
3. Coloque o nome do processo ou da operação.
4. O número ideal é o número de pessoas que precisam ser treinadas em cada trabalho para garantir que a vaga possa estar sempre preenchida. Se houver três operações iguais, por exemplo, será preciso treinar mais de três pessoas. Para trabalhos mais difíceis, também é melhor ter mais do que o mínimo. O supervisor determina o número ideal para cada trabalho.
5. O círculo com quatro quadrantes retrata visualmente a habilidade de cada pessoa para um determinado trabalho. Um círculo em branco indica que o treinamento ainda não começou. Um quarto do círculo preenchido indica que uma pessoa está sendo treinada no momento. Essa pessoa jamais deve ser deixada sozinha no trabalho, já que ainda não entende completamente as exigências de segurança e qualidade. Metade do círculo preenchida representa uma pessoa que pode ficar sozinha no trabalho, mas que precisa ser monitorada de perto. Essa pessoa pode ser muito lenta para trabalhar totalmente sozinha. Três quartos do círculo preenchidos indicam uma pessoa que precisa de pouca supervisão, mas que pode ainda não ter conhecimento completo de alguns aspectos do trabalho. Essa pessoa pode trabalhar sozinha a maior parte do tempo. Um círculo cheio representa uma pessoa totalmente treinada que não precisa de supervisão, possui total conhecimento das regras de segurança e de qualidade e pode manter o ritmo necessário. Algumas pessoas usam o círculo cheio para indicar habilidade de realmente treinar outra pessoa, mas isso exige a realização do curso completo de Treinamento de Instrução de Trabalho.
6. As capacitações de cada pessoa são somadas e colocadas na coluna final. De modo geral, o supervisor fará uma avaliação no início, no meio e no fim de cada ano para determinar se o plano de treinamento foi realizado. Isso permite que o supervisor mapeie o progresso de cada indivíduo.
7. O número de pessoas inteiramente treinadas para cada trabalho é calculado e registrado na parte inferior da folha. Isso possibilita que o supervisor monitore o progresso em direção ao número ideal de pessoas para cada trabalho.
8. Quaisquer necessidades adicionais de mão-de-obra são registradas aqui. Algumas pessoas podem ter somente pequenos problemas remanescentes em relação a algumas tarefas, e isso é anotado aqui.
9. Quaisquer mudanças futuras são anotadas nesse espaço; por exemplo, se a produção aumentar ou se um funcionário importante estiver de licença.
10. As datas são acrescentadas onde há um indivíduo ou necessidade de trabalho que exija treinamento. As datas são usadas para programar o treinamento real. O período deve ser baseado em necessidades imediatas e de longo prazo.

Um exemplo de formulário completo é apresentado na Figura 11-3. O instrutor e o supervisor coletivamente avaliam o progresso e o nível de habilidade de cada indivíduo. O líder não é beneficiado com a tentativa de fazer as avaliações parecerem melhores do que realmente são. Habilidades de trabalho insuficientes serão refletidas nas medidas de desempenho, e os

CRONOGRAMA DE TREINAMENTO DE TRABALHADORES DE MÚLTIPLAS FUNÇÕES

Nome: Seção/Grupo: Data:		Nome do processo ou da operação	Serra de Corte (2)	HPP	Cola e Tarugo	Molde de Braçadeira (2)	Inspeção	Especial	Busellato	Serra	Edgebander	Peças			OBSERVAÇÕES			
															CAPACITAÇÕES			Necessidades de Mão-de-obra
															Jan	Jun	Dez	Necessidades de desempenho (modo de trabalho)
NÚMERO	NOME	NÚMERO IDEAL	4	6	6	6	6	6	6	6	4	4						
1.	Ron Coleman (Supervisor)		●	●	●	●	●	●	●	●	⊕	⊕			10	10		
2.	Eddie Day (Líder de equipe)		●	●	●	●	◐	⊕	⊕	●	⊕	⊕			3	4		
3.	Jeffe Goedde (Líder de equipe)		●	●	●	⊕ 12-Jul	⊕	⊕	●	●	⊕	⊕			3	5		
4.	Bradley Alvey		⊕	⊕	⊕	◐	●	●	●	●	⊕	⊕			2	4		
5.	Tina Brooks		●	●	●	●	●	●	●	●	⊕	⊕			6	7		
6.	Clark Campbell		⊕	⊕	⊕	◐	●	●	⊕	⊕	⊕	⊕			3	4		
7.	Willie Coleman		●	⊕	⊕	◐	◐	●	●	⊕	⊕	⊕			1	4		
8.	Dennis Daniel		⊕	⊕ 1-Aug	⊕	◐	⊕ 10-Jul	●	⊕ 25-Jul	⊕	⊕	⊕			1	2		
9.			⊕	⊕	⊕	⊕	⊕	⊕	⊕	⊕	⊕	⊕						
10.			⊕	⊕	⊕	⊕	⊕	⊕	⊕	⊕	⊕	⊕						
RESULTADO DO TREINA- MENTO	Início do ano		3	3	3	1	3	3	2	3	5	3			● = 100% de desempenho			
	Meio do ano		5	4	4	2	4	4	3	4	6	4			◐ = 75% de desempenho			
	Final do ano														◐ = 50 de desempenho			
Observações	Necessidades de trabalho (mudança de produção)	Aumento em 10% dos pedidos para o ano												⊕ = Em treinamento CHAVE			

Figura 11.3 Exemplo de Cronograma de Treinamento de Trabalhadores de Múltiplas Funções preenchido.

líderes têm interesse em contar com pessoas excepcionalmente qualificadas. Encurtar o processo de treinamento não trará os benefícios de longo prazo desejados. Além disso, as pessoas ficam com a impressão de que não fazem diferença como indivíduos se o líder não dá importância ao trabalho de treinamento. É caminho certo para criar uma "má atitude".

Formação de componentes de equipe para longo prazo

Vamos encarar os fatos. Parte do trabalho feito todos os dias pode perder seus atrativos com o passar do tempo. Isso é verdade especialmente quando o trabalho é repetitivo e não exige um alto nível de qualificação. Se é para as pessoas permanecerem ativamente engajadas no processo de trabalho e terem maior satisfação, elas precisam mais do que um contracheque. A Toyota reconhece essa necessidade e oferece muitas oportunidades adicionais para os funcionários utilizarem sua criatividade e desenvolverem maiores habilidades.

O Modelo Toyota promove o crescimento e o desenvolvimento de todos os funcionários. A Toyota faz um imenso investimento nas pessoas, tanto em termos de infra-estrutura quanto de tempo. A planta de Georgetown possui um departamento de treinamento extensivo e desenvolvimento e toda uma infra-estrutura voltada a cursos para funcionários de fabricação, escritório e profissões especializadas. Há cursos eletivos que os funcionários podem fazer quando quiserem e cursos obrigatórios que são feitos durante as horas de trabalho (é óbvio que, quando o pessoal assalariado tem aula no horário de trabalho, é necessário dar conta do que deveria estar sendo feito durante o treinamento). A Figura 11-4 mostra uma matriz de treinamento de cursos "principais" (exigidos para o trabalho)

Ofertas de cursos de treinamento e desenvolvimento

Cursos	Duração (Horas)	Gerente e gerente assist.	Líder de grupo	Líder de equipe	Membro de equipe	Especialista (engenheiro)	Staff assistente
Assimilação	18	O	O	O	O	O	O
Gerenciamento de conflitos	16	O	E			E	
Facilitação eficaz de reuniões	16	O	O	O	E*	O	E
Como falar para que os outros ouçam	16	E	E			E	E
Introdução ao *kaizen*	18	O	O	O		O	E
Introdução à solução de problemas	16	O	O	O	E*	O	O
Treinamento em instrução de trabalho	10	E	O		E*	E	
Relações de trabalho	10	O	O			E	
Líder como instrutor de stp	10	E	E	E		E	
Liderança	16	O	O	E*		E	E
Compreensão	16	E	E	E	E	E	
Aplicações pdca	24	O					
Introdução ao pdca	24	O					
Filosofias de eficiência	10	O					
Prática em solução de problemas	16	O					
Solução de problemas nível ii	18	O	O	O		O	E
Redação de propostas / documentos	10	O	O			O	O
Facilitação em círculos de qualidade	8	E	E	E	E	E	E
Participação em círculos de qualidade	8			E	E	E	
Promoção em círculos de qualidade	4	O	O			E	
Introdução ao trabalho padronizado	8	O	O	O		O	E
Trabalho padronizado, escritório	8	E				O	O
Treinamento no sistema de sugestões	2	O	O	E	E	E	E
Seleção direcionada (entrevista)	9	E	O	E		E	
Comunicações no local de trabalho	16	E	O	E*		E	E

O = curso obrigatório (exigido)
E = curso eletivo
E* = exigido para o programa pré-promoção

Figura 11-4 Matriz de treinamento de cursos obrigatórios e eletivos.

e cursos eletivos para cada cargo (sem incluir um regime de treinamento extensivo para as profissões especializadas).

Todos os funcionários da Toyota também são incentivados a participar de atividades e programas. A participação é voluntária, mas a maioria das pessoas gosta das atividades porque elas abrem um caminho para o desenvolvimento pessoal e o uso da criatividade para além do que é necessário para realizar seu trabalho. Essas atividades incluem o programa de sugestões, círculos de qualidade, desenvolvimento de liderança e vários tipos de equipes de *kaizen*.

Círculos de qualidade

Os Círculos de Qualidade são parte vital do *kaizen* na Toyota, especialmente no Japão. O movimento da qualidade americano da década de 1980 teve um rápido brilho com os Círculos de Qualidade, que foram vistos como uma ferramenta para a administração participativa. Os resultados foram péssimos. Os trabalhadores horistas dedicavam boa parte das reuniões para confortos como, por exemplo, mudar o bebedouro de lugar. Havia alguns projetos que melhoravam a qualidade, os quais eram amplamente divulgados na empresa, mas eram raros. Finalmente, esse "modismo administrativo" desapareceu. Foi mais uma boa idéia que não deu certo. O que estava faltando? Basicamente, todos os fundamentos do Modelo Toyota estavam faltando. Funcionários bem treinados, o papel de líder de equipe, líderes de grupo bem treinados para conduzir a iniciativa, uma cultura de melhoria contínua e as ferramentas da produção enxuta, como o trabalho padronizado, estavam faltando. A administração estava adotando uma cultura de cima para baixo, com funcionários mal treinados, dando-lhes treinamento "microondas" em solução de problemas e esperando projetos milagrosos selecionados pelos trabalhadores.

Os Círculos de Qualidade nunca foram um modismo na Toyota. Eles têm sido uma ferramenta administrativa contínua para a melhoria da qualidade e da produtividade durante décadas e ainda são considerados um sinal da organização altamente evoluída do Sistema Toyota de Produção (STP). Nesse sentido, as empresas Toyota americanas ainda estão se desenvolvendo.

A participação nos Círculos de Qualidade é voluntária, mas muitas pessoas da Toyota optam por participar porque querem contribuir com a melhoria da área de trabalho. Os Círculos de Qualidade são um bom método para melhorar a qualidade e fazer outras melhorias, sendo também uma excelente atividade para promover o trabalho de equipe e desenvolver as capacitações dos indivíduos. Cada membro do círculo é responsável pelo preenchimento de cada função na equipe, tais como contagem de minutos, realização pontual da reunião ou facilitação da reunião. Um líder de equipe geralmente lidera o círculo, mas os membros da equipe podem escolher liderar um círculo como oportunidade de desenvolvimento. O líder é responsável pelo estabelecimento dos resultados desejados junto à administração, planejamento de cada reunião, estabelecimento de expectativas claras para a equipe e coordenação de atividades com outras áreas, como a engenharia e a manutenção.

O círculo é responsável pelo estabelecimento de metas e cumprimento dos cronogramas, mas o líder de grupo age como conselheiro. O papel primário do líder de grupo é assegurar que o círculo aborde uma questão significativa (algo que melhore a equipe ou o grupo) e que o tempo seja usado de forma sábia e produtiva. Ele conversará semanalmente com o facilitador para atualização e para oferecer o apoio ou a orientação necessária. A equipe recebe uma hora paga (pagamento de hora extra) por semana (cada pessoa) pela reunião e qualquer atividade com tarefas. A equipe pode optar por reunir-se antes ou depois do trabalho ou, em alguns casos, durante o almoço. A maioria dos círculos lida com questões na área de trabalho, de forma que muitas reuniões são realizadas no próprio local de trabalho (*gemba*).

Ao terminar uma atividade, o grupo prepara uma breve apresentação para a administração explicando a atividade e os resultados. Essa apresentação é basicamente uma oportunidade de congratulação em que a administração expressa sua gratidão à equipe pelo seu esforço e trabalho para melhorar a operação. As sugestões implementadas pelo círculo também se qualificam para uma recompensa em dinheiro no programa do sistema de sugestões (ver abaixo). Nesse caso, os membros são pagos pelo tempo dedicado às reuniões e pelas idéias de melhoria. Todo ano, os melhores projetos do Círculo de Qualidade são selecionados para os prêmios de bronze, prata e ouro, com apresentações formais aos vice-presidentes da Toyota. As plantas americanas selecionam um vencedor do prêmio de platina, que se apresenta na conferência internacional do Círculo de Qualidade da Toyota no Japão. Em 2004, em Georgetown, havia cerca de 22% de funcionários nos círculos voluntários, comparados com uma meta de 40 a 50%. A participação acima de 80% não é incomum no Japão. Trata-se de uma boa oportunidade de desenvolver e utilizar habilidades e de ser recompensado pelo esforço. Realmente, nada mau.

Exemplo de caso: atividades de trabalho ajudam as pessoas a adquirir maior habilidade e satisfação pessoal

Uma funcionária da planta da Toyota de Georgetown era muito tímida e não gostava de falar para grupos. Falar na frente de outras pessoas é comum na cultura da Toyota. Realizávamos discussões diariamente, relatávamos questões da área de trabalho e com freqüência apresentávamos os resultados dos Círculos de Qualidade e das equipes de melhoria contínua para os membros da administração. Tendo tanto medo de falar em público, essa mulher preferia ficar longe dessas atividades (quase todas eram opcionais). Ela estava interessada na promoção potencial, mas não conseguia superar seu medo.

Finalmente, ela foi persuadida a participar de um Círculo de Qualidade e, quando chegou a hora da apresentação, ela estava apavorada. Apesar de ter suas anotações, ela "teve um branco", mas conseguiu ir até o fim. Com um pouco de incentivo, ela tentou um outro Círculo de Qualidade e melhorou sua apresentação no final. Depois de anos, ela mudou de emprego, e, quando nos encontramos novamente, ela nos disse que tinha ingressado no Lions Club e se tornado coordenadora de eventos especiais – um cargo que lhe exigia que fizesse um relatório de atividades em todas as reuniões! Ela estava orgulhosa de ter conseguido superar seu medo e participar de atividades que a interessavam fora do trabalho.

Programa de sugestões da Toyota

O Programa de Sugestões da Toyota difere da maioria dos programas tradicionais de sugestões por estar baseado na premissa de que as pessoas inerentemente desejam melhorar em seu ambiente de trabalho e que as contribuições de todos os funcionários promovem a melhoria contínua de longo prazo. A Toyota entende que as sugestões dos funcionários essencialmente contribuem para a área básica, mas o mais importante é que proporcionam um senso de propriedade e de que os trabalhadores têm algum controle sobre seu destino. Esses sentimentos levam a uma maior satisfação geral. O programa de sugestões não tem a ver só com o dinheiro economizado.

Alguns dos elementos chave do programa são o fato de ser simples (em todos os aspectos, desde a submissão de uma sugestão até o processo de aprovação) e de que a responsabilidade pela implementação da sugestão é mantida no mais baixo nível possível. Dessa maneira, a Toyota consegue uma alta taxa de submissões (aproximadamente 10 sugestões por pessoa por ano) e uma alta taxa de aprovação e de implementação (mais de 90%).

Todas as pessoas da empresa podem submeter sugestões (embora o pagamento para o pessoal assalariado seja limitado a sugestões fora de seu escopo de responsabilidade), e as sugestões podem ser feitas por indivíduos ou grupos. O processo de submissão é simples. Um formulário de uma página é empregado para apresentar o(s) nome(s) da(s) pessoa(s), o setor, e outros dados, e uma breve explicação da atual situação e da mudança proposta. A pessoa que faz a sugestão é responsável pela determinação das áreas que podem ser afetadas pela proposta. Estas incluem a segurança, a qualidade, a redução de tempo, a redução de custos e outras melhorias intangíveis. Os funcionários submetem o formulário a seus supervisores, que o revisarão com eles para garantir que a idéia seja compreendida e que as informações necessárias sejam incluídas.

O supervisor desempenha um papel chave no processo do sistema de sugestões. Na maioria dos casos, o supervisor tem autoridade para aprovar a implementação e o pagamento da sugestão. O supervisor pode aprovar todas as sugestões com pagamento de até 16 dólares, que respondem por aproximadamente 85% ou mais de todas as sugestões. É importante observar que há uma diferença entre aprovação para implementação e aprovação para pagamento. O supervisor deve aprovar uma sugestão e apoiar a implementação antes de submetê-la para pagamento. O supervisor pode aprovar a implementação da maioria das sugestões sem aprovação adicional (exceto do supervisor do outro turno e desde que o custo esteja nos limites da autoridade do supervisor e que a mudança não afete o equipamento do processo existente).

Muitas sugestões são de natureza intangível. Ou seja, é difícil calcular diretamente seu benefício potencial. Sugestões para a prevenção de possíveis problemas de segurança e sugestões que eliminam erros possíveis ou atuais são exemplos. Muitas vezes, o potencial de economia de dólares é difícil de calcular ou pode ser pequeno e não justificar o esforço necessário para calculá-lo. Para sugestões desse valor, não se exige que se "justifique seu custo". Em todos os casos, um pagamento mínimo de 10 dólares é oferecido por qualquer sugestão que tenha sido aprovada e implementada.

Se a sugestão envolve economias mais significativas, a pessoa que a fez e o supervisor compilam os dados de apoio necessários para verificar a economia real. A pessoa que fez a sugestão é responsável pela coleta dos dados; no entanto, o supervisor geralmente tem que lhe dar orientação para garantir que a documentação seja completa e precisa.

As sugestões para pagamentos acima de 16 dólares requerem níveis adicionais de aprovação, e, quanto maior o pagamento potencial, mais alto é o nível de aprovação exigido. O próximo nível de supervisão pode aprovar pagamento de até 100 dólares. Um gerente de setor deve aprovar pagamentos de até 250 dólares, e um gerente geral assistente aprova até 500 dólares. O Comitê de Orientação de Sugestões aprova pagamentos acima de 500 dólares. O comitê é composto de gerentes de área, gerentes gerais, contabilidade e o administrador do programa. Uma sugestão com pagamento avaliado em 500 dólares, por exemplo, deve ser aprovada por todos os níveis da "cadeia", incluindo o Comitê de Orientação de toda a planta. Esse processo de aprovação pode, em grande parte, retardar o pagamento, mas não o processo de implementação. Se a idéia é considerada boa pelo supervisor, é implementada imediatamente. As grandes sugestões devem ser implementadas, e os dados devem ser coletados por três meses até que se verifique a eficácia antes de a sugestão ser submetida para pagamento.

Outros detalhes sobre o programa de sugestões da Toyota são de natureza administrativa. Em resumo, o programa de sugestão deve ser simples, destina-se a todos os funcionários, objetiva remover barreiras comuns a muitos programas – formulários difíceis de obter e preencher, idéias que devem apresentar "justificativa de custos", processo de aprovação incômodo e "pequenas" idéias que não são amplamente aceitas – e, o mais importante, cria a mentalidade de que todos podem contribuir para o sucesso geral e o crescimento da empresa ao darem suas idéias. Apesar desse foco nas pequenas idéias, o programa de sugestão tem uma compensação significativa: o retorno do investimento de sete para um é comum.

DICA

Um processo com muitas restrições limita a participação

Há poucas restrições quanto a melhoria contínua na Toyota. Em muitas outras empresas, a administração estabelece "orientações" ou "restrições" para as idéias. Isso inclui não melhorar um processo que será eliminado ou remanejado na planta em breve, e algumas idéias não são consideradas "importantes" o suficiente. A Toyota melhora todas as operações até o final, e nenhuma idéia é considerada muito pequena ou sem importância. Se forem colocadas restrições quanto a quando ou como uma idéia pode ser importante, não haverá altos níveis de participação. Na Toyota, uma idéia deve ser aceitável, não havendo nenhuma outra restrição. Isso transmite uma mensagem coerente de que a melhoria contínua significa exatamente isso – contínua e sem limite. As restrições enviam a mensagem de que algumas idéias são aceitáveis, mas somente quando a administração assim o decide.

Desenvolvimento dos membros da equipe para papéis de liderança

Selecionar membros da equipe para papéis de liderança e desenvolvê-los para tal são questões importantes na Toyota. Os líderes são responsáveis pelo ensino e instrução de outras pessoas no Modelo Toyota. Eles devem transmitir a mensagem para a próxima geração. Eles também são responsáveis pela sustentação diária da operação e pela melhoria contínua. Os líderes potenciais são cuidadosamente considerados pelas suas características e seu potencial de crescimento. Como todas as decisões importantes, a Toyota faz um esforço considerável para escolher os futuros líderes de forma sábia, e os candidatos, bem como os líderes, despendem muito tempo e esforço para assegurar a melhor decisão.

Um membro de equipe que está interessado em ser promovido a líder de equipe deve formalizar sua inscrição para participar no processo pré-promoção. Para ser considerado, um membro de equipe deve ter um excelente registro de assiduidade e deve ter recebido pelo menos a avaliação "atende às exigências" na sua revisão de desempenho mais recente. Um membro de equipe com alguma grande ação corretiva não pode participar.

Todos os futuros líderes de equipe devem participar de treinamento específico em resolução de problemas, do Treinamento de Instrução de Trabalho e da facilitação de reuniões (ver Figura 11-4). Os cursos variam de 10 a 16 horas de duração (42 horas no total), e cada aluno participa no tempo de que dispõe (sem pagamento). Cada curso coloca a exigência de um exercício no local de trabalho, que deve ser realizado e revisado pelo líder de grupo e submetido ao departamento de treinamento para aprovação final. Uma "nota" final é dada em cada curso realizado, a qual é utilizada para comparar a proficiência com a de outros candidatos.

A habilidade de se relacionar com os companheiros de equipe é um aspecto crítico do papel de líder de equipe, e os outros membros de equipe no grupo de trabalho avaliam cada candidato em um processo de avaliação entre pares. Os colegas classificam o candidato quanto a habilidades interpessoais, assiduidade, conhecimento do trabalho e hábitos de segurança no trabalho. A intenção não é criar um concurso de popularidade, mas permitir que todos os pares participem no processo de avaliação. Em muitas empresas, os funcionários com freqüência reclamam de que a administração "escolhe quem ela quer". O processo de avaliação entre pares ajuda a equilibrar qualquer tendência potencial da administração.

Finalmente, a pontuação nos cursos de treinamento, a avaliação dos pares e a avaliação de desempenho é comparada com a pontuação dos outros funcionários do mesmo setor (em alguns casos, a seleção limita-se aos indivíduos com habilidades específicas), e os melhores candidatos são selecionados para uma entrevista. A entrevista é de natureza semelhante à daquela mencionada anteriormente para a contratação inicial e também é pontuada. As pontuações finais são colocadas em uma matriz, e a decisão final é tomada por consenso mútuo entre o líder de grupo, o gerente do setor e um representante dos recursos humanos (novamente, impedindo a preferência tendenciosa individual).

Após a seleção, o novo líder de equipe é treinado em aspectos específicos do trabalho. Muitos líderes de grupo estabelecem um processo de desenvolvimento pré-seleção que permite que o membro de equipe desenvolva as habilidades necessárias antes da promoção. O membro de equipe substitui o líder de equipe na ausência deste e, em muitos casos, trabalha diretamente com o líder de equipe para aprender o trabalho. As tarefas e habilidades exigidas dos líderes de equipe são colocadas em um Cronograma de Treinamento de Trabalhadores de Múltiplas Funções, e todos os candidatos pré-promoção são treinados para desempenhar as tarefas. Isso possibilita uma passagem virtualmente tranqüila para o novo líder.

Dar pré-treinamento para os papéis de liderança tem outras vantagens também. Os alunos têm oportunidades de experimentar novos desafios e de crescer. Também têm a chance de "tirar a temperatura" da função e ver se é algo em que estão verdadeiramente interessados (isso reduz o número de pessoas que mais tarde constatam que o trabalho não é para elas). Também proporciona aos funcionários a chance de "se colocar no lugar do outro" e conhecer as responsabilidades do líder. Assim, se nunca conseguirem a promoção, eles adquirem mais respeito pela função e suas dificuldades.

O contato pessoal cria laços mais fortes

Um dos programas promovidos pela Toyota chama-se "Contato Pessoal", ou CP. Destina-se a reunir membros de equipe durante uma atividade não relacionada ao trabalho na esperança de construir relacionamentos mais fortes. A Toyota oferece fundos para o grupo (uma quantia especificada por pessoa a cada trimestre) para serem usados para custear parte das atividades ou custeá-las totalmente. As atividades são sugeridas mensalmente e podem ser simples, como ter pizza no almoço ou um dia num parque de diversões (com a família) ou evento, visita a um restaurante local ou mesmo uma ação de caridade. A maioria dos grupos varia as atividades em termos de custo e complexidade. Geralmente há pessoas do grupo que tomam a iniciativa de planejar as atividades, mas todo o grupo escolhe a atividade que será realizada. Existem algumas regras específicas que são monitoradas pelo líder de grupo. Certas atividades, por exemplo, podem ser inapropriadas e não podem ser patrocinadas pela empresa.

As atividades são uma boa maneira de conhecer as pessoas fora do trabalho e desenvolver laços mais estreitos. Quase todos esperam ansiosamente pela atividade mensal de CP.

Investimento nas habilidades em todas as áreas da empresa

Os exemplos oferecidos até agora têm se concentrado nas tarefas de trabalho repetitivo, mas os mesmo princípios se aplicam a todas as funções na empresa. O Modelo Toyota tem a ver com comportamento, o que se reflete nas atitudes. A ênfase no desenvolvimento dos funcionários está sempre no "fazer" real do trabalho ou no "fazer" real da atividade de melhoria do processo. É essencial tomar uma abordagem semelhante para o treinamento e desenvolvimento de funcionários "profissionais" na empresa.

Se examinarmos detidamente a educação e o treinamento de profissionais especializados, veremos que começam com o ensino superior. Presumivelmente, eles aprendem os fundamentos da ciência da profissão, normas profissionais e talvez até mesmo ética profissional. Ainda há muito para aprender, mas as ferramentas básicas da profissão foram aprendidas com o estudo. Boas empresas oferecem uma variedade de oportunidades para a educação contínua. Estas podem constituir-se de cursos de treinamento específico na tecnologia usada na empresa (por exemplo, o sistema de computação ou as políticas de pessoal específica da empresa). Pode haver um curso de liderança, de comunicação ou de solução de problemas, exigidos de certas categorias de funcionários. E os funcionários são freqüentemente encorajados a voltar às universidades para atualizarem suas habilidades em tópicos específicos.

Isso é muito bom. Mas que treinamento específico os indivíduos obtêm sobre o modo de realizar seu trabalho real? Que treinamento específico o indivíduo recebe sobre a maneira de melhorar os processos na empresa?

Seguindo-se os princípios do Treinamento de Instrução de Trabalho desenvolvidos pelo TWI, deve haver uma divisão do trabalho em tarefas importantes, pontos chave e razões. Isso supõe que, antes disso, houve uma clara definição do trabalho, incluindo seus padrões. Segundo, deve haver alguma preparação das tarefas a serem demonstradas ao aprendiz. Terceiro, o aprendiz deve ter uma oportunidade supervisionada de tentar o desempenho da tarefa. Quarto, deve realizar a tarefa com supervisão e auxílio.

Isso se parece com o modo como os profissionais da sua empresa são treinados? Observe que a Toyota não supõe que a educação geral nas universidades cria profissionais treinados prontos para desempenhar sua função. Muito pelo contrário: a Toyota quase sempre supõe que eles terão que desaprender alguns dos maus hábitos incorporados antes de ingressarem na empresa. Muitas das suposições e crenças sobre trabalho ensinadas na universidade podem ser contrárias ao Modelo Toyota.

Consideremos o exemplo do desenvolvimento de um engenheiro de projeto de carrocerias (por exemplo, um engenheiro de portas) na Toyota, responsável pela engenharia das peças de aço da carroceria. O processo de projeto começa com um projeto de estilo, que é a criação artística da aparência. Este é convertido em dados de projeto computadorizado, todos os componentes estruturais são projetados, e o trabalho passa para os projetistas e produtores de moldes, e o produto segue para a produção.

1. Os engenheiros são selecionados em um processo rigoroso, semelhante ao descrito para os trabalhadores horistas. No Japão, são recrutados de algumas das melhores universidades (como as de Tóquio e de Kyoto), deixando-se que os estudantes que trabalham para a empresa façam parte da triagem. As entrevistas são igualmente importantes no processo de contratação.
2. Os engenheiros são contratados como uma classe coletiva antes de serem designados a uma especialidade. Eles passam por um ano de orientação geral, que inclui:
   a. Um mês de orientação geral sobre a empresa.

b. De três a quatro meses de trabalho em uma planta da Toyota, realizando trabalho manual (preferivelmente, construindo a parte do veículo da qual provavelmente farão a engenharia).
   c. De dois a três meses vendendo automóveis em uma revenda (para entender a perspectiva do cliente).
   d. Designação da área de trabalho.
   e. Projeto de calouro em uma área de trabalho (projeto supervisionado para obtenção de experiência prática).
3. Dois anos de treinamento intensivo, supervisionado na função em sua especialidade. Os engenheiros fazem seu próprio projeto computadorizado, por isso precisam aprender o sistema nesse período.
4. Um mínimo de três anos para tornar-se engenheiro de grau 1 em sua subespecialidade de engenharia de carrocerias (por exemplo, engenheiro de portas).
5. Um mínimo de oito anos de experiência para ser engenheiro sênior com a responsabilidade de liderar outras pessoas. Nesse ponto, o engenheiro pode ser designado para uma especialidade afim (por exemplo, pára-choques).
6. Cerca de 10 a 12 anos para ser líder de equipe de engenharia.

Chamamos isso de modelo T invertido, em que os engenheiros começam com treinamento geral por um curto período e, então, passam tempo adquirindo experiência profunda em suas especialidades. Essa experiência aprofundada, iniciando com o "projeto de calouro", é supervisionada. Muitas coisas estão sendo ensinadas, coisas demais para constituírem uma planilha de divisão de trabalho para todo o trabalho realizado, que leva anos para ser aprendido. Mas a tarefa do supervisor é ser professor. Assim, a filosofia geral de fazer as partes e construir para produzir o todo com supervisão, *feedback* e auxílio é empregada em cada aspecto do trabalho. O projeto de calouro é uma tarefa desafiadora, destinada a oferecer experiência de aprendizagem sobre como abordar um projeto de engenharia. Os dois anos após o ano inicial de orientação concentram-se no trabalho específico da especialidade. Tudo que é feito é supervisionado por um engenheiro experiente, como na antiga relação de mestre e aprendiz.

Na cultura da Toyota, todo líder é um professor. A abordagem de ensino é a de aprender fazendo. Os "professores" dão tarefas específicas aos alunos, supervisionam o progresso e dão *feedback* específico sobre sua melhoria. Os alunos observam os professores fazerem trabalho semelhante e aprendem também com a observação. Diferentemente de muitas outras empresas, a Toyota possui metodologias detalhadas para todos os aspectos da engenharia, o que a torna mais fácil de ensinar. Por exemplo, existem listas de verificação detalhadas para a engenharia de portas, incluindo características de engenharia específicas que produzem um bom projeto de porta, da perspectiva de engenharia e fabricação. Isso auxilia muito o ensino.

O que está sendo ensinado não é apenas o trabalho específico de engenharia, mas como pensar sobre problemas, como comunicar-se, como obter informações de outras pessoas, como trabalhar em equipe, como desenvolver relatórios A3 (Capítulo 18), como observar um processo de fabricação, como desenvolver padrões e assim por diante. A aprendizagem universitária do modo de ser um profissional é muito abstrata para a Toyota. Na Toyota, aprendem-se processos altamente desenvolvidos no Modelo Toyota. Embora os engenheiros pareçam estar estritamente concentrados em uma determinada parte do veículo, na verdade, são responsáveis por aquele componente em todos os estágios, do projeto ao lançamento. Dessa forma, estão aprendendo métodos específicos adequados para cada fase de processo de vários anos. Ao final de dois ou três anos, eles passaram por todo o processo de desenvolvimento apenas uma vez. Como o processo de engenharia da

Toyota é tão desenvolvido, há muito para aprender em cada fase do processo, juntamente com abordagens gerais do Modelo Toyota para solução de problemas, tomada de decisões e comunicação. Vários programas de seis a dez anos são necessários para que se comece a ficar à vontade com todo o processo.

Resumindo, o Treinamento de Instrução de Trabalho dado aos operadores para realização de tarefas manuais simples com um tempo de ciclo de um a três minutos mostra um microcosmo da visão de treinamento da Toyota. Em qualquer tarefa, há muito a ser aprendido sobre a maneira certa de fazer o trabalho. E uma maneira certa foi cuidadosamente desenvolvida e padronizada. Assim, ela se torna apropriada para o ensino. Ao contrário, se não existe padrão, não há outra escolha senão atirar o funcionário na água e esperar o melhor.

Reflexão e aprendizagem com o processo

O desenvolvimento de membros de equipe que se enquadram em sua cultura e constroem seu sistema começa com um processo de seleção e continua com a assimilação assim que eles estiverem preparados. As questões a seguir devem desafiá-lo a avaliar honestamente seu comprometimento com a contratação e o desenvolvimento de pessoas da mais alta qualidade.

1. Avalie seu atual processo de seleção e desenvolva planos específicos para melhorar pontos fracos.
   a. Você tem um processo pré-seleção que restringe os candidatos potenciais aos mais aptos? Se não tem ou se o que tem não é eficaz, desenvolva um plano para melhorar no ano seguinte.
   b. Faça uma lista dos critérios primários de seleção usados para contratação. Os critérios são parte importante de seu processo de seleção? Se não são, faça um plano específico para a maneira de incorporá-los.
   c. Os critérios devem basear-se em uma predisposição ao verdadeiro comportamento e habilidade. Seu processo favorece a consciência dos comportamentos e habilidades desejados? Identifique mudanças específicas necessárias para criar um processo de seleção com base no comportamento e na habilidade.
2. A expectativa para o comportamento futuro de um indivíduo é estabelecida nos primeiros momentos depois de ele ser contratado e continua por vários meses. Avalie os métodos usados em sua organização durante esse período crítico.
   a. Durante o processo de assimilação, você estabelece as expectativas da empresa desde o começo?
   b. Os novos funcionários recebem atenção pessoal, mostrando-se que eles são parte importante de sua equipe, ou são passados para alguém nos recursos humanos que revisa as regras e os encaminha para o trabalho?
   c. Os altos líderes estão envolvidos no processo de assimilação?
   d. Seus supervisores assumem a responsabilidade pessoal pela assimilação de novos funcionários no grupo ou passam a responsabilidade para outros?
   e. Um plano específico de treinamento é desenvolvido e revisado com cada um dos novos funcionários?

f. Você tem uma lista de verificação para garantir que todos os aspectos da assimilação sejam completados?

3. Complete uma avaliação de seu atual processo de treinamento.

    a. Em uma escala que vai de "discordo totalmente" até "concordo totalmente", realize uma pesquisa entre os funcionários usando as seguintes afirmações para classificar o processo geral:

        i. Sinto que fui adequadamente treinado para meu trabalho.

        ii. O método usado para treinar aqui é eficaz.

        iii. A pessoa que me treinou era um bom instrutor.

        iv. Meu supervisor (ou líder de linha) compreende meu trabalho e é capaz de treinar outras pessoas.

        v. As pessoas aprendem seu próprio método de fazer o trabalho aqui.

    b. Elabore um plano específico para melhorar seu método de treinamento.

        i. O Treinamento de Instrução de Trabalho será a metodologia básica para treinamento, ou você utilizará outro processo?

        ii. Elabore um plano para desenvolver as habilidades de treinamento de todos os líderes.

        iii. Inclua planos para assegurar que os futuros líderes sejam treinados antes de se tornarem líderes.

4. A eficácia geral de sua seleção, assimilação e treinamento pode ser verificada mensurando-se a taxa de retenção e a capacitação geral do processo (segurança, qualidade e produtividade).

    a. Com base nesses indicadores, qual é sua avaliação do processo?

    b. Identifique passos específicos que serão necessários para melhorar nessas áreas.

Capítulo 12
Desenvolvimento de Fornecedores e Parceiros como Extensões da Empresa

Parceiros fornecedores em um mundo globalmente competitivo

É uma época difícil para se falar em "parcerias" de fornecedores. Com empresas do mundo ocidental vendo os preços de peças vindas da China, da Índia, do Vietnã, da Rússia, da Europa Oriental e de outros países de mão-de-obra barata, é difícil pensar além do preço. Tentativas radicais de cortes de custos pelos fornecedores, incluindo automação, consolidação de plantas e até mesmo as técnicas enxutas, parecem ser em vão quando o preço de compra das matérias-primas para produção em uma típica empresa ocidental é maior do que o preço que um fornecedor em uma província remota da China está cobrando pelo componente acabado. Se o problema é competir com base no custo e a solução é perseguir o menor preço no mundo, então, o problema com a cadeia de suprimentos torna-se um exercício de logística direto: obter o *software* mais recente, fazer funcionar os modelos de otimização e descobrir o modo de obter o melhor custo total de preço de peças mais logística ao menor custo.

Mas os críticos argumentarão que a qualidade será afetada. Os países que oferecem baixos salários o fazem por uma razão. Não possuem a alta qualidade de mão-de-obra dos países desenvolvidos e, dessa forma, não conseguem produzir os níveis de qualidade sistematicamente altos que se tornaram o preço de ingresso nos negócios modernos. Mesmo esse argumento se desfaz. Os níveis de educação são cada vez mais altos nesses países, as pessoas trabalham arduamente e em longas jornadas de trabalho e estão ansiosas por aprender. Sua aceleração na curva de aprendizagem não se deve a um milagre.

Assim, se você não pode derrotá-los, junte-se a eles – certo? Certamente, para algumas peças *commodities* e até mesmo peças e ferramentas de alto valor, essa será a conclusão inevitável. Mas a Toyota não seguiu esse caminho para obter seus principais componentes. Ela investiu intensamente em parcerias com fornecedores durante décadas, e qualquer fornecedor novo acrescentado ao *mix* deve passar pelos testes mais exigentes e provar que consegue fazer seu caminho em direção à rede de parceria gradualmente no decorrer do tempo. Os fornecedores existentes que fazem um bom trabalho não são dispensados devido a alternativas mais baratas e adquirem segurança em sua função semelhante à dos funcionários da própria Toyota.

Economia de custos de curto prazo *versus* parcerias de longo prazo

Por que a Toyota faz esses investimentos? Por que sacrificar as reduções de custos de curto prazo por parcerias mais duradouras? Essa é uma questão complexa, e a resposta engloba vários aspectos.

Primeiro, tem-se a qualidade. A qualidade é mais do que possuir o estado da arte em termos de equipamento e procedimentos de qualidade registrados como ISO-9000. A qualidade começa com as pessoas que fazem o trabalho com valor agregado. Como vimos nos Capítulo 8 e 11, o treinamento das pessoas nas etapas específicas exigidas pelo trabalho é somente uma pequena parte da equação. Treiná-las para ver problemas de qualidade, para imediatamente avisar o líder de equipe, para participar da solução na raiz do problema e para regularmente encontrar oportunidades de melhoria exige a construção de uma cultura da qualidade. Contrate uma empresa na China para produzir as peças, avalie os procedimentos de qualidade, verifique o equipamento e você ainda saberá muito pouco das pessoas que produzem a qualidade. A Toyota quer que seus fornecedores tenham uma cultura compatível de descobrir e eliminar problemas através da melhoria contínua.

O movimento da qualidade da década de 1980, em grande parte impulsionado pelo sucesso arrasador do modelo japonês, significou o fim das relações antagônicas entre comprador e fornecedor. A maioria das grandes empresas comprava uma grande porção dos produtos que vendiam, e a qualidade final desses produtos refletia apenas a qualidade de cada componente comprado dos fornecedores. A qualidade do fornecedor tornou-se um imperativo na compra. Na verdade, o investimento na qualidade também acarretava menores custos, uma vez que custos com inspeções, retrabalho e garantia eram postos à margem. Mais importante ainda, os clientes voltam quando o produto é da mais alta qualidade. O fundamento disso era que tratar os fornecedores como *parceiros* no negócio era a chave para o sucesso de longo prazo. O Prêmio Malcom Baldridge, padrão ouro das empresas de qualidade, adicionou "mecanismos chave para comunicação e parceria entre fornecedor e cliente" como critério para o prêmio.

Em segundo lugar, existe a engenharia de produtos e de processos. A Toyota sobrevive devido à qualidade geral do projeto, à precisão e à flexibilidade de seus processos de fabricação. A integração de produto e processo nos estágios de projeto e de engenharia tem um grande impacto na vida de um produto. Quando tudo é bem feito, cada unidade, até o último carro que sai da linha de montagem, tem melhor qualidade e produz margens maiores. Até mesmo depois de anos da produção do último carro, os custos com garantia podem derrubar uma empresa se houver erros de engenharia antes de o primeiro carro ser produzido. Como os fornecedores fabricam os componentes, o projeto e a fabricação de alta qualidade podem ser realizados melhor em sintonia com eles ou por eles próprios. A integração da engenharia entre a Toyota e seus fornecedores e da engenharia do produto e processo do fornecedor são um fator crítico para o sucesso, e são necessários muitos anos para que isso ocorra.

Terceiro, há a precisão e a sutileza do sistema *just-in-time* (JIT). Como sabemos, o JIT não tem a ver apenas com a redução do estoque. Trata-se de expor problemas de forma que as pessoas possam resolvê-los. É um sistema "frágil" da cadeia de suprimentos. A Toyota estende esse sistema e sua filosofia subjacente aos seus fornecedores. Os fornecedores são simplesmente extensões da linha de montagem, e a perda em qualquer ponto do fluxo de valor, desde a matéria-prima até a entrega ao cliente, continua a ser perda. Ela deve ser eliminada. A Toyota tem trabalhado desde a sua fundação para aprender como eliminar as perdas. Contar com fornecedores que não têm essa capacidade cria elos fracos ao longo da cadeia de valor. A Toyota quer que todos os elos sejam igualmente fortes e capazes. Lembre-se o sistema enxuto refere-se a fluxos estendidos entre processos estáveis. O fornecedor precisa ser estável e estar conectados às suas plantas estáveis.

Quarto, a Toyota quer inovação. O cerne do sucesso de longo prazo tem sido a inovação – em produtos, processos e inúmeras pequenas melhorias em toda a empresa. A Toyota estabelece alvos específicos para inovação para seus fornecedores. Por exemplo, a Denso tem feito projetos de radiadores e alternadores com a meta de colocar esses produtos na linha de frente do desempenho em relação ao custo na indústria durante 10 anos[1]. Enquanto se aproximam da marca dos 10 anos, surgem com melhorias mais radicais para manterem-se à frente pelos próximos 10 anos. A Toyota trabalha com os fornecedores para estabelecer planos específicos de investimento em P&D, para disponibilizar tecnologias inovadoras que manterão a Toyota como líder nas tecnologias de pneus, baterias, sistema de controle de temperatura, sistema de exaustão, lubrificantes, etc. "Disponibilizar" significa que as tecnologias são comprovadas e estão prontas para serem utilizadas pelos engenheiros-chefe no projeto de veículos produzidos em massa.

Quinto, a Toyota entende que a saúde financeira geral da empresa Toyota depende da saúde financeira geral de cada parte da empresa. Embora um fornecedor fraco possa ser capaz de inspecionar e construir estoque, embarcar boas peças *just-in-time* e oferecer reduções de preços, em algum ponto, esse fornecedor será retirado do negócio. A Toyota quer fornecedores que sejam fortes e capazes de contribuir para todo o empreendimento.

Provavelmente, há uma sexta, sétima e oitava razão. A questão é que existe uma enorme quantidade de trabalho envolvido para alinhar as capacitações de fornecedores com suas próprias capacitações internas. E os grandes benefícios de fazer isso transcendem a economia imediata com base na redução de preços.

A melhor maneira de descrever a situação que as empresas enfrentam hoje em dia é a confusão em que muitas delas se encontram. Existe compensação em investir na parceria com os fornecedores? A "parceria" verdadeiramente leva à melhor qualidade e finalmente a uma vantagem competitiva? A parceria é um outro modo de dizer que seremos indulgentes com nossos fornecedores e que eles tirarão vantagem de nós? A parceria com os fornecedores isola as empresas das oportunidades de encontrar custos mais baixos globalmente? O que realmente é necessário para que a parceria com os fornecedores produza vantagem competitiva de longo prazo?

Para abordar essas questões, vamos examinar de perto o gerenciamento de fornecedores da Toyota. A Toyota oferece uma lição objetiva sobre os benefícios da parceria com os fornecedores. Por exemplo, trabalhando juntamente com seus fornecedores, a Toyota conseguiu reduzir o custo total de fabricação do Camry em mais de 25% em meados da década de 1990. Para lidar com a concorrência de empresas em países de mão-de-obra barata, a Toyota pediu que seus fornecedores reduzissem o custo em cerca de 30% na introdução de seu próximo novo modelo em seu programa CCC21. Os fornecedores trabalharam arduamente, e a maioria atingiu a meta. Isso parece brutal, mas, no fim, os fornecedores dizem que preferem trabalhar com a Toyota (e com a Honda, cliente semelhante) a trabalhar com qualquer outra empresa automotiva.[2] Como eles chegaram a essa conclusão?

---

[1] A. Ward, J.K. Liker, D. Sobek, J. Cristiano, "The Second Toyota Paradox: How Delaying Decisions Can Make Better Cars Faster", *Sloan Management Review*, Spring, 1995:43-61.

[2] De acordo com a pesquisa de *benchmark* Planning Perspectives com 223 fornecedores em 2004, a Toyota e a Honda continuam a ser classificadas como as preferidas para se trabalhar. A Toyota e a Honda lideraram todas as categorias, incluindo as de confiança, melhor comunicação e preocupação com a lucratividade dos fornecedores.

Parceria com o fornecedor no modelo Toyota

Quando a Toyota instalou sua primeira planta na América do Norte, havia dúvidas quanto à possibilidade de reproduzir o sistema de fornecimento que contribuía para seu fenomenal sucesso no Japão. Havia muitas razões para preferir as fontes locais: pressão do governo americano, a filosofia de operação *just-in-time* e a filosofia de contribuição com as comunidades que compram seus automóveis e caminhões. As relações como as que haviam sido construídas durante décadas no Japão deveriam ser desenvolvidas em alguns anos na América do Norte. Para isso, a Toyota começou a desenvolver fontes locais através de uma combinação de *joint ventures* com fornecedores japoneses tradicionais e de uma seleção cuidadosa de fornecedores locais.

O que tornava essa tarefa tão desafiadora era que a Toyota não estava satisfeita simplesmente com encontrar empresas que pudessem fabricar peças. A parceria com os fornecedores significava muito mais. Quando começamos a examinar as características essenciais do elaborado sistema de relações com fornecedores que a Toyota precisou estabelecer, surgiu o quadro de um conjunto complexo de sistemas e controles, na verdade, uma conexão cultural. Muitos artigos sobre o gerenciamento da cadeia de suprimentos enfatizam o uso de uma determinada ferramenta, como estabelecimento do preço pretendido, seminários de *kaizen* ou reduções de estoque através de utilização inteligente da tecnologia de informação; mas a Toyota construiu uma base muito mais profunda de relacionamentos para permitir que a melhoria contínua se desenvolvesse.

Vemos a cadeia de suprimentos da Toyota como uma pirâmide[3], que chamamos de "hierarquia na parceria com fornecedores". Usamos o termo "hierarquia" porque algumas características nos sete níveis formam uma plataforma para as outras (Figura 12-1).

Como exemplo, observamos que muitas empresas têm tentado desenvolver avaliações dos fornecedores a fim de melhorar o desempenho destes. O famoso *balanced scorecard* foi anunciado como uma solução para a cadeia de suprimentos que melhoraria significativamente a qualidade, o custo e a entrega. Contudo, ao implementarem o *balanced scorecard*, as empresas quase sempre o faziam no contexto de relações adversas e conflitantes com os fornecedores. Essas condições transformaram o *balanced scorecard* em um sistema de avaliação punitivo para identificar o mau desempenho. Os fornecedores apaziguavam o cliente através de ações de curto prazo, não para resolver a raiz do problema, mas para fazer com que os números parecessem bons.

De sua parte, embora a Toyota também utilize sistemas rigorosos de avaliação para ajudar a controlar o desempenho dos fornecedores, ela o faz em um ambiente de comunicação aberto e confiante. Em resumo, pular para determinados sistemas de controle sem uma base de compreensão mútua e uma estrutura que sustente o comportamento cooperativo acarreta jogadas e respostas de curto prazo.

Naturalmente, a parceria com fornecedores não é brincadeira. Para a Toyota, parceria não quer dizer ser compassivo ou indulgente. Como foi indicado em *O Modelo Toyota*, a justiça, as altas expectativas e o desafio caracterizam o modo como a Toyota trata os fornecedores. Trata-se de negócios, e a meta é ganhar dinheiro, mas não à custa dos fornecedores. Como afirmou Taiichi Ohno, pai do Sistema Toyota de Produção (STP):

---

[3] O Modelo Toyota apresentou um modo similar chamado "hierarquia de necessidades da cadeia de suprimentos". Este modelo foi desenvolvido para descrever as necessidades dos fornecedores a fim de torná-los bons parceiros. A perspectiva de construir alianças com fornecedores que sejam eficazes para ambas as partes, um modelo que se aplica bem para Toyota e Honda, foi primeiramente introduzida em um artigo na *Haward Business Review* em dezembro de 2004, de autoria de Jeffrey Liker e Thomas Choi, intitulado "Building Deep Supplier Partnerships", páginas 104-113.

Figura 12-1 Hierarquia da parceria com fornecedores.

A conquista de desempenho nos negócios pela empresa-mãe através da intimidação dos fornecedores é algo que está totalmente fora do espírito do Sistema Toyota de Produção.

A palavra-chave é "mãe". Ela implica liderança e relacionamento de longo prazo. Conota confiança, cuidado e bem-estar mútuo, mas também significa disciplina, desafio e melhoria.

Sete características da parceira com fornecedores

A seguir, descrevemos as sete características da parceria da Toyota com os fornecedores, conforme descritas na Tabela 12-1. Serão abordadas de baixo para cima, e discutiremos os passos que você precisa seguir para usufruir de cada elemento da relação de parceria.

Compreensão mútua

A base para o relacionamento começa com a compreensão, e esta não se constrói facilmente. O que significa para uma empresa compreender seu parceiro fornecedor? Para a Toyota, é *genchi genbutsu* (parte real, lugar real), refletindo sua filosofia central de ir e ver diretamente para entender a situação em profundidade. A questão é se você está disposto a pegar a estrada, sujar as mãos e se esforçar.

Quando começou a trabalhar com a Metalsa, fabricante de componentes da carroceria e da estrutura, com sede em Monterrey, México, a Toyota passou algum tempo com a alta administração e quis compreender a filosofia da empresa. A Toyota apreciou o fato de que a Metalsa originalmente havia sido uma empresa familiar que ainda tem significativa influên-

FIGURA 12-2 Elementos chave na parceria com fornecedores

Característica da parceria	Elementos-chave
Kaizen & aprendizagem	• Lições compartilhadas • PDCA • Redução de custos anuais
Atividades conjuntas de melhorias	• AV / EV • Desenvolvimento do fornecedor • Grupos de estudo
Compartilhamento de informações	• Coleta e disseminação precisa dos dados • Linguagem comum • Comunicações oportunas
Capacitações compatíveis	• Excelência em engenharia • Excelência operacional • Habilidades para solução de problemas
Sistemas de controle	• Sistemas de avaliação • *Feedback* • Estabelecimento de preço alvo • Modelos de gerenciamento de custos
Estruturas de participação	• Estrutura de aliança • Processos interdependentes • Fontes paralelas
Compreensão mútua	• Confiança • Comprometimento com a prosperidade mútua • Respeito pela capacitação de cada um • *Genchi genbutsu* (parte real, lugar real)

cia da família. O mais importante foi que a Toyota gostou da ênfase da Metalsa na criação de uma cultura de trabalho positiva, com somente as melhores pessoas. A contratação de funcionários é uma atividades central para a Metalsa e engloba uma triagem intensa, incluindo a visita aos lares dos funcionários potenciais para vê-los em seu ambiente familiar. A Metalsa investe pesado no treinamento de seus funcionários e considera sua qualidade como principal vantagem competitiva.

A visita de uma equipe de engenheiros de fornecimento da Toyota à planta da Metalsa contou com a costumeira apresentação de estruturas e outros produtos no salão de exposição. O que se tornou incomum foi que os executivos da Metalsa não conseguiam tirar os engenheiros da Toyota do local de exposição. Estes se debruçavam sobre cada solda, discutindo a qualidade do trabalho e o projeto dos chassis. Ficou claro que havia algo diferente na Toyota como cliente. A Metalsa conseguiu grandes negócios durante a fase de engenharia para fornecer todo o chassi para o caminhão Tundra, que seria fabricado em uma planta da Toyota que ainda não havia sido construída em San Antonio, Texas. Para apoiar o lançamento, a Toyota pediu que uma grande equipe de engenheiros se dedicasse ao projeto e que eles passassem um bom tempo no Japão. Pediu também que um engenheiro de tempo integral se estabelecesse em Michigan, perto do Toyota Technical Center (TTC), e que um outro engenheiro (mais tarde dois) fosse designado para trabalhar em tempo integral no Japão com engenheiros da Toyota.

Era extremamente incomum para a Toyota oferecer tantos negócios para um fornecedor novo. Mas a Toyota havia dito ao governo mexicano que adquiriria mais produtos e construiria veículos no México em troca de tratamento favorável em termos de impostos. Uma vez tomada essa decisão, a Toyota saiu à procura de fornecedores com culturas compatíveis. Iniciou-se, então, um processo longo de recursos intensivos para o desenvolvimento de compreensão mútua entre a Toyota e o fornecedor. Era um investimento que atravessaria décadas.

Dado o significativo investimento da Metalsa na dedicação de tantos engenheiros para o trabalho com a Toyota, na construção de protótipos e na aprendizagem do trabalho com a Toyota antes mesmo de ser paga, poderíamos esperar certo grau de apreensão. Mas, ao contrário, os altos executivos da Metalsa fizeram do negócio com a Toyota um dos mais importantes objetivos estratégicos da empresa. A Metalsa chegou a sugerir a construção de uma planta especial dedicada às peças da Toyota nas proximidades da fronteira (o que a Toyota recusou). Por quê? A Metalsa sabia que a Toyota seria uma cliente honrada e confiável, que sua visibilidade no setor aumentaria consideravelmente por ser fornecedora da Toyota e que aprenderia muito e melhoraria como empresa.

Os fornecedores falam da Toyota em termos lisonjeiros, como confiável e capaz, e dizem que o relacionamento faz com que melhorem o fornecimento de produtos para a Toyota e no seus próprios negócios como um todo. Um fornecedor da Toyota explica:

> A Toyota tem nos ajudado muito a melhorar nosso sistema de produção vindo até aqui e trabalhando conosco lado a lado. No aspecto comercial, a Toyota também ajuda. Eles vêm e avaliam o trabalho para tirar o custo do sistema... Começamos com a Toyota quando ela abriu a planta canadense, fornecendo um componente; à medida que melhorávamos o desempenho, fomos sendo recompensados e agora temos quase toda a cabine. Em comparação com todas as empresas automotivas com quem negociamos, a Toyota é a melhor cliente.

Muitas empresas têm certos fornecedores que trabalham com elas há muitos anos. Assim, cliente e fornecedor vão se conhecendo. Mas, com "compreensão mútua", queremos dizer mais do que familiaridade. Você e seus fornecedores verdadeiramente se entendem em termos de trabalho? Você compreende detalhadamente os processos de seus fornecedores, o suficiente para ajudá-los a melhorar esses processos? Os seus fornecedores ou clientes respeitam sua habilidade de compreender seus processos e fazem sugestões úteis? Existe confiança no relacionamento – confiança de que cada parte se dispõe a ajudar a outra a ser bem-sucedida?

Estruturas de participação

O estabelecimento de concorrência para o fornecimento de um produto traz a imagem de fornecedores de lotes de mercadorias que conseguem fabricar, com o mesmo nível de qualidade, o produto que o cliente deseja. Como proprietários de residências, não vamos desenvolver um relacionamento próximo com o fabricante das lâmpadas que compramos para nossa casa. O máximo que o fabricante de lâmpadas pode fazer é tornar-se parte de uma grande organização de compra e venda como a Costco. Mas podemos querer conhecer o carpinteiro que construirá nossa casa ou um novo aposento. A dinâmica envolvida na compra de peças customizadas para um produto complexo como um automóvel inclui uma série de produtos, desde uma lâmpada até a complexidade de um conjunto customizado, como um chassi ou assento.

Quando a Toyota decidiu fabricar carros em Georgetown, Kentucky, precisava de um fornecedor próximo para os assentos. Os assentos de automóveis são grandes e muito complexos; há um grande número de variações. Assim, a formação de um estoque de todas as combinações possíveis de assentos não é eficaz em termos de custo e faria com que os montadores de assentos ficassem caminhando para cima e para baixo na linha, apanhando o assento correto. Em vez disso, a Toyota queria que os assentos chegassem do fornecedor na seqüência necessária à medida que os automóveis viessem para a linha de montagem. Uma maneira possível de fazer isso é empurrar grandes quantidades de estoque sobre o fornecedor de assentos, mas, se essa abordagem fosse adotada, o fornecedor de assentos da Toyota não conseguiria atingir seus objetivos de custo. Além disso, haveria problemas de qualidade ocultos nas montanhas de estoque. Portanto, a Toyota pediu que seu fornecedor realmente fabricasse os assentos na seqüência necessária na linha de montagem com base nos pedidos um a um da Toyota.

A Toyota queria obter esse componente caro de uma empresa americana. Após extensas discussões com muitas organizações, a Toyota escolheu a Johnson Controls (JCI), cuja planta mais tarde se tornou um modelo vastamente estudado da produção *just-in-time* do estilo Toyota. Mas é importante lembrar que isso não aconteceu sem esforço. Exigiu muito trabalho árduo.

Quando a Toyota começou a trabalhar com a planta da Johnson Controls em Georgetown, a JCI não apenas concordou em trabalhar com a Toyota, como também estava preparada para expandir a planta a fim de acomodar a nova demanda. Para grande surpresa da JCI, a Toyota disse que faria negócio com a empresa somente se ela *não* expandisse a planta. A Toyota desafiou a JCI a reduzir o estoque e a adequar o volume adicional às instalações existentes, o que parecia impossível dentro do paradigma de produção em massa da JCI na época. Mas, com a ajuda da Toyota, a JCI conseguiu e começou a entender a filosofia da Toyota. Da perspectiva da Toyota, não era suficiente que a JCI entregasse assentos em seqüência, *just-in-time*. A JCI precisava ter um sistema compatível com o da Toyota – a habilidade de fabricar e entregar *just-in-time* e de continuamente melhorar seu sistema para eliminar perdas com o passar do tempo. Somente assim a Toyota e a planta poderiam prosperar conjuntamente.

Isso ficou ainda mais evidente quando a Toyota levou um segundo fornecedor de assentos para Georgetown. A Toyota tinha trabalhado bastante para desenvolver a planta da Johnson Controls. Mas a política da Toyota é nunca ter apenas um fornecedor. A Toyota sempre deseja ter pelo menos dois ou três fontes potenciais para cada componente. Não quer ter 10, mas sim que haja intensa competição entre fornecedores para incentivar o aperfeiçoamento. Cada fornecedor obtém o negócio referente a um produto e o mantém ao longo da vida do modelo até que uma nova versão seja lançada. Nesse ponto, para o modelo seguinte, é aberta a concorrência novamente. O fabricante pode ter grande vantagem, a menos que outras condições façam com que haja rotação dos produtos. É possível que um fabricante de fraco desempenho perca parte dos negócios com a Toyota e que um fornecedor excelente aumente sua participação com o decorrer do tempo.

A Toyota havia investido intensamente no ensino do Sistema Toyota de Produção para a Johnson Controls e não acrescentaria um fornecedor de um componente importante como o assento sem um nível semelhante de capacitação para construir e entregar com qualidade quase perfeita, *just-in-time* e em seqüência. Por isso, a Toyota pediu que a JCI entrasse em uma *joint venture* com a Araco, principal fornecedora de assentos da Toyota no Japão, da qual a Toyota detém 70% da propriedade. A *joint venture*, chamado de Trim Masters, Inc. (TMI), foi formado em 1994. A Johnson Controls é a maior acionista individual, com 40%, mas a Toyota e a Araco, juntas, têm o controle de participação.

Esse exemplo e muitos outros contam uma história de estruturas de participação com parceiros fornecedores. É mais parecido com um casamento do que com um namoro casual. Os sistemas técnicos, os sistemas sociais e os sistemas culturais estão todos fortemente entrelaçados. É algo que vai além de fabricar para sistemas de desenvolvimento de produtos.

Não basta ser um bom fornecedor. O fornecedor deve agir como uma extensão uniforme dos refinados sistemas enxutos da Toyota. A estrutura de participação foi reforçada no caso da TMI com a propriedade e o controle por parte da Toyota. Para a Johnson Controls, uma condição para a obtenção do negócio era que ela tinha que investir em uma unidade empresarial separada da Toyota, com fortes barreiras entre esta e o resto da JCI. A estrutura fortalece os processos interdependentes com a Toyota.

Investir em processos interdependentes significa mais do que um cliente fazer uma lista de exigências a um fornecedor. Significa que o modo como trabalham se encaixa. Se o cliente está pedindo entrega de material *just-in-time*, o fornecedor deve ter a capacidade de fabricar *just-in-time*, e não de embarcar a partir do estoque. Se o cliente tem a flexibilidade de rapidamente passar para um *mix* diferente de produtos, o fornecedor deve ter essa capacidade. Se o cliente apanha o produto com intervalos restritos, o fornecedor deve ter estrutura para entregar o produto de forma confiável na doca, pré-inspecionado, também em intervalos restritos. Em outras palavras, os processos usados para projetar, fabricar, testar e entregar um produto devem ser uniformes, como se cada parceiro fosse uma extensão do outro.

Sistemas de controle

A parceria dá a impressão de um relacionamento entre iguais. "Confiança" sugere que a Toyota deixa que os fornecedores façam o que têm que fazer. Nada poderia estar mais longe da verdade. O papel que os fornecedores desempenham é muito vital para que a Toyota tome uma abordagem de distanciamento – a Toyota não quer que a confiabilidade das peças e a qualidade do produto sejam deixadas ao acaso. Para a Toyota, o outro lado da mesma moeda chamada de confiança é um sistema de controle eficaz. A Toyota possui elaborados sistemas de avaliação, estabelecimento de metas e monitoramento de desempenho.

A central de comando da Toyota para peças fornecidas é um pouco parecida com a torre de controle de um aeroporto bem administrado. Sabe-se o *status* de todos os fornecedores de peças em tempo real. É só perguntar sobre qualquer indicador importante de desempenho de entrega de qualquer fornecedor, e ele está nas pontas dos dedos do controle de produção. É só pedir tabelas e gráficos de desempenho em termos de qualidade, custo e entrega ao longo do tempo, e lá estarão eles.

Se houver falha em um embarque próximo, um problema de qualidade, classificação incorreta ou qualquer dificuldade, eles virão à tona imediatamente. Em seguida, a Toyota estará telefonando e pedindo que o fornecedor vá até o local e explique a causa do problema e suas contramedidas planejadas. A Toyota espera que haja respostas imediatas para quaisquer problemas referentes à qualidade, ao custo ou à entrega quando os indicadores estão fora da meta definida e antes que se constituam em ameaças sérias de desempenho para a produção. Mas isso não pode ser apenas conversa de engenheiros iniciantes. Espera-se que os mais altos níveis executivos do fornecedor se envolvam pessoalmente. Esses problemas são tomados como uma oportunidade de educar o fornecedor.

Por exemplo, um vice-presidente de desenvolvimento de produtos da Toyota relatou o exemplo de um fornecedor que teve um problema de qualidade relacionado com o projeto. Solicitou-se que o vice-presidente do fornecedor fosse ao Toyota Technical Center para discutir suas contramedidas. Quando o vice-presidente apareceu para a reunião, ficou óbvio que ele não tinha uma compreensão detalhada do problema, sua causa e contramedidas. Com uma piscada e um aceno de cabeça, ele garantiu aos executivos da Toyota que tomaria conta do problema imediatamente. O vice-presidente da Toyota ficou perplexo com o fato de esse vice-presidente ter comparecido à reunião tão mal preparado, sem ter visto ele próprio o verdadeiro problema. Pediu-lhe que voltasse para descobrir qual era o problema e que retornasse para outra reunião.

O que o vice-presidente da Toyota estava fazendo era educar. Ele não estava interessado nesse caso específico. Ele poderia ter feito com que um engenheiro de nível mais baixo conversasse com outro engenheiro do mesmo nível do fornecedor. Ele aproveitou a oportunidade para criar uma lição no papel apropriado de um executivo de um fornecedor da Toyota. Os executivos devem assumir responsabilidades e liderar pelo exemplo.

O controle também se estende a iniciativas agressivas de redução de custos. A Toyota não só estabelece um alvo para o fornecedor, como também cuidadosamente monitora o progresso na redução de custos para que o alvo seja atingido. Como exemplo, a Trim Master, Inc., fornecedora da Toyota, participa de concorrência para cada um dos novos modelos (em intervalos de quatro a cinco anos), e espera-se que diminua os preços em aproximadamente 3 ou 4% por ano após o ano de introdução do modelo inicial. A iniciativa de corte de custos da Toyota em 2000 era tão agressiva que parecia assustadora. A meta era levar os fornecedores da América aos níveis das fontes estrangeiras globais. Os fornecedores da Toyota perceberam que deveriam seguir o STP ou uma filosofia semelhante e se superar em termos de redução de custos mais do que a média do fornecedor estrangeiro, que deveria compensar diferenças nos níveis de salários e nos custos com material. O programa foi chamado de CCC21, e o foco estava em tornar-se o líder de custo no mundo no século XXI. Essa não era a meta para produtos existentes, e sim para novos produtos que estavam sendo desenvolvidos para o lançamento do próximo novo modelo. Para a TMI, significava uma redução de preço de aproximadamente 30% para o lançamento seguinte (em cerca de três anos).

Como a TMI poderia cortar preços tão agressivamente quando já era excepcionalmente enxuta pela maioria dos padrões? A TMI tinha que começar aceitando o fato de que essa era sua meta e que era essencial que trabalhasse o máximo possível para atingi-la. Depois, ela precisava de um plano. A abordagem utilizada foi *hoshin kanri*, também chamada de distribuição de políticas, em que a alta administração estabelece objetivos de alto nível e o próximo nível abaixo apresenta objetivos para apoiar os primeiros, elaborando um quadro que mostra as relações entre seus objetivos e os do nível superior. Isso tem efeito cascata até o chão de fábrica. Os quadros para cada um dos diferentes setores com seus planos e progressos para sua realização são claramente distribuídos em uma "sala de guerra".

O severo corte de preços solicitado pela Toyota tornou-se o foco desse plano, e todos sabiam o que tinham que fazer para apoiar a redução de custos. O grupo de 12 gerentes responsáveis por suas funções reunia-se semanalmente na sala de guerra para verificar o avanço e a implementação de medidas e contramedidas específicas para a concretização do plano. Como muito já havia sido reduzido nos custos das operações da planta, as maiores oportunidades estavam na engenharia do novo produto, com o desenvolvimento de produtos da Toyota. Dessa maneira, a TMI atingiu a meta trabalhando de modo constante e sistemático. Ela percebeu que, se a Toyota visse um esforço sério e a empresa ficasse um pouco aquém na redução de custos, não seria punida pela Toyota. E, como a Toyota estava monitorando o processo de perto, a TMI sabia que a Toyota estava ciente do tipo de esforço que estava sendo feito.

O estabelecimento de alvos nos preços é uma forma rígida de controle. Sabe-se que as empresas japonesas trabalham retroativamente no estabelecimento de custos para o produto. Em vez da típica prática americana de aumentar os custos, adicionando uma margem de lucro e colocando o preço, as empresas japonesas começam com o preço de mercado e calculam os custos que conseguem sustentar para produzir o lucro que desejam. Isso implica a colocação de preços alvo para os fornecedores – o preço por peça que eles conseguem manter para pagar aos fornecedores dentro do orçamento do veículo. Todas as empresas automotivas americanas adotaram essa prática, mas não têm a sofisticação da Toyota e da Honda no estabelecimento de preços com que os fornecedores possam ter lucro, nem a sofisticação no auxílio aos fornecedores para que atinjam os custos alvo exigidos para chegar ao preço. Como afirma um fornecedor de sistema de freios:

> Para as Três Grandes, o estabelecimento de preços alvo é igual a "espremer o fornecedor até que ele morra". Perguntei como eles desenvolveram o preço alvo. A resposta é a seguinte – silêncio. Baseia-se em nada. Baseia-se no cara do setor financeiro, que divide o dinheiro. Eles não têm idéia de como faremos as reduções de custos, eles simplesmente querem que sejam feitas.

Como a Toyota possui um sistema racional para estabelecer metas para os fornecedores, trabalha com eles para atingir essas metas e é razoável com eles quando, mesmo com todo o seu empenho, não conseguem chegar ao alvo, os fornecedores são percebidos como bons clientes. A Toyota não fica simplesmente controlando os fornecedores ou tirando-os do negócio. Ela trabalha com eles para benefício mútuo.

Veremos no caso da Delphi, no final deste capítulo, que a espinha dorsal desse sistema de estabelecimento de metas se constitui de modelos de gerenciamento de custos. A Toyota não quer apenas gerenciar o preço, ela quer gerenciar o custo. Ela quer que a realidade dos custos se reflita no preço alvo. Se a Toyota corta o preço em 10%, ela quer que a realidade do fornecedor reflita uma redução real de 10% no custo. Para esse fim, a Toyota desenvolveu modelos realistas de custos que refletem os custos de matérias-primas, espaço, estoque, processamento de peças e despesas gerais. Por exemplo, a Toyota sabe que os custos de processamento para operação de prensas são proporcionais ao número de "golpes" de ferramentas nas prensas. A Toyota estabeleceu uma relação entre esses elementos e inseriu-a no modelo. Os parâmetros do modelo vêm dos fornecedores, de plantas da Toyota e de fontes públicas. Esses modelos permitem estimar qual deve ser o custo de uma peça. Também possibilita que os engenheiros de produto refaçam o projeto do produto e calculem o impacto de custo. E permite, ainda, que os engenheiros de desenvolvimento do fornecedor façam sugestões e calculem as reduções de custos dessas sugestões.

Talvez a mais importante fonte de controle da Toyota seja o antiquado mecanismo de concorrência do livre mercado. Mas como a Toyota consegue ter fornecedores dedicados de longo prazo e incentivar a concorrência ao mesmo tempo? A resposta às vezes é chamada de "fornecimento paralelo". O fornecimento não é feito por um, mas também não é feito por muitos. A Toyota procura ter três ou quatro fornecedores de alto nível para um componente e mantem o negócio nessa família. Para um dado modelo de automóvel, um dos fornecedores obterá o negócio durante o tempo de fabricação desse modelo. Mas a obtenção do negócio na versão seguinte do modelo não é garantida. Se seu desempenho não for satisfatório ou se seu concorrente, como um igual, tiver desempenho muito melhor, aquele fornecedor poderá perder o negócio.

Como seus sistemas de controle são vistos por seus fornecedores? Seus sistemas capacitam os fornecedores a melhorar e a alcançar metas agressivas? Você tem compreensão suficientemente detalhada dos custos de seus fornecedores para estabelecer metas realistas e saber se podem ser alcançadas?

Capacitações compatíveis

Hoje em dia, é popular ter fornecedores de países de mão-de-obra barata, como a China ou a Índia. Sabemos de empresas automotivas e de fornecedores que estabeleceram metas de vários bilhões de dólares para fornecimento na China, como se isso fosse uma conquista por si só. Em curto prazo, pelo menos, essa não é uma opção para a Toyota. A Toyota é bastante conhecida pela excelência em engenharia e fabricação e vê os fornecedores como extensões de suas capacitações técnicas. Não basta ser capaz de fazer peças de acordo com especificações. Os fornecedores devem ser capazes de inovar no projeto e no processo do produto e de trabalhar de perto com a Toyota ao longo do processo de desenvolvimento do produto. Embora haja diferentes funções no desenvolvimento de produtos, partindo das especificações gerais (caixa preta) até o projeto da peça ou o projeto para fabricação, em todos os casos, os fornecedores devem ser capazes de trabalhar uniformemente com os engenheiros da Toyota.

Para a Toyota no Japão, parceiros próximos, como a Denso e a Aisin, podem trabalhar independentemente no projeto do componente, geralmente prevendo as necessidades da Toyota antes mesmo de receber as especificações. No entanto, nos Estados Unidos, esse tipo de abordagem seria considerada incomum, em grande parte porque os fornecedores americanos podem não ter o conhecimento detalhado de seus clientes, como a Denso e a Aisin têm da Toyota, e também porque não possuem capacitações técnicas específicas. Os fornecedores americanos quase sempre concluem que trabalhar com engenheiros da Toyota é algo novo e muito diferente de trabalhar com as Três Grandes. Como explica um executivo do Toyota Technical Center, em Ann Arbor, Michigan:

> Algumas pessoas no Japão cresceram através da empresa-mãe e depois passaram para empregos em diversos fornecedores, por isso, já conhecem a cultura. A Toyota no Japão e seus fornecedores conhecem a capacitação uns dos outros. A Delphi e outras grandes empresas vão à alta administração no Japão e dizem "isso é o que gostaríamos de fazer nos Estados Unidos com TTC", e os vendedores dos fornecedores vão até o Japão e dizem à administração japonesa da Toyota o que ela quer ouvir. Mas os fornecedores americanos muitas vezes não conseguem cumprir as promessas dos vendedores. Existe um problema de capacitação entre os fornecedores americanos em comparação com o que a Toyota espera no Japão.

Não é uma questão de os fornecedores americanos serem tecnicamente fracos ou incapazes em geral, mas de que eles não compreendem o Modelo Toyota de desenvolvimento de produtos e de preparação do produto para produção. Por exemplo, os fornecedores da Toyota dizem que a Toyota freqüentemente faz especificações vagas, especialmente no início do desenvolvimento de um novo modelo. A Toyota pode não esclarecer o nível exato de travão / resistência / frouxidão de uma dobradiça quando fecha e abre, mas dizer algo como "isso tem a ver com a 'percepção', portanto, é difícil de quantificar" – isso vai se ajustando à medida que prosseguem. A Toyota no Japão também está acostumada a dar especificações vagas para os fornecedores. Na verdade, isso é esperado no sistema de "engenheiro convidado". Os principais fornecedores de ferramentas geralmente têm um número significativo de engenheiros de projeto que passam cerca de três anos trabalhando nos escritórios de engenharia da Toyota em tempo integral. Eles trabalham juntamente com os engenheiros da empresa-mãe, aprendendo o processo de desenvolvimento de produto em detalhes. Em algum ponto, eles compreendem o processo e a linguagem a fundo. Sabem quando todos os programas de novos automóveis vão começar e as metas básicas desses programas. Eles têm idéias para o projeto antes mesmo que elas sejam solicitadas.

Hoje, a Toyota tem intensificado sua iniciativa de engenharia simultânea, obtendo sugestões dos fornecedores sobre suas capacitações de fabricação quando ainda há apenas um conceito e antes mesmo de desenvolver o estilo da carroceria. Os fornecedores americanos, sem essa história e esse conhecimento detalhado, não conseguem trabalhar com especificações vagas nos estágios iniciais da engenharia simultânea. Um novo grupo foi estabelecido na área de compras da Toyota para auxiliar os fornecedores americanos a participarem na engenharia simultânea. De acordo com um executivo do setor de compras de Toyota norte-americana:

> O grau de engenharia simultânea no Japão é muito alto, e nossos engenheiros têm que dar especificações vagas no início do programa. Fornecedores experientes sabem como atender às exigências de projeto e de fabricação da Toyota mesmo com essa incerteza, e os que têm menos experiência não entendem o tempo e o modo de fazer isso. Nosso papel [nas sedes norte-ameri-

canas] é ajudar os fornecedores, revisando as informações técnicas da Toyota juntamente com o fornecedor e tentando ajudá-lo a atender completamente as exigências iniciais vagas da Toyota. Os fornecedores têm capacitações técnicas se têm as informações, e nós os ajudamos a obtê-las e a interpretá-las.

Nem todos os fornecedores têm capacitações. Seus clientes americanos não fazem as mesmas exigências de informação que a Toyota, portanto, nem sempre mantêm os dados de fabricação detalhados que a Toyota precisa para estabelecer suas especificações – uma situação frustrante para a Toyota e seus fornecedores. Como explicou um jovem engenheiro americano de carroceria no Toyota Technical Center:

> É difícil trabalhar para os novos fornecedores, especialmente quando se trata de obter dados de tolerância. Para encaixar suas peças em nosso projeto de carroceria, queremos a tolerância entre dois pontos de adequação. Nossos fornecedores podem nos procurar e dizer "não podemos manter o nível de tolerância que vocês estão exigindo". Sabemos de outros fornecedores que conseguem manter tolerâncias mais restritas. Então, perguntamos por quê. Eles simplesmente não têm os dados. Em um caso, recentemente, estava claro que o fornecedor camuflou os dados. Deram-nos centenas de dados de peças e fizeram uma média de exatamente 0,5 para todas elas – sabíamos que isso era totalmente improvável e que eles haviam alterado. "Vá e veja" é o que importa – nós vivenciamos isso. No processo, ensinamos quais são nossas exigências de dados e como os coletamos e analisamos.

A Toyota continua a investir intensamente para ensinar sua visão aos americanos, e as capacitações estão gradualmente sendo construídas na América. A Toyota fez grandes investimentos em seu centro técnico em Michigan, que continua a se expandir rapidamente, e seus fornecedores estão com investimentos comparáveis em instalações de P&D em Michigan. Em 2005, o Avalon foi o primeiro veículo a ter grande parte da engenharia realizada nos Estados Unidos. Ainda havia um grande envolvimento dos engenheiros da Toyota do Japão, mas o desenvolvimento foi dirigido em Michigan. O desenvolvimento da capacitação de engenharia para a América do Norte é um processo que está em andamento por mais de 15 anos e continuará pelos próximos 15 anos.

Agora, a pergunta: a Toyota pode simplesmente decidir por transferir o fornecimento de peças para um país de mão-de-obra barata, deixando para trás esse investimento? O custo empatado não é a questão. É que o processo de produto da Toyota é tão "enxuto" e rápido que ela precisa de fornecedores que possam trabalhar no mesmo passo e oferecer as contribuições importantes de que ela necessita todos os dias. Perder isso significaria perder uma parte central da vantagem competitiva da Toyota.

Agora, sua vez: a sua empresa está ativamente trabalhando na redução do *lead time* de desenvolvimento de produtos? Você está trabalhando para usar a engenharia simultânea para chegar ao projeto certo na primeira tentativa? Você está interessado nas peças da mais alta qualidade que funcionam juntas uniformemente? Se as respostas a essas perguntas forem sim, vale a pena levar a sério as capacitações técnicas de seus fornecedores. E é a adequação de sua "cultura de engenharia" e seus fornecedores que está em jogo. As peças não são peças, e a engenharia não é engenharia.

Compartilhamento de informações

Nos estágios iniciais da aprendizagem das empresas americanas em termos de parceria com os fornecedores, a abordagem parecia ser a de que o maior compartilhamento de informações com os fornecedores é melhor: "se inundarmos os fornecedores com informações, eles estarão informados o suficiente para serem parceiros iguais". A Toyota também acredita no compartilhamento de informações, mas de um tipo mais orientado por metas. Há um alto grau de estrutura com um tempo e um lugar específicos para reuniões, pautas muito claras e formatos definidos para o compartilhamento de dados e informações.

No TTC, em Michigan, há uma "sala de projetos", onde fornecedores concorrentes trabalham no mesmo projeto para a Toyota. O projeto exige o nível mais intensivo de envolvimento do fornecedor. A idéia é que os fornecedores projetem seus componentes no veículo da Toyota. Também há salas separadas para que os fornecedores tenham privacidade. No entanto, peças funcionais separáveis da carroceria, como tetos solares, espelhos e fechaduras, são basicamente projetadas pelo fornecedor em suas próprias instalações. São chamadas de peças RDDP (Pedido para Processo e projeto de desenvolvimento). Consoles superiores e inferiores e também podem ser considerados RDDP. Por exemplo, como a administração da Toyota considera que os fornecedores acumulam conhecimento especializado sobre o mecanismo das fechaduras, ela pede que trabalhem no projeto e lhes passe somente especificações básicas. Essas peças RDDP podem ser projetadas separadamente e depois ser encaixadas. Contudo, os engenheiros da Toyota continuam profundamente envolvidos com a interface e têm que trabalhar com a área metálica da carroceria e do acabamento para definir os limites dessas peças. Quando se trata de peças de projeto, os fornecedores devem estar presentes no TTC. Mas, para peças RDDP, não há tanto envolvimento direto, e os fornecedores não precisam estar presentes. O projeto sempre é feito no sistema CAD da Toyota, e a comunicação é mais intensa, ao passo que o RDDP pode ser feito no sistema do fornecedor, com comunicação menos intensa.

Claramente, quando o fornecedor está envolvido no processo de projeto e tem engenheiros no local, passa a ter uma comunicação muito próxima com os engenheiros da Toyota. Mas a natureza da comunicação é muito diferente da que ocorre no "modelo de imersão". A maior parte da comunicação acontece entre o engenheiro específico da Toyota encarregado daquele sistema de componentes e o engenheiro do fornecedor para aquele sistema. Além disso, a comunicação está restritamente focada em questões técnicas. Ocorre muito menos comunicação sem valor agregado do que se vê em outras empresas. A Toyota espera que o engenheiro do fornecedor aprenda o sistema CAD da empresa. Os engenheiros da Toyota podem fazer seu próprio trabalho no CAD – eles não delegam o trabalho central de engenharia para usuários especializados em CAD – e esperam o mesmo dos engenheiros dos fornecedores. Desse modo, na grande parte do tempo, o engenheiro do fornecedor está fazendo trabalho de engenharia – algo muito raro em várias empresas.

É necessário que se compartilhem muitas informações a fim de otimizar o desenvolvimento e a fabricação do veículo. As reduções de custo que a Toyota espera não podem ser alcançadas apenas por meio de melhorias na fabricação. Por exemplo, a Toyota estima que 70% de sua mão-de-obra do setor de compras é gasta durante as fases de desenvolvimento e lançamento do produto. Especialmente durante as fases iniciais de desenvolvimento do produto, as informações mais delicadas e reservadas que cada empresa possui são reveladas e discutidas. Essas informações só podem ser abertamente compartilhadas em uma atmosfera de confiança.

Sua empresa desenvolveu esse tipo de confiança para abertamente compartilhar informações técnicas com seus principais fornecedores? Que porcentagem da comunicação entre sua empresa e os fornecedores é comunicação técnica com valor agregado? Com isso, estamos nos referindo ao foco em questões técnicas que imediatamente se traduzem em projeto e decisões de engenharia. Existe um contato técnico claro em sua empresa ao trabalhar com cada fornecedor? Seus contatos técnicos têm alto conhecimento e estão autorizados a tomar decisões sobre o produto? Seus engenheiros e fornecedores compartilham de uma linguagem comum de forma que a comunicação seja eficiente, oportuna e precisa?

Atividades conjuntas de melhorias

Muitos fornecedores americanos que conhecemos comemoraram quando conseguiram negócios com a Toyota pela primeira vez, mesmo com contratos iniciais pequenos e não muito lucrativos. Além das novas vendas, eles sabiam, como fornecedores de peças, que teriam oportunidades de aprender, melhorar... e promover sua reputação junto a outros clientes. A Toyota não apenas compra peças de fornecedores. A Toyota desenvolve as capacitações dos fornecedores. Um contrato com a Toyota é como ser admitido em uma grande universidade – o melhor no ramo. A meta da Toyota ao ensinar a seus fornecedores os métodos enxutos não é ensinar ferramentas ou metodologias específicas, mas uma maneira de pensar sobre a abordagem de problemas e a melhoria de processos.

A abordagem que a Toyota utiliza é a da aprendizagem pela prática e experiência. A Toyota tem alguns cursos de treinamento, por exemplo, em STP. Mas esses cursos tendem a constituir-se de sessões curtas e gerais. A abordagem preferida para o ensino de STP é a de realização de um projeto na planta do fornecedor. Na década de 1990, por exemplo, a Toyota estabeleceu o Toyota´s Supplier Support Center (TSSC), estabelecido como uma corporação completamente separada para ensinar o STP. A idéia era trabalhar com alguns engenheiros e administradores dos fornecedores, fazendo com que descobrissem o STP em primeira mão, pela prática e experiência. Depois que o modelo foi implementado, o fornecedor é que se encarregava de lhe dar continuidade, com orientação ocasional. É interessante que a Toyota tenha separado o TSSC da relação de compra, até mesmo tornando-o uma corporação separada como subsidiária da Toyota. A meta do TSSC era ensinar através da prática e da demonstração, e a Toyota não queria que os fornecedores se sentissem intimidados, temendo que lhes fossem solicitadas reduções extras de preço. O processo exigiu de seis a nove meses de tutela intensa, concentrando-se em uma família de produtos. Os resultados comuns eram a duplicação espetacular da produtividade, aumentos na qualidade e drásticas reduções no estoque e no *lead time*.

Mais recentemente, o TSSC mudou seu foco da consultoria gratuita para a consultoria remunerada, concentrando-se exclusivamente fora da indústria automobilística. Além disso, parte do antigo TSSC mudou para a Operations Management Development Division (OMDD), dedicada ao treinamento interno de funcionários da Toyota americana em STP. É interessante que um dos modos de a OMDD treinar funcionários internos em STP é enviá-los aos fornecedores para trabalhar em um projeto. De acordo com a Toyota, se eles fizessem o projeto na empresa e seu mentor os criticasse, isso poderia deixá-los constrangidos diante de seus colegas; assim, é preferível que façam o treinamento em um fornecedor, onde não estão entre colegas. Obviamente, os fornecedores também saem beneficiados com esse treinamento.

O setor de compras da Toyota atualmente é responsável pelo desenvolvimento dos fornecedores, mas ainda separa o ensino de STP das relações empresariais. Não há divisões meio a meio das economias de custos. Um executivo de compras da Toyota explicou:

> Separamos o desafio dos custos que todos os fornecedores têm, de qualquer modo, para reduzir o preço a partir de alguma melhoria ou atividade de apoio. Enviamos um especialista em STP para trabalhar com os fornecedores dois dias por mês no desenvolvimento de longo prazo e não pedimos que o fornecedor compartilhe as economias com base em melhorias específicas. Ao contrário, isso é parte de nossas metas anuais de redução de custos para os fornecedores. Meus engenheiros não entendem como essa melhoria se relaciona com uma estrutura comercial de compra, e não é um uso produtivo do seu tempo.

Um exemplo de relacionamento estratégico com um fornecedor vem da Delphi, a maior fornecedora de peças automotivas. A Delphi tem o alcance necessário para apoiar a Toyota tecnicamente em nível global, de forma que a Toyota decidiu investir no treinamento dessa empresa. A Delphi estabeleceu seu próprio programa de desenvolvimento de fornecedor para fornecedores de nível secundário e terciário a partir do modelo da Honda e da Toyota, pedindo que um especialista em STP da Toyota fosse designado para trabalhar com ela em tempo integral durante três anos. A Toyota não concordou com o período de três anos, mas aceitou designar um de seus maiores especialistas para trabalho de tempo integral por dois anos. A Delphi queria que esse especialista trabalhasse na sede da corporação, mas a Toyota insistiu para que ele ficasse em uma divisão de modo que pudesse se envolver mais profundamente com as atividades de desenvolvimento do fornecedor no chão de fábrica. O executivo da Toyota encarregado desse caso explicou:

> Enviamos nosso especialista em STP à Delphi para ajudar os engenheiros de apoio do fornecedor a conhecerem mais sobre o pensamento e o método do Modelo Toyota, mas precisávamos tê-lo de volta em dois anos. Eles pediram que estendêssemos esse prazo, e sugerimos que eles nos enviassem um engenheiro sênior ou alguém do grupo para a OMDD para desenvolver-se exatamente como um engenheiro da Toyota se desenvolve – aqui está a empresa e o projeto, observe e faça melhorias. É uma abordagem aluno / *sensei* bastante tradicional.

Como complemento às atividades de desenvolvimento de fornecedores, a engenharia de valor normalmente ocorre na fase inicial de desenvolvimento do produto. Antes de o produto entrar em produção, há muitas oportunidades de cortar os custos através de peças comuns, simplificação do produto – como redução do número de peças – e projeto para reduzir a quantidade de mão-de-obra para montagem. Depois que o produto está em produção, a análise de valor é o processo análogo para o reprojeto, com o objetivo de enxugar custos. A Toyota conseguiu enxugar literalmente bilhões de dólares dos custos do Camry ao longo do tempo com o reprojeto de produto. Ela faz isso através de sua função de desenvolvimento de produto e, nesse caso, compartilha as economias com os fornecedores.

Claramente, vemos que a abordagem da Toyota no desenvolvimento dos fornecedores é distinta. Em primeiro lugar, a própria Toyota é um modelo enxuto, possivelmente "o modelo enxuto". Por isso, tem algo a ensinar. Mas o que talvez seja mais importante é que o contexto é de cooperação e de aprendizagem e que a Toyota torna os fornecedores melhores em um sentido holístico. Não se trata apenas do projeto individual e das economias que podem ser extraídas do projeto – de qualquer maneira, a Toyota consegue suas reduções anuais de preços. O ensino que ela promove possibilita que o fornecedor lhe dê a redução de preço enquanto continua a ter lucro com o negócio.

A sua empresa está em condições de orientar os fornecedores? Você desenvolveu a capacitação interna para ter o que oferecer aos seus fornecedores? Você está disposto a investir na melhoria de seus fornecedores para que eles desejem lhe dar o melhor custo, qualidade e desempenho na entrega?

Aprendizagem e melhoria contínuas

O resultado do trabalho nos seis níveis básicos da hierarquia de parceria com fornecedores é a fundamentação para o *kaizen* (melhoria contínua) e a aprendizagem. Normalmente, pensa-se que a aprendizagem ocorre no nível individual; se os indivíduos deixam a organização ou passam para outra função, sua aprendizagem é perdida. A preservação, no nível organizacional, do que é aprendido é muito mais desafiadora, e a aprendizagem no nível empresarial parece quase impossível. Mas a Toyota desenvolveu essa competência central.

Com uma sólida fundamentação, a chave para a aprendizagem empresarial é o desenvolvimento de processos padronizados que são refinados e melhorados. Sem padrões, não pode haver aprendizagem. Os padrões vão além dos procedimentos documentados, englobando o conhecimento tácito compartilhado sobre a maneira certa de fazer as coisas.

A Toyota vê os fornecedores como extensões de suas capacitações, mas também como agentes independentes. À primeira vista, essa afirmação pode parecer paradoxal, mas, na verdade, não é. Por um lado, a Toyota não deseja impor seu modo ou sistema de produção a seus fornecedores. Se um fornecedor consegue utilizar um sistema de produção diferente de maneira eficaz para atingir os objetivos em termos de custo, qualidade e entrega, ótimo. Por outro lado, os fornecedores compartilham uma filosofia comum de desenvolvimento e fabricação de produtos e muitas práticas específicas. No co-desenvolvimento de produtos, é necessário estar completamente sincronizado em termos de tempo, métodos de testagem, avaliações para especificar o desempenho do produto e até mesmo vocabulário técnico. O resultado é a evolução de filosofias, linguagem e abordagens comuns entre a Toyota e seus fornecedores.

Nos Estados Unidos, os fornecedores rapidamente percebem que, para atender às exigências restritas de desempenho feitas pela Toyota, eles devem aprender métodos de fabricação enxuta. Por meio de várias atividades de desenvolvimento do fornecedor, eles acabam aprendendo com seu cliente, e surge um padrão. Muitas das ações da Toyota que parecem ser iniciativas de curto prazo para corte de custos também são investimentos na aprendizagem. A Toyota pensa no CCC21 não só como programa de redução de preço, mas também como uma forma de criar um ambiente desafiador para que seus fornecedores cresçam:

> Se formos aos fornecedores e lhes dissermos para reduzir seus preços em 5%, eles dirão "tudo bem", baixarão o preço e terão um impacto no lucro. No entanto, não há como reduzir o preço em 30% e continuar no negócio. Eles têm que revolucionar todos os setores do negócio. Trabalharemos com o fornecedor para chegar aos 30%. Não vamos deixá-los sem apoio. Em alguns casos, não é possível reduzir 30%. Se for uma peça simples com muito pouca mão-de-obra, não dá para reduzir 30%. Você fez um grande esforço? Você verificou cada etapa, desde a matéria-prima até o embarque? É possível economizar um centavo aqui e ali? Talvez possamos reduzir somente 20%, mas todos saem ganhando. O setor de compras compreende o custo de cada etapa da fabricação, da matéria-prima até o final.

O desenvolvimento de todos os fornecedores individualmente para atender às necessidades da Toyota foi o primeiro passo no quebra-cabeça da criação de uma empresa enxuta extensiva. Quando as peças individuais estão no lugar, começa a difícil tarefa de conectar esses fornecedores independentes em uma verdadeira rede de fornecedores. Chamamos isso de "empresa de aprendizagem enxuta".

Há muito tempo atrás, no Japão, a Toyota desenvolveu o *jishuken*[4], ou grupo de estudo, como um meio de aprendizagem com seus fornecedores. Agora, os principais fornecedores são organizados em grupos de estudo. No estilo Toyota, trata-se de processos de "aprendizagem na prática". A Toyota acredita em manter o treinamento em sala de aula em um nível mínimo. A aprendizagem importante ocorre através de projetos reais no chão de fábrica, e os fornecedores devem comandar sua própria aprendizagem.

A Toyota estabeleceu atividades *jishuken* semelhantes com os fornecedores americanos (chamadas de atividades de desenvolvimento da planta), tentando várias configurações. A Toyota descobriu que tinha que agrupar os fornecedores por nível de habilidade com o STP, já que havia uma variação muito ampla. Essas atividades de desenvolvimento da planta proporcionam aos fornecedores a chance de participar de atividades práticas com o STP em diferentes ambientes de fornecimento. Elas também iniciam a criação de laços entre os fornecedores da Toyota, formando uma espécie de clube.

---

[4] Traduzido como: Ji (por mim mesmo), shu (autônomo), ke (estudo). Em outras palavras, os fornecedores são responsáveis por aproveitar a oportunidade de aprender por eles mesmos, com um acompanhamento da Toyota.

Essas atividades são conduzidas no contexto da BAMA (Bluegrass Automotive Manufacturing Association), a associação de fornecedores da Toyota. Esta teve início em Kentucky, quando a Toyota abriu sua primeira planta de montagem lá, mas agora existe por toda a América do Norte. A associação conta com os principais fornecedores da Toyota, que se reúnem durante o ano, compartilhando práticas, informações e interesses. Existem comitês que trabalham em tópicos específicos, incluindo projetos conjuntos. As reuniões são importantes e permitem que a Toyota ofereça informações chave para os fornecedores. Mas a formação da rede é ainda mais importante.

Em síntese, uma empresa enxuta extensiva deve contar com forte liderança da montadora final, parceria entre a montadora final e seus fornecedores, uma cultura estabelecida de melhoria contínua e aprendizagem conjunta entre os parceiros. No mínimo, isso exige um grupo estável de fornecedores que tenham aprendido uma filosofia comum de produção e que integrem uma rede mais ampla de fornecimento.

Construção de uma empresa enxuta extensiva

As empresa que trabalham para aprender com a Toyota a construir sistemas de fornecimento de alto desempenho querem passar por cima do trabalho árduo de desenvolvimento de parcerias eficazes com os fornecedores, procurando soluções fáceis através de *software* de rede de suprimentos e abordagens agressivas de redução de preços. A abordagem da Toyota na América do Norte oferece um modelo para construção de uma empresa de aprendizagem enxuta bem-sucedida a partir de seus alicerces. O processo pode ser resumido nos seguintes passos.

1. Torne-se um cliente enxuto modelo
Você não pode ensinar aos fornecedores o que você mesmo não domina.

A Toyota trabalhou muito para desenvolver o Modelo Toyota de administração na América do Norte, ensinado sua filosofia aos administradores americanos. Uma queixa comum que ouvimos dos fornecedores que trabalham para montadoras americanas é a de que lhes pedem que façam coisas que as próprias montadoras não fazem ou são incapazes de fazer. As queixas variam de um modo específico de documentar os processos até processos ineficientes do cliente que levam a custos mais altos. Por exemplo:

> Nossos custos de desenvolvimento de produtos como fornecedores são incluídos no preço da peça. Mas [a American Auto] está fazendo reprojeto dos temas para o veículo duas ou três vezes após o programa ser oficialmente lançado, e gastaremos três milhões de dólares em tempo de engenharia quando orçamos um milhão no preço da peça. Ninguém da American Auto parece entender que existe um orçamento aí. Ele pode aumentar, mas parece livre para eles.

É difícil mudar práticas operacionais fundamentais e melhorar. É sedutor simplesmente passar pedidos exigentes para os fornecedores e evitar a mudança interna. Mas pedir que os fornecedores façam o que o cliente não consegue, sem dúvida, parecerá hipocrisia. O cliente deve começar colocando sua própria casa em ordem.

2. Identifique suas competências centrais
A terceirização implica mais do que simples decisões de compra e fabricação (make-buy decisions).

A terceirização pode proporcionar custos mais baixos e maior flexibilidade. Mas é também importante considerar cuidadosamente que competência deve ser mantida internamente. Concentrando-se nas competências básicas, a Toyota pode terceirizar uma grande parte do desenvolvimento e da fabricação dos veículos. Entretanto, sua definição de competência central é bem mais ampla do que a de muitas empresas automotivas. A Toyota vende, cria e fabrica veículos de transporte. A questão chave é: quando a Toyota terceiriza até 80% do veículo a fornecedores que controlam a tecnologia para ela e para todas as suas concorrentes, como consegue demonstrar excelência ou se distinguir? Se uma nova tecnologia é fundamental para o veículo, a Toyota quer ser especialista e a melhor do mundo nesse aspecto. Ela quer aprender com os fornecedores, mas nunca transfere para eles todo o conhecimento fundamental e a responsabilidade por alguma área importante.

Por exemplo, o projeto de desenvolvimento mais agressivo da Toyota nos últimos tempos foi o do veículo híbrido Prius. Uma peça importante do sistema de computador é chamada de Insulated Gate Bipolar Transistor (IGBT), um dispositivo interruptor que eleva a voltagem da bateria e a converte em força de corrente alternada para impulsionar o motor elétrico. Os engenheiros da Toyota não eram especialistas no projeto e fabricação de semicondutores, mas, em vez de terceirizar esse componente chave, desenvolveram-no, e uma nova planta foi construída para fabricá-lo – tudo dentro do *lead time* restrito do projeto de desenvolvimento do Prius. A Toyota viu os veículos híbridos como o próximo passo para o futuro. Queria "autoconfiança" ao dar esse passo. Possuindo esse conhecimento interno, ela poderia selecionar a terceirização da fabricação.

Dito de modo simples, se uma empresa não tem a competência interna para controlar a tecnologia, fica à mercê de seus fornecedores. Como seus fornecedores são agentes livres e podem fornecer a tecnologia para qualquer um, a empresa-mãe não pode usar essa tecnologia como vantagem competitiva. Além disso, é difícil compreender a estrutura de custo de uma determinada peça, a menos que se tenha a capacitação de desenvolvê-la e fabricá-la.

3. Desenvolva seus principais fornecedores
Assegure-se de que os sistemas e filosofias de seus fornecedores sejam compatíveis com os seus e estejam em um nível comparável de excelência operacional.

Uma corrente tem a resistência de seu elo mais fraco. Se os seus fornecedores não são tão capazes quanto as suas próprias operações internas, você deve desenvolvê-los para que cheguem a esse nível. Obviamente, você não poderá desenvolver centenas de fornecedores para tudo, desde os módulos principais até os parafusos e porcas. A Toyota desenvolveu uma estrutura em camadas. Os fornecedores da camada superior encarregam-se de submontagens ou mesmo de módulos que são enviados para suas plantas de motores e de montagem. A Toyota trabalha mais de perto com esses fornecedores e espera que eles, por sua vez, administrem seus fornecedores na camada seguinte. Por outro lado, a Toyota também administra diretamente fornecedores importantes da camada mais baixa que fornecem matérias-primas e componentes ou peças comuns. Por exemplo, a Toyota tem especificações muito precisas para o aço, por isso, recomenda que seus fornecedores trabalhem com determinados fornecedores de aço com quem ela trabalha de perto para desenvolver.

Se você está começando essa jornada e ainda está no processo de tornar-se enxuto internamente, você precisa começar aos poucos e de maneira seletiva. Seus especialistas enxutos internos primeiro vão ocupar-se de seus sistemas que apresentam desempenho baixo. Você poderia começar em projetos selecionados junto aos seus fornecedores mais importantes. Não se surpreenda se eles estiverem tão avançados no sistema enxuto quanto você e com o fato de que, na verdade, você pode aprender alguma coisa com eles.

4. Use sistemas de controle para a melhoria contínua
Reduza seus sistemas e procedimentos burocráticos ao mínimo necessário para administrar a relação com o fornecedor.

Observamos que a Toyota se concentra em controlar a base de fornecedores mais do que se poderia pensar. Ela usa sua participação em *joint ventures*, divisões separadas dedicadas ao negócio, com avaliações meticulosas e expectativas de qualidade exigentes para manter os fornecedores na linha. Um soluço do fornecedor pode fazer com que um pequeno exército de engenheiros da Toyota corra até ele para descobrir e corrigir o problema.

Enquanto os fornecedores vêem os procedimentos das Três Grandes como altamente burocráticos e coercivos, a Toyota, que utiliza métodos e procedimentos de qualidade igualmente restritos, é vista como habilitadora. Um fornecedor americano de partes internas de automóveis descreveu o trabalho com a Toyota da seguinte forma:

> Quando se trata de corrigir problemas, a Toyota não chega e faz estudos detalhados de capacitação de processos 15 vezes, como fazem as Três Grandes. O pessoal da Toyota simplesmente diz "tire um pouco de material daqui e dali, e ficará bom – vamos". Em 11 anos, nunca fiz um protótipo de ferramenta para a Toyota. Almofadas de suporte, painéis, etc. são tão semelhantes aos últimos que não é necessário construir um protótipo. Quando acontece um problema, eles olham e aparecem com uma solução – concentram-se em melhorar, e não em colocar a culpa em alguém.

Por outro lado, a Toyota tem um sistema bem mais elaborado para gerenciamento de custos do que a maioria de suas concorrentes. Modelos de custo, como discutiremos no caso da Delphi no fim deste capítulo, podem ser usados para calcular qual deve ser o custo para o fornecedor e para projetar o produto segundo um custo alvo. Esses modelos são muito sofisticados e dependem de dados de alta qualidade dos fornecedores. Estes devem acreditar que esses dados não serão mal empregados contra eles.

5. Favoreça uma abordagem incremental
Comece aos poucos, com terceirização seletiva de um novo fornecedor.

Dar uma grande quantidade de negócios a um novo fornecedor ainda não testado é algo arriscado e torna difícil para sua empresa e o fornecedor aprenderem a trabalhar juntos. Quando se tem uma rede habilitada de fornecedores que podem verdadeiramente colaborar no desenvolvimento do produto e na melhoria da fabricação, não se deseja contaminar a rede com fornecedores inferiores. Quando se introduz um novo fornecedor, pode-se começar a treiná-lo no sistema enxuto desde o início, partindo-se de um pequeno pedido. Teste o novo fornecedor com um componente menos importante e deixe que ele faça seu próprio caminho para a rede.

No Toyota Technical Center, deram o exemplo de faróis dianteiros para veículos. A Toyota não queria terceirizar todo o farol junto a um novo fornecedor, então, começou com os faróis de neblina. A Valio, fornecedora francesa com operações na América do Norte, recebeu primeiramente pedidos de faróis de neblina e estava tentando obter pedidos de faróis dianteiros. No início, a Toyota achou que a empresa não estava pronta para a tarefa. Mas a Valio começou a demonstrar um bom desempenho e passou a ser considerada para o fornecimento dos faróis para o modelo seguinte.

Um exemplo de projeto fracassado da Toyota foi o de lâmpadas traseiras, encomendadas de uma empresa americana selecionada pelo setor de compras devido ao baixo preço. Como se descobriu, a empresa conseguiu oferecer um preço tão baixo porque pretendia fabricar a peça em uma planta mexicana, tirando vantagem dos baixos salários da mão-de-obra. Essa planta mexicana nunca havia sido testada para a fabricação de peças para a

Toyota. Assim que conseguiram a fabricação, eles começam a experimentar níveis de refugo/ sucatas muito maiores para as peças. Os engenheiros da Toyota que haviam recomendado um outro fornecedor com base em sua capacitação de engenharia e fabricação ficaram furiosos. Embora a Toyota não estivesse pagando pelos custos de conserto e o fornecedor ainda quisesse o negócio e estivesse disposto a continuar com o preço baixo, a Toyota decidiu passar o negócio para outra empresa. Custou um pouco mais, mas valeu a pena para obter um fluxo confiável de faróis de qualidade para a planta de montagem. Para a Toyota, isso foi uma lição na pressa de ir de atrás de preços baixos em outros países.

6. Desenvolva mecanismos para aprendizagem empresarial conjunta
Aprender juntos e capturar a aprendizagem em rotinas padronizadas.

O maior nível de empresa enxuta ocorre quando os parceiros no empreendimento estão aprendendo juntos e capturando a aprendizagem em processos padronizados. Não se chega a esse nível da noite para o dia. Você pode imitar a associação de fornecedores da Toyota e descobrir que é apenas mais uma reunião ou visita entre cliente e fornecedor. Na verdade, era isso que a associação de fornecedores da Toyota na América parecia nos primeiros tempos. Foi apenas quando a Toyota começou a mostrar que poderia agregar valor aos fornecedores através de programas de melhoria que a associação passou a ser vista como uma verdadeira fonte de aprendizagem e melhorias.

Uma estrutura melhor para imitar antes da associação é a das atividades *jishuken* da Toyota. Tome de três a cinco de seus principais fornecedores que não tenham uma relação competitiva e forme uma espécie de grupo de usuários que trabalha em projetos em uma planta de cada empresa. Todos aprendem, e a planta fica melhor.

Modelos tradicionais *versus* modelos enxutos de gerenciamento de fornecedores

Há muita pressão sobre as empresas na economia global hipercompetitiva: pressões para redução de custos, níveis de qualidade sem precedentes e resposta a demandas de nichos de mercado, tudo isso em alta velocidade. Se uma empresa torna-se grande e burocrática e acha difícil se adaptar, é tentador empurrar essas exigências de mudança para cima dos fornecedores. Isso pode significar usar algumas tecnologias novas para leilões *online* ou buscar peças em países de mão-de-obra barata. Mas essas soluções de curto prazo criam seus próprios problemas. A infra-estrutura da cadeia de suprimentos não está ficando mais enxuta e melhor; na verdade, está ficando mais fraca. Usar a força bruta só funcionará até que sua empresa comece a pagar pelas reivindicações de garantia e perdas na participação de mercado devido a produtos de baixa qualidade.

A Figura 12-2 ilustra o modelo subjacente tradicional que essas empresas seguem em suas relações com os fornecedores. A filosofia é buscar o preço baixo para as peças. O pressuposto é de que os fornecedores são fornecedores e que, sem pressão, eles tentarão aumentar o preço e diminuir a qualidade do trabalho. A tarefa dos agentes de compras é combater isso sendo "duros" com os fornecedores e pressionando-os quanto ao preço. Mecanismos como os leilões *online* são métodos poderosos de pressão no que se refere aos preços. O fornecedor pode diretamente ver os competidores e, no desejo de "ganhar", continua a fazer lances mais baixos não só em comparação com os da concorrência, mas às vezes em relação aos seus próprios custos. A Delphi refere-se aos compradores que agem sob esse modelo como "caçadores e coletores" (ver exemplo de caso). Eles não têm nenhum entendimento profissional significativo dos fornecedores e saem com um bastão para caçar e trazer para casa os despojos.

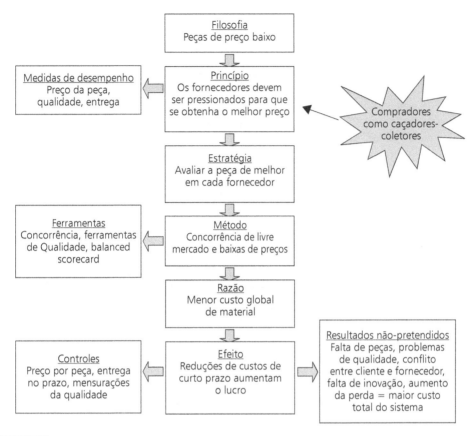

Figura 12-2 Gerenciamento tradicional de fornecedores.

Quando os fornecedores são forçados a baixar os lances, precisam encontrar maneiras de fazer dinheiro. Uma delas é cobrar por mudanças na engenharia ou por qualquer serviço exigido. Os fornecedores também podem minimizar o investimento no produto e no processo. O setor de compras pode tentar contra-atacar através da avaliação do fornecedor, utilizando os números para derrotar o fornecedor. A ameaça está sempre ali para retirar o produto e passá-lo para um concorrente de custo mais baixo, talvez em um país de mão-de-obra mais barata. O resultado da terceirização sobre o preço é a redução do custo em curto prazo, mas existem muitos efeitos negativos não pretendidos, como falta de peças, problemas de qualidade, altos custos com garantia e pouco investimento na inovação do produto, o que, em longo prazo, perfaz um custo total mais alto.

A Toyota não está lutando para ser uma fabricante de automóveis de baixo preço. A meta é produzir carros a um preço justo de mercado que o cliente acredite que tem valor. Por que essa distinção é tão importante? Essa filosofia sugere que os esforços para redução de custos não devem ser um percurso rumo ao mais baixo custo possível. A Toyota estabelece custos alvo, não apenas preços. Custos alvo significam que os fornecedores podem operar em níveis de custos que lhes permitem ter lucro com os preços que o cliente paga pelas peças. O modelo de cadeia de suprimentos enxuta é ilustrado na Figura 12-3.

A meta é eliminar as perdas não somente nas plantas da Toyota, como também nas plantas do fornecedor e nos processos intermediários (por exemplo, o sistema logístico). Os fornecedores são extensões da empresa de aprendizagem que participam do *kaizen*. Para os

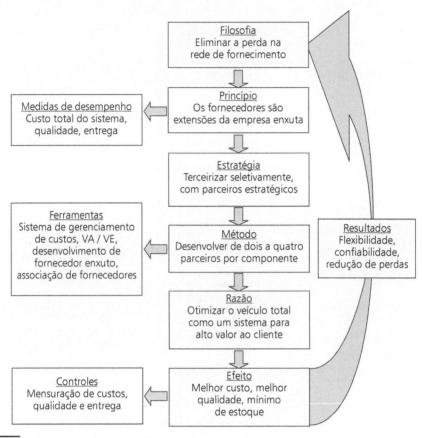

Figura 12-3 Processo de cadeia de suprimentos enxuta.

componentes principais, a Toyota seletivamente escolhe dois ou três parceiros estratégicos para cada um e estimula a competição entre eles. Cada fornecedor normalmente obtém um contrato exclusivo para fabricação de uma peça para um modelo de automóvel, mas sabe que pode perder a participação no mercado da Toyota no futuro se não tiver bom desempenho. Há várias ferramentas para gerenciar os custos e melhorar o produto, o processo e a capacitação do fornecedor. Investindo nas características da parceria na hierarquia de parceria com fornecedores, a Toyota, em longo prazo, está obtendo as reduções anuais de preço dos fornecedores que são necessárias para que ela seja globalmente competitiva, mas sem sacrifício da qualidade nem da inovação.

A Toyota está ativamente tentando substituir parceiros fornecedores americanos por fornecedores de baixo custo na China e em outros países de mão-de-obra barata? Ela poderá comprar ocasionalmente uma peça nessas regiões, mas isso não é parte fundamental de sua estratégia. Um executivo de compras da Toyota norte-americana explicou:

> Obtemos algumas economias de fornecedores secundários e terciários em outros países que são repassadas, mas é muito raro considerarmos isso diretamente devido à complexidade da cadeia de suprimentos e ao risco. A distância e o ambiente político criam altos níveis de complexidade. Nossa abordagem inicial consiste em tentar compreender qual é esse nível competitivo. Temos programas globais de veículos, por isso, podemos trabalhar com a Europa e a Toyota do Pacífico asiático, entender qual é o nível competitivo da Toyota e desafiar as pessoas da América do Norte a chegarem a esse nível.

É importante perceber que não existe uma estratégia "tamanho único" para o desenvolvimento dessas características de parceria. Algumas empresas podem começar com o compartilhamento de informações, e outras, com o desenvolvimento do fornecedor. Contudo, não devem esquecer a visão de longo prazo de desenvolvimento de todas essas características como um sistema. A meta final deve ser criar uma empresa de aprendizagem enxuta.

Estudo de caso: desenvolvimento de uma cadeia de suprimentos enxuta na Delphi

A Delphi é líder mundial em componentes de eletrônicos móveis e de transporte e em tecnologia de sistemas, com aproximadamente 28 bilhões de dólares em vendas anuais, 185.000 funcionários e 171 locais de fabricação em 40 países. A Delphi compra de mais de 4.000 fornecedores diretos de material. Desde que se tornou uma empresa independente em 1999, imediatamente começou uma jornada enxuta. Era alta prioridade eliminar as perdas e os altos custos que tinha impacto sobre suas operações. Como Donald L. Runkle, ex-vice-presidente, freqüentemente afirmava, "a empresa enxuta é o Plano A! Não há *nenhum* Plano B!".

O primeiro passo da Delphi para tornar-se enxuta concentrou-se em seus locais de fabricação. Por vários anos, seu pessoal tinha estudado e adotado o Sistema Toyota de Produção. A Delphi desenvolveu seu próprio sistema, estrutura e processos e chamou isso de Sistema Delphi de Manufatura (SDM). É um sistema comum e global que abrange todas as áreas funcionais e focaliza a criação de produtos enxutos, compras enxutas e fabricação enxuta interna e externa.

Apesar das pedras no caminho, com o tempo a Delphi conquistou um considerável sucesso, com uma penetração relativamente profunda do sistema enxuto na maioria de suas plantas. Cada planta havia empreendido esforço considerável, e o número impressionante de 20 plantas diferentes recebeu o prêmio Shingo por excelência em fabricação. A candidatura ao prêmio havia sido incentivada pela Delphi para proporcionar uma meta extensiva e promover o reconhecimento pelas realizações, juntamente com a visibilidade externa. O Sistema Delphi de Manufatura foi fortemente apoiado até o nível do presidente e CEO, J. T. Battenberg III, e a mensagem era clara: O SDM não é opcional.

Em 2002, a Delphi contratou R. David Nelson como vice-presidente de gerenciamento de fornecimento global com a incumbência de difundir o sistema enxuto entre os fornecedores. Ex-vice-presidente de compras da Honda dos Estados Unidos, Nelson tinha uma profunda compreensão do "Modelo Honda". Ele sugeriu isso para a John Deere ao converter uma organização de compras tradicional em uma cadeia de suprimentos enxuta. Com esse histórico, ele estava bem aparelhado para ajudar a Delphi a estender o SDM ao que ele chama de "fabricação externa". A Delphi evita o termo "fornecedor", para enfatizar que a qualidade da fabricação é importante, seja dentro ou fora das fronteiras corporativas da Delphi.

A "fabricação interna" atualmente abrange cerca de 30% do custo total na Delphi, enquanto que a "fabricação externa" perfaz 50%. A Delphi compra em torno de 14 bilhões de dólares em produtos anualmente. Assim, a oportunidade era clara.

Além de o SDM ser um sistema bem desenvolvido, com fortes programas de treinamento e conhecimento enxuto interno, a Delphi tinha duas outras fontes de conhecimento para a cadeia de suprimentos enxuta. Uma era um grupo de consultores que havia trabalhado anteriormente com a Toyota, e a segunda era o apoio direto da Toyota, que se tornou uma grande cliente da Delphi. Na verdade, a Toyota enviou um de seus especialistas em STP do setor de compras para trabalhar em tempo integral durante dois anos na Delphi e ensinar o Modelo Toyota de desenvolvimento de fornecedores.

Neste estudo de caso, o sistema de fornecimento estratégico da Delphi é ilustrado como trabalho em fase de progresso. O caso reflete o progresso da cadeia de suprimentos enxuta da Delphi após um trabalho de quase anos no processo, quando a equipe de Dave Nelson classificou a si mesma como em estado embrionário se comparada com a Toyota. Mas a Delphi percebeu que estava indo na direção certa, e sua abordagem é abrangente, satisfazendo todos os aspectos de uma cadeia de suprimentos enxuta.

Nelson aprendeu com a Honda que a base de uma cadeia de suprimentos enxuta era um forte sistema de gerenciamento de custos, cujo cerne estava em um conjunto de modelos de processos chave de fabricação. A colocação de diversos custos no modelo leva a um custo total previsto para um componente. Os modelos são detalhados e muito precisos para refletir os custos reais para produzir uma peça. Nelson contatou um ex-gerente da Toyota que possuía mais de 25 anos de experiência em compras e no sistema de gerenciamento de custos da Toyota. Como diretor de gerenciamento de custos da Toyota, ele tornou-se o especialista interno, estabelecendo e ensinando um sistema de gerenciamento de custos moldado de acordo com o da Toyota. A ele foi destinada uma equipe de 30 pessoas em tempo integral como "discípulos" para aprender e difundir o sistema de gerenciamento de custos, que a Delphi considera como a base de sua cadeia de suprimentos enxuta.

O veterano da Toyota calculou que levaria de cinco a seis anos para se atingir um nível mínimo de aceitabilidade como cadeia de suprimentos enxuta; com quase três anos de programa em 2004, ele observou que a Delphi estava no caminho. De acordo com esse especialista em gerenciamento de custos, uma exigência mínima para o sucesso era ter apoio resoluto dos altos executivos, o que a Delphi demonstrou através dos esforços de J. T. Battenberg III e Dave Nelson.

Ficou evidente para a equipe da alta administração que a Delphi tinha muitos fornecedores para possuir uma cadeia de suprimentos enxuta e concentrada. A Delphi foi desafiada a desenvolver relações próximas com fornecedores de mentalidade semelhante dedicados á redução de custos. Assim, passou a identificar "parceiros fornecedores estratégicos". Essa tarefa veio a ser mais onerosa do que parecia à primeira vista. Era o caso de conhecer os CEOs de fornecedores candidatos um a um e explicar os desafios associados com a condição de fornecedor estratégico. Na verdade, cerca de 10% dos fornecedores entrevistados optaram por não se juntar à Delphi na jornada enxuta. Levou cerca de dois anos para que se desenvolvesse um conjunto inicial de fornecedores "centrais" e "quase centrais", e ainda havia trabalho a ser feito.

Enquanto isso, um grupo de engenharia de desenvolvimento de fornecedores enxutos foi formado; sabendo que a Delphi não poderia esperar anos para começar a ensinar o sistema enxuto aos fornecedores, o grupo desenvolveu uma lista de fornecedores com probabilidade de se tornarem fornecedores estratégicos. A Delphi começou trabalhando com um subconjunto de fornecedores centrais e, em dois anos, tinha feito projetos com 70 fornecedores. A abordagem foi estruturada de acordo com o modelo de melhores práticas da Honda e com a abordagem da Toyota, através de seu centro de apoio ao fornecedor.

As áreas alvo do modelo são selecionadas através dessa abordagem. Os especialistas enxutos da Delphi, suportados por consultores externos que haviam trabalhado para a Toyota, atuam como *sensei*. Eles não fazem o trabalho para a planta do fornecedor, mas orientam por meio de ensino e treinamento. A abordagem é:

1. Obter um sólido comprometimento do CEO do fornecedor.
2. O CEO deve indicar um profissional enxuto interno (em tempo integral ou em meio turno, dependendo do tamanho da empresa).
3. Selecionar uma família de produtos.
4. Desenvolver mapas de estado presente e futuro, juntamente com planos de ação detalhados.
5. Colocar mapas, planos e mensurações principais em uma sala de guerra.
6. Implementar.
7. O *sensei* da Delphi visita regularmente o fornecedor e verifica o progresso percorrendo o chão de fábrica e comparando o avanço com os estabelecidos nos planos na sala de guerra.
8. A Delphi espera compartilhar as economias de custos do fornecedor resultantes do produto (normalmente, meio a meio para uma família específica de produtos somente).

Como a Delphi havia imaginado, os resultados dos projetos foram semelhantes aos da Honda, da Toyota e de suas próprias plantas – melhorias de desempenho de dois ou até mesmo três dígitos em todas as principais avaliações. Para os pensadores tradicionais, a engenharia de desenvolvimento de fornecedores enxutos tem a ver simplesmente com economias de custos. No entanto, para os pensadores enxutos, trata-se do desenvolvimento de relações, de confiança e de construção de fornecedores altamente capacitados.

A maioria dos fornecedores secundários da Delphi constitui-se de empresas relativamente pequenas (por exemplo, com 150 milhões de dólares em vendas anuais). Com freqüência, o CEO é o fundador da empresa. Normalmente, esses fornecedores conhecem a fabricação enxuta e esporadicamente aplicam várias das ferramentas enxutas. Mas as empresas nunca vivenciaram a produção enxuta como sistema e ficaram surpresas ao conhecer em primeira mão o verdadeiro poder do Sistema Toyota de Produção. Foi uma experiência significativamente diferente, levando a uma abordagem colaborativa "ganha-ganha" para operar todo o negócio. A Delphi incentivou vários desses fornecedores a se candidatarem ao prêmio Shingo.

A abrangente abordagem da cadeia de suprimentos enxuta é representada pela Delphi como modelo com nove mecanismos interdependentes:

1. Terceirização estratégica (seleção de fornecedores com um conjunto mais amplo de expectativas para P&D)
2. Engenharia de desenvolvimento de fornecedores enxutos
3. Gerenciamento de custos (compreensão profunda de elementos específicos do custo)
4. Lançamento de novo modelo sem falhas
5. Qualidade (na faixa de menos de 20 ppm na época do estudo de caso e ppm mais baixa para problemas mais sérios)
6. Infra-estrutura de sistemas (Tecnologia de Informação)
7. Desenvolvimento de pessoas (cada funcionário de gerenciamento de fornecedores da Delphi tem 80 horas de treinamento em gerenciamento de custos e em abordagens enxutas)
8. Relacionamento com fornecedores (mudança de mentalidade de forma que os fornecedores sejam vistos como bens de valor, não como produtos descartáveis)
9. Comunicações

Muitas empresas sentem-se atraídas por partes do processo enxuto, como, por exemplo, "vamos fazer o desenvolvimento de fornecedores". A Delphi concluiu que esses "mecanismos" eram todos estratégias interdependentes. É preciso ter os fornecedores certos, com as capacitações certas e o grupo interno certo de compras, e os fornecedores têm que entender o custo real.

O maior desafio para a Delphi é passar da tradicional terceirização baseada no preço, herdada da GM, para uma abordagem de terceirização estratégica, aprendida com a Toyota e a Honda. Tradicionalmente, a Delphi tem se fundamentado na cotação competitiva para obter os menores preços. Ela está se dirigindo para uma visão mais holística de excelência de fluxo de valor extensivo. Parte desse processo está em transição, com o foco passando do preço para a realidade baseada no custo.

Em 2004, alvos agressivos foram estabelecidos para três anos:

1. Qualidade em ppm de um único dígito e lançamento sem falhas
2. Economias de custo modelo a modelo de 30% e foco no custo total
3. Desenvolvimento de processos enxutos com fornecedores centrais e quase centrais
4. Investimento e coordenação de produto com linhas empresariais
5. Tempo de ciclo de projeto mais rápidos
6. Observar a tecnologia na fase inicial nos produtos
7. Descontinuar relações com fornecedores marginais

O afastamento dos fornecedores marginais parece uma coisa óbvia. No entanto, os compradores da Delphi nem sempre foram incentivados a fazer isso.

Para selecionar fornecedores estratégicos, a Delphi desenvolveu uma matriz e classificou os produtos adquiridos em quatro categorias: centrais, quase centrais, nicho e *commodity*. Para produtos centrais e quase centrais, a Delphi está gradualmente desenvolvendo um conjunto de fornecedores estratégicos que assinam um contrato importante de fornecimento nos moldes da Toyota e da Honda. Esse contrato de várias páginas coloca princípios do trabalho conjunto (tais como responsabilidade pela garantia e *recall* de produtos, termos e condições financeiras, responsabilidade por P&D e compromissos de longo prazo para negócios com o fornecedor). Não é um contrato para peças específicas, mas um conjunto de acordos detalhados sobre a maneira de cada um se comportar. Quando o acordo de terceirização estratégica é estabelecido, as decisões de compra quase não têm negociações. O modelo de custo basicamente encaixa o fornecedor em um determinado preço.

O diretor de gerenciamento de custos da Delphi descreve o conceito de gerenciamento de custos como "aperfeiçoamento da realidade". Infelizmente, a compra com base no preço não é baseada na realidade. Em muitos casos, os preços de mercado foram estabelecidos, e os compradores escolheram um alvo arbitrário para baixar o preço (por exemplo, 5% de reduções de preço em geral no ano seguinte). O sistema da Toyota baseia-se em modelos de gerenciamento de custos que refletem a realidade dos verdadeiros custos, com preços alvo baseados no que os clientes estão dispostos a pagar pelos automóveis. A Toyota estabelece um lucro alvo e desenvolve o carro para atingir os alvos de custo necessários. Os fornecedores recebem custos alvos para atingir e devem desenvolver seus componentes com esse objetivo; desse modo, sabe-se onde é necessário reduzir os custos e onde os fornecedores correm o risco de perder dinheiro. O preço é importante, mas, por trás do preço, está o custo, e, por trás do custo, está a realidade.

As compras devem olhar com olhos treinados e ver oportunidade para redução de custos.

O planejamento de custo / lucro é á forma final do gerenciamento de custos. A Delphi está treinando seus compradores para serem capazes de calcular o custo com mais exatidão, identificar oportunidades de melhoria e liderar projetos de planejamento de custos. A abordagem anterior da compras era como o "homem das cavernas que está caçando e coletando". Havia diversas rodadas de lances e jogadas. A Delphi agora está passando para a "agricultura moderna" – baseada na lógica, na ciência e nas mudanças da realidade. Os modificadores do jogo são os padrões de custos, os planos criativos de melhoria e os grandes acordos com os fornecedores.

No mundo real, a Delphi descobriu que as cotas dos fornecedores são muito maiores do que esses modelos de custos sugerem que deveriam ser, mesmo após repetidas reduções de preços. Um grupo de modelo de custos está produzindo formulários de padrões de custos – tabelas de preços, curvas de preços e gabaritos de padrão de custos – com dados obtidos junto aos fornecedores, em reuniões com fornecedores, com o governo, no setor, fontes internas da Delphi, *benchmarking* e dados de análise competitiva.

As reduções de preço devem refletir mudanças na realidade – materiais (desafios de custo e projeto), mão-de-obra em seminários enxutos, transporte (programação), armazenagem (redução de estoque) e assim por diante. O importante é mudar as realidades. Cada comprador de cada produto deve desenvolver planos criativos de melhoria. Nada passa sem verificação. O gerenciamento de custo significa trabalhar de perto com os fornecedores para atingir aquelas realidades.

Como o projeto tem impacto em 70% do custo total de fabricação, a Delphi deve envolver os fornecedores logo no início do processo de desenvolvimento de projeto. Até o momento, a Delphi tem se concentrado mais nos 30% da fabricação porque é uma área mais fácil de trabalhar. A próxima fronteira é o trabalho dos fornecedores com os engenheiros de produtos da Delphi para avançar para o desenvolvimento de produtos e de tecnologia. A meta é alcançar um nível em que os engenheiros possam utilizar padrões de custos para avaliar o impacto de diferentes opções de projeto.

A Delphi vê esse processo como uma importante mudança cultural. Ela quer que os compradores sejam mais que meros "caçadores e coletores" e se tornem agentes de mudança completamente versados em gerenciamento de custos. A Delphi desenvolveu uma lista de 70 itens que os compradores devem ser capazes de identificar enquanto percorrem as plantas dos fornecedores e espera que eles tenham conhecimento sobre tudo que compram. Por exemplo, um comprador da Honda visitou uma das plantas da Delphi durante dois dias e fez uma lista de 130 itens que precisavam ser melhorados. Qual é a chave da Delphi para o sucesso? Em uma palavra: confiança! Os fornecedores jamais concordarão em usar os custos reais como base para o estabelecimento de preços a menos que acreditem que a Delphi pensa neles como verdadeiros parceiros.

Reflexão e aprendizagem com o processo

Característica da parceria	Reflexão sobre a parceria com o fornecedor *hansei*
Compreensão mútua	• Você compreende profundamente seus fornecedores e suas capacitações? • Seus funcionários vão ver pessoalmente os processos dos fornecedores (*genchi genbutsu*)? • Você e seus fornecedores centrais estão comprometidos com a prosperidade mútua? • Existe confiança mútua no relacionamento?
Estruturas de participação	• Você desenvolveu uma conexão uniforme entre seus processos e os processos de seu fornecedor? • Você utiliza estruturas de aliança adequadas para ter controle sobre peças e processos importantes?
Sistemas de controle	• Você tem sistemas de tempo real eficazes para avaliar o desempenho do fornecedor capazes de lhe dar *feedback* imediato? • Você utiliza esses sistemas para auxiliar os fornecedores a estabelecer alvos para melhoria desafiadores, mas realistas? • A competição entre um pequeno grupo de fornecedores dedicados é intensa e motivadora? • Você estabelece o preço alvo eficazmente para motivar a melhoria de forma que ambas as partes saiam ganhando?

Característica da parceria	Reflexão sobre a parceria com o fornecedor *hansei*
Capacitações compatíveis	• Os sistemas de fabricação e de logística de seus fornecedores são extensões uniformes de seus sistemas *just-in-time*? • Os engenheiros do fornecedor estão fortemente integrados no seu processo de desenvolvimento e falam a mesma língua que os seus engenheiros? • Você e seus fornecedores estão trabalhando juntos para desenvolver produtos e serviços inovadores?
Compartilhamento de informações	• Existem coleta e disseminação precisas de dados? • Você sempre estabelece horários, lugares e pautas específicas para as reuniões com os fornecedores? • Você conta com formatos claros para o compartilhamento de informações com seus fornecedores? • As informações são difusas ou são direcionadas por determinados indivíduos em sua empresa com funções e responsabilidades claras de trabalho com indivíduos específicos do fornecedor?
Melhoria conjunta	• Sua equipe possui conhecimento e experiência para orientar os fornecedores? • Você tem projetos de melhoria conjunta com os fornecedores, capazes de produzir resultados mensuráveis?
Melhorias contínuas & aprendizagem	• Os fornecedores estão trabalhando juntos em grupos de estudo para compartilhar a aprendizagem? • Quando ocorrem problemas e são usadas contramedidas, existem mecanismos para aprendizagem e compartilhamento do que foi aprendido?

Parte V

Solução da Causa-Raiz do Problema para Aprendizagem Contínua

Solução de Problemas no Modelo Toyota

Capítulo 13

Mais do que resolver problemas

O Modelo Toyota procura identificar e remover obstáculos no caminho para a perfeição. Essa filosofia está enraizada no desejo cultural japonês de buscar a perfeição em todas as atividades. Como discutimos anteriormente neste livro, o Modelo Toyota é um processo cíclico de conquista de estabilidade, padronização de práticas e contínua pressão sobre o processo a fim de expor os obstáculos (vistos como pontos fracos do sistema). Os seres humanos tendem a buscar o conforto e a evitar o desconforto. O Modelo Toyota não é um comportamento natural. A filosofia da Toyota fundamenta-se no "sistema", e a adesão aos seus conceitos forçará as pessoas que o apóiam a confrontarem situações desconfortáveis. As alternativas, então, são remover os obstáculos ou fracassar. Por essa razão, as habilidades de solucionar problemas e a capacidade de melhorar continuamente são cruciais para a sobrevivência.

Esse processo serve como estrutura para a maioria dos outros aspectos do Sistema Toyota de Produção (STP) e seu sistema de desenvolvimento de produtos e é amplamente responsável pelo grande sucesso da Toyota. A Toyota pode gerar melhores resultados com menos esforço, em um menor período de tempo e de maneira mais sistemática do que qualquer um de seus concorrentes. O processo proporciona uma estrutura para alinhar recursos de modo eficaz, garantir a compreensão mútua da importância do problema, identificar com clareza a necessidade e o benefício da solução do problema e, com alto grau de precisão, prever o verdadeiro resultado.

A metodologia de solução de problemas é uma habilidade que percorre intensamente todos os níveis da organização na Toyota e todas as funções, desde a fabricação até as compras, as vendas e os demais setores. O método básico é aprendido em cursos de treinamento, mas a verdadeira aprendizagem provém da aplicação prática diária, do uso continuado e da avaliação de terceiros na organização. Tecnicamente, a metodologia é bastante simples e não requer complexas ferramentas de análise estatística. Devido à sua simplicidade, o método pode ser adotado e executado por toda a equipe da Toyota, não importando seu nível educacional ou experiência anterior. A Toyota utiliza análise estatística avançada em certas situações, mas o uso da solução de problemas no dia-a-dia é direto. Esse método pode parecer muito simplista para indivíduos treinados como *black belts* no processo Seis Sigma, mas ele comporta uma beleza elegante. Em primeiro lugar, os problemas encontrados diariamente pela maioria dos funcionários exigem somente habilidades analíticas básicas. Técnicas mais complexas são desnecessárias e muitas vezes confundem as pessoas que têm um problema, mas não foram treinadas no método. Além disso, o processo na Toyota pode ser aplicado rapidamente, ao passo que Seis Sigma e outros processos semelhantes tendem a ser demorados e trabalhosos.

Esse processo pode ocorrer em um período de tempo muito curto (menos de um minuto) ou pode levar meses ou até anos. A partir do momento em que um operador descobre um problema na linha e sinaliza a necessidade de apoio (puxando a corda do *andon*, conforme descrevemos no Capítulo 8) até quando o problema é controlado e corrigido, pode passar menos de um minuto. Do outro lado do espectro, estão o desenvolvimento de uma estratégia de longo prazo, a preparação do lançamento de um novo produto, a melhoria do processo e a distribuição de políticas.

Chamar esse processo de "solução de problemas" pode ser inadequado, uma vez que o processo vai muito além da base para solução de problemas. Esse método abrange um processo de pensamento crítico e lógico. Exige completa avaliação e reflexão (*genchi genbutsu* e *hansei*), atenta consideração de várias opções e um curso de ação cuidadosamente pensado, tudo isso levando a metas mensuráveis e sustentáveis.

Com o uso repetido e a prática, o processo torna-se uma segunda natureza e é utilizado em virtualmente todas as situações em que se deseja melhoria, quando processos novos ou modificados são adicionados e até mesmo como estrutura para o desenvolvimento de um processo de implementação enxuto. Aqui estão algumas das situações nas quais o processo pode ser empregado:

- Correção de pontos fracos nos níveis de habilidades e desenvolvimento de um plano de treinamento
- Compra de novo equipamento
- Atividades de redução de custos
- Atividades de melhoria de equipe (Círculos de Qualidade, eventos de *kaizen*)
- Melhoria da produtividade e do fluxo do processo
- Planejamento anual e desenvolvimento de estratégia

Todo problema é uma oportunidade de melhoria

O inverso de um problema é uma oportunidade. Isso tornou-se um clichê e quase sempre significa que não queremos lidar com o fato de que temos problemas. Torna-se real somente quando a cultura organizacional concentra-se na melhoria contínua. Em todas as organizações, inclusive na Toyota, há virtualmente um fluxo interminável de problemas e, com isso, oportunidades. Também podemos comumente nos referir a esses problemas como "questões", que recaem em três categorias amplas: grandes, médias e pequenas (Figura 13-1).

Muitas organizações fracassam no desenvolvimento de um processo eficaz para capturar oportunidade de todas essas três categorias. Com muita freqüência, a categoria de pequenas questões é inteiramente ignorada porque as oportunidades são vistas como "insignificantes", ou porque "não valem o esforço". Além disso, as categorias de questões médias e grandes não são totalmente exploradas devido ao número reduzido de pessoas

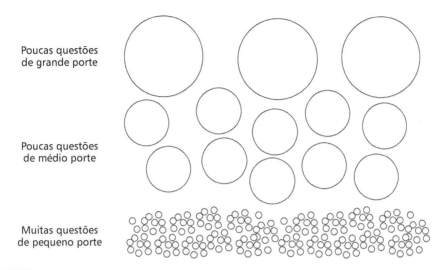

Figura 13-1 Quantidade típica de oportunidades disponíveis.

treinadas ou qualificadas para resolvê-las (Figura 13-2). Nessa estrutura, o ímpeto primário para a melhoria é dirigido e controlado pela administração. Nesse caso, a mudança ocorre *de fora* do processo. Isso continua a promover o tradicional pensamento nós / eles, o que implica que apenas a administração ou determinados indivíduos são responsáveis pela melhoria e que os trabalhadores esperam por "eles" para corrigir os problemas. Os esforços individuais não são incentivados por diversas razões, mas principalmente porque não há estrutura organizada para apoiá-los e porque os administradores temem a perda de controle. Mais ainda, na maioria das organizações, os problemas não são vistos como oportunidades de melhoria, mas sim como fracassos e, desse modo, são ocultados em vez de serem abordados.

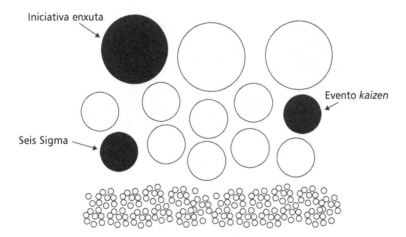

Figura 13.2 Oportunidades capturadas por empresas comuns.

A Toyota é capaz de maximizar seu desempenho utilizando duas táticas:

1. **Alavancagem.** Todos os funcionários são treinados e encorajados para usar o processo diariamente, o que possibilita uma tremenda alavancagem dos esforços combinados de muitos indivíduos para solucionar o problema, cada um deles fazendo melhorias freqüentes, pequenas e contínuas. Isso contrasta com a estratégia de muitas empresas americanas, onde indivíduos selecionados (como engenheiros ou *black belts*) são treinados e designados para a solução de problemas, freqüentemente sem nenhuma contribuição daqueles que estão realmente mais próximos do processo.

2. **Foco.** Os recursos são utilizados para abordar problemas em todos os três níveis, e os esforços podem ser concentrados, aplicando-se maior alavancagem e multiplicando-se os resultados. O processo de solução de problemas requer avaliação e comparação das questões, permitindo que as pessoas concentrem esforços nos itens mais significativos. Dessa forma, uma quantidade menor de esforço concentrado produz maiores resultados ao serem atacadas as maiores oportunidades. Além disso, os indivíduos são capazes de concentrar esforços nos itens menores que controlam e que os afetam diretamente. A Toyota aplica a regra 80/20, eficazmente concentrando 80% de sua energia sobre os 20% de problemas que produzirão 80% do benefício total.

O Modelo Toyota divide as categorias e utiliza os recursos adequadamente para todos os três níveis. As questões maiores são geralmente abordadas através de atividades dirigidas e controladas pela administração, tais como Treinamento *Kaizen* em Administração (também chamado de Treinamento Prático em *Kaizen*), ou atividades *jishuken* (Figura 13-3). Também é responsabilidade da administração estabelecer expectativas para a organização, identificar pontos fracos no sistema e aplicar os recursos adequados. As

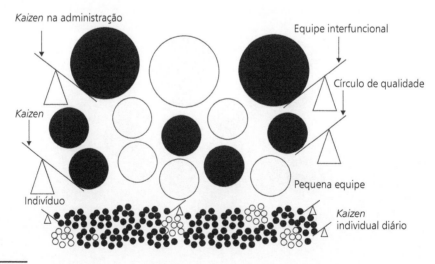

Figura 13-3 Oportunidades de alavancagem na Toyota em todos os níveis.

oportunidades do nível intermediário em geral são iniciadas pelo supervisor, pela equipe ou por um indivíduo. Esses itens podem basear-se em objetivos gerais de melhoria da empresa ou em questões especialmente desafiadoras para o grupo afetado. Finalmente, a Toyota é capaz de capturar uma grande oportunidade facilitando os esforços individuais em direção à melhoria. É o indivíduo ou a pequena equipe que quase sempre dá início a esses esforços. Cada pessoa entende o processo de melhoria contínua e busca esse objetivo em suas atividades diárias.

De fato, a melhoria contínua é tão importante que as mudanças nos processos são feitas até o último dia de produção no ciclo de um produto. Isso parece paradoxal até que se entenda que a idéia de melhoria contínua realmente significa contínua – não termina nunca. Se as pessoas acreditarem que as melhorias só são desejadas sob as condições "corretas", elas, na verdade, não farão melhorias porque as condições podem nunca se tornar corretas. Com freqüência, ouvimos as pessoas afirmarem que um produto ou processo "terminará" dentro de seis meses, por isso, não é prático despender tempo e dinheiro para melhorá-lo. O Modelo Toyota sugere que uma pequena melhoria com menor esforço que produz talvez uma economia de um segundo ou um centavo por peça ao longo de seis meses é, na realidade, uma idéia prática. O Modelo Toyota promove a noção de que a melhoria deve ocorrer todo o tempo, em todos os níveis e em todos os indivíduos. Qualquer regra sugerindo momentos e condições apropriadas para a melhoria aniquilará o espírito da melhoria contínua.

Além disso, a Toyota ensina habilidades básicas de solução de problemas para todos os funcionários, de modo que todos se tornam solucionadores de problemas. Com milhares de pessoas resolvendo problemas diariamente, a Toyota pode efetivamente alavancar seu contingente de pessoas. Para a maioria das questões encontradas no dia-a-dia, os métodos básicos são suficientes. Técnicas mais complexas são desnecessárias e muitas vezes acabam confundindo as pessoas que lidam diretamente com o problema. Os problemas de natureza mais complexa exigem um maior grau de habilidade, e os membros da administração são treinados por meio de eventos de Administração *Kaizen*. O caso no final deste capítulo, sobre a Toyota de Georgetown, Kentucky, ilustra a amplitude e a profundidade das atividades de *kaizen* em toda a organização.

As Tabelas 13-1 a 13-3 sintetizam as características dos três níveis de questões, o escopo típico da questão específica, exemplos de cada nível e métodos de implementação.

TABELA 13-1   Abordagem de questões de grande porte na Toyota

Questão	Escopo típico	Exemplos	Processo de implementação
Grandes questões, pequena quantidade, alta complexidade e dificuldade	Questões que afetam toda a organização, planta ou departamento	• Planejamento anual • Lançamento de novo modelo • Questões entre departamentos • Desenvolvimento de produtos	• Treinamento da administração em *kaizen* • Equipes interfuncionais • Administração de setor/planta • Iniciado e apoiado pela administração da planta

TABELA 13.2 Abordagem de questões de médio porte na Toyota

Questão	Escopo típico	Exemplos	Processo de implementação
Questões de médio porte, quantidade moderada a alta, grau médio de complexidade e de dificuldade	Questões semelhantes a projetos Seis Sigma típicos ou a eventos *kaizen*. Podem afetar o grupo ou o setor	• Desenvolvimento de novos processos • Aquisição de novos equipamentos • Questões significativas em termos de segurança, qualidade, produção e custos	• Equipe setorial, interfuncional (produção, manutenção, engenharia) • Equipe entre grupos (membros do mesmo grupo) • Círculos de Qualidade • Pequenas equipes ou indivíduos • Apoiada pelo supervisor ou gerente do setor • Possível prêmio em dinheiro através do programa de sugestões

TABELA 13.3 Abordagem de questões de pequeno porte na Toyota

Questão	Escopo típico	Exemplos	Processo de implementação
Questões de pequeno porte, virtualmente em quantidade ilimitada, solução com baixo nível de dificuldade	Questões que aparecem repetidamente durante o dia. Podem causar pequenas quantidades de perda a cada ciclo. As oportunidades variam de muito pequenas a bastante significativas.	• Eliminação de questões e perdas menores • Pequena melhoria contínua, como 5S, fábrica visual ou melhoria do trabalho padronizado • Processo *andon* para interromper a linha e resolver os problemas imediatamente	• Em princípio, um esforço individual • Pode ser um esforço conjunto ou de pequena equipe • Geralmente iniciada por indivíduos ou pequenas equipes • Amplamente apoiada pelo supervisor direto • Prêmio em dinheiro e implementação através do programa de sugestões.

Contando a história da solução de problemas

Os funcionários da Toyota aprendem que o processo de solução de problemas é como contar uma história. Toda boa história tem uma introdução ou apresentação, desenvolvimento dos personagens e conteúdo no meio, uma conclusão e talvez uma pista para uma possível seqüência. O processo de solução de problemas tem capítulos ou passos distintos. Como uma boa história, um bom processo de solução de problemas flui uniformemente entre cada etapa, havendo uma clara conexão de uma para a outra. A finalização de uma etapa levará à próxima, e não haverá interrupção. Aqui estão os "capítulos" da história de solução de problemas:

- Desenvolvimento de uma completa compreensão da situação presente e definição do problema.
- Realização de uma análise completa da raiz do problema.
- Total consideração de soluções alternativas enquanto se constrói o consenso.

- Planejar-Fazer-Verificar-Agir (PDCA – *Plan, Do, Check, Act*):
  - Planejar: Desenvolver um plano de ação
  - Fazer: Implementar soluções rapidamente
  - Verificar: Conferir o resultado
  - Agir: Fazer os ajustes necessários nas soluções e no plano de ação e determinar passos futuros
- Reflexão e aprendizagem com o processo

Pode haver informações adicionais na história, mas geralmente elas recairão em alguma dessas categorias. Como com as boas histórias, cada processo de solução de problemas é um tanto diferente, mas, de modo geral, a estrutura básica do processo é a mesma.

Nos Capítulos 14 a 17, veremos detalhadamente cada capítulo da história de solução de problemas e o desenvolvimento de uma completa compreensão do PDCA. Você notará que o Capítulo 14, que focaliza a compreensão da situação atual e a definição do problema, é o mais longo e que os capítulos seguintes são menores. Isso reflete a importância e o nível de esforço de cada uma dessas fases. A identificação correta do problema é a fase mais importante e deve ser a etapa onde a maior parte do esforço é aplicada, já que um ótimo trabalho para resolver o problema errado tem pouco impacto a longo prazo. Contudo, na maioria das atividades de solução de problemas que temos observado, as pessoas ficam mais do que felizes em aceitar uma definição superficial do problema e sair pensando em soluções. Pensar é a parte divertida e animada, por isso, queremos chegar a ela rapidamente, mas essa é também a parte mais fácil. A metodologia prática da Toyota para solução de problemas é um processo disciplinado e nem sempre vem naturalmente. Ela exige que se dê um passo atrás para pensar profundamente antes de partir para soluções e implementação.

Estudo de caso: *kaizen* na planta da Toyota em Georgetown

A primeira planta de montagem de total propriedade da Toyota fora do Japão, situada em Georgetown, Kentucky, originalmente fabricou o Camry e expandiu-se enormemente. Essa planta tornou-se o local de milhares de peregrinações para ver o verdadeiro STP bem aqui no nosso quintal. A planta, desde o início, começou a empilhar prêmios J. D. Power, que pendem das vigas, praticamente ocultando o teto.

Georgetown teve início como uma grande instalação, fabricando motores, prensando, soldando, pintando, moldando pára-choques plásticos e painéis de instrumentos e montando automóveis. Cresceu rapidamente quando o Avalon e a minicaminhonete Sienna foram acrescentados; depois, a minicaminhonete passou para outra planta e o cupê Solara foi inserido. Por meio de mudanças de volume, modelo e equipamento (por exemplo, uma fábrica de carrocerias completamente nova) e com o crescimento, tornou-se um local movimentado, sem tempo para respirar. Somando-se o fato de ser o ponto favorito de treinamento para empresas que desejam contratar funcionários treinados na Toyota, tornou-se um desafio manter as altas expectativas da planta. Em 2004, o local chegou a ter 7.800 funcionários, algo que os administradores perceberam estar além do tamanho em que a comunicação é verdadeiramente eficaz. Tiveram que deixar de pensar no local como uma cidadezinha e vê-lo como uma grande cidade, com vários pequenos bairros.

O crescimento e a perda de administradores causaram uma tremenda pressão por volta do ano 2000, enquanto os prêmios J. D. Power rareavam e as pressões de custos de países de mão-de-obra barata, como a China e a Coréia, levavam a planta a aderir a um *kaizen* radical. Embora o *kaizen* fosse parte da cultura da planta, a equipe estava acostumada com a solução contínua de problemas, pontuada pelas grandes mudanças associadas com lançamentos de modelos e novos equipamentos. O novo desafio competitivo exigia *kaikaku* (*kaizen* radical). Adicionada a isso, estava a pressão de tornar-se autosuficiente, já que a Toyota do Japão havia se estendido para apoiar plantas no mundo inteiro, sendo incapaz de enviar mais engenheiros e coordenadores japoneses. Georgetown tinha que resolver tudo isso com os americanos.

A Tabela 13-2 apresenta uma série de diferentes abordagens que a Toyota emprega em projetos de melhoria de processos, incluindo vários tipos de equipes interfuncionais, Círculos de Qualidade e grupos de trabalho sob a coordenação de um líder de grupo. A necessidade de melhoria radical em Georgetown exigiu todas essas abordagens e ainda mais.

Existem algumas características comuns dessas atividades de melhoria de processos em Georgetown. Na Toyota, geralmente:

1. Os projetos de melhoria de processos em áreas individuais são movidos por objetivos *hoshin kanri* (organização de políticas) locais que estão ligados a objetivos de melhoria para a América do Norte; estes, por sua vez, estão ligados a objetivos de melhoria que chegam às metas anuais do presidente da Toyota.

2. O projeto de melhoria de processo segue as etapas descritas nos Capítulos 13 a 17. Basicamente, assemelha-se ao relatório A3 de solução de problemas descrito no Capítulo 18. Pode ser apresentado em um quadro, uma parede ou em folha A3, mas todos os elementos serão incluídos (por exemplo, a declaração do problema, os objetivos da melhoria, as alternativas consideradas, as alternativas selecionadas, a justificativa, os resultados e as medidas adicionais a serem tomadas).

3. Seque-se o ciclo Planejar-Fazer-Verificar-Agir.

4. O projeto será parte de um processo de aprendizagem organizacional, com todos os principais pontos de aprendizagem sendo compartilhados pela organização.

Para sustentar essas melhorias drásticas, que foram necessárias em muitas de suas instalações, A Toyota estabeleceu o Global Production Center (GPC) no Japão. No passado, Georgetown tinha uma relação de mãe e filho com a planta Tsutsumi do Japão, que também fabricava Camry. A planta de motores de Georgetown aprendeu com a planta japonesa de motores Kamigo. A planta "filha" aprendeu algumas características específicas dessa empresa. A Toyota queria, então, um sistema global comum e desenvolveu o GPC para que este difundisse o STP de maneira uniforme. Originalmente, os coordenadores japoneses se deslocavam para cada planta na América do Norte e orientavam os administradores um a uma. Era uma abordagem de aprendizado na prática. Mas agora, com o número de instalações superando o de coordenadores, o GPC tinha que se fundamentar em materiais de treinamento formal para difundir os conceitos do STP. Georgetown teve a oportunidade de aprender com a Operations Management Development Division (OMDD) nos Estados Unidos, que ensinava o STP para fornecedores, mas que passou a ser um recurso interno também. Os funcionários de Georgetown podem participar de um curso de dois a três anos na OMDD, realizando projetos nos fornecedores para conhecer o STP em profundidade.

Um dos modos de Georgetown utilizar a OMDD era a exigência de que todos os administradores, mesmo os de nível mais alto, liderassem projetos menores de *kaizen* nos fornecedores e praticassem em um novo ambiente, com críticas dolorosamente honestas dos mestres de STP da OMDD. Eles faziam um *kaizen* em nível de processo durante uma semana e depois um *kaizen* de fluxo de informações e de material no nível de sistemas, com duração de duas semanas. Os administradores que lideravam atividades de *kaizen* nos fornecedores deviam conduzir quatro atividades semelhantes por ano em suas próprias áreas em Georgetown. Para desenvolver o conhecimento interno, Georgetown estabeleceu internamente um Operations Development Group (ODG). Líderes de grupo, gerentes de área e gerentes poderiam se revezar durante dois ou três anos para adquirir experiência profunda em STP, fazendo projetos de *kaizen* na planta. Cada área da planta possui um especialista em STP com experiência direta ou que foi orientado por esse grupo, com a incumbência de trabalhar em projetos de médio porte.

Através do *hoshin kanri*, metas agressivas foram estabelecidas para cada planta em 2003. Por exemplo, para tornar-se globalmente competitiva em termos de preço, a planta de motores colocou como alvo a redução de 40% no custo total para 2007. Por meio do *kaizen*, a planta de motores havia reduzido a mão-de-obra de 1.017 para 930 pessoas entre 2000 e 2003. Mas o corte direto da mão-de-obra não iria alcançar uma redução de 40% no custo. Isso exigia uma grande análise de todos os custos para mão-de-obra, depreciação, manutenção, materiais indiretos, infra-estrutura e peças e materiais comprados. Os alvos de custo foram estabelecidos em cada área e chegariam a 40% quando atingidos. Para tornar maior o desafio, a planta de motores tinha também alvos agressivos nas áreas de segurança, qualidade e lançamento de produtos. O *hoshin kanri* de 2005 deveria ser o melhor na América do Norte em termos de eficiência e eficácia. Isso exigia um *kaizen* inovador e renovada dedicação ao Modelo Toyota. As plantas de Georgetown beneficiaram-se com o *benchmarking* de suas plantas irmãs no Japão, que já estavam consideravelmente à frente nessas avaliações. A planta de motores poderia realizar *benchmarking* com a planta Kamigo, observar as falhas significativas, estudar a causa dessas falhas e desenvolver planos de ação específicos para saná-las. Cada planta em Georgetown usou o *benchmarking* dessa forma. Algumas das abordagens tomadas na planta de motores foram:

- Minimizar a complexidade das máquinas através de novos desenvolvimentos na tecnologia de maquinário na Toyota. Isso aumentaria a disponibilidade operacional.

- Usar a abordagem de "retalhos" para tornar as operações mais visuais. Isso incluía a revisão de peças de refugo de processamento, pondo-se à mostra todas as peças de refugo diariamente. O custo real devido ao refugo é mapeado, e uma profunda análise dos cinco porquês é realizada. Um quadro diário mostra qual é o problema, sua causa, as contramedidas de curto e longo prazo, quem é responsável e o *status* do projeto todos os dias.

- Tornar a linha mais compacta por meio da compressão de linha. A aproximação das operações reduz as perdas, permite que os operadores acrescentem tarefas ao seu ciclo de trabalho, sem acarretar sobrecarga, e diminui a distância de deslocamento para resposta aos chamados de *andon*.

- Alinhar as operações de submontagem com a montagem principal para comprimir as linhas.

- Inserir um novo motor em tecnologia de maquinário inovadora (Global Engine Line) que seja bem mais flexível e, ao mesmo tempo, mais simples e mais fácil de manter.

- Maior aquisição de materiais e ferramentas locais para reduzir custos de embarque e tirar vantagem dos custos mais baixos da América em relação aos do Japão (o uso de ferramentas locais corta os custos em 30%).

- Em longo prazo, o objetivo era fundir as linhas de seis e de quatro cilindros em uma linha flexível que reduziria enormemente os custos de capital e ofereceria flexibilidade para nivelar a programação de acordo com as mudanças no padrão de demanda entre os dois tipos de motores.

Havia muitas atividades pequenas de *kaizen* na planta de motores. Aqui estão alguns exemplos:

- A comparação com a Kamigo mostrou que Georgetown estava utilizando uma quantidade significativamente maior de mão-de-obra. Assim, muitos projetos pequenos foram realizados usando-se gráficos e análise *yamazumi* (balanço), com o emprego da Tabela de Combinação de Trabalho Padronizado discutida no Capítulo 6. Em um projeto, uma equipe sob a supervisão do líder de grupo conseguiu converter três processos em um dessa forma. Disseminado por todas as equipes da planta, isso começou a fazer diferença. (Observação: a eliminação de um "processo", em muitas empresas, significa eliminar o emprego de uma pessoa, mas, na Toyota, a pessoa não é afastada, mas deslocada para outra posição. Através de desgastes, aposentadoria precoce e redução de funcionários temporários, isso basicamente levará a uma maior produtividade da mão-de-obra).

- Uma atividade do Círculo de Qualidade sobre uso de ferramentas, realizada por uma equipe, economizou 16 centavos por unidade.

- Uma máquina estava oculta por uma cortina. Verificando-a para ver o que estava acontecendo, revelaram-se problemas com a acumulação de sobras de metal e vazamento da substância de refrigeração. Organizou-se um melhor sistema de manutenção preventiva, e o refugo e a disponibilidade operacional foram mapeados e aperfeiçoados.

- Quadros de indicadores de desempenho crítico foram desenvolvidos, e o papel dos líderes de grupo no STP foi definido mais claramente. Isso foi acompanhado de treinamento interno dos líderes de grupo.

Havia tantas mudanças ocorrendo em todas as instalações de Georgetown para atingir esses alvos agressivos que é difícil fazer justiça à magnitude do esforço de melhoria. Cada projeto de melhoria utilizou a mesma abordagem rigorosa de solução de problemas, com objetivos mensuráveis específicos para atingir as metas definidas no nível seguinte no *hoshin kanri*. Seguem alguns exemplos:

- Um grande projeto foi iniciado para abordar sistematicamente os problemas identificados na pesquisa inicial J. D. Power de qualidade do Camry e implementar contramedidas. A pesquisa inicial de qualidade contou erros em seis áreas do veículo (chassis/transmissão, motor/freios, características e controles, parte externa/pintura externa, parte interna). Seis equipes interfuncionais de "satisfação do cliente" foram formadas para essas áreas, cada uma com uma liderança de nível administrativo para as atividades diárias e um "executivo responsável" de alto nível para apoio externo. Uma zona de administração visual foi organizada no chão de fábrica para exibição de informações e realização de reuniões semanais de 30 minutos.

Cada uma das seis áreas dispõe de um espaço na parede para expor informações e indicar o *status* do projeto. A J. D. Powers publica resultados duas vezes por ano, e as empresas podem obter versões aprofundadas do estudo comparando-se com outras empresas. A Toyota pagou por um nível adicional, que oferece dados mensais de pesquisa de clientes, incluindo descrições do problema e os verdadeiros Números de Identificação de Veículo dos automóveis problemáticos. O processo completo de solução de problemas nessa etapa foi acompanhado da definição do problema para identificar soluções alternativas para o desenvolvimento de planos de ação detalhados, mostrando o que, quem e quando. Tudo isso aparecia nos quadros.

Por exemplo, uma investigação detalhada de problema na direção ocasionou uma significativa reengenharia; já um problema mais simples envolveu o sistema de abertura sem chave, pois as pessoas achavam que o botão para abertura do porta-malas podia ser facilmente acionado sem querer. Muitos dos problemas afetavam outras áreas da empresa, envolvendo a qualidade corporativa, o desenvolvimento de produtos, os fornecedores e a engenharia no Japão, uma vez que existem modelos de Camry para a Europa e para o Japão. Georgetown assumiu um papel de liderança ao coordenar toda a atividade, uma vez que é a última linha de ataque e fabrica os carros que os clientes experimentam.

- Na montagem final, o *benchmarking* com a Tsutsumi revelou uma grande diferença de 187 dólares nos custos de mão-de-obra por veículo. Um grande projeto, chamado "competitividade de custos através de simplificação de linha", foi iniciado em Georgetown. Muitas coisas foram feitas para reduzir a diferença. Uma delas foi o uso de um procedimento desenvolvido em Georgetown, chamado "diagnóstico de processo". Trata-se de um processo de lista de verificação em que todo o local de trabalho do operador é avaliado, e são atribuídos pontos para diversos aspectos (apresentação da peça, ergonomia, distância de alcance das ferramentas, iluminação, segurança, etc.). Baseava-se em um modelo de estação de trabalho ideal da perspectiva do operador. Pontuando a operação, o analista obtém uma clara idéia de onde há oportunidades de melhoria e pode mensurar o progresso à medida que as mudanças são implementadas. Um instrumento separado de diagnóstico do sistema de transporte foi desenvolvido para avaliar o processo de transporte. Esses procedimentos são conduzidos semanalmente pelo líder de equipe (um processo por semana é confirmado dessa forma). Não se trata de criar o processo, mas de confirmar se ele ainda está funcionando. Isso também é usado inicialmente para estabelecer o processo. Por meio da repetição de *kaizen*, o número de processos necessários para o Camry (ao longo de um lançamento) foi reduzido de 628 na montagem final em 2001 para 454 em 2004.

- Um projeto de médio porte concentrou-se na qualidade e no custo no setor de pintura, que conta com duas cabines de pintura completa – uma para o Camry e o Avalon (Linha de Montagem 1) e uma para o Camry e o Solara (Linha de Montagem 2). Ao todo, 730 pessoas trabalhavam nas cabines de pintura. O *hoshin* do setor concentrou-se na segurança, no ambiente, no desenvolvimento dos funcionários e em projetos especiais de produtividade. De 2000 a 2004, intensas atividades de *kaizen* foram iniciadas. Esse processo de quatro anos começou com a ida de treinadores de Tsutsumi para a planta; depois, administradores e engenheiros de Georgetown participaram de atividades de chão de fábrica no Japão. Então, de 2002 a 2003, o *hoshin* exigiu atividades práticas de *kaizen* lideradas pelos administradores. Um conjunto de projetos focalizou o *kaizen* de deslocamentos, e, no decorrer de quatro anos, o número de processos foi reduzido para 76, o que colocou a planta de Georgetown em um nível de produtividade de mão-de-obra comparável ao da planta irmã Tsutsumi. Em 2004, o foco dirigiu-se sobre o modo de conduzir todo o *hoshin* internamente, tornando-se independente da Tsutsumi.

- Uma atividade de qualidade mais focada na pintura, sem se basear em *benchmarking* com Tsutsumi, foi a de "eliminação de bolhas de pintura". As bolhas de pintura são um problema comum quando a poeira se deposita sobre a carroceria e a tinta a envolve, formando um ponto de pó na pintura. Isso deve ser removido manualmente. Para o processo de pintura chamado *top-coat*, 180 itens foram identificados como principais itens de controle para toda a seção de pintura. Com a criação de uma sala de limpeza, a conferência de itens em uma lista de verificação e a solução da causa dos problemas, os defeitos de qualidade foram reduzidos em 50%. Por exemplo, para correção das bolhas não observadas na inspeção, usavam-se lixadeiras rotativas, que, na verdade, criavam poeira e causavam mais defeitos na carroceria. Elas foram substituídas por simples navalhas em uma área úmida, algo parecido com o processo de barbear. Juntamente com o trabalho padronizado, isso melhorou a qualidade direta de 82 para 97% e reduziu a poeira no ar. Somente em 2003, o setor de pintura mudou todo o equipamento enquanto pintava os carros, construiu uma parede úmida que aumentava a umidade para reduzir a poeira, eliminou a pintura *top-coat*, o que economizou 10 dólares por veículo, utilizou um gráfico de balanço em três cabines para reduzir a mão-de-obra, reduziu o número de recoberturas/repinturas e acrescentou o processo de navalhas.

- Esse projeto de médio porte trouxe um novo conceito em manejo de material para a fábrica de carrocerias de Georgetown, onde submontagens são soldadas e levadas para a estação final de carrocerias, onde toda a carroceria é soldada. O conceito é o *minomi* (somente partes), que se traduz como algo semelhante a uma noz sem a casca. Nesse caso, transfere-se a peça sem o contêiner. Os grandes e volumosos contêineres transportados por empilhadeiras foram abandonados. As partes da carroceria moldadas em aço são levadas para soldagem penduradas individualmente em vários tipos de suportes, sem contêineres. Esse sistema de armazenagem e entrega de "somente partes", desenvolvido primeiramente pela Toyota no Japão, é uma inovação no manejo de material. Elimina os contêineres, reduzindo, desse modo, a perda com carga e descarga, abandona as empilhadeiras (utilizando rebocadores), apresenta melhor as peças para os operadores – diminuindo a perda com deslocamentos, os danos e os problemas ergonômicos – e reduz o número de passos do processo para o manejo de material.

- Um exemplo é o *minomi* em que as peças são penduradas em um suporte sobre rodas à medida que vão sendo produzidas. Na abordagem tradicional, há produção, transporte, armazenagem, transporte, portanto, três operações de manejo. Georgetown desenvolveu um sistema de cartuchos em que o cartucho está alinhado com a soldagem. O rebocador desliza as peças para o cartucho, que é um suporte sobre rodas; este é levado para a operação seguinte; então, com a gravidade, as peças são passadas para o operador uma por uma. Agora, a localização para armazenagem é ao lado da linha e a zona intermediária de armazenagem deixou de existir, liberando espaço e reduzindo o estoque. O processo iniciou com uma área modelo, que Georgetown chamou de "pátio de escola" para o aprendizado de *minomi*. Selecionaram-se peças relativamente fáceis de empilhar, movimentar e armazenar. Isso liberou 45 m^2, possibilitou melhor controle visual, eliminou uma empilhadeira e apresentou as peças exatamente na posição necessária para o operador. A ergonomia melhorou, já que as peças são sempre carregadas na mesma altura. A reembalagem *versus* esse sistema de cartuchos reduziu a mão-de-obra em 34% e o estoque em 49%. As economias projetadas quando esse sistema foi difundido eram de 40% de melhoria na ergonomia de trabalho (com base em um modelo ergonômico de computador), 70% em *racks*, 5% no transporte associado, menos 11% de empilhadeiras, menos 20% de espaço e de caminhada no processo e uma extraordinária melhoria de qualidade da ordem de 85% devido à redução de danos nas peças. Isso começou em 2003 e, em julho de 2004, estava quase na metade do processo.

- Em menor nível, um *kaizen* de líderes de equipe na área de prensas concentrou-se no uso de um gráfico *yamazumi* (balanceamento de carga de trabalho do operador) para reduzir um processo de uma operação. Essa atividade prática de *kaizen* destinava-se a ensinar STP na prática. O líder de equipe usava uma Tabela de Combinação de Trabalho Padronizado para mapear o que a pessoa e a máquina faziam. Ele identificou perdas, em grande parte, relacionadas com o transporte, e combinou o que o condutor do transporte estava fazendo e o trabalho do operador de linha. Havia 499 minutos de trabalho ao longo de um ciclo de 450 minutos por dia. Reduzindo-se a perda em 49 minutos e baixando-se a carga de trabalho para 450 minutos, uma posição de operador foi removida da operação. A segurança e a qualidade foram cuidadosamente mapeadas, e não houve nenhum problema. Um novo trabalho padronizado foi criado pelo líder de equipe, um funcionário horista.

Esses projetos de *kaizen* agressivos estão sendo realizados em todos os níveis e para processos de pequeno, médio e grande porte. Estão sendo conduzidos de forma interfuncional, desde o gerente até o nível dos membros de equipe. Por que funcionários e líderes de equipe horistas participam disso quando muitos desses projetos levam a reduções de processos, o que implica reduções de mão-de-obra? A razão é simples. Desde a inauguração da planta de Georgetown, nenhum membro de equipe de tempo integral involuntariamente perdeu o emprego. Os que são afastados pelo *kaizen* são redistribuídos e, finalmente, por desgaste e pela redução do uso de trabalhadores temporários, os níveis de funcionários são ajustados. Mais recentemente, Georgetown começou a oferecer pacotes de aposentadoria antecipada e programas de demissão voluntária. Os motivos para essas melhorias de processo agressivas incluem a pressão para competir com a China e a Coréia em termos de custos, a meta de tornar-se auto-suficiente e independente do Japão e alvos agressivos de melhoria de qualidade. Isso é constantemente comunicado. A meta é ser competitivo e saudável no longo prazo.

Reflexão e aprendizagem com o processo

A habilidade de identificar e corrigir problemas rápida e eficazmente está no centro do sucesso da Toyota. Muitos aspectos do Sistema Toyota de Produção destinam-se a trazer os problemas à tona rapidamente e, às vezes, abruptamente. A habilidade de solucionar esses problemas deve existir em todos os níveis de sua organização de modo que a melhoria contínua seja possível. Reflita sobre as seguintes questões para determinar quais os passos que serão necessários para melhorar a habilidade de solucionar problemas em sua empresa.

1. Avalie a mentalidade cultural em relação aos problemas em sua empresa.
   a. As pessoas geralmente preferem manter os problemas ocultos ou suprimi-los?
   b. Quando os problemas ocorrem, as pessoas são apoiadas no esforço de encontrar soluções ou são culpadas por terem cometido erros?
   c. A sua organização promove o pensamento nós/eles porque existe uma mentalidade e uma estrutura cultural tais que algumas pessoas têm problemas e outras são encarregadas de resolvê-los?
   d. Identifique passos específicos que converterão sua cultura em um tipo capaz de ver a identificação e a solução de problemas como centrais para o sucesso da empresa.
2. Avalie a habilidade de solução de problemas em sua empresa.
   a. Os problemas são facilmente identificados e resolvidos? (Se os problemas são continuamente recorrentes, é porque não estão sendo resolvidos de forma eficaz.)
   b. Existe uma metodologia definida para guiar o processo de solução de problemas?
   c. Que passos são necessários para mudar sua organização de forma a solucionar os problemas em todos os três níveis?
   d. Que treinamento específico será necessário para desenvolver habilidades de solução de problemas?
3. Avalie a habilidade de sua organização em concentrar recursos eficazmente.
   a. A sua organização alavanca recursos para resolver questões em todos os três níveis?
   b. Os esforços de seu pessoal estão concentrados eficazmente nas questões mais críticas? Como você sabe?
   c. Você é capaz de avaliar quantitativamente a eficácia de seus esforços para solução de problemas? Consegue verificar que não está gastando um dólar para resolver um problema de cinco centavos?

Desenvolvimento de uma Completa Compreensão da Situação e Definição do Problema

Capítulo 14

Mirar com cuidado antes de atirar

No documento interno de 2001 do Modelo Toyota, descreve-se a solução de problemas sob a categoria ampla *genchi genbutsu* – a verdadeira peça, o verdadeiro lugar. A disciplina de observar com atenção os processos reais diretamente sem preconceito – com a mente em branco – inicia o processo de verdadeira compreensão do problema. Isso leva a uma explicação completa do que está acontecendo e de seu efeito sobre a área, equipe, cliente ou empresa e revela por que o problema merece atenção. A primeira exigência da solução de problemas é determinar o mérito da solução. Nesse estágio, todos os problemas podem ser ponderados lado a lado, e o mais importante é abordado primeiro. Problemas menores podem ser delegados a equipes pequenas, como os Círculos de Qualidade, ou mesmo a indivíduos.

Existe um ditado que debocha dos estilos americano e japonês de resolver problemas. Os americanos dizem "preparar, fogo, apontar", enquanto que os japoneses dizem "preparar, apontar, apontar, apontar, fogo". Há um fundo de verdade em ambas as abordagens, assim como há um ponto forte e um ponto fraco em cada uma.

Muitas empresas nos Estados concentram-se tanto nos resultados de curto prazo (trimestrais) e orientam-se tanto por eles que as atividades de melhoria são iniciadas antes de a situação ser claramente entendida. Essas medidas são tomadas, e um novo plano (90 dias) é desenvolvido a cada trimestre. Essa abordagem de curto prazo do tipo "atire primeiro e depois veja o alvo" leva ao efeito "espingarda de caça", resultando em pequenas melhorias aqui e ali. Com freqüência, essas melhorias aleatórias referem-se a questões não relacionadas com a situação que está sendo abordada. As atividades são realizadas, mas a condição desejada não é alcançada, e, como não há uma razão definida para essas atividades, a sustentação dos "resultados" em longo prazo está virtualmente destinada ao fracasso.

ARMADILHA

Evite o erro de despender muito esforço e dinheiro na solução de problemas insignificantes. Considere cuidadosamente a importância e o valor da solução do problema antes de começar a atividade. Não gaste um dólar de esforço para resolver um problema de cinco centavos. Se o problema for relativamente pequeno em comparação com outros, poderá ser abordado pelo indivíduo ou equipe mais afetada por ele, em vez de demandar uma grande equipe ou um membro da administração para solucioná-lo.

Por outro lado, os japoneses (e a Toyota) podem ser caprichosamente meticulosos na fase inicial de compreensão da situação, o que deixa frustrados os americanos, que estão prontos "para começar". Esse processo aparentemente laborioso é vital para uma atividade de solução de problemas por duas razões.

1. Deve-se considerar com cuidado a compreensão das características do problema – ponderando o impacto do problema sobre os clientes, funcionários e empresa e, finalmente, determinando se o problema é importante o suficiente para que se dediquem tempo e atenção a sua solução. O inventor Charles Kettering dizia: "um problema bem definido é um problema quase resolvido". Dito de outra forma, grande parte da atividade de solução de problemas deve ser dedicada à compreensão completa da situação problemática, o que implica concentrar-se no problema, e não em seus sintomas.
2. Concentrar energia e recursos de alavancagem é fundamental para se atingir um nível mais alto de sucesso com um mínimo de esforço. Isso começa com o consenso entre todas as partes afetadas quanto à necessidade de abordar a questão.

Na Toyota, a pergunta "por que você escolheu este problema?" é freqüentemente utilizada. Significa "como você determinou que este problema merece seu tempo e atenção?" e também "por que você escolheu este problema entre tantas outras questões possíveis?". Além disso, há uma solicitação implícita: "por favor, explique seu raciocínio para que eu possa entender a situação, garantir que você fez uma reflexão adequada, assegurar que estamos de acordo alinhados quanto à questão, de forma que eu possa oferecer o apoio necessário e orientações para seu processo". Há muitas coisas subentendidas nessa simples pergunta, questões que devem ser examinadas para que se desenvolva o completo entendimento da situação.

Esse rigoroso questionamento muitas vezes leva os americanos à frustração, pois eles tendem a pensar que a pergunta põe em xeque sua habilidade de lidar com a situação sozinhos (uma característica americana) ou que sua avaliação não foi completa. Na Toyota, muitas pessoas revisam meticulosamente o processo de compreensão da situação, e sempre há *feedback*. Freqüentemente, após rodadas iniciais de perguntas, seguem-se outras rodadas de questionamento. Essa é a fase de "apontar, apontar, apontar". Percepções valiosas podem ser obtidas por intermédio dessa repetição, talvez trazendo novos aspectos à tona através de vários revisores; em longo prazo, muito tempo pode ser poupado quando não se vai atrás de questões de menor importância.

Se sua organização não tiver um processo eficaz para empreender a melhoria, provavelmente haverá inúmeras questões acumuladas. Quando a palavra "problema" é mencionada ou as pessoas sabem que você deseja melhorar os processos e estão interessadas em conhecer os problemas, é provável que duas coisas aconteçam:

1. Você será rodeado de problemas, desde bebedouros e ventiladores estragados (o que deve ser consertado sem necessidade de solução de problemas em longo prazo) até questões que ocorreram há anos atrás.
2. Assim que qualquer "problema" for mencionado, soluções serão propostas. Enquanto a existência de um problema não for confirmada, qualquer proposta de solução será prematura e significará perda de tempo (não será concentrada, nem alavancada).

Iniciar esse processo pode ser como abrir a caixa de Pandora. Depois de olhar lá dentro, pode ser que você ache que teria sido melhor mantê-la fechada! É fácil sentir-se pressionado pela magnitude da oportunidade de melhoria disponível (e necessária) e pela quantidade de problemas que virão à tona.

DICA

Você deve estar preparado para auxiliar as pessoas a perceberem a diferença entre questões que podem e devem ser corrigidas em curto prazo sem análise aprofundada e questões endêmicas de longo prazo que afetam o desempenho da pessoa, do grupo ou da empresa.

ARMADILHA

Um dos sinais da cultura de "preparar, fogo, apontar" é a tendência a "pular" imediatamente do "problema" para a "solução". Em muitos casos, o problema pode ser mencionado casualmente, e muito tempo poderá ser gasto propondo-se várias "soluções" antes de o "problema" estar claramente definido. Nesse estágio do processo, é provável que se tenha observado um sintoma, e não o verdadeiro problema.

A seguir, temos uma típica conversa que poderia ocorrer, indicando a armadilha de pular para as soluções prematuramente:

Administrador: Temos tido problemas com os defeitos ultimamente. (Observe a "definição" vaga de um "problema".)

Funcionário 1: Grande parte dos danos provém do manejo. (Observe a "análise da causa".)

Funcionário 2: Por que não adquirimos novos transportadores? (Observe o pulo para uma solução.)

Funcionário 1: Sim, Joe tinha trabalhado num projeto há tempos atrás. (Agora, a conversa toma outro rumo!)

Funcionário 3: Sabe onde foi parar?

Funcionário 1: Não, mas sei que ele tinha um.

Funcionário 2: Eu também vi, mas não sei que fim levou. Acho que Joe falou com o engenheiro, mas nunca fizeram nada.

Administrador: Peçam para Joe procurar esse projeto e ver se ele ainda tem. (Agora, tempo valioso será gasto na procura de uma "solução" para um problema que não foi definido.)

Funcionário 1: Tudo bem. Vou me informar para a reunião da semana que vem.

Problema resolvido! Mas qual era o problema? "Defeitos" é uma questão muito ampla. Por que o funcionário chegou à conclusão de que os defeitos eram causados pelo manejo? Essa pode ser sua experiência pessoal em relação aos "defeitos", mas é apenas uma possibilidade. Você percebe com que facilidade o processo foi desviado? A conversa partiu de uma afirmação geral sobre defeitos (o que não é um problema definido) para uma causa (manejo), uma solução (os transportadores de Joe) e uma ação (falar com Joe) em questão de segundos. O que acontecerá a seguir? Haverá uma conversa com Joe e reuniões adicionais, com tempo gasto (perdido) discutindo-se por que a solução de Joe nunca tinha sido utilizada, para começar. Seguirão, então, os debates para ver se o projeto é realmente bom e se é necessário um projeto diferente. Por fim, pode-se tomar a decisão de construir novos transportadores, e estes serão instalados. Você acha que o problema de "defeitos" será resolvido? A parte triste é que esse grupo tem a ilusão de estar verdadeiramente obtendo "resultados", e, de fato, o grupo pode melhorar um pouco os resultados. Mas está concentrado nos tostões (pequenas causas) enquanto os dólares (grandes causas) passam voando.

DICA

Para evitar discussões prematuras das soluções e manter o processo sob controle, registre as idéias, afirmando: "sim, esta pode ser uma solução possível, e eu não quero deixar pasasar as suas idéias. Por isso, vou tomar nota e poderemos discuti-las mais tarde, quando estivermos investigando as soluções. Neste momento, porém, temos que permanecer focados na identificação do problema".

ARMADILHA

É fácil confundir atividade com resultados. Um problema mal definido e a pressa para se chegar a uma solução e à ação levam a atividades que não trazem os resultados desejados. Se quisermos maximizar o retorno, o trabalho concentrado em um problema claramente definido, seguido por uma análise completa, levará a resultados significativos.

Encontrar o verdadeiro problema para obter os resultados mais significativos

Ao iniciar o processo de identificação do verdadeiro problema, é um desafio encontrar a questão de nível mais significativo. Muitas vezes, um problema é percebido com base na experiência pessoal, mas isso pode ser somente "um problema", e não "o problema". Se perguntarmos a uma pessoa "qual é seu principal problema?", a resposta provavelmente será uma questão que está mais presente e que é experimentada com mais freqüência por ela. Por exemplo, um operador que vivencia um problema persistente todos os dias provavelmente o percebe como sendo "o problema". Além disso, a função de uma pessoa na organização tende a diminuir a importância que uma questão tem para ela. Quem trabalha no setor de contabilidade, por exemplo, tende a ver as questões de custos como as mais importantes. Os que trabalham no setor de compras quase sempre acreditam que os fornecedores são a principal preocupação, e os engenheiros tendem a concentrar-se nos problemas relacionados com o equipamento.

A Toyota refere-se ao processo dos cinco porquês (que explicaremos posteriormente) como uma "rede causal", pois os problemas e suas causas são ligados em uma série de redes individuais e ramificadas. Na tentativa de identificar "o problema", as pessoas muitas vezes entram na rede causal no ponto de percepção do problema, ou "ponto de reconhecimento", e não no nível do verdadeiro problema. Elas identificam o que acreditam ser o problema, mas podem mais tarde encontrar-se na parte mais baixa da rede, e não na parte superior, onde reside o problema real. A descoberta do verdadeiro problema baseia-se no entendimento de seu efeito no mais alto nível, onde o impacto total da questão é experimentado.

Ao identificar um problema, a Toyota o vê no contexto das avaliações primárias de desempenho, que são a segurança, a qualidade, a produtividade e o custo (Figura 14-1). Essas avaliações estão inerentemente ligadas umas às outras, e não é possível ter um impacto negativo sobre uma das avaliações sem também afetar negativamente uma outra. Por exemplo, se um defeito atinge o desempenho da qualidade, pode também influenciar a habilidade de produzir a quantidade desejada de produto, assim fazendo com que os níveis de serviço ao cliente sejam prejudicados. Para evitar atingir o cliente, contramedidas apropriadas, como aumento de inspeção ou de tempo de produção, podem ser empregadas para protegê-lo. Essas medidas extras elevarão o custo. Um operador que detecta o defeito pode concluir que o defeito é "o problema", quando, na realidade, o verdadeiro problema é a influência sobre o serviço prestado ao cliente e, essencialmente, sobre o custo total.

O posicionamento das avaliações, nesse modelo, não implica importância. Em outras palavras, o custo não é a avaliação mais importante. A satisfação do cliente é que é a medida mais importante. Queremos atingir o mais alto grau de satisfação do cliente mantendo o menor custo possível.

A entrega de um produto de qualidade ao cliente é sempre entendida como a meta número um. Um princípio do Modelo Toyota é que um defeito jamais deve ser conscientemente passado para o processo seguinte. O esforço para assegurar a correção, a contenção e o controle do problema de qualidade terá um impacto negativo na produtividade e no custo. Lembremo-nos da falta de "entrega ao cliente" ou de "segurança".

Na Toyota, todos os processos estão intimamente ligados uns aos outros, e o "cliente" é, na verdade, o processo seguinte. Dadas essas conexões restritas e o fato de que *todos* os processos na planta e em toda a cadeia de suprimentos estão inerentemente associados, se falharmos em atender à exigência do cliente (o processo seguinte), *toda* a operação começará a parar, um processo de cada vez (como dominós). Por essa razão, a satisfação

Figura 14-1 Relação de avaliações de desempenho primárias.

do cliente está implicitamente entendida e não precisa ser avaliada separadamente. Se um processo é incapaz de atender à demanda, trata-se de uma questão de produtividade. Além disso, a segurança é uma expectativa subentendida para todos e, como tal, pode ser "omitida" da discussão sobre avaliações. A segurança, como prioridade número um, é tida como dada.

Pode ser útil pensar nessas relações em termos de problema, sintomas do problema e causas do problema.

Vamos usar uma situação médica como analogia: suponhamos que você visita o médico e relata ter dores e febre. Mas dor e febre não são o problema. São o sintoma do problema. O problema é que você não se sente bem (em conseqüência disso, pode faltar no trabalho e em outras atividades). O médico tomará informações, fará exames e reunirá fatos (sinais vitais) que são parte da análise, para encontrar a causa das dores e da febre. Visualmente, o processo assemelha-se ao que é apresentado na Figura 14-2.

Os sintomas são mostrados ao lado do problema, como em "tenho esse problema, por isso apresento esses sintomas". Para identificar a(s) causa(s), as informações são analisadas para que todas as possibilidades sejam avaliadas. Os sintomas são peças importantes na compreensão geral do problema. Eles oferecem evidências de que existe um problema. Eles também proporcionam dados quantificáveis mostrando a magnitude do problema. Nesse caso, uma febre de 40 graus é mais significativa do que uma febre de 38 graus, aumentando a necessidade de tratar o problema.

A relação das três medidas primárias acompanhará o mesmo modelo de Problemas, Sintomas e Causas mostrado na Figura 14-3.

Nesse caso, a baixa produtividade seria o problema, a baixa qualidade seria a causa, e o alto custo seria um sintoma ou resultado. O uso desse modelo é importante porque força a consideração do panorama mais amplo. Podemos acreditar que um problema repetitivo de qualidade é o verdadeiro problema, mas, se olharmos um pouco mais, veremos que há uma questão com maior impacto (supondo-se que a regra de jamais passar adiante um defeito conscientemente para o processo seguinte é seguida). A qualidade é um fator causal para a baixa produtividade.

Esse processo de raciocínio é ilustrado na Figura 14-4. o problema é percebido no ponto de reconhecimento (onde o problema é "descoberto"). Para considerar esse "pro-

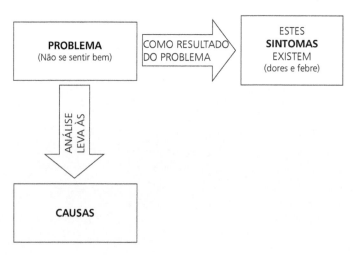

Figura 14-2 Sintomas de doença *versus* causas.

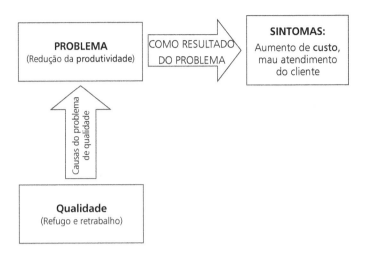

Figura 14-3 Sintomas do problema *versus* causas.

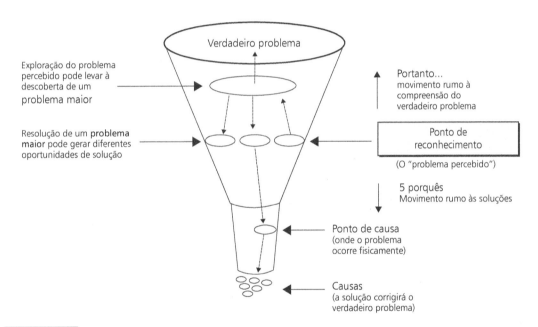

Figura 14-4 O continuum da solução de problemas.

blema" em um contexto maior, usaríamos uma afirmação como: "temos este problema, portanto, ele ocorre". Por exemplo, suponhamos que o problema percebido é o mau funcionamento de uma máquina, resultando em sucata. A afirmação seria: "a máquina funciona mal, portanto, produz sucata". Continuando com essa linha de raciocínio, afirmamos: "há produção de sucata, portanto, estamos perdendo capacidade de produção e aumentado o custo. Assim, não podemos atingir a exigência de produção" ou "portanto, nosso custo é muito alto". Nesse ponto, começamos a compreender a maior importância do verdadeiro problema.

Se não considerarmos a situação em um contexto mais amplo, poderemos limitar as possíveis soluções, bem como o impacto total da solução de um problema maior. Pensar dessa forma permite-nos identificar o verdadeiro problema e, com isso, oferece três vantagens distintas:

1. A certeza de que a oportunidade mais significativa foi capturada maximiza os resultados com o mínimo de esforço.
2. A tomada de uma visão mais abrangente abre a possibilidade de solução do verdadeiro problema por meio da correção das causas, além daquelas inicialmente identificadas.
3. A causa de nível mais baixo identificada pode ser muito difícil de corrigir (razão por que é percebida como o maior problema), e o foco somente na condição difícil impossibilitará uma consideração de causas maiores e mais fáceis, que levam a uma oportunidade maior.

A seguir, trazemos uma conversa real entre um *sensei* (professor) da Toyota e um engenheiro de processos em uma planta de peças automotivas. A conversa aborda o desafio de mudar de foco, passando-se do problema percebido para o verdadeiro problema,

Sensei: Qual é o problema em sua área?

Engenheiro: O robô de solda continua estragando. (A percepção do "problema" baseia-se em experiência pessoal e na função da pessoa.)

Sensei: Tem certeza de que é esse o seu problema?

Engenheiro: Sim. Ele estraga o tempo todo. Tentamos várias coisas para corrigir isso, mas tivemos sucesso limitado. Precisamos de um robô novo. (Observe o pulo para uma solução.)

Sensei: Não sei se esse é o seu verdadeiro problema.

Engenheiro: Sim, é. Há bastante tempo que esse é o problema. Temos dados mostrando o quanto ele estraga.

Sensei: Sei que ele estraga, mas ainda não tenho certeza de que esse é o verdadeiro problema.

Engenheiro (um pouco irritado): O problema *é* esse. Estou trabalhando nisso há quase quatro anos e posso afirmar que é um problema. (É o problema ou um problema?)

Sensei: Sim, sei que você tem trabalhado muito no robô; no entanto, deixe-me explicar por que esse não é o verdadeiro problema. Quando o robô estraga, o que acontece?

Engenheiro: Ocorre falha na Zona de Carga 3 porque o bico da solda não pode ser alimentado. Estamos trabalhando com o fornecedor para melhorar o alimentador.

Sensei: Certo, o que eu quero dizer é o que acontece na linha quando o robô estraga?

Engenheiro: Ela pára, é claro.

Sensei: Quando a linha pára, o que acontece?

Engenheiro: Ficam todos em volta e me chamam para consertar o robô.

Sensei: Quero dizer, o que acontece com o fluxo de produto?

Engenheiro: Ele pára.

Sensei: Quando o fluxo de produto pára, o que acontece?

Engenheiro: Ficam todos parados.

Sensei: Quero dizer, o que acontece com a capacidade de produzir peças?

Engenheiro: É claro que não podemos produzir peças com a linha parada!

Sensei: Então, não podemos satisfazer nosso cliente com o número necessário de peças?

Engenheiro: Não conseguimos dar conta da demanda se não fizermos horas extras.

Sensei: Então, o verdadeiro problema é que não conseguimos atender à demanda do cliente sem fazer horas extras?

Engenheiro: Não. O problema é o robô.

Sensei: Bem, vamos até a linha para ver.

Enquanto se dirigem para a linha, o engenheiro quer levar o *sensei* até o robô para mostrar-lhe o "problema". O *sensei* sabe que a paralisação da linha por qualquer razão essencialmente afeta a capacidade de atingir a demanda de produção e que o robô é apenas *uma* possibilidade. Portanto, está na parte inferior da rede causal e não é o problema de alto nível que está procurando. O *sensei* conduz o engenheiro até o final da linha para observar o fluxo. Em alguns minutos, ele nota que o fluxo foi interrompido.

Sensei: Por que a linha parou?

Engenheiro: Os funcionários estão mudando de posição.

Sensei: Com que freqüência eles mudam de posição?

Engenheiro: A cada meia hora, mas não se pode mudar isso sem arrumar um grande problema com os funcionários. Eles todos concordaram com a mudança de meia em meia hora por causa da ergonomia.

Sensei: Minha preocupação não é com a freqüência com que mudam de posição. Estou preocupado com o fato de que, quando mudam de posição, a linha fica parada de quatro a cinco minutos. Isso representa 10 minutos por hora, quase 20% de tempo perdido!

Eles observam a linha um pouco mais, e novamente o fluxo pára. Dessa vez porque o contêiner de embarque está cheio, esperando que o encarregado pelo material venha removê-lo e trazer um outro vazio.

Sensei: Por que a linha parou?

Engenheiro: O contêiner estava cheio, e eles precisavam de outro. O único jeito de impedir isso é contar com o encarregado de material em tempo integral, e não temos pessoal suficiente para isso.

Sensei (rigidamente): Sempre existe mais de uma maneira para resolver um problema. Tenho certeza de que podemos criar um sistema para troca de contêineres de um modo que não pare o fluxo de produto e não exija a presença do encarregado de material o tempo todo. Neste exato momento, no entanto, estou só tentando *entender* o verdadeiro problema.

É assim que a rede causal parece ser para o engenheiro:

Problema: o robô estraga.

Por quê? Há um sinal de falha na Zona 3.

Por quê? O bico da solda não pode ser alimentado?

Por quê? O equipamento não foi projetado corretamente.

Aonde leva essa trilha? Leva a um beco sem saída! É um beco que pode consumir grandes quantidades de tempo e dinheiro na tentativa de corrigir uma questão muito desafiadora. Enquanto isso, a "fruta fácil de pegar" está caindo da árvore!

Examinando um problema ao contrário

Agora vamos examinar a rede causal do ponto de vista do *sensei*. Primeiro, ele começa com problema a partir do que é indicado pelo engenheiro; usando o método do "portanto", ele retrocede na rede até ter certeza de haver encontrado o verdadeiro problema, como mostramos abaixo. Observe que começamos na linha do problema percebido e continuamos a afirmar "portanto", seguindo *para cima* até que o verdadeiro problema seja identificado.

Portanto: o processo não pode atender à demanda sem trabalho em hora extra. *Esse é o verdadeiro problema*.

Portanto: o processo não produz peças.

Portanto: o fluxo de produto pára.

Portanto: a linha pára.

O robô estraga. Comece com o problema percebido e trabalhe até encontrar o verdadeiro problema.

Uma vez que o problema e os sintomas resultantes são identificados, é possível comparar as completas implicações do verdadeiro problema e considerar o valor de prosseguir com o processo de solução do problema. Ainda é necessário definir a extensão do problema e suas características.

Definição do problema

A fim de ser definido como "problema", quatro informações são necessárias:

1. O verdadeiro desempenho atual com alguns detalhes de tendência histórica.
2. O desempenho desejado (padrão ou meta).
3. A magnitude do problema conforme a diferença entre o real e o desejado (às vezes, chamada de "lacuna").
4. A extensão e as características do problema ou situação.

Quando se apresentam essas informações, uma imagem vale por mil palavras. Sempre tente explicar a situação visualmente com um gráfico de tendências (Figura 14-5). O gráfico de tendências deve incluir dados históricos suficientes para mostrar há quanto tempo a situação existe (para oportunidades de melhoria de desempenho de longo prazo, recomenda-se um mínimo de seis meses, se houver informação disponível). Os dados devem ser dispostos de forma que as características do problema sejam visualizadas. Por exemplo, a situação parece estar ficando melhor, pior ou continua a mesma? Essa compreensão auxilia na determinação da importância de abordar esse problema em vez de outros problemas existentes. Se o problema está piorando, pode ser necessária uma medida

Figura 14-5 Gráfico de tendências de unidades por hora mensais.

mais imediata, como uma contramedida de curto prazo. Se a situação está melhorando ou permanece a mesma, os resultados futuros são mais previsíveis (não é provável que a situação fique pior), e as conseqüências da inatividade (que sempre é considerada como ação) são compreendidas.

A meta é retratar a situação de maneira que uma avaliação precisa seja possível. É melhor fazer isso utilizando fatos reais, e não suposições ou "impressões". Cuidado com dados associados às palavras "eu acho" ou "eu suponho"! A meta é ressaltar os problemas e obter um claro entendimento de suas características para que se possa compreender o que será exigido para resolvê-los e qual a dificuldade dessa tarefa. Um problema que é afirmado de uma forma que o faça parecer menor do que realmente é não ajuda no processo de solução de problemas (Figura 14-9).

Considere também a estabilidade do problema. Os resultados são sistemáticos no dia-a-dia (ou de período a período) ou há grandes variações com bons e maus resultados? Os problemas com alto grau de variação de período a período indicam uma situação que está fora de controle. Provavelmente, há muitos fatores contribuindo para isso, e pode ser difícil isolar as causas. Um problema intermitente também é mais difícil de analisar, já quem não ocorre sistematicamente; portanto, examiná-lo em primeira mão é complicado e quase sempre exige uma longa observação para identificar as causas.

Os gráficos nas Figuras 14-6 a 14-11 foram gerados utilizando-se a função de gráficos Microsoft Excel (principalmente pela facilidade de impressão). O Excel automaticamente seleciona a escala com base nos pontos altos e baixos dos dados e na variação. Na maioria dos casos, essa escala é eficaz para compreender visualmente o problema. Com freqüência, os dados são coletados e transferidos para gráficos manualmente (método preferido pela Toyota), e a escala é estabelecida incorretamente. Os gráficos mostram algumas situações comuns encontradas quando se produzem gráficos com os dados a fim de desenvolver uma completa compreensão do problema.

O gráfico da Figura 14-6 tem um número insuficiente de pontos de dados. Nesse exemplo, não é possível chegar a um claro entendimento da tendência. Em geral, precisamos examinar de seis a 12 meses de história para obter uma perspectiva clara da tendência de um problema. Para a tendência, prefere-se um resumo (média) mensal dos resultados para mostrar a direção de nível mais e de longo prazo do problema.

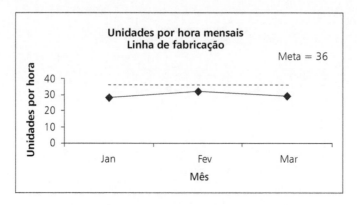

Figura 14-6 Gráfico sem dados suficientes para visualização da tendência.

A Figura 14-7 apresenta os detalhes necessários para compreender as características diárias do problema. O desempenho desse processo de fabricação varia de um dia para o outro dentro de uma faixa. Esse processo não atingiu um nível de estabilidade, e a variação indica a possibilidade de haver diversas questões contribuindo para a instabilidade, o que representa um problema mais desafiador a ser solucionado.

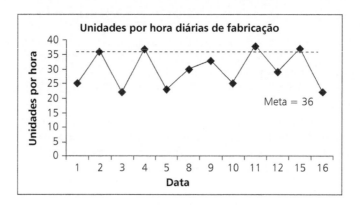

Figura 14-7 Gráfico com dados suficientes para visualização da tendência.

A Figura 14-8 ilustra os mesmos dados da Figura 14-7, mas a variabilidade de desempenho é artificialmente inflada devido a uma escala comprimida no gráfico. Visualmente, o problema parece maior do que verdadeiramente é. É importante que o gráfico tenha o impacto visual correto de forma que todos entendam claramente o desafio que têm diante de si.

A Figura 14-9 mostra os mesmos dados das Figuras 14-7 e 14-8. Observe como a variação é visualmente atenuada. Esse processo parece mais estável, por isso, é enganoso. Uma escala excessivamente ampla provoca o efeito de atenuação artificial.

O gráfico da Figura 14-10 apresenta o efeito de atenuação fazendo uma média dos dados diários em uma base semanal. O impacto visual é suavizado, e a variabilidade diária inerente nesse processo não será vista, dando, assim, uma falsa impressão de estabilidade no processo.

A coleta de dados é uma parte importante da filosofia de construção de uma cultura de parar para solucionar os problemas, conforme descrevemos no Capítulo 8. O maior benefício é obtido reconhecendo-se os problemas em "tempo real" e corrigindo-os ime-

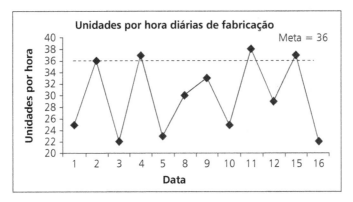

Figura 14-8 Gráfico com aparência da variação inflada devido à escala.

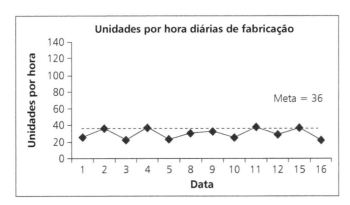

Figura 14-9 Gráfico com variação artificialmente atenuada devido à escala.

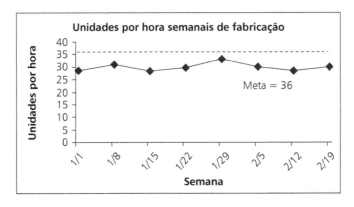

Figura 14-10 Gráfico com variação artificialmente atenuada pela média.

diatamente. Os dados usados para resolver problemas são interpretados da perspectiva de tendências de longo prazo e da solução de problemas "sistêmicos".

Construção de um forte argumento de apoio

Conforme apresentado nos exemplos acima, há sintomas que andam juntos com os problemas. No caso de empresas, os sintomas serão refletidos na confirmação de indicadores de desempenho. Por exemplo, a incapacidade de atingir a demanda do cliente também será refletida em trabalho extra, em embarques atrasados ou não realizados ou em aumento de trabalho acumulado. Esses indicadores correspondentes oferecem evidências da validade do problema e do mérito de corrigi-lo.

A Toyota emprega os indicadores correspondentes para sustentar o processo de focalizar as questões mais importantes. Os problemas são avaliados para determinar qual deles requer atenção mais imediata, utilizando-se os seguintes critérios:

- **Importância.** Qual a importância do problema no contexto geral de metas de satisfação do cliente, do departamento e da empresa? Problemas de segurança são automaticamente os de maior nível de importância.
- **Urgência.** Que prazos dependem da solução do problema e qual é a conseqüência no caso de o prazo não ser cumprido? A capacidade de atender a uma mudança no prazo de exigência do cliente é considerada como de grande urgência.
- **Tendência.** O problema está pior, melhor ou continua igual? Ao compararem-se problemas, é necessário considerar se todos eles devem ser abordados.

Demonstrando-se o efeito de um determinado problema sobre o atendimento ao cliente, a qualidade, a segurança ou o custo, é possível desenvolver um argumento forte para corrigir esse problema específico em vez de outros problemas. Esse método de priorização garante que os recursos são concentrados adequadamente nos problemas mais importantes e de maior valor.

Depois das preocupações com a segurança, estão os problemas que afetam negativamente o cliente. Isso pode incluir embarques não realizados, embarques com atraso e problemas de qualidade. As questões de custo podem facilmente ser comparadas para assegurar que os problemas maiores estão sendo tratados prontamente. O Modelo Toyota necessita construir um forte raciocínio para atacar qualquer problema. Se um forte raciocínio não for desenvolvido, a pergunta "por que você escolheu este problema?" certamente será feita. O formato para mostrar os indicadores de apoio é o mesmo do modelo de sintoma de problema visto acima.

Um exame completo da afirmação de um problema é mostrado na Figura 14-11. Observe que as afirmações resumidas, juntamente com os gráficos, são suficientes para explicar completamente a situação problema e as questões correspondentes. Nesse exemplo, as imagens contam a história, sendo usadas breves afirmações explicativas. Aqui, o verdadeiro problema é a incapacidade de atender à exigência de produção. Como resultado, o trabalho extra é utilizado para *compensar* o problema (aumentando o custo), e o serviço ao cliente também encontra-se em declínio. O problema com a evidência de apoio permite-nos "dimensionar" esse problema e determinar o benefício de ele ser resolvido (e também determinar um sensível investimento na solução, de modo a propiciar um bom retorno sobre o investimento de tempo e dinheiro).

Agora que o problema e seu efeito em outros indicadores de desempenho estão completamente entendidos e uma decisão foi tomada para corrigir a situação, é hora de desenvolver uma maior compreensão das causas do problema.

Capítulo 14 • Desenvolvimento de uma Completa Compreensão da Situação e Definição do Problema 313

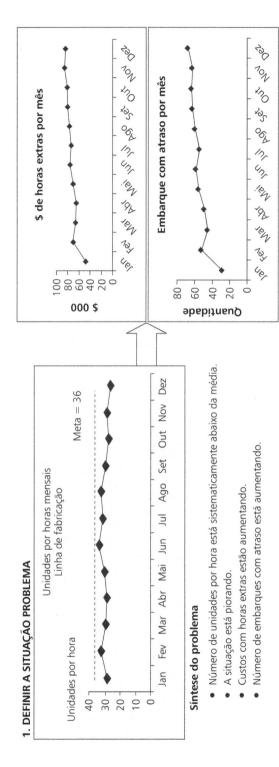

Figura 14-11 Declaração completa do problema.

Reflexão e aprendizagem com o processo

Identifique e selecione um problema que você deseja resolver e utilize-o para reflexão nos Capítulos 14 a 18. o problema deve ser significativo, mas não o problema mais difícil que você está enfrentando. Sugerimos aprender o processo de solução de problemas em questões mais simples antes de partir para as mais difíceis.

1. Reúna fatos relacionados com o problema e defina-o de acordo com estes critérios:
    a. Disponha o verdadeiro histórico de desempenho (pelo menos seis meses) em um formato de gráfico de linha.
    b. Mostre a meta ou padrão (presente e/ou futuro).
    c. Identifique a lacuna entre o desempenho real e a meta.
2. Considere as informações que você acredita que retratam seu problema.
    a. Você tem certeza de que identificou o "verdadeiro problema"?
    b. Você consegue estabelecer uma conexão diretamente com uma medida de desempenho em segurança, qualidade, entrega, produtividade e custo?
3. Esclareça a importância da solução desse problema.
    a. Identifique outras questões relacionadas com esse problema (itens afetados pelo problema). Quantifique-as por meio de gráficos.
    b. Você consegue constatar que é importante "escolher esse problema"?
    c. Quantifique o valor da solução desse problema (não gaste um dólar para resolver um problema de cinco centavos).
    d. Vale a pena despender seu tempo ou o de outras pessoas para resolver esse problema?
4. Com base na sua quantificação de valor da questão anterior, determine o método mais eficaz em termos de custo para ir adiante nesse problema.
    a. Você "resolverá o problema" pessoalmente?
    b. Você delegará o problema a outros e somente fará o acompanhamento?
    c. Esse problema exigirá uma grande equipe, uma pequena equipe ou um único indivíduo para sua solução?

Capítulo 15
Realização de uma Completa Análise da Causa-Raiz

O slogan corporativo da Toyota é "*Yoi shina, yoi kangai*", que significa "bom pensamento, bons produtos". Isso se aplica muito bem à parte de análise da solução de problemas. A Toyota confere alto valor à habilidade de pensar de maneira lógica e criativa, pois um sólido processo de pensamento produzirá os melhores resultados. Todo administrador da Toyota entende, acima de tudo, o valor da criatividade humana – essa é a única coisa que a separa de suas concorrentes.

A fase de análise da solução de problemas deve constituir-se de uma exploração nas áreas ainda não compreendidas. Tem um pouco de trabalho de detetive, um pouco de experimentação científica e uma oportunidade de descobrir coisas novas. A análise é o estágio do "ah-ah", o momento de reunir evidências, a hora de repetidamente perguntar "por quê?" e encontrar a fonte de um problema, a sua raiz. Quando as causas são descobertas, as "respostas" para solucionar o problema surgem naturalmente. Nesse instante, o "bom pensamento" gerará as melhores soluções – altamente eficazes, simples, mas elegantes, e de baixo custo, mas não inferior.

Albert Einstein disse uma vez: "o importante é não parar de perguntar".

Princípios da análise eficaz

A análise eficaz é crucial para descobrir e entender as muitas causas potenciais do problema. A partir dessas causas potenciais, é necessário limitar o campo e focar as mais significativas. Grande parte do sucesso da Toyota deriva da habilidade analisar inteiramente uma situação e compreender as diversas causas do problema, indo além das mais aparentes. Os seguintes princípios são parte fundamental da abordagem da Toyota:

1. A análise não deve ser obscurecida por idéias preconcebidas das causas do problema. Se a causa for suposta, isso impossibilitará uma análise proveitosa e é muito provável que conduza a maus resultados.
2. Siga sempre o princípio do *genchi genbutsu* para verificar a fonte do problema. Não dependa de terceiros, nem de dados para descobrir a causa. Use as informações para que elas lhe apontem a localização de onde "ir ver". A causa deve ser observada em primeira mão.

3. A análise prossegue até que se esteja certo de que as verdadeiras causas, ou raízes do problema foram descobertas (usando-se o método dos "cinco porquês").
4. Em quase todas as situações, há várias causas para os problemas; assim, a análise deve ser abrangente. A Toyota avalia as causas através dos 4Ms: Homem, Método, Material e Máquina (*Man, Method, Material, Machine*).
5. Como há diversas causas possíveis, é necessário limitar-se às mais significativas. A limitação permite a concentração dos esforços para gerar melhores resultados.
6. Durante a análise, a meta é identificar causas que possam ser corrigidas pelo solucionador do problema. Isso evita a tendência de delegar o problema a terceiros e força a pergunta: "o que podemos fazer?".
7. Uma análise meticulosa e completa gerará causas que claramente indicarão medidas corretivas específicas. Existe um caminho observável e óbvio que vai do problema à causas e às soluções.
8. A análise meticulosa e completa proporciona dados factuais, possibilitando a previsão precisa de resultados potenciais quando as causas são corretas. A determinação do resultado exato é parte importante do processo, uma vez que força a avaliação da capacitação e da eficácia no exame de um problema.

Como com muitos aspectos do Modelo Toyota, o processo de raciocínio é crítico para o sucesso. Observe que, durante a conversa a seguir, as pessoas pularão para conclusões preconcebidas, em vez de reconhecer a resposta simples, mas verdadeira para a pergunta. Usando o exemplo na declaração de problema abaixo, começaríamos o processo dos Cinco Porquês da seguinte forma:

Afirmação do problema: "As unidades de fabricação por hora estão abaixo da meta". Perguntando ao nosso grupo "por quê?", poderíamos obter as seguintes respostas:

1. Porque as máquinas estragam.
2. Porque os operadores faltam.
3. Porque ficamos sem peças.
4. Porque os operadores não são treinados.
5. Porque os tempos de preparação são longos.

ARMADILHA

Em muitos casos, observamos pessoas tentando forçar o processo dos cinco porquês através da tentativa de "imaginar" a rede correta com cinco "respostas". Este processo não ajusta um formato pré-desenvolvido. A rede causal pode se ramificar em qualquer nível e render diversas respostas desconectadas para cada um. Se você está lutando para encontrar cinco porquês, muito provavelmente você está saltando através de vínculos na rede. Separe tempo para refletir na resposta mais óbvia e simples para permitir as descobertas de todas as possibilidades.

Cada uma dessas respostas pode ser "verdadeira", como na conversa entre o engenheiro e o *sensei* enxuto descrita no Capítulo 14, mas elas seguem abaixo na rede dos Cinco Porquês. O primeiro desafio é concentrar-se unicamente na pergunta direta: "por que as unidades de fabricação por hora estão abaixo da meta?". Então, a verdadeira resposta obviamente seria: "porque não produzimos peças suficientes por hora". Saber onde se concentrar é crucial a fim de treinar nossas mentes para compreender a rede *completa*. Passar por cima do que parecem ser ligações óbvias na rede fará com que pule para causas preconcebidas, desse modo, deixando de considerar outras possibilidades. Esse é um dos maiores riscos e também um dos maiores desafios no pensamento.

Prosseguindo com nosso questionamento, perguntaríamos: "por que não produzimos peças suficientes por hora?". Novamente, a tendência é pular para respostas óbvias, mas, numa abordagem com processo de raciocínio diferente, teríamos esta resposta: "porque perdemos oportunidades de produzir boas peças". A produção de qualquer produto é realizada utilizando-se o tempo de pessoas e maquinário e o material disponível. Nesse caso, há apenas duas causas para um menor número de produtos – perda de tempo e perda de material (refugo). Observe que essa linha de raciocínio também mantém um foco restrito que isolará as causas mais significativas das menos importantes. No exemplo acima, a primeira pergunta levou imediatamente a uma longa lista. Assim que se estabelece uma longa lista, fica extremamente difícil restringir o foco. É muito mais fácil manter um foco restrito e dividir as possibilidades gradualmente através do questionamento eficaz. Nesse ponto, a rede dos Cinco Porquês ficaria parecida com o que a Figura 15-1 ilustra.

Nesse nível, a rede dos Cinco Porquês desenvolve a primeira ramificação. Antes de perguntar "por quê?" para ambas as ramificações, é importante compreender qual é a mais significativa. Essa compreensão manterá um foco mais limitado. Nessa demonstração, vamos supor que os dados mostram que o refugo é muito baixo e que o tempo é a maior perda vamos prosseguir para mostrar a continuação da rede causal a partir desse nível. É imperativo realmente confirmar o impacto geral de cada item, em vez de supor. Os dados de quantidade de refugo podem estar disponíveis e ser fáceis de quantificar; no entanto, as perdas de tempo exigirão uma visita ao local de trabalho (*genchi genbutsu*) para verificar a quantidade de tempo perdido.

Quando você perguntar "por quê?", não pule para baixo na rede, para os problemas mais profundos. Considere cuidadosamente a perda de tempo em um processo de produção e tente manter o foco restrito respondendo a pergunta direta. Procure as categorias mais amplas sob as quais as respostas detalhadas recaem. Lembre-se de utilizar o método "Portanto" se você se vir respondendo na parte inferior da rede. Se a resposta "o tempo de preparação é muito longo" surgir, afirme "portanto" e encontre a resposta. Nesta situação, seria: "portanto, a máquina não está funcionando por um longo tempo". O passo seguinte seria: "portanto, estamos perdendo tempo". Se o método "Portanto" fosse utilizado em alguns outros problemas, provavelmente, "a máquina não está funcionando" (ou "a linha não está funcionando") seria um tópico recorrente. Essa é a categoria comum que estamos procurando. Além disso, nosso questionamento pode nos levar a entender que a perda de tempo devido ao excesso de tempo de ciclo do processo também é uma categoria primária. Agora, a rede dos Cinco Porquês parecerá o que mostra a Figura 15-2.

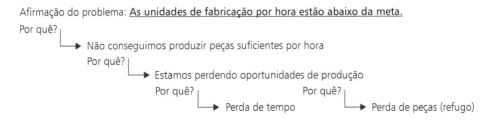

Figura 15-1 Análise inicial dos Cinco Porquês.

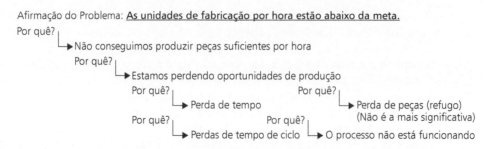

Afirmação do Problema: **As unidades de fabricação por hora estão abaixo da meta.**

Figura 15-2 Segundo passo da análise dos Cinco Porquês.

Novamente, a rede causal está se ramificando. Dessa vez, uma visita ao local de trabalho é absolutamente necessária. A fim de melhorar sua habilidade de observação, você deve aprender a "olhar com intenção". Com base na análise feita até agora, qual é a intenção de sua observação? A intenção é olhar para ver se há perdas de tempo de ciclo ou situações em que o processo não está operando.

O raciocínio geral na Toyota é considerar primeiro as perdas de ciclo. as perdas de tempo de ciclo são as que ocorrem a cada ciclo à medida que a operação é realizada; portanto, elas têm uma "alta tendência" de ocorrer. O efeito cumulativo dessas pequenas perdas pode ser muito grande. Além disso, a redução gerará um retorno imediato e contínuo. Um pequeno retorno que pode ser capturado imediatamente e que continuará para sempre é um resultado desejado. Pequenas perdas de tempo de ciclo geralmente também são fáceis de corrigir. Elas podem incluir excessiva movimentação do operador ou da máquina, atrasos devido a esperas ou superprocessamento (produzir mais do que o necessário). Naturalmente, tudo isso são formas de *muda* (perda), e a eliminação de *muda* é um objetivo primário.

Visitando o local de trabalho, você provavelmente verá muitos outros exemplos de perdas de ciclo e de paralisações de processos. Você precisará reunir os fatos para compreender o impacto total de cada problema – a importância, a urgência e a tendência –, e um simples modo de fazer isso é empregar uma lista classificatória de valor agregado / valor não-agregado[1], conforme vemos na Figura 15-3. O exemplo é de uma operação de serra, mas a lista

Tarefa com valor agregado	Tarefa sem valor agregado
A lâmina está cortando madeira	Carregar a serra
	Descarregar a serra
	Mudar a lâmina
	Fazer a limpeza
	Parar
	Inspecionar as peças
	Mover as peças acabadas
	Reuniões
	Espera pela madeira
	Manejo da madeira

TODAS AS OUTRAS ATIVIDADES, EXCETO A DE CORTAR MADEIRA, SÃO ATIVIDADES SEM VALOR AGREGADO

Figura 15-3 Análise com valor agregado / sem valor agregado.

---

[1] Para mais informações sobre o caso: Bill Constantino, "Cedar Works: Making the Transition to Lean", em J. K. Liker, *Becoming Lean*, Productivity Press, 1997.

gerada é bastante típica na maioria das operações de fabricação. Lembre-se, os elos da rede causal estavam relacionados com perdas de tempo, seja através de perdas de ciclo, seja devido a perdas de tempo quando a operação não está funcionando ou não está agregando valor. A lista gerada incluirá tanto as perdas de ciclo quanto as de tempo de funcionamento. Como o objetivo básico é encontrar as causas que estão ligadas, através da rede causal, ao problema original, estamos procurando apenas as atividades que retiram tempo da tarefa de agregar valor. Em outras palavras, se o operador estiver realizando uma tarefa sem valor agregado, mas a máquina estiver agregando valor enquanto o operador realiza a tarefa, a melhora desse item não levará à redução do problema, portanto, não será uma melhoria benéfica. A primeira prioridade é abordar as questões que diretamente reduzem o tempo disponível para agregar valor e que, por isso, causam perda de produção.

Continuando com o processo de análise causal (Cinco Porquês), esse exemplo revelou a rede apresentada na Figura 15-4. Acompanhe a rede em negrito até a causa no quadro delineado.

A Toyota usa esse processo de continuamente restringir, isolar (utilizando a regra 80/20) e focar os esforços sobre os itens que oferecerão o maior benefício. Continuar indo a fundo até que as causas sejam descobertas também revela causas que são mais fáceis de melhorar e que, quando melhoradas, solucionarão o problema original. Podemos pensar nisso como um funil, conforme ilustra a Figura 15-5.

Afirmação do problema: **As unidades de fabricação por hora estão abaixo da meta.**
Por quê?
↳ Não conseguimos produzir peças suficientes por hora
  Por quê?
  ↳ Estamos perdendo oportunidades de produção
    Por quê?   Por quê?
    ↳ **Perda de tempo**   ↳ Perda de peças (refugo)
                                  (Não é a mais significativa)
      Por quê?   Por quê?
      ↳ **Perdas de tempo de ciclo** ↳ O processo não está funcionando
        Por quê?
        ↳ **A carga da máquina leva muito tempo**
          Por quê?
          ↳ O operador caminha 1,5 m para pegar o material (Raiz)

Figura 15-4 Passo final na análise dos Cinco Porquês.

Figura 15-5 Processo de limitação e concentração.

Busca de causas do problema que são solucionáveis

Durante qualquer processo de análise, haverá uma tendência a pular para causas predeterminadas. Conclusões predeterminadas quase sempre baseiam-se em questões que não estão dentro da capacidade ou sob a responsabilidade da pessoa que está desenvolvendo aquele item. Um processo crítico de raciocínio do Modelo Toyota é a suposição da descoberta de causas que estão sob o controle direto do solucionador do problema. Em qualquer análise de problemas, é sempre possível encontrar causas com origem fora do controle do solucionado do problema. Por exemplo, é comum encontrar falha em um fornecedor de material ou em um grupo de apoio, como a manutenção ou a engenharia (isso é chamado, de maneira jocosa, de "Cinco Quems", e o objetivo é encontrar a "raiz da culpa", e não a raiz do problema). Além disso, existe a tendência de aceitar certas causas "do jeito que são" e, desse modo, impedir a possibilidade de mudança. O exemplo a seguir demonstra esse fenômeno.

Durante a análise da operação de serra mostrada na Figura 15-3, determinou-se que o tempo de limpeza estava resultando em perda de produção. As serras operavam em três turnos, e cada turno tinha 30 minutos para fazer a limpeza, resultando em uma perda de 90 minutos por dia. Acompanhando-se a rede dos Cinco Porquês na Figura 15-2, constata-se que a operação está tendo problemas em atender à exigência de produção diária. Há oportunidades de tempo perdidas, portanto, a meta seria capturar essas oportunidades. A rede causal seria como a que é apresentada na Figura 15-6.

A atividade de limpeza é a "causa". A descoberta da causa mostrará o tempo e o lugar em que o problema ocorre. Nesse estágio, as causas não foram determinadas, e o questionamento "por quê?" continua.

O líder pergunta "por que fazemos a limpeza?" para descobrir a causa.

Respostas prováveis serão:

"Ajuda na segurança."

"Faz com que a área de trabalho pareça melhor."

"Gostamos de trabalhar em um ambiente limpo."

"Porque o chefe disse que era para fazer."

"Ajuda na qualidade do produto."

"É parte de nosso programa 5S."

Afirmação do problema: **As unidades de fabricação por hora estão abaixo da meta.**
Por quê?
↳ Não conseguimos produzir peças suficientes por hora
  Por quê?
  ↳ Estamos perdendo oportunidades de produção
    Por quê?   Por quê?
    ↳ Perda de tempo   ↳ Perda de peças (refugo)
    Por quê?   (Não é a mais significativa)
    ↳ Perdas de tempo de ciclo   Por quê?
                                 ↳ O processo não está funcionando
                                   Por quê?
                                   ↳ Limpeza (ponto de causa)
                                     Por quê?
                                     ↳ Leva às raízes

Figura 15-6 Identificação do ponto de causa.

Cada uma dessas respostas é verdadeira e válida, mas tende a indicar questões que não podem ser desafiadas: "boas razões", portanto, "do jeito que tem que ser". Quem poderia argumentar, por exemplo, que um local de trabalho limpo proporciona um ambiente mais seguro? Quem desafiaria a solicitação do chefe? Mas nenhuma dessas respostas respalda o esforço para resolver o problema! Todas são um beco sem saída. Elas presumem falta de habilidade e de responsabilidade para a melhoria. A resposta para a pergunta "por quê?" *deve* estar relacionada com a meta de capturar oportunidades de tempo perdido e deve ser solucionável.

Pense sobre a questão em termos da meta de reduzir o tempo necessário para limpeza. A atual perda de tempo é de 90 minutos por dia. Qual seria o possível benefício se o tempo total pudesse ser reduzido para 45 minutos por dia – uma redução de 50%? É muito simples calcular a produção adicional possível com 45 minutos extras de tempo de produção disponível. Pode-se estabelecer a meta de reduzir o tempo total de limpeza em 50% e definir um novo alvo de produção. Esse é um ponto chave da análise – o resultado *deve* ser mensurável, e deve haver um entendimento claro do impacto da causa do problema, que é a meta.

Observe o que acontece quando a resposta para a pergunta "por que fazemos a limpeza?" muda para "porque fica sujo". Continuar a perguntar ("por que fica sujo?") nesse nível começaria a revelar as causas. O objetivo é reduzir o tempo dedicado á limpeza, de modo que a perspectiva deve ser a de impedir a sujeira ou minimizar seu impacto, assim reduzindo o tempo de limpeza necessário e aumentando o tempo para produção do produto. Uma visita à área de trabalho para ver em primeira mão como e onde a sujeira é gerada oferecerá uma compreensão clara. A sujeira está sendo contida de maneira eficaz? Ela escapa do equipamento? Identifique áreas que acumulam sujeira: é possível impedir que os resíduos se acumulem? Certas áreas, como embaixo de máquinas e mesas, podem ser fechadas para evitar a acumulação. Observe o método de limpeza: é eficaz? O método poderia ser melhorado para reduzir o tempo de limpeza? Assim, você pode ver como a resposta "porque fica sujo" fornece uma perspectiva que produz inúmeras possibilidades para melhorias.

Quando a verdadeira causa é compreendida seguindo-se o método de *genchi genbutsu*, muitas oportunidades que vêm à tona encontram-se dentro do controle do solucionador do problema e produzem grandes resultados. A cuidadosa consideração das causas e a resposta para a pergunta "por quê?" de uma forma que produza respostas dentro do controle do solucionador do problema gerarão fabulosas oportunidades.

Destilação da análise de causa a termos mais simples

Observe que qualquer problema tem muitas causas possíveis, portanto, há muitas raízes. Tentar listar todas elas usando a rede causal dos Cinco Porquês seria tedioso e demorado. Embora seja importante compreender o processo de raciocínio e o fluxo até o nível da raiz, em nome da concentração de esforços, é melhor retornar ao início e colocar valores reais em cada causa ao longo da rede, efetivamente isolando as questões mais significativas e fornecendo dados tangíveis que indicarão o grau de melhoria possível.

Uma chave para o processo da Toyota é a habilidade de ser extremamente concisa na apresentação de grandes quantidades de informações. Os funcionários podem resumir as informações disponíveis e comunicar-se de forma simples e clara de um modo que é entendido por todos. O Modelo Toyota força a destilação das informações para somente trabalhar com os detalhes mais relevantes. É sempre uma parte importante do processo revisar as informações com superiores, subordinados e colegas para receber orientação e apoio. Fornecer calhamaços de informações que têm de ser interpretadas ou lidas por muitos indivíduos é considerado um desserviço aos leitores. Imagine a perda se 10 ou 20 pessoas tivessem que ler todas as informações e peneirar os dados para chegar à conclusões apropriadas!

Uma imagem vale por mil palavras

Para ser concisa com as informações, a análise do problema deve ser representada graficamente. Isso está de acordo com a filosofia de "local de trabalho visual" da Toyota. Para explicar a perda de capacidade de produção, veja a análise retratada no gráfico de barras na Figura 15-7. Nessa situação, a capacidade planejada seria a produção se o processo fosse operado 100% do tempo. Isso pode não incluir a oportunidade oculta em perdas de ciclo ou de refugo, mas capta a idéia básica de que as perdas estão ocorrendo.

Como mostra a rede causal da Figura 15-2, as causas para as perdas de produção são as perdas de tempo e de refugos. Isso implica diversas causas, levando a uma ramificação da rede causal. Visualmente, isso é representado com um gráfico de classificação, conforme observamos na Figura 15-8.

A análise de classificação mostra que as perdas de ciclo têm maior potencial para redução de oportunidade perdida. Uma visita à área de produção para uma olhada em primeira mão (*genchi genbutsu*) e uma breve análise do método (utilizando o processo de trabalho padronizado descrito no Capítulo 6) revelarão os passos básicos do trabalho:

1. Apanhar material (caminhar até a máquina).
2. Carregar a máquina.
3. Iniciar o ciclo (caminhar para apertar o botão).
4. Realizar inspeção (caminhar de volta para a área de inspeção).
5. Colocar a peça acabada no recipiente (caminhar até o recipiente).
6. Descarregar a máquina (caminhar até a máquina).
7. Retornar para iniciar o ciclo de trabalho (caminhar até o material).

Mantendo o padrão de apresentação gráfica dessas informações, os tempos de elementos do trabalho são representados no formato de gráfico de pilha (também chamado de gráfico *yamazumi*) na Figura 15-9.

Além do tempo requerido para cada elemento, é útil entender o problema visualmente retratando o fluxo de trabalho (Figura 15-10). Esse fluxo visual é capturado na Planilha de Trabalho Padronizado (Capítulo 6).

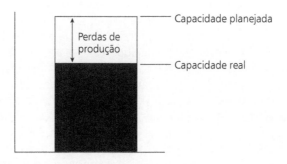

Figura 15-7 Gráfico de barras representando perdas de produção.

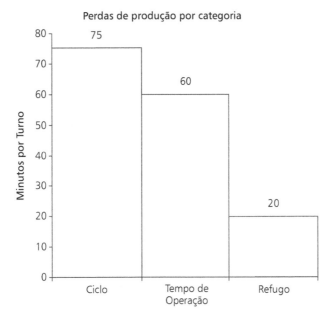

Figura 15-8 Gráfico de classificação de perdas de produção por categoria.

Juntando tudo: o relatório de uma página A3

A fase de análise é normalmente onde se despende a maior parte do tempo para a solução do problema. O primeiro propósito da análise é entender as relações causais e encontrar causas suficientes que, quando corrigidas, acarretarão em uma melhoria suficiente para resolver o problema. É importante transmitir as descobertas básicas de um modo que clara-

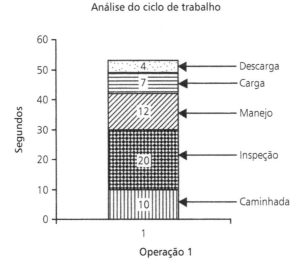

Figura 15-9 Gráfico de pilha de tempos dos elementos de trabalho.

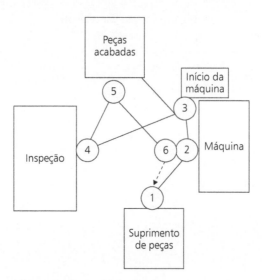

Figura 15-10 Representação visual do fluxo de trabalho.

mente solucione o problema. Um método para isso é apresentar essas descobertas em "A3", o nome que a Toyota utiliza para descrever a apresentação das atividades de solução de problema em uma única página (A3 é a designação européia para uma folha de papel com 27,5 cm x 42,5 cm).

A representação de todo um processo em uma única folha de papel exige informações concisas. Obviamente, cada aspecto do problema descoberto durante a análise não poderia ser explicado em uma folha de papel; só a rede causal normalmente preencheria mais de uma folha. A Figura 15-11 mostra uma seção completa de análise na folha A3, que acompanharia a afirmação do problema mostrada anteriormente (para uma visão detalhada do processo de elaboração do relatório A3, ver o Capítulo 18).

Aprofundamento nas causas possíveis

Conforme mencionamos anteriormente, o processo de solução de problemas na Toyota é uma atividade colaborativa. Inicialmente, a pergunta "por que você escolheu este problema?" foi usada para construir consenso sobre a necessidade de solução para o problema, bem como para garantir uma compreensão clara e compartilhada. Com a finalização da análise, a colaboração entre o solucionador do problema, o superior e a equipe inclui uma revisão para assegurar-se de que todos os aspectos do problema foram considerados. Durante essa revisão, uma pergunta comum é: "você considerou este item?" ou "o que o levou a esta conclusão?". O questionamento é especialmente predominante se elos óbvios na rede causal não foram considerados. Muitas vezes, o solucionador do problema retorna à análise para considerar possibilidades adicionais. Os administradores da Toyota intuitivamente entendem a importância de analisar cuidadosa e completamente um problema antes de passar para atividades "corretivas" potencialmente inúteis.

A finalização da fase de análise deve proporcionar uma clara compreensão da gama de possíveis causas, a limitação às raízes do problema e um bom entendimento das soluções necessárias, incluindo detalhes específicos para os benefícios de implementação propostos.

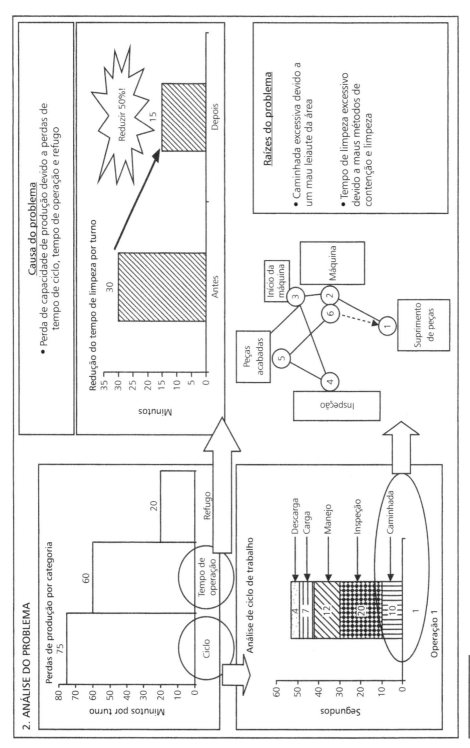

Figura 15-11 Seção de análise completa em relatório A3.

Segue uma revisão dos conceitos chave abordados nesta seção:

- Analisar cada questão com uma nova perspectiva e seguir o princípio de *genchi genbutsu* de ir até o verdadeiro local de trabalho para ver por si próprio.
- Abordar a análise com a intenção de encontrar causas que possam ser corrigidas pelo solucionador do problema.
- Restringir-se continuamente às causas mais significativas e redirecionar a análise de acordo.
- A determinação das raízes do problema deve propiciar um entendimento claro e óbvio das soluções necessárias.
- A análise deve ser baseada em dados e fatos. As raízes do problema devem ser mensuráveis, e o efeito da melhoria deve ser previsível antes da implementação.

Atividades para reflexão

Seguindo o problema que você identificou na seção "Reflexão e aprendizagem com o processo" do capítulo anterior (lembre-se, dissemos para mantê-lo em mente), realize as seguintes atividades:

1. Faça uma lista de possíveis causas para o problema, limitando-as depois às três mais prováveis.
2. Selecione uma dessas três causas e investigue-a um pouco mais para determinar se é uma causa real que levará à(s) "raiz(es) do problema". A determinação das raízes é o elemento mais importante no processo de solução de problema. Assegure-se de que sua análise é meticulosa e completa antes de prosseguir para as medidas corretivas.
   a. Vá até o local onde o problema ocorre para ver em primeira mão.
   b. Observe a situação e use o método dos Cinco Porquês para acompanhar a causa provável até a raiz do problema. A resposta para cada "por quê?" deve basear-se em informações factuais que foram vistas em primeira mão. Não faça isso com base em "especulação".
   c. Use o método "Portanto" para retroceder até a afirmação do problema a fim de verificar a exatidão de sua lógica.
   d. É possível *provar* uma conexão entre o problema, a causa mais provável e a(s) raiz(es) do problema? (Se você consegue fazer com que o problema ocorra ou pare de acordo com a sua vontade, você chegou à raiz do problema.)
3. Localize o "ponto de causa" (a verdadeira localização onde a raiz ocorre e onde o problema se origina).
   a. Muitos problemas grandes têm várias raízes e, assim, muitos pontos de causa. Identifique os três mais significativos.
   b. Continue avaliando até encontrar o(s) verdadeiro(s) ponto(s) de causa (você consegue ver o problema ocorrer).
4. Evite a tentação de identificar soluções até que tenha identificado e confirmado a(s) raiz(es) do problema.
   a. Teste completamente suas conclusões e comprove as raízes do problema.
   b. Confirme se o controle das raízes do problema realmente o resolverá.

Consideração de Soluções Alternativas Enquanto se Constrói Consenso

Capítulo 16

Assim como há muitas causas potenciais e raízes para um problema, há *sempre* mais de uma maneira de resolver *qualquer* problema! A criatividade do solucionador de problemas é um aspecto importante do Modelo Toyota de pensar, por isso, há poucos princípios absolutos em relação à melhor abordagem; no entanto, existem alguns conceitos chave para orientar o processo de avaliação. O processo típico incluiria:

1. Considerar amplamente todas as possibilidades.
2. Limitar a lista eliminando soluções não-práticas ou combinando itens semelhantes.
3. Avaliar com base na simplicidade, custo, área de controle e habilidade de implementação rápida.
4. Desenvolver consenso quanto à solução proposta.
5. Testar idéias para verificar a eficácia.
6. Selecionar a melhor solução.

Consideração abrangente de todas as possibilidades

Muitas vezes, um jovem engenheiro da Toyota trabalha com muito empenho para detalhar uma solução, sentindo muito orgulho. Ele mostra a solução para seu chefe ou mentor com bastante entusiasmo e um pouco de inquietação, pois o mentor é um especialista na área e encontrará algum ponto fraco na proposta. O mentor mal se dá o trabalho de ver toda a solução e a documentação de apoio; em vez disso, pergunta se aquela foi a única solução considerada. O jovem engenheiro explica que a documentação respalda a conclusão de que aquela é uma boa solução. "Mas não poderia haver soluções ainda melhores?", pergunta o mentor. Assim, volta-se à prancheta para identificar outras soluções potenciais. O mentor pode, de fato, achar que se trata de uma solução perfeitamente boa. O que ele está tentando ensinar é um modo de pensar.

O Modelo Toyota documentou o caso do desenvolvimento do Prius. Com intensa pressão para lançar esse primeiro veículo híbrido em um prazo excessivamente curto, o engenheiro chefe ainda decidiu explorar muitas soluções possíveis. O engenheiro chefe Uchiyamada pediu que o grupo encarregado do motor identificasse todos os motores híbridos viáveis, num total de 80, que foram restringidos a 10 e depois a quatro, que foram simulados em computador antes que um deles fosse finalmente selecionado. De forma semelhante, quando escolhia o estilo do veículo, ele estabeleceu uma competição entre os estúdios de projeto na Cidade Toyota, em Tóquio, em Paris e em Calty, na Califórnia, gerando 20 alternativas de projeto e, posteriormente, cinco esboços detalhados, quatro modelos em argila em tamanho natural e, depois, dois projetos excepcionais. Esses dois projeto foram meticulosamente avaliados, e os estúdios participantes da Califórnia e do Japão foram solicitados a fazer uma rodada adicional de melhorias antes de o projeto da Califórnia finalmente sair vencedor.

Existem muitas maneiras de gerar uma lista de alternativas, incluindo o uso de grupos concorrentes, como foi feito no desenvolvimento do Prius. Uma técnica útil para um grupo de pessoas envolvidas em um projeto é o *"brainstorming"*. Muitas empresas tentaram essa técnica quando experimentaram o "conceito de equipe", mas ela era vista somente como parte das atividades em equipe e por fim deixou de ser considerada. Na verdade, o *brainstorming* é útil para garantir a avaliação completa de um tema. O problema dessa técnica freqüentemente é que, para começar, o problema não é bem analisado e o processo de avaliação de soluções e de limitação a uma determinada solução não é bem compreendido.

ARMADILHA

Tenha cuidado com comentários do tipo: "existe apenas uma maneira de solucionar este problema". Em um caso, esse comentário, seguido de uma explicação da solução proposta – a um custo de 10.000 dólares –, levou a uma posterior avaliação, e uma solução eficaz ao custo de 200 dólares (e economias de 80.000 dólares por ano) foi implementada. *Sempre* haverá mais de uma solução para qualquer problema!

Simplicidade, custo, área de controle e habilidade de implementar com rapidez

Uma avaliação cujos critérios sejam simplicidade, custo, área de controle e habilidade de implementar com rapidez garantirão a implementação das soluções mais eficazes em termos de custos. Mas primeiro, as idéias que não funcionarão eficazmente como contramedidas devem ser abandonadas.

Durante o processo de *brainstorming*, muitas idéias estranhas e não-práticas podem ser apresentadas. Isso é verdadeiro por princípio, já que uma regra do *brainstorming* é que "não existe má idéia" e que as idéias sugeridas não devem ser avaliadas antes de se finalizar o processo. Embora a quantidade de idéias instigantes seja desejável durante o processo de *brainstorming*, nem todas as idéias merecem consideração como soluções viáveis. Essas idéias devem ser removidas da lista seja pela eliminação direta, seja pela combinação com conceitos semelhantes em um item comum. Uma lista curta de idéias pode então ser avaliada.

Nossos quatro critérios podem agora ser colocados em uso ao avaliar-se essa pequena lista de soluções possíveis:

1. A implementação está dentro do controle? (É possível implementar sem auxílio externo?)
2. É possível implementar a solução rapidamente? (Hoje é melhor.)
3. A solução é simples?
4. A solução tem baixo custo, ou, melhor ainda, não tem custo?
5. A solução será eficaz como contramedida?

Cada um desses critérios de avaliação é interdependente, e geralmente não é possível atender a um sem atender aos outros. Por exemplo, uma solução identificada pode envolver a compra de uma nova máquina ("se tivéssemos essa máquina, poderíamos produzir mais peças"). Tal solução violaria quatro dos critérios. É improvável que a compra de novo equipamento esteja inteiramente dentro de seu campo de controle. Mesmo se estivesse, a solução não poderia ser implementada rapidamente e certamente não seria de baixo custo, nem simples de realizar.

Se os critérios de avaliação forem utilizados, um padrão de certos tipos de soluções começará a emergir. Os tipos de soluções freqüentemente considerados na Toyota são mudanças de metodologia. É fácil mudar o método de trabalho. Simplesmente peça ao funcionário que mude o modo como o trabalho é realizado. O controle dos métodos de trabalho geralmente está dentro do domínio do supervisor direto. O custo de mudar o método de trabalho é mínimo – pode requerer uma mesa, uma ferramenta, um acessório, etc. –, e o método pode ser mudado imediatamente!

DICA

Há a tendência em direção a soluções "sofisticadas" ou "de alta tecnologia" para os problemas. Invariavelmente, a mais recente tecnologia ou máquina é sugerida. Em raros casos, a tecnologia é necessária; contudo, enquanto espera pela solução "final", considere uma melhoria que possa ser implementada imediatamente.

DICA

Não solucione um problema de cinco centavos com uma solução de um dólar. (Essa é a maneira mais rápida de sair do negócio!) A vantagem de soluções que são simples e de baixo custo é que causas menos significativas (e há muitas) podem ser corrigidas de uma forma eficaz em termos de custos. Isso melhora o retorno sobre o investimento. É melhor gastar cinco centavos em um problema de um dólar!

ARMADILHA

Soluções que exigem acompanhamento ou participação de terceiros aumentarão o tempo antes que um benefício possa ser assimilado. Em muitos casos, soluções dessa natureza exigirão várias semanas antes que se chegue a uma conclusão. Sempre desafie o solucionador do problema a implementar uma melhoria imediata, enquanto a solução final está em andamento.

Desenvolvimento de consenso

O uso dos quatro critérios restringirá consideravelmente a lista de soluções possíveis. Ficará mais fácil desenvolver consenso quanto à melhor solução possível porque haverá menos opções e as tendências pessoais e a subjetividade, que poderiam influenciar a escolha das melhores soluções, serão afastadas. Agora, se a escolha for limitada a duas ou três possibilidades e não for possível chegar a um consenso quanto a uma delas, prossiga com o próximo passo: teste a idéia para provar sua eficácia, de modo que os méritos e deméritos de cada uma se tornem aparentes. Na maioria dos casos, a testagem reduzirá as possíveis soluções à melhor, facilitando o consenso.

Deve-se observar que "consenso" não implica completo *acordo* em relação à solução proposta. Com freqüência, ouvimos administradores discutirem a dificuldade de fazer com que os funcionários "concordem" com as mudanças. Essa é uma crença equivocada de que é necessário que todos concordem com a mudança e a desejem. Na verdade, consenso significa que todos concordem em *aceitar* a solução proposta, mesmo se não acreditarem que seja a melhor. Quaisquer desacordos quanto ao "meu modo" *versus* o "seu modo" são facilmente resolvidas concordando-se em experimentar ambos os métodos e então deixar que todos vejam qual é "o melhor". Há poucas exceções em que um claro vencedor não é óbvio, casos em que uma eleição ou método semelhante pode ser usado para determinar a opção preferida.

O modelo de melhoria contínua sugere que todas as coisas continuarão a evoluir, de forma que qualquer idéia implementada hoje pode ser modificada amanhã. Em geral, se o processo foi seguido cuidadosamente e todos compreendem com clareza a raiz do problema, a chegada a um acordo quanto a uma solução proposta é relativamente simples. O consenso é alcançado em cada passo do processo, e, nesse estágio, quase todas as pessoas estão "no mesmo barco" em relação às soluções e prontas para implementá-las!

Teste de idéias para verificação de sua eficácia

É importante verificar a eficácia da solução planejada antes de implementá-la. Isso é feito antes de se desenvolver um plano de implementação. Há pouco a ganhar com o prosseguimento de uma solução com pequena probabilidade de sucesso. A habilidade da Toyota para criar resultados significativos depende, em grande parte, da certeza dos resultados, *antes* do início da implementação.

Como a Toyota comprova uma idéia sem realmente implementá-la? Seguindo o método científico, um experimento é criado, possibilitando que o efeito da implementação seja simulado. Essa simulação acontece no "mundo real", sempre que possível, no local de trabalho. Quando não é prático testar no mundo real (como na movimentação de máquinas), uma área de trabalho simulada em papelão ou madeira é usada para verificação da idéia.

Por exemplo, tomemos a seguinte raiz de um problema: "excesso de caminhada devido a uma má organização". Para uma técnica de simulação, o implementador pode "supor a perda", com um membro da equipe apresentando material para o operador "como se" já estivesse reposicionado. Dessa forma, o operador pode realizar o trabalho, com a perda sendo temporariamente removida. O membro da equipe também pode experimentar a apresentação mais eficaz do material, colocando-o em diferentes posições. Isso permite que o operador e o membro da equipe vejam em primeira mão a apresentação mais eficaz e ajuda na criação de dispositivos de apresentação de material, tais como carros, *racks*, rampas, etc. O operador pode fornecer *feedback* direto, e o membro da equipe pode experimentar os pontos positivos e negativos dos métodos.

O fluxo de trabalho do operador durante a simulação aparece delineado na Figura 16-1.

As linhas tracejadas representam os passos do membro da equipe que retornará ao suprimento de peças para recuperar a próxima peça e apresentá-la ao operador no Passo 1, demonstrando o efeito da melhor disposição do material. Isso diminuirá o tempo de caminhada do operador, e a redução resultante no tempo de ciclo pode facilmente ser mensurada com um cronômetro.

Testes posteriores podem ser realizados para demonstrar os efeitos de reposicionar o processo de inspeção e o contêiner de peças acabadas. O fluxo de trabalho melhorado é mostrado na Figura 16-2.

É importante, durante uma simulação, respeitar as necessidades da pessoa que está fazendo o trabalho. A simulação deve ser realizada sem perturbação do processo de trabalho, nem paralisação da operação. É de responsabilidade do implementador estar ciente da situação e parar a testagem se esta tiver um impacto negativo sobre o operador. Evidentemente, a segurança é sempre a primeira consideração, e o implementador deve observar quaisquer mudanças em possíveis problemas de segurança, incluindo impacto ergonômico negativo.

Depois que a idéia básica tiver sido testada e os ajustes necessários tiverem sido feitos, a total implementação é possível. Se a solução foi testada eficazmente, a necessidade de ajustes posteriores será minimizada.

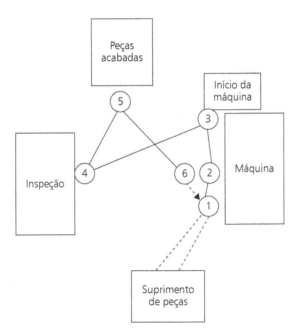

Figura 16-1 Padrão de trabalho simulado com eliminação da caminhada.

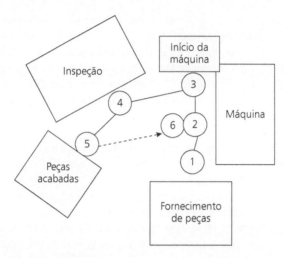

Figura 16-2 Leiaute completo de trabalho.

Seleção da melhor solução

Com base na simulação, a melhor opção entre as soluções é selecionada, e a implementação é programada. Ocasionalmente, uma idéia é testada, e depois descobre-se que ela não é prática ou é difícil de manter. Esse tipo de descoberta durante o estágio de testagem dá ao implementador a compreensão em primeira mão da falha de raciocínio. (Observe que a Toyota não diria que uma idéia é "ruim", mas que o raciocínio não estava completo.) O operador também vê que o implementador reconhece a falha e, portanto, não precisa se preocupar com a possibilidade de uma solução ineficaz ser proposta (e de ter que aceitar a solução imperfeita). O retorno à lista de possíveis soluções geralmente oferecerá uma possibilidade alternativa, que também deve ser testada e comprovada.

Defina o problema correto, e a solução virá como conseqüência

Você pode notar que este capítulo é relativamente curto em comparação com os dois anteriores. Isso encontra paralelo na realidade, em que a maior parte do esforço de solução de problemas está na definição do problema e na análise para descoberta de suas raízes. Se as raízes são encontradas, a resposta muitas vezes é óbvia e fácil de entender. Os maiores desafios nesse estágio de avaliação são manter as soluções relativas ao problema à mão, concentrar-se nas questões que estão sob o controle e a responsabilidade do indivíduo ou da equipe e identificar soluções simples que possam ser realizadas rapidamente (hoje é sempre melhor!). O líder deve continuamente redirecionar o esforço e assegurar que se permaneça no caminho. Ele deve desafiar as pessoas a pensar criativamente e a explorar alternativas com perguntas do tipo: "por que você escolheu esta solução?" e "que outras alternativas você explorou?".

Os administradores da Toyota dominam a metodologia de solução de problemas e têm uma excepcional taxa de sucesso. A análise cuidadosa com base nos fatos permite-lhes determinar os benefícios antes da verdadeira implementação, e a testagem e verificação de soluções possíveis possibilita-lhes compreender completamente a eficácia antes de escolher as melhores opções. Eles continuamente apontam, apontam, apontam para ter certeza de que o alvo será atingido – na mosca!

Atividades de reflexão

1. Apresente pelo menos duas soluções potenciais para cada raiz identificada no capítulo anterior. Revise suas propostas com as outras pessoas e duplique as possíveis soluções (no mínimo, quatro) para cada raiz do problema. Isso pode desafiar seu raciocínio, mas não desista até que a lista esteja duplicada.
2. Usando uma matriz para avaliar cada solução, classifique-as com base nos seguintes critérios:
   a. A solução proposta está dentro de seu campo de controle para ser implementada?
   b. Ela é simples? (Preferivelmente, uma mudança de método.)
   c. É possível implementar rapidamente a solução proposta?
   d. Qual das soluções propostas pode ser implementada pelo menor custo?
3. Sem implementação real, desenvolva um método para testar cada solução viável que atende aos critérios acima.
   a. Alguma das propostas precisa ser modificada para corrigir mais eficazmente a raiz do problema?
   b. Que método será usado para verificar a eficácia de cada proposta?
   c. Quantifique o benefício potencial *versus* o custo de cada solução.

Capítulo 17
Planejar-Fazer-Verificar-Agir

Finalmente, chegamos à fase de implementação! Muitas pessoas ficam tão ansiosas para "estar ocupadas" com a implementação que encurtam partes anteriores do processo. Esse é um erro crítico! Sem um problema claramente definido, como você vai saber o que está tentando melhorar e o que é necessário para atingir a meta? Você estaria apontando para um alvo que não existe. Sem uma análise meticulosa, como você pode saber em que alvo está mirando? Você veria muitos alvos (problemas e causas potenciais) e até atingiria alguns deles. Mas você chegaria ao resultado desejado se atirasse no alvo errado? Provavelmente, não. Você "consertaria" algumas coisas e saberia que havia feito "coisas boas", mas os indicadores de desempenho importantes não mostrariam melhora. Para evitar essa situação frustrante, complete inteiramente as fases de definição do problema e de análise das raízes desse problema antes de passar para a implementação.

Mas anime-se. Você realmente chegará à implementação! Na verdade, no caso de alguns problemas simples, todo o processo de refletir sobre o problema e suas causas e chegar a uma conclusão pode ser realizado em uma única reunião de curta duração. Uma vez convencido de que fez um bom trabalho até este ponto para chegar a uma boa solução para o problema certo, ainda há um pouco de trabalho a ser feito antes de realizar eliminações do ativo, mudar as coisas de lugar, construir suportes ou o que for. O famoso ciclo Shewhart de planejar-fazer-verificar-agir sugere que se comece com um plano. Na realidade, todo o trabalho até agora é parte do planejamento. Mas ainda há o passo de desenvolvimento de um plano de ação.

Planejar: desenvolver um plano de ação

Há inúmeras ferramentas e técnicas para auxiliar no desenvolvimento de um plano de ação, incluindo pilhas de *software* para gerenciamento de projetos. Exceto no caso dos problemas mais complexos, muitas dessas ferramentas estão além da necessidade. Um tema comum no Modelo Toyota é que o método ou ferramenta não é tão importante quanto o processo de raciocínio e a habilidade do usuário. O desenvolvimento de um plano de ação segue esse mesmo tema. O objetivo mais importante é desenvolver uma compreensão abrangente e estar alinhado com o plano. Os recursos certamente serão desperdiçados e os resultados serão minimizados se o plano não for claro ou se nem todos estiverem de acordo com a tarefa.

Na Toyota, o termo "contramedida" é empregado para descrever a solução proposta. A filosofia da Toyota é a de que os problemas nunca são verdadeiramente "resolvidos". A contramedida meramente atenua o efeito do problema. As contramedidas são divididas em dois grupos:

1. Contramedidas de curto prazo
2. Contramedidas de longo prazo

Geralmente, na Toyota, entende-se que a maioria das contramedidas será implementada rapidamente (dentro de uma semana); portanto, a definição de curto prazo e de longo prazo refere-se à *permanência* total da contramedida. A principal compreensão é a de que uma contramedida de curto prazo quer dizer que se trata de uma contramedida temporária, um "Band-Aid" que oferecerá alívio passageiro até que uma solução mais eficaz ou mais abrangente possa ser implementada. Em algumas circunstâncias, a solução temporária torna-se permanente se uma solução mais eficaz não foi encontrada. A idéia é sempre considerar uma ação *imediata* que propicie a melhora instantânea da situação problema.

No caso de um problema de qualidade, por exemplo, se a raiz estiver relacionada com as ferramentas e estas necessitarem de uma extensa modificação para corrigir o problema (uma contramedida de longo prazo), as medidas de curto prazo seriam utilizadas para reduzir a criação de defeitos e para garantir que nenhuma falha fosse transferida para o processo seguinte (controles de processos na estação e verificação de erros – *poka yoke*). No exemplo da serra, visto no Capítulo 15, onde a produção era o problema e o tempo de limpeza era uma causa importante, uma contramedida temporária de curto prazo foi implementada para minimizar o tempo de produção perdido devido à limpeza. Trabalhadores temporários foram designados para a tarefa de limpeza durante períodos planejados de parada de linha, tais como intervalos e almoço. Isso pôde ser feito imediatamente, e os benefícios foram usufruídos enquanto se esperava pela implementação de contramedidas permanentes de longo prazo.

O uso eficaz de contramedidas de curto e longo prazo proporciona benefícios imediatos para a Toyota e, pelo menos, um pouco de alívio dos sintomas (como uma aspirina) enquanto as soluções "decisivas" são implementadas. Em muitos casos, a solução decisiva é difícil ou impossível, dada a capacitação no momento (como a falha do robô discutida no Capítulo 4); muito tempo pode ser desperdiçado, e os benefícios podem ser perdidos durante a espera pela solução "decisiva". A Toyota dá uma enorme importância à proteção do cliente (o processo seguinte no fluxo) contra qualquer problema. Esse conceito torna crítica a implementação de contramedidas de curto prazo.

As contramedidas de longo prazo têm o propósito de permanentemente eliminar as raízes dos problemas. O período de implementação pode estender-se por mais de uma semana ou durante meses. Nesses casos, é melhor dividir a tarefa em incrementos menores. Isso oferece dois benefícios:

1. Tarefas menores, fracionadas, acarretam maior freqüência de intervalos para verificação. O progresso em direção à finalização pode ser monitorado mais de perto, auxílio pode ser providenciado se houver atraso na execução da tarefa.
2. A eficácia da idéia pode ser testada depois que uma pequena parte estiver finalizada, em vez de se esperar até que todo o processo esteja completo para então determinar se a idéia tinha falhas.

Por exemplo, uma proposta para implementar um processo *kanban* de reabastecimento de material para 2.000 peças individuais é um grande empreendimento. O tempo total exigido pode ser de dois a três meses. A equipe precisa analisar e determinar parâmetros específicos de projeto para pontos de reordenação, dimensões de contêineres e número de *kanban* necessário no sistema. Se a equipe analisar todos os 2.000 itens antes da implementação real do *kanban* físico, poderá descobrir falhas em seu raciocínio. Essa descoberta ocorreria muito tarde no processo de implementação, e muitas horas teriam sido perdidas. Além disso, nenhum benefício seria alcançado durante o período de dois a três meses. Essencialmente, esse é o resultado de "lotear" a implementação, em vez de dividi-la em um fluxo de pequenas porções.

A divisão da tarefa em segmentos de 25%, começando com os 25% mais comumente utilizados (para obter o maior benefício primeiro) permitiria à equipe verificar seu processo, garantir os resultados desejados *e* obter um benefício parcial mais cedo. A equipe poderia oferecer *feedback* sobre sua atividade após três semanas, uma verificação intermediária para ver se toda a tarefa será completada conforme programado (com *feedback* adicional após seis e nove semanas). O acompanhamento dessas orientações assegura à Toyota retornos imediatos das atividades, bem como a verificação do sucesso de longo prazo.

> **DICA**
>
>
>
> A divisão de contramedidas de longo prazo em incrementos menores é essencialmente o conceito de *heijunka*, ou nivelamento, aplicado à solução de problemas. Em operações de produção, o período maior de tempo – digamos, um mês – é primeiramente dividido em incrementos diários menores (geralmente, por turno). Essa exigência diária é segmentada em exigências por hora, e o resultado de produção é verificado a cada hora. Dessa forma, podem ser feitos ajustes durante o dia, com base na freqüência de verificação (por hora) para assegurar a realização bem-sucedida da tarefa no final do período (primeiro, o dia; depois, o mês). A utilização desse princípio de nivelamento para a solução de problemas aumenta consideravelmente a probabilidade de produzir os resultados desejados.

No seu núcleo, um "plano" detalha o que, quem, quando, onde e, se necessário, como. Comece com as contramedidas de curto prazo. Identifique ações que atenuarão os efeitos do problema (por exemplo, controle a ocorrência). Identifique também as ações que garantirão que os efeitos do problema não vão afetar terceiros fora da área, especialmente os clientes.

Identifique a pessoa (não o grupo) que ficará responsável pela realização bem-sucedida da contramedida. A pessoa responsável não precisa realmente implementar a ação, mas tem a responsabilidade e o encargo de explicar o plano, coordenar esforços, programar recursos adicionais, verificar a execução conforme o plano e fornecer atualizações do progresso.

> **ARMADILHA**
>
>
>
> Em muitos casos, há confusão entre responsabilidade de garantir que a contramedida seja realizada com sucesso e responsabilidade por realmente fazer o trabalho. Questões mais complexas tendem a ser destinadas "à equipe", e não a um indivíduo específico, devido à percepção de que a implementação exigirá mais pessoas ou de que todo o grupo deseja estar informado e envolvido na tarefa. Isso leva à falta de responsabilidade individual, expectativas vagas e resultados limitados. Sempre identifique uma pessoa específica disposta a assumir o papel de líder. Outros podem ter funções de apoio, se necessário, mas o líder assume a responsabilidade. Na Toyota, sempre fica claro quem é a pessoa responsável pelos resultados. Essa é a essência da responsabilidade.

Observe que, em alguns casos, a implementação de contramedidas deve ser "em fases", ou seqüencial. Quando se ataca a raiz de um problema de qualidade, por exemplo, a implementação simultânea de diversas contramedidas torna difícil entender a eficácia de cada contramedida individual. Essa abordagem de "espingarda" pode levar ao sucesso, mas não haverá uma clara compreensão de *como* o sucesso foi alcançado. No método científico, se um experimento é conduzido, mas os resultados não são reproduzíveis, não se pode chegar efetivamente a nenhuma conclusão. Nesse caso, o resultado não pode ser confiavelmente reproduzido, e futuras atividades de solução de problemas serão menos eficazes porque não se sabe como o resultado foi obtido.

O resumo do plano de ação (do caso de limpeza da serra, visto no Capítulo 15) é apresentado na Figura 17-1. Observe que não se trata de um plano completamente detalhado, com ações e responsabilidades desenvolvidas para a equipe. Mas esse nível de detalhamento não é importante para que os outros revisem a atividade. A idéia geral é que, se os resultados desejados foram alcançados, o plano de ação e sua execução devem ter sido bons, e a compreensão de cada detalhe não é necessária. (Não há necessidade de verificar o processo de raciocínio se os resultados desejados foram obtidos.)

Fazer: implementar soluções

Finalmente, você pode fazer alguma coisa. Você está quase na linha de chegada. Mas pode ainda não ter chegado. É comum implementar uma solução e descobrir, ao terminar, mais uma oportunidade de melhoria. Esse fenômeno ocorre porque nem sempre é possível ver outras possibilidades antes que os passos iniciais sejam dados. Imagine-se olhando para um lance de escada. Se você olhar bem em frente, só poderá ver os degraus logo à frente. Se você subir esse lance de escada, sua visão passará para o próximo nível. Essa subida constante e a revelação do próximo passo constituem o processo de melhoria contínua (ver Figura 20-8).

Tendo em vista esse fenômeno e a natureza perpétua da melhoria contínua, seria possível perguntar: "quando o projeto está completo?". A resposta está na conquista bem-sucedida da meta, conforme estabelecido na afirmação do problema. Se o problema está resolvido (de acordo com a definição), a atividade está oficialmente terminada. A Toyota, porém, continuará a fazer pequenas melhorias, buscando ativamente todos os problemas, em todos os níveis, todo o tempo (como vimos no Capítulo 13). A responsabilidade pela manutenção dos resultados passa para as pessoas encarregadas da área de trabalho.

Item de ação	Curto prazo Longo prazo	Pessoa responsável	Programação Semana 1	Semana 2	Semana 3	Semana 4
Limpeza temporária durante intervalos e almoço	CP	M. Scarpello	△			
Fixar caixas nas máquinas para coleta de resíduos	CP	D. Danis	△			
Reduzir tempo de deslocamento - reposicionar material e inspeção	LP	D. Spiess	O—△			
Reposicionar botão de início	LP	M. Kissel	O——△			
Construir anteparos ao redor de mesas para reduzir a limpeza	LP	M. Nicholson	O——△			
Adicionar recipiente para coleta de resíduos junto às máquinas	LP	P. Kenrick	O——X	△		
Modificar quatro máquinas para apanhar os resíduos (uma por semana)	LP	B. Costantino	O——X	X	X	△
Convenção:	Início O	Término △	Verificação de Progresso X			

Figura 17-1 Síntese do plano de ação.

Às vezes, a solução de um problema "cria" um problema menor, que exige modificação. O implementador deve continuar a observar e a corrigir até que o processo tenha o desempenho planejado.

Verificar: conferir resultados

Se você testou suas idéias como parte da seleção de soluções, já confirmou a eficácia, e a verificação da melhoria já foi feita. Só é necessário coletar dados reais do processo após a mudança e representá-los em gráficos, como foi feito com o problema. É evidente que, se os resultados vão ser apresentados, é necessário que se tenha uma base para comparação, a fim de verificar a melhoria. É surpreendente descobrir que, em muitos casos, os dados *anteriores* à "melhoria" não estão disponíveis! Como é possível verificar a melhoria se não há nenhum ponto de comparação? Em geral, isso se deve à pressa para solucionar o "problema" sem entender inteiramente sua dimensão. (Sem dados, a gravidade da situação é apenas uma "percepção" subjetiva.)

Existem dois níveis de resultados: os diretamente relacionados com a raiz que está sendo abordada e os que afetam o problema original. Se as raízes descobertas fazem parte da rede causal correta, a melhoria dos resultados no nível das raízes do problema deve percorrer a rede, usando-se o método "Portanto", e resultar em melhoria no problema original, como mostra a Figura 17-2.

> **ARMADILHA**
>
>
>
> Se o processo foi seguido corretamente, as soluções implementadas produzirão os resultados desejados. Não inclua "resultados" que não estejam relacionados com o problema. Por exemplo, uma discussão sobre melhorias da iluminação da área não seria relevante para o problema de não atingir a exigência de produção. Os resultados apresentados devem estar diretamente relacionados com o problema afirmado e os indicadores correspondentes.

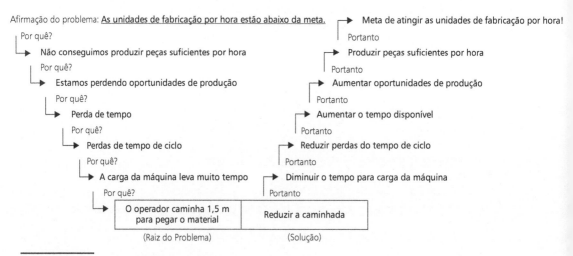

Figura 17-2 Demonstração da rede causal completa.

O foco da verificação dos resultados deve estar sobre os problemas de alto nível definidos na afirmação do problema. Enquanto são abordados esses problemas específicos, benefícios não-relacionados podem ser alcançados. Por exemplo, as mudanças propostas na área de trabalho resultarão na redução de espaço exigido no local. Esse não era um objetivo primário, mas oferece um benefício potencial que pode ser utilizado posteriormente.

A Figura 17-3 apresenta uma síntese de resultados alcançados.

DICA

Quando se representam os resultados, é importante fazer um novo gráfico, que normalmente começará após você ter terminado a análise da situação presente. Não adicione simplesmente novos dados ao gráfico já existente de afirmação do problema. As datas dos gráficos na seção de síntese de resultados começam depois do *fim* das que aparecem nos gráficos da seção de Afirmação do Problema. Por exemplo, em nossa situação, o problema foi "escolhido" em dezembro de 2004; por isso, o gráfico de afirmação do problema mostra o problema naquele mês. Já os resultados foram mapeados a partir de fevereiro de 2005. Naturalmente, você desejará mostrar uma tendência no decorrer do período anterior à implementação, durante a implementação e depois dela para demonstrar a manutenção da melhoria.

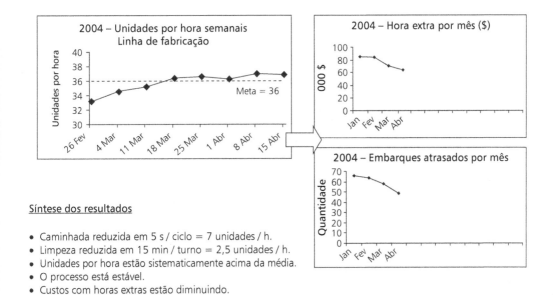

Síntese dos resultados

- Caminhada reduzida em 5 s / ciclo = 7 unidades / h.
- Limpeza reduzida em 15 min / turno = 2,5 unidades / h.
- Unidades por hora estão sistematicamente acima da média.
- O processo está estável.
- Custos com horas extras estão diminuindo.
- Número de embarques com atraso está diminuindo.
- Redução do espaço ocupado.

Figura 17-3   Síntese dos resultados obtidos.

Agir: fazer os ajustes necessários nas soluções e no plano de ação

Como você pode observar, todo o processo de solução de problemas é uma progressão contínua de desenvolvimento de uma hipótese, testagem da hipótese, mensuração dos resultados, ajuste da hipótese, retestagem, mensuração e assim por diante, até que o resultado desejado seja obtido. Com a prática contínua, as habilidades melhoram e a taxa de sucesso na primeira tentativa aumenta. Com uma completa compreensão das raízes do problema e a contribuição de cada uma para o problema como um todo, o efeito das contramedidas propostas é facilmente previsto. A experimentação e a simulação das contramedidas oferecem um bom entendimento da eficácia das soluções propostas antes que se faça um grande investimento de tempo ou de recursos.

Durante essa importante fase, é essencial "ficar no círculo" e observar as mudanças que foram implementadas. Observe atentamente para verificar se elas produzem o resultado desejado. Não é raro que uma solução crie novos "problemas". Às vezes, estes estão relacionados com a adaptação das pessoas ao novo método, e é importante ser capaz de ver a diferença entre "problemas de ajuste" e verdadeiros problemas. Em alguns casos, o problema central é dividido em diversas porções menores, e problemas menores vêm à tona. Continue a abordar esses subproblemas até que a operação funcione uniformemente. (Não tente eliminar *todos* os problemas, já que isso é improvável e você poderia ficar trabalhando o resto da vida para atingir essa meta!)

ARMADILHA

Confundir solução de problemas com análise estatística

Quando descrevemos o método científico de hipótese, mensuração e testagem... o que imediatamente vem à mente de alguns leitores é o Seis Sigma. Com certeza, a metodologia DMAIC do Seis Sigma é muito compatível com o PDCA e com o método de solução de problemas que descrevemos aqui. Mas vimos o Seis Sigma nas mãos de iniciantes tornar-se um exercício de estatística em vez de um exercício de raciocínio. O problema não é bem definido, passam-se meses analisando cuidadosamente os dados errados, há pouca atividade de verificação direta, e as soluções são simplistas ou completamente errôneas. O Modelo Toyota concentra-se nos fatos, quase sempre em sua forma mais pura e simples. Como Mark Twain disse uma vez: "os fatos são coisas obstinadas, enquanto que a estatística é mais flexível".

Agir: identificar passos futuros

A realização bem-sucedida de uma atividade de solução de problema deve ser celebrada, e os esforços de todos os envolvidos devem ser reconhecidos. Os membros devem ser parabenizados por sua habilidade em efetivamente identificar as causas do problema e pela sua criatividade e raciocínio excepcional no desenvolvimento de contramedidas. No entanto, não é hora de eles "sentarem sobre os louros". A natureza da melhoria contínua significa que a finalização de uma atividade de solução de problema deve levar ao início de outra. Esse é um lembrete de que, embora um problema tenha sido resolvido com sucesso, há muitos outros que precisam de atenção.

Na conclusão de uma atividade de solução de problema, os "passos seguintes" ou "passos futuros" são revisados para lembrar a todos do processo de melhoria contínua. Essa etapa deve abordar quatro questões em especial:

1. Descrever planos para arrematar todas as "pendências" da atividade atual. Trata-se de itens planejados que podem não ter sido implementados ainda ou itens que exijam alguma modificação.
2. Explicar como a responsabilidade pela *manutenção* dos resultados atuais e pela melhoria contínua da situação será atribuída e respaldada pela liderança da área. Esse item é crucial, uma vez que os resultados da melhoria muitas vezes não são mantidos porque não se atribui responsabilidade. (Quase sempre, supõe-se que a liderança seja a responsável, mas deve ficar claro o que ela fará, como e quando.)
3. Determinar se é necessária alguma ajuda para resolver questões que estejam além do controle da equipe que trabalhou na solução do problema. Isso pode incluir questões com um fornecedor de material, que precisa de apoio do setor de compras, ou auxílio de um fabricante de equipamentos.
4. A equipe ou o indivíduo deve olhar à frente e identificar o próximo problema a ser "escolhido". Isso geralmente é a próxima questão mais importante na área de trabalho.

Além desses quatro itens, em algumas situações, é importante compartilhar as informações dessa atividade na organização com áreas que vivenciam problemas semelhantes ou que tenham processos parecidos. Em geral, a garantia de que as informações são compartilhadas fica sob a responsabilidade da administração. Os membros da equipe podem transmitir a experiência técnica necessária a outros grupos.

Exemplos de possíveis passos futuros para o exemplo da operação de serra citada anteriormente seriam:

- Continuar melhorando a contenção de sujeira e controlar as atividades.
- Implementar a revisão diária dos 5S pelo líder da equipe e a revisão semanal pelo líder do grupo.
- Desenvolver um dispositivo de descarga automática para reduzir ainda mais o tempo de ciclo.
- Melhorar o manejo para reduzir mais ainda o tempo de ciclo.
- Iniciar uma atividade para corrigir outras causas de embarques com atraso.

Finalmente, alguma ação

A fase de implementação do processo é quando as coisas finalmente mudam. É hora de desenvolver um plano, começar a implementar soluções e verificar resultados. Essa é a fase que a maioria das pessoas não consegue esperar para iniciar. Também pode ser um momento frustrante se a mudança acontece, mas os resultados esperados não são obtidos! É provável que você tenha que se treinar e também treinar os outros para desenvolver a paciência e a capacidade necessárias para avaliar meticulosamente o problema e fazer uma análise cuidadosa para encontrar as raízes. Esse adiamento temporário da gratificação da implementação (não pular para soluções) oferecerá maiores retornos em longo prazo. Alguns pontos chave a serem lembrados durante a fase de Planejar-Fazer-Verificar-Agir são:

- Sempre considerar contramedidas temporárias de curto prazo para benefícios imediatos.

- Dividir tarefas maiores em segmentos menores, com datas programadas para sua finalização e mensurações para cada parte.
- Responsabilidade por um item de ação não significa que a pessoa responsável tem que realizar a tarefa. A pessoa é responsável pelo resultado e pela garantia do progresso.
- O único modo de verificar resultados é assegurar que um processo eficaz de avaliação seja organizado *antes* da implementação, de forma que se possa fazer uma comparação do tipo "antes e depois".
- Assim que as suas soluções se tornarem realidade, provavelmente será necessário fazer ajustes. Siga o *genchi genbutsu* e observe atentamente o novo processo para verificar se ele está livre de problemas maiores.
- Sempre conclua seu processo com um olhar para o futuro. Melhoria contínua significa para sempre! Estabeleça a expectativa de que o processo de melhoria nunca está completo.

Atividades de reflexão

Muitas pessoas erroneamente dão muita importância para a fase de "ação" da solução de problemas. Pensa-se que "fazer as coisas acontecerem" é o passo mais importante na obtenção de resultados. Na verdade, o passo mais importante para se chegar a resultados excepcionais é a identificação eficaz das raízes do problema. Se você identificou as raízes, as ações corretivas necessárias devem ser claras e, quando implementadas, produzirão o resultado desejado. Não se apresse e certifique-se de as raízes corretas foram identificadas antes de partir para as ações corretivas.

1. Avalie os resultados do desempenho em sua organização. Eles mostram a melhoria desejada, resultante de suas atividades de solução de problemas?
2. Avalie atividades recentes de solução de problemas ou de melhoria contínua para determinar a eficácia geral.
   a. Você acha que muitos itens são implementados, mas que os resultados desejados não são alcançados?
   b. Que parte do processo está faltando e causando essa situação? Verifique especificamente se o problema foi claramente identificado e se as raízes foram determinadas ou se as pessoas simplesmente começaram a "chutar" o problema.
   c. As soluções temporárias de curto prazo e as soluções permanentes de longo prazo foram usadas de forma adequada?
3. Para o problema em que você está trabalhando, complete as seguintes atividades:
   a. Certifique-se que resultados definidos sejam previstos para cada ação. Isso inclui a mensuração e a quantidade específicas.
   b. Desenvolva um plano de ação que inclua contramedidas de curto e longo prazos, como for mais apropriado.
   c. Se as soluções exigem esforço significativo, divida as atividades em quatro partes, com ações específicas e expectativas de finalização durante um período de tempo incremental. Por exemplo, uma atividade

de um mês pode ser dividida em quatro porções de uma semana, cada uma com uma expectativa definida para finalização.
  d. Defina claramente quem, o que, quando e, se necessário, como cada ação deve ser realizada.
  e. Como parte de seu plano de ação, defina quem apoiará a transição do velho método para o novo. Alguém precisa estar na área de trabalho durante a mudança para garantir uma transição tranqüila.
4. Antes da implementação, determine como a eficácia de cada ação será mensurada.
  a. Verifique se uma mensuração básica de pré-melhoria foi realizada.
  b. Determine um processo de mensuração e verifique se os resultados estão sendo registrados corretamente.
  c. Mapeie os resultados na área de trabalho e revise-os com todos regularmente.
  d. Monitore o processo regularmente e determine se são necessários ajustes ao plano (se você não estiver obtendo os resultados planejados).
5. Depois que o processo de solução de problema estiver "terminado" (melhoria contínua implica que a melhoria nunca termina, mas, em algum ponto, passa-se para outras questões), identifique passos futuros adequados.
  a. Finalize itens pendentes do plano de ação.
  b. Desenvolva um plano para manutenção dos resultados. Isso inclui os que terão responsabilidade direta pela manutenção dos resultados diariamente.
  c. Verifique se será necessário apoio adicional para corrigir completamente a questão que está sendo abordada. Providencie o apoio necessário.
  d. Avalie outros problemas e determine qual será o próximo a ser corrigido. Faça planos para corrigir esses problemas.

Capítulo 18

Contar a História em um Relatório A3

Menos pode ser mais na redação de um relatório

A solução de problemas tem a ver com o pensamento. Mas escrever as coisas pode ajudar a pensar. Como você pode documentar as principais informações e decisões em cada passo, de modo que você possa compartilhá-las com os outros, obter suas contribuições e fazer as modificações apropriadas a partir delas? A documentação de um processo complexo de solução de problema traz à mente montanhas de dados, calhamaços de papel ou, na época atual, talvez um banco de dados *online* que pode ser consultado de várias formas. A Toyota tem uma abordagem mais simples. Envolve lápis, borracha e um lado de uma folha de papel. Tal abordagem freqüentemente é chamada de "relatório A3". Por que A3? Originalmente, porque grande parte da comunicação na Toyota entre suas várias localizações e entre países era feita por fax, e esse era o maior tamanho de papel que cabia em máquinas de fax: 27,5 cm x 42,5 cm.

O que você possivelmente consegue colocar em um lado de uma folha de papel? Bem, se você vir os relatórios A3 por administradores experientes da Toyota, a resposta é uma considerável quantidade de informações. Que informações são colocadas em A3? A resposta é: somente as mais essenciais.

O importante nos relatórios A3 não é a elegância com que se preenchem as caixas e se traçam gráficos atraentes. É o processo de comunicação. O A3 integra o processo de solução de problemas e de tomada de decisão. Ele permite que somente as informações mais críticas sejam compartilhadas com os outros para avaliação cuidadosa do processo de pensamento usado, como um meio de solicitar apoio ou aconselhamento e para chegar a um consenso.

Muitas pessoas de fora da Toyota não percebem que a busca agressiva da eliminação de perdas se estende a todas as atividades dentro da organização, incluindo a apresentação de informações e o processo de tomada de decisão com base nas informações. Essas apresentações na Toyota são claras e concisas, e leva bem pouco tempo para transmitir a mensagem. A formatação da atividade dessa forma exige a destilação das informações em uma apresentação completa, clara e fácil de entender. A história é contada com um número mínimo de palavras e tem natureza pictórica. Quando adequadamente apresentadas, as informações podem ser lidas ou explicadas em cinco minutos ou menos para que todos possam entender e as decisões possam ser facilmente tomadas. Um A3 bem preparado impede uma situação que Winston Churchill uma vez ironizou em relação a um longo relatório: "a extensão deste documento o defende bem contra o risco de ser lido".

Fora da Toyota, a maioria das apresentações de atividades enxutas que já vimos não tinha uma estrutura básica que mantivesse o foco e a direção. Elas tendiam a ser vagas, e o resultado usual disso é que muitas pessoas vêem um excesso de informações sem um fluxo lógico claro e muito tempo é perdido em conversas paralelas e classificação das informações. Cadernos com registro dos procedimentos de operação e de discussões de princípios enxutos ficam na prateleira, jamais sendo lidos. O relatório A3 destina-se não somente a ser lido, como também a ser usado como parte do processo de solução de problema.

Determinação do modo de uso de um A3

O A3 é utilizado para muitos tipos diferentes de apresentações na Toyota. Não se trata de um "relatório" *per se*, mas cada um deles conta uma história com início, meio e fim. A Figura 18-1 ilustra quatro tipos comuns de relatórios A3. Um dos tipos é o que apresenta propostas; os outros são tipos diversos de relatos – história da solução de um problema, história que mostra o *status* de um projeto e história de informações. Existe um fluxo natural entre esses tipos de história. Com freqüência, os projetos começam com uma história de proposta para obter a aprovação para investimento de recursos no projeto; depois, à medida que o projeto evolui, haverá uma história do processo de solução do problema, histórias de *status* nos marcos principais do projeto e uma história de informações para apresentar os resultados. Cada pessoa elabora o A3 para o propósito específico de sua "história", mas existem alguns formatos padrão que são ensinados na Toyota.

Em alguns casos, o A3 é usado para propor uma mudança, por exemplo, em um processo ou a compra de equipamento (o que é chamado de "caso empresarial" em algumas empresas). Para essas "histórias de propostas", é necessário completar um A3 com a afirmação do problema, a análise das condições atuais, uma proposta de ação

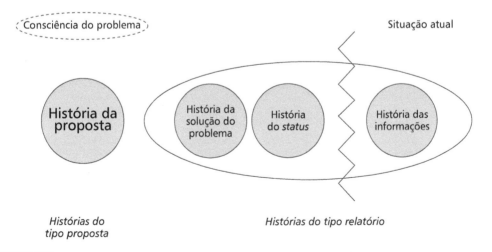

Figura 18-1 Quatro tipos de histórias A3.

(a mudança ou a compra) e o resultado previsto (custo e melhoria esperados). Informações suficientes devem ser apresentadas de forma que a decisão possa ser tomada facilmente. Na Toyota, qualquer gasto de alto valor é uma decisão importante, e, se não houver informações suficientes, a pessoa que preparou o A3 certamente terá que voltar para reunir fatos adicionais. Um formato de história de proposta é mostrado na Figura 18-2.

Uma "história de *status*" relata os marcos principais em um projeto importante (Figura 18-3). Exemplos incluem um plano anual, a revisão de um projeto e a revisão de projeto na engenharia de um novo produto. Essa história deve começar com objetivos claros, a abordagem para implementação, o efeito total até o momento e problemas não resolvidos com as medidas correspondentes. Todos os relatórios de proposta, solução de problema e *status* devem conter algum plano de ação.

Uma "história de informações" tem o objetivo de transmitir informações somente. Não há nenhum componente de avaliação. Não exige a descrição de um problema; o único objetivo é transmitir informações gerais a um público, dentro ou fora da empresa. A visualização é muito importante em uma história de informações, e há muitos modos possíveis de organizar esse tipo de apresentação.

Poderíamos escrever um livro inteiro sobre cada uma dessas aplicações. No entanto, vamos nos concentrar em um dos usos mais complexos e aprofundados do A3: a solução de problemas.

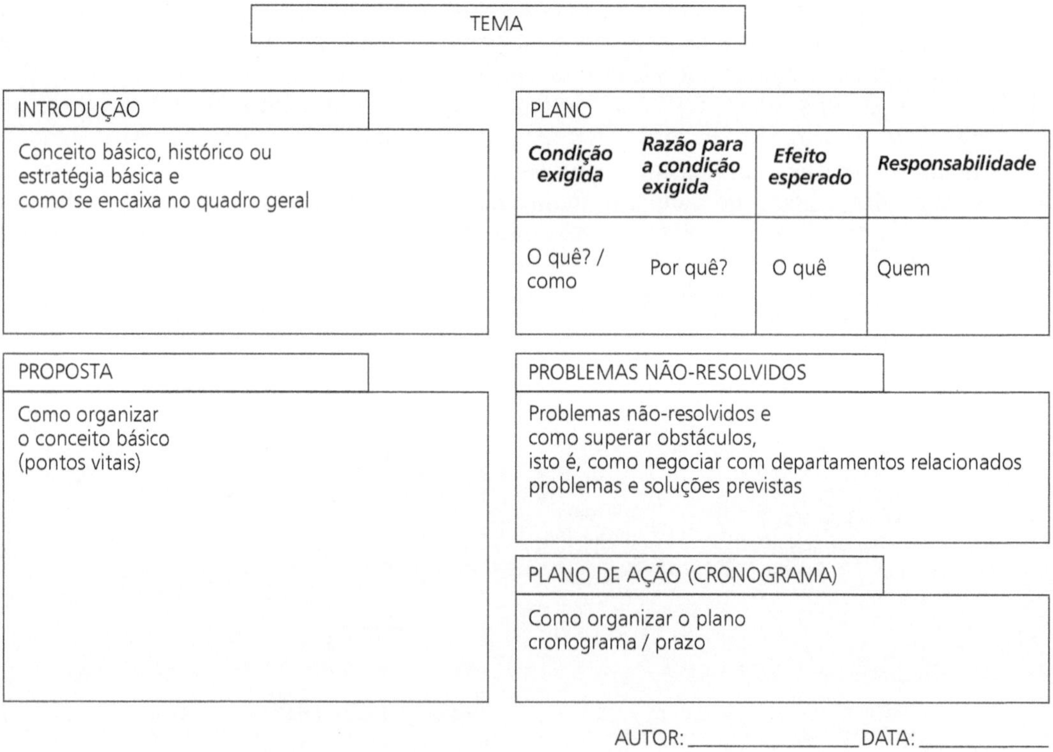

TEMA	

INTRODUÇÃO
Conceito básico, histórico ou estratégia básica e como se encaixa no quadro geral

PLANO			
Condição exigida	*Razão para a condição exigida*	*Efeito esperado*	*Responsabilidade*
O quê? / como	Por quê?	O quê	Quem

PROPOSTA
Como organizar o conceito básico (pontos vitais)

PROBLEMAS NÃO-RESOLVIDOS
Problemas não-resolvidos e como superar obstáculos, isto é, como negociar com departamentos relacionados problemas e soluções previstas

PLANO DE AÇÃO (CRONOGRAMA)
Como organizar o plano cronograma / prazo

AUTOR: _____ DATA: _____

Figura 18-2 História de proposta.

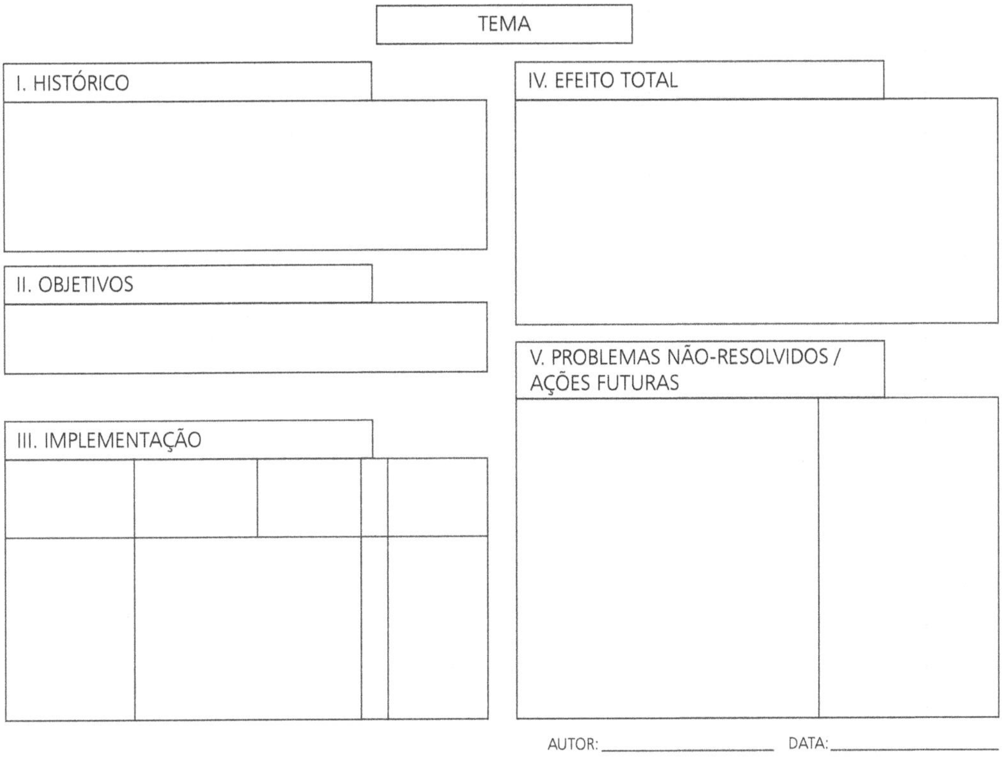

Figura 18-3 História de relatório de *status*.

O processo de construção de um relatório A3 na solução de problemas

A solução de problemas utiliza diversos formatos em diferentes estágios do processo, dependendo do *que* está sendo apresentado e do *momento* do processo em que as informações estão sendo transmitidas. Há três estágios distintos no processo de solução de problemas. Primeiro, tem-se o estágio de *proposta*, quando a história de proposta é usada. Na verdade, existem dois níveis no estágio de proposta. A proposta inicial é feita para obter consenso quanto à abordagem do problema. Se a concordância em prosseguir for estabelecida, o próximo nível do estágio de proposta surge após a identificação das raízes do problema. Nesse momento, geralmente se faz uma proposta para obter a aceitação e a aprovação das soluções propostas.

Depois que as contramedidas são aceitas e a implementação tem início, o processo avança para o segundo estágio, de *relatório de status*, com a história de relatório de *status*. Esse estágio fornece informações e atualiza as pessoas para que verifiquem se a atividade está dentro do cronograma. Também é uma oportunidade de questionar e explorar a totalidade do raciocínio e oferecer recursos adicionais, se necessário, para completar a atividade conforme programado.

O terceiro estágio é do *relatório final*, quando a atividade termina. Nesse momento, geralmente não há necessidade de ainda questionar os detalhes da própria atividade. O foco está na obtenção do resultado. De modo geral, a apresentação final não é feita antes que as contramedidas tenham sido bem-sucedidas na eliminação do problema e os resulta-

TABELA 18-1 Processo de relatório A3 de solução de problema

Antes	Durante	Depois
Apresentação da proposta • Comparação geral com outros problemas • Esclarecimento dos objetivos • Oferecimento de orientação • Consideração de outras opções • Obtenção de consenso e aprovação	Relatório de *status* • Verificação do progresso • Verificação da direção da atividade • Oferecimento de orientação • Oferecimento de apoio adicional • Oferecimento de recursos adicionais	Relatório final • Verificação da realização bem-sucedida e da obtenção de resultados • Celebração do sucesso • Avaliação de outras considerações

dos desejados tenham sido alcançados. O primeiro propósito do relatório final é mostrar a atividade e o sucesso da equipe ou do indivíduo. É uma celebração do bom raciocínio e do bom processo. Também é o momento de perguntar "o que vem agora?" ou "qual é próximo problema que será 'escolhido'?".

A Tabela 18-1 apresenta os três estágios do processo de solução de problema e como o A3 é usado durante cada um. Antes de realmente decidir começar uma atividade de solução de problema, é importante avaliar o problema no contexto de outras questões. Se o passo de afirmação do problema é realizado conforme delineamos no Capítulo 14, essas informações podem facilmente ser utilizadas para comparação. Também é possível explorar alternativas, como quem deve trabalhar no problema, quantas pessoas e em que período (dependendo da urgência do problema). A proposta inicial de um problema deve fazer emergir muitas perguntas, assegurando-se que o problema foi corretamente identificado e que a aprovação para seguir em frente foi garantida.

Depois de se chegar ao acordo quanto a uma proposta, os relatórios de *status* são freqüentes. Dependendo da atividade, podem ser semanais ou mensais. A parte inicial do A3 (afirmação do problema e análise, discutidas no Capítulo 15) não muda em cada atualização. Essas informações são de natureza histórica e são brevemente revisadas como um "lembrete", mas os dados não mudam (a menos que seja necessário um ciclo adicional de PDCA). O A3 é usado para mostrar o *status* da implementação e os atuais resultados da melhoria. A atualização de *status* incluirá informações relativas ao tempo restante até a finalização, atrasos no progresso, planos para retornar à programação e quaisquer desafios ou questões que exijam apoio de terceiros. Um erro comumente cometido é esperar demais, depois de haver atraso no plano, para elaborar um plano de contingência. Isso pode atrasar uma atividade.

Esboço para um A3

A organização de sua história em uma única folha de papel sempre segue o formato básico; no entanto, o verdadeiro conteúdo e o espaço dedicado para cada seção variam. A Figura 18-4 mostra a apresentação básica de uma "história de solução de problema" em A3, com cada seção identificada e com o fluxo de informações indicado por setas. Comece com um cabeçalho que contenha o "tema" da atividade, o nome do preparador, a data e qualquer outra informação relevante, como planta ou departamento. Depois, a página é dividida em duas partes no meio.

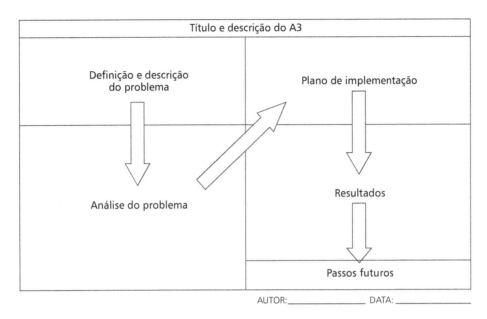

Figura 18-4 Formato e fluxo de história de solução de problema em A3.

Na maioria dos casos, a Definição e Descrição do Problema (afirmação do problema) e a Análise do Problema preenchem todo o lado esquerdo da folha, como pode ser visto na figura. Nessa parte da folha, os dois terços de baixo geralmente são reservados para a análise, e o topo apresenta a situação problema. A análise é o cerne do processo, e maior parte do espaço deve ser dedicada a ela. Sem uma análise completa e precisa, as soluções implementadas serão enganosas e não produzirão um resultado eficaz. Em alguns casos, se o problema for particularmente complexo e envolver muitas questões, a análise poderá estender-se para o lado direito da folha. Tudo isso são orientações, e não regras rígidas e rápidas, pois o formato deve adequar-se à história, e não o contrário. Se uma seção da história exigir mais ou menos espaço, ajuste-a conforme for necessário.

O lado direito do papel geralmente é reservado para o Plano de Implementação, como mostra a figura, os Resultados e os Passos Futuros. A seção de resultados normalmente toma a maior parte do lado direito. Isso representa a importância relativa de cada seção no processo. Todo o propósito da atividade é melhorar os resultados, por isso esse deve ser o foco do lado direito do A3. Você se lembra de quando dissemos que, se a análise é completa e precisa, as raízes do problema são óbvias? Se as raízes forem óbvias, as soluções também serão. Essa conexão deve ficar clara na história. Se for, haverá menos necessidade de apontar os detalhes da implementação. Pense desta forma: se você faz a análise corretamente e implementa uma contramedida de maneira eficaz, o resultado desejado deve ser atingido. Se o resultado ficou aquém do esperado, é porque houve uma falha na análise, na identificação da contramedida eficaz ou na execução.

Se for difícil arrumar espaço no caso de um problema complexo, a seção de passos futuros poderá ser minimizada, com pouco impacto sobre o relatório A3 como um todo. Novamente, o espaço real utilizado para cada seção de uma atividade de solução de problema deve basear-se na relevância do material para a história. As informações mais importantes devem consumir a maior parte do espaço.

Dicas de formatação

A elaboração de relatórios A3 tem um pouco de arte. Não existe só uma maneira de fazer um relatório desse tipo, mas há algumas orientações que podem ajudar a tornar as informações mais fáceis de entender. Abordamos muitas delas nos Capítulos 13 a 17, mas vale a pena repetir aqui:

- Evite o excesso de texto. Uma imagem vale por mil palavras. Apresente os dados em forma de gráfico, que é algo fácil e rápido de compreender.
- Use um formato coerente para informações semelhantes. Preste muita atenção à escala dos gráficos. Dados semelhantes comparados em escalas diferentes podem ser visualmente enganosos e um tanto confusos.
- Use gráficos de linhas na seção de descrição do problema (primeira seção), pois eles mostram a tendência da questão. Não utilize gráficos Pareto ou gráficos em forma de pizza. Estes são ferramentas de análise, não de descrição de problema.
- Se tiver que usar palavras, utilize afirmações separadas em itens em vez de frases, restringindo-se a três ou quatro itens por seção para sintetizar os pontos principais.
- Certifique-se de que todos os quadros, gráficos ou textos tenham tamanho adequado para serem lidos com facilidade.
- Ao utilizar uma ferramenta de comparação, como um gráfico de pizza ou Pareto, evite comparar muitas questões, já que isso tornará os dados muito pequenos e difíceis de ler. Além disso, existem "ferramentas de separação" que permitem isolar os "poucos significativos dos muitos triviais". Qualquer coisa que passe dos cinco principais não é um dos poucos significativos e não merece atenção.
- Evite usar quadros e gráficos coloridos. Quando fotocopiados, a cor não aparece, e, se você usar cores para identificar elementos, a clareza será perdida. Sim, sabemos que você pode usar uma copiadora em cores, mas é muito cara, e nem todos terão uma à disposição quando você quiser uma cópia! Isso traz um ponto relacionado: não faça com que uma má atividade de solução de problema pareça boa utilizando material colorido e sofisticado. Se o seu A3 for só fachada e não tiver substância, isso ficará óbvio. Como disse Einstein: "se você quiser descrever a verdade, deixe a elegância para o alfaiate".
- Já que estamos falando de quadros e gráficos, devemos mencionar o uso do Microsoft Excel para esses fins. É uma ferramenta útil, mas, como qualquer ferramenta, só pode ser tão boa quanto seu usuário. O principal problema é que as definições *default* nem sempre oferecem os melhores resultados. As definições de escala, marcadores e linhas são ajustáveis, e você deve dedicar atenção especial ao tamanho e ao estilo da fonte. O tamanho pode automaticamente ajustar-se e ficar em desequilíbrio com outros gráficos semelhantes. Não deixe de fazer as modificações para fins de clareza e facilidade de compreensão.
- Utilize setas para mostrar o fluxo de informações, de forma que o leitor saiba qual é a relação de cada parte da história.
- Evite acrônimos e terminologia técnica. Lembre-se de que seu público pode incluir pessoas que não conhecem o jargão.
- Use seu senso de equilíbrio visual. Certifique-se de que a história está espacialmente bem organizada e de que os elementos estão alinhados. Informações semelhantes, como gráficos, em tamanhos diferentes dispersam a atenção.

Versão final em A3 da história de solução do problema

A Figura 18-5 é um A3 completo do problema considerado nos Capítulos 13 a 17. Você poderá constatar alguns dos problemas mencionados acima nesse A3. Se você os percebeu, muito bem. Você pode aplicar essa aprendizagem em seu próprio A3. não existe A3 perfeito. Cada vez que fazemos um, sempre encontramos maneiras de melhorar o conteúdo ou o formato. Nossa meta não é sermos perfeitos, mas comunicar as informações de maneira eficaz.

Muitas pessoas olham esse A3 e imediatamente pensam que ele está "muito cheio" ou que é "complicado". Essa é uma reação normal a um A3 muito complexo. Há muitas informações em um espaço pequeno. Se esse A3 lhe fosse apresentado, você veria que, na verdade, toda a história pode ser explicada em cerca de três minutos e meio e que ela é muito clara. O seguinte texto seria usado para explicar esse A3 e está apresentado como relatório de resultados (a atividade está completa):

Como vocês podem ver [apontando para o gráfico de tendências em "Definição da Situação Problema"], a linha de fabricação estava sistematicamente abaixo da meta em unidades por hora e, no fim do ano passado, tinha piorado. Como conseqüência disso [apontando para o gráfico de horas extras], tivemos aproximadamente 80.000 dólares mensais em custo com horas extras, que estavam aumentando, assim como os embarques atrasados para os clientes [aponta para o gráfico dos embarques com atraso]. Se não tivéssemos agido, esse problema provavelmente teria ficado pior. [Fim da seção "Situação Problema".]

Uma análise das perdas de nossa produção [aponta para o primeiro gráfico em "Análise do Problema"] mostrou que estávamos perdendo tempo durante o ciclo de operação e nosso tempo de funcionamento estava reduzido devido ao período de limpeza. Estávamos despendendo 30 minutos por turno na limpeza e queríamos reduzir esse tempo para 15 minutos por turno [aponta para o gráfico]. A observação da área de trabalho mostrou que os resíduos não estavam sendo contidos adequadamente, exigindo mais tempo para limpeza. A redução do tempo de limpeza para 15 minutos por turno aumentará as unidades por hora em 2,5.

A observação e a análise dos passos do trabalho indicaram 10 segundos de tempo de caminhada para essa operação [aponta para o *yamazumi*, ou gráfico de pilha]. O diagrama de fluxo do operador [aponta para o diagrama] mostra que a localização das peças e do equipamento estava causando excesso de tempo para deslocamento. A redução de metade da caminhada economizará cinco segundos por ciclo, o que produzirá mais sete unidades por hora da mão-de-obra. [Fim da seção de "Análise do Problema".]

Para termos algum alívio temporário desse problema, decidimos fazer a limpeza durante o almoço e os intervalos [aponta para cada contramedida em "Planos de Ação para Corrigir Problemas", à medida que são mencionados]. Tivemos um serviço de limpeza temporário que realizou essa tarefa até que pudéssemos implementar a contramedida permanente para coletar os resíduos de maneira mais eficaz. Além disso, fixamos caixas de papelão em certos locais das máquinas para coletar os resíduos temporariamente. Isso tornou mais fácil a limpeza. Essas contramedidas de curto prazo foram realizadas imediatamente. Durante a segunda semana, mudamos a organização da área de trabalho e reposicionamos o botão de partida. Essas mudanças reduziram o tempo de caminhada e o tempo de ciclo. Nossa contramedida permanente foi fechar a parte inferior de cada máquina com uma proteção para reduzir a necessidade de limpeza.

Precisávamos fazer algumas modificações no sistema de coleta de poeira, e cada máquina também foi modificada para isso. Essa tarefa exigiu a colaboração da manutenção e da engenharia, e planejamos trabalhar em uma máquina por semana, num período de quatro semanas. Verificamos os avanços semanais para ter certeza de que estávamos dentro objetivo. Estas são as contramedidas permanentes que reduzirão a necessidade de limpeza para 15 minutos. [Fim da seção Planos de Ação para Corrigir Problemas]

352 Parte V • Solução da Causa-Raiz do Problema para Aprendizagem Contínua

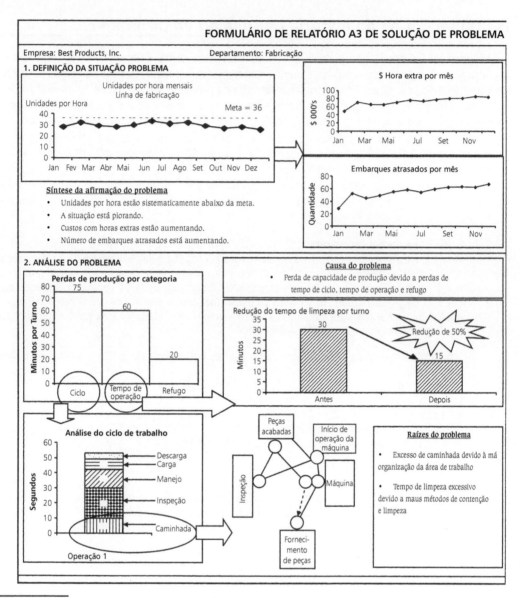

Figura 18-5 Exemplo de um A3 preenchido (Continua).

Começamos a ver resultados imediatos quando implementamos as contramedidas temporárias [aponta para o primeiro gráfico de unidades por hora em "Resultados da Atividade"]. Realizamos uma simulação da nova organização de trabalho e comprovamos os resultados também, e, quando as mudanças de organização foram feitas, as unidades por hora aumentaram. Nas últimas quatro semanas, nossas unidades por hora têm estado sistematicamente acima da média, e nosso processo estabilizou. Mais ainda, nossos custos com horas extras e os atrasos nos embarques foram reduzidos [aponta para os gráficos]. Não estávamos especificamente concentrados na redução de espaço ocupado, mas constatamos essa redução quando a área de trabalho foi reorganizada [aponta para afirmações na "Síntese dos Resultados"]. [Fim da seção "Resultados da Atividade".]

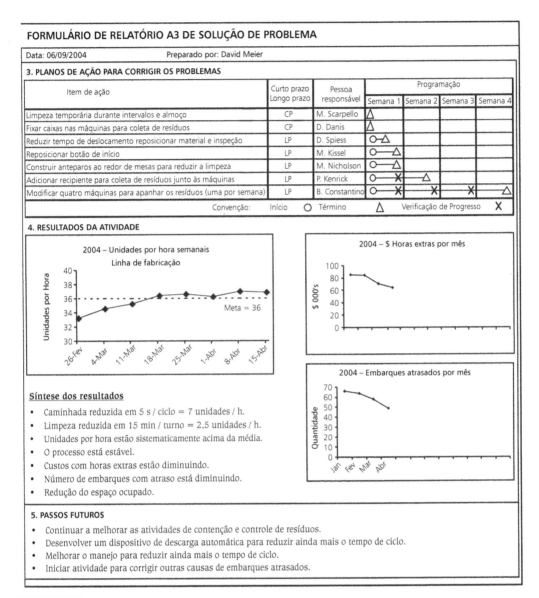

Figura 18-5 Continuação.

Embora esses resultados fossem suficientes para atingirmos nossa meta, identificamos outras oportunidades para melhoria [aponta para "Passos Futuros"]. Podemos instalar um dispositivo de descarga automática na máquina e reduzir ainda mais o tempo de manejo, o que reduzirá o tempo de ciclo. Há oportunidades adicionais para contenção de resíduos, e continuaremos a diminuir a necessidade de limpeza na área de trabalho. Temos outros problemas que causam atrasos nos embarques e vamos abordá-los na próxima atividade de melhoria. A equipe começará a avaliar a situação na semana que vem. [Fim!] Alguma pergunta ou comentário?

Comentários finais sobre o A3

Uma desvantagem do A3 de 27,5 cm x 42,5 cm é que, embora seja quase do tamanho de duas folhas de 21,2 cm x 27,5 cm juntas, a apresentação é diferente (paisagem *versus* retrato). Isso causa problemas de dimensionamento quando se tenta copiar e colar um A3 do Excel para outro formato. Quando um A3 é copiado e colado em um espaço com proporção espacial diferente (de 27,5 cm x 42,5 cm para a apresentação deste livro, por exemplo), a mudanças resultantes nas fontes e gráficos podem não ser desejáveis. Quando se imprime um A3 em papel de 21,2 cm x 27,5 cm, a impressora automaticamente ajusta-se para 64%, e a cópia resultante pode ser muito pequena. Se você colar em Power Point, alguns detalhes poderão ser perdidos devido a essa diferença de proporção. Em parte por causa disso, em parte para eliminar mais perdas, alguns setores da Toyota passaram para relatórios A4 (21,5 cm x 27,5 cm). A maioria dos funcionários americanos da Toyota que conhecemos e que tiveram que se esforçar para fazer as informações caberem no formato A3 está apavorada com a idéia de ter que usar o A4.

Porém, mais importante que o tamanho dos relatórios e os detalhes técnicos de sua confecção e impressão, é que o A3 só consegue ser tão bom quanto o processo que o gera. Sem um bom processo de solução de problemas, não teremos um bom relatório A3. Nos bastidores, a chave para a elaboração de um relatório A3 é *nemawashi* – o processo de obter consenso. O *nemawashi* pode ser visto como um tipo de *ringi sho* – uma proposta que é posta em circulação. Cada vez que uma pessoa a vê, ela terá algumas reações e dará alguma opinião. Se você não estiver aberto às opiniões, não há por que mostrar sua proposta. O A3 é, então, modificado à medida que a proposta circula. Em alguns casos, ele é o produto de um projeto de equipe, e esta deve estar de acordo com o relatório. Quando o A3 for apresentado a um grupo executivo para a tomada de decisão, todos já deverão tê-lo visto e estar de acordo com seu conteúdo. Na Toyota, é comum dispor de apenas cinco minutos para apresentar o relatório antes de se tomar a decisão imediatamente.

Historicamente, o A3 era ensinado pelo supervisor, mas não em uma sala de aula. Fazia parte do trabalho de um profissional da Toyota. Nos Estados Unidos, a Toyota descobriu que os administradores americanos não possuíam algumas habilidades administrativas básicas que, para a Toyota, eram tidas como já existentes, incluindo a elaboração de relatórios A3. Assim, um curso especial foi criado para ensinar essa técnica a todos os administradores. Começou como um curso de um dia de duração e foi, depois, reduzido para meio dia. À medida que o curso foi se desenvolvendo, foi ficando claro que havia pré-requisitos, como em um curso universitário. Era necessário um curso em solução de problemas.

Muitas empresas que aprendem sobre a elaboração de relatórios A3, acham a idéia atraente. Estamos todos tão sobrecarregados pela quantidade de papel em nossas empresas – seja de papel físico, seja de papel virtual no computador. Um lado só de uma folha de papel é muito interessante. Infelizmente, o apelo sedutor do relatório é também seu principal ponto fraco. É fácil tratar o A3 como um belo brinquedo novo. Seu uso torna-se um mandamento da administração. Todos aprendem como fazê-lo e passam muito tempo superando-se para produzir criações gráficas elaboradas, juntando cada vez mais informações na página. Não é esse o propósito. O propósito é comunicar, obter consenso, resolver problemas e atingir resultados.

Atividades de reflexão

Se você completou a seção de reflexão nos Capítulos 14 a 17, terá terminado sua atividade de solução de problema. O A3 pode ser usado como formato e guia durante sua atividade e como síntese depois que o problema está resolvido. As seguintes questões dirigem-se especificamente ao relatório após a solução do problema, mas também podem ser usadas para organizar suas idéias e informações à medida que o problema vai sendo solucionado. Utilize o problema que você completou nos Capítulos 14 a 17 e suas informações para realizar as seguintes tarefas.

1. Partindo de uma folha de papel em branco, escreva o cabeçalho do relatório A3. Inclua:
   a. Seu nome
   b. O tema do problema (descreva o objetivo de solucionar o problema)
   c. O nome da área de trabalho, departamento, local, etc.
   d. A data do relatório
2. Preencha a seção da situação problema.
   a. Represente o problema graficamente.
   b. Mostre o efeito do problema sobre outras condições empresariais importantes.
   c. Utilize setas para mostrar o fluxo de informações e guiar o olhar do leitor ao longo do caminho correto.
   d. Não use mais do que dois itens de afirmações para explicar a situação problema, o efeito e o raciocínio para a "escolha" do problema.
   e. Existe uma razão importante para solucionar esse problema? (A relevância deve ser clara.)
3. Preencha a seção de análise.
   a. Use quadros, gráficos e diagramas tanto quanto possível para mostrar a limitação do problema e a seleção das causas principais.
   b. Evite listas de causas possíveis, causas prováveis, etc. Use dados para retratar os fatos.
   c. Certifique-se de que sua análise flui passo a passo, progredindo do problema até a(s) raiz(es). (Trata-se de uma versão gráfica do processo dos Cinco Porquês.)
   d. Use setas para mostrar o fluxo de informações e para auxiliar o leitor.
   e. Verifique se você identificou as verdadeiras raízes do problema. (Elas devem atender aos quatro critérios delineados no Capítulo 15.)
4. Preencha o plano de ação.
   a. Identifique contramedidas temporárias de curto prazo e contramedidas permanentes de longo prazo.
   b. No caso de tarefas maiores: você conseguiu dividir a tarefa em incrementos menores que pudessem ser realizados nos intervalos programados?
   c. Todas as medidas foram completamente implementadas?
5. Mostre os resultados de sua atividade na seção de resultados.
   a. Apresente os efeitos de ações específicas no gráfico de resultados (indique as datas de implementação).
   b. A melhoria está sendo mantida?

     c. Represente o efeito da melhoria sobre os indicadores correspondentes mostrados na seção de afirmação do problema.
     d. Não use mais de cinco itens de afirmações para descrever os resultados.
6. Explique os passos seguintes de sua atividade.
     a. É necessário continuar trabalhando nesse problema?
     b. É necessário obter apoio adicional de terceiros?
     c. Como você transferirá a responsabilidade pela manutenção dos resultados?
     d. Explique se você escolherá outro problema e qual será.
7. Revise o A3 com outras pessoas para solicitar *feedback*. Dê atenção especial a qualquer questão ou esclarecimento que se fizer necessário. Eles são indicadores de itens que estão faltando em sua apresentação. Utilize essas informações para melhorar seu próximo A3. isso é praticar a arte de *hansei* (reflexão e aplicação de lições aprendidas).

Parte VI
Administração da Mudança

Capítulo 19
Estratégias e Táticas da Implementação Enxuta

Onde você deve começar?

Você sabe que sua empresa precisa de uma injeção da abordagem enxuta. Há perda por toda parte. Depois de uma séria reflexão, você percebe que falhou na maioria dos testes. A cultura não está nem perto do nível que descrevemos no Modelo Toyota. A liderança não aparece, você não conta com grupos de trabalho eficientes, os grupos funcionais estão em guerra quase o tempo todo, os processos de solução de problemas são superficiais, e você tentou algumas ferramentas enxutas aqui e ali com bons resultados de curto prazo, mas sem capacidade de sustentação.

Bem-vindo à realidade da maior parte do mundo. Até mesmo a Toyota tem que trabalhar arduamente para manter o Modelo Toyota, com especial empenho para difundir o verdadeiro Modelo Toyota fora do Japão. Trata-se de um trabalho árduo e contínuo.

Então, onde você começa? Neste capítulo, falamos de estratégia e de táticas. Você precisa decidir onde concentrar as verdadeiras atividades para implementação do sistema enxuto. Você precisa de um plano. Há muito a ser feito, e muitas maneiras diferentes de fazê-lo.

Retornando ao modelo de 4P, argumentamos que todos os quatro níveis de filosofia, processo, pessoas e solução de problemas estão entrelaçados de formas complexas. Trata-se de um sistema. Assim, aonde isso o leva? Infelizmente, com a realidade sendo como é, você tem que começar em algum lugar. Mesmo que você tenha sido enxuto por alguns anos, mas sem que o sistema tenha se consolidado, você tem que começar em algum lugar para revigorá-lo. Você tem, no mínimo, quatro opções:

1. **Filosofia.** Você pode começar com uma reunião dos principais executivos fora do local de trabalho e claramente definir sua visão para tornar-se uma empresa enxuta.
2. **Processo.** Você pode começar implementando o sistema enxuto corretamente como um fluxo de valor estendido, conforme descrevemos na Parte III deste livro.
3. **Pessoas.** Você pode trabalhar para treinar e doutrinar seu pessoal no novo sistema enxuto de pensar, tendo efeito direto na mudança de cultura.
4. **Solução de problemas.** Você pode treinar as pessoas na metodologia de solução de problemas e dar-lhes tempo para se reunirem em grupos e resolver os problemas.

Todas essas abordagens foram tentadas em muitas empresas ao longo dos anos com sucesso variado. Até certo ponto, você precisa trabalhar em todas elas. Mas, se você tiver que escolher um lugar para começar a concentrar seus esforços, este tem que estar na camada de processo – redução de perdas no processo de transformação. Dito isso, há ainda muitas outras escolhas a fazer.

Níveis, estratégias e ferramentas da implementação enxuta

Um outro modo de segmentar o problema do planejamento da atividade de implementação é pensar em sua organização em níveis, da porção maior até o menor componente[1]. Na Tabela 19-1, vemos níveis da extensão da empresa, o que inclui todas as organizações e empresas que, de alguma forma, afetam o seu produto e atuam até o nível do processo individual detalhado. Consideremos cada nível, partindo da base, com o processo individual.

Abordagem de melhoria de processo

O processo individual é o que é feito em uma máquina específica ou por um determinado funcionário para uma operação manual: prensa ou solda de peças, a realização de uma montagem, a mistura de uma porção de tinta, atendimento de chamadas em uma central telefônica, a entrada de dados, etc. deve haver um objetivo específico de melhoria para esse tipo de processo. Pode ser reduzir defeitos em 20%, reduzir o tempo de ciclo em 20% para melhorar a produção, eliminar o estoque em processo em 50%, reduzir o tempo de paralização dos equipamentos de 10 a 20%, e assim por diante.

Uma abordagem comum à melhoria de processos como estratégia enxuta é o evento *kaizen* com uma semana de duração. A estrutura do evento *kaizen* (seminário de *kaizen*, seminário rápido de melhoria, evento enxuto, evento rápido de melhoria) é:

1. **Preparação antecipada.** De duas a quatro semanas de antecedência para preparação do seminário para definir o escopo do problema, definir a equipe, coletar dados sobre a situação atual, decidir quais ferramentas enxutas utilizar e fazer os arranjos logísticos para o evento. Em alguns casos, ocorre a compra antecipada de ferramentas, materiais ou equipamento que não pode ser feita no *lead time* de uma semana destinado ao seminário.
2. **Realização do seminário.**
   - Segunda-feira: Dar uma visão geral do sistema enxuto e ensinar algumas ferramentas especiais necessárias para aquela semana. Começar a coletar dados sobre o processo atual à tarde.
   - Terça-feira: Completar a análise do estado presente, coletar dados, elaborar um mapa do fluxo do processo, representar o padrão de deslocamentos, criar as Tabelas de Combinação de Trabalho Padronizado, etc., e desenvolver idéias para a melhoria da situação. Talvez seja possível detalhar o estado futuro no final do dia (Planejar).
   - Quarta-feira: Primeiro, fazer a implementação (Fazer). Pode ser um piloto, para uma primeira tentativa, ou diretamente a implementação completa. Às vezes, isso começa com o esvaziamento do espaço do processo atual, pintura do piso e mudança do lugar dos equipamentos, de acordo com a nova distribuição.

---
[1] Grande parte dessa discussão sobre estratégias de implementação e os cálculos usados para as diferentes estratégias baseia-se em um curso de treinamento desenvolvido e oferecido na Universidade de Michigan por Bill Costantino, ex-líder de grupo da Toyota, e colega de David Meier nessa faculdade.

TABELA 19-1 Ferramentas e estratégias de implementação enxuta

Nível de implementação	Estratégia	Exemplos de ferramentas
Empresa abrangente	Administração da cadeia de suprimentos	Contratos, estruturas de aliança, preço alvo, logística enxuta, EV / AV (Engenaria de Valor/Análise de Valor), desenvolvimento do fornecedor, associações de fornecedores
Na empresa	Escritório e engenharia enxutos	Todas as abordagens e ferramentas enxutas adaptadas às operações técnicas e de serviços
Na fabricação	Sistema de produção X	Modelos conceituais, módulos de treinamento, avaliações enxutas, mensurações enxutas, manuais de procedimentos padrão
Toda a planta	Ferramentas para toda a planta	5S, trabalho padronizado, *kanban*, células, TRF (Troca Rapíca de Ferramentas), líderes de equipe, TPM, verificação de erros
	Projetos críticos	Análise de restrições, análise custo-benefício, qualquer uma das ferramentas enxutas
Fluxo de valor	Linha modelo	Mapeamento de fluxo de valor, ferramentas enxutas adequadas necessárias para a implementação do estado futuro
Merlhoria de processos	Projeto *kaizen*	Evento *kaizen*, projeto *kaizen*, Círculos de Qualidade, força-tarefa, ferramentas enxutas concentradas
	Projeto Seis Sigma	Ferramentas Seis Sigma

- Quinta-feira. Avaliar o processo (Verificar), melhorar (Agir) e mantê-lo em andamento através do sistema Planejar-Fazer-Verificar-Agir (PDCA) até que se tenha uma boa abordagem.
- Sexta-feira: Desenvolver uma apresentação para a administração. Fazer a apresentação. Comemorar. (Muitas vezes, o evento termina após um almoço de comemoração.)
3. **Acompanhamento do seminário.** Sempre há itens que não podem ser realizados durante a semana, os quais são reunidos em uma lista de tarefas, às vezes chamada de "boletim *kaizen*". Um plano de ação para o que, quem e quando é preparado durante o seminário de uma semana, é necessário o acompanhamento para garantia de execução dos itens.

A abordagem do seminário *kaizen* recebeu uma denominação pejorativa em muitos lugares. Jim Womack risonhamente costumava referir-se ao "*kaizen kamikaze*" ou "*kaizen de ofensiva*". Os termos fazem alusão ao modo de investir rápida e furiosamente na solução de problemas, recuar, preparar-se, apontar, abrir fogo, e pronto. O problema não é que os seminários *kaizen* sejam inerentemente maus, e sim que muitas empresas transformam todo o seu processo enxuto em uma série de seminários *kaizen*, juntamente com um escritório de promoção de *kaizen* para administrar, apoiar e monitorar os eventos *kaizen*. Essas empresas chegam a contar os eventos de *kaizen* como importante mensuração de desempenho. Existem alguns sérios pontos fracos nessa abordagem (ver Figura 19-1):

1. Os seminários *kaizen* geralmente são *kaizen* pontual, concentrando-se no processo individual. Como não há uma perspectiva mais ampla, isso não leva ao fluxo por toda a empresa.
2. O seminário *kaizen* normalmente termina com uma lista de tarefas a serem executadas, mas que, muitas vezes, não o são, pois as pessoas da área de trabalho não assumem seriamente a propriedade do processo.
3. Embora as pessoas da área de trabalho se envolvam no evento e fiquem bastante entusiasmadas durante o seminário, a realidade instala-se uma semana depois, e, com mais freqüência do que se pensa, ocorre a volta ao estado anterior ao evento.
4. Existe uma tendência a julgar os eventos de *kaizen* com base somente nas economias de curto prazo, o que não impulsiona verdadeiras mudanças de sistema.
5. Não há mudança cultural duradoura.

Isso não quer dizer que boas empresas que são sérias em sua abordagem do sistema enxuto devam ignorar o evento *kaizen* como ferramenta. Os eventos *kaizen* apresentam grandes pontos positivos, incluindo:

1. É uma experiência empolgante para todos os envolvidos. A análise e a melhoria concentradas, combinadas com o sentimento de pertencer a uma equipe, podem literalmente mudar a visão de mundo das pessoas. Elas podem ver as perdas e também o que é possível obter quando as perdas são eliminadas.
2. A administração descobre com que velocidade as coisas podem ser realizadas quando esforços combinados são aplicados. Coisas surpreendentes podem ser feitas com o foco e a alavancagem de recursos adequados.
3. As pessoas aprendem muito. A intensidade da experiência abre as pessoas para a aprendizagem de formas que geralmente não são possíveis na abordagem tradicional em sala de aula.

Características	
➢ Concentração na melhoria de processos	➢ A Toyota usa uma variedade de abordagens
➢ Alvos específicos de melhoria	➢ Algumas empresas usam eventos *kaizen*
➢ Melhorias de processos isolados	➢ Algumas empresas usam o processo Seis Sigma
➢ A Toyota trabalha com *hoshin kanri*	

PONTOS FORTES	ARMADILHAS
• Alto interesse / apoio	• *Kaizen* pontual sem visão / estratégia global
• Recursos geralmente disponíveis	• Nenhum sistema para apoiar uma mudança duradoura
• Tendência à ação	• Risco de retrocesso
• A abordagem de evento *kaizen* pode fazer mudanças radicais rapidamente	• Falta de senso de propriedade se for dirigido por função de *staff*
• Oportunidade de convencer os céticos nos eventos de *kaizen*	• A abordagem de evento *kaizen* pode tornar-se "o programa enxuto"
• A abordagem Seis Sigma utiliza análise estatística muito rigorosa	• Seis Sigma pode levar à paralisação da análise
• Pode apoiar a abordagem de fluxo de valor	• Geralmente, os projetos buscam um retorno imediato que significa custos com mão-de-obra, o que dá ao sistema enxuto e ao Seis Sigma a reputação de programas que causam demissões

Figura 19-1 Pontos fortes e armadilhas da abordagem de projetos *kaizen*.

4. Geralmente, os recursos são disponibilizados, incluindo a autoridade administrativa, recursos interfuncionais e dinheiro. Desse modo, as coisas que podem acontecer em uma semana poderiam levar meses no processo de elaboração de requerimentos, aprovação e persuasão de pessoas para prestarem auxílio.
5. Os céticos podem ser conquistados. Em sala de aula, os céticos levantam a mão e explicam todas as razões para o sistema enxuto não funcionar. Essas mesmas pessoas são as que o fazem acontecer em um seminário.
6. Como discutimos posteriormente neste capítulo, o evento *kaizen* é uma ótima ferramenta para implementar aspectos de uma visão geral de fluxo de valor.

O exemplo da Tenneco, de Smithville, Tennessee, que descrevemos a seguir, ilustra os pontos positivos e negativos dos eventos *kaizen*. Nesse caso, eventos quinzenais de *kaizen* radical transformaram drasticamente uma planta. Cerca de 40% da mão-de-obra foi eliminada pelo *kaizen*. Ao longo de um ano, trabalhou-se em todas as áreas da planta, deslocando-se centenas de equipamentos, construindo-se novas docas de embarque e recebimento e basicamente reconstruindo o local. As economias drásticas atraíram grande atenção da administração e ajudaram a incentivar o CEO a investir no sistema enxuto de forma geral. Devemos observar que um "evento" não é necessariamente um evento bem-sucedido. Os eventos da Tenneco de Smithville foram bem conduzidos por um especialista enxuto veterano, que guiou a planta em direção a uma séria mudança. Também existem eventos liderados por "coordenadores de *kaizen*" que não possuem um profundo conhecimento e habilidades agressivas de facilitação; estes eventos podem facilmente transformar-se nas incensadas atividades 5S.

Os programas Seis Sigma têm algumas vantagens e desvantagens em comum com os seminários de *kaizen* na melhoria de processos. Em geral, têm maior duração (por exemplo, vários meses), são conduzidos por indivíduos que estão se tornando ou já são *black belts* e concentram-se intensamente em métodos estatísticos e mensurações. As origens do Seis Sigma estão no Gerenciamento da Qualidade Total (TQM), mas seus defensores argumentam que o Seis Sigma acrescenta uma mentalidade financeira básica. Normalmente, espera-se que os projetos economizem várias centenas de milhares de dólares para a empresa. De fato, muitas empresas registram os dólares poupados através do Seis Sigma e até mesmo relatam essas estatísticas para analistas no mercado de ações. Treine mil pessoas em projetos de 200.000 dólares, e, em pouco tempo, grandes economias são feitas. Embora o Seis Sigma utilize ferramentas estatísticas que podem ser bastante poderosas nas mãos certas e na hora certa, existem algumas armadilhas sérias nessa abordagem:

1. O Seis Sigma concentra-se tão intensamente na análise de dados, escolha dos procedimentos estatísticos corretos, validação das propriedades estatísticas dos dados e desenvolvimento de relatórios sofisticados, que o analista pode se desviar do verdadeiro propósito do projeto e perder o foco do *gemba*.
2. O Seis Sigma concede aos indivíduos os títulos de *Green Belts* ou *Black Belts* e confere-lhes um *status* especial na organização, mas suas principais habilidades são os métodos de análise e não necessariamente a profunda compreensão dos processos que estão melhorando.
3. Os *black belts* podem fazer muita coisa sozinhos, transformando os projetos em projetos técnicos de engenharia, com um mínimo de envolvimento dos funcionários.
4. O resultado, com freqüência, é a falta de senso de propriedade por parte das pessoas que realizam o trabalho; desse modo, as mudanças recomendadas não se consolidam.

5. Não existe uma verdadeira filosofia por trás do programa, exceto a de encontrar, mensurar e eliminar a variação e poupar muito dinheiro.

A abordagem encontrar, mensurar, analisar e corrigir para poupar dólares rapidamente muitas vezes leva ao *kaizen* pontual, que pode até mesmo ser contrário aos princípios enxutos. Observamos os seguintes projetos, que foram bem-sucedidos em economizar dinheiro por peça, mas que, na verdade, desviaram a organização do caminho enxuto e acabaram aumentando o custo total:

- Redução do tempo de troca de equipamento, economia de mão-de-obra e aumento do volume de lotes, em vez da diminuição do volume (ver o estudo de caso "Redução da preparação através do Seis Sigma").
- Redução do custo de transporte através do total carregamento dos caminhões, com entregas menos freqüentes e aumento dos níveis de estoque na planta.
- Redução da mão-de-obra atribuindo-se o manejo de material e as tarefas de preparação a trabalhadores em uma célula, adicionando, assim, atividades sem valor agregado para os principais trabalhadores com valor agregado.

O "Sigma Enxuto" (Lean Sigma) promete oferecer o melhor desses dois universos, mas "enxuto", no "Sigma Enxuto", quase sempre vem a ser algumas ferramentas técnicas, como a formação de uma célula ou o desenvolvimento de trabalho padronizado. O resultado é o *kaizen* pontual, usando ferramentas enxutas e do Seis Sigma, sem um fluxo real e sem as mudanças culturais necessárias para apoiar e sustentar a transformação enxuta. O sistema tem muitos dos pontos fracos da abordagem geral de melhoria de processos através de seminários de *kaizen* e das ferramentas enxutas.

Exemplo de caso: Tenneco Smithville, *kaizen* radical, fase I

A Tenneco Automotive abriu sua planta de sistemas de exaustão em Smithville, Tennessee, em 1994. O primeiro cliente foi a Toyota, seguida mais tarde pela Nissan, Saturn, Honda e Corvette. Em 1996, a planta obteve o certificado ISO 9000 e depois QS 9000, e o negócio prosperou. Infelizmente, a planta havia sido estabelecida em torno do conceito tradicional da Tenneco de ilhas de processo, com prensas, curvatura de tubos e diferentes grupos de máquinas de soldagem reunidas por função. Estoques de matérias-primas e de produtos intermediários eram vistos por toda parte, e grandes lotes de cada tipo de produto eram movimentados entre as trocas de equipamento. Na superfície, a planta apresentava um desempenho melhor do que o esperado, e não parecia haver uma necessidade premente de mudança. A planta estava sendo mais lucrativa do que havia sido previsto, e, em termos de avaliação primária – variações de mão-de-obra –, apresentava um milhão de dólares favoráveis ao projeto.

Mas, em 2000, começaram a aparecer sinais de problema. Os lucros estavam baixos. Para a Toyota, a qualidade era aceitável, mas a confiabilidade das entregas, nas palavras da Toyota, era "perigosa". Em um momento, devido a problemas de qualidade, a Tenneco teve que despachar peças por avião, do Japão para a Toyota, ao custo de 30.000 dólares por viagem. Ficou claro que era necessário fazer alguma coisa, ou a empresa não conseguiria mais negócios com a Toyota – que significavam metade dos negócios da planta. Ao mesmo tempo, um novo vice-presidente de manufatura, Joe Czarnecki, foi incorporado, e ele tinha um modo de agir totalmente diferente. Ele observou que, embora a planta gerasse lucros, pelos seus cálculos, deveria ser 20% mais lucrativa. Verificou a eficiência da mão-de-obra indireta, as horas extras e o estoque, que eram todos negativos em relação aos seus alvos. A Nissan estava pedindo uma redução de 20% nos preços, e a Toyota estava introduzindo um novo programa de redução de preços. A necessidade de mudança estava chegando rapidamente ao nível de uma crise.

A Tenneco, pouco antes, havia contratado um especialista em manufatura enxuta, Paquale Digirolamo, que concordou em dedicar quase todo os seu tempo para a planta em um período de oito a 12 meses e tratá-la como um piloto enxuto da Tenneco. Digirolamo e o gerente da planta, Glenn Drodge, reuniam-se três vezes por dia – reunião de planejamento pela manhã, revisão ao meio-dia e revisão de final do dia. Digirolamo desempenhava a função de instutor, mas era agressivo. Achava que o nível geral de disciplina na planta era fraco e adorava dizer "você obtém o que você tolera". A empresa japonesa de consultoria Shingijutsu havia treinado Digirolamo para liderar seminártios *kaizen* radical. Ele programava seminários agressivos a cada duas semanas, na maioria das vezes, estabelecendo uma célula completa de fabricação em uma semana. Nos primeiros seis meses, todas as operações de montagem final tornaram-se células. Toda a planta foi reorganizada quase do zero, e cerca de 450 equipamentos foram reposicionados na nova distribuição. Foram construídas novas docas de embarque, a planta foi virtualmente refeita. Isso era *kaikaku* (transformação radical), não *kaizen* (melhoria contínua).

Na preparação para essa reconstrução radical durante um ano, Digirolamo calculou que a planta tinha 40% mais trabalhadores do que deveria ter. Ele recomendou uma demissão realizada de uma vez só antes de começarem os seminários. A maioria dos trabalhadores temporários foi dispensada, já que a planta tinha muitos trabalhadores de agências. Aos outros trabalhadores, a Tenneco ofereceu seu pacote de demissão padronizado, e muitos funcionários aceitaram-no para impedir demissões involuntárias no caso de funcionários horistas. Alguns dos supervisores de frente de linha foram dispensados – pessoas que não tinham habilidades de administração e liderança para atuar no novo ambiente enxuto. O compromisso verbal entre o gerente da planta e Digirolamo essencialmente significou que o segundo estava assumindo o controle da planta.

Os resultados básicos foram notáveis. Digirolamo ingressou como *sensei* em novembro de 2000. Algum tempo foi dedicado a questões de estabilidade. Em janeiro de 2001, a organização enxuta iniciou seriamente, liderada pelo Smithville Lean Steering Committee. Em abril, a planta tinha dado uma virada, passando de abaixo da meta para acima da meta, e outros gerentes de plantas da Tenneco começaram a se perguntar o que estava acontecendo em Smithville. No primeiro ano, o custo com mão-de-obra foi reduzido em 39%, a eficiência da mão-de-obra direta aumentou 92%, a produtividade da mão-de-obra total subiu 56%, os dólares de estoque disponível foram reduzidos à metade – liberando cinco milhões de dólares em dinheiro –, os defeitos externos foram reduzidos de 638 para 44 peças por milhão, e o *lead time* foi cortado pela metade. Em 2002, a planta, pela primeira vez, recebeu o cobiçado prêmio de qualidade e atendimento concedido pela Toyota.

Em termos das diferentes abordagens à mudança cobertas neste capítulo, Smithville, nesse primeiro ano, usou uma versão radical da "abordagem de projetos *kaizen*". Era um *kaizen* atrás do outro, sem parar. O fluxo foi criado, mas quase todo localmente nas células. Havia alguns sistemas *kanban* que tinham sido instalados antes desse período radical, mas o foco principal de Digirolamo concentrou-se na estabilidade das células. Havia uma tendência clara para a ação, mudanças radicais foram feitas rapidamente, os céticos foram convencidos na planta de Smithville e em outras plantas da Tenneco, e os resultados foram óbvios. A Tabela 19-2 sintetiza os resultados. O sucesso dessa planta também chamou a atenção do CEO, que elevou a prioridade da implementação enxuta. Por outro lado, em termos de nossa implementação em espiral (o ciclo de melhoria contínua mostrado na Figura 3-4, no Capítulo 3), apenas parte de uma volta – estabilizar, criar fluxo, padronizar – foi efetuada em toda a planta. Havia muito trabalho a fazer para se chegar ao verdadeiro Sistema Toyota de Produção (STP) em qualquer lugar da planta.

TABELA 19-2 Desempenho Enxuto de Smithville, melhorias no período de um ano, 2001

Número total de funcionários	– 39%
Número de funcionários assalariados	– 12%
Eficiência da mão-de-obra direta	+ 92%
Produtividade total da mão-de-obra	+ 56%
Estoque $ à disposição	– 48%
Total de dólares em estoque	$5 milhões
Espaço no chão de fábrica (em 18.600 m^2)	8% liberado
PPM (Externos)	638 a 44 (– 93%)
Lead time	50%
Qualidade e entrega	Prêmio Toyota 2002

Como veremos na Fase 2 deste caso, que será apresentada mais adiante neste capítulo, a planta fez poucos progressos nos três anos seguintes no que se refere à abordagem enxuta, e alguns sistemas, na verdade, regrediram. Nesse ponto, a empresa tomou uma abordagem de fluxo de valor e começou com uma linha modelo. O mapa de estado presente, que refletia todas as melhorias com o *kaizen*, mostrava um núcleo de sistema empurrado, células de soldagem, outro núcleo de sistema empurrado, mais células de soldagem e grande quantidade de estoque. Desenvolveu-se um mapa de estado futuro, e as mudanças foram implementadas, resultando em outro grande passo no desempenho. Por si só, os eventos de *kaizen* radical transformaram a planta e melhoraram muito o desempenho, mas não levaram a uma mudança cultural sustentável e não propiciaram um verdadeiro fluxo estendido.

A abordagem de projetos *kaizen* utiliza várias ferramentas enxutas especificamente selecionadas para chegar ao propósito exato de melhoria de processos. Muitos dos métodos de solução de problemas descritos no Capítulo 13 são abordagens de melhorias de processos. Naquele capítulo, observamos que há abordagens para solucionar problemas de pequeno, médio e grande porte. Os problemas de médio porte são tipicamente abordados por eventos *kaizen*, ou como projetos Seis Sigma fora da Toyota, conforme mostra a Figura 13-2 naquele capítulo. As Tabelas 13-1 a 13-3 apresentam uma variedade de diferentes abordagens que a Toyota utiliza para projetos de melhorias de processos, incluindo diversos tipos de equipes interfuncionais, Círculos de Qualidade, grupos de trabalho conduzidos por um líder de grupo e outras. Dependendo do projeto, essas abordagens podem ser tratadas de diferentes maneiras. Pode ser um projeto muito formal atribuído a uma equipe interfuncional. Pode ser uma tarefa para um engenheiro que reunirá uma equipe *ad hoc*. Pode ser uma atividade de *kaizen* realizada por um grupo de trabalho com pouca ajuda externa.

Existem algumas características comuns nessas atividades de melhoria de processos na Toyota:

1. Geralmente, são impulsionadas por objetivos *hoshin kanri* (distribuição de políticas) para o local, que estão ligados aos objetivos de melhoria do local, que, por sua vez, estão associados aos objetivos de melhoria até chegar ao presidente da empresa.
2. O projeto de melhoria de processo segue os passos descritos nos Capítulos 13 a 17. Basicamente, assemelha-se ao relatório A3 de solução de problemas descrito no Capítulo 18. Pode ser apresentado em um quadro, na parede ou realmente em um A3, mas todos os elementos serão incluídos (afirmação do problema, objetivos de melhoria, alternativas consideradas, alternativas selecionadas, justificativa, resultados, medidas adicionais a serem tomadas).
3. Segue-se o ciclo Planejar-Fazer-Verificar-Agir.
4. As atividades fazem parte de um processo de aprendizagem organizacional, com a aprendizagem principal sendo compartilhada por toda a organização.

Abordagem de projetos críticos

Toda operação tem algum tipo de "dor" séria e imediata que, quando eliminada, instantaneamente transforma os solucionadores do problema em heróis. Pode ser uma operação congestionada que constantemente atrasa a programação. Pode ser um equipamento importante que estraga nas horas mais inoportunas. Ou talvez problemas de qualidade que levam grupos inteiros a se prepararem para não fazer nada além de inspeção e retrabalho.

Alguém bem treinado no pensamento enxuto e na solução de problemas está bem equipado para rapidamente reduzir essa dor. Em alguns casos, as empresas usam seminários *kaizen* com uma semana de duração como abordagem para rapidamente analisar e resolver esses tipos de problemas. Como está sintetizado na Figura 19-2, a abordagem de projetos críticos apresenta pontos fortes e pontos fracos.

Temos passado por situações de consultoria em que a administração estava cética quanto ao sistema enxuto e mostrava uma atitude de "ver para crer". Os administradores achavam que o sistema enxuto tinha potencial e que valia a pena experimentar. Mas queriam esperar para ver se era aplicável em sua operação, com sua cultura. Em casos assim, podíamos perguntar: "onde você sente dor? O que acontece na sua operação que não o deixa dormir?". Isso geralmente leva a algumas boas oportunidades para melhorias imediatas que vão lhes deixar perplexos. E, naturalmente, se você estiver trabalhando em um "projeto crítico", conforme definido pela liderança, esta provavelmente afastará todos os obstáculos, oferecerá livre acesso aos recursos e fará de tudo para realizar o que precisa ser feito. Quando as coisas melhoram quase por mágica, a administração passa a acreditar.

Características
- Urgência de curto prazo: soluciona a crise do momento
- Unidimensional
- Alvos específicos de melhorias
- Melhoria de processos isolados
- Algumas empresas usam eventos *kaizen*

PONTOS FORTES
- Alto interesse / apoio
- Recursos geralmente disponíveis
- Tendência para a ação
- Disposição para fazer mudanças radicais rapidamente
- Oportunidade de convencer os céticos através dos resultados drásticos
- Soluciona problemas da alta administração e obtém apoio para atividades posteriores

ARMADILHAS
- Nenhuma visão / estratégia global
- Nenhum sistema para apoiar uma mudança duradoura
- Risco de retrocesso
- Falta de senso de propriedade se for dirigida por função de *staff*
- Resultados drásticos de curto prazo tornam-se a base para julgar todos os esforços enxutos futuros
- O sistema enxuto torna-se uma ferramenta de curto prazo para apagar incêndios

Figura 19-2 Pontos fortes e armadilhas da abordagem de projetos críticos.

Mas quem vive pela espada pode morrer pela espada. Assim que a administração percebe o que o sistema enxuto pode fazer pelos projetos críticos, passa a querer mais. "Vamos até ali, onde temos outro problema sério". Ou: "agora vamos vir para cá, onde esta máquina tem sido um problema desde que foi instalada". E você pode acabar no ciclo interminável de *kaizen* pontual que vimos na abordagem de seminários *kaizen*. É quase como dar uma boa droga a um dependente químico. Você o conquista, mas qual é o custo disso?

Muitos projetos Seis Sigma são abordagens de "projetos críticos". O *black belt* é pressionado a produzir grandes economias para cada projeto. A maneira mais óbvia de fazer isso é encontrar um projeto crítico. O estudo de caso "Redução de troca de equipamento através do Seis Sigma" a seguir ilustra essa situação. O objetivo do projeto crítico era aliviar um gargalo – operação de injeção – eliminando o tempo de troca de equipamentos. O projeto foi um sucesso e economizou 300.000 dólares por ano em custos com mão-de-obra para a troca de máquinas. Infelizmente, de uma perspectiva enxuta, os resultados disso foram maiores lotes, muito mais estoque de peças moldadas e custo total mais alto. A elaborada abordagem Seis Sigma somente reduziu as trocas para 1,2 hora, o que está muito longe da classe mundial.

Isso não quer dizer que a abordagem de projetos críticos deve ser completamente dispensada. Primeiro, é um modo de obter alguns resultados rápidos e abrir caminho para a construção de um sistema enxuto mais ponderado e duradouro – é dinheiro no banco. Segundo, é algo que, de qualquer foram, se deve fazer quando se está na jornada enxuta. Assim que os sistemas enxutos básicos ficam organizados, há um nível básico de estabilidade, fluxo e nivelamento, e, quando as pessoas estão em equipes e desenvolvem boas habilidades de solução de problemas, elas freqüentemente trabalham em projetos críticos. Estes serão o objetivo do *kaizen*, mas não serão o impulso para a transformação enxuta. Trata-se de parte de um processo mais natural de *kaizen*.

Estudo de caso: redução de troca de equipamento através do seis sigma – redução do tempo de troca para eliminar o gargalo[2]

Em uma planta de autopeças que fabrica faróis para veículos, uma jovem engenheira estava trabalhando para ser *black belt* em Seis Sigma. Ela selecionou como projeto um grande problema que a planta tinha há anos: uma quantidade excessiva de tempo e de recursos concentrada na troca de máquinas para a operação de injeção de plástico. Isso fazia com que essa operação se tornasse um gargalo no processo.

Dados detalhados foram coletados. As trocas de modelo ficavam na média de 3,5 horas. Havia três trocas por semana, vezes 34 máquinas. Isso resultava em perda de produção de aproximadamente 100 horas por semana. O alvo da melhoria foi estabelecido em 2,5 horas por troca, e qualquer coisa que excedesse esse tempo sendo definida como defeito. A meta do projeto era reduzir 50% das trocas para menos de 2,5 horas, assim reduzindo os defeitos à metade. Uma extensão da meta chegava aos 90%.

Muita análise de dados foi feita para determinar a distribuição de probabilidade das trocas, verificando-se se havia diferenças estatisticamente significativas entre turnos, máquinas e moldes diferentes. O sistema de mensuração da duração das trocas e a estabilidade do processo foram examinados estatisticamente, e um mapa de processo detalhado das trocas foi elaborado. Vários conceitos estatísticos foram empregados, como testes-T pareados, distribuições Weibull, *box plot* (caixa-de-bigodes) e quatro distribuições de probabilidade. Além disso, ferramentas enxutas tradicionais foram usadas, tais como listagem das etapas do processo e determinação do que poderia ser feito externamente enquanto a máquina estivesse funcionando e o que tinha que ser feito internamente enquanto a máquina estivesse parada. Essas atividades foram priorizadas, desde as que tomavam mais tempo até as que exigiam menos tempo. Um diagrama do tipo espinha de peixe dos materiais, pessoas, métodos, máquinas, indicadores e fatores causais do ambiente que provocavam trocas ineficientes foi desenvolvido. Os dois principais fatores causais foram identificados como sendo a espera pelo carro de troca e o processo de aquecimento da matriz/molde, responsável por 38% do tempo de troca, ou seja, 1,3 horas por troca. Também foram descobertos 12 dos outros 22 passos que poderiam ser realizados enquanto a máquina estivesse em funcionamento (externamente).

O *black belt* em treinamento realizou um *brainstorming* de idéias para melhoria com algumas sugestões vindas do chão de fábrica. As idéias foram, então, restringidas em itens de ação a serem implementados:

- Programação das mudanças de molde para que coincidam com os intervalos de almoço, de forma que as matrizes possam ser aquecidas durante esse período (não era possível justificar o custo do equipamento para pré-aquecer as matrizes).

- Adição de mais um carro, o que seria suficiente para otimizar o número de carros necessários.

---

[2] Gostaríamos de agradecer Lester Sutherland e Donald Lynch, que compartilharam este estudo de caso conosco.

- Designação de uma equipe de troca exclusiva, em vez de pedir que os operadores realizassem as trocas; assim, poderiam preparar grande parte dos itens externos de troca enquanto as máquinas estivessem em funcionamento.

Os resultados excederam a meta. Dados detalhados foram coletados, colocados em gráficos e estatisticamente analisados. O resultado foi de 98% de melhoria, resultando em 2.828 de peças defeituosas por milhão (definindo-se defeito como troca realizada em mais de 2,5 horas). A média de tempo de troca foi de 1,2 horas, bem abaixo da meta de 2,5 horas. A análise das economias concentrou-se na quantidade reduzida de mão-de-obra para trocas de equipamentos, o que remontou a aproximadamente 300.000 dólares por ano. Na verdade, o número de trocas feitas em uma semana estava acima do número projetado, e eles tinham um programa paralelo para estabilizar a programação e reduzir o número de trocas. Assim, havia algumas controvérsias quanto à possibilidade de o projeto da engenheira ter crédito pelas economias com mão-de-obra com base no número de trocas na época ou no número reduzido de trocas previsto.

Então, foi um grande sucesso, certo? Ou não? Consideremos os problemas dessa perspectiva:

1. O processo total levou vários meses. Grande parte desse tempo foi gasto em sofisticadas análises estatísticas e na preparação dos materiais para apresentação. Se um especialista enxuto fizesse isso, a tarefa poderia ter sido realizada em um seminário *kaizen* de uma semana.

2. A jovem engenheira fez a maior parte do trabalho quase sempre sozinha. Houve pouco envolvimento e participação da mão-de-obra da área.

3. A jovem engenheira descartou algumas das idéias mais importantes. Por exemplo, ela desconsiderou o pré-aquecimento dos moldes, o que teria tido um grande impacto. Um agente de mudança de fabricação mais experiente teria se esforçado para fazer isso.

4. O objetivo de 2,5 horas não é uma meta desafiadora, e até mesmo 1,2 hora não é um objetivo mais avançado para trocas de moldes em operações de injeção. Uma meta mais razoável teria sido 15 a 20 minutos, e um objetivo avançado seria chegar a cinco minutos, o que é feito rotineiramente em plantas enxutas. Uma troca de 15 minutos poderia ter proporcionado mais trocas, reduzindo o tamanho dos lotes e ainda reduzindo significativamente a quantidade de mão-de-obra.

5. O fluxo de valor total ficou menos enxuto. Não foi feito um mapa de fluxo de valor. Mais tarde, um mapa mostrou que havia cinco dias de peças injetadas após a moldagem, antes das atividades de redução das trocas. Com a redução do tempo de trocas, a realização das trocas somente perto do horário do almoço e a redução do número de trocas, os dias de estoque de peças injetadas na verdade aumentaram, elevando os dias do fluxo. O mapeamento do fluxo de valor teria sugerido a redução do tempo das trocas a fim de aumentar a freqüência de trocas para diminuir o estoque.

Abordagem de ferramentas enxutas em toda a planta

Uma abordagem pertencente à família de projetos críticos é o que poderíamos chamar de abordagem das "ferramentas críticas". Freqüentemente, quando ministramos cursos profissionais de curta duração sobre sistemas enxutos, descobrimos que a principal meta dos participantes é "aprender algumas ferramentas enxutas que possam ser aplicadas no trabalho". As ferramentas parecem ser o que faz efeito, algo realmente prático. As teorias são boas, mas as ferramentas são o que funciona.

Novamente, não queremos sugerir que há algo errado nas ferramentas enxutas. Carpinteiros, músicos, atletas, engenheiros e outros profissionais certamente precisam dominar "ferramentas da profissão". Não há opção. O que estamos dizendo é que o foco de suas atividades enxutas no início do processo enxuto deve estar no domínio e na ampla implementação de uma ferramenta de cada vez.

É muito sedutor ir de um lado a outro da planta implementando uma ferramenta de cada vez, conforme sintetiza a Figura 19-3. ou, em uma empresa com diversas localizações, pode-se passar de uma planta para outra. Qualquer ferramenta enxuta pode ser implementada dessa forma, incluindo o trabalho padronizado, a Manutenção Produtiva Total (TPM), 5S, troca rápida de equipamentos, *kanban*, verificação de erros, Seis Sigma e até mesmo os grupos de trabalho. Parece uma abordagem rápida, fácil e barata para aprender muito, gerar uma consciência comum, desenvolver padrões para implementação e colocar os alicerces para o desenvolvimento posterior do sistema enxuto. O Capítulo 4 enfatiza a importância de desenvolver a estabilidade antes do fluxo. Então, por que não atravessar a organização implementando ferramentas de estabilidade, como TPM e trabalho padronizado?

Também destacamos, no Capítulo 3, a criação de estabilidade inicial de processo em duas operações a fim de gerar o fluxo estendido entre elas. Enfatizamos a abordagem enxuta como um sistema e os reais benefícios do sistema enxuto advêm da criação do fluxo. Podemos ver isso quando o sistema está em ação. Passar anos criando estabilidade isolada

Características	
➢ Instala uma ferramenta enxuta em toda a planta	➢ Abrange todas as áreas
➢ Restringe o foco	
➢ Implementação *"cookie-cutter"*	

PONTOS FORTES	ARMADILHAS
• Cria uma linguagem comum	• A ferramenta pode ser forçada em áreas onde não deveria ser prioridade
• Cria foco organizacional	• A ferramenta é vista como resposta para todos os problemas
• Abordagem padronizada para a ferramenta	
• Pode abordar problemas centrais	
• O sistema para implementação amadurece rapidamente	• O sistema para apoio de longo prazo freqüentemente é desconsiderado
• Rápida implementação da ferramenta escolhida	• Esforço desigual; o sistema total não é equilibrado
• Fortalece os alicerces para o desenvolvimento do sistema enxuto	• Aceitação quase sempre difícil ("eles estão fazendo isso comigo")
• Pouca resistência— partes pequenas	• Pode jamais vir a construir um fluxo estendido ou um sistema

Figura 19-3 Pontos fortes e armadilhas da abordagem de ferramentas enxutas para toda a planta.

num lugar após o outro atrasará a criação de fluxos conectados e limitará a habilidade de aprender o que é verdadeiramente o sistema enxuto. Se a estabilidade é como o alicerce, então, você está construindo um alicerce após o outro; enquanto isso, ninguém consegue saber como é a casa.

Uma parte importante do conceito de "casa" é que as partes se reforçam mutuamente. Por exemplo, processos estáveis são necessários para o fluxo, mas o fluxo baixa o nível de água e força a melhoria da estabilidade. O tempo de parada das máquinas interrompe o fluxo, mas por que se matar em manutenção preventiva se, quando a máquina pára, o processo seguinte continua a funcionar com o estoque de qualquer maneira? Quando as paralisações das máquinas interrompem o processo e este também pára, há um senso de urgência para consertar a máquina e realizar a manutenção preventiva.

Além disso, as ferramentas estão aí para respaldar a eliminação de perdas, não como ferramentas isoladas. Considerando a redução dos tempos de troca de equipamentos, seus principais benefícios são poder fazer trocas mais freqüentes, reduzir o volume dos lotes e apoiar a produção nivelada. Mas, como ferramenta isolada, observamos várias empresas usar a redução do tempo de troca de equipamentos para simplesmente produzir mais peças e formar lotes ainda maiores. Isso claramente envia a mensagem errada.

Abordagem do sistema de produção da empresa X

Agora, vamos passar para o nível da organização como um todo. Digamos que o vice-presidente de manufatura decidiu levar o sistema enxuto a sério. Depois de leituras, visitas de *benchmarking*, alguns eventos de *kaizen* bem-sucedidos ou projetos críticos, esse executivo proclama: "precisamos de um verdadeiro sistema de produção enxuta". É uma nobre visão e, essencialmente, o que desejamos com a abordagem enxuta.

Auxiliamos inúmeras criações de sistemas de produção em empresas. Uma das maiores foi a do Sistema Ford de Produção, em meados da década de 1990, ou talvez devêssemos dizer recriação, já que o STP baseou-se, originalmente, no sistema da Ford. A história, em cada caso, é a mesma que aparece resumida na Figura 19-4. Os consultores trabalham com a equipe enxuta interna, com envolvimento de outras pessoas da empresa para "criar" um sistema. Embora o sistema seja baseado no STP, há modificações na linguagem, imagem (por exemplo, a Ford usava um modelo de engrenagens interligadas) e talvez em certas políticas para adequação à empresa. Tempo considerável é dedicado à linguagem e imagem exatas. Ocorre ampla circulação de documentos e apresentações em Power Point para obter o consenso da alta administração.

Diferentes graus de procedimentos operacionais padrão são reunidos. Cria-se uma avaliação enxuta. A empresa percebe que seu atual sistema de indicadores favorece o comportamento da produção em massa, então, desenvolvem-se indicadores "enxutos", como *lead time*, capacitação em qualidade na primeira tentativa e eficiência geral dos equipamentos (OEE – Overall Equipament Effectiveness). Examina-se o moral dos funcionários através de uma pesquisa. Na Ford, indicadores importantes foram desenvolvidos para cada engrenagem.

A "difusão" do novo sistema de produção (às vezes chamado de "sistema de operação") é um processo de educação e treinamento: educação nos conceitos enxutos básicos e treinamento nos detalhes específicos do sistema de operação. Por exemplo, a Ford precisava de um curso de vários dias sobre o uso de novos indicadores enxutos, já que todas as suas plantas do mundo inteiro tinham que começar a mapear os novos indicadores e relatá-los. O foco está no sistema de produção padronizado para todas as plantas. Esse é o modo como

Características
- Cria sistema de operação padronizado
- Concentra-se em educação e treinamento
  -- Compreensão e aceitação
  -- Convence a alta administração
- Tipicamente, organizações grandes, com várias plantas
- Distribuição centrada no *staff*
- Todos avançam juntos na abordagem padronizada
- Concentra-se nos indicadores enxutos certos

PONTOS FORTES
- Muitas oportunidades para aceitação
- Mensagem coerente em toda a organização
- Linguagem comum e visão para a organização
- Práticas padronizadas como base para o *kaizen*
- Indicadores "enxutos" promovem o comportamento certo

ARMADILHAS
- Progresso MUITO LENTO
- Muito dispendiosa
- Incita muitos debates inúteis e resistência
- As pessoas sem experiência enxuta podem moldar modificações e compromissos dos princípios enxutos
- Com freqüência, parece pesada, causa paradas
- Tendência às apresentações em Power Point, e não à ação
- O desenvolvimento antes da experiência pode levar a sistema de operação no vácuo

Figura 19-4 Pontos fortes e armadilhas da abordagem de sistema de produção X.

a Toyota opera, e é uma boa perspectiva. Permite o compartilhamento fácil das melhores práticas.

Muitas coisas boas advêm do esforço para desenvolver e difundir um sistema comum de produção. Ele dá à organização uma identidade distinta e um modo de ela se identificar com seu próprio sistema personalizado. Oferece uma linguagem comum para comunicar os progressos. O indicador enxuto pode ajudar a promover a estabilidade e o fluxo, em vez da superprodução.

Então, o que pode haver de errado com uma coisa obviamente boa? O principal problema é que a carroça está sendo colocada na frente dos bois. O Modelo Toyota baseia-se na ação e na aprendizagem na prática. A crença inerente é que as pessoas não entendem verdadeiramente o sistema enxuto antes de vivenciá-lo. De outro modo, será apenas uma abstração, que você pode assimilar com a mente, mas não com a alma. Se você o assimila com a mente, é fácil intelectualizá-lo. Basicamente, você tem três problemas:

1. Como você pode criar seu sistema de produção se não compreende verdadeiramente o sistema enxuto?
2. Como esse é quase sempre um processo de consenso, mesmo se alguns indivíduos tiverem uma boa compreensão do sistema enxuto, outros poderão não ter.
3. O desenvolvimento de um sistema de operação é atraente para aqueles com mentalidade burocrática que adoram desenvolver indicadores, planejar treinamento e visualizar a organização do futuro, mas que desejam intensamente evitar a ação real.

Tudo isso acarreta em um processo lento e dispendioso de conversas e apresentações em Power Point e mais um pouco de cursos e conversas. Você aprende o sistema enxuto fazendo, não falando. Ou, como nosso amigo e ex-vice-presidente da Toyota Russ Scafade coloca: "você não pode fazer o caminho para o sistema enxuto através do Power Point".

Abordagem de linha modelo de fluxo de valor

Agora você sabe muitas coisas que não deve fazer, mas, então, o que você deve fazer? Como na história da Cachinhos de Ouro e a Família Urso, algumas abordagens são muito estritas e específicas (por exemplo, processo, tarefas críticas, abordagens de ferramentas), e outras são muito amplas e grandiosas (como o Sistema de Produção da Empresa X). Acreditamos que a linha modelo de fluxo de valor é muito adequada para a maioria das organizações. O que queremos dizer com isso?

Enquanto as tarefas e processos críticos espalham-se por vários pontos da organização, os fluxos de valor atravessam-na, indo desde as matérias-primas até o cliente. O sistema enxuto é uma filosofia de fluxo de valor: comece com o que o cliente valoriza e elimine as perdas no fluxo de valor. Então, por que não se concentrar na construção de fluxos de valor enxutos, já que as ferramentas o acompanham para criar sistemas nesse nível?

O mapeamento do fluxo de valor, descrito no Capítulo 3, é uma ferramenta central para visualizar seus fluxos de valor enxutos. Começa com um mapa do estado presente, que proporciona um quadro da situação atual. As perdas tornam-se aparentes, mas, nessa abordagem, qualquer processo de *kaizen* para corrigir problemas no estado presente é fortemente desaconselhado. O mapa de fluxo de valor não tem o objetivo de determinar um conjunto de atividades de *kaizen* pontual. Ao contrário, o estado presente é o ponto de partida para o desenvolvimento de uma visão de estado futuro enxuto – um panorama holístico de fluxos estendidos. De modo ideal, uma equipe de liderança interfuncional liderada por um "gerente de fluxo de valor" ou outro gerente de alto nível cria o estado presente e chega ao consenso quanto ao estado futuro enxuto. A ação é impulsionada pelos planos de projeto para atingir o estado futuro.

Os planos de ação são gráficos de Gantt diretos. Mas recomendamos seriamente que as ações sejam organizadas em torno dos ciclos de fluxo de material e informações.[3] Um exemplo de mapa de estado futuro dividido em *loops* é apresentado na Figura 19-5. nesse caso, os ciclos são mostrados:

1. **Loop do marcador de ritmo.** Esse *loop* é o que está mais próximo do cliente e marca todas as operações anteriores. Também é o ponto de programação na planta. Nesse caso, a programação nivelada é enviada para o Processo 3, mas então flui – primeiro, para dentro, depois, para fora – sem interrupção na seqüência para o supermercado de produtos acabados. O ritmo do Processo 3 estabelece o ritmo do sistema puxado a partir do supermercado dos produtos intermediários, que puxa do Processo 1, que, então, puxa do fornecedor.
2. **Loop do processo intermediário.** Esse processo fornece materiais e reabastece o supermercado que mantém os produtos para seu cliente – o *loop* do marcador de ritmo.
3. **Loop do fornecedor.** Inclui o fornecedor de matérias-primas e o ciclo de reabastecimento para manter o supermercado de peças fornecidas com estoque de materiais.

Observe que cada um desses ciclos é um *loop* fechado completo de *loop* de material e de informação. O material flui para o cliente, e a informação flui de volta para acionar o próximo pedido do cliente imediato. Cada ciclo pode ser independentemente trabalhado a partir de uma perspectiva enxuta, e o supermercado amortece um ciclo contra interrupções

---
[3] Mike Rother and John Shook. *Learning to See* (version 1.3). Cambridge, Massachusetts: Lean Enterprise Institute, 2003.

Capítulo 19 • Estratégias e Táticas da Implementação Enxuta 375

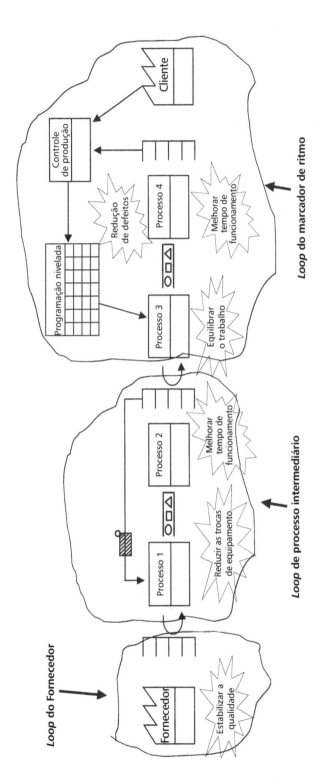

Figura 19-5 Estado futuro básico dividido em ciclos com "jatos" de *kaizen* (*kaizen bursts*).

menores enquanto um outro está sendo mudado. Um conjunto de "jatos de *kaizen*", atividades específicas de *kaizen* pontual, é necessário para estabilizar o processo.

Os projetos de *kaizen* não são substituídos pela abordagem de fluxo de valor. Processos individuais devem ser estabilizados e a variação deve ser eliminada através de projetos de *kaizen*. Um problema particularmente desafiador da variação de processos pode beneficiar-se de um sofisticado projeto Seis Sigma. Os projetos de *kaizen* também não substituem a abordagem de ferramentas enxutas, uma vez que estas são necessárias para implementar cada parte do fluxo de valor do estado futuro – células, *kanban*, etc. O que esses projetos de *kaizen* realmente fazem é colocar o uso dessas ferramentas e melhoria de processos em uma perspectiva mais ampla – o fluxo de materiais e de informações como um sistema. Eles também têm impacto na seqüência em que a implementação ocorre. Existe uma tendência freqüente de implementar uma ferramenta de cada vez, por exemplo, para fazer trocas rápidas de equipamentos em toda a planta. Na abordagem de fluxo de valor, trabalha-se cada ciclo puxado e faz-se o que for necessário para estabilizar, criar fluxo, padronizar e nivelar incrementalmente cada ciclo específico. Em alguns casos, podemos ter os recursos para trabalhar em diversos ciclos em paralelo; em outros, poderemos querer trabalhar neles em seqüência.

Mesmo a abordagem de projetos críticos tem seu lugar nessa abordagem. Por exemplo, pode ser que o Processo 1 seja um sério gargalo e regularmente paralise outras operações, causando embarques atrasados. Sem dúvida alguma, comece com o Processo 1 e o *Loop* de Processo Intermediário. Não existe nenhuma lei enxuta que diga que você deve começar com o *Loop* do Marcador de Ritmo; se outros pontos forem todos iguais, pela lógica, esse ciclo será o ponto de partida. Ou seja, inicie no ponto mais próximo do cliente e crie um sistema puxado nivelado no marcador de ritmo, começando a criar um senso de *takt-time* no fluxo de valor naquele ponto.

Se retornarmos ao caso da Tenneco considerando-o três anos depois, veremos que a empresa deu início a uma abordagem de fluxo de valor em Smithville. A empresa começou com uma linha modelo e mapeamento de fluxo de valor. Descobriu que o resultado de sua

Características

- Método "aprender a ver"
- Seleção de família de produtos
- Mapas de estado presente e futuro
- Desenvolvimento de plano de ação detalhado ("ciclo por ciclo")
- Abordagem de gerenciamento de projetos
- Gestão visual ("processo parede de vidro")

PONTOS FORTES
- Esforços são bem integrados em uma visão mais ampla
- Vários benefícios ao fluxo de valor são comuns
- Resultados normalmente bem quantificados e tangíveis
- Experiência da abordagem enxuta como sistema

ARMADILHAS
- Pode ser demorada
- Má execução — se não tiver acompanhamento
- Exige grande envolvimento para ser eficaz
- Ampla variabilidade na execução
- Pode ser difícil identificar famílias de produtos e fluxos de valor em certos contextos
- Quem está fora da linha modelo não se envolve diretamente

Figura 19-6 Pontos fortes e armadilhas da abordagem de linha modelo de fluxo de valor.

investida inicial no sistema enxuto através de eventos de *kaizen* ainda havia deixado a organização longe de um modelo enxuto. A nova onda de melhorias no fluxo de valor trouxe-lhe resultados adicionais tão drásticos quanto os da onda inicial de eventos de *kaizen* radical.

Exemplo de caso: Tenneco Smithville, abordagem de fluxo de valor, fase II

Depois de um ano de transformação *kaikaku* radical por meio de eventos *kaizen* em 2000, a planta não havia conseguido muitas melhorias e, na verdade, até retrocedeu do ponto onde estava após os eventos *kaizen*. O 5S e outros sistemas enxutos nem sempre foram seguidos, e a planta começou a ficar menos organizada. Isso começou a ser abordado com seriedade em 2003-2004, quando a planta passou para uma abordagem de fluxo de valor, enfatizando o fluxo geral de materiais e informações entre processos e criando fluxos estendidos. A nova abordagem foi a de "linha modelo de fluxo de valor". A família de produtos Toyota foi selecionada como piloto. A empresa de Rick Harris foi contratada, e o modelo de um supermercado de peças compradas e de instruções de rota, descrito em *Making Materials Flow*[4], foi adotado.

Quando Smithville mapeou o estado presente, descobriu que, apesar do *kaizen* radical inicial, havia ilhas enxutas conectadas por sistemas empurrados. O mapa do fluxo de valor do estado presente é mostrado na Figura 19-7. Observe todas as setas de sistema empurrado. Basicamente, vemos estoque entrando, sendo empurrado através de diversos processos de fabricação, sendo empurrado para um estágio na montagem (soldagem ou submontagens) e, então, sendo empurrado para a montagem final, onde o silenciador (trazido de fora), o tubo de sucção de bomba e outros são todos soldados para formar um completo sistema de exaustão. O *lead time* total desde a chegada do aço até os sistemas de exaustão serem embarcados era de 17 dias.

A visão do estado futuro, que foi implementada, é ilustrada na Figura 19-8. Não entraremos nos detalhes do mapa, mas apresentamos aqui alguns destaques:

1. Os dois estágios de montagem (Montagem e Montagem Secundária na Figura 19-7) foram combinados em uma única célula de Montagem e Montagem Secundária (fazer fluir onde for possível).

2. As operações de componentes manufaturados (Dobra de Tubos, prensas) e de componentes comprados estão em um sistema puxado, usando um supermercado e *kanban* (usar o sistema puxado onde se deve).

3. Um dos componentes manufaturados que fazia parte do sistema de lotes (o resonador giratório) é construído em uma máquina exclusiva para a Toyota, com peças fluindo através de um pequeno pulmão FIFO para a Montagem. Há três caixas de estoque, comparadas com 1 ½ dia do antigo sistema.

4. Um pedido diário vai para um lugar – a Montagem – e é nivelado, com tudo mais sendo puxado para a Montagem. O Planejamento de Necessidades de Material (MRP) foi desativado em tudo, exceto no caso de peças compradas com longo *lead time*.

---

[4] Rick Harris, Chris Harris and Earl Wilson. *Making Materials Flow*. Cambridge, Massachusetts: Lean Enterprise Institute, 2003.

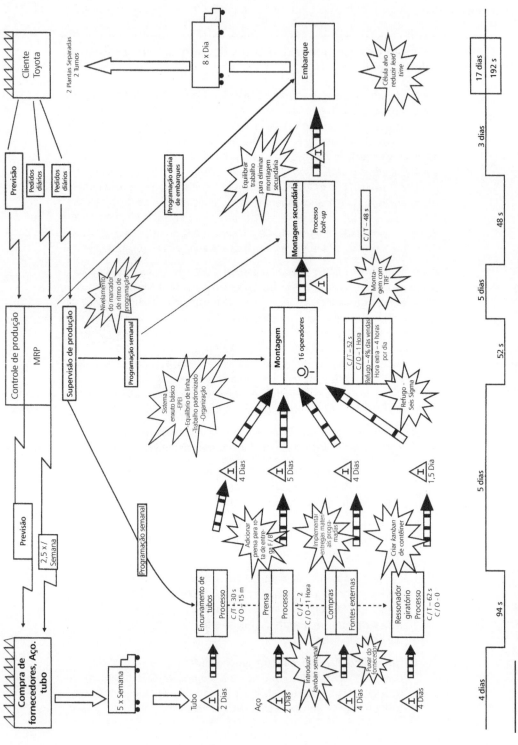

Figura 19-7 Estado presente de célula central 500N da Toyota, segundo trimestre de 2004.

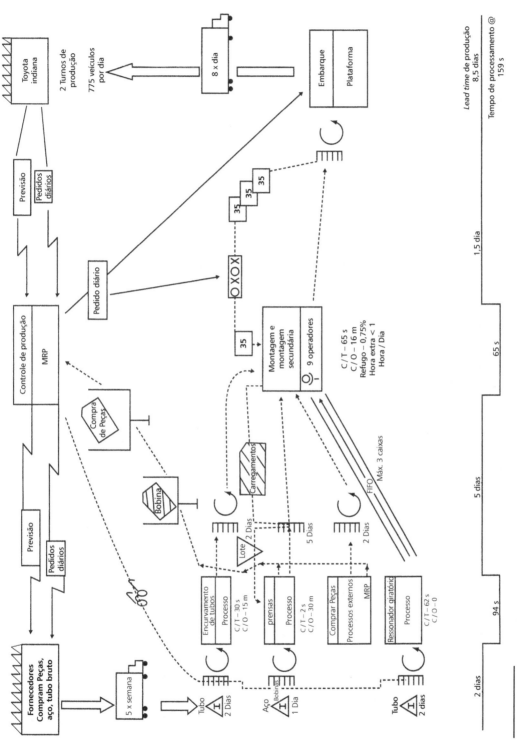

Figura 19-8 Estado futuro de célula central 500N da Toyota, quarto trimestre de 2004.

O supermercado de peças compradas segue o modelo do sistema da Toyota. Há um supermercado central, e um aranha faz rotas em períodos regulares do supermercado para as diversas operações, entregando peças em uma rota com uma hora de duração. O aranha apanha o *kanban* e gerencia todo o sistema de entrega de *kanban* dentro da planta. A rota se repete a cada hora, e há até mesmo trabalho padronizado detalhado que mostra, minuto a minuto, onde o aranha estará – como em sistema de ônibus ou de trens bem executado. O resultado foi uma redução no número de pessoas encarregadas do manejo de material, embora a freqüência de entregas variasse de uma vez por dia até uma por hora.

Os resultados na Figura 19-9 são impressionantes. A completa implementação levou nove meses, o estoque de peças compradas foi reduzido à metade, um quarto do espaço no chão de fábrica foi liberado, as peças por funcionários quase duplicaram, e as horas extras foram reduzidas de 252 para 10 por semana. Tenha em mente que esses níveis de melhoria foram possíveis em um período de tempo relativamente curto porque essa planta tinha desenvolvido anteriormente uma ampla base de capacidade enxuta que lhe permitiu trabalhar em vários fluxos de valor simultaneamente. Enquanto esse fluxo de valor estava sendo trabalhado, a Tenneco estendeu a abordagem de linha modelo para os outros fluxos de valor principais, que estavam quase finalizados cerca de seis meses depois da linha modelo original. Mudanças no nível de sistema com essas geralmente são muito mais sustentáveis, pois impulsionam uma mudança cultural mais significativa.

P – Primário S – Secundário	Indicador (ES)	Estado original da célula alvo	1 mês depois	6 meses depois	9 meses depois
P	Lead time da montagem em minutos (estoque em processo padrão x takt-time)	46	13.75	12.8	11
P	Estoque de peças compradas ($)	48k	36.5k	30k	24.0k
S	Fluxo contínuo ou sistema puxado	0%	80% completo	90%	100%
S	Área	1896	1596	1446	1414
S	Operadores / turno	7	6	5.6	4.5
S	% eficiência da mão-de-obra direta	61	98	101%	123%
S	Peças por funcionário pro hora	5.4	9	11.25	11.25
S	Freqüência de trocas de equipamentos	Todas as peças todas as semanas	Todas as peças de 2 em 2 dias	Todas as peças um dia sim, um dia não	Todas as peças todos os turnos
S	Horas extras (horas / semana)	252	100	20	10
S	Não-conformidades (% da produção total)	1.70%	0.70%	0.40%	-
S	Tempo de troca de equipamentos (minutos)	>60	<25	<15	<15

Figura 19-9 Criando a célula piloto de fluxo de materiais: benefícios da montagem de ressonador D27.

Existem desvantagens na abordagem de fluxo de valor ou ela é o próprio nirvana? Obviamente, nenhuma abordagem é perfeita. Como pode ser visto na Figura 19-6, a abordagem de fluxo de valor pode ser demorada, exige liderança de uma equipe interfuncional e muito envolvimento em todos os níveis; enquanto o modelo está sendo desenvolvido, outros gerentes e funcionários da equipe esperam para ver como ele se desenvolve. Temos visto a execução ineficaz desse método, com mais freqüência quando uma equipe fica preocupada com mapeamento, criação de belos mapas com dados altamente precisos, mas pouca ação - mapeamento do fluxo de valor como papel de parede. Algumas plantas decidem mapear cada família de produtos na planta, o que pode levar a reuniões intermináveis, mapas como papel de parede e nada de ação. Acreditamos no princípio de "nada de mapas antes da hora". Desenvolva um mapa quando for utilizá-lo para implementação – imediatamente!

Paciência para fazer certo

Essas abordagens não são mutuamente excludentes. A questão é ter um processo lógico e bem planejado de distribuição das ferramentas enxutas, o que leva a sistemas enxutos e finalmente aos fluxos de valor enxutos. A Tenneco desenvolveu um plano de fluxo de valor de estado futuro de alto nível. Uma família de produtos foi selecionada, mapeada, e um modelo de fluxo de valor foi ativado. Mas, logo depois do lançamento dessa linha modelo de fluxo de valor, começam outras melhorias de processo e atividades em toda a planta. Por exemplo, os seminários *kaizen* podem ser usados em áreas com problemas, abordando projetos críticos, e ferramentas individuais, como 5S ou Manutenção Produtiva Total, podem ser implementadas em toda a planta (Figura 19-10).

A vantagem de utilizar essas abordagens simultaneamente é que você pode ficar com os pontos fortes e reduzir os pontos fracos. Pode-se obter o benefício de construir um piloto para ver, aprender e vivenciar o STP de uma forma holística. Também pode-se reunir um conjunto maior de pessoas envolvidas na experiência com ferramentas enxutas básicas. E, ainda, é possível solucionar problemas críticos e obter recursos e a atenção da administração. A desvantagem é o risco bastante real de espalhar demais os recursos; nesse caso, as coisas não são bem feitas, nem são executadas no prazo desejado. Deve-se estar ciente disso e preparado para retroceder em alguns projetos se houver evidências de trabalho de baixa qualidade ou atrasos significativos. Nesse caso, retroceda nas atividades em toda a planta e concentre-se na linha modelo.

Observe o ciclo Planejar-Fazer-Verificar-Agir, mostrado para cada nível de implementação na Figura 19-10. A implementação enxuta vai além do retorno de dinheiro investido. As empresas muitas vezes investem consideráveis quantias em treinamento e apoio de consultoria, e a alta administração solicita o infame "caso empresarial". Quando esperamos um retorno? Se você fizer os cálculos para o caso empresarial, provavelmente só terá crédito contabilizando as economias de custos tangíveis. Na maior parte, isso significa demissões. Você também pode conseguir 10 centavos por dólar em economia de estoque. A equipe de melhoria contínua, ou o nome que tiver, agora está sob a mira e passa a bola para os consultores: "precisamos de retorno dentro de um ano".

Bons consultores enxutos conseguem obter esse retorno. Eles conseguem reduzir pessoal, diminuir o estoque e fazer os números aumentar. Mas o que eles estão realmente fazendo? Em termos do ciclo PDCA, estão passando por rápidas sucessões de Planejar-Fazer, Planejar-Fazer. Mal há tempo para tomar fôlego e examinar qualquer outra coisa que não seja as economias de custos resultantes.

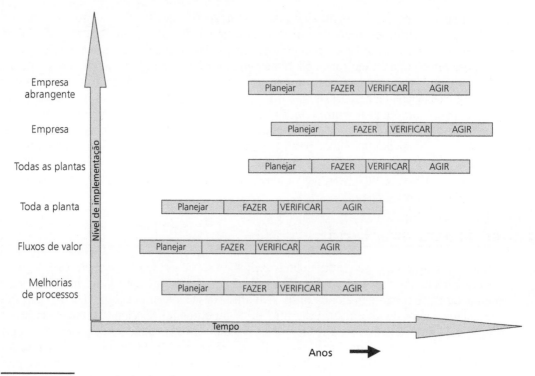

Figura 19-10 Exemplo de abordagem de implementação enxuta.

Discutimos muitas estratégias de melhoria enxuta em muitos níveis. O modelo na Figura 19-11 apresenta-as em uma estrutura baseada em dois fatores: a estratégia de melhoria está se concentrando primeiramente no nível de fluxo de valor ou no nível de processo individual? A estratégia de melhoria está primeiramente focada na aplicação de ferramentas técnicas para obter resultados em curto prazo, ou a meta inclui o desenvolvimento de seu pessoal em longo prazo?

Descrevemos os pontos fortes e fracos da abordagem de melhoria de processos e caracterizamos a abordagem de fluxo de valor com base no mapeamento do fluxo de valor e em uma linha modelo. Ambas as abordagens são freqüentemente utilizadas pelas empresas primeiramente para resultados básicos de curto prazo. Mas isso deixa de aproveitar uma oportunidade maior – desenvolver as pessoas e a organização de forma que sejam capazes de fazer muitas dessas melhorias e, com isso, multiplicar os benefícios. Muitas empresas com programas de envolvimento dos funcionários concentram-se unicamente nas melhorias de processos e no desenvolvimento das pessoas. As pessoas fazem o treinamento em equipe e em ferramentas de solução de problemas, mas não compreendem os conceitos mais amplos de melhoria do fluxo de valor. Como vimos, a Toyota trabalha no aperfeiçoamento de todos esses quadrantes, porém, mais do que a maioria das empresas, trabalha para construir uma organização de aprendizagem enxuta que combina a melhoria do fluxo de valor com o desenvolvimento das pessoas. Onde está a sua empresa?

A Denso é a maior fornecedora da Toyota e com ela cresceu no STP. Contudo, sua planta de Battle Creek, Michigan, estava consideravelmente menos avançada no STP do que a Toyota. No passado, haviam implementado ferramentas isoladas, mas não consolidaram o sistema enxuto. Como discutiremos no exemplo de caso abaixo, a empresa desenvolveu sua

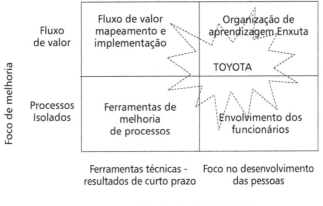

Figura 19-11 Abordagens administrativas da melhoria: onde está sua empresa?

versão de sistema de produção, chamada de "Fábrica Eficiente", a fim de envolver todos na melhoria contínua. Para a implementação, utilizaram-se projetos reais e a "abordagem de linha modelo de fluxo de valor". Foi feito um piloto com famílias de produtos selecionados de cada linha principal de produtos, começando-se a implementar fluxos de valor enxutos a partir do cliente até as matérias-primas. Somente quando as linhas modelo já estavam implementadas e a metodologia havia sido testada é que se passou para outras famílias de produtos. Mesmo uma planta tida como modelo enxuto precisa periodicamente avaliar onde está e levar o sistema enxuto a um outro nível, e a linha modelo de fluxo de valor é a abordagem de implementação recomendada.

Exemplo de caso: abordagem de fluxo de valor da fábrica eficiente da Denso

A Denso é a maior fornecedora de peças para a Toyota, com quase 24,2 bilhões de dólares em vendas em 2004 e 95.000 funcionários. Originalmente, divisão de eletrônicos da Toyota, a Denso foi fruto de uma cisão, mas a Toyota reteve uma parte significativa da empresa (atualmente, possui 23%). À medida que o STP crescia na Toyota, a Denso crescia com ele, e, quando a Toyota começou a fabricar carros nos Estados Unidos, a Denso construiu uma planta (DMMI) em Battle Creek, Michigan, em 1984, para produzir cambiadores quentes automotivos (radiadores/condensadores) e unidades de ar-condicionado. A DMMI vivenciou um crescimento notável em um setor de autopeças altamente competitivo ano após ano a partir de seu maior cliente, a Toyota, bem como com a Daimler-Chrysler e a General Motors. As vendas anuais, entre 2002 e 2004, passaram de um bilhão de dólares para 1,25 bilhão, e a reputação da empresa pela sua tecnologia excepcional, alta qualidade e entrega quase perfeita colocaram-na no topo da lista de empresas de alto desempenho. O mercado de fornecimento de peças automotivas é difícil na geração de lucros, mas a DMMI tem sido lucrativa sempre. Pode parecer que a Denso é um excelente exemplo de manufatura enxuta e tem pouco a aprender. Aqueles que não entendem o poder da melhoria contínua poderiam dizer "chegamos", mas a DMMI sabe que não é assim.

Em 2003, a DMMI, Battle Creek, introduziu uma nova atividade: a "Fábrica Eficiente" (FE). A DMMI é uma empresa impregnada da tradição do STP, assim, com a passagem para um conceito como "Atividade FE", poderíamos imaginar automação da próxima geração, tecnologia de informação e novos conceitos enxutos. No entanto, "FE" é simplesmente a versão modificada do STP da DMMI. O símbolo FE (Figura 19-12) remete à aparência de símbolos de origem egípcia, possivelmente descoberto nas paredes das grandes pirâmides. Embora o símbolo FE pareça intrigante, seu significado não tem nada a ver com tecnologia de fabricação, avançada, mas tudo a ver com pessoas e filosofia. Esse símbolo é também chamado de "Triângulo Takahashi", nome do diretor da Denso que se aposentou como executivo sênior da Toyota. Dirigindo a DMMI com empenho está o seu presidente, Akio (Alex) Shikamura, um verdadeiro discípulo do STP. Certamente, ter um defensor verdadeiro do STP no alto da administração é um motivador chave para a mudança profunda.

O nome é Atividade FE, e não Programa FE. Que atividades a DMMI iniciou em nome da FE? No passado, a empresa teve excelentes programas técnicos para melhorar o desempenho, incluindo *kaizen* conduzido pela engenharia ao longo de 1996, Engenharia Industrial Total (EIT), de 1996 a 1997, e conceitos de STP em 1998 (pequenos lotes, *kanban*). De 2000 a 2003, a DMMI percebeu que precisava de maior envolvimento dos membros de equipe, então, criou um programa chamado WOW (Wipe Out Waste – eliminação de

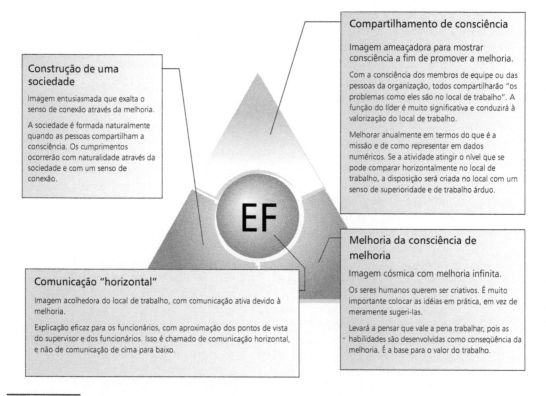

Figura 19-12 Símbolo para a atividade "Fábrica Eficiente" da Denso.

perdas). Cada programa teve um impacto importante sobre o desempenho da manufatura. Mas a empresa ainda via que estava significativamente atrás das plantas da Toyota. Desse modo, em 2002, a Denso deu início às atividades FE com os seguintes propósitos:

1. Aumentar a "mentalidade *kaizen*" de todos os funcionários.
2. Criar um alvo (visão) comum.
3. Reduzir os custos eliminando as perdas em todo o fluxo de valor.

A FE concentrou-se no envolvimento dos funcionários para reduzir as perdas em todo o fluxo de produtos, desde seus fornecedores até o cliente. A empresa percebeu que, para levar o STP ao nível seguinte, era preciso investir em especialistas em STP na planta. Selecionou-se Andris Staltmanis para levar o Departamento de Engenharia de Manufatura a um nível mais alto de STP. Andris tinha 18 anos de experiência em engenharia de produção e de manufatura e era um dos veteranos em Battle Creek. Yamanouchi Yutaka, vice-presidente de Planejamento e Controle de Produção da Denso japonesa, havia sido seu *sensei*. Entretanto, pensava-se que a chave para o sucesso era a propriedade de produção. Joe Stich (gerente geral de Produção) também era bem versado em STP e precisou conduzir essa atividade internamente.

Em termos de estruturação, eles dividiram a planta em três fábricas concentradas: AVAC (aquecimento, ventilação e ar-condicionado), condensadores e radiadores. Em cada uma delas, selecionaram uma família de produtos que se tornaria uma linha modelo – para ver e melhorar. Primeiramente, a Engenharia de Manufatura, facilitou a área modelo, e, depois, a responsabilidade foi gradualmente sendo transferida para a Produção. A abordagem incluiu *kaizen* básico de processos, melhoria do gerenciamento do chão de fábrica e melhoria do fluxo de valor. Algumas das ferramentas usadas foram o controle visual, o trabalho padronizado, pequenos lotes, entrega e busca freqüentes e um quadro *heijunka* (nivelamento de carga de produto).

Bryan Denbrock, líder de seção no Departamento Engenharia Industrial, responsável pela implementação do sistema modelo de alto nível na planta AVAC, descreveu o estabelecimento de *heijunka* em toda a planta como algo especialmente desafiador devido à variedade de produtos e clientes. Com o objetivo de tornar-se uma empresa de "classe mundial", a linha modelo AVAC criou um sistema para produção de produtos acabados. A linha modelo serviu como exemplo de referência tangível para o restante da planta.

Os produtos acabados são embarcados do depósito para o cliente. O equivalente a três horas de pedidos dos clientes é levado a um grande posto plataforma do cliente. Enquanto o produto está sendo organizado para o cliente, o *kanban* é removido. Esses *kanbans* são então levados para o posto *heijunka*. Os *kanbans* são colocados em ordem para nivelar o sinal de produção, que tem duração de 10 minutos. Isso significa que, a cada 10 minutos, o encarregado de materiais leva um pedido (*kanban*) para a Produção para coletar o produto necessário a ser substituído no depósito, que representa o que o cliente realmente comprou. Os *kanbans* do depósito são trocados pelos *kanbans* da produção, criando o equivalente aos 10 minutos seguintes de produção. Isso sintoniza a linha de montagem de fluxo unitário de peça.[5]

Quando esse processo de *heijunka* é aplicado em toda a planta (usando os quadros de gestão visual conhecidos como posto *heijunka*), é possível ver o estado de todo o processo para um dia inteiro em um local. É natural, na filosofia da Toyota, utilizar os encarregados de materiais ou "aranhas", como são às vezes chamados – nessa capacidade, já que eles podem ver todo o fluxo de materiais e de informações em sua rota. Criando-se essa condição nivelada em toda a planta, todas as formas de trabalho podem ser padronizadas com base em intervalos de 10 minutos. Isso simplifica cada operação e torna-se imediatamente aparente se o padrão está sendo seguido. Assim que essa condição é atingida, indivíduos altamente capazes, que conseguem cuidadosamente observar, entender e pensar, podem compreender a condição da planta inteira.

O posto *heijunka* nivela a produção considerando-se diversos itens diferentes. Para chegar a isso, as trocas de equipamento (mudanças de acessórios na linha de montagem) foram reduzidas para menos do que o *takt-time* (o *takt-time* é igual ao tempo de trabalho disponível dividido pela demanda do cliente). Uma linha de montagem de dois turnos é trocada de 90 a 125 vezes por dia. O nível *takt* é alcançado através de espaçamento da linha de transporte e redistribuição de elementos de trabalho entre os funcionários da equipe na linha de montagem. Internamente, há um *kanban* de duas vias para um depósito intermediário de peças (retirada) e depois para um processo de fabricação (produção) para as peças puxadas para uso da área de montagem final. Os *kanbans* são levados para o depósito 88 vezes por dia. Esses níveis de entrega e busca freqüentes exige um processo finamente sintonizado e com alta estabilidade. Até mesmo pequenos problemas interrompem a produção e ficam visíveis imediatamente. Por essa razão, para uma empresa ser bem-sucedida com essas interrupções, ela deve estar comprometida com a correção imediata de problemas, acompanhada de contramedidas permanentes. Em termos de espiral de melhoria contínua, na Figura 3-4 (Capítulo 3), a planta constitui-se de diversas interações na espiral de estabilidade, fluxo, padronização e nivelamento de produção avançado.

Os resultados de desempenho nas linhas modelo são impressionantes. O custo do produto foi reduzido consideravelmente, enquanto a qualidade e a entrega passaram para níveis notáveis. O mais importante, a DMMI pode utilizar o sucesso dessa atividade em outras linhas de montagem existentes. Os funcionários da DMMI estão diretamente envolvidos e estão passando para um novo nível de "mentalidade *kaizen*". Isso permite que a empresa promova uma nova cultura, em que o poder de *kaizen* dos funcionários pode ser canalizado e implementado rapidamente.

A implementação enxuta é uma jornada de aprendizagem, mesmo em estágios avançados. Toda experiência é uma oportunidade de aprender e crescer. Mas você tem que dedicar algum tempo para verificar e pensar sobre quais ações vão melhorar com o que você fez.

---

[5] Na verdade, o processo é semelhante àquele mostrado na figura 19-5, embora a montagem seja um verdadeiro fluxo unitário de peça e não haja vias FIFO no processo.

Quando defendemos essa perspectiva de aprendizagem, ouvimos afirmações como a que segue: "estamos no negócio para fazer dinheiro. Esse é o mundo real".

A Toyota está fazendo muito dinheiro. Mas levou décadas de trabalho para chegar ao ponto em que a empresa se beneficiou dos investimentos iniciais em aprendizagem. Quando damos esse conselho – fazer o investimento necessário –, é óbvio para nós que há perdas por toda parte e que a empresa pode se beneficiar com melhor qualidade, menores *lead times*, mais flexibilidade para reagir às mudanças e maior produtividade. A realização de alguns investimentos iniciais em aprendizagem multiplicará muito as economias em longo prazo. Lembre-se de que, na pirâmide dos 4P, a base é "pensar no longo prazo, mesmo em detrimento de considerações financeiras de curto prazo". As organizações que vêem o sistema enxuto como um programa de curto prazo para corte de custos nunca alcançarão o que é possível. Elas jamais se tornarão organizações de alto desempenho.

Muitas empresas estão ansiosas para difundir o sistema enxuto rapidamente para toda a empresa e extender para outros níveis da organização. Uma simples análise mostrará que a maior parte do custo está normalmente nas peças fornecidas. E se sabe muito bem que o impacto dos processos anteriores, como o desenvolvimento de produtos, têm efeitos multiplicadores sobre a fabricação que são bem maiores do que o investimento no desenvolvimento de produtos. Então, por que não começar direto nessas áreas? Nossa experiência nos diz que começar programas em toda a empresa e fora dela prematuramente faz mais mal do que bem. Há uma série de razões para isso:

1. **O sistema enxuto é mais fácil de observar em operações físicas.** Lembre-se de que grande parte dos estágios iniciais do sistema enxuto tem a ver com aprendizagem. Infelizmente, também envolve política – a venda para os tomadores de decisão que guardam a chave do cofre, obtendo-se resultados visíveis e mensuráveis. Isso é mais fácil de fazer em processos físicos de rotina. Em organizações dedicadas exclusivamente de serviços, é mais fácil nas atividades mais rotineiras do negócio, como a entrada de pedidos ou o laboratório de exames em um hospital.

2. **Existe o risco de alocar recursos em excesso.** É provável que a administração indique muitas pessoas para atuarem no sistema enxuto. Concentre-se naquelas que demonstram maior capacidade de aprendizagem e que podem chegar a melhores resultados. Mesmo se uma equipe exclusiva for indicada para um "escritório enxuto", é melhor que passe algum tempo nas trincheiras, trabalhando na operação principal de valor agregado. As pessoas começarão a compreender o sistema enxuto em um nível mais aprofundado, e grande parte dessa aprendizagem será transferida para o ambiente do escritório.

3. **As operações de serviço enxutas devem apoiar as operações centrais de valor agregado.** Você pode enquadrar uma função no sistema enxuto, tornando-a mais eficiente, mas qualquer projeto enxuto deve começar com o propósito da empresa: quem é o cliente? De que ele precisa? Se o cliente da operação de serviços for algum tipo de processo de transformação física, primeiramente, verifique como isso ficará quando estiver enxuto, para que se possa compreender como dar apoio. Quando solicitaram que Glenn Uminger instalasse o sistema de contabilidade para a planta da Toyota de Georgetown, primeiro ele passou um ano fazendo projetos do STP no chão de fábrica, o que mudou drasticamente o modo como ele via e desenvolvia o sistema de contabilidade para apoiar o STP. Era mais simples, mais direto e mais enxuto.

4. **Existe o risco de transformar a abordagem enxuta no mais recente "programa".** Com freqüência, os melhores consultores enxutos e pessoas com expe-

riência no sistema enxuto são designadas para a fabricação ou processo central de valor agregado em uma organização de serviços. As funções de apoio, em grande parte, ficam ao léu, com base em um curto programa de treinamento. O grupo de melhoria contínua faz um trabalho superficial, e o sistema enxuto começa a ficar parecido com o programa do mês. Fazer certo é mais importante do que fazer cedo.

5. **Tentar impor o sistema enxuto aos fornecedores antes de você mesmo tê-lo assimilado é hipócrita e perigoso.** Que direito você tem de ensinar o sistema enxuto aos seus fornecedores se você mesmo ainda não é enxuto? Você precisa merecer esse direito. Além disso, como a cadeia de suprimentos enxuta é uma hierarquia de muitos elementos diferentes que devem estar organizados, se você começar a "desenvolver" os fornecedores antes que todos atinjam a compreensão e confiança mútuas, eles verão o desenvolvimento como desculpa para lhes impor a redução de preços.

O que estamos defendendo é a paciência. Pense em um monge budista ensinando um jovem discípulo ou em um professor de caratê, enfim, em qualquer bom professor de uma habilidade complexa, como praticar um esporte ou tocar um instrumento musical. Você não começa praticando o esporte ou tocando o instrumento. Há exercícios tediosos para você se preparar. Você precisa de controle muscular básico e concentração. Um grande instrutor de golfe que estudou com um dos maiores jogadores de golfe do mundo disse ter passado os três primeiros meses de aprendizagem sem nem sequer tocar em uma bola. Pense no círculo de Ohno. Fique no círculo e observe. Essa necessidade de paciência e disciplina estende-se ao processo de solução de problemas. Não se afobe e não saia implementando soluções. Tenha calma para encontrar o verdadeiro ponto de causa e então pergunte os Cinco Porquês para descobrir a raiz do problema. Não se apresse ao ensinar cada funcionário, passo a passo, usando métodos de instrução de trabalho, antes de lançá-lo na rotina do trabalho. Não tenha pressa ao verificar, examinar e desenvolver contramedidas para aprender e melhorar. Faça diversas pequenas melhorias, não somente melhorias grandes e visíveis. Essa paciência conduz a visão para o que pode estar no longo prazo. Ela assume uma compreensão filosófica de propósito. É a parte mais difícil do sistema enxuto. Mas, no longo prazo, o retorno é notável.

Atividades de reflexão

A maioria dos leitores deste livro pertence a organizações que fizeram algo com o sistema enxuto no passado. Muitos terão feito um pouco ao longo de vários anos. Para aqueles com alguma experiência, gostaríamos que refletissem sobre onde estão e desenvolvessem um plano para o que deverão estar abordando a seguir no "nível de processo" do modelo 4P. Para aqueles que são completamente iniciantes, aqui está uma oportunidade de elaborar um plano. Esta é uma reflexão que precisará ser feita juntamente com uma equipe de sua organização – uma equipe de tomadores de decisão que possam legitimamente estabelecer a direção para a sua iniciativa enxuta.

1. Reserve algum tempo para listar as atividades de melhoria de processos em que você tem trabalhado em nome do sistema "enxuto".
2. Classifique as atividades enxutas mais importantes na matriz 2 x 2 da Figura 19-11. Onde está localizada a maioria de suas atividades?

3. Agora, pense no que você pode acrescentar ao que já realizou. Onde você deve prosseguir nos modelos das Figuras 19-10 e 19-11? Por exemplo, se você concentrou-se principalmente em ferramentas ou projetos críticos, pode ser a hora de partir para uma linha modelo de fluxo de valor. Se você tem bastante experiência no lado esquerdo da Figura 19-11 – o lado das ferramentas na matriz –, pode ser o momento de trabalhar no lado relativo ao desenvolvimento das pessoas. Observe a lição da Denso, em que trabalhar no lado referente às pessoas ainda significa envolvê-las em atividades concretas de melhorias nos níveis de processo ou de fluxo de valor.
4. Desenvolva um plano de trabalho de alto nível. Você pode usar como estrutura o simples diagrama conceitual da Figura 19-10, com algumas datas aproximadas.

Capítulo 20
Liderando a Mudança

Podemos evitar a política na transformação enxuta?

A mudança para o sistema enxuto é um processo político. Seja dito. Todos sabem que política é ruim, não é? A política é o que acontece nas organizações que não estão sendo administradas racionalmente. Uma organização boa e saudável é aquela onde impera a razão e todos estão alinhados em direção a uma meta comum. Descrevemos a Toyota como um ambiente utópico onde todos compartilham metas comuns, o que inicia com o cliente. Assim, se você quer aprender com a Toyota, deve começar com a suposição de que todos estão trabalhando para atingir as mesmas metas, certo?

Errado! Errado! Errado! Ou como exclamou um severo *sensei* japonês: "Burro! Burro! Burro!" (como uma jovem e delicada mulher traduziu do japonês para o inglês, para horror dos americanos).

O que queremos dizer com processo político? Queremos dizer que, em qualquer organização da vida real, até mesmo na Toyota, há pessoas diferentes com interesses e agendas diferentes. Aquelas pessoas que são apaixonadas por mudanças na organização têm uma visão. Esta será abraçada por aquelas que a vêem como apoio para seus interesses e será combatida por aquelas que não pensam assim. O grau de apoio e de oposição variará, dependendo de uma série de fatores, tais como o quanto essa visão sustenta ou viola interesses, até que ponto os interesses são mantidos e até onde a cultura organizacional respalda o alinhamento em torno de metas comuns. O processo político tem a ver com o modo como esses diferentes interesses são postos em prática no decorrer do tempo. Aqueles que lideram a mudança gostariam que simplesmente tudo fosse parar no seu devido lugar, como as peças em um tabuleiro de xadrez. Na realidade, sempre há o comprometimento de navegar pelas águas sombrias dos interesses de outros. Seja muito inflexível, viole muitos interesses e você criará um bloco de resistência organizada que pode parar o processo de mudança imediatamente.

A política tem a ver com poder, e o poder é a habilidade de conseguir que as coisas sejam feitas mesmo contra a vontade dos outros. Pense em diferentes pessoas com diferentes recipientes cheios de poder: quando o recipiente se esvazia, a pessoa não tem mais nada. É uma simplificação grosseira, mas vemos que o poder realmente tem que ser usado com parcimônia. Um líder sábio reconhece quando é preciso ceder, quando deve tentar persuadir, quando precisa pedir um favor e quando tem que usar a hierarquia formal da autoridade para que ordens oficiais sejam cumpridas. Alguns líderes intuitivamente sabem como usar o poder, outros fazem-no oscilar continuamente.

A liderança tem a ver com poder. Um líder precisa liderar e só é líder se tem seguidores. Fazer com que as pessoas o sigam na direção que elas estão seguindo por si próprias não é ser um líder. O desafio é fazer com que as pessoas sigam em uma direção que, de outra forma, não tomariam. Os líderes devem ter um senso de direção. Às vezes, chamamos isso de visão. Eles devem, então, compartilhar essa visão e fazer com que os outros a aceitem e ativamente ajudem a realizá-la. Se fazem isso, especialmente quando seus seguidores não o teriam feito sozinhos, aí temos a definição de poder.

Há inúmeras fontes de poder, conforme a clássica tipologia do pai da sociologia, Max Weber[1]:

1. **Racional-legal.** É a autoridade formal. Você é o chefe na hierarquia formal e pode ordenar para que as coisas aconteçam, e outros devem obedecer. Você tem o direito legal de dar ordens. Sua posição confere-lhe o direito. Freqüentemente, isso é tido como poder burocrático.
2. **Coercivo.** Você pode fazer ameaças de consequências negativas se não houver obediência.
3. **Recompensador.** Você controla algum tipo de recompensa e a oferece no caso de ser seguido. Pode ser uma recompensa tangível, como dinheiro, ou intangível, como a admiração. Essa categoria não estava incluída na tipologia original de Weber, mas é uma outra versão do poder coercivo – em vez de ameaça, é uma promessa de que certos comportamentos ou resultados produzirão uma determinada recompensa.
4. **Carismático.** Quando você tem carisma, as pessoas simplesmente desejam segui-lo. Existe uma espécie de magnetismo animal que exala uma força que leva as pessoas a fazerem o que você quer.
5. **Tradicional.** É o modo como as coisas são feitas. É parte da herança cultural, no dia de Sadie Hawkins, as meninas tirarem os meninos para dançar e estes aceitarem o convite. Esse tipo de poder faz parte da preservação de nossos valores e normas sociais.

Um bom líder é apto a utilizar todas essas fontes de poder em um momento ou outro. Geralmente, pensamos que alguém é líder, e não meramente um administrador, se possui pelo menos algum grau de carisma. Qualquer administrador burocrático pode usar as três primeiras fontes de poder. É só dar-lhe um título e acesso a recompensas e punições formalmente sancionadas e ele conseguirá muitas coisas. Mas o líder é a pessoa que possui uma variedade de ferramentas disponíveis e sabe quando e como utilizá-las. Quando devo usar minha posição formal? Quando devo usar a hierarquia para ameaçar com punição? Quando devo usar meu carisma pessoal para travar relações com as pessoas e influenciá-las? Quando devo fazer um discurso que faça a equipe chorar? Quando devo presidir uma cerimônia formal e confiar no poder da tradição? Os líderes eficientes aprendem com o tempo a empregar todas essas fontes de poder eficazmente. Os líderes ineficientes são como crianças com uma arma carregada, mirando e atirando aleatoriamente.

Tivemos muitas oportunidades de ver grandes empresas multinacionais implementarem o sistema enxuto como abordagem corporativa – empresas como a Ford, a General Motors, a Delphi, a PPG, a Boeing, a Northup Grumman, a Força Aérea e a Maninha americanas, a United Technologies e muitas outras. Em todos esses casos, há uma clara tendência:

---

[1] Max Weber. *From Max Weber*, traduzido e editado por H. H. Gerth e C. Wright Mills. New York: Oxford University Press, 1946.

algumas plantas individuais de manufatura decolam com o sistema enxuto e lançam-se à frente das outras, enquanto muitas (quase sempre a maioria) ficam para trás e implementam o sistema enxuto de forma ritual e superficial. Visite algumas plantas e examine-as. Qual é a diferença entre elas? A resposta é sempre a liderança. Em pelo menos 90% dos casos em que o esforço enxuto foi bem-sucedido, há um gerente de planta que acredita na abordagem enxuta, tem visão e sabe como liderar. Nos 10% restantes, um outro gerente de alto nível na planta – talvez o gerente de manufatura ou o gerente assistente da planta – liderou a mudança, e o gerente de planta não interferiu.

Os líderes sabem como liderar, e liderança significa usar o poder eficazmente. Como ensinamos isso? Há muitos debates sobre o que pode e o que não pode ser ensinado em administração. Dizemos que a liderança não pode ser ensinada em administração. A verdadeira questão é se realmente pode ser ensinada ou se está em nossa estrutura genética. Em qualquer caso, as empresas podem fazer uma série de coisas para promover a liderança, incluindo:

- Selecionar os líderes cuidadosamente
- Fazer com que líderes eficazes orientem líderes potenciais
- Oferecer oportunidades para desafiar as pessoas, possibilitando o surgimento de líderes
- Oferecer aos líderes o apoio e as ferramentas para serem eficazes

Tudo isso são coisas que a Toyota faz extremamente bem, desde o líder de equipe, do líder de grupo e do gerente geral ao engenheiro chefe e aos executivos da empresa. Os líderes são cuidadosamente preparados e selecionados. Todo líder sabe que uma de suas mais importantes atribuições é desenvolver pessoas e que, dentro dessa atividade, está o desenvolvimento de futuros líderes. Tudo que se refere ao Modelo Toyota é criado para desafiar as pessoas a crescerem, e, nesse ambiente, os líderes emergem e desenvolvem-se. As ferramentas do Sistema Toyota de Produção (STP), a cultura do Modelo Toyota e a estrutura administrativa unificada dos altos executivos proporcionam um terreno fértil para os líderes naturais serem eficazes.

Liderança nos níveis superior, intermediário e inferior

A mudança é impossível sem líderes eficientes.[2] Mas em que lugar na organização os líderes devem ser colocados? A resposta é que os líderes são necessários nos níveis superior, intermediário e inferior. Vamos examinar cada um desses níveis e verificar o que é necessário para se tornar um professor ou instrutor enxuto.

O papel do nível superior

O comportamento nas trincheiras da organização é um reflexo da liderança do nível superior. No Capítulo 11, vimos que os líderes da Toyota se envolvem na prática. Eles estão no chão de fábrica, nos escritórios de engenharia ou onde quer que esteja a verdadeira ação. Eles aprenderam a arte de *genchi genbutsu*, ou seja, como observar em profundidade e ver o que está acontecendo verdadeiramente. Onde quer que estejam, eles instruem e ensinam.

Mas, como todos os líderes, eles também devem trabalhar através de outras pessoas. Na verdade, essa é a definição de liderança – eles têm seguidores. Não poderíamos esperar que eles fizessem grande parte do projeto detalhado ou da implementação. Então, qual é exatamente seu papel?

---

[2] Muitas das idéias e figuras desta seção derivam do trabalho de Bill Costantino, ex-líder de grupo da Toyota e consultor particular.

A Figura 20-1 mostra uma estrutura típica para uma transformação enxuta. Cada um dos papéis no diagrama é necessário, tendo-se o envolvimento do patrocinador executivo em dois aspectos do processo. Por um lado, ele oferece os recursos necessários – recursos que incluem dinheiro, mas que não se limitam a isso – e, por outro, tem todas as fontes de poder disponíveis para fazer as coisas acontecerem.

Lembre-se, trata-se de um processo político. Sempre há resistência à mudança. Há pessoas que verão seus interesses ou os interesses de seus setores sendo ameaçados pela mudança. Consideremos um exemplo.

Em um cliente da Defesa que conserta aeronaves, as horas da mão-de-obra de todos os trabalhadores da seção de consertos têm que ser cobradas. Para conseguir o envolvimento dos trabalhadores do chão de fábrica nos projetos enxutos, eles tiveram que ser retirados de seu trabalho habitual e ser incorporados a equipes para participarem de eventos *kaizen*. A implementação foi agressiva, de modo que diversos projetos foram conduzidos paralelamente, envolvendo dezenas de funcionários. Havia muita pressão para liberar as aeronaves com muito mais rapidez a fim de atender às necessidades do cliente. Os resultados da transformação enxuta foram impressionantes e impulsionaram essa instalação a tornar-se a mais rápida no setor. Os resultados tinham o valor potencial de milhões de dólares. Mas, enquanto isso, o tempo dos trabalhadores era cobrado de uma conta enxuta, que estava incorrendo cada vez mais em déficit. Um comitê operacional executivo para a base estava pressionando o chefe da planta a interromper as atividades enxutas. Sob circunstâncias semelhantes, uma instalação de consertos de motores naquela base tinha parado com os eventos enxutos. Esse líder poderia ter sucumbido, não fosse pelo capitão da base, que o autorizou a continuar a usar a mão-de-obra para realizar os eventos. O capitão sabia que era a coisa certa a fazer e estava comprometido com o sistema enxuto.

É interessante que a grande "despesa" do projeto era um artefato do próprio sistema de indicadores de comando e controle. Todos os trabalhadores envolvidos eram pagos por hora, mas recebiam um salário, trabalhando no projeto enxuto ou no conserto da aeronave. Na verdade, com as atividades enxutas, a produtividade estava melhorando, e muitos dos trabalhadores não eram necessários no trabalho da aeronave. Não havia nenhum custo

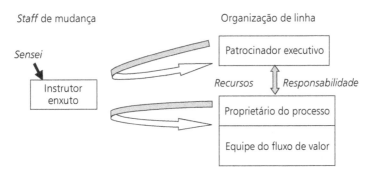

Figura 20-1 Estrutura de papéis no processo de mudança.

variável associado com o tempo dos operadores, mas o sistema de contabilidade interna que forçou a cobrança do tempo na conta enxuta aumentou o déficit da conta. Como o comitê executivo administrava a partir desses números, ele se opunha a gastar excessivamente no programa enxuto. O comitê via custos, e não benefícios. Na realidade, havia grandes benefícios, mas nenhum custo marginal associado com o tempo dos trabalhadores. E estes estavam aprendendo e apoiavam fortemente as atividades enxutas.

Sempre haverá dificuldades constantes em realizar progressos no sistema enxuto: finanças, indivíduos que tentam bloquear o avanço, indivíduos citando regras que podem ser infringidas, etc. O patrocinador executivo deve ser capaz de ver o panorama mais amplo: o sistema enxuto pode fundamentalmente transformar a empresa em uma organização de alto desempenho. Um patrocinador executivo eficaz administrando a interferência é a diferença entre o progresso e a estagnação.

Em nossa experiência, é fácil fazer com que os executivos vejam os benefícios do sistema enxuto e até mesmo torná-los entusiasmados com ele. Mas a diferença entre o sucesso e o fracasso é a diferença entre a aquiescência e o apoio verbal da alta administração e sua verdadeira ação. Um dicionário define "comprometimento" como devoção ou dedicação a uma causa. O sistema enxuto é uma causa. Um líder precisa da visão de uma empresa de aprendizagem enxuta e de dedicação para mover-se em direção àquela visão. Mesmo diante de oposição, o líder deve pressionar e não vacilar no apoio. Se o líder hesitar, seus subordinados certamente hesitarão. E, se o líder transformar cada passo da jornada enxuta em uma análise de custo e benefício para ver se vale a pena fazer o que está fazendo, isso será visto como hesitação.

Um líder comprometido deve proporcionar os recursos para manter as coisas em andamento. Isso inclui pessoas capazes para trabalharem no sistema enxuto, apoio financeiro e responsabilidade pela geração de resultados. Deve ficar claro que o proprietário do processo (Figura 20-1) é responsável pelo sucesso e será tido como responsável. Isso segue nas duas direções. O proprietário do processo precisa ser responsável diante do nível superior, e o patrocinador, como mostra a figura, deve recompensar e estimular o proprietário do processo para que este trabalhe com empenho e obtenha resultados. Isso sugere que o patrocinador deve saber o que está acontecendo – não no sentido burocrático, mas no sentido de *genchi genbutsu* do Modelo Toyota. O patrocinador deve ver para realmente entender o *status* das melhorias.

DICA

Programe revisões regulares do progresso no chão de fábrica

Infelizmente, os altos líderes entram no padrão de *e-mails*, reuniões e viagens, e andar pelo chão de fábrica para ver em primeira mão o progresso enxuto está bem embaixo na sua lista de prioridades. Fujio Cho (citado em *O Modelo Toyota*) descreve como fez os americanos utilizarem seriamente o sistema *andon* ao ir ao chão de fábrica todos os dias para incentivá-los quando era presidente da Toyota Motor Manufacturing, em Kentucky. Trata-se de um sério compromisso e exige que os executivos saibam o suficiente para entender o que estão vendo. Deveria ser regularmente programada uma caminhada pela instalação... ou pelas diversas instalações. Deveria haver indicadores visuais de progresso nos projetos enxutos e indicadores gerais para tornar claro o andamento dos projetos durante a caminhada na área. Uma lista de verificação para os executivos, indicando o que observar em suas visitas, seria um bom acréscimo, pelo menos inicialmente. E essas visitas deveriam ser seriamente programadas e passadas para o topo da lista de prioridades.

Parado no meio do caminho

Pressão do alto, de baixo e de todos os lados. Bem-vindo à vida do gerente intermediário. Estamos usando o termo "gerente intermediário" de uma forma ampla para incluir todos, desde o supervisor de linha de frente aos chefes de departamentos. Sua função é tornar as grandes idéias das pessoas do alto em ação concreta e resultados. Isso significa que eles devem afetar a vida das pessoas do nível mais baixo e trabalhar através delas. Eles devem gerar a produção diária, ser responsáveis pela qualidade e pelo atendimento e lidar com todos os "especialistas" que a administração envia para "ajudá-los" a fazer seu trabalho melhor.

Para as pessoas do nível intermediário, o sistema enxuto é uma em uma longa lista de idéias da administração que lhes chega por meio da equipe. A administração intermediária tem outra característica peculiar. Apesar do poder formal das pessoas no topo da organização, os gerentes intermediários têm o poder de fazer as coisas ou de congelá-las. Eles podem fazer a diferença entre o sucesso ou o fracasso do sistema enxuto. Para um agente de mudança, os gerentes intermediários podem ser pouco agradáveis. Isso não é porque sejam naturalmente obstinados e resistentes. É por causa de sua posição. Eles podem deter a investida.

Para um agente de mudança enxuta, o nível de administração intermediária coloca os desafios mais sérios. Por um lado, esse nível oferece a maior alavancagem para a transformação enxuta. É muito bom ter o apoio de um patrocinador executivo, mas ele não vai desempenhar a ação real. O gerente intermediário vai. De fato, vimos na Toyota que os líderes de grupo dirigem a maior parte das melhorias no nível operacional. Por outro lado, é irrealista esperar que muitos gerentes intermediários passem à frente e se tornem os líderes do processo de mudança enxuta em suas áreas. Os líderes de equipe fazem muito disso na Toyota, mas somente depois de anos de orientação, treinamento e criação de uma cultura específica. Isso baseia-se no sistema de líderes de equipe e de grupo da Toyota, como discutimos no Capítulo 10.

Existem algumas exceções. Há determinados indivíduos em diferentes partes da administração intermediária – engenharia, qualidade e manufatura – que têm uma relação natural com o sistema enxuto e se entusiasmam com ele. Se eles o assimilam e decolam, podem começar a obter apoio superior, mesmo se a alta administração inicialmente não for receptiva. Infelizmente, esses casos são raros. As coisas devem começar de cima.

Desse modo, na maioria dos casos, a transformação enxuta estará mais intensamente fundamentada no instrutor enxuto, usando a hierarquia e o poder do patrocinador executivo e trabalhando através da administração intermediária. Com o tempo, se a empresa for bem-sucedida no desenvolvimento de uma verdadeira cultura enxuta, haverá uma virada, e o instrutor enxuto estará lá para apoiar a administração intermediária na realização da mudança.

Descobrindo as "estrelas sociométricas" na base

As organizações são "redes" em termos de ciências sociais. Os indivíduos estão conectados com outros indivíduos através de ligações de comunicação, elos sociais e emocionais. Se desenharmos um quadro dessas conexões, por exemplo, mapeando a freqüência de comunicação, a figura começará a parecer com uma teia de aranha – uma rede. Se olharmos com mais atenção, veremos que certas partes da rede são mais densas do que outras. No centro das partes densas da rede, estão determinados indivíduos, às vezes chamados de "estrelas sociométricas". Esse é o termo acadêmico para as pessoas que são populares ou mesmo líderes por natureza. As opiniões de algumas pessoas contam mais do que as de outras. Se você consegue convencer esses líderes de opinião, você pode mudar a cultura trabalhando através deles.

Esses líderes não são difíceis de encontrar. Como são tão bem relacionados, você pode encontrá-los de muitas maneiras diferentes. Na organização, geralmente se sabe quem eles são, assim como seus chefes na administração intermediária. Essas são as pessoas que a Toyota tende a procurar e a transformar em líderes.

Há muitos modos de envolver essas pessoas. O instrutor enxuto as procura e fala com elas informalmente. Mas uma maneira melhor é formalmente envolvê-las no processo de mudança. O seminário *kaizen* é um ótimo formato para envolvimento desses líderes naturais. Se, no evento *kaizen*, você dividir o grupo maior em subgrupos menores, poderá até mesmo converter esses indivíduos em chefes de equipe. Isso, é claro, significa que a administração deve lhes pagar para participarem do evento, mas é um investimento trivial no longo prazo, com uma grande compensação. Algumas empresas descobrem algumas dessas pessoas e as tornam membros do escritório de promoção de *kaizen* em tempo integral. Uma coisa é os gerentes intermediários irem ao chão de fábrica para obter o apoio dos trabalhadores, outra é um colega respeitado defender esse apoio. Portanto, encontre essas pessoas e descubra maneiras de envolvê-las.

Tornando-se um instrutor enxuto

O instrutor enxuto é uma posição de *staff*. Trata-se de pessoas ou grupos dentro de uma empresa que são incumbidos de serem os especialistas internos. Na transição para o sistema enxuto, essa função é fundamental. Infelizmente, todos estão ocupados, e o sistema enxuto é só mais uma das coisas que têm que ser feitas. Para um instrutor enxuto de tempo integral, esse é seu trabalho, e geralmente torna-se uma paixão, mais do que um emprego.

O sistema enxuto precisa ser conduzido por uma organização de linha, não por uma organização de *staff*. A organização de linha é responsável pela geração de resultados. As pessoas que fazem o trabalho com valor agregado estão na organização de linha. Elas precisam usar todos os sistemas enxutos, por isso, devem ser proprietárias dos sistemas enxutos.

Tomemos, por exemplo, o trabalho padronizado. Voltando a Frederick Taylor, o pai dos estudos sobre tempo e movimento, a idéia de padronização do modo como o trabalho é feito tinha a ver com uma tarefa da *staff*. Taylor visualizou grandes equipes de engenheiros industriais especialistas em "administração científica". Com a administração científica, que as pessoas do chão de fábrica não entendiam, eles poderiam determinar a melhor forma de fazer o trabalho, e o supervisor deveria reforçar essa forma. O resultado não previsto foi o conflito que isso criava entre a mão-de-obra e a administração e o antagonismo em relação aos "especialistas da eficiência". Isso levou a mais perdas e à separação entre as metas da administração e as metas da mão-de-obra.

Vimos que, na Toyota, o trabalho padronizado é uma ferramenta utilizada pelos trabalhadores com valor agregado e seus líderes de equipe e de grupo. É uma ferramenta para melhoria contínua. Se criarmos uma equipe de "especialistas enxutos", empurrando o trabalho padronizado para cima da mão-de-obra, estaremos voltando direto à administração científica de Taylor.

Dito isso, no estado de transição para o sistema enxuto, os instrutores enxutos estão em segundo lugar, talvez, em relação à alta administração em sua importância no sistema. É uma infeliz realidade que a mão-de-obra não saiba o suficiente sobre o sistema enxuto ou não tenha bastante motivação para mudar para algo que não compreende. A alta administração pode estar "comprometida", mas tem tantas outras pressões que não consegue concentrar muita atenção todos os dias na mudança enxuta. Assim, grande parte da responsabilidade recai sobre o instrutor ou a equipe enxuta.

Dadas essas considerações, o sistema enxuto pode ser uma tarefa de meio turno acrescentada ao trabalho de tempo integral de uma pessoa? Presumivelmente, se cinco pessoas passassem, cada uma, 20% de seu tempo no sistema enxuto, isso seria tão bom quanto ou mesmo melhor do que uma pessoa despendendo 100% de seu tempo na mesma atividade. Mas cinco pessoas com trabalhos de tempo integral que sempre parecem se expandir para 120% de seu tempo não encontrarão os 20% para dedicar ao sistema enxuto. É raro vermos muito sucesso com o sistema enxuto sem pelo menos um instrutor de tempo integral. No capítulo anterior, descrevemos a abordagem da Denso ao sistema enxuto. Como parte de seu programa Fábrica Eficiente, a empresa está criando especialistas enxutos internos a partir de seu grupo de engenharia de fabricação. Há um movimento geral na Toyota, incluindo a NUMMI, na América do Norte, para desenvolver especialistas mais fortes em STP dentro da planta – no mínimo, dois especialistas de tempo integral por processo de grande porte (por exemplo, pintura, carrocerias, prensas, montagem final). Isso faz parte do reconhecimento de que, fora do Japão, onde o STP se tornou parte da cultura, há maior necessidade de especialistas para elevar o nível do STP na planta.

O trabalho do instrutor enxuto inclui:

1. Liderar programas de linha modelo
2. Liderar mapeamento de fluxo de valor
3. Liderar eventos *kaizen*
4. Ensinar a filosofia e ferramentas enxutas (através de cursos breves e de atividades enxutas)
5. Treinar líderes em todos os níveis
6. Desenvolver o sistema de operação enxuta (princípios, indicadores, abordagens de avaliação, procedimentos operacionais padrão)
7. Promover internamente a transformação enxuta
8. Aprender fora da empresa e trazer novas idéias

A estrutura organizacional do programa enxuto na Figura 20-1, que vimos antes, sugere que o patrocinador, o proprietário do processo e a equipe de fluxo de valor estão liderando a transformação, e isso certamente seria o ideal. Infelizmente, é irrealista, na maioria dos casos, especialmente no início da transformação enxuta. Isso simplesmente não acontece. A energia externa de *sensei* (consultores) externo é necessária para continuar ensinando, conduzindo e impulsionando. Por outro lado, quando os benefícios começarem a tornar-se claros para a organização de linha, haverá um aumento da demanda dos serviços do instrutor enxuto interno: "por favor, vá até o meu setor depois". Isso é um grande sinal de progresso e torna o trabalho do instrutor enxuto muito mais divertido.

Como o instrutor enxuto é tão fundamental para o processo, ele precisa ser cuidadosamente selecionado. O instrutor enxuto deve ter as seguintes características:

1. Ser inteligente
2. Aprender rápido
3. Adorar aprender
4. Praticar
5. Ser apaixonado pela melhoria de processos
6. Ter habilidades de liderança
7. Ter fortes habilidades interpessoais
8. Ser um excelente comunicador (na escrita e na fala)
9. Ter habilidades técnicas básicas (ficar à vontade com planilhas, gráficos, dados, etc.)
10. Ser um pensador de sistemas (capaz de entender fluxos de processos, etc.)
11. Ter habilidades naturais para solução de problemas

12. Ler livros
13. Abrir-se para novas idéias
14. Ser pessoalmente organizado

ARMADILHA

O instrutor enxuto "de microondas"

Como as ferramentas e os conceitos enxutos são diretos por natureza, pode parecer que é fácil treinar um instrutor enxuto. Muitas universidades e associações profissionais fornecem certificados de instrutor enxuto. Mas, embora esses programas possam ensinar coisas úteis, eles *não* produzem um instrutor enxuto qualificado.

Existem dois tipos de conhecimento: o conhecimento de procedimentos e o conhecimento tácito. O conhecimento de procedimentos pode facilmente ser ensinado na sala de aula – os passos que devem ser seguidos para desenvolver uma célula, por exemplo. O conhecimento tácito é o que se aprende com a experiência, orientado por um instrutor capacitado. Saber quando uma célula é adequada, quando o nível de estabilidade permite uma célula de fluxo unitário de peça, como vender o conceito para a administração, onde a célula se enquadra no fluxo de valor estendido, com que tamanho e em que formato uma célula funcionará melhor, etc. baseia-se no conhecimento tácito. O caso "História dos dois pistões", apresentado neste capítulo, ilustra como gerentes e engenheiros bem intencionados, com muito treinamento enxuto formal, ignoraram um verdadeiro especialista em STP e tomaram várias decisões equivocadas no estabelecimento de uma célula de máquinas. A sedução de ter um instrutor enxuto "de microondas" através da imersão em um breve programa de treinamento é tentadora para alguns administradores. Mas resista! São necessárias muitas experiências com a implementação de um verdadeiro fluxo de valor enxuto, como membro de equipe e depois como líder, ao longo de vários anos (ver o programa de linha modelo no Capítulo 19) para que um indivíduo comece a ter uma base para tornar-se um bom instrutor enxuto. Essa experiência deve ser orientada por um instrutor enxuto capacitado, com um mínimo de cinco a 10 anos de experiência no sistema enxuto.

Essas são as habilidades e os atributos em estado bruto que você deverá procurar. Mas alguém com essas características não é automaticamente um instrutor enxuto. O instrutor enxuto também precisa ser treinado. Parte disso é o treinamento técnico em ferramentas enxutas. A leitura de livros e talvez a participação em um curso enxuto na universidade podem fazer muito a esse respeito. Mas o treinamento mais aprofundado que faz diferença está no trabalho e só pode ser dado por alguém que já é um forte instrutor enxuto. É um processo de orientação. Esse é o papel de um *sensei* enxuto.

Aprendendo com o sensei enxuto

No Japão, qualquer professor é um *sensei*. Mas o termo conota mais do que isso. Conota um relacionamento. O *sensei* é profundamente respeitado por ter conhecimento e sabedoria. O aluno quer aprender com o *sensei*. O *sensei* já trilhou o caminho antes, e o aluno está começando a trilhá-lo.

Algumas empresas têm a sorte de contarem com *sensei* interno, que pode treinar e ensinar. Pode ser alguém que elas incorporam, orientado em outra empresa, ou um gerente que elas contratam. Alguns gerentes ou vice-presidentes de plantas são ex-gerentes da Toyota, por exemplo, e tornam-se *sensei* internos naturalmente. Mas, com maior freqüência, esses *sensei* são consultores externos que aprenderam por meio de profunda experiência, às vezes trabalhando para a Toyota.

O mais importante em relação aos *sensei* é que eles são professores. Não são aqueles que chegam e fazem as coisas para você. Os professores são tão bons quanto seus alunos. Assim, a escolha dos instrutores enxutos internos corretos para aprender com o *sensei* determinará a alavancagem com o *sensei*.

Existem diferentes estilos entre os *sensei*. A abordagem original de Ohno era a da instrução severa, uma abordagem em que o *sensei* psicologicamente e, às vezes, fisicamente bate no aluno. O trabalho do *sensei* é encontrar falhas, criticar e ridicularizar o aluno, que aprende que é inferior e tem que trabalhar para tornar-se adequado. Alguns *sensei* contratados – consultores enxutos experientes – acham que precisam ser mais gentis e delicados e vão longe demais. Eles sabem que, se forem muito críticos, poderão perder o emprego. Por isso, acabam se tornando membros do grupo e fazem, eles mesmos, grande parte do trabalho.

Na maioria das situações, a abordagem do *sensei* enxuto deve situar-se entre a severidade e a brandura. O *sensei* enxuto não pode se transformar em um par de mãos para fazer o trabalho. Ele deve desafiar as pessoas que está treinando. Isso quase sempre significa passar tarefas desafiadoras e recuar, permitindo que os alunos se esforcem e que até mesmo fracassem. Então, o *sensei* pode aproximar-se e instruir. Essa é a abordagem de aprender na prática. O aluno deve praticar e sentir-se pessoalmente desafiado para aprender. Ele não aprenderá tanto apenas olhando o *sensei*.

Há diferentes freqüências para as visitas do *sensei*. Elas podem variar do tempo integral ou da realização quinzenal de um seminário *kaizen* até dois dias por mês. O tempo integral geralmente é excessivo, e o mínimo costuma ser dois dias por mês.

Normalmente, os *sensei* de tempo integral ficam trabalhando nos projetos, não instruindo. Isso pode ser necessário se não houver alunos fortes em tempo integral no programa. Também pode ser preciso para agilizar o processo. Mas só é útil como estratégia de transição. Se o *sensei* de tempo integral puder conduzir mudanças suficientes para demonstrar o que o sistema enxuto é capaz de fazer, isso provavelmente motivará a administração a indicar uma pessoa para trabalhar em tempo integral com o *sensei* enxuto. Assim, o *sensei* poderá reduzir sua participação.

A abordagem de seminário quinzenal pode impulsionar muitas mudanças rapidamente (ver o caso da Tenneco no Capítulo 19). Se o *sensei* estiver verdadeiramente conduzindo um seminário *kaizen* toda vez que visita a empresa, provavelmente não estará dando muita orientação, a não ser a do ensino prático através dos seminários. E há muito valor na instrução que vai além do trabalho nos seminários.

A abordagem de dois dias por mês é muito poderosa quando há uma forte equipe interna para treinar. O *sensei* verifica o progresso desde o último encontro e oferece *feedback* e tarefas desafiadoras para o mês seguinte. O *sensei* pode demonstrar uma ferramenta ou auxiliar em uma questão técnica difícil e depois ausentar-se. Com esse modelo, o *sensei* não pode *fazer* as coisas, ele só deve ensinar; do contrário, nada será feito. Os alunos aprendem que não podem depender do *sensei*.

Quando reunimos os elementos necessários para uma mudança duradoura, obtemos algo parecido com que vemos na Figura 20-2: a estrutura do processo de mudança em termos de papéis e responsabilidades, a ampla participação e propriedade necessárias (especialmente na organização de linha), bem como a responsabilidade, a instrução para aprender na prática e a liderança comprometida e informada.

A importância da liderança comprometida não pode ser exagerada. O caso "História dos dois pistões", que apresentaremos a seguir, destaca a importância da liderança compro-

Figura 20-2 Principais ingredientes para mudança.

metida e informada. Esse caso parecia ter tudo a seu favor – apoio da alta administração ao sistema enxuto, uma boa estrutura de mudança, propriedade da organização de linha e até mesmo um dos melhores especialistas enxutos do mundo em maquinário. Era uma nova linha, de forma que o sistema enxuto poderia ser desenvolvido do zero. Uma área, sob a direção de um engenheiro de projetos, aprendeu com o *sensei* enxuto, e a linha tornou-se enxuta e altamente bem-sucedida. A outra era liderada por um engenheiro de projetos que não entendia ou não queria entender e que havia tomado a liderança de um gerente de planta que não se dedicou a tentar entender. O resultado previsível foi o fracasso.

 Estudo de caso: história de dois pistões – a filosofia da Toyota para maquinário em uma empresa americana

"É como um delicioso copo de cerveja parado ali, bem na minha frente", explicou Ishiyaki Yoshina, veterano da Toyota Motor Corporation, 30 anos de empresa, que se tornou consultor para a Engineering Integrators Company (EIC). "Toda vez que estendo o braço para tomar a cerveja bem gelada, minha mão se choca com uma parede transparente que foi colocada na minha frente." Yoshina-san falou usando o tipo de metáfora que tanto caracteriza os funcionários da Toyota. Sua analogia foi tingida pela frustração com a falta de progresso da Acme Systems em direção a um ambiente enxuto naquele período de um ano e meio que passou na empresa.[3]

---

[3] Essa descrição foi adaptada de um caso desenvolvido por David Ostreicher. Baseia-se em acontecimentos reais, embora os nomes tenham sido mudados e alguns fatos tenham sido modificados para tornar mais claros os pontos de discussão; essencialmente, esse caso representa eventos que verdadeiramente ocorreram. Envie sua opinião para David Ostreicher em djostrei@umich.edu para mais esclarecimentos sobre o caso e/ou idéias para melhorá-lo como recurso de aprendizagem.

Introdução

Enfatizamos que a transformação enxuta é um processo político que requer liderança comprometida e informada. Um grande exemplo disso foi um caso que David Ostreicher vivenciou como aluno estagiário, trabalhando na Acme Systems – um dos maiores e mais diversificados fornecedores de componentes automotivos do mundo. David foi indicado para trabalhar com um gerente de engenharia aposentado da Toyota que era um importante especialista em STP aplicado a maquinários. Contratado, com altos honorários por dia, como especialista enxuto com 30 anos na engenharia de produção da Toyota, Yoshina estava especialmente familiarizado com lançamentos de tecnologia em maquinário. Teve uma vasta experiência em instalação de equipamentos em toda a Ásia durante sua carreira na Toyota, mas essa era sua primeira tentativa de aplicar métodos da Toyota nos Estados Unidos. David estava entusiasmado para aumentar seu conhecimento de STP aprendendo com Yoshina e contente com a empresa. A Acme estava comprometida desde o nível do CEO com a construção de uma empresa enxuta e tinha quase uma década de experiência. Yoshina fora contratado para lançar diversas linhas novas de produtos, o que deveria ser uma vitrine para demonstrar o STP aplicado ao maquinário.

Duas linhas de maquinário separadas que produziam diferentes versões de compressores estavam sendo instaladas na mesma planta – as linhas A1 e X10. Cada uma delas contava com um engenheiro de projetos. Como veio a acontecer, o engenheiro de projetos da A1 considerou o conselho de Yoshina, seguindo-o ao pé da letra com ótimos resultados, enquanto o engenheiro da X10 tentou fazer cortes em nome da conveniência e da redução de custos em curto prazo, com maus resultados. O interessante é que ambos tinham metas ambiciosas e acesso ao mesmo especialista enxuto de classe mundial.

A "Qualidade na Primeira Tentativa" foi definida como a porcentagem de peças manufaturadas que passavam por todas as inspeções na primeira vez em que eram testadas. Os níveis de Qualidade na Primeira Tentativa estavam estagnados em 85%, embora o alvo fosse mais de 98%. A "Disponibilidade Operacional" referia-se à porcentagem de tempo em que o equipamento estava disponível para produzir peças quando isso era necessário. As operações de maquinário na Acme normalmente tinham Disponibilidade Operacional na faixa de 60 a 70%, e a equipe estava sendo solicitada a elevá-la para mais de 85%. Os retornos empresariais almejados (renda líquida mínima, retorno de operação e retorno sobre ativo líquido) eram agressivos, mas possíveis. Era óbvio que havia altas expectativas para essa nova demonstração da abordagem enxuta.

O engenheiro de projetos da A1 ficou responsável por fazer a transição da família mais antiga da A1 de uma planta existente para a nova planta, com equipamentos completamente novos. Simultaneamente, o engenheiro de projetos da X10 estava encarregado de encontrar o melhor conceito de linha possível a ser adicionado aos dois outros módulos da X10 que já estavam em operação na nova planta. Embora as duas linhas produzissem pistões para diferentes famílias de produtos, o processo usado para criá-los era semelhante no papel.

Os fabricantes de máquinas já haviam sido selecionados tanto para a linha a A1 quanto para a linha X10. Para a linha X10, a preferência do então gerente da planta venceu, e os mesmos tipos de máquinas que já estavam produzindo os pistões da X10 foram escolhidos por uma questão de coerência. Para a linha A1, prevaleceu a recomendação de Yoshina, e a Toyoda Machinery Works (TMW), uma participante relativamente nova no mercado americano de centro de máquinas - embora já estivesse estabelecida na produção de retíficas –, foi selecionada com a esperança de iniciar um relacionamento de longo prazo e de maior alcance com a Acme.

Discutiremos algumas das decisões técnicas detalhadas tomadas por cada uma das duas equipes. Não temos a intenção de dar um curso sobre maquinários, mas sim de ilustrar parte do raciocínio detalhado exigido para desenvolver linhas de produção verdadeiramente enxutas.

Yoshina reúne-se com a equipe da Linha A1

A abordagem de Yoshina era oferecer orientação sem ditar como tomar todas as decisões de engenharia necessárias. Ele dava conselhos gerais e comentava as idéias das equipes. A equipe A1 ouvia com atenção para aprender tudo que fosse possível, depois traduzia os conceitos enxutos em decisões. Um problema era como fazer o material fluir, dado o desejo de atingir o fluxo unitário de peças, mas considerando as restrições práticas que tinham que enfrentar. A equipe decidiu que, em vez do fluxo unitário de peças, fabricariam quatro pistões de cada vez. Havia duas razões principais para isso. Primeiro, o trabalho seria bem equilibrado, já que quatro pistões poderiam ser carregados em uma máquina (dois pistões em cada mão do operador), o interruptor seria acionado e o operador iria, então, à máquina adjacente para apanhar o grupo de quatro pistões ejetados, passando-o para o processo seguinte. Segundo, com base nos tempos de ciclo do maquinário, quatro seria o número de pistões exigido por ciclo para garantir que a área de montagem da linha A1 não ficasse sem peças; ou seja, para atingir o *takt-time* exigido para produzir quatro pistões por vez.

Entretanto, com a quantidade de cavaco produzida, se quatro peças fossem fabricadas simultaneamente, não havia certeza quanto ao modo de manter limpas as matrizes que a TMW estava oferecendo com o equipamento – e, sem matrizes limpas para cada peça, os níveis de Qualidade na Primeira Tentativa teriam um impacto negativo. A idéia da equipe, levada para discussão pela TMW com base no seu banco de dados de processos, era fabricar os pistões horizontalmente de forma que a força centrífuga e a gravidade separassem o cavaco das peças e das matrizes. Eles não sabiam se isso iria funcionar e esperavam alguma reação de Yoshina. Ao ouvir isso, Yoshina concordou.

O problema seguinte dizia respeito à área de cobertura da linha de maquinário. Não havia muito espaço na área proposta para a A1, mas a equipe queria seguir a recomendação de Yoshina de manter um fluxo em linha reta. Eles lembraram os comentários de Yoshina sobre a força dessa abordagem durante uma reunião anterior:

> Uma planta é como uma vitrine para os clientes. O modo como as máquinas são dispostas deve dar uma boa impressão aos visitantes. Ilhas isoladas não são permitidas. As linhas e as máquinas devem ser dispostas em linha reta para que se possa ver bem adiante ao longo de uma linha nítida. O fluxo, do recebimento do material até o embarque dos produtos acabados, deve ser simples. Somente quando os tempos de ciclo são muito longos e o operador tem que lidar com diversos processos e caminhar muito é que células em formato de U ou de L devem ser introduzidas para reduzir a perda com tem-

po e distância de deslocamento. Pense sempre como se você fosse a peça: aonde você gostaria de ir depois? Você gostaria de seguir uma rota complexa desde o recebimento até o embarque ou preferiria ir por uma via simples desde o fornecedor até o cliente?

A capacidade de manutenção foi o último tópico a ser abordado. A geração anterior de máquinas A1 era maldita entre a equipe da manutenção por ser difícil de manter em funcionamento. Calibradores e pontos de óleo estavam localizados por todos os lados das máquinas, e não havia uma programação estabelecida para a manutenção preventiva. Lutando contra essa cultura, a equipe A1 decidiu dar o primeiro passo e, pelo menos, tornar os aspectos visuais da manutenção acessíveis para a equipe em um local na parte traseira das máquinas.

Yoshina olhou cuidadosamente o material que lhe foi apresentado e pareceu satisfeito. Apesar de ele não achar que tudo sairia de acordo com o planejado sem que houvesse contramedidas para problemas que surgiriam no decorrer do processo, ele reafirmou a filosofia fundamental da equipe, o que deu sustentação a cada decisão tomada.

Yoshina reúne-se com a equipe da Linha X10

A equipe X10 via Yoshina de forma diferente. Parecia que todos eram da opinião de que sua presença os distraía de seus prazos mais imediatos. Eles educadamente ouviam suas idéias, mas tomavam suas decisões usando critérios mais tradicionais – quase sempre, os custos de curto prazo.

Eles apresentaram suas idéias a Yoshina, começando por defender as economias de custos projetadas para a aquisição de matrizes de uma empresa local, em vez das fornecidas pelo fabricante das máquinas. O chefe de compras da família de produtos X10 identificou uma economia inicial de 8% com a utilização do fornecedor local de matrizes. Além disso, a localização próxima desse fabricante possibilitaria o abastecimento rápido das matrizes danificadas ou trocas do equipamento existente.

A seguir, a equipe descreveu sua realização na área de fluxo unitário de peças. Os integrantes do grupo, que haviam participado de um seminário interno da Acme sobre manufatura enxuta, sabiam que isso era o ideal e acreditavam que Yoshina fosse aprovar sua abordagem. A equipe ficou ainda mais orgulhosa ao relatar que, devido ao corte final no maquinário, a peça única inicial se tornaria dois pistões individuais acabados ao longo do processo. Portanto, a linha teria aumento nos números da produtividade, já que o manejo inicial de uma peça daria origem a duas peças de produto acabado no final do processo.

Foram adiante, então, para discutir o fluxo de trabalho em sua célula. Todos sabiam que a máquina do Fornecedor 2 era cerca de 66% mais rápida do que a máquina do Fornecedor 5. Em vez de esperar por uma questão desafiadora de Yoshina com relação ao equilíbrio dos operadores, a equipe antecipou o questionamento e apresentou um conceito estoque que seria instalado em várias das máquinas para manter 12 peças de estoque em processo. Como a máquina do Fornecedor 2 era mais rápida, seria manualmente carregada e descarregada por um operador. Por outro lado, devido ao tempo de ciclo menor da máquina do Fornecedor 5, havia sido adquirida uma opção de carga e descarga automática para aquela máquina. Dessa forma, calculava-se que o tempo adicional que o operador humano levava para carregar e descarregar peças da máquina do Fornecedor 2 compensaria seu tempo de ciclo menor, assim equiparando seu ritmo com o da máquina do Fornecedor 5. Para completar o sistema, as 12 peças de estoque em processo atuariam como amortecedor no caso de o mecanismo automático de carga e descarga e o operador manual de carga e descarga perderem a sincronia.

Quanto ao modo como a ferramenta realmente atingia o metal, a equipe X10 decidiu prender a peça de metal a ser manufaturada e então movimentar a ferramenta para cima e para baixo sobre a peça para produzi-la. Um líquido refrigerante seria borrifado na peça de trabalho, e a primeira implementação de trabalho padronizado da planta exigiria que os operadores removessem o acúmulo de aparas dos acessórios e das ferramentas a cada hora.

Essas decisões possibilitaram que o novo módulo X10 coubesse em um espaço de formato incomum no chão de fábrica, perto das outras duas células X10 (Figura 20-3). Projetou-se que a efetivação dessa meta de localização economizaria mais de 200 horas anuais do trabalho dos abastecedores de material. A equipe X10 também reafirmou a decisão das equipes X10 anteriores de manter os dois processos de pintura de metal em uma empresa terceirizada, embora sua qualidade tivesse piorado. Isso aumentaria os níveis de estoque em processo em 15%, mas eles não teriam que investir 95.000 dólares em equipamento e no treinamento para sua utilização.

O grupo concluiu a apresentação com uma atualização do líder de qualidade da equipe. Devido às economias projetadas com as diversas decisões ao longo do processo de projeto, a equipe estava planejando usar mais fundos para investir em um sistema de coleta de dados que monitoraria o desempenho de cada máquina. Os dados seriam reunidos em um PC com *software* capaz de produzir relatórios mostrando vários indicadores de interesse, como tempo de parada, número de peças produzidas e tempo de ciclo da máquina. A coleta desse tipo de informação era extremamente importante, uma vez que o nível de qualidade dos dois módulos X10 existentes não estava atingindo as metas.

Com isso, a apresentação foi encerrada. Yoshina não comentou especificamente nenhum dos planos apresentados. Em vez disso, aproximou-se da mesa e entregou ao grupo uma sugestão de leiaute para a linha X10 que ele havia esboçado durante a apresentação. A equipe ficou surpresa ao ver que Yoshina não havia restringido a linha ao espaço disponível em formato peculiar junto aos dois módulos existentes, mas tinha esquematizado um leiaute em linha reta. O grupo concordou em discutir essa proposta com o gerente da planta. Yoshina agradeceu à equipe pelo tempo dispensado e disse estar ansioso para saber de sua decisão sobre o leiaute.

Quatro dias depois, Yoshina recebeu um convite para uma reunião com o engenheiro industrial para tratar do projeto. Na reunião, o engenheiro relatou que, depois de falar com o gerente da planta, ficou decidido que o leiaute permaneceria como a equipe havia originalmente sugerido. O gerente da planta não compreendeu por que tinha sido proposto um leiaute que exigiria a reorganização da área para acomodar um fluxo em linha reta. Yoshina percebeu que, se o gerente da planta tivesse tirado alguns minutos para ir até o chão de fábrica, teria visto desigualdades, as rotas tortuosas de deslocamento e os espaços confinados que caracterizavam o leiaute retorcido que estava favorecendo (Figura 20-3).

Características selecionadas da Linha A1
- 4 peças por vez na retifica
- 4 peças de estoque em processo por vez
- 1 fabricante de máquinas
  - Mesmo fabricante para as matrizes
- Nenhum processo externo
- Calibragem junto à linha
- Fluxo em linha reta com alturas coerentes de máquinas

Características selecionadas da Linha X10
- 1 peça por vez na retifica
- Estoque em processo em desequilíbrio entre máquinas
- 5 fabricantes de máquinas
  - Diversos fabricantes de matrizes
- Processo externo de pintura
- Calibragem a 90 m de distância
- Fluxo de linha confuso, com diferentes alturas de máquinas

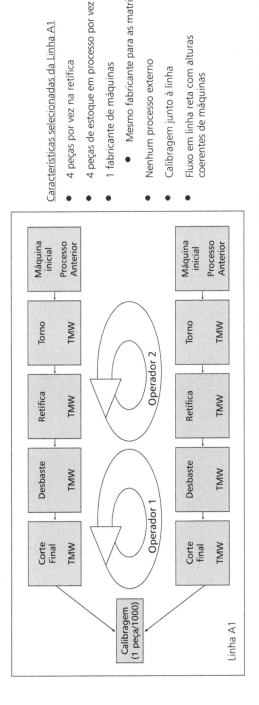

Linha A1

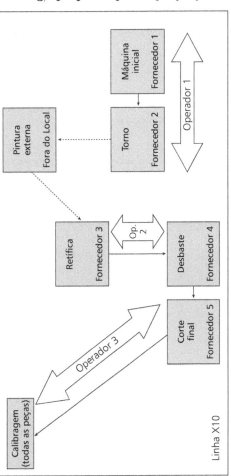

Linha X10

Figura 20-3 Características técnicas das Linhas A1 e X10.

Ao ouvir isso, Yoshina obviamente ficou muito perturbado. Ele não podia entender por que a Acme estava pagando centenas de milhares de dólares para sua empresa de consultoria por recomendações que simplesmente seriam rejeitadas. Saiu da reunião e esbravejou, resmungando a palavra *"Yappari"*[4], que mal pôde ser ouvida.

Resultados de desempenho das duas linhas de maquinário

Qual linha teve melhor desempenho? No final de 2004, ambas as linhas de pistões tinham sido instaladas e haviam estado em funcionamento por aproximadamente dois anos. Embora existam pouquíssimos dados sobre o desempenho das linhas A1 e X10 no período em que têm produzido peças, entrevistas com operadores, engenheiros e gerentes levaram ao seguinte panorama:

	Tempo de paralização do equipamento	**Taxa de refugo**	**Retrabalho**
Linha X10	30%	6%	15%
Linha A1	2%	1%	< 1%

Relatou-se que a maior parte do tempo de parada na linha A1 foi causada por escassez de material no processo interno localizado na adjacência da linha de máquinas A1, que realiza as operações anteriores; já o tempo de parada da linha X10 era devido a problemas de qualidade e paradas das máquinas na própria linha. Esses problemas de qualidade da linha X10 fizeram com que cada pistão acabado tivesse que ser calibrado em uma área a 90 metros da linha de máquinas antes de ser enviado para a montagem. Os pistões produzidos na linha A1, por sua vez, são calibrados em amostras de lotes de 1.000 peças.

Após quase três anos e centenas de milhares de dólares em consultoria, a frustração pessoal de Yoshina tornou-se insuportável. Apesar de seu grande esforço, ele se sentiu como se estivesse acrescentando pouco valor à equipe de transição e deixou a Acme, retornando ao Japão em meados de 2003.

O que podemos aprender com a História dos dois pistões?

1. **A liderança comprometida e informada é a chave para a transformação enxuta bem-sucedida.** Com freqüência, perguntam-nos por que as empresas não estão ativamente implementando tudo o que podem aprender com a Toyota, tendo em vista o sucesso do Modelo Toyota. Isso tem a ver com cultura? Esse caso chega ao x da questão. Antes de tudo, está a liderança. Essa planta tinha todos os ingredientes necessários para uma mudança bem-sucedida: apoio da alta administração, histórico de sucesso com o sistema enxuto, acesso a todas as ferramentas e materiais de treinamento enxutos, início a partir do zero e um dos melhores especialistas do mundo como consultor em tempo integral.

    O engenheiro de projetos da linha A1 acreditou e quis aprender. O gerente da planta deixou-o instalar a linha como ele achava que seria adequado. Damos crédito ao gerente da planta por não ter interferido. Porém, quando o engenheiro de projetos da linha X10 resistiu à

---

[4] Essa palavra japonesa evoca um sentimento como o das expressões "era de se esperar" ou "bem como eu pensava".

oportunidade de aprender e retrocedeu ao pensamento tradicional, o gerente da planta rapidamente aliou-se a ele ao bloquear as novas idéias de Yoshina, o que ficou exemplificado com a aprovação do fluxo retorcido para adequação ao espaço existente, em vez de sua extensão para obter o fluxo em linha reta recomendado. Parecia que o gerente da planta só tinha a ganhar seguindo o conselho desse mentor sábio e oneroso para criar a vitrine que daria visibilidade à planta em toda a empresa. Mas, na hora H, optou pelo que era conhecido e cômodo para ele. Ir ao chão de fábrica para ver as coisas por si mesmo e entendê-las verdadeiramente não fazia parte de sua definição de responsabilidade de um gerente de planta e não era algo confortável.

2. **Existe diferença entre um fornecedor e um parceiro técnico capacitado.** Claramente, a linha A1 beneficiou-se enormemente trabalhando com a Toyoda Machinery Works. A equipe X10 selecionou os mesmos tipos de máquinas que estavam na época produzindo peças defeituosas nas linhas existentes – sem nenhuma causa ainda definida – supostamente para buscar atributos comuns. Escolheram diferentes fabricantes de matrizes e de acessórios por causa do preço e da localização, sem considerar as complexas interações entre esses fatores e as próprias máquinas. Yoshina, como praticante experiente do Modelo Toyota, sabia que o gasto inicial de alguns dólares a mais em boas ferramentas e matrizes produziria um custo total menor no decorrer da vida do produto. Enquanto a linha X10 era criada misturando-se diversas marcas de máquinas de um modo que havia causado problemas nas linhas X10 anteriormente instaladas, o grupo A1 confiou na experiência de Yoshina e na TMW quanto às máquinas e aos processos a serem utilizados na fabricação dos pistões. Yoshina e a TMW puderam fundamentar-se em um vasto banco de dados sobre máquinas e processos que certamente executariam a tarefa de fabricação de pistões.

3. **Existe diferença entre aprender o STP conceitualmente e entendê-lo profundamente.** A empresa estava fazendo treinamento enxuto havia anos, e o vocabulário do STP era bem conhecido. Mas havia desafios específicos no maquinário que não estavam bem compreendidos. Era evidente que as equipes de engenharia estavam lutando para fazer as escolhas técnicas corretas, apesar de sua experiência como engenheiros e de terem passado pelo treinamento em STP.

Uma grande diferença entre as linhas X10 e A1 que provavelmente levou a muitas das diferenças de qualidade entre elas estava na forma como as ferramentas eram movimentadas. As ferramentas da linha X10 moviam-se verticalmente, com a peça presa no plano x – y. Devido à força da gravidade, todo cavaco e o líquido refrigerante caíam sobre as ferramentas, ficando sobre as peças. Com o tempo, essas perdas iam se acumulando e se tornavam um fator importante na produção de pistões com defeito. Por outro lado, as ferramentas da linha A1 moviam-se horizontalmente, com a peça presa no plano y – z. Com esse posicionamento, embora o cavaco e o líquido refrigerante ainda caíssem devido à gravidade, não caíam sobre a peça, mas sim no separador de cavacos, de modo que o líquido refrigerante fosse reaproveitado e cavacos pudessem ser reciclados. Essa é uma diferença técnica sutil que exige o tipo de atenção aos detalhes que caracteriza o Modelo Toyota.

Um outro exemplo de diferentes técnicas entre as duas linhas foi a má aplicação do conceito de fluxo unitário de peças pela equipe X10. Aplicando-se a idéia literalmente em um ambiente de máquinas, várias aconteceram ao processo X10. Primeiro, o operador era subutilizado. Em um ambiente de máquinas, as principais tarefas do operador são verificar a qualidade, trocar as ferramentas e resolver pequenos problemas enquanto apanha peças processadas em uma máquina, coloca-as em outra e pressiona um botão de início de ciclo. Se a pessoa movimenta apenas uma peça por vez entre as máquinas, fica com uma das mãos livre e o processo perde potencial do operador humano. Além disso, a equipe X10 cometeu um terrível erro em termos de capacidade de máquina. A máquina adquirida podia fazer vários pistões ao mesmo tempo e o produto final, na verdade, exigia quatro peças, mas o grupo insistia no fluxo unitário de peças. (Ver o modelo de redução de perdas na Figura 5-1, Capítulo 5.) A filosofia central é reduzir as perdas. O fluxo é um método usado para trazer problemas à tona, e o fluxo unitário de peças nem sempre é a melhor opção. Nesse caso, ele aumentava as perdas.

4. **Não tente soluções técnicas elaboradas para a qualidade quando pode inseri-la no próprio processo.** *Jidoka*, ou a capacitação de um processo com a característica humana de poder determinar se um produto de qualidade foi criado, é um termo do Sistema Toyota de Produção que as equipes X10 e A1 entendiam de maneiras bem diferentes. Parece que o pacote de coleta de dados que o grupo X10 estava considerando seria usado para garantir que nenhuma peça passasse para o processo seguinte, uma meta admirável. No entanto, o sistema direcionava-se para a descoberta de defeitos, e não para o impedimento de sua ocorrência. Esse é um exemplo de automação de coleção de dados, não de procura da verdadeira raiz de um problema e de busca de uma contramedida imediata. Em comparação, a linha A1 foi projetada para produzir menos defeitos, simplesmente com base nas características físicas do maquinário e do processo que operava. Os indicadores de desempenho de cada linha demonstram que projetar o processo para reduzir a produção de partes defeituosas supera em muito os resultados da simples detecção de erros gerados por um sistema inferior.

5. **A decisão de curto prazo mais eficaz em termos de custos pode ser a mais onerosa no longo prazo.** A decisão de economizar 95.000 dólares nos custos iniciais e não incorporar o processo de pintura do metal reduziu o gasto inicial, mas aumentou o *lead time* e o estoque. Também foi um obstáculo para a habilidade da Acme de resolver problemas rapidamente, já que não havia como controlar os defeitos surgidos no processo de pintura do metal – defeitos que tinham aumentado nos últimos tempos. Esse é outro exemplo de pensamento de custos de curto prazo *versus* minimização de custo total de ciclo de vida.

Pode-se mensurar o caminho para o sistema enxuto?

Você obtém aquilo que mede! Quantas vezes você já ouviu isso? Se medirmos peças por hora de mão-de-obra em setores individuais, teremos superprodução. Se medirmos variações de orçamento, teremos pessoas tentando aumentar seus orçamentos ou cortando custos mesmo em despesas benéficas. Se medirmos os ganhos trimestrais, teremos empresas cortando todos os gastos no final do trimestre para fazer com que seus ganhos pareçam bons. Todas essas afirmações são verdadeiras. Meça minuciosamente um aspecto bem específico da empresa, e surpreenda os gerentes se eles não alcançarem os números no curto prazo – e você verá os gerentes canalizando energia para fazer com que os números pareçam favoráveis, mesmo à custa da melhoria de longo prazo.

De uma perspectiva de manufatura enxuta, há muitos bons livros sobre "indicadores enxutos". Quais são os indicadores corretos para direcionar as melhorias enxutas? Em termos de nossa discussão sobre poder, o indicador enxuto tem a ver com o poder recompensador e coercivo. Como podemos pressionar as pessoas através de medidas e recompensas ou punições contingentes para que façam a coisa certa?

DICA

Use um conjunto de indicadores como indicadores de progresso e de problemas

Vamos ser francos, todas as grandes empresas são orientadas pelos indicadores. Existem certos indicadores muito valorizados que são vistos como medidas da saúde da empresa. Se são as medidas tradicionais de variância de custo de mão-de-obra, razões de custos indiretos e diretos e outras medidas afins, toda essa conversa sobre o sistema enxuto pode não servir para nada. Estamos falando de uma coisa e mensurando outra. Assim, o conjunto de medidas verificadas deve ser ampliado. A política é simplesmente considerar as cinco grandes indicadores: Qualidade, Custo, Entrega, Segurança e Moral (QCESM). Se tudo isso for mensurado, se a tendência for mapeada em relação às metas e se a alta administração responder pelos desvios no plano, estaremos a caminho da sustentação do sistema enxuto. A chave é não sair do equilíbrio. Por exemplo, se somente o custo for considerado seriamente, os gerentes rapidamente se concentrarão apenas nele. Se só os custos de mão-de-obra forem mapeados, haverá ainda mais desequilíbrio. Utilize diversos indicadores empresariais e trate-os simplesmente como o que são – indicadores. Quando o indicador sugerir um problema, vá investigar qual é o problema real. Depois, desenvolva verdadeiras contramedidas para solucionar o verdadeiro problema.

Estamos trabalhando em treinamento e consultoria há muitos anos, e o problema dos indicadores enxutos corretos sempre aparece. Sempre incentivamos as empresas a observarem seus indicadores e fazerem duas perguntas: "que medidas estão recompensando comportamentos errôneos ou punindo comportamento corretos sob um ponto de vista enxuto?" e "como podemos equilibrar isso com medidas que recompensam os comportamentos corretos?". Esse é certamente um bom exercício. No entanto, há uma série de razões que nos preocupam quando nos perguntam sobre os "indicadores enxutos" corretos:

1. Existem mais fontes de poder do que recompensas e coerção. Onde estão os outros aspectos da liderança para orientar os comportamentos corretos? A mudança dos indicadores é um modo fácil e burocrático de controlar o comportamento. Muitas vezes, é uma desculpa para o fracasso no desenvolvimento de uma verdadeira capacitação de liderança.
2. É impossível mensurar precisamente todos os comportamentos corretos. Infelizmente, se mensurarmos os comportamentos A, B e C, provavelmente nos con-

centraremos mais neles e menos nos comportamentos D, E e F, que poderiam ser igualmente importantes, mas difíceis de mensurar.
3. Estamos interessados em criar motivação para a inovação e a melhoria contínua. Se arrastarmos as pessoas e as direcionarmos, provavelmente obteremos a execução de rotina do que é mensurado, e não um pensamento inovador.
4. Sabemos que, quando as recompensas são eliminadas ou quando a pessoa percebe que as recompensas não estão sendo administradas como deveriam ser, a motivação desaparece.

> **DICA**
>
>
>
> **Um processo padronizado pode ser eficazmente mensurado e aperfeiçoado**
>
> O objetivo da mensuração é verificar a melhoria. Um processo que não está padronizado não pode ser eficazmente mensurado. Há muita variação, e a medida resultante não tem base para comparação. Um processo que foi padronizado possui acordos *definidos*, tais como a razão *takt* e sinais do cliente relativos à demanda, sendo que o uso padronizado de recursos garante o controle de custos. É muito fácil determinar se um processo está atendendo às exigências do cliente. A voz do cliente é visível. O custo total pode facilmente ser mensurado porque o custo base é sempre o mesmo. Só o fator tempo é que muda. O tempo que o processo precisa operar para satisfazer o cliente varia de acordo com o desempenho do processo real. E se o cliente pára de puxar? Para impedir a superprodução, o processo deve parar, conforme define o acordo. Se meu processo parar de produzir, meu custo crescerá e a eficiência de minha mão-de-obra diminuirá. Não é justo que isso aconteça comigo, certo? É por isso que é necessário considerar várias medidas quando se avalia um processo. O atendimento sistemático do cliente ao menor custo possível precisa ser considerado. Na Toyota, quando um processo é interrompido porque o cliente não está puxando, o processo do fornecedor não é penalizado. Esse tempo é considerado como "*kanban* de espera". A operação está esperando por sinais adicionais do cliente, e esse tempo é deduzido do tempo disponível de forma que a medida de produtividade do processo não seja afetada.

Não podemos pensar em ninguém da Toyota que trabalhe em um projeto de melhoria somente pelo dinheiro ou pelos benefícios. Certamente, alguns o fazem, mas não conseguimos nos lembrar de exemplos. Por outro lado, conhecemos várias pessoas que se esforçam na Toyota para fazer as coisas certas para a empresa. Mark Twain disse, com um quê de amargura: "faça sempre certo. Isso vai gratificar algumas pessoas e surpreender o resto". Não seria bom se você pudesse criar uma cultura em que seus funcionários fizessem coisas certas surpreendentes sem serem orientados por indicadores?

O Modelo Toyota (Capítulo 16) discute a variedade de motivadores que a Toyota explora no trabalho. Alguns são intrínsecos, como trabalhar para atingir uma meta desafiadora e obter *feedback* direto por fazer bem a tarefa. Outros são extrínsecos, como receber elogios dos outros ou mesmo ganhar pequenas recompensas em dinheiro. Mas ninguém que conheçamos que esteja trabalhando em melhoria espera, cada vez que resolve um problema, colocar dinheiro em sua "caixa registradora"!

Temos visto muita satisfação e contentamento quando alguém termina um projeto e este apresenta resultados significativos. O desejo de agradar ao cliente, de contribuir para a equipe e de tornar a Toyota uma empresa mais forte são todos grandes motivadores.

Não se pode mensurar o caminho para uma organização de aprendizagem enxuta, mas o indicador desempenha um papel central em todos os processos de melhoria. A maneira adequada de usar os indicadores é como alvo de melhoria. Os bem conhecidos objetivos SMART* aplicam-se bem à melhoria enxuta (ver o quadro a seguir). Qualquer processo de melhoria deve ser orientado por alvos que tenham essas características. Sistematicamente, faça as mensurações e coloque-as em simples quadros visuais de tendência, como discutimos no Capítulo 14. Nesse caso, você não está tentando mensurar cada aspecto do desempenho de um grupo, planta ou gerente. O grupo de trabalho ou força tarefa de gerentes estão se comprometendo com metas desafiadoras, mas realizáveis para um determinado projeto de melhoria, e mensurando o progresso em relação a essas metas. A Toyota usa seu processo de planejamento *hoshin*, – desdobramento da política, para estabelecer objetivos alinhados desde o presidente até o chão de fábrica.

DICA

As metas devem ser S.M.A.R.T.

Específicas: John faz *x* (alguém da equipe é responsável).
Mensuráveis: John mapeia OEE em M7 e atualiza a equipe.
Orientadas para a ação: John conduz 5S e relata os resultados.
Realistas: John desenvolve um panorama de todos os funcionários para amanhã.
Baseadas no tempo: John conduz 5S na Área 7, relata os resultados em 12 de julho.

Com freqüência, nos perguntam: "como podemos manter o progresso que fizemos até agora?". Uma simples lista de verificação para auditoria é um indicador básico nesse caso. A única forma de saber como manter uma melhoria é verificando a área, vendo em primeira mão. O formulário para auditoria apresentado na Figura 20-4 destina-se ao trabalho padronizado. Propositalmente, é muito simples, com perguntas que podem ser respondidas com sim / não. Alguém equivalente a um líder de grupo faz as auditorias com base em uma programação regular estabelecida com antecedência, por exemplo, uma vez por semana ou uma vez por quinzena. Os resultados são somados em um placar, que é colocado em um gráfico de tendências. Deve haver uma meta no gráfico de tendências para julgar o progresso em relação às metas. A Figura 20-5 é um exemplo de formulário de auditoria para um sistema *heijunka* (nivelamento).

Na NUMMI, existe um processo um pouco mais elaborado para fazer a auditoria de trabalho padronizado. Há grandes quadros de auditoria de trabalho padronizado *kamishibai* (livros de história) no chão de fábrica, parecidos com os cartões ponto dos funcionários. Para cada tarefa, há um cartão, com perguntas sim /não, em uma coluna vertical de cartões. O líder de grupo verifica um processo por dia, observando o membro da equipe realizar o processo e comparando com a planilha de trabalho padronizado. Se houver discrepância, ele a salienta e descreve uma contramedida. O cartão para a tarefa verificada é colocado no espaço correspondente na coluna seguinte à direita para mostrar que a auditoria foi feita naquele dia. Se houver um problema, o cartão é virado, com a face escura para fora para indicar que alguma medida precisa ser tomada. O gerente assistente verifica os quadros diariamente. Há mais de 90 quadros na planta de montagem da NUMMI. Há quadros semelhantes para a Manutenção Produtiva Total (TPM). Os gerentes caminham bastante nas plantas da Toyota para verificar o uso apropriado dos sistemas em cada área.

Com muita freqüência, os indicadores são usados de uma maneira passiva. Alguém da alta administração revisa os indicadores coletados a fim de encontrar operações que sejam deficientes e repreender severamente o culpado. O que descrevemos com o planejamento *hoshin* e os quadros de auditoria são medidas ativas. As pessoas que fazem o trabalho es-

---

* N. de T.: Em inglês, *Specific, Measurable, Action-oriented, Realistic* e *Time-based*, respectivamente.

Trabalho padronizado / Formulário de auditoria

Célula de trabalho: _____ Auditor _____
Operação # _____ de _____ Data _____

Geral:

O número de Quadros de Trabalho Padronizado na célula está de acordo com o número de operadores?	S / N
Os quadros estão colocados na célula?	S / N
O takt-time em cada quadro está correto?	S / N
A célula de trabalho está funcionando de acordo com o takt-time?	S / N

Operação Específica:

Os três elementos do Trabalho Padronizado estão representados no quadro?	S / N
Se não estão, quais elementos estão faltando?	
O número de estoque em processo padrão mostrado no quadro está correto?	S / N
O número de estoque em processo padrão atualmente em processo está correto? (nenhum lote, nenhuma falha, etc.)?	S / N
Se não está, por quê?	
A sequência de trabalho mostrada no quadro está correta?	S / N
Se não está, o que deve ser mudado?	
Os operadores estão seguindo a sequência de trabalho conforme está descrita?	S / N
Se não estão, por quê?	
Os tempos estão corretos para cada etapa operacional? (Anexar estudo de tempo de, no mínimo, cinco ciclos consecutivos)?	S / N
O desenho / leiaute está correto?	S / N
Se não está, o que precisa ser mudado? (Mostrar em cópia anexa)	
Os itens *Donnelly Critical* e *Donnelly Safety* estão de acordo com os que são mostrados na auditoria?	S / N
Se não estão, qual precisa ser acrescentado / eliminado?	
As assinaturas apropriadas estão presentes e datadas no quadro?	S / N
O quadro é uma cópia controlada (em tinta verde)?	S / N
O quadro está de acordo com a cópia de controle principal?	S / N

Por favor, devolva o formulário preenchido ao seu líder de grupo.
Anexe cópias do Quadro de Trabalho Padronizado, do estudo de tempo e do formulário de auditoria.

03/12/01
DPS Office

Trabalho padronizado / Formulário de auditoria

IPCS:

Todas as tarefas designadas estão sendo realizadas por esse operador?	S / N
Se não estão, por quê?	
Esse operador está realizando verificações não-identificadas na auditoria?	S / N
Se está, essas verificações são necessárias? Por quê?	
Devem ser feitas verificações adicionais na auditoria?	S / N
Se devem, quais são elas?	
Alguma verificação deve ser transferida desta auditoria para a auditoria de outro operador?	S / N
Quais?	
Todos os formulários de coleta de dados estão sendo preenchidos correta e completamente?	S / N
Se não estão, quais são as discrepâncias?	

Liste as oportunidades para melhoria que você identificou enquanto realizava esta auditoria. Concentre-se especialmente em modos para eliminar perdas nessa operação.

_____
_____
_____
_____
_____
_____

Por favor, devolva o formulário preenchido ao seu líder de grupo.
Anexe cópias do Quadro de Trabalho Padronizado, do estudo de tempo e do formulário de auditoria.

03/12/01
DPS Office

Figura 20-4 Auditoria de trabalho padronizado.

Folha de Auditoria *Heijunka*				
Auditores		Data:		
		Turno:		
		Pontuação:		

#	Pergunta	Sim	Não	Se não, favor comentar {seja específico}
1	O nível dos cartões na caixa está "em dia"?			
2	O nível da caixa é carregado por volume?			
3	A caixa é nivelada por *mix*?			
4	A caixa *heijunka* está em boas condições / sem danos?			
5	A caixa não tem resíduos e está organizada?			
6	Todos os **Produtos Acabados** têm cartões anexados?			
7	Todos os **Amortecedores** têm cartões anexados?			
8	Todo o **Estoque de Segurança** tem cartões anexados?			
9	O Pulmão e o Estoque de Segurança foram alternados?			
10	Todos os Produtos Acabados estão no local correto?			
11	Todos os cartões e porta-cartões estão em boas condições?			
12	Somente os cartões PW estão na caixa *heijunka*.			

Nas células de trabalho

#	Pergunta	Sim	Não	
13	Os planos de reação estão claramente colocados em cada célula?			
14	O plano de reação está sendo seguido quando na condição amarela ou vermelha?			
15	O comportamento está de acordo com os cartões PI?			
16	O cartão PI está anexado na gôndola nas duas últimas partes.			
17	Os cartões do Estoque de Segurança estão sendo elaborados primeiro?			

Na área de Estágio para Embarque

#	Pergunta	Sim	Não	
18	Os cartões PI estão anexados dos lados, perto dos rótulos somente?			
19	A quantidade FG está dentro dos níveis alvo?			
20	Os cartões PI foram removidos de todas as cargas na área.			

#	Comentário ou preocupações adicionais: {se não houver espaço suficiente acima}

Mapear o resultado no gráfico de tendências da Auditoria *Heijunka*.

Figura 20-5 Auditoria *heijunka*.

tabelecem metas, mapeiam o progresso em direção às metas e tomam medidas imediatas quando não estão atingindo as metas. Os gerentes vão até onde o trabalho está sendo realizado para fazer a auditoria e discutir o progresso diretamente com as pessoas. Isso não faz parte da cultura de muitas empresas.

Assim, a questão é: como se pode criar uma cultura de melhoria contínua de modo que não seja necessário mensurar tudo para incentivar a melhoria e, ao contrário, se possa deixar que os funcionários motivados estabeleçam metas agressivas e mensurem seu próprio progresso?

Mudar o comportamento para mudar a cultura

Há uma longa história de estudos de psicologia social a respeito da relação entre atitudes e comportamento. Embora a lista de estudos seja extensa e a terminologia científica seja complexa, os resultados são bastante diretos. Quando as pessoas são questionadas quanto ao que acreditam, suas respostas podem ou não prever seu real comportamento. Por exemplo, as pessoas podem fazer fortes afirmações sobre sua falta de preconceito contra minorias, mas, em uma situação real, comportam-se de maneira preconceituosa. Compartilhar informações e educar esses indivíduos pode influenciar o que eles dizem e como o dizem, mas pode não mudar seu verdadeiro comportamento.

Por outro lado, se pudermos mudar o comportamento, poderemos influenciar atitudes. Por exemplo, algumas pessoas podem não escolher trabalhar com certas minorias, mas, colocando-as em uma posição em que devam trabalhar lado a lado com uma minoria, com o tempo, é provável que mudem suas atitudes. Uma explicação para isso é a teoria da "dissonância cognitiva", que basicamente afirma que desejamos harmonizar nossas diversas crenças. Saber que estamos trabalhando com alguém de uma minoria, que essa pessoa está se comportando de formas razoáveis e contribuindo e que não gostamos daquela minoria cria dissonância, e o modo mais fácil de tornar esses fatos congruentes é mudar as crenças negativas sobre as minorias: "talvez eles não sejam tão ruins".

Não é tão simples assim, mas o fundamento é que é mais provável mudar o que as pessoas pensam mudando o que elas fazem do que mudar o que as pessoas fazem mudando o que elas pensam. Se quisermos que as pessoas entendam e aceitem os pressupostos da manufatura enxuta, teremos que deixá-las vivenciá-los por si próprias. A experiência direta, com instrução e *feedback* imediatos no local, mudarão o comportamento com o decorrer do tempo. Por outro lado, tentar mudar o que as pessoas acreditam através de discursos persuasivos, cursos de aprendizagem com vídeos interativos ou treinamento em sala de aula não funcionará. As pessoas poderão começar a dizer as coisas certas, mas isso não terá um impacto profundo em suas crenças nem em seu comportamento (ver, por exemplo, o caso "História dos dois pistões").

De forma semelhante, a mudança de cultura não acontecerá devido a um processo de educação em sala de aula. Podemos ensinar às pessoas o que é politicamente correto dizer e maneiras sofisticadas de dizê-lo, mas não afetar valores e pressupostos profundamente arraigados. Essa é a infeliz verdade, embora possa parecer muito mais fácil mudar a cultura em massa através de um programa educacional do que ter que refazer a estrutura e os processos de organizações a fim de começar a mudar o que as pessoas pensam. Mas o sistema enxuto não tem a ver com fazer o que é fácil. Tem a ver com o que funciona. Tem a ver com confrontar a realidade e ter confiança de que podemos moldar essa realidade para atingirmos nossas metas.

Assim, vale a pena se preocupar com a cultura? Ironicamente, não se pode ter um impacto direto sobre a cultura através de comunicações e de educação. Contudo, a cultura guarda a chave da empresa competitiva sustentável. Portanto, ela não pode ser ignorada.

A Toyota compreendeu isso há muito tempo atrás. Quando Fujio Cho estava criando a casa Toyota para explicar a teoria do STP, dizem que Ohno rasgou as figuras. Ohno acreditava que se aprendia o STP praticando-o... no chão de fábrica. Ele não acreditava que as pessoas entendessem o STP olhando uma figura de uma casa. Em *O Modelo Toyota*, o presidente Cho explicou a filosofia:

> Há muitas coisas que não compreendemos, portanto, perguntamos por que simplesmente você não vai em frente e age, tenta fazer alguma coisa? Você percebe o quanto sabe pouco, confronta suas próprias falhas e você simplesmente pode corrigir essas falhas e refazer as coisas; em uma segunda tentativa, você percebe um outro erro ou uma outra coisa que não lhe agradou, então, você pode refazer tudo de novo.

Desde o início, o Sistema Toyota de Produção tem a ver com aprendizagem na prática. Qualquer pessoa que já participou de um evento *kaizen* ou que já liderou um vivência a intensidade da experiência e da aprendizagem. Com aquela equipe naquela semana, uma microcultura está sendo criada. Essa microcultura quase sempre é diferente da cultura do dia-a-dia da organização. Na microcultura, tentar coisas, compartilhar idéias e até mesmo cometer erros são ações valorizadas. O grupo aprende a ver perdas em um nível mais profundo do que o usual e descobre que é possível eliminar perdas com que viveram por tanto tempo. Depois da experiência, essas pessoas não conseguem olhar para as coisas do mesmo modo novamente. Ouvimos afirmações como: "não posso acreditar que trabalhei com esse problema nos últimos 20 anos e nunca fiz nada para resolvê-lo". As perdas começam a aparecer, e as pessoas sabem que podem fazer melhor as coisas. Sexta-feira é o dia de celebrar as realizações e reforçar a microcultura que evoluiu durante a semana. Então, algo terrível acontece. Após um fim de semana de descanso, chega a segunda-feira, e volta-se ao trabalho como de costume.

Um dos problemas com a abordagem do evento *kaizen* é que uma semana não é suficiente para mudar uma cultura. E, quando a semana termina, o facilitador vai para outra área, outro grupo e outro evento. Fazer essas intervenções de curto prazo na cultura e depois ir embora não penetra profundamente em lugar nenhum. O real valor do evento não é o dinheiro poupado naquela semana, mas o potencial para aprender e para a mudança cultural... que freqüentemente não é realizada.

Por outro lado, o projeto de fluxo de valor tem muito mais chance de afetar uma verdadeira mudança de cultura na área dos projetos. O evento *kaizen* pode ser uma ferramenta no desenvolvimento do fluxo de valor, mas, na abordagem do fluxo de valor, o evento não pára na sexta-feira. É apenas um em uma série de atividades repetidas ao longo de um período de quatro a seis meses. Depois do intenso período do projeto, a atenção da administração deve continuar para que a mudança de cultura também continue e se aprofunde. Facilmente, são necessários três anos ou mais para desenvolver uma cultura enxuta em que as pessoas compreendam o fluxo, vejam as perdas, se sintam livres para eliminá-las e desenvolvam a disciplina para manter as mudanças.

Se você consegue desenvolver uma nova cultura em uma área importante de uma organização, como você faz para difundi-la? É uma questão de começar novamente em cada área, uma por uma? A resposta é não. Pode haver alguma transferência de aprendizagem de várias formas:

1. A administração, supondo-se que esteja envolvida, aprenderá muito com o piloto. Ela fortalecerá seu comprometimento com o sistema enxuto para ter uma visão mais clara e mais forte. Isso será passado para o próximo projeto de fluxo de valor.
2. Os instrutores enxutos internos aprenderão com a experiência, o que ajudará a acelerar os processos seguintes.

3. As pessoas de outras áreas ouvirão falar do projeto piloto, e algumas irão vê-lo, sendo influenciadas pelo que vêem e ouvem.
4. Haverá oportunidades de movimentação de pessoal do piloto, talvez até mesmo como futuros instrutores enxutos, para outras áreas, a fim de levarem a cultura diretamente consigo.

Resumindo, a nova cultura só será transmitida através das pessoas, por transferência direta de indivíduos que vivenciaram a mudança cultural e dela participaram. A transferência de trabalhadores ou supervisores é um modo muito poderoso. Em alguns casos, funções são eliminadas no piloto, e as pessoas liberadas podem passar para outras áreas ou tornar-se parte do escritório de promoção do *kaizen*. O que muitos administradores não vêem enquanto estão engajados na transformação enxuta é que a pessoa cuja função foi suprimida não é simplesmente uma perda a ser eliminada. Essa pessoa é uma peça ativa da nova cultura que o administrador deveria estar tentando promover. Essa pessoa é extremamente valiosa se seu valor for explorado.

A Toyota entende a importância e o desafio da mudança cultural. Como a Toyota abriu operações em outros países, ela coloca a mais alta importância no desenvolvimento da cultura do Modelo Toyota em cada operação que estabelece. A Toyota faz isso através do sistema coordenador. Milhares de coordenadores da Toyota foram distribuídos pelo mundo, e sua principal função é ensinar a cultura do Modelo Toyota. Não se trata de aparecer para uma ou duas semanas e dar um curso, mas de ficar por dois ou três anos, dando orientações todos os dias. Eles desafiam os alunos a atingirem uma meta, depois esperam e observam oportunidades para dar orientação.

Uma pergunta comum que nos fazem é: "o Modelo Toyota pode funcionar fora do Japão, já que a cultura japonesa é tão singular?". Não há dúvida de que o Japão tem uma cultura diferente, e de muitas maneiras ela combina com os princípios do Modelo Toyota. Afinal, a cultura da empresa Toyota evoluiu dentro da cultura japonesa. A disciplina japonesa, a atenção ao detalhe, a orientação em grupo, a dedicação à empresa, o emprego de uma vida toda, a promoção lenta, a reflexão (*hansei*), a luta pela perfeição, etc. – tudo isso respalda fortemente o Modelo Toyota. No entanto, a Toyota tem tido um sucesso considerável na transferência de seu sistema para outros países. Com o tempo, a empresa aprendeu que não pode construir a cultura Toyota do Japão intacta em outros países. É preciso permitir que a cultura se adapte à cultura local. O resultado é uma cultura híbrida – uma nova combinação da cultura local com a cultura original da Toyota. Mas o sistema de fluxo de valor da Toyota não fica comprometido.

O quanto mudou nessa adaptação é uma questão de debate. Alguns podem argumentar que a nova cultura é totalmente diferente. Os americanos, por exemplo não estão dispostos a colocar o trabalho acima da família e da vida pessoal, como vemos com tanta freqüência no Japão, não são tão disciplinados para seguir processos padrão, sempre querem saber por que devem fazer as coisas de um determinado jeito, são individualistas, querem recompensas e reconhecimento individuais, são impacientes e naturalmente pensam em termos de curto prazo. Mas, embora haja algo de verdade em cada uma dessas afirmações, a Toyota fez um trabalho notável de transferência de muitas das principais características da cultura Toyota do Japão para países como os Estados Unidos, incluindo:

- Ensinar os americanos a verem e a eliminarem perdas.
- Ensinar a solução prática de problemas no Modelo Toyota.
- Ensinar o valor da padronização como base para o *kaizen*.
- Ensinar a paixão pelos clientes e pela qualidade.
- Ensinar a importância do trabalho em equipe.
- Ensinar o valor das pessoas.

ARMADILHA

Treinando seu caminho para uma nova cultura

No Capítulo 19, descrevemos a "Abordagem do Sistema de Produção da Empresa X", em que X é o nome de sua empresa. Quase sempre, esse tipo de abordagem deve atuar em toda a empresa para direcionar um sistema operacional comum. É uma idéia nobre com a qual concordamos. O problema é quando ela é vista como uma maneira de conduzir a mudança de cultura de cima para baixo em uma organização de *staff*. Simplesmente "dizer para eles" não adianta muito. As pessoas ficarão mais conscientes das palavras e conceitos que podem ser úteis se houver uma mudança cultural mais profunda através da liderança, experiência direta e transferência de pessoal para ensinar e orientar outros na nova cultura. Mas, como processos isolados, o treinamento e as comunicações não mudam o que as pessoas profundamente acreditam e sentem, nem o modo como se comportam. Trabalhamos com um cliente de um grupo de quatro para criar excelentes pilotos de linhas modelos durante um período de um ano e meio, desenvolvendo um forte conhecimento local no processo. Quando a empresa decidiu difundir o sistema enxuto a partir do escritório central, nem mesmo promoveu as pessoas envolvidas, selecionando indivíduos sem nenhuma experiência para serem treinados em sala de aula e assumirem funções de líderes. Que desperdício!

Difusão da aprendizagem aos parceiros

Se os parceiros são verdadeiras extensões da empresa enxuta, então, a cultura deve ser difundida a eles. Tomemos o exemplo da Denso, discutido no Capítulo 19. Como a Denso é um dos fornecedores *keiretsu* originais da Toyota, sendo que esta possui parte da empresa, poderíamos pensar que ela está sempre completamente mergulhada no STP. Contudo, a Denso percebeu que não tinha chegado ao nível de STP que via nas plantas da Toyota. Eles haviam usado muitos métodos técnicos semelhantes ao STP, mas não tinham a "mentalidade *kaizen*" da Toyota. A contramedida foram as atividades da Fábrica Eficiente, representadas por um triângulo.

Não é de surpreender que esse triângulo seja chamado de Triângulo Takahashi, em homenagem ao presidente da Denso, Takahashi, que se aposentou como alto executivo da Toyota. Uma de suas funções na Denso é criar uma cultura compatível com a da Toyota. Se a Toyota desenvolve uma cultura de melhoria contínua de todos os funcionários que é muito mais avançada do que a da Denso, como a Denso pode fazer para acompanhá-la?

Por que a Denso precisa acompanhar a Toyota se lhe oferece o preço que ela pede? Conforme discutimos no Capítulo 12, a Toyota não quer administrar o preço dos fornecedores. Ela quer administrar o custo dos fornecedores. Como a Toyota reduz o custo através de uma série de membros de equipe, resolvendo pequenos problemas todos os dias, haverá um choque se os esforços para redução de custos de seus fornecedores não forem tão intensos. O custo do fornecedor se tornará um gargalo no processo. E os custos do fornecedor respondem pela maior parte do custo dos veículos da Toyota. Se os fornecedores concordarem com as reduções de preço, mas não reduzirem os custos reais, eles não serão fornecedores saudáveis. Não terão dinheiro para reinvestir no negócio e em futuras tecnologias. Se os fornecedores reduzirem os custos penalizando seus funcionários e fornecedores e utilizando outras medidas de curto prazo para corte de custos, a infra-estrutura básica do fornecimento será desfeita.

No Capítulo 3, falamos dos processos de estabilização, criação de fluxo, padronização e nivelamento incremental. Dissemos que, para conectar duas operações na planta, cada operação precisava de um determinado grau de estabilidade inicial. Assim, as operações poderiam ser conectadas com algum nível de fluxo. Este torna-se o novo padrão, e há uma oportunidade de fazer algum nivelamento. Depois, descrevemos a espiral da melhoria contínua, um processo que continua em níveis cada vez mais profundos. Em vez de duas operações em uma planta, imagine uma planta de montagem e uma planta de fornecedor e aplique o mesmo princípio. Os processos de cada uma das plantas devem ser estabilizados, podendo, então ser conectados; o novo processo é padronizado e depois nivelado. Isso se repete em uma espiral de melhoria contínua ao longo do tempo.

Agora, consideremos uma empresa como a Denso, enviando peças do mercado de reposição para um depósito de peças de serviço da Toyota. Consideremos, ainda, a organização de desenvolvimento de produtos da Denso criando o sistema de aquecimento, ventilação e ar-condicionado, juntamente com engenheiros da Toyota que estão desenvolvendo um novo automóvel. E a organização de vendas da Toyota, que vende automóveis para os revendedores? Em cada caso, o princípio é o mesmo. Cada parceiro, junto com a Toyota, deve estabilizar-se para um novo nível, criar um fluxo estendido, padronizar e nivelar. Esse é o processo de melhoria contínua. Se a Toyota estabiliza-se em um nível muito além do de seus parceiros, o processo pára.

A Toyota quer que seus parceiros sejam independentes, pois, se forem dependentes e procurarem orientação constante da Toyota, nunca terão força para se aperfeiçoarem sozinhos. A Toyota não pode dirigir de fora a melhoria até o nível que deseja, por isso, aceita que seus fornecedores tenham seu próprio modelo, e não o da Toyota. Na verdade, isso é até mesmo estimulado... desde que funcione. Quando há um sério problema de qualidade ou de lançamento ou um problema que possa paralisar a Toyota, estão sua equipe entra em ação e começa a ensinar o Modelo Toyota ao fornecedor. Pode ser que a Toyota não se expresse desta forma, mas ela ensina todos os princípios descritos neste livro. Em nossa experiência, os fornecedores da Toyota estão ansiosos para aprender, pois sabem que é um modelo melhor.

Portanto, há alguns fortes pré-requisitos para mudar seus parceiros paralelamente com suas operações internas para criar uma cultura mutuamente compatível:

1. Você próprio deve estar agindo com seriedade internamente.
2. Você deve desenvolver verdadeiros líderes que os fornecedores desejem seguir e com queiram aprender.
3. Você deve ter paciência ao ensinar os fornecedores.
4. Os fornecedores devem desejar ser ensinados por você.
5. Os fornecedores devem ver o valor agregado a eles com a aprendizagem.
6. A independência dos fornecedores deve crescer com o tempo; eles devem desenvolver sua própria cultura enxuta.

ARMADILHA

Apontando a arma ao ensinar o sistema enxuto aos fornecedores

Não conseguimos enfatizar o suficiente a importância de você mesmo estar incorporando o sistema enxuto antes de tentar difundi-lo aos fornecedores. Vimos situações realmente ridículas em que empresas maiores, cheias de presunção, decidem levar o sistema enxuto às pessoas comuns – seus pequenos fornecedores "inferiores". O problema: o grande e poderoso cliente não faz nada mais do que falar muito, fazer muitas apresentações em Power Point e mostrar alguns modelos limitados. Os fornecedores, por sua vez, trabalham bastante no sistema enxuto e colocam-se muito à frente de seus clientes. Clientes assim, ao ensinarem o sistema enxuto e depois pedirem reduções de preços, assemelham-se aos "caçadores e coletores" (Capítulo 12).

Novamente, a Toyota quer que os fornecedores tenham suas próprias culturas. Mas quer que essas culturas sejam compatíveis com a sua, de modo que os princípios básicos do Modelo Toyota devam ser realizados. Por exemplo, se os fornecedores tivessem uma cultura tradicional de grandes lotes, de cima para baixo, seus custos provavelmente seriam muito altos e eles estariam arriscando paralisar a Toyota, algo que esta não pode tolerar. Mas, se o fornecedor tiver sua própria versão da cultura enxuta e se ela funcionar, estará tudo bem no que diz respeito à Toyota.

A Delphi, mencionada no Capítulo 12, está nos estágios iniciais de trabalho para desenvolver uma empresa enxuta ao estilo da Toyota com seus fornecedores. Os executivos de compras da Delphi percebem que a chave para seu sucesso está em conquistar a confiança de seu fornecedor. Para esse fim, a empresa incluiu como um de seus principais indicadores de desempenho a pesquisa junto aos fornecedores. A Delphi contratou a empresa Henke's Planning Perspective, que faz pesquisas com os fornecedores para todas as grandes indústrias automotivas, e solicitou uma pesquisa especial sobre os fornecedores que trabalham no nível da segunda camada. Os resultados, em 2004, não foram bons. A Delphi não era percebida como um cliente confiável e razoável. Isso não foi surpresa para a Delphi, depois de anos sendo pressionada pelos clientes e, por sua vez, pressionando seus próprios fornecedores. A empresa tinha que transformar essa relação adversa em um relacionamento cooperativo ganha-ganha. A Delphi está trabalhando nisso com cada um dos fornecedores. Começou enviando excelentes especialistas enxutos – alguns consultores internos e externos – para ajudar seus fornecedores a tornarem seus processos enxutos. Isso foi um grande sucesso e deu início ao processo de conquistar os fornecedores. Levará algum tempo até que grande parte dos principais fornecedores da Delphi acredite e confie, mas ela está disposta a fazer esse investimento e a ter paciência para passar anos transformando-se em uma empresa enxuta. A Delphi luta para criar culturas compatíveis e relações de confiança ao longo do tempo, tanto internamente quanto com seus parceiros fornecedores.

Agora, por favor, tente... e faça o melhor possível

Quando David Meier trabalhava na Toyota em Georgetown, freqüentemente pediam-lhe que fizesse "o melhor possível". Isso estava mais para um pedido genuíno do que para uma instrução. Esperava-se que cada indivíduo fizesse o melhor possível. Não havia necessidade de discutir se algo era "certo ou errado" ou "bom ou mau". Os funcionários simplesmente davam o melhor de si. Era só isso que se pedia. Achamos que esse pedido tem lugar em todas as empresas que enfrentam os desafios de implementar uma versão do Modelo Toyota. Todos devem dar o melhor de si.

Além disso, muitas vezes pediam a David: "por favor, tente". Se, por algum motivo, ele estivesse evitando a solicitação, diziam-lhe: "simplesmente, faça". Parece que algumas pessoas têm medo de tentar por temor de cometer um engano ou fazer errado. Uma coisa é certa: se você nunca comete um erro, você não está fazendo nada. Quando um pedido parecia ser maior do que sua capacitação, simplesmente pediam que David "tentasse". Essa é uma das melhores sugestões que podemos dar a qualquer pessoa. É necessário tentar algumas das coisas mencionadas neste livro para que se possa compreender seu verdadeiro significado ou valor.

Se você está tendo dificuldades em convencer a si mesmo e aos outros a tentarem, então, "simplesmente, faça". Foi depois de várias experiências "fazendo" que David descobriu o significado da filosofia do STP. Não havia outra maneira para que fizesse sentido para ele. O único modo de chegar a uma verdadeira compreensão é fazendo. Gostamos de sugerir às empresas que, quando aprendem um conceito, tentem usá-lo, depois reflitam sobre o resultado para aprender mais e tentem novamente. Na Toyota, os funcionários sempre foram encorajados a continuar tentando para melhorar e nunca parar de crescer e se desenvolver.

Às vezes, as lições mais simples favorecem a educação mais profunda. Ficamos felizes por termos, durante anos, trabalhado com muitos professores extraordinários do Modelo Toyota. Nem sempre essa educação é fácil. Um dia, o mentor de David, Sr. Takeuchi, insistiu para que ele realizasse uma determinada tarefa imediatamente. David estava muito ocupado e estava dedicando sua atenção a outras questões. Explicou a Takeuchi que faria a tarefa dentro de algumas semanas (ele disso "*atto dei*", que significa "mais tarde"). Mas Takeuchi gentilmente sugeriu que David atendesse a sua solicitação imediatamente – *ima*, em japonês. Esse cabo de guerra ia para frente e para trás, com David insistindo em realizar a tarefa mais tarde e Takeuchi sugerindo que ela deveria ser feita logo. Deve-se dizer que o Sr. Takeuchi é paciente e persistente. Mas sua persistência superou sua paciência. Finalmente, ele conduziu David à sala de reuniões mais próxima, onde havia um quadro branco, desenhou uma escada (Figura 20-6) e disse: "Dave-*san*, nosso trabalho é todo dia subir um pouco".

Figura 20-6 Todos os dias, subimos mais um pouco!

Desenhando uma seta paralela aos degraus, ele disse: "Então, com o tempo, chegaremos ao topo!" (Figura 20-7).

Figura 20-7 Então, com o tempo, chegamos ao topo!

Em um momento assim, lições valiosas muitas vezes se perdem. Nesse caso, David simplesmente queria que Takeuchi o deixasse, então, realizou a tarefa. Algum tempo depois, David percebeu o poder dessa simples mensagem. A Toyota luta para obter pequenas vitórias todos os dias. Se for possível fazer essas melhorias sistematicamente, com o passar do tempo, a empresa ficará mais forte. Era responsabilidade do líder garantir que todos estivessem fazendo alguma contribuição todos os dias, não importando se fossem pequenas. Essas contribuições, com o tempo, certamente ergueriam o grupo e a empresa. David veio a entender a força com que essa filosofia se liga à filosofia da Toyota de pensar e planejar para longo prazo. Claramente, a Toyota a vivencia. Ela compreende que uma tartaruga que metodicamente se movimenta para frente não só irá até o fim da corrida, como também poderá vencer a lebre, mais veloz e inconstante.

Uma outra lição também ficou clara. É necessário subir o primeiro lance da escada para que se possa ver o próximo, ou o benefício potencial de estar avançando. Dissemos isso antes, mas vale a pena repetir: imagine que você está parado na escada. Se olhar bem em frente, só verá um degrau. À medida que vai subindo, novas oportunidades tornam-se visíveis (Figura 10-8). Isso aplica-se ao processo de mudança. Algumas melhorias potenciais permanecerão ocultas até que você suba os primeiros degraus. Então, de repente, oportunidades que você nunca havia visto aparecerão. Eis o paradoxo: se você não subir os degraus, as oportunidades poderão não se apresentar. É um processo natural de aprendizagem na prática. Você começa a jornada e a ajusta à medida que prossegue.

Figura 20-8   A melhoria contínua não termina nunca.

Infelizmente, tentar e arriscar-se a um fracasso nem sempre é fácil para as pessoas. A professora Fiona Lee, da Universidade de Michigan, e seus colegas estudam os fenômenos da tentativa.[6] Eles têm feito experimentos psicológicos em que os sujeitos precisam experimentar uma série de alternativas e aprender com o sucesso e o fracasso para passar por uma espécie de labirinto. Há um tapete no chão, cheio de quadrados com alguns dispositivos eletrônicos escondidos. Se a pessoa pisa sobre o quadrado errado, aciona uma campainha. Fazendo tentativas em diversos quadrados, a pessoa aprende o padrão e consegue sair do labirinto. A equipe descobriu que, com freqüência, as pessoas ficam paradas e se recusam

---

[6] Fiona Lee, A. Edmonson, S. Thomke e M. Worline, "The mixed effects of inconsistency on experimentation in organizations", *Organization Science*, 15 (2004), 310-26.

a continuar avançando por medo de acionar a temida campainha. Até certo ponto, isso é cultural. Os americanos, que são criados para acreditar em um forte individualismo, detestam falhar. Existe o estigma de parecer incompetente, e a cultura americana não estimula a experimentação, a tentativa de algo novo, a reflexão sobre as falhas e a solicitação de ajuda – mesmo quando as pessoas precisam desesperadamente de auxílio e este está disponível. Tais resultados são válidos para profissionais americanos de ambos os sexos nos experimentos de Lee – não há diferença significativa entre os gêneros.

As pequenas mudanças que David estava aprendendo, um passo de cada vez, podem ser bastante ameaçadoras. Fazer algo novo todos os dias. Correr um risco todos os dias. Arriscar-se a ouvir a campainha tocar. Isso pode explicar um outro fenômeno que observamos. Quando começamos a trabalhar com as empresas, muitas vezes nos perguntam: "existe uma empresa como a nossa que implementou o sistema enxuto e que possamos visitar?". Isso pode ser tão específico quanto querer ver uma empresa de assentos de toalete decorativos com alto *mix* de produtos e baixo volume, uma empresa de projeto de protótipos para dispositivos prostéticos, um laboratório médico de baixo volume que realiza testes sanguíneos especializados, uma fábrica de vidros altamente automatizada ou o seu tipo de empresa. Infelizmente, não existe um exemplo de cada tipo no mundo que seja um modelo enxuto – existem poucos modelos enxutos fora da Toyota e de seus fornecedores. Supomos que o que as pessoas estão nos dizendo é: "faça um quadro detalhado e exato de como será nossa empresa no futuro, antes de começarmos a jornada enxuta". Outra pergunta que nos fazem é: "o que exatamente podemos esperar em termos de economia de custos e quanto custará a mudança enxuta?". Em outras palavras, querem que coloquemos em números precisamente o que podem esperar de modo a não correrem riscos. O medo de dar um passo de cada vez e ir entendendo à medida que se avança é uma razão para que haja tão poucos modelos enxutos, e a superação desse temor exige fé.

Fiona Lee e seus colegas também fizeram uma outra descoberta interessante em seus experimentos. A incoerência nas mensagens sobre os riscos anula o impulso para a inovação. É mais provável que as pessoas corram riscos se os fracassos não forem punidos *e* forem aceitos – ambos os fatores são necessários. É interessante que, se houver afirmações de apoio e de valorização dos riscos, mas as pessoas forem punidas, ou se não forem punidas, mas a mensagem for a de que os riscos são inaceitáveis, será menos provável que as pessoas se arrisquem, e, com mais freqüência, elas ficarão paralisadas. Na verdade – e esta é a descoberta mais interessante –, se disserem às pessoas que correr riscos é inaceitável e elas forem punidas se o fizerem, ainda assim haverá maior probabilidade de elas correrem riscos do que se receberem mensagens incoerentes. Isso é surpreendente. Parece que a pior coisa é a *incoerência*.

Em muitas organizações em que trabalhamos há muitas mensagens incoerentes. A tentativa e a experimentação são incentivadas no evento *kaizen*, mas não no trabalho diário. A alta administração prega a mudança, mas os gerentes intermediários pregam a produção e o trabalho como de costume, punindo qualquer interrupção da produção. A administração defende a parada para solucionar problemas e atingir alta qualidade, mas, no meio da produção, os trabalhadores são instruídos a baixar a cabeça produzir a qualquer custo. A administração diz que é bom inovar e experimentar, mas pune as pessoas que fracassam. Isso ameaça os sentimentos de competência e superioridade individuais – características altamente valorizadas na sociedade ocidental.

Nada disso é fácil. É muito arriscado. Só podemos imaginar que *O Modelo Toyota: Manual de Aplicação* são um pouco assustadores. As pessoas ficam inspiradas e entusiasmadas com as possibilidades, mas há muito a percorrer. Todos os aspectos de todos os processos e todos os aspectos da cultura precisam ser trabalhados. No entanto, se você pensa nisso dessa forma, pode ficar paralisado. Aí você estará apenas olhando para o degrau em frente... ou, pior, olhando para o degrau onde está. Quanto ao melhor conselho que podemos dar é "por favor, faça"... e "por favor, faça o melhor possível". Lembre-se: "todos os dias, subir um pouco"!

DICA

Mensagens coerentes orientarão o comportamento

No Capítulo 11, referimo-nos à melhoria contínua na Toyota e a como uma mensagem coerente no significado de "contínua" é importante para o raciocínio e a ação resultante. Vemos outras empresas tentarem moldar a melhoria contínua e então colocar vários critérios para as situações em que as melhorias são aceitáveis. Muitas melhorias não são consideradas porque não fica claro se elas "valem a pena" ou se são aceitáveis. É assim que o processo fica estagnado e a inovação desaparece. Se você diz que quer a melhoria contínua, você deve literalmente querer dizer "contínuo", todo o tempo, sob todas as condições, sem considerar o mérito, a complexidade ou a relevância. Nenhuma melhoria é pequena demais, e a hora certa é sempre agora.

Atividades de reflexão

Esta é a mais séria reflexão de todas. Pedimos que você reflita sobre sua seriedade quanto a começar uma verdadeira jornada enxuta. Trabalhamos neste livro para pintar um quadro detalhado dessa jornada. Claramente, isso vai muito além dos artifícios de muitos programas enxutos. Trata-se de um sério compromisso para toda a vida com a construção de uma cultura de melhoria contínua. Você está pronto? Essa pergunta se aplica se você é novato no sistema enxuto ou se já está nele há 10 anos, mas não no sentido profundo do Modelo Toyota. Faça a si mesmo as seguintes perguntas e comece no caminho que escolher. Usamos o termo "você" não para nos referirmos apenas ao leitor, mas a uma massa crítica de líderes na organização.

1. A sua organização tem altos líderes que estão seriamente dedicados a construir uma empresa de aprendizagem enxuta? Se não estão, eles pelo menos parecem ser passíveis de treinamento?
2. Você está comprometido com esse processo no longo prazo (para sempre)?
3. Que passos você precisará dar para preparar-se para esse processo?
4. Você está disposto a comprometer-se o suficiente para dedicar tempo para aprender, observar profundamente (*genchi genbutsu*) e participar na melhoria contínua?
5. Como você orientará os outros? Você possui ferramentas pessoais para isso?
6. Como sua organização obterá o apoio do *sensei* necessário para essa transformação?
7. A sua organização está cheia de mensagens conflitantes e incoerentes? Se está, desenvolva um plano de comunicação para começar o processo de envio de mensagens coerentes.
8. O que será necessário para mudar a cultura de forma que se desenvolva uma mensagem única e coerente?

Índice

Os números de páginas seguidos por **n** indicam nota(s).

Abordagem de "retalhos", 292-293
Abordagem de ferramentas enxutas em toda a planta, 370-373
Abordagem de fluxo de valor "fábrica eficiente" da Denso, 382-386
Abordagem de linha modelo de fluxo de valor, 374-381
Abordagem de melhoria de processo, 359-367
Abordagem de projetos críticos, 366-371
Abordagem do sistema de produção da empresa X, 372-373
Absenteísmo, 122-123
Ação corretiva preventiva, 100-101
Aceitação de riscos, 419-423
Acordo definido, 103-105, 108-109
Adler, Paul, 31-32
Administração científica, 395-396
Administradores, 221, 395 (*Ver também* Liderança)
Afirmação do problema, 312, 313
Aisin, 262-263
Ajustes ao plano de solução/ação, 340
Alavancagem, 287-288
Aleatoriedade, 71-72
Alta administração, 392-394
Ambiente com grande *mix* de modelos, 109
Ambiente de manufatura customizada, 108-110
Amortecedor, 105-106, 177-178
Análise da raiz do problema, 33-34, 315-326
Análise de classificação, 322-323

Análise de perdas, 75-76
Andon, 30-31, 173-175
Aprender na prática, 419-422
Aprendizagem, 267-269
Aprendizagem empresarial conjunta, 271-272
Araco, 259-260
Aranha, 386
Armadilhas:
 5S, 75-77
 confiança estrita na TI, 200-202
 contramedida, 336-337
 cultura "preparar, atirar, apontar", 300-301
 declaração de missão, 46-47
 ensino do sistema enxuto aos parceiros, 418-419
 estabilidade perfeita, 72-73
 fatos *versus* estatísticas, 340
 fileiras de luzes, 174-175
 fluxo unitário de peças, 100-101
 implementação de melhorias no trabalho, 129-130
 instrutor enxuto tipo microondas, 397-398
 ir além do foco imediato, 65-66
 mapeamento de fluxo de valor, 57-58, 61
 paralisia da análise, 152-153
 pressa na solução, 300-303
 problemas insignificantes, 299-300, 228-229
 processo dos Cinco Porquês, 316-317
 redução de estoque, 157-158

referências às pessoas, 228-229
 sistemas enxutos, 40-41
 solução de problemas, 327-330, 338-339
 substância além da forma, 52-53
 trabalho padronizado – instrução para operador controlada pela ISO, 137
 treinamento de funcionários, 238
 verificação de erros, 187-188
Armazenagem e entrega somente de peças, 296-297
Atividades conjuntas de melhorias, 265-268, 281
Atividades de desenvolvimento na planta, 268
Atividades diárias (trabalho de grupo), 216-220
Atividades sem valor agregado (perdas), 52-54
Atrasos de trabalho intermitentes, 105-106
Auditoria, 137-139, 411, 414-413
Auditoria *heijunka*, 413
Automação, 197-199
Avalon da Toyota, 263-264

BAMA, 268-269
Base para a melhoria contínua, 138-139
Batida na parede, 74
Battenberg, J. T., III, 274-275
Benefícios do tipo *soft*, 68-69
Black Belts, 363-364
Blitz kaizen, 54-55

Boeing, 391-392
Boletim *kaizen*, 360-362
Bolha, 148-149
Bolhas de pintura, 295-296
Brainstorming, 327-329
Build to order, 146

Caos, 71-72
Capacitação de funcionários, 128-129
Capacitações compatíveis, 262-265, 280-281
Características da parceria, 257
Carga de trabalho, 29-30
Cartão *kanban*, 127-128, 202
CATIA, 202-206
Causas de erros e/ou omissões, 187-189
CCC21, 268
Chaku chaku, 199-200
Cho, Fujio, 42-44, 394, 414-415
Choi, Thomas, 255-256n
Churchill, Winston, 344-345
Ciclo de melhoria contínua, 63, 65-66
Ciclo de resolução de problema, 174-177
    avaliação, 175-176
    contenção, 176-177
    controle, 175-177
    elevação, 174-176
    prevenção, 176-177
    reconhecimento, 174-175
Ciclo do fornecedor, 374, 375
Ciclo do processo intermediário, 374, 375
Cinco Quem, 320
5S, 75-77
Círculo de Ohno, 73-74, 387-388
Círculo de qualidade, 241, 243-244
Cirurgião, 79-80
Cliente enxuto no modelo, 268-269
Coerência, 422-423
Compartilhamento de informações, 264-266, 280-281
Competitividade de custo através da simplificação de linha, 295-296
Complete Lean Enterprise, The (Keyte/Locher), 56
Complexidade de problemas, 300-301
Compreensão mútua, 255-258, 280-281
Comprometimento da liderança, 43-45
Compromissos, 43-45
Comunidade de aprendizagem, 40-42
Conceito da casa, 371-372
Conexões definidas, 109-110
Conhecimento, 397-398
Conhecimento de procedimentos, 397-398
Conhecimento tácito, 26-27, 397-398

Consciência da exigência do cliente, 62-63
Consenso, 329-331
Consenso quanto a um padrão, 105-106
Consolidação de atividades de perdas, 77-79
Constância de propósito, 45-47
Contato Pessoal (CP), 247
Continuum de fluxo, 115
Continuum de solução de problemas, 305-306
Contramedidas, 34
Contramedidas de curto prazo, 334-335
Contramedidas de longo prazo, 335-336
Contribuição, 37, 41-42
Contribuição com valor agregado, 41-42
Controle, 103-104
Controle de produção, 149, 151
Controles visuais, 30-32, 141-144
Convis, Gary, 31-32
Costantino, Bill, 359n
Criatividade do funcionário, 53-54
Cristiano, J., 253-254n
Crítica, 34
Cronograma de treinamento de trabalhador de diversas funções, 238-241, 243
Culpar o operador, 105
Cultura "preparar, atirar, apontar", 299-303
Cursos de educação continuada, 241, 243
Custos alvo, 272-273
Czarnecki, Joe, 364-365

Declaração de missão, 46-47
Dedicação, 103-104
Definição do problema, 308-312
Dell Computer, 146
Delphi, 266-268, 272-280, 391-392, 419
Demanda de produto, 86
Demanda do cliente, 139-142, 146-147
Demanda e *takt-time*, 139-142
Deming, Edward, 46-47
Demissões, 44-46
Denbrock, Bryan, 385
Denso, 253-254, 262-263, 382-384, 416-418
Desafio, 33-34
Desenho detalhado da área de trabalho, 75
Deslocamento desnecessário, 53-54
Desvio de operadores, 105-106

Diagnóstico de processos, 295-296
Diagrama de fluxo de materiais e de informações, 55-56
Dicas:
    ajuste a novos métodos, 137-139
    chave para o sucesso, 42
    complexidade de problemas, 300-301
    consenso quanto ao padrão, 105-106
    contramedidas de longo prazo, 335-336
    descoberta dos problemas antes de sua ocorrência, 100-101
    discussão prematura de soluções, 301-302
    diversas tarefas, 67-68
    documentação do fluxo de trabalho – mostrar aos operadores, 132-133
    elaboração de regras, 180-181
    estoque, 60-61
    líder de equipe, 122-123
    liderança, 211-212, 214-215, 226, 227
    mapeamento do estado atual, 58-59
    mapeamento do fluxo de valor, 56
    mensagens coerentes, 422-423
    mensurações, 408-410
    modelos de amostra, 124-126
    mudança no método de trabalho – período de ajuste, 137-138
    múltiplo para padrão de nível, 152-153
    nivelamento – seleção de produtos, 151-153
    observação pessoal, 202
    operadores, 132-133
    paralisação da linha, 177-178
    pitch time, 158-159
    ronda do líder, 394
    síntese de resultados, 339
    solução de problemas – melhoria de curto prazo, 328-329
    solução de problemas, 328-330
    sugestões dos funcionários, 246
    treinamento dos funcionários, 233-234, 236-237
Digirolamo, Pasquale, 365
Discussão prematura de soluções, 301-302
Disponibilidade operacional, 82-85
Distribuição de políticas, 261-262, 366-367, 410-411
Diversidade de tarefas, 67-68
Diversos pontos de programação, 61
DNA, 32-33
Documentos de trabalho padronizado, 130-135
Drodge, Glenn, 365

Edmondson, A., 421-422n
Educação universitária, 247-248
Efeito chicote, 146-147
Einstein, Albert, 315
Elaboração de regras, 180-181
Eliminação da nebulosidade, 71-72
Eliminação de perdas, 92-93, 116
Empresa de aprendizagem enxuta, 268
Empresa enxuta, 41-42
Empresas de contratação de mão-de-obra, 45-46
Encarregado de materiais, 386
Engenharia – sistema puxado seqüencial, 111-113
Engenharia de produção, 198-200
Engenharia de valor, 267-268
Engenharia simultânea, 263-264
Engenheiro convidado, 262-263
Entrevista de emprego, 229-230
Especialistas, 213-214
Especialistas no STP, 396-397
Especificações padrão, 124-127
Espera, 52-54
Espiral de melhoria contínua, 63, 65-66
Estabelecimento de prelos, 261-262
Estabilidade de diversos processos estendidos, 66-68
Estabilidade desconectada, 66-67
Estabilidade do processo (ver Fase de estabilidade)
Estabilidade estendida de fluxo de valor, 66-68
Estabilidade perfeita, 72-73
Estatística, 340
Estoque, 53-54, 60-61, 200-202
Estratégia, 42-43
Estratégias de implementação enxutas, 359-389
  abordagem de ferramentas enxutas em toda a planta, 370-373
  abordagem de fluxo de valor "fábrica eficiente" da Denso (estudo de caso), 382-386
  abordagem de linha modelo de fluxo de valor, 374-381
  abordagem de melhoria de processo, 359-367
  abordagem de projetos críticos, 366-371
  abordagem do sistema de produção da Empresa X, 372-373
  paciência, 387-388
  redução de troca de equipamento Seis Sigma (estudo de caso), 368-371
  reflexão, 388-389
  seminários kaizen, 359-367

Tenneco, Smithville (estudo de caso), 364-366, 376-381
Estrelas sociométricas, 395-396
Estrutura da liderança, 212-214
Estrutura de apoio, 188-189
Estrutura organizacional, 212-214
Estruturas de participação, 258-260, 280-281
Estudo de caso de cross-dock, 193-196
Estudos de caso, 43-44
Evento de melhoria rápido, 359-360
Evento enxuto, 359-360
Evento kaizen, 415
Evento kaizen de uma semana, 359-360
Excel, 309-310, 350-351
Excesso de estoque, 53-54
Exemplos de casos:
  abordagem de fluxo de valor "fábrica eficiente" da Denso, 382-386
  atividades de trabalho extracurriculares, 244-245
  cadeia de suprimentos enxuta (Delphi), 274-280
  consolidação de atividades de perda, 77-79
  cross-dock, 193-196
  disponibilidade operacional, 83-85
  fluxo de conserto de aeronaves (naval air depot), 95-99
  fluxo unitário de peças (tarefas de tempo de ciclo curto), 101-104
  história dos dois pistões, 400-408
  isolamento de variabilidade, 86-88
  kaizen (planta de Georgetown), 291-298
  mentalidade de "caixa grande" (manejo de materiais), 79-83
  nivelamento, 161-166
  padrões visuais, 142-144
  padronização, 135-137
  parada de linha, 171-173, 178-179
  processamento do fluxo de pedido, 112-115
  redução da troca de equipamento em Seis Sigma, 368-371
  seleção de líderes, 222-225
  sistema puxado, elementos de, 104-105
  sistema puxado seqüencial – engenharia, 111-113
  superprodução, 94-96
  tecnologia, 191-196, 199-200, 202-206
  tecnologia "desatualizada", 191-193
  tecnologia personalizada, 199-200
  Tenneco, Smithville, 364-366, 376-381
  verificação de erros, 181-187

Exercício do círculo, 73-74, 387-388
Experimentação e risco de fracasso, 419-423

Fábrica eficiente, 382-386, 417-418
Fabricação com antecedência, 105-106
Fabricação voltada para o custo por unidade, 120-122
Falso padrão, 120-121
Família de produtos, 86
Faróis dianteiros, 271-272
Fase de estabilidade, 70-90
  armadilhas, 72-73
  5S, 75-77
  consolidação de atividades de perdas, 77-83
  disponibilidade operacional, 82-85
  eliminação da nebulosidade, 71-72
  estabilidade básica, 70
  estratégias/ferramentas, 72-74
  exercício de permanência no círculo, 73-74
  grandes perdas, 73-74
  instabilidade, 70-71
  isolamento da variabilidade, 85-88
  nivelamento, 87-89
  objetivos da estabilidade, 71-73
  reflexão, 89-90
  trabalho padronizado, 74-77
Fatiar e picar, 159-161
Fatos, 340
Ferramentas enxutas, 371-372
FIFO, 109
Fileiras de luzes, 174-175
Filosofia, 27-28 (Ver também Filosofia empresarial)
Filosofia da visualização no local de trabalho, 321-322
Filosofia empresarial, 37-47
  comunidade de aprendizagem, 40-42
  continuidade de propósito, 45-47
  contribuição com valor agregado, 41-42
  criação de sua filosofia, 42-43
  empresa enxuta, 41-42
  pacto social, 43-45
  questões para reflexão, 47
  sentido de propósito, 37-39
  sistemas enxutos, 38-41
  vivendo sua filosofia, 42-44
Flexibilidade, 61-62
Fluxo, 29-30, 103-104 (Ver também Fluxo de processo estendido)
Fluxo contínuo, 91-93
Fluxo de conserto de aeronaves (naval air deport), 95-99
Fluxo de informações simplificadas, 62-63

Fluxo de processamento de pedidos, 112-115
Fluxo de processo estendido, 29-30, 91-117
   continuum de fluxo, 115
   desvio dos operadores, 105-106
   eliminação de perdas, 116
   estratégias, 98-99
   fluxo de conserto de aeronaves, 95-99
   fluxo de peça única, 98-104
   fluxo unitário de peças, 91-93
   principais critérios para obtenção de fluxo, 100-101
   reflexão, 116-117
   sistema puxado (ver Sistema puxado)
   situações de fluxo complexo, 106-107
   superprodução, 93-96
Fluxo de valor estendido, 67-68
Fluxo seqüencial, 62-63, 108-109
Fluxo seqüencial FIFO, 115
Fluxo unitário de peças, 91-93, 98-104
Foco, 287-288
Fontes paralelas, 262
Força Aérea e Marinha dos Estados Unidos, 391-392
Ford Motor Company, 391-392
Fracasso, 91-92, 100-101
Funcionário:
   armadilhas, 228-229, 238
   características exigidas, 229-230
   círculo de qualidade, 241, 243-244
   classificação, 79-80
   Contato Pessoal (CT), 247-248
   cronograma de treinamento de funcionário com diversas funções, 238-241, 243
   cursos de educação continuada, 241, 243
   dicas, 233-234, 236-237, 246
   entrevista de emprego, 229-230
   exemplo (engenheiros), 248-250
   exemplo de caso, 244-245
   exigências educacionais, 247-248
   participação, 241, 243
   período de experiência, 232-233
   processo de assimilação, 231-233
   processo de seleção, 228-232
   programa de sugestões, 244-246
   reflexão, 250-251
   treinamento de instrução de trabalho, 234-240
   treinamento em liderança, 246-248

Gemba, 322-323
Genchi genbutsu, 29, 33-34, 320-321, 341-342

General Motors, 178-179
Gerenciamento de estoque, 157-158
Gerente assistente, 212-214
Gerente de departamento, 212-213
Gerente de nível médio, 221, 395 (*Ver também* Liderança)
Gerente geral assistente, 212-213
Global Production Center, 292
Gráfico de pilha, 322-324
Gráfico de trabalho padronizado, 130-132
Gráfico *yamazumi*, 297-298, 322-324
Gráficos, 350-351
Grandes perdas, 73-74
Grupo de estudo, 268

Hansei, 34, 356
Harris, Rick, 376-377n
Heijunka, 29-30, 88-89, 146-147 (*Ver também* Nivelamento)
Hierarquia na parceria com fornecedores, 255-256
História de informações, 346-347
História de proposta, 344-346
História de solução de problema, 290-291
História de solução de problema em A3, 348-349
História de *status*, 344-347
Honda, 254-255
Hora extra, 221-222
Hoshin kanri, 261-262, 292-293, 366-367, 410-411

IGBT, 269-270
Imai, Masaki, 118
Incoerência, 422-423
Incremento de *pitch time*, 148-149
Indicadores enxutos, 408-411, 414
Inflexibilidade, 59-61
Informação de medida corretiva, 126-127
Inovação, 253-254
Inspeção, 124-126, 178-180
Instrumento de otimização AG ILLENCE, 196-197
Instrutor enxuto, 395-399
Insulated gate bipolar transistor (IGBT), 269-270
Intermediário empacado, 209-210
Isolamento de variabilidade, 85-88

Jatos de *kaizen* (*Kaizen bursts*), 375-376
Jidoka, 30-31, 173
Jidyka, 408
Jishuken, 268
JIT, 253-254
Johnson Controls (JCI), 258-260

Jordan, Michael, 214-215
Just-in-time (JIT), 253-254

Kaikaku, 292, 365
Kaizen, 29, 267-268
Kaizen pontual, 57
Kamishibai, 138-139, 411, 414
Kanban, 104, 110-111, 115-116, 151, 200-202
Kanban de espera, 409-410
Kemmerling, Ed, 97-98n

Learning to See (Rother/Shook), 55-56
Lee, Fiona, 421-422
Leilões on-line, 272-273
Lettering, Charles, 299-300
Liberação escalonada, 112-113
Líder de equipe, 122-123, 210-213, 218-222
Líder de grupo, 210-212, 214-222
Liderança, 209-227
   adoção da perspectiva do funcionário, 227
   características exigidas, 214-215
   desenvolvimento de líderes, 224-226
   dicas, 211-212, 214-215, 226, 227
   ensino, 249-250
   foco, 211-212
   gerente intermediário, 209-227
   importância, 209-212
   líderes de equipe, 210-213, 218-222
   líderes de grupo, 210-212, 214-222
   medidas de eficácia, 210-211
   modelo da pirâmide invertida, 211-212
   plano de sucessão de líderes, 226
   pré-treinamento, 246-248
   processo de mudança, 392-396
   reflexão, 227-227
   seleção de líderes, 221-225
   tipos de gerentes intermediários, 211-214
   treinamento, 225-226, 246-248
Liker, Jeffrey, 26-27, 253-254n, 255-256n
Linha de montagem, 177-178
Linha seqüencial, 114-115
Lista classificatória com e sem valor agregado, 318-319
Loop de fluxo, 61-63
Loop do marcador de ritmo, 374, 375
Lynch, Donald, 368-369n

Machine that Changed the World, The, 25
Making Materials Flow (Harris et al.), 376-377

Manejo de materiais – mentalidade de "caixa grande", 79-83
Manual, 25-26
Manufatura tradicional voltada para o custo por unidade, 120-122
Mão-de-obra indireta, 79-81
Mapa de estado atual, 56, 58-59
Mapa de estado futuro, 57, 61-62, 64
Mapeamento de fluxo de valor, 54-63, 65
   armadilhas, 57-58, 61
   benefícios, 57-59
   dicas, 56-58
   limitações, 62-63, 65
   mapa de estado atual, 56, 58-59
   mapa de estado futuro, 57, 61-62, 64
Máquinas automonitoradas, 173
Marcador de ritmo, 59-60, 62-63, 149, 151, 157
Medidas/indicadores, 408-411, 414
Meier, David, 26-27, 171-172, 359-360n, 419-421
Melhoria contínua, 30-31, 288-289, 340-341, 420-421
Melhoria contínua simultânea e seqüencial, 66-68
Melhoria e aprendizagem contínuos, 267-269, 281
Membros da equipe de produção (ver Funcionários)
Mensagens coerentes, 422-423
Mentalidade de "caixa grande" (manejo de materiais), 79-83
Metalsa, 255-258
Método "dê um tempo, e eles aprenderão", 233
Método "encontre o melhor funcionário e siga-o", 233-234
Método "portanto", 307-309, 317-318, 338-339
Método afundar ou nadar, 233
Método de ilha, 85
Método microondas, 233
Microsoft Excel, 309-310, 350-351
Minomi, 296-297
Mix de modelos, 86
Mix de produtos, 151
Mixed Model Value Streams (Duggan), 56
Modelo base, 61-62
Modelo de espiral de melhoria contínua, 63, 65-66
Modelo de inundação, 265-266
Modelo de liderança pirâmide invertida, 211-212
Modelo de redução de perdas, 93-94
Modelo HP:
   filosofia, 27-28 (*Ver também* Filosofia Empresarial)

pessoas e parceiros, 28-29
processo, 27-29
solução de problemas, 28-29
Modelo T invertido, 249-250
Modelo Toyota, O, 25-28, 44-45, 118, 228-230, 255-256, 327-328, 410-411, 414-415
Modelos de amostras, 124-126
Modelos de custos, 270-271
Movimento da qualidade (década de 1980), 252-253
Muda, 318-319
Mudança de cultura, 411, 414-417
Mudança organizacional, 390-423
   aceitação de riscos, 419-423
   alta administração, 392-394
   aprender fazendo, 419-422
   auditoria, 411, 414-413
   coerência, 422-423
   estrelas sociométricas, 395-396
   estrutura de papéis, 393-394
   gerente intermediário, 395
   história dos dois pistões (estudo de caso), 400-408
   instrutor enxuto, 395-399
   medidas/indicadores, 408-409, 411, 414
   mudança de cultura, 411, 414-417
   mudanças graduais – um passo de cada vez, 419-422
   parceiros fornecedores, 416-419
   patrocinador executivo, 392-393
   principais ingredientes para a mudança, 400
   sensei, 397-400
   tentativa e risco de fracasso, 419-423
Múltiplo para padrão de nível, 152-153

Nebulosidade, 71-72
Nelson, R. David, 274-275
Nemawashi, 33-34, 352-354
Nivelamento, 146-167
   armadilhas, 152-153, 157-158
   contramedidas de longo prazo, 335-336
   dicas, 151-153, 158-159
   efeito chicote, 146-147
   exemplos de casos, 161-166
   fase de estabilidade, 87-89
   fatiar e picar, 159-161
   gerenciamento de estoque, 157-158
   incremental, 156-157
   mapa de fluxo de valor de estado futuro, 150
   múltiplo para padrão de nível, 152-153
   paradoxo, 146-147

pontos de controle, 157
processo em toda a empresa, como, 163-165
programação básica nivelada, 151-156
reabastecimento de material, 157-160
reflexão, 165-167
suavização da demanda, 148-151
Northup Grumman, 391-392
NUMMI, 138-139, 178-179, 396-397, 411, 414

Objetivos SMART, 410-411
Observação pessoal, 202, 317-318
Ofertas de cursos de treinamento e desenvolvimento, 241, 243
Ohno, Taiichim 29, 40-41, 51, 53-56, 74, 91-92, 255-256
Okuda, Hiroshi, 191-192
Olhar com intenção, 317-318
OMCD, 55-56
OMDD, 266-267, 292-293
Onda, 148-149
Operações de prensa, 109-110
Operadores, 105-106, 132-133, 178-179
Operation Management Consulting Division (OMCD), 55-56
Operations Management Development Division (OMDD), 266-267, 292-293
Oportunidades de melhorias, 286-289
Organização de aprendizagem, 33-34
Organização do local de trabalho, 75-77
Ostreicher, David, 400

Paciência, 387-388
Pacto social, 43-45
Padrões ambientais, 124-126
Padrões de processo, 124-125
Padrões de qualidade, 124-126
Padrões de trabalho, 119-121
Padronização, 30-31, 118-145
   armadilhas, 129-130, 136-137
   auditoria, 137-139
   base para a melhoria contínua, como, 138-139
   coerção, 118-120
   controles visuais, 141-144
   dicas, 122-123, 132-133, 139
   documentos de trabalho padronizado, 130-135
   especificações padrão, 124-127
   estratégias, 122-124
   ferramenta de análise de perdas, como, 74--77
   ferramenta de eliminação de perdas, como, 143-144

ferramentas, 124
instrução para operador controlada pela ISO, 136-137
mitos, 127-129
objetivo, 120-123
padrões ambientais, 124-126
padrões de qualidade, 124-126
padrões de segurança, 124-126
padrões de trabalho, 119-121
pré-requisitos, 129-130
procedimentos padrão, 126-128
reflexão, 144-145
takt-time, 139-142
tipos de, 124-125
usos, 74-77, 136-137
Parada de posição fixa, 177-178
Parada para consertar problemas, 91-92, 168-190
armadilhas, 174-175, 187-188
ciclo de solução de problemas, 174-177
dicas, 177-178, 180-181
estrutura de apoio, 188-189
exemplos de casos, 171-173, 178-179, 181-187
inspeção, 178-180
jidoka, 173
máquinas auto-monitoradas, 173
minimização do tempo de parada da linha, 177-178
panorama, 170
perda com deslocamentos, 189
poka yoke, 180-189
pré-requisitos, 172-173
reflexão, 189-190
verificação de erros, 180-189
Paralisação de produção, 91-92 (*ver também* Parada para consertar problemas)
Paralisações de trabalho intermitentes, 105-106
Paralisia da análise, 152-153
Parâmetros de operação de equipamento, 126-127
Parceria com o fornecedor, 252-281
aprendizagem e melhoria contínuos, 267-269, 281
atividades conjuntas de melhoria, 265-268, 281
benefícios, 252-254
capacitações compatíveis, 262-265, 280-281
características da parceria, 257
compartilhamento de informações, 264-266, 280-281
compreensão mútua, 255-258, 280-281
construção de empresas enxutas extensivas, 268-272

estrutura em camadas, 269-277
estruturas de participação, 258-260, 280-281
exemplo de caso (Delphi), 274-280
hierarquia, 255-256
modelos tradicionais *versus* modelos enxutos de gerenciamento de fornecedores, 272-275
processo de mudança, 416-419
reflexão, 280-281
sistemas de controle, 259-262, 270-271, 280-281
Participação de funcionários, 241, 243
Passos principais, 234-236
Patrocinador executivo, 392-393
Peças defeituosas, 53-54
Peças RDDP, 264-265
Pensar fora da caixa, 31-32
Percurso do líder, 394
Perda com deslocamentos, 189
Perdas de ciclo, 82-83
Perdas de tempo de ciclo, 317-319
Perdas fora de ciclo, 82-83
Perdas no ciclo, 82-83
Período de adaptação, 137-139
Período de experiência, 232-233
PFVA, 334-343
Pintura sem bolhas, 295-296
Pitch time, 158-159
Planejamento de custos e lucros, 279-280
Planejar-Fazer-Verificar-Agir (PDCA), 334-343
Planilha de capacidade de produção, 134-135
Planilha de divisão de trabalho, 234-236
Plano de ação, 334-340
Plano de sucessão de líderes, 226
Poder, 390-391
Poder carismático, 390-391
Poder coercivo, 390-391
Poder da recompensa, 390-391
Poder legal-racional, 390-391
Poder tradicional, 390-391
Poka yoke, 180-189
Política, 390-391
Políticas de assiduidade, 122-123
Ponto de causa, 320-321
Pontos chave, 235-237
Pontos de controle, 157
Pontos de inspeção, 187-188
Porter, Michael, 42-43
Portões de proteção, 187-188
PPG, 391-392
Prêmio Malcom Baldridge, 252-253
Press, Jim, 41-42
Pressa para obter ganhos de curto prazo, 65-66

Primeiro que entra, primeiro que sai (FIFO), 109
Princípio Paretto, 161
Princípio primário do sistema enxuto, 92-93
Princípios do Modelo Toyota:
administradores, 31-33
carga de trabalho, 29-30
controle visual, 30-32
filosofia como fundamento, 29-30
fluxo de processo contínuo, 29-30
funcionários, 32-33
organização de aprendizagem, 33-34
padronização, 30-31 (*Ver também* Padronização)
parceiros/fornecedores, 32-34
planejar, fazer, verificar, agir, 33-34
qualidade, 30-31
sistema puxado, 29-30
tecnologia, 31-32 (*Ver também* Tecnologia)
ver por si mesmo, 33-34
Problemas de grande porte, 287-290
Problemas de médio porte, 288-290
Problemas de pequeno porte, 288-291
Problemas insignificantes, 299-300
Procedimentos padrão, 126-128
Processamento de pedidos no fluxo, 112-115
Processamento incorreto, 53-54
Processo através de fluxo, 61-62, 86
Processo de assimilação, 231-233
Processo de automação enxuto, 198-199
Processo de engenharia, 249-250
Processo de limitação e concentração, 319-320
Processo de mudança (*ver* Mudança organizacional)
Processo de reabastecimento de supermercado, 115, 116
Processo de relatório A3 de solução de problema, 347-348
Processo dos Cinco Porquês, 302-303, 315-320
Processo enxuto de TI, 200-203
Processo individual, 359-360
Processo instável, 70-71
Processo tradicional de automação, 197-198
Produção de pequenos lotes, 179-180
Professores, 249-250
Programa de sugestões da Toyota, 244-246
Programação, 115
Programação básica nivelada, 151-156
Programação informal, 61

Programas em nível extra-empresarial, 387-388
Programas empresariais, 387-388
Projeto de calouro, 249-250
Projeto de TI, 199-203
Projetos, 264-266
Propósito compartilhado, 32-33
Propósito da empresa, 38-39
Pular para soluções, 299-303

Quadro de sistema puxado, 112-113
Quadro *heijunka*, 386
Qualidade, 30-31, 252-253

Raiz da culpa, 320
Reabastecimento de material, 157-160
Redução da variabilidade, 85-88
Redução de perdas, 51-69
    abordagem passo a passo, 63, 65-67
    filosofia de longo prazo, 54-55
    mapeamento de fluxo de valor, 54-63, 65 (*Ver também* Mapeamento de fluxo de valor)
    melhoria contínua simultânea a seqüencial, 66-68
    oito formas de perdas, 52-54
    reflexão, 68-69
Redução de perdas enxuta, 122-123
Redução de troca de equipamento Seis Sigma, 368-371
Reeves, Kingsley, Jr., 193-194n
Reflexão:
    análise da raiz do problema, 326-326
    definição/afirmação do problema, 313-314
    disposição para o comprometimento para toda a vida, 422-423
    estabilidade, 89-90
    fase de ação no processo de solução de problemas, 341-343
    fluxo de processo contínuo, 116-117
    funcionários, 250-251
    líderes, 227-227
    melhoria da habilidade de solução de problemas, 298
    nível de processo do modelo 4P, 388-389
    nivelamento, 165-167
    paralisação da linha, 189-190
    parceiros fornecedores, 280-281
    propósito empresarial, 47
    redução de trabalho, 68-69
    relatório A3, 354-356
    soluções alternativas, 333
    tecnologia, 206
    trabalho padronizado, 144-145

Regra 1 (sempre satisfazer o cliente), 109-110
Regra 80/20, 86, 287-288
Reinvenção, 40-41
Relatório A3, 322-325, 344-356
    desvantagem / dificuldades, 352-354
    dicas de formatação, 348-351
    esboço, 348-350
    estágio de proposta, 346-348
    exemplo (A3 completo), 352-353
    explicação narrativa, 351-354
    reflexão, 354-356
    relatório de *status*, 347-349
    relatório final, 347-348
Respeito pelo sistema da humanidade, 28-29, 32-33
Responsabilidade, 336-337
Revisão de pares, 246-247
Ringi sho, 352-354
Robô, 173, 192-193
Rolled throughput yield, 100-101
Rota FIFO, 62-63, 114-115
Rother, Mike, 55-56, 61, 374n
Runkle, Donald L., 274-275

Sacrifício, 51-52
Segurança, 330-331
Seis sigma, 168-170, 340, 363-364
Seleção de funcionários, 244-246
Seminário de melhoria rápido, 359-360
Seminário *kaizen*, 359-367, 395-396
Sempre satisfazer o cliente, 109-110
Sensei, 397-400
Sensei enxuto, 397-400
Senso de propósito, 37-39
Seqüência de produtos, 151
Shikamura, Akio (Alex), 385
Shingo, Shigeo, 82-83
Shook, John, 55-56, 61, 374n
Sigma enxuto, 364-365
Simplicidade, 184
Simulação, 330-332
Síntese de plano de ação, 336-338
Síntese de resultados, 339
Sintomas do problema *versus* raízes do problema, 304-306
Sistema de controle, 259-262, 270-271, 280-281
Sistema empurrado, 103-104, 108-110, 115
Sistema Ford de Produção, 72-73, 372-373
Sistema puxado:
    ambiente de manufatura customizada, 108-110
    elementos principais, 103-104
    exemplo de caso, 104-105

kanban, 104
    operações separadas, 109-115
    sistema empurrado e, 108-110
Sistema puxado programado e em lotes, 111-112
Sistema puxado seqüencial, 108-109, 111-112, 115
Sistemas enxutos, 38-41
Situações de fluxo complexo, 106-107
Slogan corporativo, 315
SMED, 82-83
Sobek, D., 253-254n
Software para visibilidade da cadeia de suprimentos, 200-202
Solução de problemas para aprendizagem contínua, 360-356
    afirmação do problema, 312, 313
    ajustes ao plano de ação/solução, 340
    análise da raiz do problema, 315-326
    brainstorming, 327-329
    causas possíveis, 323-324, 326
    ciclo PDCA, 334-343
    complexidade de problemas, 300-301
    compreensão da situação, 299-303
    consenso, 329-331
    contramedidas, 334-337
    controle do solucionador do problema, 319-321
    definição do problema, 308-312
    discussão prematura de soluções, 301-302
    exame do problema ao contrário, 307-309
    fase de análise, 315-326
    fase de implementação, 334-343
    fases, 291
    história de solução de problema, 290-291
    identificação de passos futuros, 340-341
    identificação do verdadeiro problema, 302-308
    lista classificatória com e sem valor agregado, 318-319
    método "portanto", 307-309, 317-318
    natureza da, 285-286
    necessidade de ação imediata, 310-312
    observação pessoal, 317-318
    oportunidades de melhoria, 286-289
    participação dos funcionários, 289-290
    plano de ação, 334-340

planta de Georgetown (estudo de caso), 291, 297-298
ponto de causa, 320-321
problemas de grande porte, 287-290
problemas de médio porte, 288-290
problemas de pequeno porte, 288-291
problemas insignificantes, 299-300
processo de limitação e foco, 319-320
processo dos Cinco Porquês, 302-303, 315-320
relatório (*ver* Relatório A3)
representação gráfica de problemas, 321-324, 326
solução de problemas, 327-333
usos, 285-286
verificação de resultados, 337-339
Staff, 213
Staltmanis, Andris, 385
STP, 231-232
Suavização da demanda, 148-151
Superprocessamento, 53-54
Superprodução, 52-54, 93-96
Supervisor, 210-211, 218-221 (*Ver também* Liderança)
Supervisor geral, 212-213
Sutherland, Lester, 368-369n

TABC, 44-45
Tabela de combinação de trabalho padronizado, 132-135
Takt, 55-56
Takt-time, 139-142
Tarefas de tempo de ciclo curto – fluxo unitário de peça, 101-104
Tartaruga, 420-421
Taylor, Frederick, 119-121
Tecnologia, 191-206
    adequação da tecnologia à empresa, 195-198, 202-204
    armadilha, 200-202
    dica, 202
    estudo de caso de *cross-dock*, 193-196
    exemplos de caso, 191-196, 199-200, 202-206
    perguntas a fazer, 192-194
    personalizada, 199-200

processo de automação enxuta, 198-199
processo de TI enxuta, 200-203
processo e pessoas, 202-206
processo tradicional de automação, 197-198
projeto tradicional de TI, 199-201
reflexão, 206
tecnologia desatualizada, 191-193
Tecnologia de informação (TI), 199-203
Tecnologia desatualizada, 191-193
Tecnologia genérica de informações, 199-200
Telerico, Sam, 97-98n
Tempo de ciclo, 105-106, 139
Tempo de ciclo de operação, 139
Tempo de ciclo de retorno, 179-180
Tempo ocioso, 52-54
Tempos de ciclo de trabalho, 105-106
Tenneco, Smithville (estudo de caso), 364-366, 376-381
Teoria da dissonância cognitiva, 414-415
Terceirização, 269-270
Teste NOCTI, 223-224
Thomke, S., 421-422n
Toyoda, Eiji, 191-192
Toyoda, Kiichimo, 27-29, 43-44
Toyoda, Sakichi, 25-28, 30-31, 46-47, 191-192
Toyota Supplier Support Center (TSSC), 266-267
Trabalhadores temporários, 45-46
Trabalho padronizado/formulário de auditoria, 412
Training Within Industry (TWI), 213-214, 233-234
Transformação/*kaizen* radical, 292, 365
Transfreight, 195-196
Transporte, 53-54
Transporte de materiais, 134-135
Trazer problemas à tona, 33-34
Treinamento de instrução de trabalho:
    apresentação da operação, 236-238
    colocação do funcionário no trabalho/oferecimento de apoio, 238-240
    divisão de trabalho, 234-237
    experimentar o desempenho, 237-238

Treinamento *kaizen* em administração, 288-290
Treinamento:
    funcionário, 232-241, 243
    liderança, 225-226, 246-248
Triângulo Takahashi, 384-385
Trim Masters (TMI), 259-262
Troca de ferramentas em um único digito (SMED), 82-83
Troca rápida de equipamento, 83-84
TSSC, 266-267
Twain, Mark, 340, 410-411
TWI, 213-214, 233-234

Uchiyamada, Takeshi, 327-328
Uminger, Glenn, 195-197, 387-388
United Technologies, 391-392

Valio, 271-272
Valores p, 41-42
Variabilidade auto-infligida, 85
Variabilidade do produto, 85-87-88, 122-123
Variabilidade externa, 85, 86
Variação, 85-88, 122-123
Variações de tempo, 105-106
Veículo híbrido Prius, 269-270, 327-328
Veículos híbridos, 269-270
Velcro, 184
Ver por si próprio, 29, 33-34 (*Ver também* Exemplos de casos)
Verificação de equipamento, 126-127
Verificação de erros, 180-189
Verificação de resultados, 337-339
Verificação pré-turno, 126-127
Visitas a plantas, 54-56
Visitas de *benchmarking*, 191-192
Volante, 221
Volume de produto, 151
Voz do cliente, 62-63

War Manpower Commission, 213-214
Ward, A., 253-254n
Weber, Max, 390-391
Womack, Jim, 360-362
Worline, M., 421-422n

Yappari, 404, 406
Yoshi, 179-180
Yutaka, Yamanouchi, 385